Canais de Marketing

Uma visão gerencial

Dados Internacionais de Catalogação na Publicação (CIP)
(Câmara Brasileira do Livro, SP, Brasil)

Rosenbloom, Bert
   Canais de marketing: uma visão gerencial/
Bert Rosenbloom; tradução Lizandra Magon de Almeida.
– São Paulo: Cengage Learning, 2014.

   Título original: Marketing channels:
a management view.
   Tradução da 8. ed. norte-americana
   Bibliografia.
   ISBN 978-85-221-1807-6

   1. Marketing – Canais I. Título.

14-11814   CDD-658.84

Índices para catálogo sistemático:
1. Canais de marketing: Administração de empresas 658.84
2. Marketing: Canais: Administração de empresas 658.84

Canais de Marketing
Uma visão gerencial

Tradução da 8ª edição norte-americana

BERT ROSENBLOOM

Tradução:

Lizandra Magon de Almeida

Revisão técnica:

Ana Akemi Ikeda
Professora doutora, titular da Faculdade de Economia, Administração e
Contabilidade da Universidade de São Paulo – FEA/USP/SP

Carlos Alberto Rigato
Doutor em Administração pela Faculdade de Economia, Administração e
Contabilidade da Universidade de São Paulo – FEA/USP/SP

Roberto Falcão Flores
Mestre em Administração pela Faculdade de Economia, Administração e
Contabilidade da Universidade de São Paulo – FEA/USP/SP

CENGAGE
Learning®

Austrália • Brasil • Japão • Coreia • México • Cingapura • Espanha • Reino Unido • Estados Unidos

CENGAGE
Learning®

Canais de marketing – uma visão gerencial
Tradução da 8ª edição norte-americana
Bert Rosenbloom

Gerente Editorial: Noelma Brocanelli

Editora de Desenvolvimento: Salete de Guerra

Supervisora de Produção Gráfica: Fabiana Alencar Albuquerque

Título Original: Marketing channels – A management view, 8th ed.

ISBN 13: 978-0-538-47760-4

ISBN 10: 0-538-47760-1

Tradução: Lizandra Magon de Almeida

Revisão Técnica: Ana Akemi Ikeda, Carlos Alberto Rigato e Roberto Falcão Flores

Copidesque: Isabel Ribeiro

Revisão: Marisa Rosa Teixeira

Projeto Gráfico e Diagramação: Triall Composição Editorial Ltda

Capa: Ale Gustavo/Blenderhead Ideias Visuais

Imagens da capa: (acima, da esquerda para a direita): Zhu Difeng, Vadim Georgiev, Edyta Pawlowska/Shutterstock; (abaixo, da esquerda para a direita): Elwynn, Tyler Olson, Wavebreakmedia/Shutterstock

Para informações sobre nossos produtos, entre em contato pelo telefone **0800 11 19 39**

Para permissão de uso de material desta obra, envie seu pedido para **direitosautorais@cengage.com**

ISBN 13: 978-85-221-1807-6
ISBN 10: 85-221-1807-8

Cengage Learning
Condomínio E-Business Park
Rua Werner Siemens, 111 – Prédio 11 – Torre A – Conjunto 12
Lapa de Baixo – CEP 05069-900 – São Paulo –SP
Tel.: (11) 3665-9900 Fax: 3665-9901
SAC: 0800 11 19 39

Para suas soluções de curso e aprendizado, visite
www.cengage.com.br

Impresso no Brasil
Printed in Brazil
1 2 3 4 5   15 14 13

Para
Pearl, Jack, Robyn, Staci, Jacob e Anya

Sumário

PARTE 1   Sistemas de canais de marketing

CAPÍTULO 1

CAPÍTULO 2

PARTE 2   Desenvolvendo o canal de marketing

CAPÍTULO 5

CAPÍTULO 6

CAPÍTULO 7

PARTE 3   Administração de canais de marketing

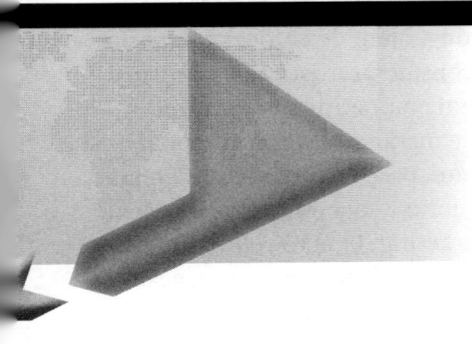

Prefácio

Os canais de marketing provêm os meios pelos quais inúmeros produtos e serviços em qualquer parte do mundo são disponibilizados a centenas de milhões de clientes que desejam adquiri-los em cada país, cidade ou até num pequeno vilarejo. À medida que avançamos para a segunda década do século 21, novas tecnologias combinadas com a globalização vêm trazendo profundas modificações a esses canais, assim como às expectativas de seus clientes. As tradicionais lojas físicas foram subitamente acrescidas de canais de compras online, já que estes últimos permitem que os clientes consumam enquanto literalmente se movem pelo mundo com seus laptops, smartphones, tablets ou outros dispositivos. A capacidade do comércio móvel foi ampliada com o crescimento vertiginoso das redes sociais, que permitem que cada vez mais visitantes comprem produtos e serviços sem precisar sair dessas páginas.

Os avanços geraram uma metamorfose nos canais de marketing e nas expectativas dos clientes: agora eles apenas aguardam, enquanto os canais devem lhes fornecer altos níveis de escolha, com produtos e serviços oferecidos quando, onde e do jeito que preferirem. Dessa maneira, quando questionados sobre quais canais de marketing acessam neste século 21, as expectativas dos clientes podem levar à seguinte resposta: "todos os mencionados". Se um consumidor deseja comprar um produto enquanto usa uma rede social, um canal de comércio eletrônico incorporado ao website precisa estar disponível para esse fim. Se ele quer adquirir algo usando seu smartphone enquanto se exercita, esse canal também deve estar disponível. Entretanto, quando um cliente deseja visitar uma loja física ou apenas folhear um catálogo de papel para comprar alguma coisa, ele ainda espera que esse comércio "à moda antiga" também esteja disponível.

Esse novo ambiente de múltiplos canais ampliou a prática do trabalho de gestão e estratégia ainda na primeira década do século 21. Para o gerente de canal, a gama de canais disponíveis que oferecem de forma conveniente produtos e serviços aos clientes que "navegam" por esses caminhos é ampla, mas o desafio de criar e gerenciar um *mix* ideal entre os canais tornou-se maior. Os gerentes de canal agora precisam compreender não apenas as capacidades e limitações dos canais de marketing tradicionais, mas também enfrentam o grande desafio de descobrir de que maneira combinar canais eletrônicos e de alta tecnologia com os de marketing convencionais, a fim de criar uma experiência adequada ao cliente. Embora o "kit de ferramentas" disponível aos gerentes de canal para oferecer produtos e serviços aos clientes agora esteja mais completo, mais conhecimento e habilidade serão necessários para utilizar esses instrumentos de forma efetiva.

Características

Canais de marketing: uma visão gerencial atenta para o novo desafio multicanal do século 21. Ao longo do texto, novas opções de canal de alta tecnologia, como o comércio móvel (m-commerce) e os canais associados a redes sociais (por vezes chamados de s-commerce ou f-commerce, abreviação de "Facebook commerce"), foram integradas às diversas áreas específicas do gerenciamento de canais.

A integração dessas novas opções de canais de marketing à base da estratégia e do gerenciamento do canal de marketing é apenas parte desta obra. O texto reflete a mudança de fenômenos econômicos, socioculturais, competitivos, tecnológicos e jurídicos, e contempla seus impactos nos canais de marketing. Além disso, destaca a crescente importância desses canais como área estratégica da administração de marketing, além de enfocar a atenção cada vez maior que empresas e organizações de diversas indústrias dispensam ao considerar a estratégia de canal de marketing como uma área vital, que confere valor ao cliente e cria uma vantagem competitiva sustentável.

A obra ainda salienta de forma categórica a necessidade de enxergar os canais de marketing como componentes estratégicos do *mix* de marketing com os outros elementos estratégicos de produto, preço e promoção. O tema subjacente a cada capítulo enfatiza a necessidade de o gerente de canal compreender como a estratégia de canal pode contribuir e ser reforçada por outros componentes estratégicos do *mix* de marketing. O livro reúne ainda as opiniões mais recentes sobre canais de marketing. Além disso, ideias e resultados de pesquisas da literatura acadêmica foram mescladas com o conhecimento da prática da indústria para fornecer compreensão mais atualizada de todos os tópicos relacionados a canais de marketing.

Com uma linguagem clara, concisa e instigante, o texto tem como objetivo enfocar o gerenciamento e dar um panorama da tomada de decisões no campo dos canais de marketing. Teoria, pesquisa e prática são amplamente cobertas e entrelaçadas a uma discussão que enfatiza implicações da tomada de decisão.

Visão geral

A Parte 1, *Sistemas de canais de marketing*, é composta por quatro capítulos que apresentam os fundamentos básicos do conceito de canais de marketing em um modelo gerencial. O Capítulo 1 apresenta os principais conceitos de canais de marketing, destacando ainda mais a importância estratégica de canais de marketing no campo mais amplo do marketing. O Capítulo 2 fornece uma discussão detalhada sobre os participantes do canal, usando os mais recentes dados disponíveis de vendas do atacado e do varejo norte-americanos, e apresenta uma análise detalhada das tarefas de distribuição. O Capítulo 3 discute o ambiente dos canais de marketing e as implicações das mudanças ambientais para seu gerenciamento. A discussão sobre ambientes econômico, competitivo, sociocultural, tecnológico e jurídico reflete as novidades nessas áreas. O Capítulo 4, que trata dos processos comportamentais em canais de marketing, aborda relevantes pesquisas comportamentais sobre canais realizadas nos últimos anos.

A Parte 2, *Desenvolvendo o canal de marketing*, começa com o Capítulo 5, que fornece uma discussão abrangente da estratégia nos canais de marketing, utilizando um modelo estratégico para lidar com todas as decisões importantes de gerenciamento de canal levantadas em capítulos posteriores. O Capítulo 6 apresenta uma análise profunda e atual do desenho de canal. O Capítulo 7 fornece uma discussão detalhada sobre a última fase do desenho de canal: seleção de membros do canal. O Capítulo 8, último item da Parte 2, dialoga com as várias dimensões do mercado que influenciam a estratégia de desenho de canal.

A Parte 3, *Administração de canais de marketing*, compreendendo os Capítulos 9 a 14, lida com a administração de canais existentes. O Capítulo 9 abre com uma análise abrangente da motivação dos membros do canal, enfatizando alianças estratégicas e parcerias para estimular os membros do canal. O Capítulo 10, *Questões de produto no gerenciamento de canais*, destaca a reunião de informações que monitoram o fluxo de produtos ao longo do canal. O foco do Capítulo 11 são as interfaces entre o gerenciamento do canal e a determinação de preços. O Capítulo 12, que discute a promoção ao longo do canal de marketing, mostra, também, as novas descobertas de pesquisas sobre estratégias promocionais de "empurrar" (push). O Capítulo 13 fornece uma visão geral da logística em relação ao gerenciamento de canais, que trata da ênfase mais recente em gerenciamento da cadeia de suprimentos e resposta eficiente ao consumidor. Na sequência, o Capítulo 14 apresenta uma análise das questões envolvidas na avaliação do desempenho dos membros do canal.

A Parte 4, *Perspectivas adicionais sobre os canais de marketing*, englobam os quatro capítulos finais do livro. O Capítulo 15, *Canais eletrônicos de marketing*, apresenta uma abrangente análise do papel desses canais na internet. O capítulo reflete a metamorfose que ocorreu no e-commerce nos últimos tempos e, também, desenvolvimentos recentes em canais de marketing eletrônicos móveis e baseados em redes sociais.

O Capítulo 16 apresenta uma análise abrangente do formato de negócio dos canais de franquia. A terminologia, as tendências, vantagens e desvantagens dos canais de franquia, bem como as implicações para o gerenciamento desses canais são abordadas neste capítulo. O Capítulo 17 lida com canais de marketing para serviços, fornecendo uma visão geral e concisa das características dos serviços e de como eles se relacionam com o gerenciamento de canais. Por fim, o Capítulo 18 apresenta uma discussão atualizada das questões-chave em gerenciamento de canais internacionais.

 Esta edição de *Canais de marketing – uma visão gerencial* traz a Trilha, uma solução digital com alternativas de estudo para o aluno e recursos para o professor utilizar em sala de aula. O aluno terá acesso a atividades envolvendo exercícios, com os quais poderá rever e estudar conceitos e definições e verificar seu aprendizado. Para o professor, estão disponíveis slides em Power-Point® que poderão auxiliá-lo em sala de aula, além do manual do professor. O manual do professor está disponível em inglês. Para uma ampla discussão a respeito dos conceitos, estão disponíveis, também, cases de importantes empresas, a fim de munir o estudante e o administrador empresarial com uma abordagem mais adequada às questões da realidade. Acesse o link http://cursosonline.cengage.com.br.

Agradecimentos

Gostaria de expressar meus sinceros agradecimentos a todos os revisores e colegas que imprimiram críticas construtivas e *insights* vitais para o sucesso de *Canais de marketing: uma visão gerencial*. São eles:

Boris W. Becker
Oregon State University

Thomas Belich
University of Minnesota

Stephanie Bibb
Chicago State University

William Black
University of Arizona–Tucson

Jerry Bradley
St. Joseph's University

Ernest Castillo
Fort Hays State University

M. Bixby Cooper
Michigan State University

Donald J. English, Jr.
St. Mary's College

S. Alton Erdem
University of Houston, Clear Lake

Nermin Eyboglu
Baruch College, City University of New York

Alan Flaschner
University of Toledo

J. Robert Foster
University of Texas em El Paso

Eugene H. Fox
Northeast Louisiana University

John Fraedrich
Southern Illinois University em Carbondale

David Glascoff
East Carolina University

Larry Gresham
Texas A&M University

Joseph Guiltinan
Notre Dame University

Jeffery Hittler
Indiana University

Stephen K. Keiser
University of Delaware

Keysok Kim
Baruch College, CUNY

Raymond W. Knab, Jr.
New York Institute of Technology

Ruth Krieger
Oklahoma State University

Charles W. Lamb, Jr.
Texas Christian University

Robert Loewer
San Jose State University

John Mather
Carnegie Mellon University

Donna T. Mayo
Middle Tennessee State University

Richard McFarland
Kansas State University

Joseph Miller
Indiana University

James Nall
Gardner-Webb University

Jacqueline Z. Nicholson
Westfield State College

James R. Ogden
Adams State College

Larry R. O' Neal
Stephen F. Austin State University

Nita Paden
Northern Arizona University

Richard L. Pinkerton
Cal State University, Fresno

Thomas G. Ponzurick
West Virginia University

Casimir Raj
Saint Louis University

William Rhey
University of Tampa

Kenneth J. Rolnicki
Kellogg Community College

Rosalyn Rufer
Empire State College

Martin Schlissel
St. John's University

J. R. Smith
Jackson State University

Tracy Tripp
Ithaca College

Orville C. Walker, Jr.
University of Minnesota

Kaylene C. Williams
University of Delaware

Joyce A. Young
Indiana State University

Sou grato à equipe da Cengage Learning South-Western também pelo alto nível de profissionalismo e competência que ofereceram. Mike Roche, editor executivo de aquisições, me encorajou e forneceu conselhos que provaram ser muito úteis. Daniel Noguera, editor de desenvolvimento, ofereceu muitas ideias e sugestões para melhorar o manuscrito. Jean Buttrom e Prashanth Kamavarapu, editores de produção, certificaram-se de que a miríade de processos e detalhes envolvidos na revisão estivesse em seu devido lugar. PreMediaGlobal, Inc., realizou uma excelente preparação de texto e imprimiu conhecimento de produção necessário para transformar um manuscrito cru em um livro didático perfeito. Finalmente, Gretchen Swann, gerente de marketing, contribuiu com ideias para promover de forma efetiva o livro.

Minha assistente de pesquisa Boryana Dimitrova merece também um agradecimento por sua ajuda na pesquisa para a esta edição. Agradeço também: a Trina Larsen, chefe do departamento de marketing na Universidade de Drexel, pelo seu encorajamento durante o processo de revisão; a Dean George Tesetsekos, pelo apoio; aos alunos de graduação e pós-graduação das minhas aulas de Canais de Marketing na Universidade de Drexel, que forneceram valiosa contribuição e *feedback*.

Por fim, meu mais profundo agradecimento é reservado à minha esposa, Pearl, por seu bondoso e gentil apoio durante todo o árduo e longo processo de revisão.

Bert Rosenbloom
Filadélfia, EUA

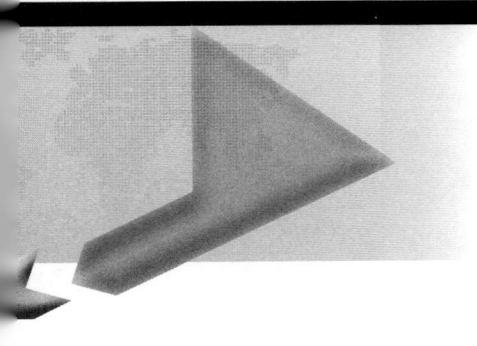

Sobre o autor

O dr. Bert Rosenbloom preside a cadeira J. Donald Rauth em Gerenciamento de Marketing na LeBow College of Business, na Universidade Drexel (Filadélfia, EUA), tendo atuado também na Universidade da Cidade de Nova York.

É um dos principais especialistas em gerenciamento de canais de marketing e sistemas de distribuição. A oitava edição de *Canais de marketing: uma visão gerencial* é um dos seus 12 livros publicados. Sua obra, *Retail marketing* (publicado pela Random House), pioneira na aplicação de modernos métodos de marketing em canais de varejo, tem impactado a distribuição nos Estados Unidos e em outros países ao redor do mundo. Outro de seus títulos, *Marketing functions and the wholesaler distributor* (publicado pela Distribution Research and Education Foundation), foi aclamado no setor atacadista por fornecer novos conceitos e métodos analíticos com o objetivo de aumentar a produtividade nos canais de marketing atacadistas.

A pesquisa do dr. Rosenbloom foi amplamente publicada nos mais importantes periódicos profissionais de marketing, tais como *Journal of Marketing, Journal of Retailing, Journal of the Academy of Marketing Science, Business Horizons, Industrial Marketing Management, Journal of Consumer Marketing, Journal of Personal Selling and Sales Management, Management Review, Long Range Planning, Psychology of Marketing, European Journal of Marketing*, além de muitos outros. Seu trabalho é divulgado também por meio de conferências profissionais promovidas por instituições como: American Marketing Association, Academy of Marketing Science, World Marketing Congress, Retail Research Society, Distribution Research and Education Foundation, Direct Selling Education Foundation e muitos outros nos Estados Unidos, Europa Ocidental, Europa Oriental, Ásia, Austrália e Nova Zelândia.

O autor colaborou como editor do *Journal of Marketing Channels*, participou de conselhos editoriais de publicações como *Psychology & Marketing, Industrial Marketing Management, Journal of Consumer Marketing, Journal of the Academy of Marketing Science* e *Journal of International Consumer Marketing*, além de ter sido revisor *ad hoc* de periódicos como: *Journal of Marketing Research, Journal of Marketing* e *Journal of Retailing*. Foi também editor acadêmico de consultoria para a série de livros sobre marketing da editora Random House. Além disso, o dr. Rosenbloom atuou como vice-presidente do *Philadelphia Chapter of the American Marketing Association*, no Board of Governors da Academy of Marketing Science, e foi premiado pela Erskine Fellowship. Também atuou como presidente da International Management Development Association.

Como consultor, o dr. Rosenbloom prestou serviços para uma ampla gama de setores na indústria, atacado, varejo, comunicações, serviços e imóveis nos Estados Unidos e no exterior, tendo sido listado no *Who's Who in America, American Men and Women of Science* e *Who's Who in the World*.

Sistemas de canais de marketing

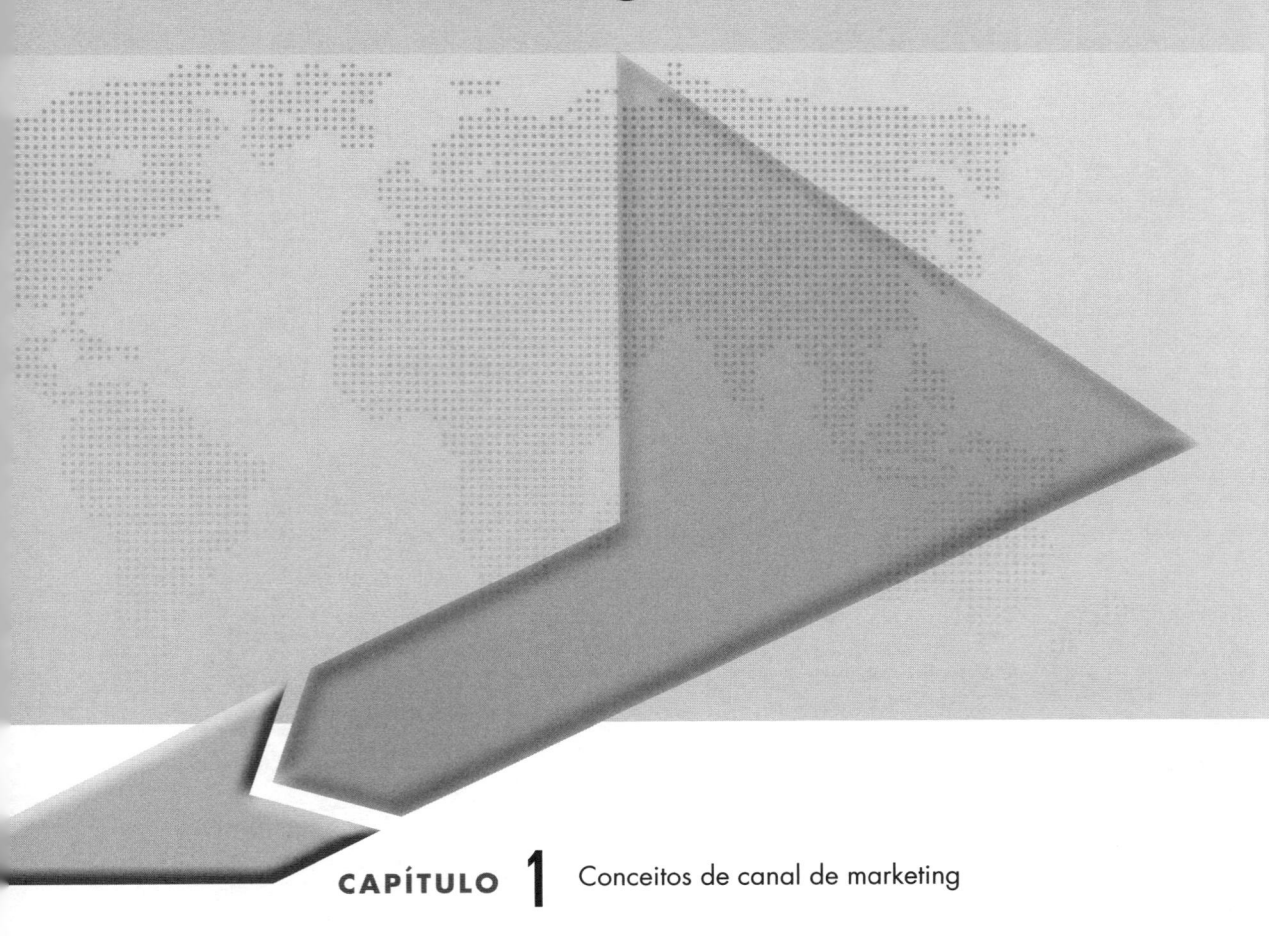

CAPÍTULO 1

Conceitos de canal de marketing

OBJETIVOS DE APRENDIZAGEM

Após a leitura deste capítulo, você será capaz de:

1 Perceber que as novas tecnologias da internet criaram uma metamorfose nos canais de marketing e sistemas de distribuição.

2 Reconhecer que, hoje, os consumidores esperam mais opções sobre como, quando e onde produtos e serviços lhes são disponibilizados.

3 Ter consciência da necessidade de estratégias e estruturas multicanal para satisfazer às altas expectativas dos consumidores quanto à escclha do canal.

4 Compreender a definição de canal de marketing da perspectiva gerencial.

5 Perceber como os canais de marketing se relacionam às outras variáveis estratégicas do *mix* de marketing.

6 Conhecer os fluxos dos canais de marketing e como se relacionam com a administração do canal.

7 Entender os princípios da especialização e da divisão do trabalho, bem como da eficiência contatual em canais de marketing.

8 Familiarizar-se com os conceitos de estrutura do canal e estrutura auxiliar e reconhecer a diferença entre eles.

A Amazon.com se tornou o Walmart da internet. Agora, o Walmart quer ser o Walmart da internet

Quando se trata de canais on-line de distribuição, a Amazon.com, com vendas anuais de mais de $ 20 bilhões, tem sido a grande vencedora tanto em termos de receita de vendas quanto em reconhecimento do consumidor. Na verdade, ela se tornou o ícone definitivo em termos desse tipo de canal de compras. Quase todas as pessoas do mundo já ouviram falar dela, e grande parte delas comprou algo da companhia. Dizer que a Amazon.com se tornou o Walmart da internet certamente não é exagero, e pode até ser uma avaliação modesta.

Mas seu domínio dos canais de distribuição on-line vai se eternizar? Não se o Walmart puder evitar! Esse, o maior varejista do mundo nos canais convencionais de varejo – as lojas físicas –, não vai deixar a Amazon.com continuar a dominar os canais on-line sem uma boa briga. Além de construí-los rapidamente para vender seus próprios produtos, rezou pela cartilha de estratégia de canal da líder ao oferecer produtos de outros varejistas na sua nova loja virtual on-line chamada Walmart Marketplace. Mais de 1 milhão de novos itens foram adicionados à sua já tão variada gama de produtos por esses vendedores externos. E, assim como a loja virtual da Amazon.com, o Walmart Marketplace nunca vai ver ou tocar na mercadoria que vende porque os varejistas afiliados enviam os produtos diretamente de suas sedes e lidam com as trocas e devoluções, enquanto ele recebe uma comissão sobre todas as vendas dos produtos.

Por mais que a imitação seja a forma mais sincera de lisonja, será que o Walmart acredita que suas vendas pelo canal on-line um dia cheguem a se igualar ou superar as da Amazon.com? Kerry Cooper, diretor de marketing do Walmart, acha que sim: "Nosso objetivo é fazer do Walmart.com a loja on-line mais visitada e valorizada".

Se o sr. Cooper estiver certo, um dia o Walmart, e não a Amazon.com, será o Walmart da internet!

Fonte: Baseado em Miguel Bustillo e Geoffrey A. Fowler, Wal-Mart sets outside offerings in online mall, *Wall Street Journal*, 1º set. 2009, p. B6.

Estamos na segunda década do século 21. Como consumidores, ainda podemos encontrar à nossa volta lojas físicas, centros comerciais e shopping centers. Na verdade, como mencionamos, o Walmart, maior varejista do mundo em volume de vendas, ainda extrai a maior parte de seus mais de $ 400 bilhões em receitas de suas lojas físicas.[1] Outros grandes varejistas que operam megalojas físicas, como Home Depot, Staples, Best Buy e inúmeros outros, ainda estão firmes e fortes nos Estados Unidos. E, como estes, muitos outros participantes dos canais de marketing tradicionais, como varejistas e distribuidores industriais, representantes de fabricantes e agentes de venda, além de corretores, que atendem a muitos setores que ainda operam em instalações físicas e a uma legião de consumidores que frequentam as lojas.

Os canais de marketing tradicionais continuam a existir e até prosperar na segunda década do século 21, mas isso não muda o fato de que uma grande metamorfose aconteceu neste século, alterando profundamente a estrutura desses canais.[2] O surgimento do comércio eletrônico pela internet no final do século passado foi o fenômeno seminal[3] que preparou o cenário para uma série de novas tecnologias, modelos de negócios e empresas inovadoras, que abriram um novo mundo de possibilidades em termos de canais de distribuição.[4] Na verdade, parece que não é possível passar um único dia sem ouvir falar de comércio on-line ou móvel, redes sociais, YouTube, Facebook, Twitter, Hulu, Skype, PayPal, iPhone, iPad, computação em nuvem, "Cyber-Monday", em vez de "Black Friday", e uma série de outros termos icônicos e nomes associados à era digital em que vivemos.

As implicações desses e de outros fenômenos semelhantes para a estratégia e a estrutura dos canais de marketing estão apenas começando a surgir.[5] Uma importante consequência, no entanto, já está clara como cristal: *os consumidores agora esperam ter muito mais e melhores opções de canais que lhes dê acesso à vasta gama de produtos e serviços de todo o planeta – como, onde e quando quiserem.*[6] Desde entrar em uma loja até tocar a tela do iPhone enquanto corre para pegar um avião, os consumidores de hoje esperam que a experiência de compra seja simples, rápida e sem complicações. Do contrário, uma mensagem pode ser enviada pelo mesmo iPhone informando a rede social do consumidor insatisfeito e a quem mais estiver interessado em ouvir sobre a experiência de compra insatisfatória.

As altas expectativas dos consumidores por mais e melhores meios de comprar produtos e serviços ao redor do mundo têm, por sua vez, criado um desafio formidável para empresas do ramo de distribuição de produtos e serviços: *essas expectativas não devem ser apenas alcançadas, mas superadas, para fornecer a experiência de compra de alto nível que os consumidores esperam.*

É por meio de canais de marketing eficazes e eficientes que esse desafio pode ser abordado. Mas, no complexo ambiente global de hoje, isto não é fácil de ser resolvido. Todos os dias, literalmente bilhões de pessoas, assim como milhões de indústrias, empresas, instituições e outras organizações de todo o mundo, precisam e querem milhões de produtos e serviços diferentes. De alguma forma, essa vasta conglomeração deve ser selecionada e combinada a fim de que os consumidores obtenham os bens e serviços quando e onde são necessários. Isso pode envolver fazer compras em uma loja de varejo tradicional, como a Gap, para comprar um suéter; fazer o download de músicas digitalizadas no iPod ou iPhone, ou um livro em um Kindle ou iPad; ou até mesmo encomendar o item por telefone, à moda antiga, de um dos 17 bilhões de catálogos de papel que ainda são enviados aos consumidores anualmente só nos Estados Unidos.[7] No setor *business-to-business* (B2B), as empresas não só podem entregar produtos por meio de distribuidores industriais tradicionais, atacadistas e representantes de fabricantes, como precisar dos serviços de sofisticados mercados on-line, como Alibaba.com, ou facilitadores desses canais, como ChannelAdvisors.com.[8]

A maioria dos consumidores, especialmente em mercados de consumo, desconhece o enorme esforço empreendido para fazer que essa tremenda gama de produtos e serviços esteja disponível de forma conveniente. Eles veem apenas o resultado final de uma série de estratégias, planos e ações que criam novos tipos de lojas, centros de distribuição, serviços e tecnologias que determinam a estrutura e a operação dos canais de marketing. Estes, por sua vez, afetam a vida de centenas de milhões de consumidores que neles confiam para que a miríade de produtos e serviços do mundo todo esteja disponível da maneira que mais lhes convier.

Neste livro, vamos até os "bastidores" e fazemos uma análise profunda dos canais de marketing. Examinamos sua natureza, sua importância no mercado e o modo como evoluem, se desenvolvem e mudam. Focaremos especialmente no papel da estratégia dos canais de marketing, bem como na forma como são projetados, gerenciados e avaliados. Ainda que, como citado, grande parte da atividade desses canais aconteça nos bastidores, conforme avançarmos no texto e observarmos esse pano de fundo, uma parte fascinante e desafiadora do marketing aparecerá.

O DESAFIO MULTICANAL

As expectativas dos consumidores de hoje, tanto no *business-to-consumer* (B2C) como no B2B, em razão das variadas opções de canais, flexibilidade e excelente experiência de compra, têm menos chances de ser satisfeitas por uma estrutura qualquer de canal.[9] Para atender a essas expectativas amplas, uma variedade de canais, muitas vezes físicos e on-line, é necessária. Além disso, esses múltiplos canais devem ser corretamente orientados para atingir segmentos apropriados de consumidores, e coordenados de forma que se harmonizem e se complementem, em vez de canibalizar um ao outro. Convém lembrar que o direcionamento e a coordenação eficazes de multicanais não acontecem por acaso. Pelo contrário, muita atenção deve ser dada ao desenvolvimento de uma estratégia multicanal que resulte em um conjunto de canais de marketing que torne os produtos e serviços convenientemente disponíveis aos consumidores o tempo todo, bem como no longo prazo.[10]

A busca de uma estratégia multicanal eficaz, entretanto, gera quatro importantes desafios que precisam ser abordados, aqui discutidos brevemente. Voltaremos a essas questões[11] ao longo do livro.

1. Encontrar o *mix* ideal de multicanal.
2. Criar sinergias multicanal.
3. Evitar conflitos multicanais.
4. Obter uma vantagem competitiva pela estratégia multicanal.

O *mix* ideal de multicanal

Como mencionado, canais on-line de internet se tornaram a via principal no *mix* de uma vasta quantidade de empresas que podem também usar vários outros, como:

- Loja de varejo
- Venda por correspondência
- Distribuidores atacadistas
- Representante de vendas
- *Call center*
- Força de vendas da empresa
- Máquinas de venda automática
- Lojas de varejo da própria empresa

Como mostra a Figura 1.1, a estratégia multicanal da Apple Computer, por exemplo, utiliza uma grande diversidade de canais para vender seu iPhone, bem como outros produtos, incluindo fornecedores de serviço de telefonia celular on-line, clubes atacadistas, hipermercados, lojas de eletrônicos e suas próprias lojas de varejo. A Hensen Natural Corporation, fabricante do Monster Energy Drink e de refrigerantes e sucos de fruta, depende da Coca-Cola Bottlers, um grande distribuidor atacadista, para ter acesso a vários canais de varejo que vão de hipermercados comuns, como o Walmart, até máquinas de venda automática e casas noturnas (ver Figura 1.2).

Por mais que uma empresa possa utilizar vários canais em sua estratégia multicanal, é a qualidade do *mix* de canais, e não a quantidade, o ponto-chave para satisfazer a sua base de consumidores.[12] Em um sentido muito real, esse *mix* pode ser visto como um **portfólio de canais**, semelhante aos tradicionais instrumentos financeiros. Dessa forma, assim como um portfólio financeiro bem projetado

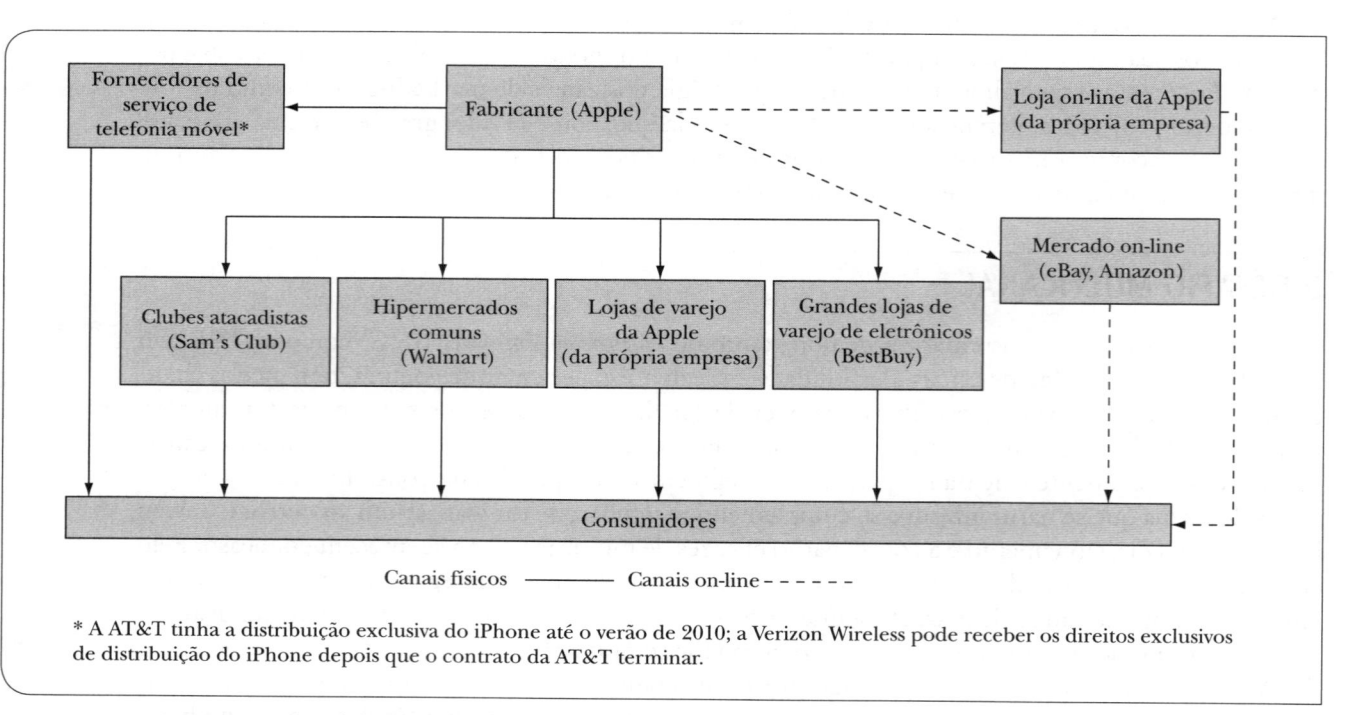

FIGURA 1.1 ▸ Canal de distribuição do iPhone.
© Cengage Learning 2013

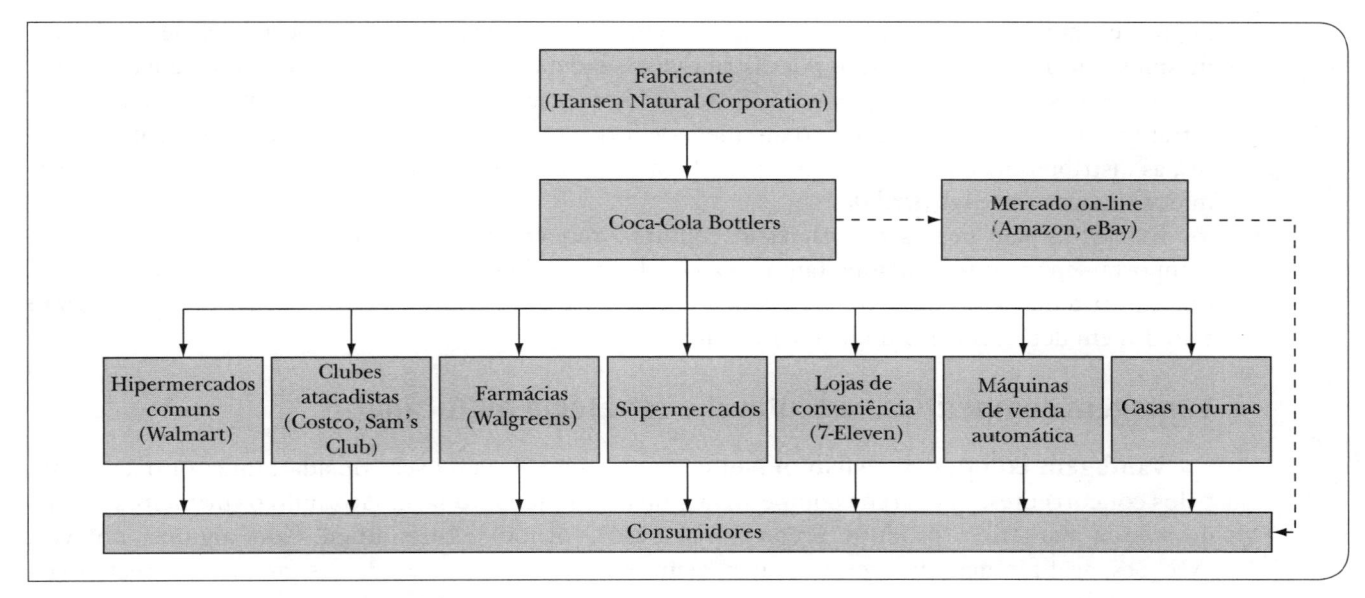

FIGURA 1.2 ▶ Canais de distribuição da bebida energética Monster.

© Cengage Learning 2013

dá cobertura a toda uma gama de investimentos para manter a diversificação, um portfólio de canais bem desenvolvido tentaria oferecer acesso a uma gama de segmentos de consumidores e alcançar a diversificação de canais.

Nos próximos capítulos, examinaremos uma série de ideias, conceitos e estratégias importantes para desenvolver um portfólio forte de canais.

Sinergias multicanal

No contexto da estratégia multicanal, sinergia significa usar um canal para melhorar a eficácia e a eficiência dos outros do *mix*.[13] Usar canais on-line para obter informações sobre um produto antes de comprá-lo nas convencionais lojas físicas é um exemplo comum de sinergia multicanal. A maioria dos consumidores que compra carros novos, por exemplo, usa canais on-line para conhecer os recursos do veículo pretendido, fazer comparações com outras marcas, verificar preços e encontrar revendedores antes de ir à concessionária (canal físico) para adquiri-lo. Sinergias multicanal também podem surgir quando canais diferentes do *mix* "ajudam um ao outro" e, ao fazê-lo, criam sinergias que resultam em melhor atendimento ao consumidor. Isso ocorre, por exemplo, quando um consumidor se vê diante do estoque de, digamos, uma loja de varejo e é bem atendido por outro canal do *mix*. Considere, por exemplo, Johnston e Murphy, conhecido fabricante de calçados e vestuário masculinos norte-americano. A empresa comercializa seus produtos em suas próprias lojas de varejo por meio de varejistas independentes, por catálogo, pedido por correspondência e, recentemente, por seu canal on-line. Se uma das suas lojas não tem o modelo específico ou o tamanho de sapato pedido por um consumidor, o canal on-line redireciona o pedido para a loja de varejo, que o disponibiliza, enviando o produto diretamente à casa do consumidor, sem custos adicionais e sem que ele tenha de fazer qualquer esforço, pois o vendedor da loja cuida do processo on-line.

Criar esse tipo de sinergia multicanal que satisfaz ou até encanta os consumidores ao superar suas expectativas, quando nem sempre é possível alcançá-las, é, no entanto, uma aspiração que merece atenção quando são desenvolvidas estratégias multicanal. Diremos mais sobre esse tema logo adiante.

Evitando o conflito multicanal

Um grande obstáculo para o desenvolvimento de estratégias bem-sucedidas de multicanal é o surgimento de conflitos entre os diferentes canais utilizados para atingir os mesmos consumidores.

Se, por exemplo, um fabricante vende diretamente por seu canal on-line ou pela força de vendas aos mesmos consumidores atendidos por distribuidores independentes, estes podem muito bem achar que aqueles canais afastam os negócios do seu (distribuidora independente). Assim, em vez de enxergar a estratégia de múltiplos canais como um meio de fornecer mais opções e flexibilidade aos consumidores, as distribuidoras independentes a percebem como um jogo empatado: se um canal ganha consumidores, outro deve ter perdido.

Evitar, ou pelo menos atenuar esses conflitos, requer conhecimento dos fatores econômicos e comportamentais que fundamentam os canais de marketing, bem como a estratégia inteligente de canal para tentar estruturar ou efetivamente gerenciar esses conflitos de canal. Esses tópicos serão tratados em detalhes e profundidade mais adiante.[14]

Vantagem competitiva sustentável e estratégia multicanal

Vantagem competitiva sustentável é aquela que não pode ser copiada rápida ou facilmente pelos concorrentes.[15] Na arena competitiva global de hoje, obtê-la, enfatizando os primeiros três Ps do *mix* de marketing (produto, preço e promoção), tornou-se mais difícil. Com algumas notáveis exceções, as diferenças do produto, quer sejam baseadas na inovação de design, avanços tecnológicos, qualidade ou identidade da marca, podem ser copiadas, combinadas e até mesmo melhoradas por concorrentes em um curto período de tempo. Da mesma forma, o foco no preço baixo como meio para alcançar uma vantagem competitiva sustentável pode se provar uma estratégia menos viável atualmente. Há sempre um país ou região do mundo onde o produto pode ser produzido pelos concorrentes a um custo menor e por preços mais baixos. Indo agora para a terceira arena estratégica do *mix* de marketing, promoção, esta pode oferecer ainda menos base para obter esse tipo de vantagem do que as estratégias de preço e produto. Hoje, os consumidores são literalmente inundados por mensagens de propaganda e promoção de vendas, tanto on-line (só os anunciantes do Google gastaram mais de $ 22 bilhões em 2009) quanto por mídias tradicionais (mais de $ 125 bilhões). Essas despesas enormes criaram uma enxurrada de anúncios e outras formas de promoção às quais os consumidores são expostos todos os dias. Isso criou um grande acúmulo, reduzindo drasticamente o impacto das mensagens promocionais, independentemente de quão inteligentes sejam e em que meios tenham sido divulgadas, já que literalmente milhares de mensagens derrubam umas às outras na mente da audiência-alvo em pouco tempo. Então, manter uma vantagem competitiva usando promoções por um período de tempo significativo tornou-se extremamente difícil diante dessa intensa confusão.

Como resultado dessas evoluções, a estratégia de canal, particularmente a multicanal, vem atraindo cada vez mais atenção como um meio de obter vantagem competitiva sustentável. A razão principal para isso é que estratégias de canal bem formuladas são mais difíceis de copiar pelos concorrentes. Desenvolvê-las de forma eficiente muitas vezes exige um compromisso de longo prazo e investimentos expressivos em infraestrutura e no desenvolvimento de competências humanas. Por exemplo, o sistema de canais mundialmente reconhecido da Caterpillar, baseado em megadistribuidores bem capitalizados numa cadeia de suprimentos que utiliza a tecnologia da informação mais avançada e em funcionários altamente treinados e motivados, atuando em concessionárias independentes, não é algo que um concorrente possa implementar tão rapidamente quanto poderia no caso de copiar determinado modelo de máquina de terraplenagem da Caterpillar.[16]

DEFINIÇÃO DE CANAL DE MARKETING

O conceito de canal de marketing pode ser confuso. Muitas vezes, ele é pensado como o caminho por onde passa o produto ao mover-se do produtor para o consumidor ou outro usuário final. Alguns o definem como o caminho percorrido pela titularidade dos bens ao passar pelos vários agentes. Outros, ainda, o descrevem em termos de uma coalizão de empresas que se unem para fins comerciais.

Grande parte da confusão decorre das diferentes perspectivas ou pontos de vista. O fabricante, por exemplo, pode focar os diferentes intermediários necessários para levar os produtos aos consumidores e, então, definir o canal de marketing em termos do movimento dos produtos por esses vários intermediários. Estes, atacadistas ou varejistas, dos quais se espera transportem estoques substanciais de diversos fabricantes e assumam os riscos associados a essa função, podem ver o fluxo da titularidade dos bens como o delineador apropriado do canal de marketing. Os consumidores podem ver esses canais como a coleção de *websites* que usam quando fazem compras on-line, ou, no caso dos convencionais, as lojas que frequentam. Por fim, o pesquisador, que os observa conforme opera no sistema econômico, pode descrevê-los em termos de suas dimensões estruturais e eficiência de operação.

Em função de todas essas perspectivas, não é possível ter uma única definição de canal de marketing. Neste livro, assumimos o ponto de vista da tomada de decisão gerencial desse canal, como é visto, principalmente, pelos olhos da administração de marketing, tipicamente por empresas de produção e indústrias. Assim, esse canal é tido como uma das áreas-chave de decisão de marketing, com o qual a gerência de marketing deve se preocupar. Nesse contexto, **canal de marketing** pode ser definido como: *a organização contatual externa que a administração opera para alcançar seus objetivos de distribuição.*

Quatro termos dessa definição devem ser notados: *externa*, *organização contatual*, *opera* e *objetivos de distribuição*.

O termo **externo** significa que o canal de marketing existe *fora* da empresa. Em outras palavras, não faz parte da estrutura organizacional interna. A administração desse canal envolve, portanto, o uso da **administração interorganizacional**[17] (administrar mais de uma empresa), em vez de **intraorganizacional** (administrar só uma empresa). É importante ter esse ponto em mente, pois muitos problemas e peculiaridades do gerenciamento dos canais de marketing discutidos neste texto decorrem dessa estrutura externa (interorganizacional).[18]

O termo **organização contatual** refere-se a empresas ou partes que estão envolvidas em funções de negociação conforme um produto ou serviço sai do produtor para chegar ao usuário final. As funções de negociação consistem na compra, venda e transferência dos direitos sobre os bens ou serviços; em consequência, apenas as empresas ou partes que as exercem são membros do canal.[19] Outras empresas (normalmente chamadas de *agentes facilitadores*), como as de transportes, armazéns públicos, bancos, seguradoras, agências de propaganda e afins, que não exercem funções de negociação, estão excluídas.[20] Essa distinção não é uma questão de preciosismo acadêmico. Quando se está lidando com empresas ou partes que desempenham funções de negociação, os problemas de administração de canal envolvidos são muitas vezes fundamentalmente diferentes daqueles encontrados quando se lida com agentes que não as executam. Isso ficará mais claro à medida que avançarmos pelo texto.

O terceiro termo, **opera**, sugere o envolvimento da administração nos assuntos do canal. Esse envolvimento pode variar do desenvolvimento inicial da estrutura do canal até seu gerenciamento cotidiano. Quando a administração opera a organização contatual externa, é porque decidiu não deixá-la funcionar por conta própria. Isso *não* significa que a administração possa ter controle total ou mesmo substancial do canal. Em muitos casos, como veremos nos capítulos seguintes, isso não é possível. Porém, ao operá-lo, a administração está agindo para evitar o controle inconsciente de *suas* ações pelo canal.[21]

Por fim, **objetivos de distribuição**, quarto termo importante na definição, significa que a administração tem certas metas de distribuição em mente, existindo o canal de marketing como meio de alcançá-las. A estrutura e a administração do canal são, em parte, uma função dos objetivos de distribuição de uma empresa. Conforme estes mudam, variações na organização contatual externa e a forma como a administração a opera também podem mudar. Por exemplo, quando os objetivos de distribuição da Dell Computer Corporation mudaram do foco principal nos consumidores B2B, passando a dar mais ênfase à penetração mais intensa no mercado B2C, mudou sua estrutura de canal para incluir varejistas que fornecessem um nível de exposição e chegassem a consumidores que até então não estavam disponíveis nos seus canais de distribuição direta.[22]

Uso do termo *gerente de canal*

Ao longo deste texto, em geral usaremos esse termo para nos referir a qualquer pessoa de uma empresa ou organização que esteja envolvida na tomada de decisões sobre canais de marketing. Na prática, relativamente poucas empresas ou organizações têm, de fato, uma posição executiva exclusiva chamada gerente de canal.[23] Porém, como mostrado na Figura 1.3, algumas grandes empresas norte--americanas ocupam posições executivas nas quais as tarefas são semelhantes às do gerente de canal definidas aqui. O cargo de "Gerente de estratégia de canal", na Advanced Micro Devices, "VP de gerenciamento de canal", na McGraw-Hill, e "gerente de canais de marketing" na Cisco Systems, Konica Minolta Business Solutions e Newell Rubbermaid, talvez sejam os cargos mais próximos do termo "gerente de canal" usado aqui. Com frequência, dependendo do tipo de empresa ou organização e do seu tamanho, vários executivos estão envolvidos nas decisões do canal de marketing. Para os fabricantes de bens de consumo, por exemplo, o vice-presidente ou o diretor de marketing, o gerente de produto ou o de marca e o executivo de vendas, bem como o vice-presidente ou o diretor de vendas, podem ser os responsáveis pelas decisões do canal. Em algumas redes de franquias, comuns nos setores de *fast-food* e serviços, um gerente médio executivo, chamado "gerente de relações com os franqueados", por vezes tem importante papel na tomada de decisões de canal, ao lado dos executivos de vendas e de marketing do franqueador. Em empresas de pequeno porte uma grande variedade de produtos de consumo ou industriais, a maioria das decisões de canal fica a cargo do proprietário/gerente.

Nome da empresa	Título do cargo de gerenciamento de canais
Accenture Sales	Gerente de estratégia de vendas e canal
Advanced Micro Devices	Gerente de estratégia de canal
America Online	Gerente de canal e operações de vendas
Assurant	Gerente de desenvolvimento de canal
AT&T Wireless	Gerente de canal líder
Bank of America	VP, Gerente de programa de canal
Cisco Systems	Gerente de marketing de canal
Google	Gerente de canal empresarial, pesquisa
Honeywell International	Gerente de vendas por canal
Konica Minolta	Gerente de marketing de canal de soluções de negócio
McAfee	Gerente de marketing de canal
McGraw-Hill	VP, Gerente de canal
Microsoft Corporation	Gerente sênior de canal e comunicação
Newell Rubbermaid	Gerente de marketing de canal
Sallie Mae	Gerente de programa de canal parceiro
Seagate Technology	Gerente de programas de canal
SunGard	Gerente de vendas por canal
Symantec	Gerente de programa e de preparação do canal
T-Mobile	Gerente sênior de estratégia e análise de canal

FIGURA 1.3 ▶ Cargos ligados ao gerenciamento de canais em empresas norte-americanas selecionadas.

© Cengage Learning 2013

Com tantos tipos e níveis diferentes de gerentes envolvidos na tomada de decisões de canal, e dado o pequeno número de gerentes de canal com essa denominação, poderíamos ter usado um termo genérico como *tomador de decisões* ou *profissional de marketing* quando nos referimos a um indivíduo que toma as decisões de canal. No entanto, optamos por usar o termo *gerente de canal* porque oferece um foco ao se referir ao importante papel da tomada de decisões de canal dentro da empresa. Então, independentemente do título profissional de um indivíduo, quando ele está envolvido na tomada de decisões de canal, ele está ocupando o papel de gerente de canal, ainda que tal posição não exista formalmente no organograma da empresa. Em outras palavras, qualquer pessoa na empresa que esteja tomando decisões de canal é, quando envolvida nessa atividade, um gerente de canal.

Canais de marketing e estratégia de administração de marketing

Como mencionado em nossa discussão sobre obtenção de vantagem competitiva sustentável no início deste capítulo, o modelo clássico de estratégia do *mix* de marketing fornece a estrutura para a visualização do canal de marketing na perspectiva da administração de marketing.[24] O modelo do *mix* de marketing retrata o processo de administração de marketing como uma combinação estratégica de quatro das suas variáveis controláveis (o *mix* de marketing) para atender às demandas dos consumidores que a empresa deseja atrair (mercados-alvo) à luz das variáveis incontroláveis, internas e externas. As variáveis básicas do *mix* de marketing, normalmente chamadas "Os quatro Ps", são: produto, preço, promoção e praça (lugar). As variáveis externas incontroláveis são forças ambientais importantes, como a economia, padrões socioculturais de comportamento do comprador, concorrência, governo e tecnologia; as funções da empresa que não são de marketing constituem as variáveis internas incontroláveis. A Figura 1.4 mostra um retrato típico do modelo de estratégia do *mix* de marketing. As principais tarefas da administração de marketing são: procurar potenciais mercados-alvo e desenvolver estratégias apropriadas e coordenadas de produto, promover preço e distribuição para atender a esses mercados em um ambiente competitivo e dinâmico.

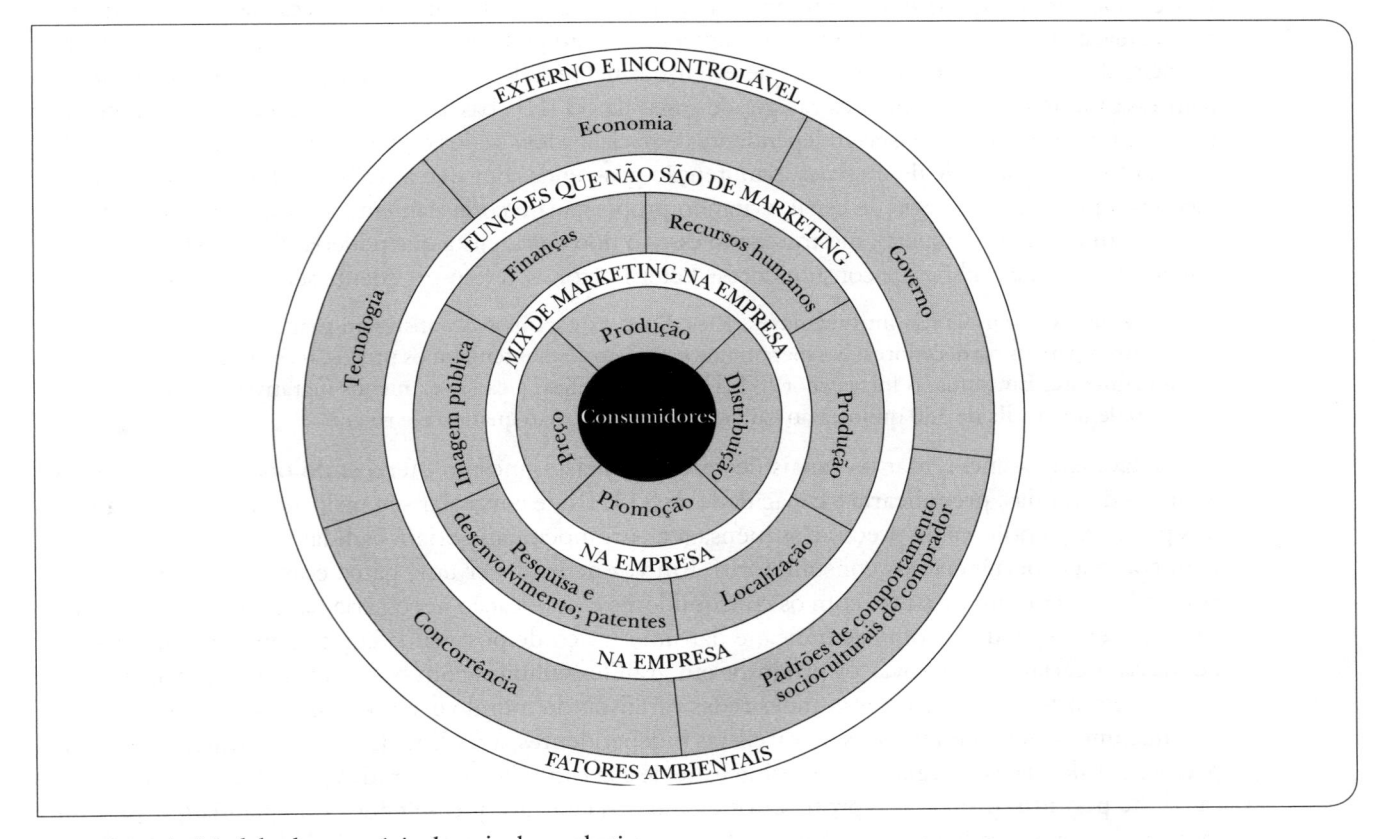

FIGURA 1.4 ▶ Modelo de estratégia do *mix* de marketing.

Fonte: Bert Rosenbloom, *Retail marketing*. Nova York: Random House, 1981, p. 14.

A **estratégia do canal** de marketing, uma das principais áreas estratégicas da administração de marketing, encaixa-se na variável de distribuição (praça) do respectivo *mix*. A administração deve desenvolver e colocar seus canais de marketing de forma a apoiar e reforçar as demais variáveis estratégicas do *mix* a fim de satisfazer às demandas dos mercados-alvo da empresa.

A estratégia de canal empregada pela STIHL, fabricante líder mundial de serras e grande produtora de outras máquinas portáteis de uso ao ar livre, como roçadeiras, aparadores de cerca viva e sopradores, ilustra a inter-relação entre estratégia de canal e outras variáveis estratégicas do *mix* de marketing.

Em termos de estratégia de produto, essa empresa goza da reputação de fazer produtos de alta qualidade. Sua principal fábrica, em Virginia Beach, na Virgínia, é a maior e mais avançada instalação de criação e engenharia de produtos manuais para uso ao ar livre do mundo.[25] Seu compromisso com a qualidade é reforçado por sua ênfase na inovação contínua e no desempenho dos produtos. A empresa também espera que seus produtos sejam eficientes em termos de energia e ecologicamente responsáveis. Esse compromisso tem resultado em uma forte imagem da marca dos seus produtos entre os consumidores e os concorrentes.

Quanto à estratégia de preços no *mix* de marketing da STIHL, o foco principal está no valor, e não no preço baixo. A cultura da empresa reflete a crença "antiquada" de que você recebe pelo que paga. Então, mesmo evitando usar termos como "maior preço" ou "preço *premium*", sua estratégia de preço é projetada para refletir e dar suporte a seus melhores produtos.

A estratégia promocional da STIHL visa reforçar a qualidade do produto e as estratégias de precificação do valor. Seu *website* afirma: "Nossos produtos são feitos para ter um bom desempenho" e fornece descrições detalhadas de vários de seus produtos líderes,[26] além de dar acesso a depoimentos de consumidores que enfatizam o desempenho, a durabilidade e o valor oferecidos pelos seus produtos.

Em relação à quarta variável estratégica do *mix* de marketing da STIHL, sua estratégia de canal, a companhia adotou uma abordagem nova, mas consistente com as outras três: ela optou por *não* vender seus produtos por meio de grandes revendedores de materiais de construção e decoração, Home Depot e Lowe's. De fato, fez questão de anunciar ao mundo sua recusa em lidar com esses canais de varejo de massa. Regularmente, ela coloca anúncios de página inteira em grandes jornais, como *The Wall Street Journal*, anunciando corajosamente sua política de evitar o canal grande varejista, além de veiculá-los na televisão com essa mesma mensagem. A estratégia de canal da STIHL baseia-se na venda de seus produtos por meio de mais de 8 mil varejistas independentes especializados, todos com profundo conhecimento sobre o produto e a capacidade de oferecer manutenção pós-venda. Por que a STIHL adotou essa abordagem incomum para sua estratégia de canal, evitando propositada e corajosamente a Home Depot e a Lowe's (assim como Sears e Walmart), mesmo sendo esses o tipo de varejista que poderia disponibilizar seus produtos a dezenas de milhões de consumidores? Peter Burton, seu vice-presidente sênior de vendas explica:

> Os grandes varejistas são intimidadores. Eles ditam as garantias e transferem suas atividades operacionais custosas para os fornecedores. E esperam que estes não só mantenham os preços, mas façam que os reduzam anualmente. Em suma, o fornecedor [STIHL] fica indefeso e cada vez menos lucrativo. Se você dorme ao lado de um gorila de 350 quilos, não vai querer ficar embaixo quando ele rolar.[27]

Então, em essência, usar os canais de varejo de massa, mesmo oferecendo oportunidade de altos volumes de vendas, prejudicaria a capacidade da STIHL de controlar seu próprio destino. A qualidade dos produtos, a política de preços e as mensagens promocionais seriam cedidas aos grandes varejistas, bem como a experiência dos consumidores. Em vez de fornecer uma gama completa de serviços envolvendo um contato próximo com os consumidores e a educação necessária para que façam a compra certa e usem o produto com segurança, e dar um serviço de pós-venda competente, os comerciantes de massa focariam em desovar os produtos em grandes volumes com base na precificação agressiva.

Ao recusar-se a lidar com as grandes redes varejistas do mundo e, em vez disso, usar uma estratégia de canal que conta com milhares de varejistas independentes, a STIHL fez de sua estratégia de canal a peça-chave de sua estratégia de marketing e até de sua estratégia corporativa global. Essa estratégia de canal lhe permitiu preservar e proteger os elementos centrais que defende: alta qualidade e produtos inovadores, precificados para fornecer valor ao consumidor, sólida rentabilidade e uma ligação real com seus consumidores, não só antes da venda, mas também por muitos anos depois.

Estratégia de canal *versus* administração logística

Como mencionado, a estratégia de canal encaixa-se na variável da distribuição do *mix* de marketing, assim como a administração logística; esses dois componentes, juntos, compõem a variável da distribuição do *mix* de marketing, como ilustrado na Figura 1.5.

Estratégia de canal e administração da logística estão intimamente relacionadas, mas a primeira é um componente muito mais amplo e mais essencial do que a segunda. A estratégia de canal está preocupada com o *processo inteiro* de configurar e operar a organização contatual, a responsável pelo cumprimento dos objetivos de distribuição da empresa. Já a administração da logística está mais focada em tornar os produtos disponíveis em tempos e lugares apropriados no canal de marketing. Normalmente, a estratégia de canal já deve ter sido formulada *antes* de a administração da logística começar a ser considerada.

Nos últimos anos, a importância de construir relações estratégicas entre membros do canal para melhorar e facilitar o processo logístico foi capturada pelo termo *"supply chain management"*, ou gerenciamento da cadeia de suprimentos, que reconhece que a distribuição física eficaz envolve mais do que questões "mecânicas" associadas ao transporte, ao armazenamento, ao processamento de pedidos e à gerenciamento do estoque. Falaremos mais sobre esse tópico no Capítulo 13.

O exemplo do caso da STIHL, já discutido, vai ajudar a esclarecer esse ponto. A empresa precisava planejar uma estratégia de canal para lidar com questões como a identificação e a seleção dos revendedores apropriados; como motivá-los a promover seus produtos; verificar se o pessoal de vendas do revendedor estava devidamente treinado para informar os benefícios dos produtos STIHL; resolver os vários termos do relacionamento do canal, como crédito, procedimentos de pagamento e níveis de estoque; determinar que tipos e níveis de apoio promocional seriam fornecidos; e muitos outros fatores. O contato contínuo entre a STIHL e seus mais de 8 mil revendedores independentes também seria necessário para certificar-se de que a estratégia de canal realmente estava sendo executada e para resolver os problemas inevitáveis que surgiriam no curso da distribuição de produtos. Então, só *depois* de essa estratégia ter sido desenvolvida e implementada por meio da administração de canal a da logística entraria em cena. Obviamente, se os revendedores não pudessem ser convencidos a oferecer e vender agressivamente produtos STIHL, haveria pouca necessidade de administração logística para garantir a entrega das quantidades combinadas do produto no tempo e nos lugares certos.

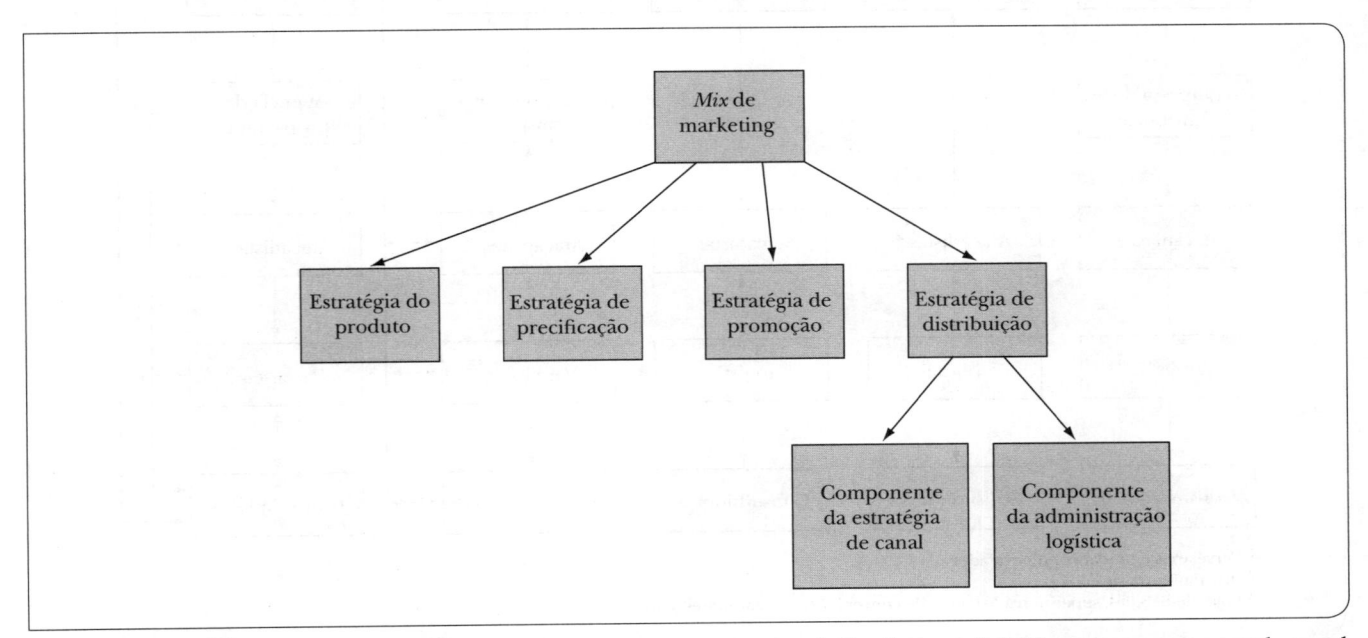

FIGURA 1.5 ▶ Variáveis estratégicas do *mix* de marketing com a variável distribuição dividida em componentes de canal e de logística.

© Cengage Learning 2013

Fluxos em canais de marketing

Quando um canal de marketing está sendo desenvolvido, surge uma série de fluxos, que fornecem as ligações entre membros do canal e outros agentes na distribuição de bens e serviços.[28] Do ponto de vista da administração e da estratégia de canal, os fluxos mais importantes são:

- do produto
- de negociação
- de propriedade
- de informação
- de promoção

Esses fluxos podem ser ilustrados examinando os associados aos canais de distribuição da Mil-lerCoors, a segunda maior cervejaria nos Estados Unidos,[29] mostrados na Figura 1.6. O **fluxo de produto** refere-se ao movimento físico real do produto do fabricante (MillerCoors) por todos os participantes que têm a posse física do produto, do seu ponto de produção até o consumidor final. No caso da cerveja Coors, o produto vem de cervejarias e fábricas de embalagem no Colorado, Tennessee e Virgínia, de caminhões da empresa ou transportador comum (empresa de transporte) para os distribuidores da cerveja (atacadistas), que por sua vez despacham o produto (em geral em seus próprios caminhões) para lojas de bebidas, supermercados, lojas de conveniência, restaurantes e bares (varejistas), onde finalmente é comprado pelos consumidores.

O **fluxo de negociação** representa a interação das funções de compra e venda associadas à transferência de titularidade (direito de propriedade) para produtos MillerCoors. Observe na figura que a empresa de transporte não está incluída nesse fluxo porque não participa das funções de negociação. Note também que as setas fluem em *ambas* as direções, indicando que as negociações envolvem uma troca mútua entre compradores e vendedores em todos os níveis do canal.

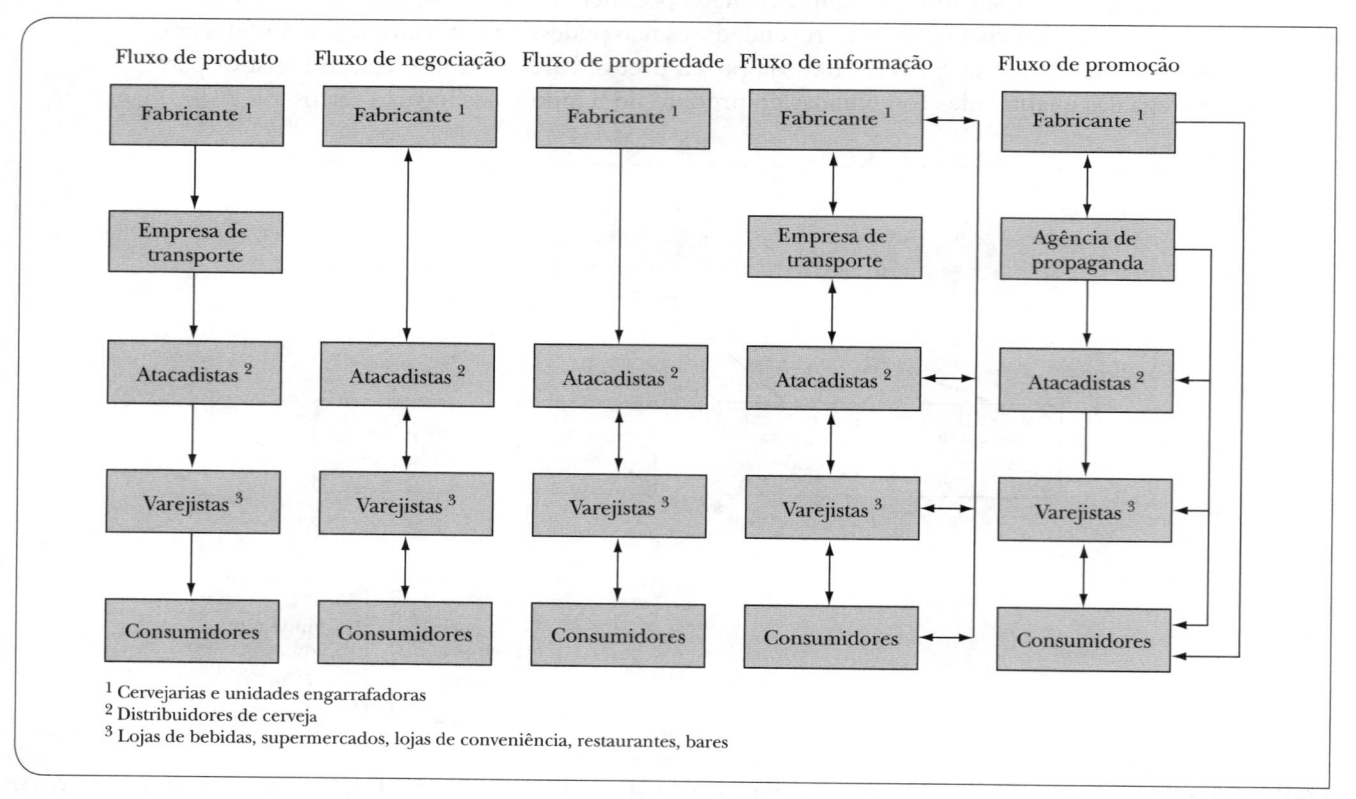

[1] Cervejarias e unidades engarrafadoras
[2] Distribuidores de cerveja
[3] Lojas de bebidas, supermercados, lojas de conveniência, restaurantes, bares

FIGURA 1.6 ▶ Cinco fluxos de canal de marketing da Coors Beer.

© Cengage Learning 2013

O **fluxo de propriedade** mostra o movimento da assunção dos direitos sobre o produto conforme passa do fabricante para o consumidor final. Novamente, a empresa de transporte não está incluída porque não adquire os direitos do produto nem está ativamente envolvida em auxiliar a transferência deste, mas somente no seu transporte físico propriamente dito.

Passando agora para o **fluxo de informação**, vemos que a empresa de transporte reapareceu, sendo todas as setas que mostram o trânsito de informação do fabricante para o consumidor bidirecionais. Todos os envolvidos participam da troca de informações, e o fluxo pode ser para cima ou para baixo. Por exemplo, a Coors pode obter informações sobre sua agenda de fretes e taxas da empresa de transportes, e esta pode buscar informações da MillerCoors sobre quando e em que quantidades planeja comprar o produto. Por vezes, o fluxo de informação ignora a empresa de transporte, como mostrado pela seta que vai do fabricante (do lado direito da caixa) diretamente para atacadistas, varejistas e consumidores. Essa via ocorre quando as informações pretendidas não dizem respeito à empresa de transporte, tais como detalhes associados à compra, venda ou promoção de produtos MillerCoors. Se o fabricante, por exemplo, disponibiliza aos distribuidores de cerveja uma redução especial de preço, digamos, na cerveja Coors Extra Gold, essa informação seria passada diretamente para os distribuidores de cerveja, e não seria motivo de preocupação para a transportadora.

Por fim, o **fluxo de promoção** refere-se ao trânsito de comunicação persuasiva, sob a forma de propaganda, venda pessoal, promoção de vendas e publicidade. Aqui, um novo componente, a agência de propaganda, está incluído no fluxo, porque ela está ativamente envolvida em prestar e manter o fluxo de promoção, especialmente o elemento propaganda da promoção. A seta bidirecional conectada por uma linha entre o fabricante e a agência de propaganda é feita para mostrar que ambos trabalham juntos para desenvolver estratégias promocionais. Todas as outras setas mostram um fluxo unidirecional da agência de propaganda ou diretamente do fabricante para as outras partes do canal de marketing.

O conceito de fluxos de canal fornece outra base para fazer a distinção entre estratégia de canal e administração logística. Neste capítulo, salientamos que estratégia e administração de canal são componentes mais amplos de distribuição do que de logística. No contexto do conceito de fluxos de canal, isso acontece porque a administração e a estratégia de canal envolvem planejamento e gerenciamento de *todos* os fluxos, enquanto a logística está preocupada quase exclusivamente com a administração do fluxo de produto.

Além disso, esse conceito fornece uma boa base para separar membros de não membros do canal. Lembre-se de que em nossa definição de canal de marketing apenas os participantes que estavam envolvidos nas funções de negociação de compra, venda e transferência de direitos sobre os produtos eram considerados membros da organização contatual (o canal de marketing). Do ponto de vista dos fluxos de canal, então, apenas quem participa dos de negociação ou dos direitos do produto seria membro do canal de marketing.

Do ponto de vista da administração de canal, o conceito de fluxos fornece um modelo útil para compreender seu escopo e complexidade. Ao pensar em termos dos cinco fluxos, torna-se óbvio que a administração de canal envolve muito mais do que apenas gerir o fluxo do produto físico por meio do canal. Os outros (de negociação, direitos sobre os produtos, informação e promoção) também devem ser gerenciados e coordenados efetivamente para que se possam alcançar os objetivos de distribuição da empresa.[30] De fato, grande parte do conteúdo deste texto gira em torno das atividades de administração de canal que envolvem esses fluxos de canal. Porque lidar com as mudanças ambientais e as dimensões comportamentais dos canais (tópicos tratados nos Capítulos 3 e 4) certamente envolve o fluxo de informação. Formular estratégias de canal, projetá-lo e selecionar seus membros (tópicos dos Capítulos 5, 6, 7 e 8) estão muito relacionados aos fluxos de negociação, direitos sobre o produto, informação, bem como ao seu fluxo. Motivar membros do canal (discutido no Capítulo 9) depende de uma administração eficaz dos fluxos de informação e promoção. Os Capítulos 10, 11, 12 e 13 tratam das interfaces entre a administração de canais e das outras variáveis do *mix* de marketing que requerem gerenciamento e coordenação de todos os fluxos. Finalmente, a avaliação do desempenho dos membros do canal (discutido no Capítulo 14) depende quase que inteiramente de uma administração eficaz do fluxo de informações.

Da perspectiva da administração de canal, o conceito de fluxos de canais de marketing ajuda a transmitir a natureza dinâmica desses canais. A palavra *fluxo* sugere movimento ou estado fluido, e na verdade essa é a natureza dos canais de distribuição. Mudanças, óbvias ou sutis, parecem estar sempre ocorrendo. Surgem novas formas de distribuição, diferentes tipos de intermediários aparecem no canal, enquanto outros desaparecem, estruturas competitivas incomuns fecham algumas vias de distribuição e abrem outras.[31] Mudança nos padrões comportamentais do consumidor e novas formas de tecnologia adicionam ainda outras dimensões de mudança. Por exemplo, os fluxos de informação e promoção da MillerCoors estão agora sendo reforçados pelo Facebook e Twitter como fluxos de mensagem da empresa para fãs e seguidores (consumidores da MillerCoors) e vice-versa.

Distribuição por meio de intermediários

Uma pergunta feita desde o tempo da Grécia antiga é: por que é tão frequente haver intermediários entre os produtores e os usuários finais dos produtos? A questão da necessidade de intermediários em canais de marketing ganhou novo enfoque nos últimos anos, com o surgimento da internet e dos canais de distribuição on-line. O termo **desintermediação**, um jeito pomposo de dizer "eliminar o intermediário", tornou-se um jargão popular no vocabulário dos negócios. O pensamento subjacente à desintermediação baseia-se na impressionante capacidade tecnológica da internet de conectar todos a todo o mundo, incluindo os produtores aos consumidores finais. Mas, até agora, essa desintermediação não ocorreu em grande escala. O fato de a internet e a World Wide Web poderem conectar centenas de milhões de pessoas e instituições não obrigatoriamente evita a necessidade de intermediários. Na verdade, conforme prosseguirmos no texto, ficará evidente que a tecnologia, por mais que seja tão importante e potente quanto a internet, não é o único determinante do papel, se houver algum, que os intermediários vão desempenhar nos canais de marketing. Considerações econômicas também são essenciais para definir se intermediários surgirão nos canais de marketing, dos quais dois dos mais importantes são especialização/divisão do trabalho e eficiência contatual.

ESPECIALIZAÇÃO E DIVISÃO DO TRABALHO

A primeira exposição clara sobre o princípio da **especialização e divisão do trabalho** geralmente é atribuída à obra clássica de Adam Smith, *A riqueza das nações*, publicado em 1776, no qual o autor citou o exemplo de uma fábrica de alfinetes. Ele observou que, quando as operações de produção necessárias à manufatura de alfinetes foram alocadas a um grupo de trabalhadores, para que cada profissional se especializasse em realizar apenas uma tarefa, houve um grande aumento da produção em relação ao que era possível quando esse mesmo número de trabalhadores realizava individualmente todas as operações.

A lógica desse princípio tem sido mais bem compreendida quando aplicada a um ambiente de produção. Mas esse entendimento muitas vezes se perde quando a especialização e a divisão de trabalho são aplicadas a uma situação de distribuição, em particular quando mais de uma empresa está envolvida. No entanto, seja aplicado à produção ou à distribuição, dentro de uma empresa ou entre várias, o conceito é fundamentalmente o mesmo.[32] Quando se divide uma tarefa complexa em várias menores e menos complexas, atribuindo-as a pessoas que são especialistas em realizá-la, o resultado é muito mais eficiente. A Figura 1.7 ajuda a ilustrar isso ao comparar o princípio de especialização e divisão do trabalho aplicado na produção *versus* distribuição para um fabricante de guitarras elétricas. Embora muito simplificada, essa figura mostra oito tarefas de produção e sete de distribuição envolvidas na transformação da madeira e de outros componentes em guitarras elétricas para, então, ser entregues ao consumidor. As oito tarefas de produção foram atribuídas a várias estações de produção na fábrica, nas quais os trabalhadores especializados em cada tarefa as realizam. No lado direito da figura, várias tarefas de distribuição foram alocadas entre agentes, atacadistas e varejistas, bem como ao fabricante e aos consumidores.

A única diferença na aplicação do conceito de especialização e divisão de trabalho, quando aplicado à produção *versus* distribuição nessa figura, é que as tarefas de produção foram alocadas *intraorganizacionalmente*, enquanto as de distribuição, *interorganizacionalmente*. Dessa forma, assim como o gerente de

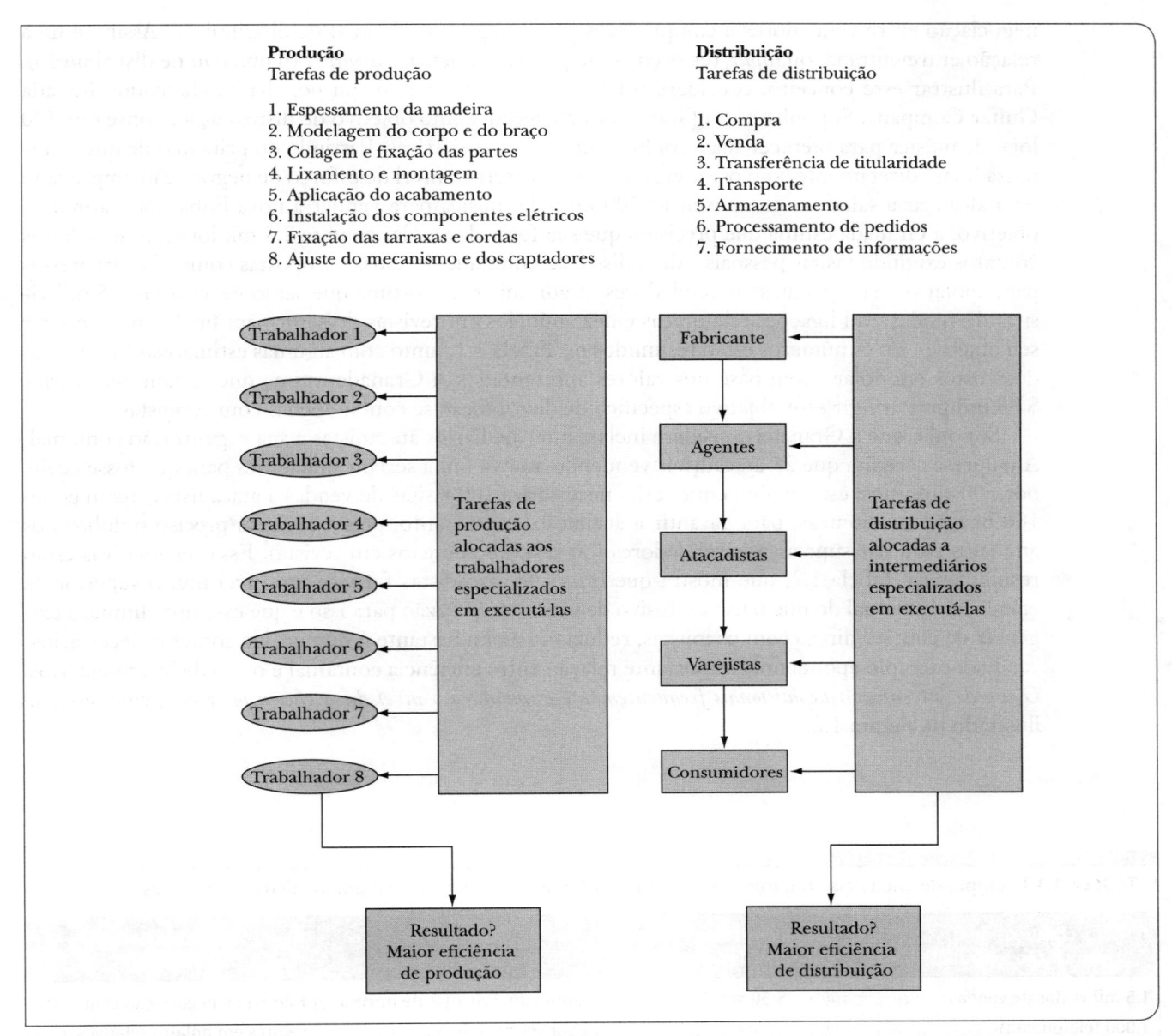

Produção
Tarefas de produção

1. Espessamento da madeira
2. Modelagem do corpo e do braço
3. Colagem e fixação das partes
4. Lixamento e montagem
5. Aplicação do acabamento
6. Instalação dos componentes elétricos
7. Fixação das tarraxas e cordas
8. Ajuste do mecanismo e dos captadores

Distribuição
Tarefas de distribuição

1. Compra
2. Venda
3. Transferência de titularidade
4. Transporte
5. Armazenamento
6. Processamento de pedidos
7. Fornecimento de informações

Trabalhador 1
Trabalhador 2
Trabalhador 3
Trabalhador 4
Trabalhador 5
Trabalhador 6
Trabalhador 7
Trabalhador 8

Tarefas de produção alocadas aos trabalhadores especializados em executá-las

Fabricante
Agentes
Atacadistas
Varejistas
Consumidores

Tarefas de distribuição alocadas a intermediários especializados em executá-las

Resultado?
Maior eficiência de produção

Resultado?
Maior eficiência de distribuição

FIGURA 1.7 ▸ Princípio da especialização e divisão do trabalho: Produção *versus* distribuição para um fabricante de guitarras elétricas.

© Cengage Learning 2013

produção do fabricante deve alocar tarefas de produção com base na especialização e divisão do trabalho, o gerente de canal também deveria. Idealmente, ele deve alocar as tarefas de distribuição àquelas empresas que podem realizá-las com mais eficiência. Sua organização contatual então refletiria uma alocação ideal das tarefas de distribuição. Na realidade, é claro, isso nem sempre é possível. No entanto, ao pensar em termos desse princípio aplicado à distribuição, o gerente do canal estará mais bem equipado para, pelo menos, se aproximar de uma alocação ideal de tarefas de distribuição. No Capítulo 6, sobre como projetar o canal de marketing, abordaremos essa questão com mais detalhes.

EFICIÊNCIA CONTATUAL

O segundo conceito no qual se apoia o modelo para decidir se é preciso usar intermediários é a eficiência contatual.[33] Do ponto de vista do gerente de canal, essa eficiência é o nível de esforço de negociação entre vendedores e compradores para atingir um objetivo de distribuição. Assim, é uma relação entre entrada, ou *input*, (esforço de negociação) e saída, ou *output* (o objetivo de distribuição). Para ilustrar esse conceito, considere o fabricante da guitarra, daqui por diante chamado Granada Guitar Company. Suponha que a Granada estabeleceu, como objetivo de distribuição, conseguir 500 lojas de música para oferecer sua nova linha de guitarras elétricas. Partindo do princípio de que a empresa lidará diretamente com os varejistas, a entrada seria o nível de esforço de negociação empregado para alcançar a saída – conquistar as 500 lojas de música para vender a nova linha. Para atingir o objetivo, a Granada estima que precisará que sua força de vendas contate 2,5 mil lojas, muitos desses contatos exigindo visitas pessoais. Além disso, acredita que deve usar propostas comerciais impressas para apoiar os esforços de seus vendedores. A administração estima que serão necessárias 1,5 mil visitas de vendas, mil ligações telefônicas e dez anúncios em revistas do setor para finalmente alcançar seu objetivo. Esses números estão resumidos na Tabela 1.1, junto com algumas estimativas hipotéticas dos custos em dólar. Com base nos valores apresentados, a Granada estima que seriam necessários $ 88 mil para atingir esse objetivo específico de distribuição se contar apenas com varejistas.

Suponha que a Granada considere incluir intermediários atacadistas à sua organização contatual. A empresa acredita que 25 atacadistas vendendo a nova linha seriam suficientes para que fosse aceita por 500 varejistas; estima ainda que serão necessárias 100 visitas de vendas a atacadistas, assim como 100 ligações telefônicas, para garantir a aceitação. No entanto, prevê que será preciso o dobro dos anúncios para dar suporte aos vendedores (ou seja, 20 anúncios em revista). Essas estimativas estão resumidas na Tabela 1.2, que mostra que o uso de atacadistas fornece um nível muito superior de eficiência contatual do que o uso exclusivo de varejistas. A razão para isso é que esse uso elimina a exigência de contato direto com os lojistas, reduzindo assim bastante o número de contatos necessários.

Esse exemplo aponta uma importante relação entre eficiência contatual e o uso de intermediários. *O uso de intermediários adicionais frequentemente aumentará o nível dessa eficiência.* Esse princípio está ilustrado na Figura 1.8.

▶ **TABELA 1.1** Exemplo de eficiência contatual para a Granada Guitar Company distribuindo apenas a varejistas

Esforços de negociação (entradas)	Custos estimados em dólar das entradas	Objetivos de distribuição (saída)	Eficiência contatual
1,5 mil visitas de vendas 1.000 telefonemas 10 anúncios em revistas	@ $ 50 = $ 75.000 @ 3 = $ 3.000 @ 1.000 = $ 10.000 Total $ 88.000	Conseguir 500 lojas de música para vender a linha de guitarras	Esforço de negociação com valores em dólares relativos a atingir o objetivo de distribuição = $ 88.000

© Cengage Learning 2013

▶ **TABELA 1.2** Exemplo de eficiência contatual para a Granada Guitar Company distribuindo por meio de atacadistas

Esforço de negociação (entradas)	Custos estimados em dólar das entradas	Objetivo da distribuição (saída)	Eficiência contatual
100 visitas de vendas 100 telefonemas 20 anúncios em revista	@ $ 50 = $ 5.000 @ 3 = $ 3.000 @ 1.000 = $ 20.000 Total $ 25.300	Conseguir 500 lojas de música para vender a linha de guitarras	Esforço de negociação com valores em dólares relativos a atingir o objetivo de distribuição = $ 25.300

© Cengage Learning 2013

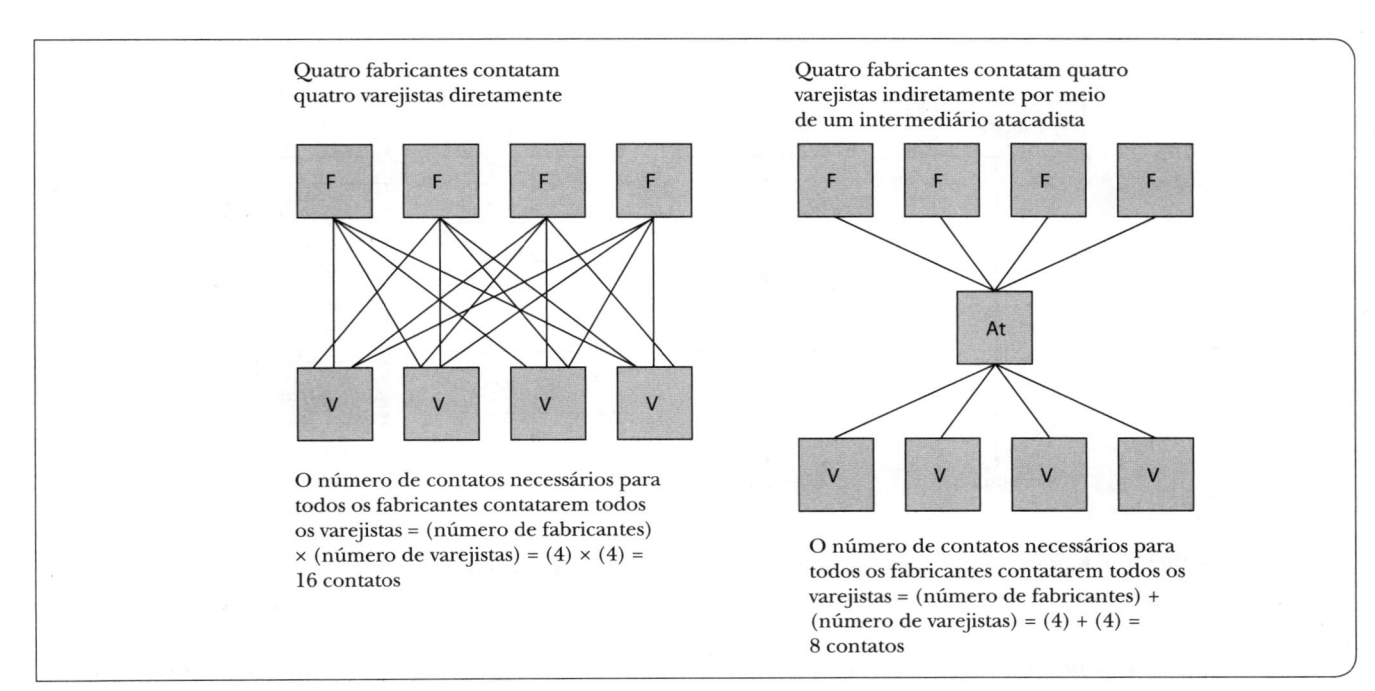

FIGURA 1.8 ▶ Como a introdução de um intermediário adicional reduz o número de contatos.
© Cengage Learning 2013

Isso não significa que as considerações sobre eficiência contatual e especialização e divisão do trabalho sejam tudo o que é necessário para tomar uma decisão sobre o uso de um intermediário. Muitas outras variáveis (a serem discutidas na Parte 2 deste livro) também devem ser avaliadas. Mas essas duas considerações fornecem ao gerente de canal um modelo básico para incorporar essas outras variáveis nas decisões sobre o uso de intermediários.

Estrutura de canal

O conceito de estrutura de canal muitas vezes não é bem definido na literatura de marketing. Talvez, a dimensão mais discutida seja a extensão – o número de níveis de intermediários no canal (mas, como veremos no Capítulo 6, há outras dimensões dessa estrutura).

Quando a estrutura do canal é apresentada, em geral vemos diagramas, como o mostrado na Figura 1.9. Ou, por vezes, são usadas as seguintes notações simbólicas:

F → C	(dois níveis)	onde	Ag = Agente
F → V → C	(três níveis)		C = Consumidor
F → At → V → C	(quatro níveis)		F = Fabricante
F → Ag → At → V → C	(cinco níveis)		V = Varejista
	At = Atacadista		

Mesmo que essas abordagens transmitam uma ideia geral dos tipos de participantes do canal de marketing e dos níveis em que aparecem, elas não definem explicitamente a estrutura de canal. Além disso, não conseguem sugerir a relação entre a estrutura e a administração de canais.

Nossa definição leva a uma perspectiva gerencial, visualizando a **estrutura de canal** como: *o grupo de membros do canal ao qual um conjunto de tarefas de distribuição é alocado*. Essa definição sugere que, no desenvolvimento dessa estrutura, o gerente de canal é confrontado com uma *decisão de alocação*; ou seja, dado um conjunto de tarefas que devem ser executadas para alcançar objetivos de distribuição da empresa, o gerente deve decidir como alocá-las ou estruturá-las. Assim, a estrutura de canal refletirá a

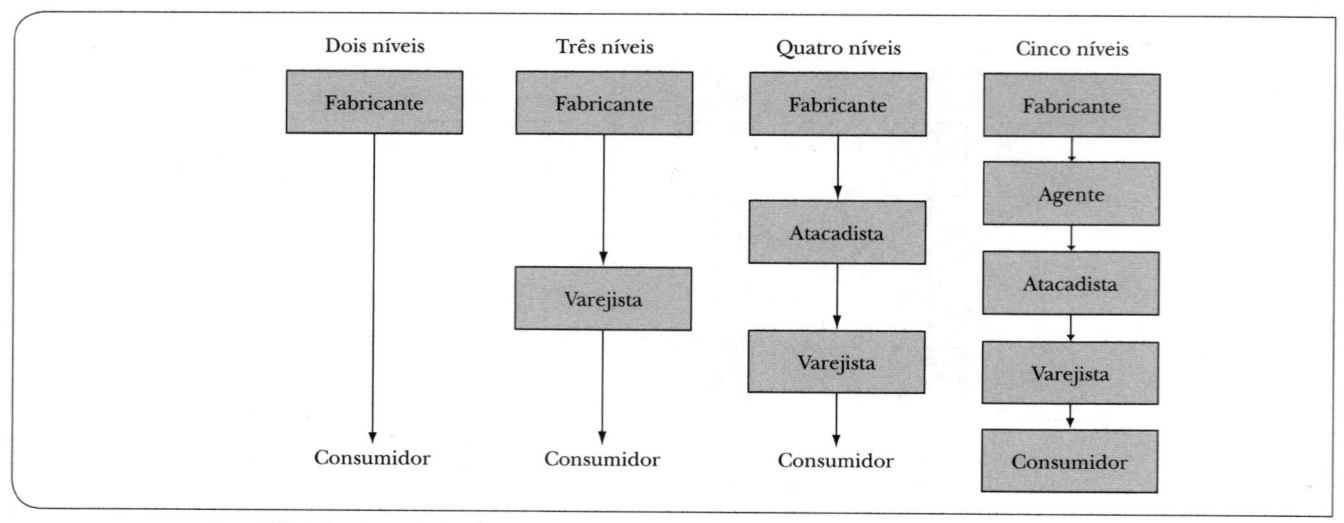

FIGURA 1.9 ▶ Retrato típico da estrutura de canal para bens de consumo.
© Cengage Learning 2013

maneira como ele atribuiu essas tarefas entre os membros do canal. Por exemplo, se depois de tomar a decisão de alocação, a notação ficar desta forma: F → At → V → C, significa que o gerente de canal escolheu alocar as tarefas de distribuição tanto para sua própria empresa quanto para atacadistas, varejistas e consumidores.

Como salientamos no início deste capítulo, recentemente o termo **estratégia multicanal** tem sido ouvido com crescente frequência. Isso significa apenas que a empresa escolheu abordar seus consumidores por mais de um canal. Uma estratégia de marketing multicanal naturalmente resulta em uma estrutura multicanal porque as tarefas de distribuição foram alocadas entre mais de uma estrutura de canal. Com o surgimento dos canais de marketing on-line no final do século 20 e seu intenso crescimento na primeira década do 21, muitas empresas têm desenvolvido estratégias multicanal que os incluem. Por exemplo, a estrutura multicanal usada pela confecção Polo by Ralph Lauren (mostrada na Figura 1.10) consiste na venda em lojas de departamento sofisticadas e varejistas especializados,

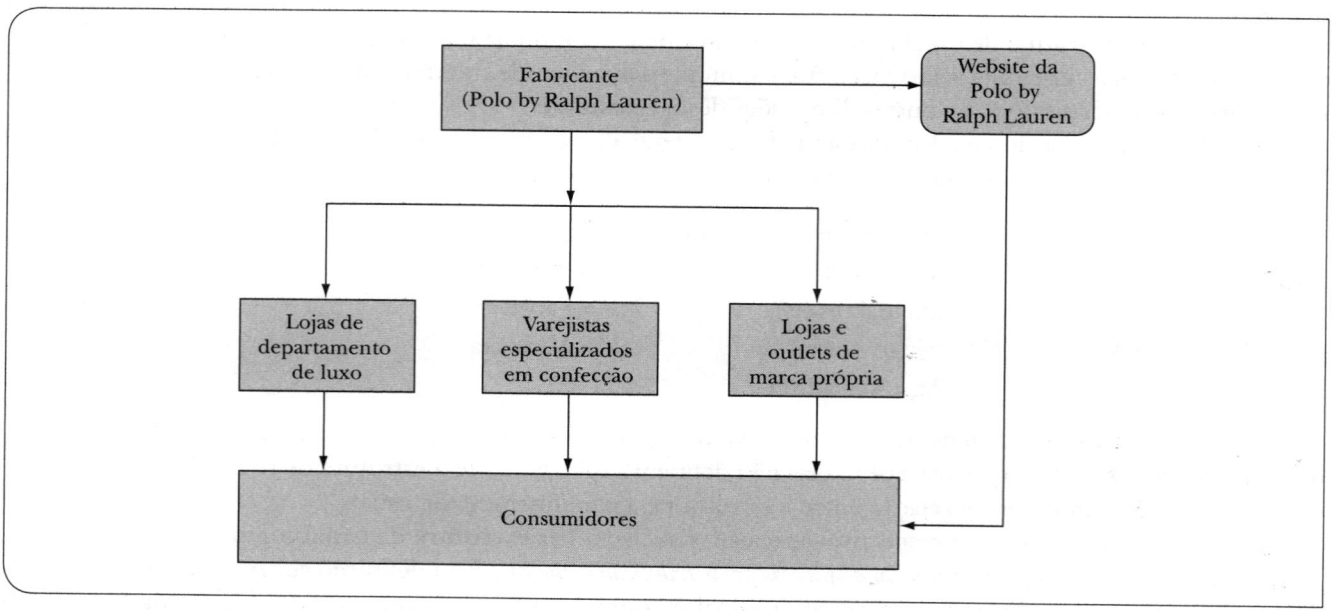

FIGURA 1.10 ▶ Estrutura do canal de marketing da confecção Polo by Ralph Lauren.
© Cengage Learning 2013

em sua própria rede e on-line, em seu *website* http://www.polo.com. A Sony Music Entertainment, uma das maiores gravadoras do mundo, utiliza uma gama muito ampla de canais em sua estrutura multicanal (ver Figura 1.11). Usar estruturas de vários canais para atingir o consumidor tornou-se cada vez mais comum nos mercados empresarial e consumidor. Na verdade, hoje, as empresas que vendem todos os seus produtos por uma estrutura de canal único são exceção, não a regra. A maioria das empresas já tem ou logo terá uma estrutura multicanal.[34] As Figuras 1.11 a 1.15 ilustram estruturas de canais para uma diversidade de produtos e serviços.

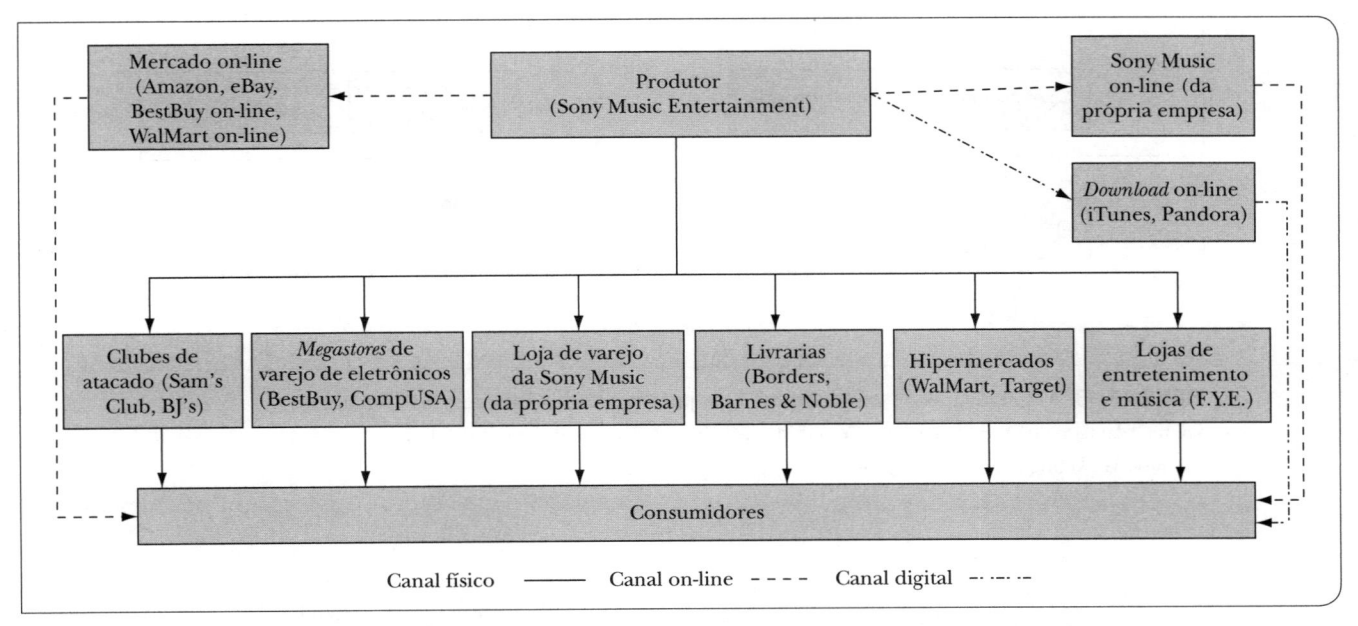

FIGURA 1.11 ▶ Canais da Sony Music Distribution.
© Cengage Learning 2013

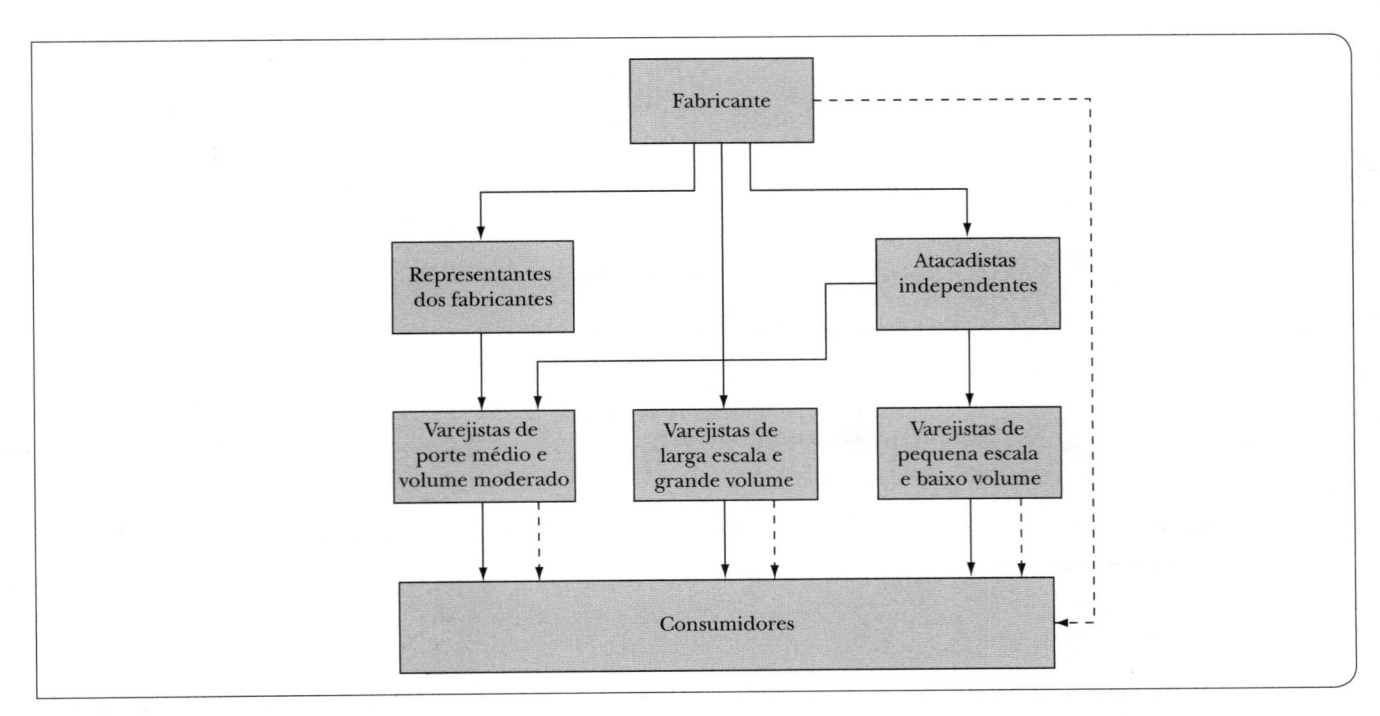

FIGURA 1.12 ▶ Canais de marketing para consumo de produtos eletrônicos.
© Cengage Learning 2013

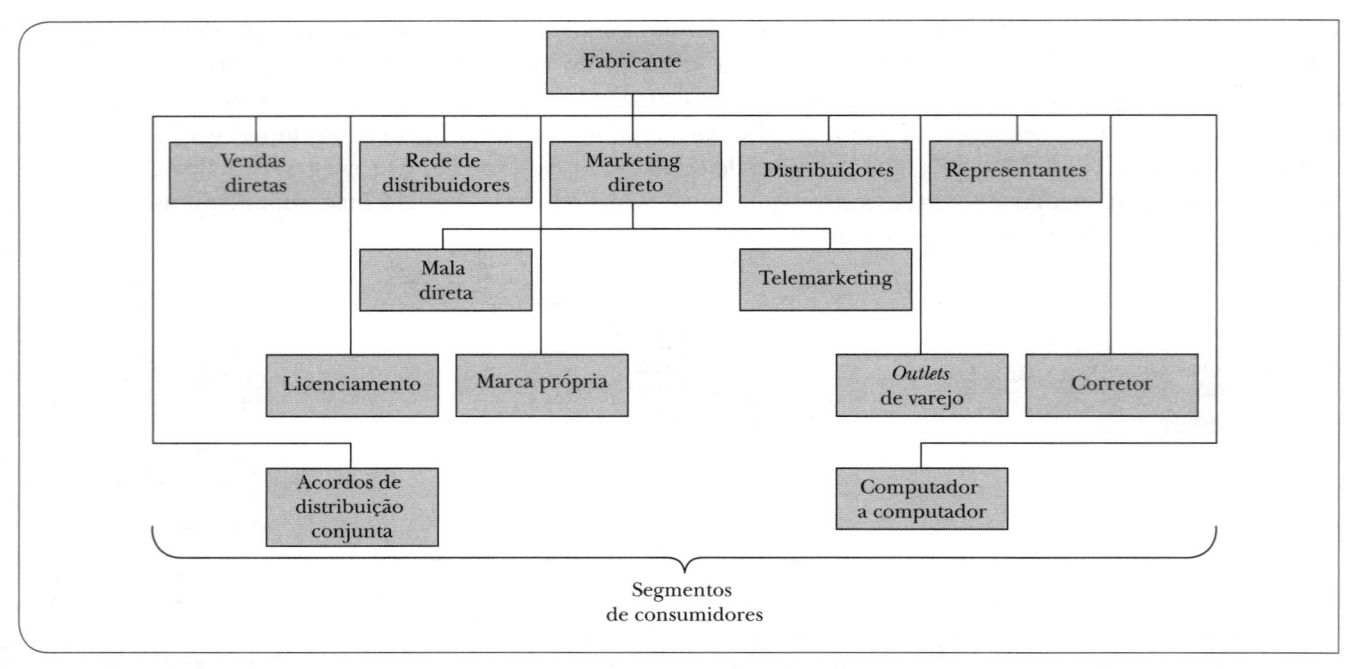

FIGURA 1.13 ▶ Estruturas de canal alternativas para mercados Business-to-Business.
Fonte: Adaptado de David Perry. How You'll Manage Your 1990s Distribution Portfolio,
Business Marketing 74, jun. 1989, p. 54.

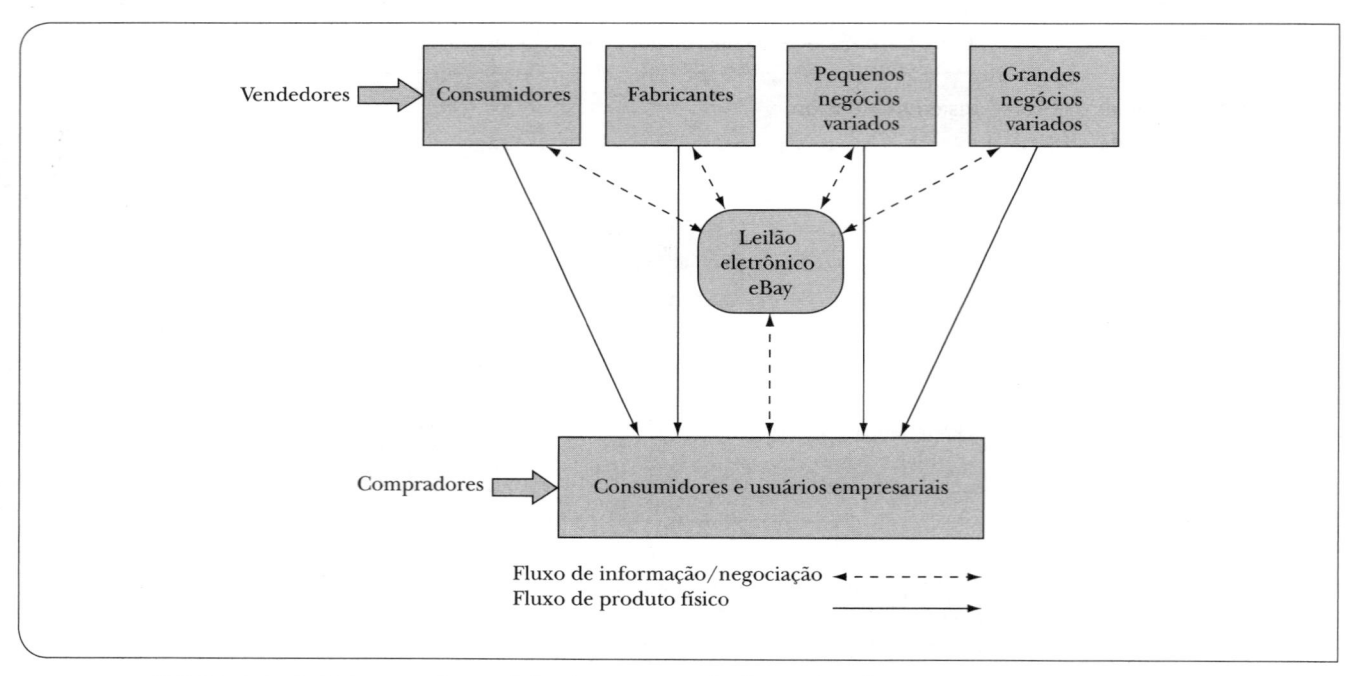

FIGURA 1.14 ▶ Estrutura de canal do eBay mostrando fluxos de informação/negociação.
© Cengage Learning 2013

Conforme já discutido, os paradigmas fundamentais para a tomada de decisão quanto às alocações que resultam em várias estruturas de canal são: especialização, divisão de trabalho e eficiência contatual. Idealmente, o gerente de canal gostaria de ter controle total sobre a alocação e distribuição de tarefas,

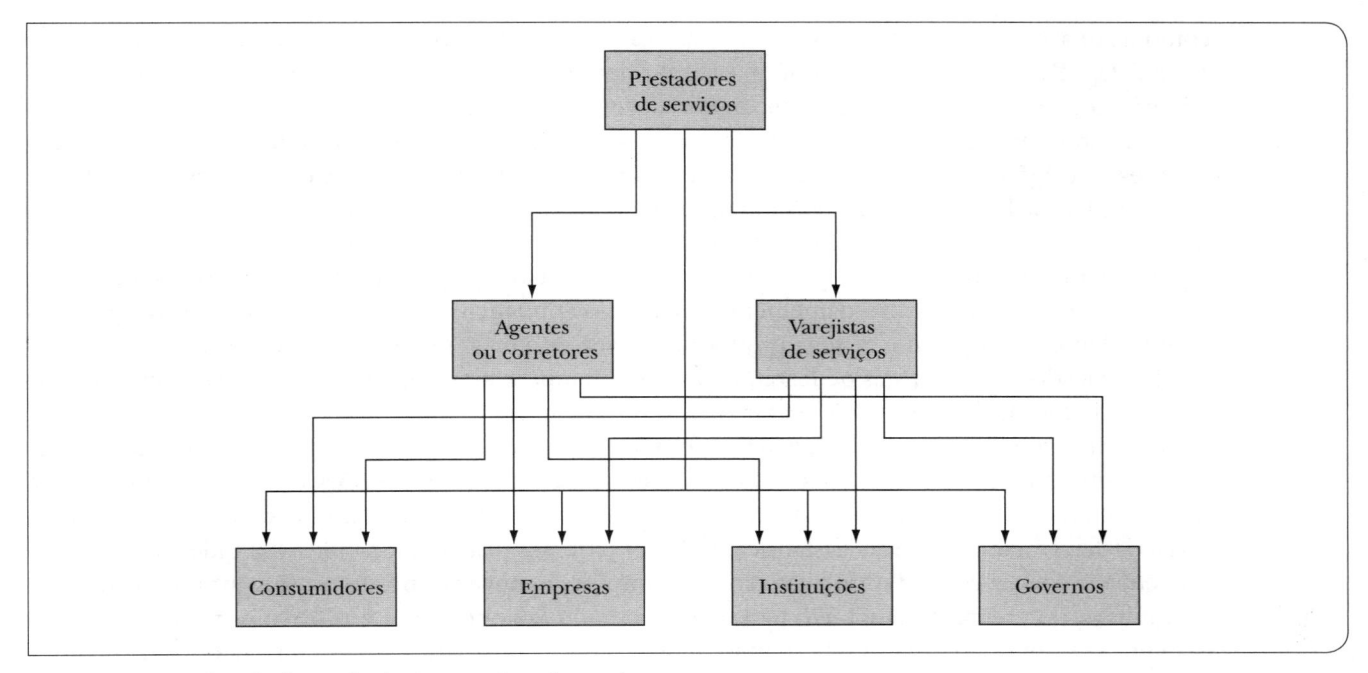

FIGURA 1.15 ▶ Canais de marketing para a área de serviços.
© Cengage Learning 2013

de modo que pudesse designá-las a empresas ou pessoas específicas mais adequadas para realizá-las. No entanto, como o canal inclui membros que são empresas independentes e está sujeito a restrições ambientais, na realidade, o gerente nem sempre tem pleno controle sobre a alocação dessas tarefas.[35]

Na Parte 2 deste livro discutiremos os problemas e as restrições enfrentados pelo gerente de canal na tentativa de desenvolver uma estrutura ideal.

Estrutura auxiliar

Definimos canal de marketing como se incluísse apenas os participantes que realizam funções de negociação de compra, venda e transferência de titularidade; assim, aqueles que não as executam *não* seriam membros da estrutura de canal. Vamos considerar esses participantes não membros ou agentes facilitadores como pertencentes à estrutura auxiliar do canal de marketing. Mais especificamente, definimos **estrutura auxiliar** como: o grupo de instituições (agentes facilitadores) que auxilia os membros do canal na execução de tarefas de distribuição.

A decisão básica enfrentada pelo gerente de canal ao tentar desenvolver a estrutura auxiliar é a mesma por ocasião do desenvolvimento da estrutura de canal; ou seja, tentar alocar tarefas de distribuição às entidades mais adequadas para realizá-las. Todavia, como esse gerente lida com participantes que não são membros do canal, os problemas com que depara no desenvolvimento e gerenciamento da estrutura auxiliar podem ser menos complexos do que os encontrados no desenvolvimento (e gerenciamento) de estruturas de canal. Isso porque empresas facilitadoras não participam das decisões do canal que, em última instância, controlam a distribuição de bens e serviços para seus mercados-alvo. Ao contrário, o papel dos agentes facilitadores que abrange a estrutura auxiliar é fornecer serviços aos membros do canal *depois de tomadas as decisões básicas do canal.*

A Black & Decker Corporation (B&D), uma das principais fabricantes mundiais de ferramentas elétricas, é um bom exemplo. Ela vende muitas de suas ferramentas elétricas industriais por meio de atacadistas independentes (distribuidores industriais), que por sua vez as vendem a empreiteiros, prestadores de serviços, oficinas de manutenção, escolas, agências governamentais e outros segmentos do mercado industrial. As ferramentas de uso doméstico da B&D são vendidas por varejistas, como lojas de ferragens, *home centers*, hipermercados, lojas de produtos para automóveis, varejistas on-line, como a Amazon.com, e outros, que compram esses produtos diretamente da B&D ou por meio de atacadistas. Para que esses canais de marketing operem com eficiência, várias tarefas não ligadas à negociação, como transporte, armazenamento, seguro, financiamento e propaganda, devem ser realizadas. Em muitos casos, é mais vantajoso para a B&D, bem como para seus distribuidores e revendedores, "delegá-las" aos agentes facilitadores (estrutura auxiliar), em vez de executá-las eles mesmos. Por exemplo, a B&D usa transportadoras comuns para entregar suas ferramentas a distribuidores industriais, em vez de manter sua própria frota de caminhões. Da mesma forma, utiliza companhias de seguros comerciais para se proteger contra os riscos enquanto os produtos estão em trânsito, em vez de tentar fazer os seguros internamente. Essa empresa também usa, por vezes, agências de propaganda independentes para promover seus produtos, em vez de por si mesma desenvolver toda sua propaganda. Atacadistas e varejistas de ferramentas B&D também usam agentes facilitadores para executar algumas dessas tarefas, em vez de tentar realizá-las sozinhos.

Ao desenvolver a estrutura auxiliar para executar essas tarefas, o gerente de canal também lida com agentes facilitadores que estão fora do processo de tomada de decisões de canal e em geral não investem tanto no canal quanto os membros deste. Assim, a empresa de caminhão que transporta uma carga de ferramentas elétricas da fábrica da B&D para um distribuidor industrial independente está preocupada apenas com a tarefa relativamente simples de mover os produtos do ponto A ao ponto B. Além disso, o gerente de canal não tem de negociar ou lidar com eles nos mesmos termos como no caso dos membros do canal. Por exemplo, é uma tarefa árdua para a B&D convencer distribuidores industriais independentes (membros do canal) a estocar e promover com entusiasmo sua linha DeWalt de ferramentas elétricas em detrimento dos produtos de outros fabricantes, como a PorterCable, Makita ou Ryobi. No desenvolvimento da estrutura de canal, a B&D também depara com questões tão difíceis quanto a escolha adequada de membros do canal, a participação de cada um na tomada de decisões, o modo como será exercido o controle, como será avaliado o desempenho e muitas outras questões a serem discutidas ao longo deste livro.

Resumo

Depois do final da primeira década do século 21, tornou-se claro que, apesar de os canais convencionais ainda estarem em evidência, uma metamorfose tinha acontecido naqueles de distribuição em função dos canais on-line da internet e de tantas novas tecnologias, modelos de negócios e empresas inovadoras. Por mais que as implicações desses desenvolvimentos para a estratégia e a administração do canal de marketing ainda estejam apenas começando a surgir, uma delas é cristalina: os consumidores, agora, esperam mais e melhores escolhas para ter acesso à vasta gama de produtos e serviços do mundo todo – como, onde e quando quiserem.

Para satisfazer essas elevadas expectativas do consumidor, que contam com a máxima escolha de canal e flexibilidade, mais ênfase deve ser dada à estratégia e estrutura multicanais, particularmente no que diz respeito a encontrar o *mix* ideal de canal, criar sinergias multicanal, evitar conflitos de canal e ganhar uma vantagem competitiva sustentável por meio dessa estratégia.

Embora haja várias formas de ver os canais de marketing, adotamos aqui o ponto de vista da administração, principalmente da perspectiva da produção e da indústria. Nesse contexto, **canal de marketing** é definido como *a organização contatual externa que a administração opera para alcançar seus objetivos de distribuição*. Apenas entidades que realizam as funções de negociação de compra, venda e transferência dos direitos sobre os produtos são consideradas membros do canal de marketing.

O modelo básico de estratégia do *mix* de marketing fornece estrutura para avaliação do canal de marketing sob a perspectiva da administração de marketing. Nesse quadro, a estratégia e a administração do canal de marketing se encaixam sob a variável da distribuição nas quatro variáveis estratégicas básicas do *mix* de marketing (produto, preço, promoção e distribuição). O gerente de canal deve desenvolver e colocar em funcionamento a organização contatual externa (canal de marketing), de forma a apoiar e reforçar as demais variáveis estratégicas de produto, preço e promoção do *mix* para satisfazer as demandas dos consumidores.

Estratégia de canal é o componente mais básico e abrangente da estratégia de distribuição do que a administração de logística. Ela gira em torno de *todo o processo* de criação e funcionamento da organização contatual, que é responsável pelo cumprimento dos objetivos de distribuição da empresa, enquanto a administração logística é mais focada em garantir a disponibilidade dos produtos no momento e lugar adequados no canal de marketing.

As conexões que unem membros do canal a outras agências na distribuição de bens e serviços são chamadas **fluxos de canal**. Do ponto de vista da administração de canal, os fluxos mais importantes são: (1) de produto; (2) de negociação; (3) de direitos sobre o produto; (4) de informação e (5) de promoção. O gerente de canal deve efetivamente gerenciar e coordenar todos esses fluxos para atingir os objetivos de distribuição.

Uma decisão básica enfrentada pelo gerente de canal no desenvolvimento do canal de marketing é se deve usar intermediários, como atacadistas e varejistas na organização contatual e agentes facilitadores. Essa decisão baseia-se em dois conceitos fundamentais: especialização e divisão do trabalho e eficiência contatual.

Estrutura de canal refere-se ao grupo de membros do canal ao qual um conjunto de tarefas de distribuição foi alocado. Em muitos casos, determinada empresa pode usar uma combinação de estruturas de canais diferentes para implementar sua estratégia de distribuição. Essa abordagem, atualmente, é com frequência chamada estrutura multicanal, especialmente quando uma das estruturas envolve *e-commerce* por meio de vendas on-line além dos canais convencionais. **Estrutura auxiliar** é o grupo de instituições e entidades que ajudam os membros do canal a executar as tarefas de distribuição. O gerente de canal gostaria de desenvolver o canal ideal e as estruturas auxiliares com base na especialização, divisão do trabalho e eficiência contatual. No entanto, sua capacidade de atuar é limitada porque a configuração interorganizacional em que ele deve operar reduz a capacidade de controlar os membros independentes do canal e os agentes facilitadores.

QUESTÕES DE REVISÃO

1. Por que os consumidores esperam mais opções e flexibilidade dos produtos e serviços que lhes são disponibilizados?

2. Atualmente, a estratégia multicanal que oferece mais opções aos consumidores se tornou um imperativo virtual para mais e mais empresas. Que principais desafios as empresas enfrentam ao buscar essa estratégia?

3. Como a perspectiva da administração do canal de marketing difere de outros pontos de vista do canal?

4. Qual é a diferença entre administração interorganizacional e intraorganizacional?

5. A administração do canal de marketing é o único exemplo de administração interorganizacional para uma empresa de produção ou indústria?

6. Operar o canal não implica seu controle total. Você consegue pensar em um exemplo no qual o gerente de canal não tem seu controle total mas, ainda assim, pode operá-lo?

7. Discuta a relação entre administração de canal e *mix* de marketing.

8. Qual é a diferença entre estratégia de canal e administração de logística?

9. Identifique os vários fluxos dos canais de marketing e suas direções. Por que o conceito de fluxos de canal é útil para o entendimento da administração de canal?

10. O fluxo de produto pode operar independentemente de outros fluxos do canal?

11. Discuta o conceito de especialização e divisão de trabalho no que se refere aos canais de marketing.

12. Apesar de a especialização e divisão do trabalho ser a base fundamental para a atribuição de tarefas de distribuição, o gerente de canal pode tomar decisões sobre o uso de intermediários e agentes facilitadores *unicamente* nessa base? Justifique sua resposta.

13. O que é eficiência contatual? Você consegue pensar em exemplos dessa eficiência fora de um contexto de canais de marketing? Se sim, liste-os.

14. Discuta a diferença entre as estruturas de canal e auxiliar.

15. Por que é tão difícil para o gerente de canal desenvolver uma estrutura de canal ideal de fato?

1. Rockauto.com é uma loja on-line líder em autopeças que se orgulha de oferecer uma grande variedade de peças de automóvel, preços baixos, transporte rápido e um *website* fácil de utilizar. Alguns dos seus anúncios até afirmam que essa loja on-line de autopeças vai muito além de qualquer loja física. O *slogan* da companhia, "Todas as peças de que seu carro vai precisar", sugere que os consumidores têm todas as opções que poderiam querer da Rockauto.com, não precisando procurar em outro lugar para satisfazer suas necessidades. Você concorda com a afirmação da Rockauto.com? Os consumidores que procuram autopeças podem precisar de outras opções de canal? Explique.

2. O repórter de um telejornal caminha por um campo de milho com um fazendeiro cabisbaixo em Iowa. Conforme andam pelo campo, o fazendeiro comenta: "Minha família e eu trabalhamos por muitos anos para produzir uma boa colheita, mas mal recebemos por isso. Mas, quando vejo quanto eles cobram pelo milho e por qualquer produto dele derivado nos supermercados, não consigo acreditar. O consumidor está pagando um preço alto, enquanto estou recebendo muito pouco; então, alguém deve estar lucrando no meio". O repórter vira a câmera e, num estilo melodramático, afirma: "Como vocês viram, conversamos com um fazendeiro que, apesar de todo seu trabalho, mal consegue viver. Mas você e eu sabemos como os preços estão altos nos supermercados. Estamos sendo roubados por um bando de intermediários?" Comente sobre o lamento do fazendeiro ao repórter e as observações deste para os telespectadores levando em conta os conceitos de canal relevantes discutidos neste capítulo.

3. O crescimento das vendas de varejo on-line tem superado as vendas convencionais em lojas físicas. Esse crescimento pode ser melhorado significativamente com o mais recente fenômeno de vendas, o comércio móvel – compras pelos smartphones, como o iPhone da Apple, Research in Motion's Blackberry ou Google's Nexus One. Mas, até agora, de quase 50 milhões de usuários de *smartphones* que têm acesso à internet, apenas cerca de 7 milhões (menos de 15%) realmente compraram algo usando seus telefones ao longo do ano. Você acha que o comércio móvel por meio de *smartphones* vai crescer rapidamente no futuro? Por quê?

4. O crescimento surpreendente das vendas on-line nos últimos anos levou muitos especialistas a prever que canais de marketing por correspondência, acionados por catálogos, praticamente desapareceriam. Mas isso não aconteceu. No fim da primeira década do século 21, mais de 17 bilhões de catálogos foram enviados a residências nos Estados Unidos, que ajudaram a gerar mais de $ 700 bilhões em vendas por esse canal de distribuição "à moda antiga". Em sua opinião, por que tantos catálogos ainda são impressos e enviados e altos níveis de vendas ainda são gerados em canais de marketing por correspondência?

5. Um dos principais temas apresentados neste capítulo foi a necessidade de decidir como produtos e serviços são disponibilizados aos consumidores. Assim, estratégias multicanal que fornecem uma ampla variedade de canais, incluindo opções como os on-line, tornaram-se imperativas. No entanto, há empresas bem-sucedidas que têm uma visão praticamente oposta, decidindo por limitar as opções. Um caso é a Edward Jones, empresa de serviços financeiros com a maior rede de corretoras nos Estados Unidos – mais de 10 mil, e continua a crescer. A empresa tem um *website* que, embora seus consumidores possam visitar, não lhes oferece opção de negociação on-line. Na verdade, todas as transações devem ser realizadas por um corretor da empresa. Mesmo com essa estratégia única de canal, a empresa continua crescendo e é muito rentável. Por que você acha que a Edward Jones foi capaz de "reverter a tendência" que hoje caminha no sentido da estratégia multicanal, que incluiria um canal on-line como opção fundamental?

6. Susan Jensen, gerente de marketing de um importante fabricante de bens de consumo, está muito chateada com os resultados de venda dos novos *cookies* de aveia que sua empresa lançou três meses atrás. Ela acredita que um importante fator para esses fracos resultados é que muitos supermercados de todo o país não expuseram o produto nos grandes *displays* no fim do corredor, como recomendado pelo fabricante para criar impacto e despertar a atenção do consumidor. "Tenho vontade de bater na cabeça desses gerentes de lojas por não exporem o produto. Se pelo menos eu tivesse mais controle sobre eles...", observou a frustrada e zangada Susan Jensen. Discuta a situação no contexto da definição do canal de marketing apresentada neste texto.

REFERÊNCIAS

1. Talley, Karen. Wal-Mart ramps up online efforts. *Wall Street Journal*, 7 abr. 2010, p. B7A.

2. Ver, por exemplo: Ante, Spencer E. At Amazon, marketing is for dummies. *Business Week*, 28 set. 2009, p. 53–54.

3. Rosenbloom, Bert. The ten deadly myths of e-commerce. *Business Horizons*, mar.-abr. 2002, p. 61-66.

4. Breven, Jess. Justices to test patents for business methods. *Wall Street Journal*, 9 nov. 2009, p. B1, B2.

5. Ver, por exemplo: Grant, Peter; Worden, Nat. Behind comcast chief's moves are fears about internet shift. *Wall Street Journal*, 2 out. 2009. p. A4.

6. Rosenbloom, Bert. Multi-channel strategy in business-to-business markets: prospect and problems. *Industrial Marketing Management*, jan. 2007, p. 4–9; V. Kumar, Rajkumar Venkatesan; Ravishanker, Nalini. Multichannel shopping: causes and consequences. *Journal of Marketing*, abr. 2007, p. 114–32.

7. Snyder, Susan. Web not yet the answer to costly college textbooks. *Philadelphia Inquirer*, 8 fev. 2010, p. A1, A8.

8. Beck, Aaron. Alibaba profit drops amid marketing push. *Wall Street Journal*, 11 nov. 2009. p. B6.

9. Collier, Joel El.; Bienstock, Carol C. How do customers judge quality in an e-tailer? *MIT Sloan Management Review*, outono de 2006, p. 35–40; Kreindler, Phillip; Rajgura, Copal. What B2B customers really expect, *Harvard Business Review*, ago. 2006, p. 22–24.

10. Weinberg, Bruce D.; Parise, Salvatore; Guinan, Patricia J. Multichannel marketing, mindset and program development, *Business Horizons*, set.-out. 2007-p. 385–94.

11. Rosenbloom, Bert. Multichannel strategy in business-to-business markets: prospects and problems, p. 5–7.

12. Kabadayi, Sertain; Eyuboglu, Nermin; Thomas, Gloria P. The performance implications of designing multiple channels to fit with strategy and environment, *Journal of Marketing*, out. 2007, p. 195–211.

13. Para uma discussão sobre o assunto, ver: Noble, Stephanie M.; Griffith, David A.; Weingberger, Marc G. Consumer derived utilitarian value and channel utilization in a multi-channel retail context, *Journal of Business Research*, dez. 2005, p. 1643–51.

14. Rosenbloom, Bert. *Multi-channel strategy in business-to-business markets: prospects and problems.* Nova York: Elsevier, 2007. p. 7–8.

15. Porter, Michael. *Competitive advantage: creating and sustaining superior performance.* Nova York: Free Press, 1985.

16. Fites, Donald W. Make your dealers your partners, *Harvard Business Review*, mar.-abr. 1996, p. 84–85.

17. Uma profunda discussão sobre o ponto de vista organizacional pode ser encontrada em: Evan, William. Toward a theory of inter-organizational relations. In: Stern, Louis (ed.). W. *Distribution 30 Part 1: marketing channel systems channels: behavioral dimensions.* Nova York: Houghton Mifflin, 1969. p. 73–89. Ver também Warren, R. L. The interorganizational field as a focus for investigation, *Administrative Science Quarterly 12*, dez. 1967. p. 396-419; Frazier, Gary L. Interorganizational exchange behavior in marketing channels: a broadened perspective, *Journal of Marketing*, outono de 1983, p. 68–78.

18. Para uma discussão sobre o assunto, ver: McQuiston, Daniel H. A conceptual model for building and maintaining relationships between manufacturers' representatives and their principals, *Industrial Marketing Management*, v. 30, 2001, p. 165–81.

19. Essa definição incorpora os consumidores ou outros usuários finais como membros do canal de marketing. Ver: Granzin, Kent L. The consumption unit as a member of the distribution channel. In: Bahn, Kenneth D. (ed.). Developments in marketing science, v. XI, Blacksburg, Va.: Academy of Marketing Science, 1988, p. 460–64.

20. Esse ponto de vista é similar ao descrito em: Bucklin, Louis P. *Competition and evolution in the distributive trades.* Englewood Cliffs, N.J.: Prentice-Hall, 1972. Para a apresentação original do conceito, ver: McGarry, Edmund D. The contactual function in marketing, *Journal of Business*, abr. 1951. p. 96-113.

21. Para uma discussão sobre a necessidade da administração do marketing, ver: Frazier, Gary L.; Rody, Raymond C. The use of influence strategies in interfirm relationships in industrial product channels, *Journal of Marketing*, jan., 1991. p. 52–69; e Dickson, Peter R. Distributor portfolio analysis and the channel dependence matrix: new techniques for understanding and managing the channel, *Journal of Marketing*, verão de 1983. p. 33–44. Ver também: N. Mohan, Reddy; Marvin, Michael P. Developing a manufacturer-distributor information partnership, *Industrial Marketing Management*, maio 1986. p. 157–63; e Mentzer, John T. Managing channel relations in the 21st century, *Journal of Business Logistics*, 14, n. 1. p. 27–42.

22. Para uma discussão sobre o assunto, ver: Scheck, Justin. H-P plans to fuse printer, PC Units, *Wall Street Journal*, 30 set. 2009, p. B1.

23. Rolph E., Anderson; Mehta, Rajiv; Dubinsky, Alan J. Will the real channel manager please stand up?, *Business Horizons*, jan.-fev. 2003. p. 61–68; Jackson Jr., Donald W.; Walker, Bruce J. The channels manager: marketing's newest aide? *California Management Review*, inver-

no de 1988). p. 52–58; Walker, Bruce J.; Keith, Janet E.; Jackson, Donald W. Jr. The channels manager: now, soon or never? *Journal of the Academy of Marketing Science*, verão de 1985. p. 82–95.

24. Para uma revisão da modelo básico da estratégia do marketing *mix*, ver: Boone, Louis E.; Kurtz, David. *Contemporary marketing*, 12. ed. Fort Worth, Tex.: Dryden Press, 2009. Capítulo 1.

25. Waldron, Ken. How stihl fulfilled brand promise of superior product, customer service, *Advertising Age*, 10 dez. 2009. p. 1–3.

26. Disponível em: http://www.stihlusa.com/. Acesso em: 11 ago. 2014.

27. "Thinking outside the box (stores): stihl vp talks channel strategy with kellogg students", http:// www.kellogg. northwestern.edu/news_article/2008/peterburton.aspx. Acesso em: 11 ago. 2014.

28. A origem do conceito de fluxo do canal de marketing é comumente atribuída a: Vaile, Roland S.; Grether, E.T.; Cox, Reavis. *Marketing in the American Economy*, Nova York: Ronald Press, 1952. p. 113–29.

29. Decker, Eric. Miller coors merger will have impact on distributors, *Small Business Times*, Milwaukee, 8 ago. 2008. p. 1–2.

30. Para uma discussão sobre o assunto, ver: Cespedes, Frank V. Channel management is general management, *California Management Review*, outono de 1988, p. 98–120; Jackson, Donald W.; Walker, Bruce J. The channels manager: marketing's newest aide?, *Business Horizons*, inverno de 1980, p. 52–58.

31. Caelho, Filipe; Easingwood, Chris. An exploratory study into the drivers of channel change, *European Journal of Marketing*, set.-out. 2008, p. 1005–22.

32. A base teórica desse argumento pode ser encontrada em: The theoretical basis for this argument can be found. In: Stigler, George J. The division of labor is limited by the extent of the market, *Journal of Political Economy*, jun. 1951, p. 185–93. Para uma análise mais recente, ver: Zinn, Walter; Levy, Michael. Speculative inventory management: a total channel perspective, *International Journal of Physical Distribution Management*, v. 18, n. 5, 1988, p. 34–39.

33. A base teórica para a eficiência contatual pode ser encontrada em: Alderson, Wroe. Factors governing the development of marketing channels. In: Clewett, Richard M. (ed.) *Marketing channels for manufactured products*. Homewood, Ill.: Irwin, 1954. p. 5–22.

34. van Birgelen, Marcel; Jong, Ad de; Ruyter, Ko de. Multi-channel service retailing: the effects of channel performance satisfaction on behavioral intensions, *Journal of Retailing*, inverno de 2006, p. 367–77.

35. Seiders, Kathleen; Berry, Leonard L.; Gresham, Larry G. Attention retailers! How convenient is your convenience strategy? *Sloan Management Review*, verão de 2000, p. 79–89.

2

Os participantes do canal

OBJETIVOS DE APRENDIZAGEM

Após a leitura deste capítulo, você será capaz de:

1 Familiarizar-se com a classificação dos principais participantes dos canais de marketing.

2 Entender por que produtores e fabricantes frequentemente acham necessário deslocar muitas das tarefas de distribuição para intermediários.

3 Identificar os tipos principais de atacadistas, conforme mostrado no *Census of Wholesale Trade*.

4 Estar ciente das maiores tendências na estrutura atacadista, incluindo padrões por tamanho e concentração de vendas no atacado.

5 Reconhecer e explicar o valor das tarefas de distribuição executadas pelos principais tipos de atacadistas.

6 Entender a complexidade da estrutura varejista e familiarizar-se com as diferentes abordagens usadas para classificar varejistas, incluindo as classificações usadas pelo *Census of Retail Trade*.

7 Conhecer as principais tendências da estrutura varejista, especialmente em relação ao tamanho e à concentração.

8 Ter uma visão geral das tarefas de distribuição realizadas pelos varejistas.

9 Estar consciente do papel de mudança do varejo no canal de marketing.

10 Entender a função dos agentes facilitadores nos canais de marketing.

Adicione outro intermediário ao canal e as coisas realmente vão se mexer — como uma gazela

Você pode pensar que adicionar outro nível de intermediários em um canal de distribuição vai desacelerar as coisas. Mas os produtos não teriam de passar por mais um "passo" se outro intermediário fosse adicionado? Isso não torna o canal menos eficiente?

Bem, o oposto parece estar acontecendo nos canais on-line de distribuição de produtos eletrônicos usados com base na experiência da Gazelle.com, uma recém-chegada (fundada em 2006) que já ocupa um papel importante no "*recommerce*" (canais). A Gazelle é um intermediário que funciona como um atacadista on-line especializado em canais *recommerce*. Mas, ao contrário do eBay e de muitos outros intermediários on-line, ela realmente compra, transfere direitos e detém fisicamente produtos eletrônicos usados. Ela compra, por exemplo, iPods, *laptops*, telefones celulares, câmeras, alto-falantes estéreo e outros equipamentos de consumidores que procuram se livrar dessas coisas, mas não querem passar pela dificuldade de colocá-las no eBay, Amazon ou em outros *sites* que se tornaram mais complicados de usar nos últimos anos. Em vez disso, a Gazelle paga adiantado por eletrônicos usados, independentemente de conseguir vendê-los ou não. Depois que um consumidor concorda em lhe vender um produto, recebe um rótulo de frete grátis e material de embalagem para enviá-lo para o centro de atendimento da Gazelle, em Boston, onde os produtos são guardados em um armazém. O equipamento usado é então fotografado e listado nos mercados, como eBay e Amazon, vendido aos atacadistas para exportação global ou, em alguns casos, reciclado.

O sistema da Gazelle realmente movimenta as coisas, de acordo com a porta-voz da empresa, Kristina Kennedy, que afirma: "Nosso maior concorrente é a inércia". Ela está certa porque, na verdade, apenas uma minúscula fração dos $ 300 bilhões em equipamentos eletrônicos usados, que se estima estar nas casas dos consumidores, é vendida por meio de canais on-line todo ano, simplesmente porque milhões de consumidores não querem se preocupar com vendas on-line. Mas, ao afastar toda essa complicação, como o intermediário on-line Gazelle promete fazer, muito mais do que esse montante em equipamentos eletrônicos usados estará se movendo tão rápido quanto, bem, uma gazela!

Fonte: Baseado no texto de Geoffrey A. Fowler, Niche sites going after eBay. *Wall Street Journal*, 9 dez. 2009, p. B4.

Canal de marketing foi definido, no capítulo anterior, como a organização contatual externa que a administração opera para alcançar seus objetivos de distribuição. Observamos que o gerente de canal deve usar intermediários com base nos princípios de especialização e divisão do trabalho, bem como na eficiência contatual. Se esse gerente faz um bom trabalho ao alocar as tarefas de distribuição entre um grupo bem selecionado de participantes do canal, a estrutura de canal resultante deve alcançar os objetivos de distribuição da empresa com um elevado nível de eficácia e eficiência.

Neste capítulo, vamo-nos basear nesses conceitos, discutindo os diversos tipos de participantes do canal e as tarefas de distribuição que eles executam. As informações fornecidas devem ajudar o gerente de canal a reconhecer as contribuições que os vários intermediários podem trazer aos canais de marketing. Com esse conhecimento, o gerente poderá tomar melhores decisões sobre quem deve participar dos canais de marketing da empresa.

UMA VISÃO GERAL DOS PARTICIPANTES DO CANAL

A Figura 2.1 ilustra a dicotomia básica entre os membros do canal com base no fato de desempenharem ou não funções de negociação (compra, venda e transferência de direitos sobre os produtos). Os participantes que se dedicam a essas funções estão ligados entre si por fluxos de negociação ou de propriedade (ver Figura 1.6, Capítulo 1) e, portanto, são membros da organização contatual (o canal de marketing).

As três divisões básicas do canal de marketing representadas na Figura 2.1 são: (1) produtores e fabricantes; (2) intermediários e (3) usuários finais. Os dois últimos subdividem-se, ainda, em intermediários atacadistas e varejistas e usuários consumidores e industriais, respectivamente. Os usuários finais, embora tecnicamente membros do canal de marketing, já que estão envolvidos nas funções de negociação, de agora em diante não serão assim tratados neste texto. No contexto da perspectiva gerencial que estamos usando, é mais apropriado vê-los como **mercados-alvo** que são servidos pelo subsistema comercial do canal. **Canal comercial**, então, por definição, exclui os usuários finais. Assim, sempre que o termo *canal de marketing* for mencionado daqui por diante, deve-se entender que estamos nos referindo ao canal comercial. Usuários finais, vistos como mercados-alvo, são o tema do Capítulo 8.

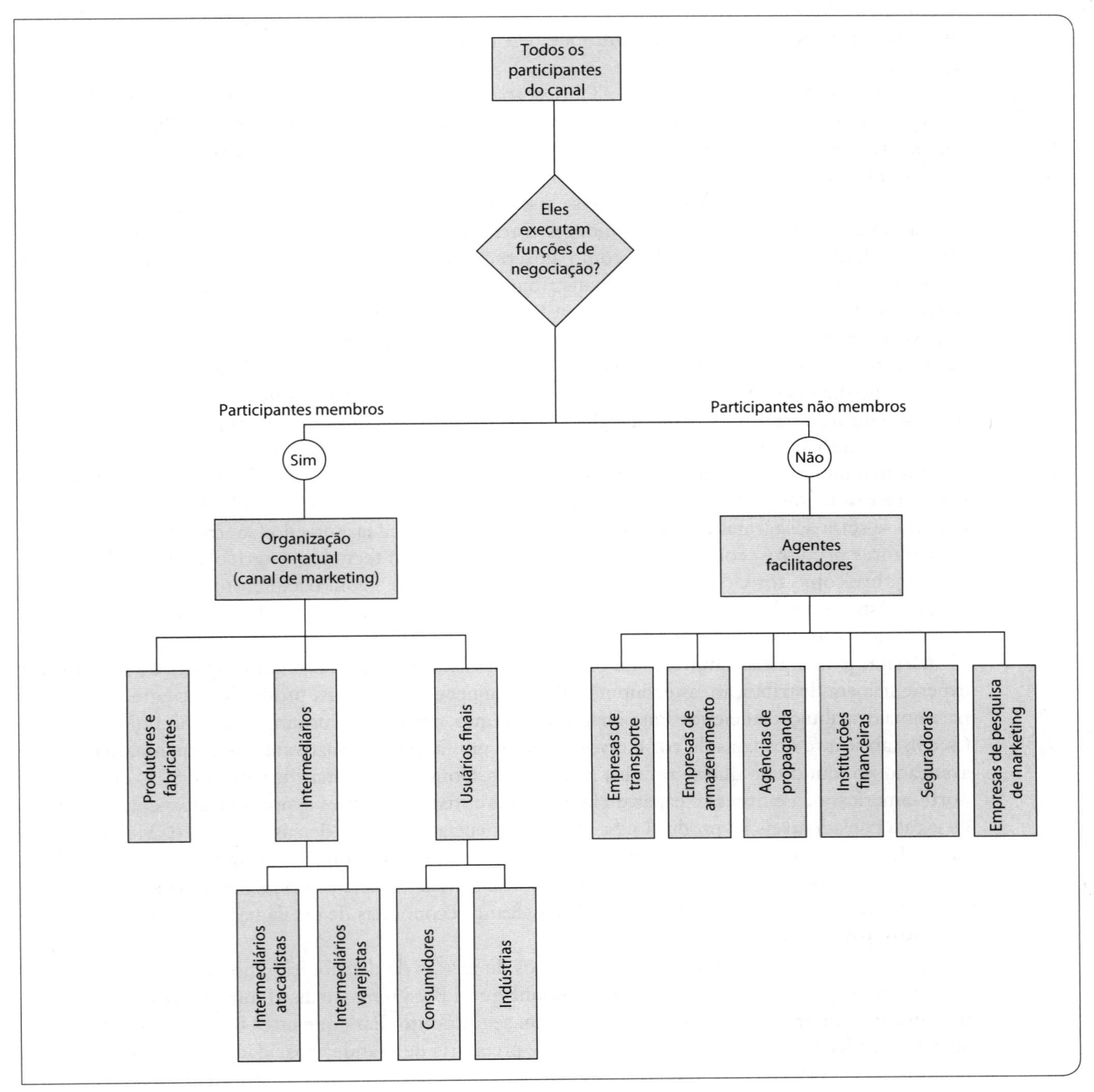

FIGURA 2.1 ▶ Classificação dos participantes do canal.

© Cengage Learning 2013

Já que os agentes facilitadores não executam funções de negociação, também não são membros do canal. Participam, no entanto, da operação do canal ao realizar outras funções. Os seis tipos mais comuns de agentes facilitadores são mostrados na Figura 2.1, cujo diagrama dá origem à estrutura deste capítulo. Começamos discutindo o canal comercial: produtores, fabricantes e intermediários. Depois, vamos abordar os agentes facilitadores.

PRODUTORES E FABRICANTES

Para o propósito deste livro, produtores e fabricantes são as empresas envolvidas na extração, no cultivo ou na fabricação de produtos. Esta categoria inclui as empresas que o U.S. Bureau of the Census classifica como agricultura, silvicultura e pesca, mineração, construção, indústria e alguns setores de serviço.

A gama de empresas de produção e fabricação é enorme, tanto em termos de diversidade de bens e serviços produzidos quanto de porte. Isso inclui empresas que fazem de tudo, desde alfinetes até aviões a jato, e variam em porte, de operações individuais a corporações multinacionais gigantes com milhares de funcionários e volume de vendas de bilhões de dólares. Todavia, mesmo com toda essa diversidade, uma linha de uniformidade atravessa essas empresas: todas existem para oferecer produtos que satisfaçam as necessidades dos consumidores. Para que estas sejam atendidas, os produtos lhes devem ser disponibilizados quando, onde e como quiserem. Portanto, as empresas de produção e fabricação devem garantir que seus produtos sejam distribuídos aos mercados pretendidos. No entanto, a maioria delas, grandes e pequenas, não está em posição favorável para distribuir seus produtos diretamente ao seu usuário final.[1] Muitas vezes, faltam experiência e economia de escala (e/ou escopo) requeridas para executar todas as tarefas necessárias para essa distribuição com eficácia e eficiência.

No que diz respeito ao conhecimento, muitos produtores e fabricantes não têm o mesmo nível de especialização na distribuição que alcançaram naquelas operações. Um fabricante de eletrônicos pode estar trabalhando com tecnologia de última geração e, mesmo assim, saber pouco sobre a melhor maneira de distribuir seus produtos sofisticados a seus mercados.[2] Um fabricante de brocas pode fazer os melhores produtos utilizando as ligas mais avançadas, mas ainda ser bastante ingênuo quando se trata das tarefas necessárias para distribuí-los. Uma fazenda do Centro-Oeste que produz os melhores produtos, com base nas últimas descobertas em tecnologia agrícola, pode saber muito pouco sobre como torná-los disponíveis, em boas condições e com baixo custo para os consumidores da Costa Leste. Em suma, experiência em produção ou em processos de fabricação não significa necessariamente experiência em distribuição.

Mesmo para aquelas empresas de produção e fabricação que têm ou são capazes de desenvolver experiência em distribuição, as economias de escala necessárias para a produção eficiente não bastam para uma distribuição eficiente. Para ilustrar esse ponto, considere uma empresa como Binney e Smith (B&S), fabricante dos lápis de cor Crayola. B&S é um fabricante relativamente pequeno, mas o mais avançado no mundo no que se refere a lápis de cor. Com vendas totais de cerca de 80% do mercado norte-americano, a empresa é capaz de fabricar quantidades enormes e, por isso, alcançou economias de escala consideráveis na produção. Se alguém visualizasse a curva de custo médio (CMe) da produção da B&S, ela poderia aparecer como na Figura 2.2, que mostra que, ao produzir o nível de saída de Q1, ela está incorrendo em um custo de C1 por caixa de lápis de cor produzida. Esse é o ponto ideal na curva do CMe. Em outras palavras, a B&S alcança economias de escala na produção ao distribuir seu custo fixo por muitos lápis de cor.

Quando se trata do desempenho em termos de tarefas de distribuição, no entanto, essas economias de escala podem não ser atingíveis. Suponha que a B&S tentasse distribuir seus lápis de cor diretamente aos milhões de consumidores que usam seu produto. Para que estes tivessem a conveniência de compra adequada, a empresa provavelmente precisaria de grande capacidade de processamento de pedidos para lidar com o volume recebido de pedidos pequenos e individuais. Além disso, precisaria manter um estoque enorme para atender à demanda, pelo menos vários locais de depósito espalhados em todo o país, e fornecer o transporte do produto ao consumidor.

O custo de criar uma organização desse tipo para executar essas tarefas de distribuição seria proibitivo. De fato, seria extremamente improvável que a B&S conseguisse vender lápis de cor suficientes para absorver esses custos. Se alguém visualizasse a curva de CMe para a distribuição de lápis diretamente aos consumidores, ela poderia aparecer como na Figura 2.2b. Quando a comparamos com a 2.2a, vemos que, no nível Q1 de caixas de lápis de cor distribuídos, o custo de distribuição por caixa é C2. Observe que isso não está nem perto do ponto ideal na curva CMe, e muito acima do que o custo por caixa produzida no mesmo nível de saída mostrado na Figura 2.2a. Assim, mesmo que o nível Q1 estivesse perto do ponto ideal na curva do CMe para a produção de lápis de cor (ver Figura 2.2a), nem ao menos chega perto do ponto ideal na do CMe para distribuição. Em suma, a B&S provavelmente nunca seria capaz de vender lápis de cor suficientes para absorver os enormes custos fixos associados ao desempenho das tarefas de distribuição. No entanto, deslocando-as para outros participantes do canal, como atacadistas e/ou varejistas, ela alcança economias substanciais. A razão para isso é que

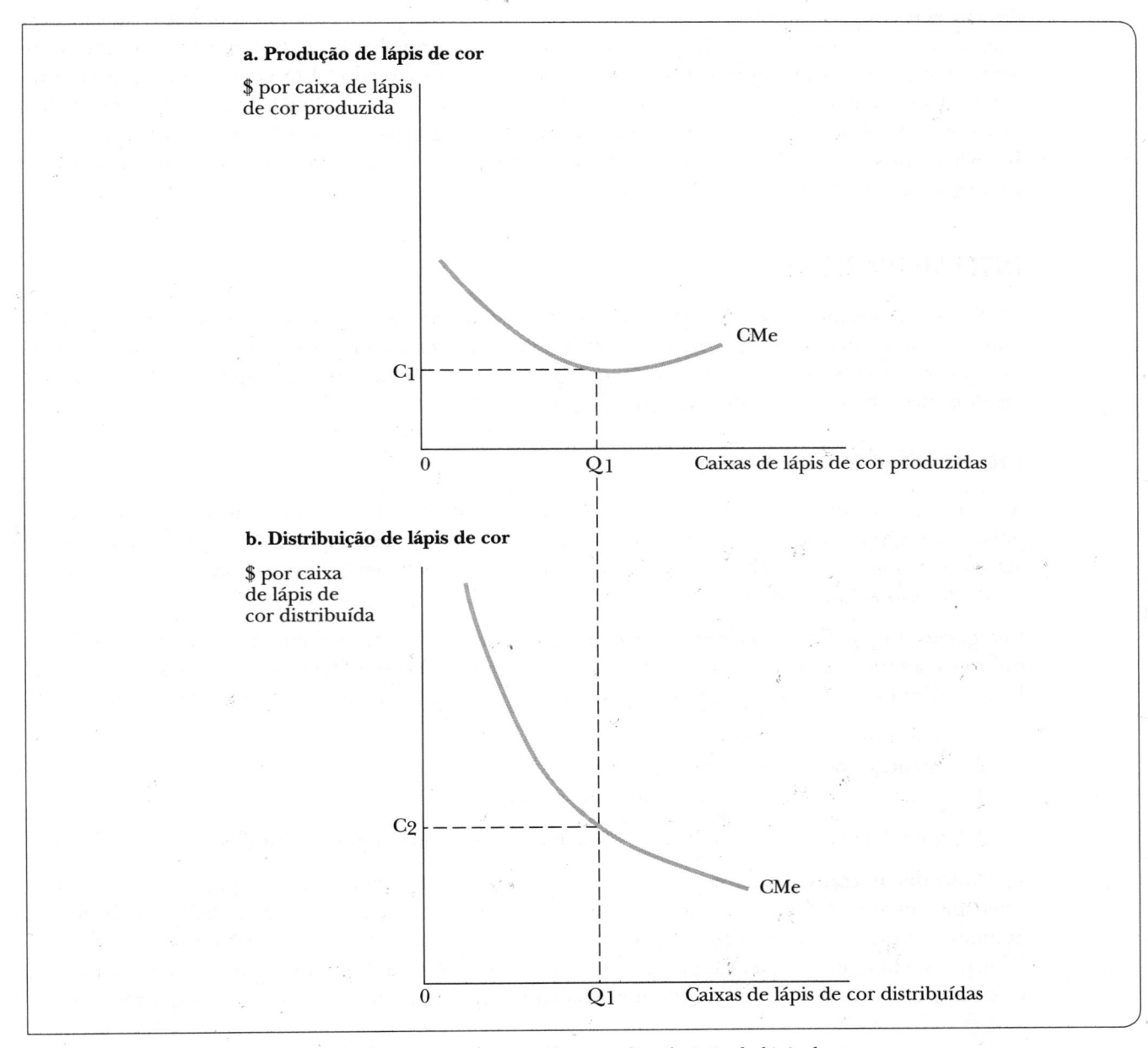

FIGURA 2.2 ▸ Curvas de custo médio hipotéticas para produção e distribuição de lápis de cor.

os intermediários distribuem os produtos de muitos outros fabricantes e, portanto, são capazes de diluir os elevados custos fixos de execução de tarefas de distribuição ao longo de grandes quantidades de diversos produtos, alcançando assim as **economias de escopo**, bem como **economias de escala** na distribuição. Isso permite aos intermediários operar mais perto do ponto ideal em suas curvas de CMe, que geralmente estão bem abaixo dos pontos correspondentes nas dos fabricantes para tarefas de distribuição.[3]

Esse exemplo sugere a seguinte generalização: *empresas de produção e fabricação muitas vezes enfrentam altos custos médios para as tarefas de distribuição quando tentam realizá-las por conta própria.* Isso não se aplica só aos pequenos produtores e fabricantes, mas também a muitos grandes (até mesmo Microsoft, IBM e Procter and Gamble não tentam distribuir todos os seus produtos aos consumidores finais). As economias de escala que permitem aos produtores e fabricantes operar com baixo custo médio em seus processos de produção em geral não se repetem ao executar as tarefas de distribuição. Mesmo o poder do *e-commerce* da internet, que fornece a tecnologia para produtores e fabricantes se conectarem diretamente aos consumidores finais, não conseguiu superar as limitações econômicas subjacentes com frequência presentes na distribuição direta. A desintermediação, que se esperava ocorresse de forma rápida em vários setores, não se concretizou como esperado.[4] Em consequência, mesmo na era da alta tecnologia do *e-commerce* e da internet, empresas de produção e fabricação continuamente procuram membros do canal a quem possam transferir algumas ou todas as tarefas de distribuição. Intermediários nos níveis de atacado e varejo são os dois tipos básicos de instituições que podem ser chamadas para participar.

INTERMEDIÁRIOS

São empresas independentes que, ao auxiliar os produtores e fabricantes (e usuários finais) no desempenho das funções de negociação e outras tarefas de distribuição, participam de fluxos de negociação e/ou de propriedade (ver o tópico "Fluxos em canais de marketing" no Capítulo 1). Eles operam em dois níveis básicos: atacado e varejo.

Intermediários atacadistas

Atacadistas são empresas envolvidas na venda de mercadorias para revenda ou uso corporativo a empresas de varejo, industriais, comerciais, institucionais, profissionais ou agrícolas, bem como a outros atacadistas. Também estão incluídas empresas que atuam como agentes ou corretores na compra ou venda de bens a esses consumidores.[5]

Categorias e tipos de atacadistas   A classificação mais abrangente e comumente adotada para atacadistas é a utilizada pelo *Census of Wholesale Trade*, publicado pelo Departamento de Comércio dos Estados Unidos a cada cinco anos. Essa classificação categoriza atacadistas em três tipos principais:

1. Atacadistas tradicionais
2. Agentes, corretores e representantes comissionados
3. Filiais e escritórios de vendas dos fabricantes

A Figura 2.3 apresenta um diagrama esquemático desses três tipos de atacadistas.

Atacadistas tradicionais são empresas envolvidas principalmente em comprar e transferir propriedade, em geral armazenando e manipulando fisicamente produtos em quantidades relativamente grandes. Depois, revendem-nos em quantidades menores a varejistas, outros atacadistas e a empresas industriais, comerciais ou institucionais. Eles recebem muitos e diferentes nomes, como atacadista, revendedor, distribuidor, distribuidor industrial, fornecedor, montador, importador, exportador, entre outros.

Agentes, corretores e representantes comissionados também são intermediários independentes que não adquirem a propriedade dos bens com os quais lidam para todos ou a maioria de seus negó-

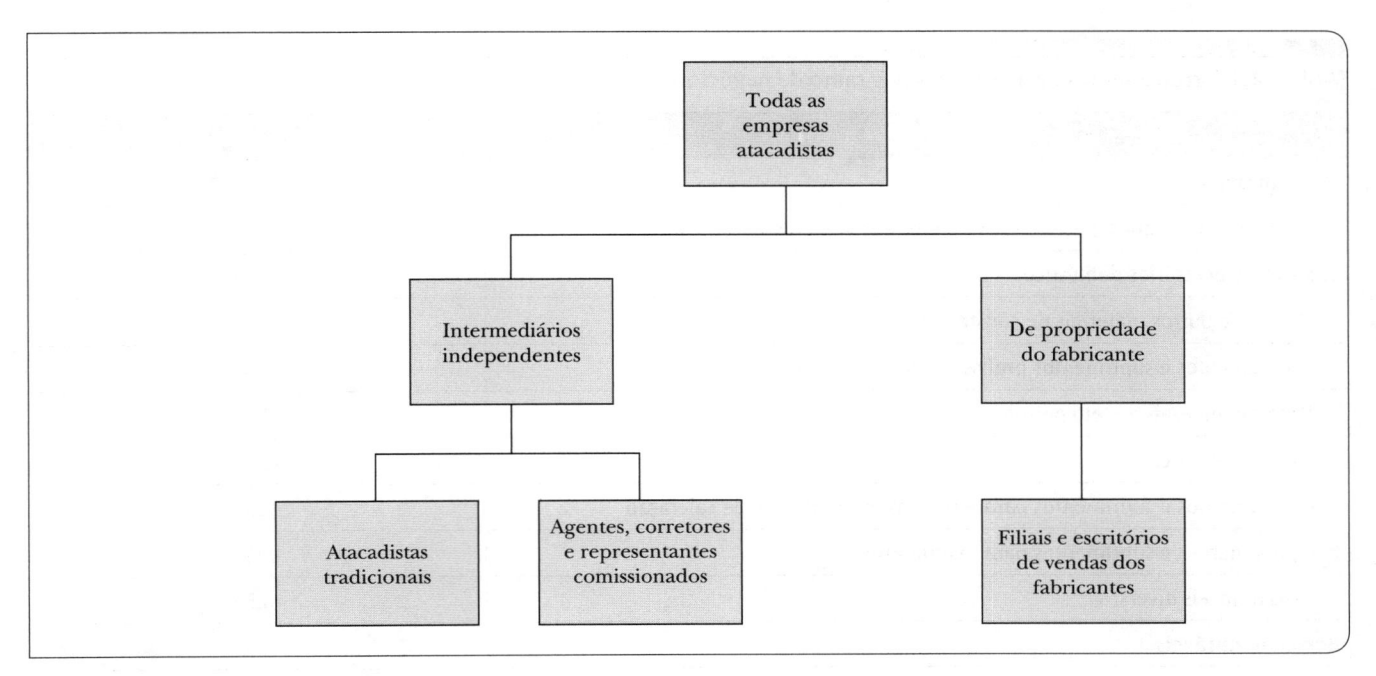

FIGURA 2.3 ▶ Visão esquemática dos três principais tipos de atacadistas dos Estados Unidos.
© Cengage Learning 2013

cios. Porém, estão ativamente envolvidos em funções de negociação de compra e venda enquanto agem em nome de seus consumidores. Em geral, são remunerados na forma de comissões sobre vendas ou compras. Alguns dos tipos mais comuns são conhecidos em seus setores como agentes dos fabricantes, representantes comissionados, corretores, agentes de vendas e de importação e exportação.

Filiais e escritórios de vendas dos fabricantes pertencem a estes e são operados por eles, mas ficam separados fisicamente das fábricas. Têm como principal finalidade distribuir os produtos do fabricante no atacado. Alguns têm instalações de armazenamento nas quais os estoques são mantidos, enquanto outros são apenas escritórios de vendas. Alguns também vendem produtos relacionados e complementares adquiridos de outros fabricantes.

O *Census of Wholesale Trade* classifica os atacadistas por ramo de negócio — há 18 categorias diferentes, mostradas na Tabela 2.1. Para coleta de dados e relatórios, ele classifica esses grupos sob os três principais tipos de atacadistas. Portanto, os dados estão disponíveis para estes em várias classificações de ramos de negócios nos Estados Unidos como um todo e para muitas áreas geográficas menores.

Estrutura e tendências no comércio atacadista O mais recente e abrangente *Census of Wholesale Trade*, cujos dados, coletados em 2002, estão disponíveis, mostrou que havia cerca de 350 mil empresas atacadistas e aproximadamente 436 mil estabelecimentos atacadistas individuais, com um total de vendas superior a $ 4,6 trilhões. Um olhar sobre como esse total se divide entre as categorias de atacadistas revela tendências importantes no comércio desse setor para a década de 1992 a 2002.

A Figura 2.4 compara o total de vendas de todos os atacadistas e as vendas divididas pelos três principais tipos de atacadistas entre 1992 e 2002. A Figura 2.5 compara a porcentagem do total de vendas para cada um dos três tipos de atacadistas para esse mesmo período.

Como mostrado na Figura 2.4, as vendas absolutas dos três tipos de atacadistas aumentaram substancialmente nesse período de dez anos, embora a porcentagem de aumento tenha variado um pouco. O maior aumento (51,7%) foi dos atacadistas tradicionais; o menor (26,5%), dos escritórios e filiais de vendas de fabricantes. O resultado, como indica a Figura 2.5, é que a porcentagem do total das vendas por atacado das filiais e escritórios de vendas dos fabricantes diminuiu de 32,1%, em 1992, para 29% em 2002, enquanto o total de vendas por atacado de agentes, corretores e representantes

TABELA 2.1 Agrupamentos de atacadistas por ramo de negócio

Grupo por ramo de negócio	Código NAICS
Bens duráveis	
1. Veículos motorizados, peças e suprimentos automotivos	4231
2. Móveis e acessórios domésticos	4232
3. Madeira e outros materiais de construção	4233
4. Equipamentos e suprimentos profissionais e comerciais	4234
5. Metais e minerais (exceto petróleo)	4235
6. Materiais elétricos	4236
7. Equipamentos e suprimentos para ferragens, hidráulicos e de calefação	4237
8. Equipamentos e suprimentos para maquinário	4238
9. Bens duráveis diversos	4239
Bens não duráveis	
10. Papel e produtos de papel	4241
11. Medicamentos e materiais farmacêuticos	4242
12. Vestuário, têxteis e aviamentos	4243
13. Produtos de mercearia e relacionados	4244
14. Produtos agrícolas – matérias-primas	4245
15. Produtos químicos e afins	4246
16. Petróleo e derivados	4247
17. Cerveja, vinho e bebidas alcoólicas destiladas	4248
18. Bens não duráveis diversos	4249

Fonte: U.S. Census Bureau, *Statistical Abstract of the United States: 2001* (121. ed.). Washington, DC, 2001.

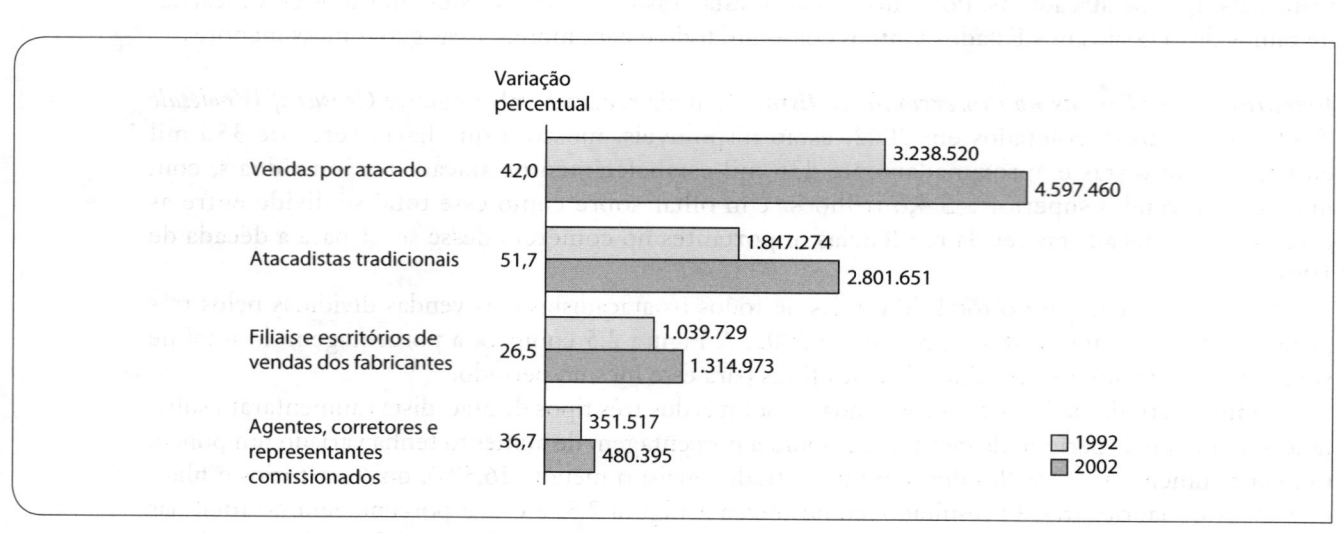

FIGURA 2.4 ▶ Vendas no atacado (em milhões de dólares) por tipo de atacadista, entre 1992 e 2002.

Fonte: Departamento de Comércio dos Estados Unidos, *Census of Wholesale Trade*. Washington, DC, vários anos.

comissionados foi de 10,9% para 10% durante esse mesmo período. A porcentagem do total de vendas de atacadistas tradicionais aumentou de 57% para 61%. Esse aumento representa uma tendência que remonta ao período de 1948, de crescimento constante na porcentagem de vendas de atacadistas tradicionais em relação a filiais e escritórios de vendas dos fabricantes e agentes, corretores e representantes comissionados.[6] Esse padrão de crescimento é mostrado na Figura 2.6.

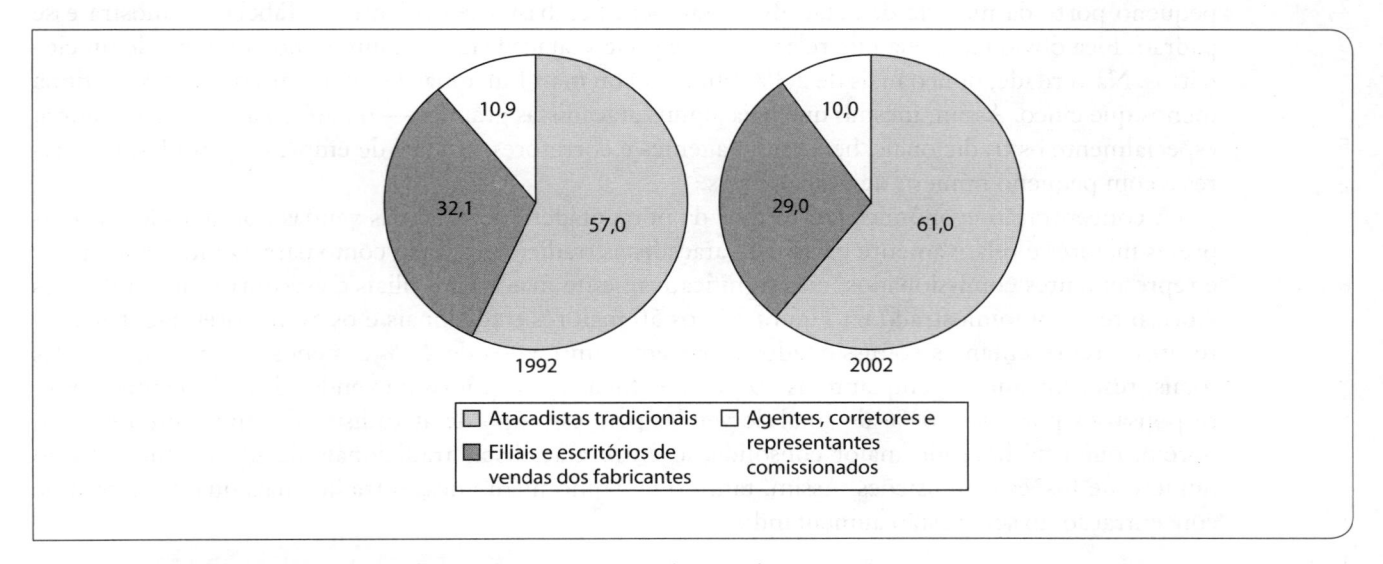

FIGURA 2.5 ▶ Porcentagem de vendas no atacado por tipo de atacadista, 1992 e 2002.

Fonte: Departamento de Comércio dos Estados Unidos, *Census of Wholesale Trade*. Washington, DC, vários anos.

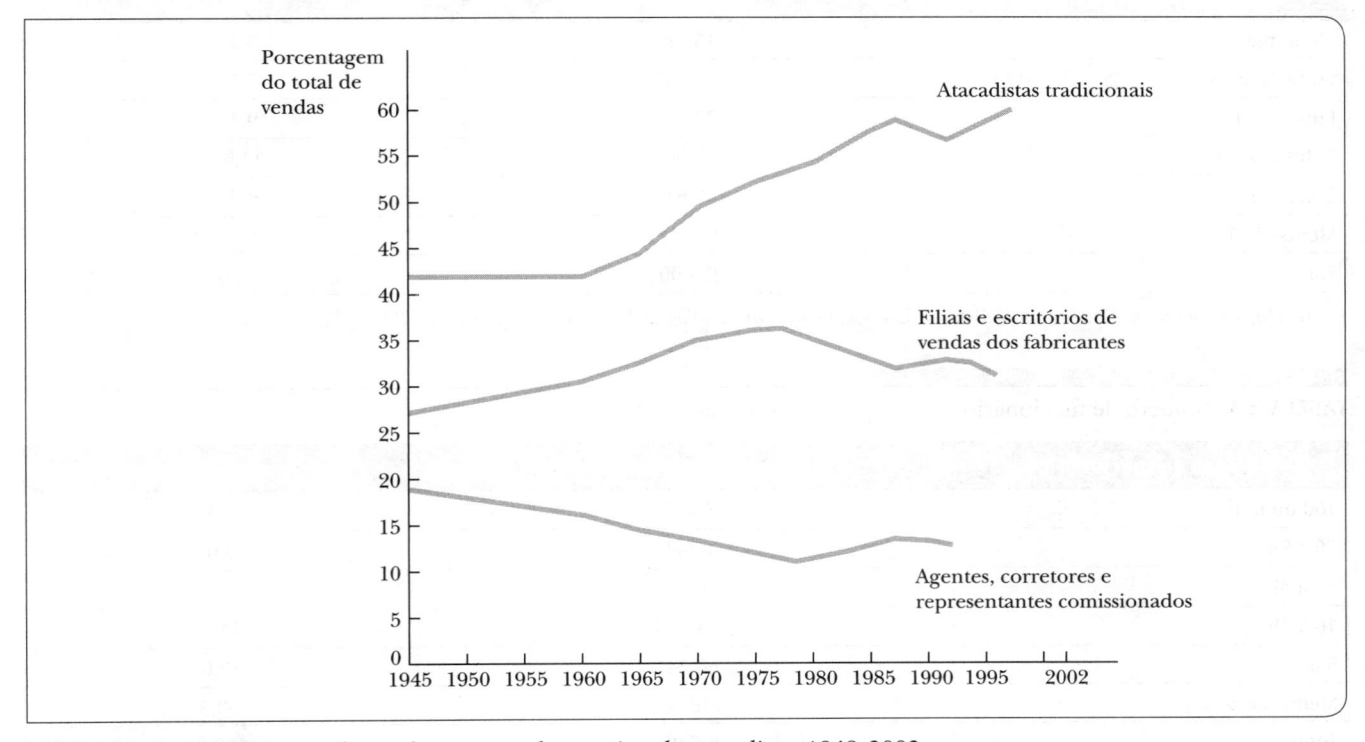

FIGURA 2.6 ▶ Porcentagem de vendas no atacado por tipo de atacadista, 1948-2002.

© Cengage Learning 2013

Tamanho e concentração nas vendas por atacado Embora atacadistas variem muito em termos de tamanho, o setor ainda é composto principalmente por pequenas empresas. Em termos de volume de vendas, muitos são bem pequenos, com quase 45% de todas as empresas atacadistas com vendas anuais de menos de $ 1 milhão. A Tabela 2.2 apresenta uma subdivisão adicional dos atacadistas segundo o volume de vendas. Conforme mostrado, quase 87% de todas as empresas atacadistas relataram vendas totais abaixo de $ 10 milhões, enquanto menos de 6% tiveram vendas totais de $ 25 milhões ou mais.

Quando o tamanho é medido em termos do número de funcionários por empresa atacadista, o pequeno porte da maioria dos atacadistas também fica bastante evidente. A Tabela 2.3 mostra esse padrão. Fica óbvio na tabela que relativamente poucos atacadistas têm um grande número de funcionários. Na verdade, pouco mais de 2,3% tinha 100 ou mais funcionários, enquanto mais de 50% tinha menos que cinco. Assim, mesmo que haja alguns atacadistas grandes — ou até gigantes —, a maioria, especialmente os tradicionais, bem como agentes e corretores, ainda é de empresas privadas, familiares e com pequeno número de funcionários.[7]

A concentração econômica em termos da porcentagem do total das vendas por atacado das empresas maiores é relativamente baixa para atacadistas tradicionais, bem como para agentes, corretores e representantes comissionados, mas significativamente maior para filiais e escritórios de vendas dos fabricantes. Como mostrado na Figura 2.7, os 50 maiores tradicionais e os 50 maiores agentes, corretores e representantes comissionados representavam menos de 21% e menos de 28% das vendas totais, respectivamente, enquanto as 50 maiores filiais e escritórios de vendas dos fabricantes foram responsáveis por quase 63% do total de vendas para esse tipo de atacadista. É importante ressaltar, porém, que está havendo maior consolidação entre atacadistas tradicionais devido ao aumento do número de fusões e aquisições. Assim, tanto o tamanho médio desses tradicionais quanto o grau de concentração do setor estão aumentando.

TABELA 2.2 Volume de vendas das empresas atacadistas, 2002

Vendas anuais (em milhões de dólares)	Número de empresas	Porcentagem de empresas
25 ou mais	15.781	5,3
Entre 10 e 25	21.833	7,4
Entre 5 e 10	27.316	9,3
Entre 2,5 e 5	37.069	12,6
Entre 1 e 2,5	60.615	20,5
Menos de 1	132.329	44,9
Total	295.003	100,0

Fonte: Departamento de Comércio dos Estados Unidos, *Census of Wholesale Trade*. Washington, DC, 2002.

TABELA 2.3 Número de funcionários nas empresas atacadistas, 2002

Número de funcionários	Número de empresas	Porcentagem de empresas
100 ou mais	6.743	2,3
50 a 99	8.860	3,0
20 a 49	28.528	9,7
10 a 19	41.543	14,1
5 a 9	60.741	20,6
Menos de 5	148.588	50,3
Total	295.003	100,0

Fonte: Departamento de Comércio dos Estados Unidos, *Census of Wholesale Trade*. Washington, DC, 2002.

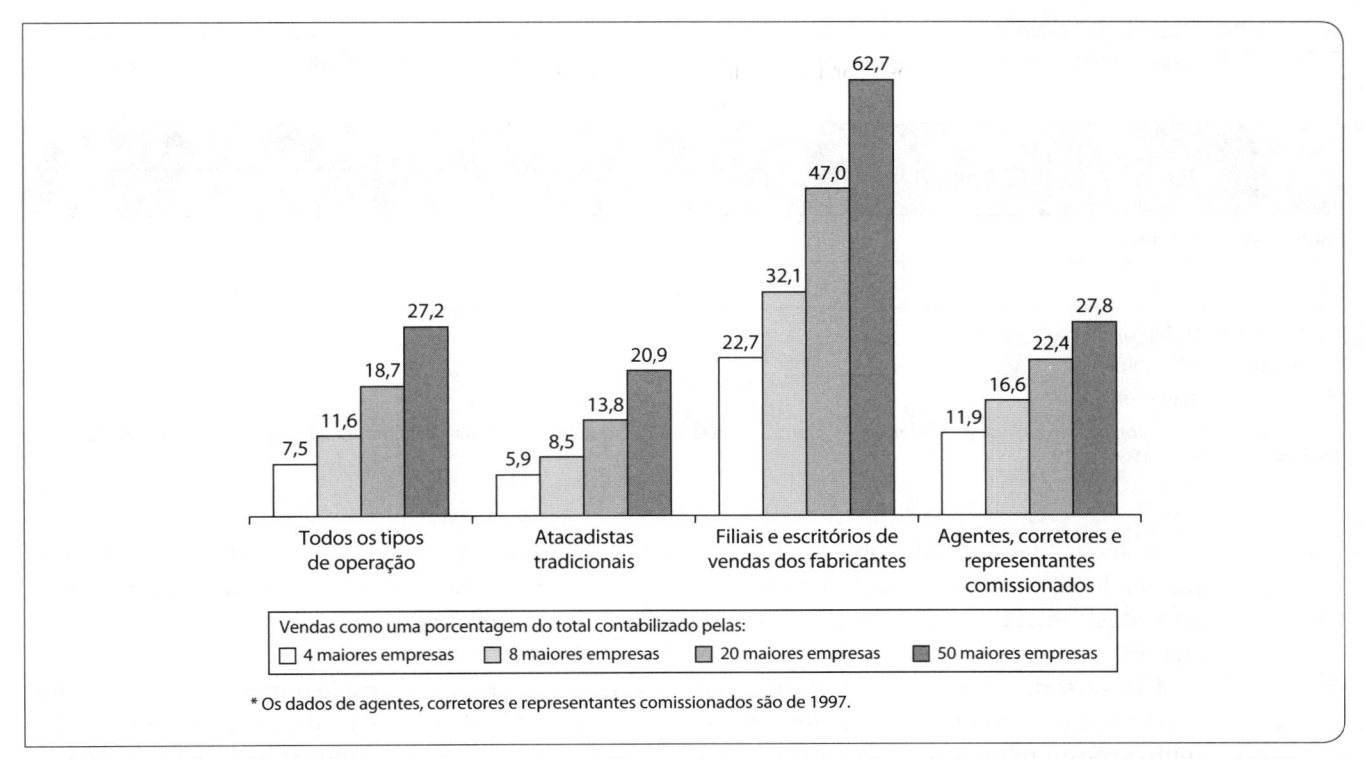

FIGURA 2.7 ▶ Concentração de vendas no atacado (em porcentagem) por tipo de atacadistas de vários tamanhos, 2002*.
© Cengage Learning 2013

Tarefas de distribuição executadas por atacadistas tradicionais Estes atendem aos fabricantes, varejistas e outros consumidores. Eles sobreviveram como intermediários no canal de marketing porque, como especialistas no desempenho das tarefas de distribuição, podem operar em altos níveis de eficácia e eficiência.[8]

Muitas vezes, as curvas de custo médio para as tarefas de distribuição são mais baixas para atacadistas, ou eles são capazes de operar mais perto dos pontos ideais nas curvas do que seus fornecedores.[9] Atacadistas modernos e bem administrados são especialmente adequados para executar os seguintes tipos de tarefas de distribuição para produtores e fabricantes:[10]

1. Proporcionar cobertura de mercado.
2. Fazer contatos de vendas.
3. Manter estoques.
4. Processar pedidos.
5. Reunir informações de mercado.
6. Oferecer suporte ao consumidor.

A **cobertura de mercado** é fornecida por atacadistas tradicionais aos fabricantes porque os mercados para os produtos da maioria dos fabricantes consistem em muitos consumidores espalhados por grandes áreas geográficas. Para ter boa cobertura de mercado e fazer que seus produtos estejam prontamente disponíveis aos consumidores quando preciso, os fabricantes muitas vezes contam com atacadistas tradicionais para garantir a cobertura de mercado necessária a um custo razoável. Na indústria de revistas dos Estados Unidos, por exemplo, a consolidação em massa de atacadistas, de quase 3 mil para menos de 50 na década passada, deixa os editores preocupados com o fato de que sua capacidade para atingir pequenos varejistas em mercados mais remotos será afetada.[11]

Como Jackson e d'Amico destacam em seu estudo sobre atacadistas tradicionais que atendem a mercados industriais, quando grandes mercados estão dispersos geograficamente entre várias indústrias e os consumidores fazem pedidos com bastante frequência e exigem prazos de entrega mais curtos, existe maior propensão ao uso de distribuidores [atacadistas tradicionais].[12] A Tabela 2.4 mostra

TABELA 2.4 Porcentagem do uso, pelos fabricantes, de atacadistas tradicionais e de agentes em mercados concentrados e dispersos

Estrutura do canal[a]	Características do mercado	
	Concentrado[b]	Disperso[c]
Atacadistas tradicionais	57	43
Agentes	78	22

[a] Com base em 90 atacadistas e 109 agentes
[b] 1 a 4 concentrações comerciais
[c] 5 a 10 concentrações comerciais

Fonte: Adaptado de Donald M. Jackson e Michael F. d'Amico, Products and Markets Served by Distributors and Agents, *Industrial Marketing Management*, 18 fev. 1989, p. 29.

os resultados desse estudo, que comparou o uso de agentes e atacadistas tradicionais por fabricantes que vendem produtos industriais. Conforme mostrado na tabela, 43% dos fabricantes que atuam em mercados dispersos usaram atacadistas tradicionais, em comparação com apenas 22% que usaram agentes — uma relação de aproximadamente dois para um.

Contato de vendas é um valioso serviço prestado por atacadistas tradicionais. Para os fabricantes, o custo de manter uma força de vendas externa é alto. Se o produto de um fabricante é vendido a muitos consumidores em uma ampla área geográfica, o custo de cobrir o território com sua força de vendas pode ser proibitivo.[13] Ao usar atacadistas para alcançar todos ou uma parte significativa de seus consumidores, os fabricantes podem ser capazes de reduzir substancialmente os custos de contatos externos de vendas porque sua força de vendas estaria entrando em contato com um número relativamente pequeno de atacadistas, em vez de um muito maior de consumidores.

O valor dos atacadistas no sentido de fornecer contato de vendas se torna ainda mais evidente para os fabricantes que estão entrando em mercados estrangeiros. É o que Brown e Herring ressaltam no caso de um fabricante americano que tentava vender seus produtos no Reino Unido:

> Os custos de montar uma operação de vendas no Reino Unido são enormes: um escritório deve ser alugado e equipado com toda a comunicação necessária e equipamento de processamento de dados; os agentes, ser contratados e treinados (ou realocados dos Estados Unidos); os produtos, comercializados; e a base de consumidores potenciais, identificada. Há um investimento muito grande a ser feito, sem possibilidade de retornos rápidos. Um distribuidor, por outro lado, tem toda a infraestrutura no local, conhece o mercado e deve ser capaz de conseguir as vendas muito rapidamente.[14]

Manter estoques é outra tarefa crucial realizada pelos atacadistas aos fabricantes. Atacadistas tradicionais assumem a propriedade e, em geral, estocam os produtos dos fabricantes a quem representam. Ao fazer isso, podem reduzir os encargos financeiros dos fabricantes e alguns riscos associados à manutenção de grandes estoques. Além disso, ao fornecer uma saída pronta para os produtos de fabricantes, aqueles ajudam estes a planejar melhor seu cronograma de produção. Por exemplo, a Fort Howard Corporation, fabricante de produtos de papel, usa atacadistas especializados, como a Darter Inc., da cidade de University Park, Illinois, para realizar a tarefa de manter estoques. Fort Howard e Darter fizeram um acordo de "parceria" a partir do qual esta última concorda em comprar virtualmente todos os produtos da primeira em troca de condições favoráveis, incluindo disponibilidade assegurada de produtos e entregas mais rápidas. Em troca, a Fort Howard tem um alto volume de escoamento garantido para seus produtos conforme saem da fábrica e, portanto, não precisa mantê-los em seu próprio estoque.

O processamento de pedidos realizado por atacadistas é muito útil para fabricantes porque muitos consumidores compram em pequenas quantidades. Além disso, tanto grandes quanto pequenos fabricantes acham extremamente ineficiente tentar atender a um elevado número de pequenas encomendas de milhares de consumidores. Muitas das empresas ".com" originais, engajadas no *e-commerce*, foram prejudicadas pelos altos custos de atender a milhares de pequenas encomendas. Para a maioria delas, os custos de processamento de pedido foram uma das principais causas de sua morte porque eram muito altos em relação ao valor dos produtos vendidos.[15] Atacadistas, por sua vez, são especificamente adequados para lidar com pequenas encomendas de muitos consumidores. Ao transportar os produtos de muitos fabricantes, os custos de processamento de pedidos dos atacadistas podem ser absorvidos pela venda de uma gama mais ampla de produtos do que a de um fabricante típico. Exemplo notável de um atacadista que alcançou alto nível de conhecimento no exercício das funções de processamento de pedidos é a McKesson Corporation, a maior atacadista do mundo de produtos farmacêuticos. Essa empresa sempre fez o processamento de pedidos para sua ampla gama de consumidores, incluindo redes e farmácias varejistas independentes, hospitais, lojas de alimentos e hipermercados, a chave da sua operação. Seus centros de distribuição são altamente automatizados, com sistemas de processamento de pedidos de alta velocidade, esteiras com *displays* iluminados que organizam a seleção de pedidos pelos funcionários, carrosséis especiais que trazem pedidos para quem atende aos pedidos e sistemas de transporte que automaticamente direcionam as caixas para os locais de expedição. Poucos fabricantes conseguem alcançar o nível de processamento de pedidos em termos de escala, sofisticação e eficiência da McKesson.[16]

Reunir informações de mercado é outra tarefa que traz benefícios substanciais aos fabricantes. Atacadistas em geral ficam próximos de seus consumidores geograficamente e, em muitos casos, têm contato constante a partir de chamadas de vendas frequentes. Portanto, estão em boa posição para saber mais sobre as exigências dos consumidores a respeito de produtos e serviços. Tal informação, se repassada aos fabricantes, pode ser de grande valia para o planejamento de produto, precificação e desenvolvimento da estratégia competitiva de vendas. Por exemplo, a CDW Corporation, uma distribuidora líder de produtos e serviços de tecnologia de informação para empresas, governo e instituições educacionais, fornece dados inestimáveis sobre o mercado a centenas de fabricantes dos quais vende produtos. Especialistas em tecnologia da CDW disponibilizam aos consumidores não só os mais novos *notebooks*, *desktops*, impressoras, serviços e dispositivos de armazenamento, mas também soluções sofisticadas de tecnologia que, por sua vez, ajudam fornecedores da CDW a desenvolver produtos direcionados às necessidades dos consumidores.[17]

Suporte ao consumidor é a tarefa final de distribuição que atacadistas oferecem aos fabricantes. Os produtos podem precisar ser trocados ou devolvidos, ou talvez um consumidor exija instalação, ajuste, reparos ou assistência técnica. Para que os fabricantes forneçam esses serviços diretamente a um grande número de consumidores, o custo pode ser alto. Em vez disso, os fabricantes podem usar atacadistas para auxiliá-los nessa prestação aos consumidores. Esse apoio extra dos atacadistas, muitas vezes chamado **serviço de valor agregado**, desempenha um papel crucial para tornar os atacadistas membros vitais do canal de marketing, tanto do ponto de vista dos fabricantes que lhes fornecem quanto dos consumidores a quem vendem. Considere o caso de F.F. Despard, localizado em Utica, Nova York. Esse atacadista especializado em ferramentas de corte e produtos abrasivos enfatiza bastante o suporte ao consumidor na forma de especialidade técnica. Na verdade, a empresa não contrata vendedores. Antes, emprega *especialistas em abrasivos* qualificados para auxiliar os consumidores com uma ampla gama de aplicações. Esse desejo por parte da F.F. Despard de dar suporte ao consumidor tem diminuído muito a carga sobre os fabricantes de abrasivos que o abastecem.

Além de realizar as seis tarefas de distribuição para os fabricantes, os atacadistas tradicionais são igualmente adequados para executar as seguintes tarefas de distribuição para seus consumidores:[18]

1. Garantir a disponibilidade dos produtos.
2. Dar atendimento ao consumidor.
3. Ampliar o crédito e a assistência financeira.
4. Oferecer a conveniência de sortimento.
5. Fracionar volumes.
6. Ajudar os consumidores com aconselhamento e suporte técnico.

Disponibilidade dos produtos é, provavelmente, a tarefa de distribuição mais básica realizada por atacadistas para seus consumidores. Devido à proximidade entre essas duas partes e/ou a sensibilidade que os consumidores desenvolvem quanto às suas necessidades, os atacadistas podem lhes oferecer um nível de disponibilidade dos produtos ao qual muitos fabricantes não conseguem corresponder. Considere o que aconteceu com a Doug's TV, varejista de aparelhos de televisão localizado na cidade de Beverly Hills, Flórida. Esse varejista tinha comprado a marca RCA de televisores da Raybro Electronic Supplies, Inc., um atacadista local. Quando a RCA decidiu deixar a Raybro e vender diretamente aos varejistas, a Doug's TV enfrentou sérios problemas de disponibilidade de produto. Em vez de uma entrega de caminhão em dois dias, agora se passava um mês para as TVs chegarem. Para atenuar parcialmente esse problema, a Doug agora tem de fazer grandes encomendas, mantendo, assim, mais dinheiro parado no estoque.

Atendimento ao consumidor é outra tarefa de distribuição valiosa realizada por atacadistas. Muitas vezes, os consumidores exigem serviços como entrega, reparos ou garantia. Ao disponibilizar esses serviços, atacadistas os poupam de esforços e despesas.[19] Por exemplo, a Alco Standard Corporation, grande atacadista de produtos de escritório, fornece serviços de reparo de copiadoras das marcas Ricoh, Canon e Sharp. Os consumidores acharam esse serviço extremamente útil e conveniente.[20]

Crédito e assistência financeira são fornecidos por atacadistas de duas maneiras. Primeira, ao fazer vendas a prazo, permitem que os consumidores usem produtos em seus negócios antes de ter de pagar por eles. Segunda, ao estocar e garantir a disponibilidade imediata de muitos itens necessários aos seus consumidores, reduzem significativamente os gastos com armazenamento que estes teriam de dispor se precisassem estocá-los por conta própria.

O caso da Doug's TV, já citado sobre a disponibilidade do produto, também ressalta a importância dos atacadistas no fornecimento de crédito e assistência financeira. O atacadista propôs à Doug's um plano de financiamento com condições de juros favoráveis para quaisquer pedidos, por menor que fosse. O fabricante, por sua vez, só oferece esses termos para grandes encomendas.

Conveniência de sortimento refere-se à capacidade de um atacadista reunir uma variedade de produtos de diversos fabricantes, simplificando as atividades de compras dos consumidores.[21] Em vez de encomendar separadamente dezenas, ou mesmo centenas de fabricantes, os consumidores podem recorrer a um ou alguns atacadistas generalistas ou especializados que podem fornecer todos ou a maioria dos produtos de que necessitam. É o caso, por exemplo, da CDW, gigante distribuidora atacadista de produtos e serviços de tecnologia da informação também já mencionado, que atende a milhares de pedidos de milhares de produtos diferentes todos os dias. Ao fazer isso, ela poupa muito tempo e grandes despesas dos seus consumidores.

Fracionamento de volumes é importante porque os consumidores nem sempre precisam de grandes quantidades de produtos, ou podem preferir encomendar apenas uma pequena quantidade de cada vez. Muitos fabricantes acreditam que não é econômico atender a pequenas encomendas, assim estabelecendo um número mínimo de pedidos para desencorajar os consumidores. Ao comprar grandes quantidades dos fabricantes e dividir esses pedidos "de grande volume" em quantidades menores, os atacadistas oferecem aos consumidores a possibilidade de comprar apenas a quantidade de que precisam. Aqui, novamente, o caso da CDW é instrutivo. Enquanto lida com enormes encomendas para grandes corporações, agências governamentais e instituições, a maioria de seus pedidos é relativamente pequena. Muitos deles seriam pequenos demais para ser encomendados diretamente dos fabricantes devido às exigências mínimas de pedido. A CDW, no entanto, compra em grandes quantidades e depois separa no volume que seus consumidores desejem.

Aconselhamento e suporte técnico são a última tarefa de distribuição que os atacadistas são chamados a realizar para seus consumidores. Muitos produtos, mesmo aqueles não considerados técnicos, podem exigir certa quantidade de pareceres técnicos e assistência para o uso adequado, bem como conselhos sobre como ser vendidos. Atacadistas, em particular por meio de uma força de vendas externa bem treinada, são capazes de fornecer esse tipo de assistência técnica e comercial aos consumidores. A Ace Hardware Corporation, grande atacadista com sede em Oak Brook, Illinois, é um bom exemplo de quem está especialmente apto a fornecer a seus consumidores (sobretudo varejistas independentes de equipamentos) aconselhamento e suporte técnico. Ela oferece a seus revendedores muita ajuda com o planejamento de estoque, propaganda, *layout* de loja, atendimento ao consumidor, aplicativos de computador e muito mais.

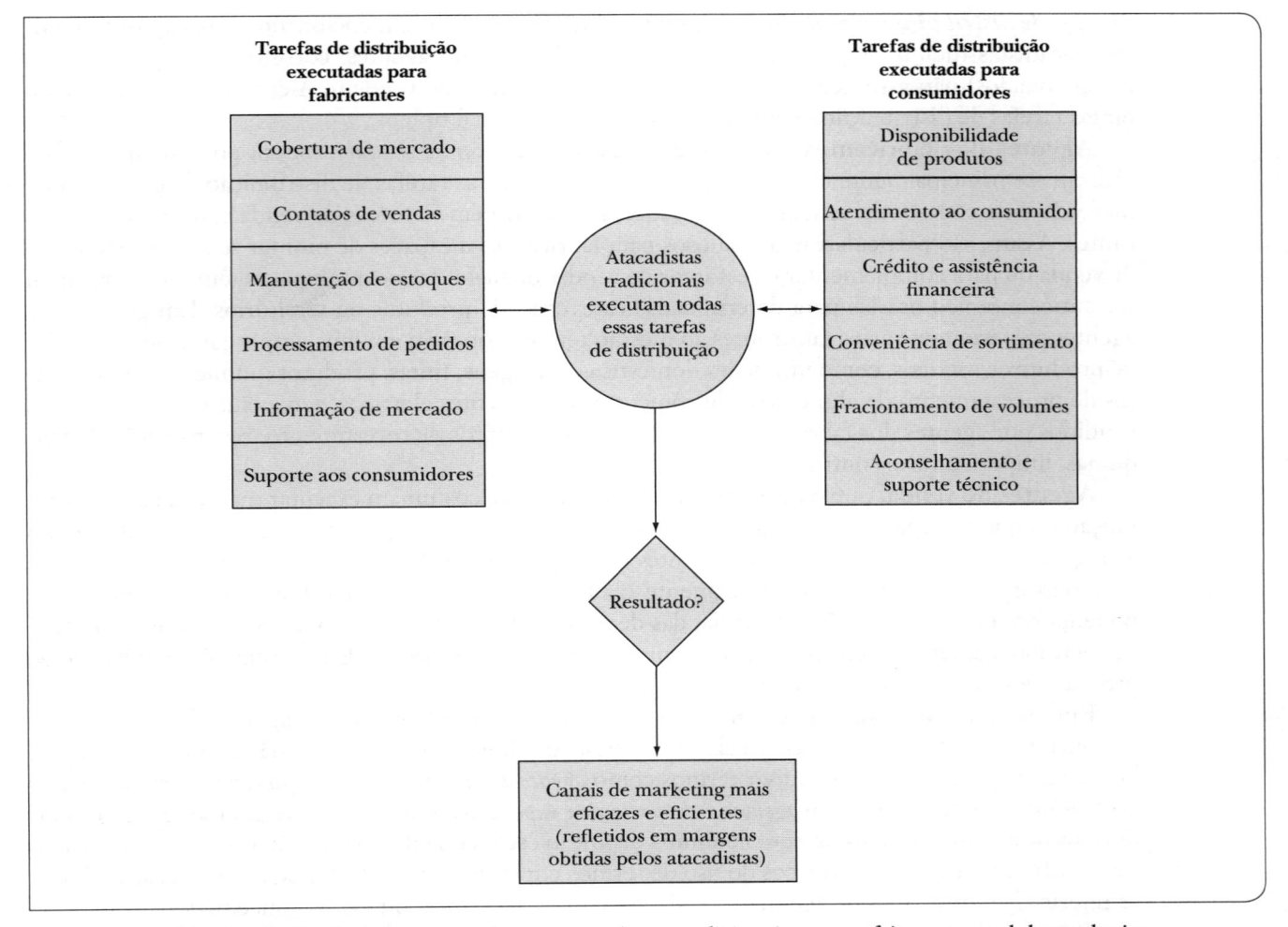

FIGURA 2.8 ▶ Tarefas de distribuição executadas por atacadistas tradicionais e seus efeitos no canal de marketing.
Fonte: Bert Rosenbloom, *Marketing functions and the wholesaler – Distributor: achieving excellence in distribution.*
Washington, DC: Distribution Research and Education Foundation, 1987, p. 26.

A Figura 2.8 resume essa discussão sobre tarefas de distribuição realizadas por atacadistas tradicionais. Como mostrado, eles estão posicionados entre o conjunto de seis tarefas de distribuição que executam para os fabricantes e as seis que realizam para os consumidores. A seta que aponta para baixo a partir dos atacadistas tradicionais mostra o resultado do desempenho das tarefas de distribuição: canais de marketing mais eficazes e eficientes refletidos nas margens por eles recebidas. Na verdade, as margens obtidas pelo comércio atacadista representam o pagamento pelos serviços prestados por eles e pelo valor recebido pelos fabricantes e consumidores que deles compraram o produto mais importante — *o desempenho eficiente das tarefas de distribuição*.

Deve-se destacar que nem todos os atacadistas tradicionais, em todos os ramos de negócios, realizam todas essas tarefas de distribuição o tempo todo. Há diferenças entre eles em relação à medida que participam dessas tarefas. Muitos executam todas as tarefas de distribuição discutidas aqui na maior parte do tempo, ou pelo menos tentam. Na outra extremidade do espectro estão alguns atacadistas tradicionais, referidos comumente na literatura de marketing como **atacadistas de função limitada** que, embora assumam os direitos sobre os produtos, não executam todas essas tarefas de distribuição. Por exemplo, atacadistas que trabalham com pedidos pelo correio não realizam contatos de vendas por meio de vendas pessoais, os do tipo "pague e leve" não oferecem crédito, os do tipo representantes não mantêm estoque e os do tipo "atravessador" em geral não oferecem muito em termos de aconselhamento e suporte técnico.

Tarefas de distribuição executadas por agentes atacadistas Como mencionado neste capítulo, agentes atacadistas (definidos pelo *Census of Wholesale Trade* como agentes, corretores e representantes comissionados) não assumem os direitos sobre os produtos que vendem. Além disso, não executam tantas tarefas de distribuição quanto um atacadista tradicional típico.

Agentes dos fabricantes (também chamados *representantes dos fabricantes*), por exemplo, especializam-se principalmente em realizar, para os fabricantes, as tarefas de distribuição de cobertura de mercado e de contato de vendas. Na verdade, eles substituem as forças de venda externas dos fabricantes. Assim, são particularmente valiosos para fabricantes incapazes de montar suas próprias forças de venda ou para complementar os esforços de vendas daqueles fabricantes que as têm, mas acreditam ser antieconômico usá-las para determinadas categorias de produtos ou territórios. Em geral, esses agentes representam vários fabricantes ao mesmo tempo e operam em uma ampla gama de categorias de produtos e serviços, como utilidades domésticas, ferragens, tintas, produtos químicos, equipamentos de processamento de alimentos, eletrônicos e componentes elétricos, aço e embalagens. Serviços vendidos por agentes dos fabricantes incluem pintura, serviços de revestimento, reconstrução de máquinas, limpeza e vários outros.

Agentes de venda, outro tipo de agente de atacadistas, costumam executar mais tarefas de distribuição do que os representantes dos fabricantes. Na verdade, encarregam-se de praticamente todo o esforço de marketing e venda dos fabricantes que representam. Portanto, embora agentes de vendas de modo geral não mantenham fisicamente o estoque ou assumam os direitos sobre os produtos, podem exercer muitas, se não a maioria, das demais tarefas de distribuição, como fornecer cobertura de mercado, contato de vendas, processamento de pedidos, informações de mercado, disponibilidade de produtos e serviços ao consumidor.

Embora a literatura básica de marketing discuta agentes dos fabricantes e agentes de vendas como se houvesse uma distinção clara e precisa entre eles, essa diferença geralmente não se aplica na prática. Na verdade, é bastante comum usar termos como *agente de vendas, agente dos fabricantes, representantes dos fabricantes, representantes* ou *agentes de importação e exportação* indistintamente para se referir a todos os tipos de agentes atacadistas, sem nenhuma distinção estrita quanto ao grau em que executam tarefas de distribuição. Padrões históricos do uso de termos em vários ramos de negócios são a base real para se referir aos vários tipos de agentes atacadistas, em vez da clareza ou lógica conceitual.

Corretores, a segunda grande categoria de atacadistas que não assumem os direitos sobre os produtos definida no *Census of Wholesale Trade*, oferecem outro exemplo da grande diferença existente entre as definições baseadas no desempenho de tarefas de distribuição apresentadas na literatura de marketing e na prática. Na primeira, o corretor é comumente definido como um intermediário ou a parte que reúne compradores e vendedores para que uma transação possa ser efetuada. No sentido estrito da definição, um corretor executa apenas uma tarefa de distribuição — fornecimento de informações sobre o mercado. Ainda assim, na prática, alguns podem executar muitas, se não a maioria, delas. Por isso, para todos os efeitos, eles pouco se distinguem dos representantes dos fabricantes ou agentes de vendas.

Considere o caso dos corretores de alimentos. Um estudo da National Food Brokers Association (NFBA) constatou que a esmagadora maioria desses corretores executa uma ampla gama de tarefas de distribuição em canais de marketing, o que os coloca no mesmo patamar que os representantes dos fabricantes ou agentes de venda. Por exemplo, inúmeros corretores de alimentos ajudam a gerir fundos de marketing, recomendar e executar promoções comerciais e até mesmo criar planos de promoção ao consumidor. Muitos também estão envolvidos com o desenvolvimento e execução de programas de marketing dos fabricantes que representam. Assim fazendo, eles fornecem (além das informações de mercado) cobertura de mercado, contato de vendas, processamento de pedidos, suporte técnico e aconselhamento ao consumidor, bem como a disponibilidade do produto.[22] A Figura 2.9 oferece uma descrição adicional dos serviços prestados por corretores de alimentos.

Claramente, como indicado, a gama de tarefas de distribuição realizadas coloca-os bem além do limitado escopo especificado na definição de corretores nos livros de marketing. Aqui, novamente, a terminologia usada é mais uma função de um acidente histórico do que uma aderência estrita. Na verdade, o termo *corretor de alimentos* é um tanto errado porque esses profissionais realmente lidam com muitos produtos além de alimentos. Mesmo que eles não representem o que ocorre com outros corretores em

Esses corretores oferecem uma variedade de serviços especializados que agregam valor ao processo de distribuição e ajudam a aumentar os lucros de seus contratantes e clientes. Em geral, eles estão envolvidos em uma ou mais das seguintes tarefas:

- Apresentar os novos produtos do contratante a compradores de mercados locais.
- Contatar regularmente os varejistas para garantir que os produtos do contratante sejam distribuídos e organizados adequadamente nas prateleiras do varejo.
- Coordenar a implementação de promoções, campanhas de propaganda e programas de cupons junto com os varejistas organizar *displays* nas lojas e fazer demonstrações de produtos.
- Garantir que os produtos do contratante sejam pedidos corretamente, as cargas recebidas e precificadas sem erro e os itens não vendidos creditados e descartados de forma adequada.
- Em conjunto com os departamentos de marketing dos contratantes e os clientes, desenvolver programas promocionais dirigidos a estes nos mercados locais.
- Por meio do uso de tecnologias avançadas, fornecer aos contratantes dados demográficos sobre tendências de consumidores, disposição de produtos, mercado e outras informações.

FIGURA 2.9 ▶ Tarefas de distribuição realizadas normalmente por corretores de alimentos.

Fonte: ASMC Foundation. Specialized services: *How brokers serve you*. Washington, DC, 1993, p. 2-3. Copyright © ASMC Foundation. Reprodução autorizada.

outras categorias de produto, seu papel na execução de tarefas de distribuição está se expandindo a tal ponto que o uso da palavra *corretor* pode subestimar a variedade das atividades envolvidas.

Finalmente, a terceira principal categoria dos agentes atacadistas segundo o *Census of Wholesale Trade* são os **representantes comissionados,** cuja importância reside principalmente nos mercados agrícolas. Estes executam uma ampla variedade de tarefas de distribuição, incluindo manter fisicamente o estoque (embora não assumam os direitos sobre os produtos), proporcionar cobertura de mercado, contato de vendas, fracionamento de volumes, crédito e processamento de pedidos. Tais tarefas são realizadas quando o representante comissionado age em seu nome ou do seu contratante (produtores ou fabricantes). Essencialmente, ele recebe e armazena produtos, ajuda a localizar os compradores, faz vendas, estende o crédito pessoal, processa pedidos e pode organizar entregas. Depois de completar a venda e receber o dinheiro dos compradores, esse representante remete-o (deduzida a comissão pelos serviços prestados) aos contratantes, que, por vezes, permanecem anônimos aos compradores.

O que deve ficar evidente tendo como base essa discussão de tarefas de distribuição executadas pelos vários tipos de agentes atacadistas é que generalizações sobre seus papéis na realização dessas tarefas com base em definições "oficiais" podem ser enganosas. Uma forma mais significativa de determinar as tarefas de distribuição executadas por determinado tipo de agente atacadista é olhar para o ramo de negócio em que atua, ou melhor, para o agente em questão. Pode acontecer de o corretor em um ramo de negócio executar um conjunto muito mais amplo de tarefas de distribuição do que o representante de fabricante em outro, ou que um agente de vendas realize o mesmo conjunto de tarefas de distribuição que um representante, corretor ou representante comissionado em particular.

Finalmente, independentemente de o atacadista em questão ser um atacadista tradicional ou agente, corretor ou representante comissionado, a participação do atacadista em canais de marketing baseia-se no desempenho de tarefas de distribuição (serviços) que são desejadas pelos fabricantes e consumidores.[23] Além disso, qualquer um desses atacadistas deve ser capaz de realizar essas tarefas de modo mais eficiente do que os fabricantes ou os consumidores. Com tantos fabricantes e consumidores buscando maneiras de aumentar sua produtividade e reduzir custos, agora estão analisando seriamente o papel do atacadista em seus canais de marketing. Somente os atacadistas que executam tarefas de distribuição em nível muito elevado de eficiência são suscetíveis a manter, ou mesmo melhorar, suas posições como membros viáveis do canal de marketing.[24]

Intermediários varejistas

Varejistas são empresas envolvidas principalmente na venda de mercadorias para uso pessoal ou consumo doméstico e na prestação de serviços relacionados à venda destas.

Tipos de varejistas Os varejistas, nos Estados Unidos, compõem um conglomerado extremamente complexo e diversificado. Eles variam em termos de tamanho, das chamadas lojas familiares de bairro, com vendas de menos de $ 100 mil por ano, a gigantes redes de hipermercados, como o Walmart, com mais de $ 400 bilhões em vendas anuais. Os métodos de operação vão do serviço mínimo das espartanas lojas de descontos e *outlets* a operações elaboradas com arquitetura magnífica em grandes *shopping centers*. Essa categoria inclui varejistas com ou sem loja, como empresas de venda por correspondência, de venda direta (em casa), programas de vendas pela TV e aqueles que trabalham pela internet.[25] Há varejistas especializados, de lojas de departamento de ampla linha, de hipermercados, de clubes atacadistas,[26] de *outlets* de fábricas e varejistas globais, nacionais, regionais e locais. Mas essa lista pode ir além.

Ao longo dos anos, uma variedade de esquemas de classificação foi desenvolvida para ajudar a dar alguma ordem a essa complexidade desconcertante. O Quadro 2.1 abrange as categorias de classificação mais usadas.

QUADRO 2.1 Critérios alternativos para classificar varejistas

A. Pela propriedade do estabelecimento
1. Lojas independentes com uma unidade
2. Organizações de varejo com várias unidades
   a. redes comerciais
   b. filiais
3. Lojas de fabricantes
4. Lojas de cooperativas de consumidores
5. Estabelecimentos de proprietários rurais
6. Lojas de fábrica (industriais) ou dos representantes
7. Lojas operadas pelo governo (casas de câmbio, lojas de bebidas estatais)
8. Lojas de companhias de utilidade pública (para venda dos principais equipamentos)

B. Por ramo de negócio (mercadorias negociadas)
1. Grupo de mercadorias gerais
   a. lojas de departamento
   b. armazéns de secos e molhados e mercadorias em geral
   c. lojas gerais
   d. lojas de variedades
2. Lojas de linha única (por exemplo, mercearias, vestuário, móveis)
3. Lojas especializadas (por exemplo, açougue, lojas de lingerie, de revestimento e piso)

C. Pelo tamanho do estabelecimento
1. Pelo número de funcionários
2. Pelo volume de vendas anual

D. Por grau de integração vertical
1. Não integrado (apenas funções varejistas)
2. Integrado com funções de atacado
3. Integrado com manufatura ou outra criação de utilidade de forma

E. Por tipo de relacionamento com outras organizações
1. Não afiliados
2. Afiliados de forma voluntária a outros varejistas
   a. por meio de cadeias voluntárias patrocinadas por atacadistas
   b. por meio de colaboração entre varejistas
3. Afiliados com fabricantes por franquias comerciais

F. Pelo método de contato com o consumidor
1. Lojas comuns
   a. departamento alugado
2. Venda por correspondência
   a. por catálogo
   b. propaganda na mídia tradicional
   c. clube de afinidade ou fidelidade
3. Contatos em domicílio
   a. venda direta porta a porta
   b. serviço de entrega regular em domicílio
   c. vendas por rede pessoal de contatos
   d. vendas on-line pela internet

G. Por tipo de localização
1. Urbana
   a. distrito comercial central
   b. distrito comercial secundário
   c. ruas comerciais
   d. localização em bairros
   e. shopping center controlado (planejado)
   f. barracas em mercados públicos
2. Cidade pequena
   a. centro
   b. bairro
3. Lojas rurais
4. Barracas de beira de estrada

H. Por tipo de serviço prestado
1. Serviço completo
2. Serviço limitado ("pague e leve")
3. Autosserviço

I. Pela forma legal da organização
1. Propriedade particular
2. Sociedade
3. Corporativa
4. Tipos especiais

J. Pela organização da administração ou técnicas operacionais
1. Não diferenciada
2. Departamentalizada

Fonte: Adaptado de Theodore N. Beckman, William R. Davidson e W. Wayne Talarzik, *Marketing*. 9. ed., Nova York: Ronald Press, 1973, p. 239.

A abordagem mais abrangente e amplamente utilizada para classificar os varejistas é usada pelo *Census of Retail Trade*, que coloca todos em mais de 50 classificações por ramo de negócio dentro de 12 principais grupos. Esses grupos são mostrados na Tabela 2.5 em **negrito**, com os códigos de três

TABELA 2.5 Doze principais classificações por ramo de negócio usadas pelo *Census of Retail Trade*

Ramo de negócio	Código NAICS	Ramo de negócio	Código NAICS
Comércio varejista	44-45	Outros postos de gasolina	44719
Revendas de veículos motorizados e acessórios	441		
Revendas de automóveis	4411	**Lojas de roupas e acessórios**	448
Revendas de carros novos	44111	Lojas de roupas	4481
Revendas de carros usados	44112	Lojas de roupas masculinas	44811
Revendas de outros veículos motorizados	4412	Lojas de roupas femininas	44812
Revendas de veículos recreativos	44121	Lojas de roupas infantis	44813
Revendas de motocicletas, barcos e outros		Lojas de roupas para a família	44814
veículos motorizados	44122	Lojas de acessórios	44815
Lojas de peças automotivas, acessórios e pneus	4413	Outras lojas de roupas	44819
Lojas de peças automotivas e acessórios	44131	Lojas de sapatos	4482
Revendas de pneus	44132	Joalherias, lojas de malas e artigos de couro	4483
		Joalherias	44831
Lojas de móveis e decoração doméstica	442	Lojas de malas e artigos de couro	44832
Lojas de móveis	4421		
Lojas de decoração doméstica	4422	**Lojas de artigos esportivos, passatempos, livros**	
Lojas de pisos e revestimentos	44221	**e música**	451
Outras lojas de decoração doméstica	44229	Lojas de artigos esportivos, passatempos e	
		instrumentos musicais	4511
Lojas de eletrônicos e ferramentas	443	Lojas de artigos esportivos	45111
Lojas de ferramentas, televisores e outros		Lojas de passatempos, brinquedos e jogos	45112
eletrônicos	44311	Armarinhos e lojas de artigos para costura	45113
Lojas de computadores e softwares	44312	Lojas de instrumentos musicais e acessórios	45114
Lojas de câmeras e acessórios para fotografia	44313	Livrarias, revistarias e lojas de música	4512
		Livrarias e bancas de jornais	45121
Revendas de material de construção,		Lojas de fitas, discos, CDs e gravações	45122
equipamentos de jardinagem e acessórios	444		
Revendas de material de construção e acessórios	4441	**Lojas de mercadorias gerais**	452
Home centers	44411	Lojas de departamento (incluindo departamentos	
Lojas de tinta e papel de parede	44412	alugados)	4521
Lojas de ferramentas	44413	Lojas de departamento (excluindo departamentos	
Revendas de outros materiais de construção	44419	alugados)	4521
Lojas de equipamentos de jardinagem e acessórios	4442	Outras lojas de produtos gerais	4529
Lojas de equipamentos de energia ao ar livre	44421	Clubes atacadistas e hipermercados	45291
Centros de jardinagem e viveiros	44422	Todas as outras lojas de produtos gerais	45299
Lojas de comida e bebida	445	**Varejistas diversos**	453
Mercearias	4451	Floriculturas	4531
Supermercados e outras lojas de alimentos	44511	Lojas de artigos de escritório, papelarias e lojas	
(exceto de conveniência)		de presentes	4532
Lojas de conveniência	44512	Lojas de artigos de escritório e papelarias	45321
Lojas de comida especializadas	4452	Lojas de presente, decoração e suvenires	45322
Açougues	44521	Lojas de produtos usados	4533
Mercados de peixe e frutos do mar	44522	Outras lojas variadas	4539
Mercados de frutas e legumes	44523	Pet shops	45391
Outras lojas de comida especializadas	44529	Negociantes de arte	45392
Lojas de cerveja, vinho e bebidas	4453	Revendedores domésticos de produtos	
	446	manufaturados (móveis)	45393
Lojas de produtos de saúde e cuidados pessoais	44611	Todos os outros varejistas diversos	45399
Farmácias			
Lojas de cosméticos, produtos de beleza e	44612	**Varejistas sem loja**	454
perfumarias	44613	Lojas de compra eletrônica e por correspondência	4541
Óticas		Operadores de máquinas de venda automática	4542
Outras lojas de produtos de saúde e cuidados	44619	Estabelecimentos de venda direta	4543
pessoais	447	Negociantes de combustível	45431
Postos de gasolina	44711	Outros estabelecimentos de venda direta	45439
Postos de gasolina com lojas de conveniência			

Fonte: Departamento de Comércio dos Estados Unidos, Bureau of the Census. *1997 Economic Census, Retail Trade*, Series EC97R44A-US(RV). Washington, DC: GPO, publicado em março de 2000).

dígitos do Sistema de Classificação da Indústria da América do Norte (NAICS). A maior parte das classificações por ramo de negócio usada pelo *Census of Retail Trade* também está ali listada.

Para coleta de dados e relatórios, o *Census of Retail Trade* classifica esses 12 grandes grupos e as categorias mais específicas por ramo de negócio com uma variedade de dados, para os Estados Unidos como um todo e também para muitas áreas geográficas menores.

Tendências estruturais no varejo Em 2002 (ano mais recente cujos dados do *Census of Retail Trade* estão disponíveis), havia 1.114.637 estabelecimentos de varejo nos Estados Unidos, produzindo um volume de vendas de quase $ 3 trilhões. No censo anterior, 1997, 1.118.447 estabelecimentos de varejo apresentavam volume de vendas combinado de quase $ 2,5 trilhões. Levando-se em conta a diminuição do número de estabelecimentos entre 1997 e 2002 e o aumento de 20% nas vendas, o tamanho dos estabelecimentos de varejo, medido pelo volume médio de vendas por loja, deve ter aumentado significativamente nesses cinco anos. Essa foi, de fato, a continuação de uma tendência em longo prazo, que data de 1948. Como mostrado na Tabela 2.6, a média de vendas para estabelecimentos de varejo foi de quase $ 2,7 milhões em 2002, acima dos $ 2,2 milhões em 1997, o que representa um aumento de quase 23%.

Esse padrão de aumento de vendas totais, bem como da média das vendas por estabelecimento, foi consistente em todos os principais grupos por ramo de negócio entre 1997 e 2002.

Concentração no varejo Do ponto de vista da concentração econômica, a venda no varejo nos Estados Unidos é cada vez mais dominada por grandes empresas. Em 2002, por exemplo, grandes varejistas (aqueles com vendas de $ 10 milhões ou mais) representavam quase 80% do total de vendas nesse segmento, embora eles representassem apenas 4% de todas as empresas do setor. Por outro lado, os pequenos varejistas (aqueles com vendas de menos de $ 1 milhão) representaram 66% de todas as empresas, mas menos de 5% das vendas totais (ver Figura 2.10).

A dominação do varejo nos Estados Unidos por grandes empresas também é evidente na Figura 2.11, que mostra que as 50 maiores empresas representaram quase 39% das vendas totais desse segmento em 2002. Quando se olha para tipos específicos de empresas de varejo, a dominação das

TABELA 2.6 Total de vendas do varejo, número de estabelecimentos e média de vendas por estabelecimento, 1948-2002

Ano	Total (Bilhões)	Número de Lojas (Milhões)	Média de Vendas por Loja
2002	$ 3.056,4	1.11	$ 2.742,000
1997	2.460,9	1.12	2.197,000
1992	1.894,1	1.53	1.242,000
1987	1.494,1	1.50	996.000
1982	1.038,2	1.42	731.000
1977	723,1	1.86	389.000
1972	470,8	1.91	246.000
1967	310,2	1.76	176.000
1963	244,2	1.71	143.000
1958	199,2	1.78	112.000
1948	130,5	1.77	74.000

Fonte: Departamento de Comércio dos Estados Unidos, Bureau of the Census. *Census of Retail Trade*. Washington, D.C.: GPO, vários anos.

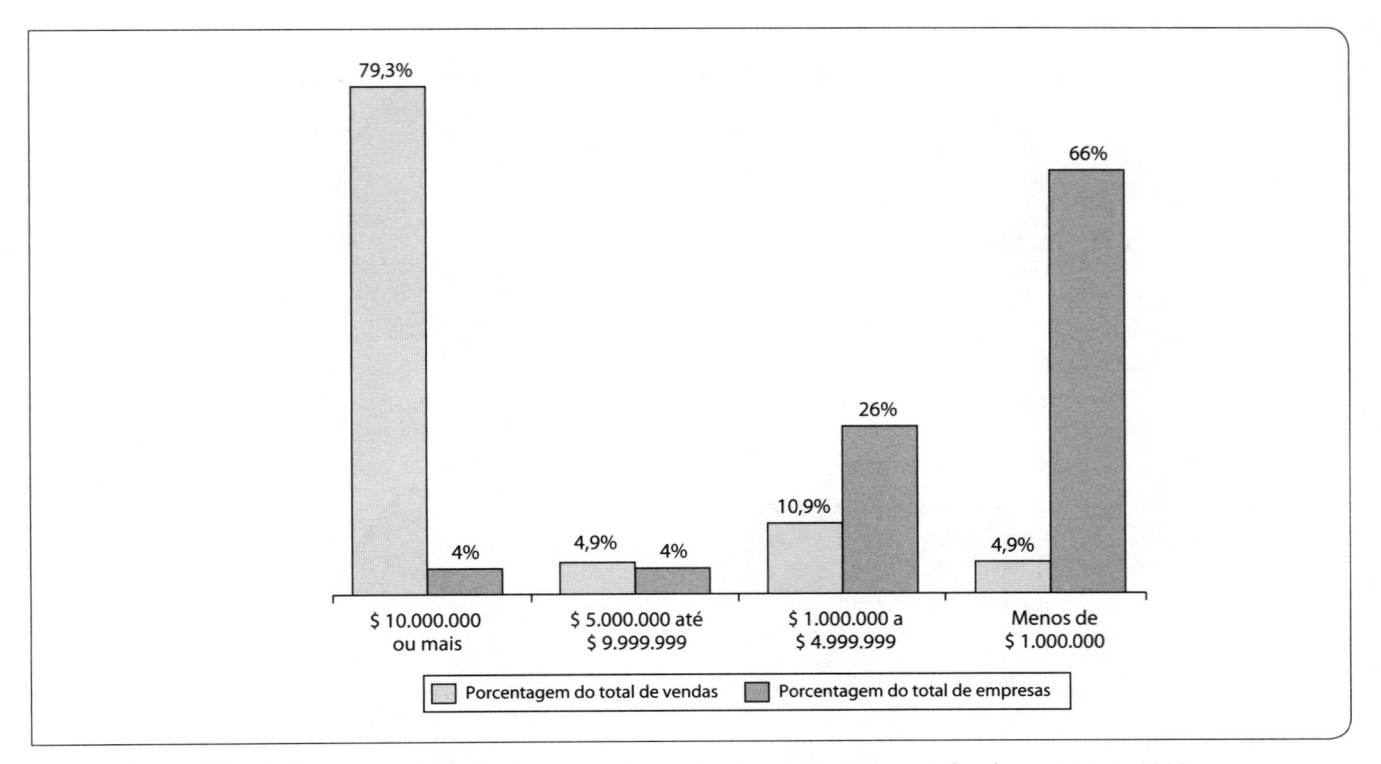

FIGURA 2.10 ▶ Distribuição percentual de empresas e de vendas do varejo pelo tamanho das empresas, 2002.

Fonte: Departamento de Comércio dos Estados Unidos, Bureau of the Census. *Census of Retail Trade:* Establishment and Firm Size. Washington, DC: GPO, 2002.

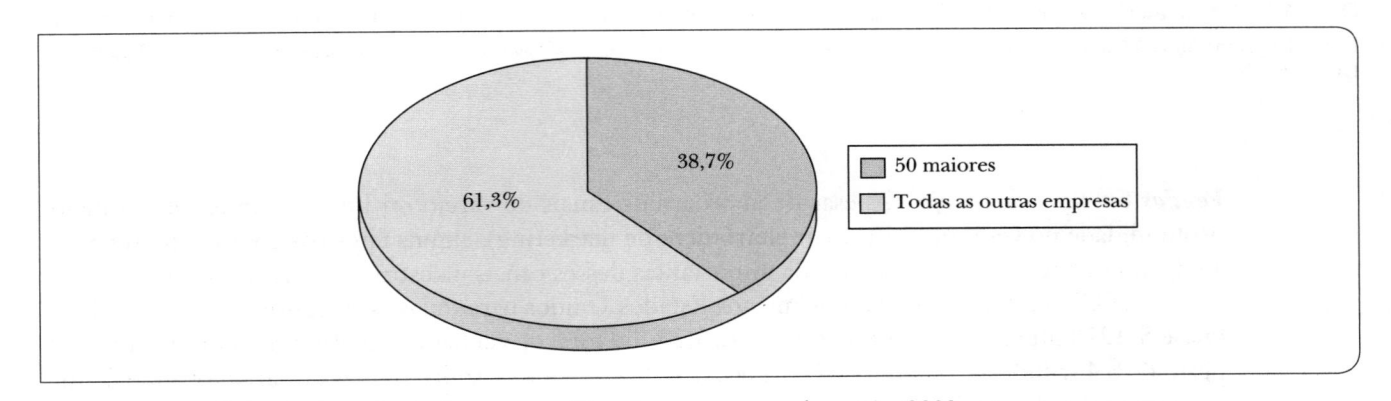

FIGURA 2.11 ▶ Concentração de vendas entre as 50 maiores empresas de varejo, 2002.

Fonte: Departamento de Comércio dos Estados Unidos, Bureau of the Census. *Census of Retail Trade:* Establishment and Firm Size. Washington, DC: GPO, 2002.

grandes é ainda mais impressionante. A Figura 2.12, por exemplo, apresenta quatro tipos de varejistas em que as quatro maiores empresas foram responsáveis por pelo menos 72% do total das vendas nessa categoria.

Os dados anteriores mostrados na Figura 2.12 apenas começam a transmitir o tamanho e a concentração do varejo.

Coletivamente, em 2008, os 100 maiores varejistas dos Estados Unidos tinham vendas de mais de $ 1,5 trilhão ($ 1.732.317.025,00), o que representava quase 44% do total das vendas estimadas para o varejo no país naquele ano.

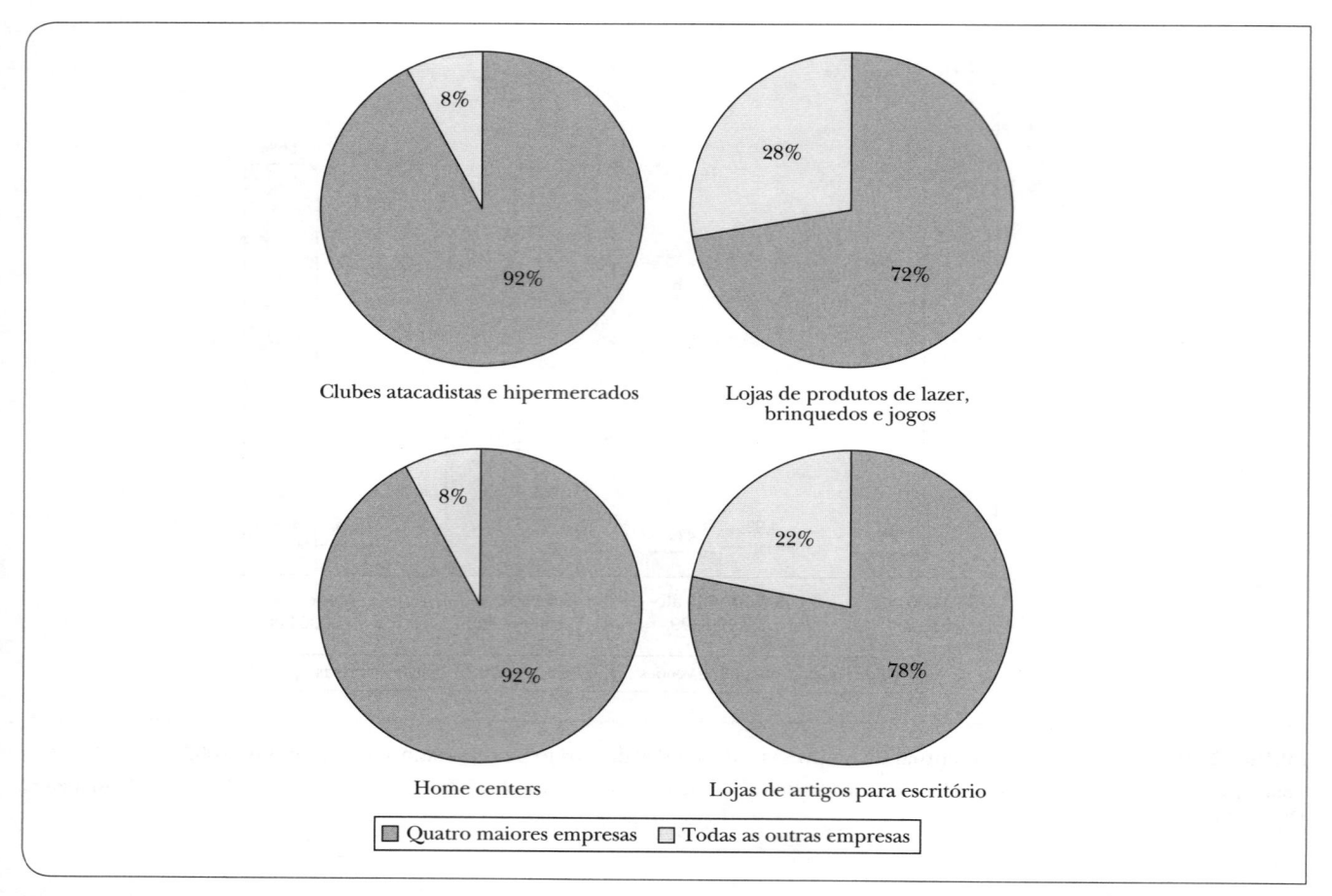

FIGURA 2.12 ▶ Ramos de varejo nos quais as quatro maiores empresas foram responsáveis por pelo menos 50% do total de vendas.

Fonte: Departamento de Comércio dos Estados Unidos, Bureau of the Census. *Census of Retail Trade:* Establishment and Firm Size. Washington, DC: GPO, 2002.

Vendas on-line no varejo Apesar de abordarmos canais de varejo on-line pela internet em maior profundidade no Capítulo 15 (canais eletrônicos de marketing), alguns fatos básicos são apresentados aqui para oferecer uma perspectiva da importância desses canais na estrutura geral do varejo.

Em 2007, o total das vendas on-line nos Estados Unidos para todas as categorias de bens totalizou quase $ 127 bilhões. Isso representou quase 3,2% do total de vendas estimadas para o varejo em 2007, perto de $ 4 trilhões.[27] A Tabela 2.7 fornece detalhes adicionais sobre vendas de varejo on-line de forma agregada e discriminada pelas principais classificações por ramo de negócio.

Como pode ser visto, nas categorias por ramo de negócio dominadas por lojas de varejo, as vendas on-line como porcentagem do total de vendas (exceto para os revendedores de veículos motorizados e peças) estavam abaixo dos 3% em cada categoria. No entanto, no ramo dos varejistas sem loja, em especial lojas eletrônicas, e na subcategoria estabelecimentos de venda por correspondência, as porcentagens de vendas on-line em relação ao total foram de mais de 32% e perto de 45%, respectivamente. Portanto, no total, em 2007, as vendas no varejo on-line representaram apenas 3,2% do total do varejo, e em várias outras categorias de varejistas convencionais essa porcentagem foi ainda menor. Porém, varejistas e estabelecimentos de compra eletrônica e por correspondência foram responsáveis por uma parcela muito maior das vendas totais em suas categorias.

O que é especialmente interessante notar nas vendas on-line é o crescimento que ocorreu em menos de uma década. Em 1999, o total dessas vendas, de pouco mais de $ 15 bilhões, foi responsável por cerca de 0,5% das vendas totais do varejo. Quando comparadas com os dados de vendas em 2007 citados, as vendas on-line aumentaram mais de 800% e mais de 300% em porcentagem de vendas totais do varejo!

Claramente, as vendas de varejo por meio de canais on-line de distribuição tornaram-se uma parte importante e crescente da estrutura de canal que serve aos consumidores.[28] Voltaremos a examinar essa tendência e suas implicações com mais detalhes no Capítulo 15.

Poder crescente dos varejistas nos canais de marketing

O poder e a influência dos varejistas nos canais de marketing têm crescido. Essa tendência segue três acontecimentos importantes: (1) aumento do tamanho e do poder de compra; (2) aplicação de tecnologias avançadas; e (3) uso de modernas estratégias de vendas.

Como já discutido, o tamanho de muitos varejistas está aumentando devido ao crescimento, bem como fusões, aquisições e compras de participações acionárias. Porque tamanho se traduz em poder, conforme os varejistas se tornam maiores, sua capacidade de influenciar as ações dos outros membros do canal (atacadistas e fabricantes) também cresce. Todos os fabricantes que abastecem o Walmart, por exemplo, são bem menores do que ele e dificilmente exercerão uma influência significativa em suas políticas operacionais. Ao contrário, graças ao enorme tamanho e poder de compra, o Walmart está na posição de exercer uma influência considerável sobre seus fornecedores. Com efeito, em muitos casos, o Walmart e outros grandes varejistas podem literalmente ditar os termos de venda que pretendem obter dos fabricantes. A Macy's, maior rede de lojas de departamento dos Estados Unidos, com mais de 800 unidades, por exemplo, está em uma posição tão poderosa que pode pressionar seus fornecedores para garantir lucros sobre os produtos destes. Se os produtos não vendem tão bem quanto se espera e é preciso dar descontos significativos, os fabricantes devem concordar com abatimentos ou descontos em futuras encomendas para compensar a perda de lucros. Toys R Us, maior varejista de brinquedos do mundo, com mais de $ 14 bilhões em vendas, muitas vezes recebe carregamentos de novos brinquedos dos principais fabricantes, como a Mattel, bem antes dos varejistas menores. A Home Depot, maior varejista de materiais de construção do mundo, tem usado seu poder para dizer a todos os seus fornecedores que planejavam vender seus produtos on-line diretamente aos consumidores para esquecer essa ideia, ou serão por ela descartados. Esses gigantes varejistas, com seu enorme poder de compra, grandes fatias de mercado e gestões sofisticadas, têm sido chamados de **varejistas poderosos** e **category killers**, termos que transmitem as posições de dominância que ocupam.[29]

Em suma, Walmart, Home Depot, Macy's, Toys R Us e praticamente qualquer um dos varejistas multibilionários que, em muitos casos, são maiores do que os fabricantes que lhes fornecem, têm capacidade de assumir posições dominantes no canal de marketing.[30] Esse é especialmente o caso daqueles ramos de negócios do varejo controlados por relativamente poucas empresas (rever a Figura 2.12).

O crescimento em tamanho e a concentração de varejistas, conforme discutido nas páginas anteriores, são a razão principal para o maior poder dos varejistas nos canais de marketing.[31] Mas dois outros fatores também são importantes. O primeiro é a maior aplicação de tecnologia avançada pelos varejistas. O segundo, a crescente ênfase que os varejistas dão ao uso de estratégias modernas de marketing.[32]

As inúmeras inovações tecnológicas dos últimos anos não passaram despercebidas aos varejistas. Na verdade, estes se tornaram seguidores astutos e, mais importante, usuários entusiastas de muitas novas tecnologias, que os tornaram membros mais sofisticados e exigentes do canal. Gigantes como Walmart, Home Depot, Target, Costco, Best Buy, Safeway, Amazon.com e vários outros se tornaram mundialmente conhecidos em termos de tecnologia da informação para controle de estoque e gerenciamento de mercadoria, bem como gerenciamento da cadeia de suprimentos.[33] Mas mesmo os varejistas "menores" estão usando sofisticada tecnologia da informação para detectar itens de baixo giro e mantê-los fora das prateleiras, assim como identificar a mercadoria mais vendida para que esteja disponível quando e onde os consumidores quiserem. Muitos desses varejistas também estão fazendo melhor uso do escaneamento de dados para promoções e decisões sobre preços e, ainda, para calcular os lucros de itens individuais por meio da **análise de lucratividade direta do produto**, gerenciamento de gôndola, previsões e pesquisas de compras dos consumidores.

TABELA 2.7 Total de vendas no varejo e on-line por ramo de negócio, 2007

Ramo de negócio	Valor das vendas (milhões de dólares)		Vendas on-line como percentual do total de vendas
	Total	On-line	
Comércio varejista, total*	3.994.823	126.697	3.2
Revendas de veículos motorizados e peças	906.923	23.600	2.6
Lojas de móveis e artigos de decoração	115.349	796	0.7
Lojas de eletrônicos e dispositivos	111.893	1.301	1.2
Lojas de comidas e bebidas	559.625	1.022	0.2
Lojas de roupas e acessórios	221.097	2.115	1.0
Lojas de artigos esportivos, passatempos, livros e música	86.906	1.686	1.9
Varejistas diversos	117.447	1.963	1.7
Varejistas sem loja	289.808	93.026	32.1
Estabelecimentos de compras eletrônicas e por correspondência	199.199	88.915	44.6

* Inclui outros tipos de negócio não citados na fonte.

Fonte: Statistical abstract of the United States: 2010. 129. ed., Washington, DC, 2009, p. 646-47.

Talvez o mais excitante desenvolvimento tecnológico que está sendo adotado pelos varejistas seja a crescente utilização da internet para melhorar a experiência de compra dos consumidores. Enquanto os varejistas on-line "puros", como a Amazon.com, que vende todos os seus produtos pela internet, têm recebido muita atenção nos últimos anos,[34] outra revolução está ocorrendo na forma que os varejistas convencionais estão integrando o comércio eletrônico na internet com suas operações de loja e catálogo. Na verdade, um termo novo, **"threetailing"**, surgiu para descrever essa convergência entre canais on-line, catálogos e lojas. Alguns varejistas, como a JCPenney, estão convidando seus consumidores a entrar (na loja), ligar (a partir do catálogo) ou fazer login (on-line) para comprar. Staples, o gigante hipermercado de materiais para escritório, integrou totalmente seus recursos on-line a suas operações de varejo; assim, os consumidores podem fazer encomendas on-line, pelo abrangente site da empresa, e retirar o produto na loja. E, se quiserem devolvê-lo, podem levá-lo à loja.

Essa é, naturalmente, apenas uma pequena amostra das tecnologias que estão sendo usadas pelos varejistas, mas são indicativos do papel da tecnologia para aumentar suas capacidades e, assim, seu poder no canal de marketing. Examinaremos a tecnologia e como ela afeta os canais de marketing mais detalhadamente no Capítulo 3.

Passando agora à ênfase crescente de varejistas no marketing, uma mudança fundamental tem sido a evolução do pensamento dos seus principais representantes sobre a aplicação da estratégia de marketing em um ambiente de varejo.[35] Varejistas têm sido, tradicionalmente, mais orientados aos fornecedores do que ao mercado. Nos últimos anos, no entanto, um maior número deles está descobrindo o poder dos métodos modernos de marketing para sobreviver e prosperar em mercados de varejo de competição acirrada. Com efeito, alguns, agora, rivalizam com os melhores dos principais fabricantes de bens de consumo dos Estados Unidos na aplicação de estratégias de marketing.

Considere, por exemplo, o caso da Kohl's, uma das lojas de departamento de desconto que mais rápido crescem nos Estados Unidos, que conseguiu se diferenciar do resto ao enfatizar um layout de loja radicalmente diferente do de seus concorrentes. Ela utiliza o que se denomina esquema de "pistas de corrida", projetado para expor aos consumidores o máximo de mercadoria no menor tempo possível. Em vez de andar pelos corredores, os compradores circulam ao redor das mercadorias conforme se movem pela loja. Embora eles gastem menos tempo na loja, compram mais produtos. Isso contradiz a teoria de *layout* do varejo convencional, que parte do princípio de que, quanto mais tempo os consumidores passam na loja, mais mercadorias vão adquirir. Todos os fabricantes de marcas de roupas que a Kohl's vende ficam ansiosos para agradar a esse varejista astuto e de crescimento rápido.

Mesmo varejistas relativamente pequenos, como o The Fresh Market, uma rede de supermercados familiar, se tornaram uma força nos canais de marketing de comida sofisticada graças ao uso hábil de estratégias de marketing. Essa rede tem sido reconhecida na arena competitiva de supermercados como um líder no uso de segmentação de mercado em seu mercado-alvo – consumidores educados de alta renda em bairros sofisticados. Suas lojas têm tipicamente 1.600m² (em comparação com os típicos 3.700m² de supermercados norte-americanos) e apresentam boa iluminação, música clássica de fundo e uma decoração elegante para criar o tipo de ambiente comercial procurado pelo segmento de mercado endinheirado ao qual a loja visa. Os resultados têm sido espetaculares. O The Fresh Market tem desfrutado de uma taxa de crescimento de vendas em suas lojas de mais de 9%, em comparação aos 2% dos supermercados de massa. Mesmo grandes fornecedores no canal de marketing aprenderam a respeitar sua considerável experiência em vendas, e estão ansiosos para obter e manter seus produtos nas elegantes prateleiras desse supermercado.

Em suma, os varejistas nos Estados Unidos e ao redor do mundo[36] tornaram-se comerciantes muito maiores e mais concentrados, mais adeptos da tecnologia e mais sofisticados. Como resultado, transformaram-se em membros bem mais poderosos dos canais de marketing dos quais participam. Resumindo, eles são agora **guardiões** dos mercados consumidores.[37]

Na perspectiva do fornecedor, tanto no âmbito do produtor quanto do atacadista, as implicações da nova posição dos varejistas são potencialmente ameaçadoras. De forma crescente, suas estratégias básicas de marketing nas áreas de planejamento e desenvolvimento de produto, precificação e promoção serão restritas e até mesmo moldadas pelas demandas consideráveis de um setor varejista poderoso. Fornecedores que não forem capazes de se ajustar a essa nova realidade terão uma tarefa difícil, se não impossível, para conseguir ter acesso aos mercados consumidores.

Tarefas de distribuição executadas por varejistas

O papel dos varejistas na execução de tarefas de distribuição é resumido de forma sucinta em uma declaração clássica de Charles Y. Lazarus:

O papel do varejista no canal de distribuição, independentemente de seu tamanho ou tipo, é interpretar as demandas de seus consumidores e encontrar e estocar as mercadorias que eles querem, quando e da maneira que querem. Soma-se a isso ter as variedades certas na hora em que os consumidores estão dispostos a comprar.[38]

Elaborando melhor a lista de Lazarus, podemos especificar as tarefas de distribuição para as quais os varejistas são especialmente adequados como segue:

1. Oferecer recursos humanos e instalações físicas que permitam que os produtores, fabricantes e atacadistas tenham muitos pontos de contato com os consumidores perto de sua residência.
2. Fornecer vendedores para vendas pessoais, propaganda e *displays* para auxiliar na venda de produtos dos fornecedores.
3. Interpretar a demanda do consumidor e transmitir essa informação pelo canal.
4. Dividir grandes quantidades em lotes nos tamanhos de que os consumidores precisam, propiciando economias de abastecimento (aceitando carregamentos relativamente grandes) e conveniência aos consumidores.
5. Oferecer armazenamento, de modo que os fornecedores possam ter estoques bem dispersos de seus produtos a baixos custos, e permitir aos consumidores ter acesso aos produtos de produtores, fabricantes e atacadistas.
6. Reduzir o risco substancial do produtor e fabricante (ou atacadista) ao encomendar e aceitar a entrega antes da temporada de venda.

O nível em que os varejistas executam essas tarefas de distribuição varia enormemente em todo o espectro do varejo, de um esforço total para fazer de tudo até fazer muito pouco.

A Nordstrom, conhecida rede de lojas de departamento sofisticadas, é um excelente exemplo de varejista que dedica esforço total a seus consumidores. Na verdade, ela se tornou famosa por fornecer o mais alto nível de serviço no varejo. Na Nordstrom, abastecer as lojas com variedades altamente desejáveis de mercadorias em um ambiente impecável e vendê-las por meio de funcionários bem informados e prestativos é apenas o começo. Os vendedores também embrulham para presente sem nenhum custo extra, e algumas vezes entregam pedidos nas casas dos consumidores. Pianistas tocam para eles durante todo o ano. No Alasca, funcionários dessa rede são conhecidos por esquentar os carros enquanto motoristas passam mais tempo fazendo compras. Existe até uma história de um consumidor que conseguiu reaver seu dinheiro de um pneu apesar de a Nordstrom não vender pneus! A loja estava simplesmente tentando fazer jus à sua política de devoluções "sem perguntas".

No outro extremo do espectro em termos de nível de serviços de varejo estão os varejistas de descontos, como a Marshalls, rede norte-americana de vestuário que estoca uma enorme variedade de mercadorias em um ambiente espartano, não oferece nenhum atendimento pessoal e tornou-se conhecida por suas longas filas para o caixa. Na faixa intermediária encontram-se varejistas como a Target, rede de mais de 1.500 lojas de departamento de descontos que têm um pouco da atmosfera das sofisticadas e vende igualmente mercadorias chiques e elegantes, mas com preços bem mais baixos do que os das lojas de departamento convencionais. Embora haja pouca ajuda de vendedores, a sinalização de loja é excelente e os corredores são amplos, as vitrines atraentes e as filas curtas nos caixas criam uma experiência de compra diferente e melhor do que o esperado pelos consumidores de um varejista de descontos de massa.

E ainda existem, é claro, os chamados "puros", ou varejistas que operam apenas via internet, como Amazon.com, Overstock.com, Furniture.com e muitos outros que também executam tarefas de distribuição. Mesmo que estes só vendam por meio de canais on-line, podem e realmente oferecem excelente serviço ao consumidor, com incríveis seleções de mercadorias; descrições exaustivas, porém concisas, e comentários sobre o produto; variedades customizadas de produtos focadas nos interesses específicos dos consumidores, bem como preços baixos e entrega rápida. Então, o fato de não terem instalações físicas que os consumidores possam visitar não prejudica sua capacidade de executar tarefas de distribuição com alto grau de eficácia e eficiência.

Em essência, cada membro do canal de varejo toma suas próprias decisões sobre como abordar a execução das tarefas de distribuição. Mas, para continuar sendo um membro viável do canal de marketing, cada um deve oferecer algo de valor a seus consumidores, bem como a seus fornecedores.[39] Se não conseguirem, os varejistas competitivos em atuação, outros membros do canal ou novas formas de instituições de canal ficarão felizes em ocupar seus lugares no canal de marketing.[40]

O tamanho crescente do número de varejistas, como já discutido, também afetou a divisão de tarefas de distribuição entre os membros do canal. Especificamente, essas tarefas, que antes cabiam aos atacadistas ou fabricantes, cada vez mais têm sido assumidas por varejistas de grande escala. Por exemplo, a maioria das grandes organizações de redes de lojas e lojas de departamento tem suas próprias instalações modernas de armazenamento que lhes permitem executar tarefas de processamento de pedidos e estocagem de maneira eficiente. Isso, por sua vez, reduziu o uso de intermediários atacadistas tradicionais a um nível marginal. Associações voluntárias de varejistas, como cooperativas, redes voluntárias iniciadas por atacadistas e sistemas de franquia, também cresceram, permitindo a muitas dessas organizações rivalizar com as economias de escala das cadeias corporativas.[41] Mesmo lojas de varejo unitárias e independentes estão, em média, bem maiores, utilizando as mais modernas instalações e equipamentos e executando tarefas de distribuição com mais eficiência.

Isso propõe um dilema ao produtor ou ao fabricante. Por um lado, aumentou-se o potencial dos intermediários de varejo em executar tarefas de distribuição de forma eficiente e eficaz. Mas, por outro, a maior escala dos varejistas aumentou seus poderes e independência; portanto, são menos facilmente influenciados pelo produtor ou fabricante.[42] Como resultado, o gerente do canal na empresa de produção ou fabricação enfrentará maiores oportunidades e também maiores dificuldades ao se valer de varejistas no canal de distribuição, apostando um montante especialmente alto na administração eficaz de canais.

AGENTES FACILITADORES

São empresas que auxiliam no desempenho das tarefas de distribuição que não sejam compra, venda e transferência de direitos. Do ponto de vista do gerente do canal, eles podem ser vistos como subcontratados para quem várias tarefas de distribuição podem ser *terceirizadas* com base no princípio da especialização e divisão do trabalho. Alocando adequadamente as tarefas de distribuição para agentes facilitadores, o gerente do canal terá uma estrutura auxiliar, que é um mecanismo eficiente para a concretização dos objetivos de distribuição da empresa. Aqui estão alguns dos tipos mais comuns de agentes facilitadores:

- *Agentes de transporte incluem todas as empresas que oferecem serviços de transporte aberto ao público em geral, como United Parcel Service (UPS) e Federal Express, bem como os correios dos Estados Unidos. Por causa das grandes economias de escala e escopo, essas e outras transportadoras comuns são capazes de realizar esses serviços com muito mais eficiência e eficácia do que os fabricantes, atacadistas ou varejistas.*

- *Agentes de armazenagem consistem principalmente em armazéns públicos que se especializam na guarda de mercadorias com pagamento de taxa. Muitas dessas empresas fornecem grande flexibilidade na execução das tarefas afins. Em alguns casos, os bens de um membro do canal (produtores, fabricantes, atacadistas ou varejistas) não são armazenados fisicamente em instalações da empresa de armazenagem, mas sim nas suas próprias instalações. Sob esse chamado arranjo de armazenagem de campo, o agente de armazenagem guarda as mercadorias e emite um recibo, que muitas vezes serve como garantia de um empréstimo feito pelo membro do canal.*

- *Agentes de processamento de pedido são empresas que se especializam em tarefas de atendimento de pedidos. Elas poupam os fabricantes, atacadistas e varejistas de algumas ou de todas as tarefas de processamento de pedidos para envio aos consumidores. Por exemplo, Catalog Resources, Inc., com sede em Dover, Delaware, cuida do processamento de pedidos para as vendas de catálogo de Laura Ashley, Caswell-Massey, Winterthur e cartões Hallmark, aliviando-os, assim, dos detalhes envolvidos no processamento de pedidos dos seus consumidores.*

- *Operadores logísticos terceirizados, por vezes referidos como "3PLs" ou "TPLs", são empresas especializadas no fornecimento de serviços de logística a empresas ou organizações que não são capazes ou acreditam ser mais conveniente e eficiente deixar que uma empresa de fora execute a maioria ou todas as tarefas de distribuição envolvidas no gerenciamento da cadeia de abastecimento. Ao contrário da maioria das empresas especializadas ou agentes que se concentram principalmente no transporte, armazenamento ou tarefas de processamento de pedidos, grande parte dos operadores logísticos terceirizados é capaz de prover uma ampla gama de serviços logísticos que podem ser integrados e adaptados às necessidades específicas de cada consumidor, incluindo gerenciamento e controle de estoque, análise de fluxo de materiais, desenvolvimento de sistemas automatizados, projeto de sistemas de* cross-docking* agenciamento de carga, coleta e embalagem de pedidos e muitos outros. Um líder operador logístico terceirizado, ELM Global Logistics, capta sucintamente em sua apresentação no website o alcance e a profundidade que os serviços de 3PLs podem oferecer:*

  > A ELM é um parceiro de logística terceirizado com recursos de distribuição que totalizam 92 mil m^2 que auxilia empresas na armazenagem, distribuição física e tarefas de coleta e embalagem de mercadorias em geral. A gama de serviços inclui *cross-docking*, reembalagem, serviços de coleta e embalagem, estoque computadorizado, recursos de EDI e armazenamento de curto e longo prazos.[43]

- *Agências de propaganda oferecem aos membros do canal experiência no desenvolvimento de estratégias de promoção, podendo variar entre fornecer uma pequena assistência para escrever um anúncio até desenvolver e executar uma campanha promocional ou propaganda.*

---

* *Cross-docking:* processo de distribuição no qual a mercadoria recebida é redirecionada sem armazenagem prévia. (N.R.T.)

- **Agentes financeiros** *consistem em empresas como bancos, financeiras e empresas de* factoring *que se especializam em descontar contas recebíveis. O que todas elas têm em comum são os recursos financeiros e os conhecimentos que o gerente do canal muitas vezes não tem.*
- **Companhias de seguros** *fornecem ao gerente do canal os meios para transferir alguns dos riscos inerentes a qualquer empreendimento, tais como perdas por incêndios ou roubos, danos em mercadorias em trânsito e, em alguns casos, o mau tempo.*
- **Empresas de pesquisa de marketing** *têm crescido substancialmente nos últimos 20 anos. A maioria das grandes cidades tem agora diversas dessas empresas oferecendo uma ampla gama de habilidades. O gerente do canal pode pedir a essas empresas que forneçam dados quando sua própria empresa não tem as habilidades necessárias para obter as informações de vendas relevantes para a distribuição.*

Resumo

Vários e diferentes integrantes participam do canal de marketing. Alguns são considerados membros, enquanto outros são vistos como não membros. Apenas os primeiros executam funções de negociação e participam dos fluxos de negociação e/ou propriedade. Embora os usuários finais (mercados-alvo) sejam membros do canal de marketing, são excluídos do canal comercial, que, por sua própria definição, os exclui.

Produtores e fabricantes são empresas envolvidas na extração, cultivo ou fabricação dos produtos. Embora a variedade de tipos e tamanhos de empresas de produção e fabricação seja enorme, todos enfrentam a tarefa comum de distribuir seus produtos aos usuários pretendidos. Muitos produtores e fabricantes, no entanto, não têm a experiência e as economias de escala e escopo para proceder a essa distribuição diretamente aos usuários finais. Portanto, na maioria dos casos, é difícil e ineficiente para fabricantes assim fazer. Muitas vezes, eles contam com intermediários nos níveis de atacado/varejo, bem como agentes facilitadores, para compartilhar a execução das tarefas de distribuição.

Atacadistas são empresas envolvidas na venda de bens para revenda ou uso corporativo em empresas ou organizações de varejo, industriais, comerciais, institucionais, profissionais, agrícolas, bem como a outros atacadistas. Classificam-se em três tipos básicos: (1) atacadistas tradicionais; (2) agentes, corretores e agentes comissionados; e (3) filiais e escritórios de vendas dos fabricantes. Os dois primeiros são empresas relativamente pequenas, e o nível de concentração econômica em vendas por atacado geralmente é baixo, embora esteja aumentando.

Atacadistas são especialmente adequados para executar tarefas de distribuição aos produtores ou fabricantes; por exemplo, proporcionar cobertura de mercado, fazer contatos de vendas, manter estoques, processar pedidos, reunir informações de mercado e oferecer suporte ao consumidor. Para seus consumidores, os atacadistas são igualmente bem adaptados no sentido de executar de forma eficiente as tarefas de distribuição; por exemplo, garantir a disponibilidade do produto, dar atendimento ao consumidor, ampliar o crédito e a assistência financeira, oferecer a conveniência de sortimento, fracionar volumes e ajudar os consumidores com aconselhamento e suporte técnico.

Como regra, agentes atacadistas não executam tantas tarefas de distribuição quanto os atacadistas tradicionais. No entanto, a gama de tarefas de distribuição desempenhadas varia muito. Além disso, o nome dado aos vários agentes atacadistas — representante dos fabricantes, agentes de venda, representante, corretores e assim por diante — geralmente não é uma indicação precisa do nível de tarefas de distribuição realizado por categoria.

Varejistas consistem em empresas dedicadas basicamente à venda de mercadorias para uso pessoal ou doméstico e à prestação de serviços relacionados a essa venda. Eles compõem um grupo extremamente diversificado, tanto em tipo quanto em tamanho. O *Census of Retail Trade* os classifica em diferentes categorias conforme o ramo de negócio para fornecer um grau de ordem a essa grande diversidade. Empresas de varejo têm aumentado nas últimas três décadas, e o nível de concentração econômica tornou-se relativamente elevado. Os varejistas são particularmente adequados para executar tarefas de distribuição; por exemplo:

- Oferecer recursos humanos e instalações físicas, permitindo que produtores, fabricantes e atacadistas tenham muitos pontos de contato com os consumidores.
- Fornecer venda pessoal, propaganda e *displays* para a venda de produtos dos fornecedores.
- Interpretar a demanda do consumidor e transmitir essa informação pelo canal.
- Dividir grandes quantidades de produtos em lotes do tamanho de que o consumidor precisa.
- Oferecer locais de armazenamento perto dos pontos de contato com o consumidor.
- Reduzir os riscos de produtores, fabricantes e atacadistas ao aceitar a entrega da mercadoria antes da temporada de venda.

Em relação aos varejistas, tanto os que têm instalações físicas como os on-line continuam a crescer e a ficar tecnologicamente sofisticados, e, ao abraçar a estratégia moderna de marketing, seu papel no canal de marketing se tornará ainda mais dominante e independente, o que vai representar um desafio crescente para a administração de canais em empresas de produção e fabricação.

Agentes facilitadores, como empresas de transporte, de armazenamento ou de processamento de pedidos, operadores de logística terceirizados, agências de propaganda, instituições financeiras, seguradoras e empresas de pesquisa de marketing, ainda que não sejam membros do canal de marketing, são com frequência chamados por qualquer um ou por todos os membros do canal para ajudar a executar as diversas tarefas de distribuição.

QUESTÕES DE REVISÃO

1. Explique o esquema de classificação dos participantes do canal mostrado na Figura 2.1.

2. Experiência e economias de escala na produção não se traduzem necessariamente em experiência e economias de escala e/ou escopo na distribuição. Discuta essa afirmação.

3. Por que você acha que os custos médios para realizar muitas tarefas de distribuição são mais baixos para intermediários e agentes facilitadores do que para produtores e fabricantes?

4. Como o *Census of Wholesale Trade* classifica os intermediários atacadistas?

5. Ao contrário de algumas previsões, os atacadistas não desapareceram. O que aconteceu com eles nos últimos anos?

6. Discuta as tendências básicas dos últimos 30 anos no que se refere à totalidade das vendas do atacado para (a) atacadistas tradicionais; (b) filiais e escritórios de vendas dos fabricantes; e (c) agentes, corretores e agentes comissionados.

7. Descreva as tarefas de distribuição para as quais os atacadistas são especialmente adequados.

8. O tamanho médio das unidades de varejo (medido pelo volume de vendas) tem aumentado. Quais são as implicações dessa tendência para a administração de canais em empresas de produção e fabricação?

9. Que padrões parecem surgir em relação às vendas no varejo on-line *versus* no varejo convencional desde os primeiros anos do século 21?

10. Descreva as tarefas de distribuição para as quais os varejistas são especialmente adequados.

11. Discuta o poder crescente dos varejistas no canal de marketing em termos de possíveis implicações para a administração do canal.

12. Identifique e discuta os diversos tipos de agentes facilitadores e o papel que desempenham nos canais de distribuição.

1. Wrigley é o maior fabricante mundial de goma de mascar, produzindo, literalmente, milhões de pacotes de chicletes todos os dias. É uma empresa grande e financeiramente forte cuja tecnologia de fabricação é de última geração. Ela vende seus produtos a milhões de consumidores em todos os Estados Unidos e muitos outros países ao redor do mundo. Ainda assim, a Wrigley nunca tentou vender seu produto diretamente aos consumidores; em vez disso, usa uma grande variedade de intermediários nos níveis de atacado e varejo. Por que você acha que a Wrigley optou por usar intermediários em vez de vender diretamente aos consumidores? Explique os fundamentos econômicos da política da empresa.

2. O *Census of Wholesale Trade* e o *Census of Retail Trade* são publicados a cada cinco anos pelo Departamento de Comércio dos Estados Unidos. O censo mais recente foi feito em 2002, e o anterior, em 1997. No entanto, seus resultados reais levam de dois e meio a três anos para ser disponibilizados. Assim, os resultados do censo de 1997 não apareceram até 2000, e os de 2002 até 2005. Qual a seriedade desse problema no que diz respeito aos prazos das informações fornecidas pelo censo?

3. A W. W. Grainger, sediada em Skokie, Illinois, é um dos maiores atacadistas do país, com mais de 600 filiais. A empresa comercializa principalmente produtos industriais, como motores elétricos, ventiladores, sopradores, compressores de ar, equipamento de transmissão de energia, junto com milhares de diferentes componentes e peças de reposição. O estoque e o processamento de pedidos são gerenciados por avançados sistemas computadorizados. A Grainger compra produtos de cerca de 2 mil fabricantes e os revende a quase 1 milhão de consumidores. Seu principal meio de concorrência, de acordo com a alta gerência da empresa, é a oferta de extras, como ampla disponibilidade de estoques locais, vendedores externos e atendimento ao consumidor. A Grainger também disponibilizou on-line seu catálogo completo; assim, os consumidores têm a opção de visitar o *website* da companhia e fazer seus pedidos. Em um sentido básico, a gigante W. W. Grainger é diferente da maioria dos atacadistas menores de outras linhas de comércio? Discuta isso com base no conjunto de tarefas de distribuição apresentado no capítulo.

4. Empresas de soluções em tecnologia podem iniciar uma nova tendência no varejo on-line. Elas permitem que os varejistas convencionais operem suas divisões on-line sem a despesa e o incômodo de desenvolver e executar suas próprias operações de comércio eletrônico. A GSI Commerce, por exemplo, lida com o *design* de *websites*, atendimento de pedidos e serviço ao consumidor para os varejistas que não querem executar essas tarefas de distribuição. Grandes varejistas, como Dick's Sporting Goods, Modell's, QVC e Kmart, têm terceirizado seus negócios on-line com aquela empresa. Mas, até onde os consumidores sabem, estão lidando apenas com o varejista quando visitam o *website*. A empresa de soluções em tecnologia fica nos bastidores. Então, com quase nenhum capital ou recursos humanos investidos, os varejistas ainda podem ter um *website* de qualidade, bem como vendas on-line e capacidade de prestação de serviço. O problema é que essas empresas podem ficar com até 90% das receitas on-line. Mas, por outro lado, os 10% que vão para o varejista são praticamente lucro puro. Faz sentido proceder a acordos como esses? Quais são as vantagens e desvantagens do ponto de vista do varejista?

5. A Best Buy é, de longe, a maior varejista de equipamentos eletrônicos do mundo, com vendas de mais $ 45 bilhões e quase 4 mil lojas em todo o mundo. Ela goza de um poder tremendo nos canais de marketing nos quais opera. Todos os fabricantes e outros fornecedores de produtos da Best Buy precisam prestar muita atenção no que esse gigante varejista quer. Porém, mesmo quando fornecedores saem do padrão para atender às demandas da Best Buy, descobrem que esta pode impedi-los de levar seus produtos aos consumidores porque ela pode favorecer certos fornecedores com os quais pode promover ofertas especialmente atraentes. Além disso, a Best Buy está aumentando sua ênfase na oferta de produtos de marca própria, como o *laptop* mais fino do mercado e uma motocicleta elétrica. Alguns dos produtos próprios da Best Buy podem competir diretamente com marcas de fornecedores famosos, como Apple e Sony. Você acha que a Best Buy está mostrando sua força no canal? Por quê? Você acha que esse tipo de comportamento é inevitável por parte dos grandes varejistas dominantes?

6. A Jacobson Companies, sediada em Des Moines, Iowa, apresenta-se em seu *website* como uma empresa de logística terceirizada do tipo "nós fazemos". Ela é um exemplo da nova geração de empresas de serviços de logística que fazem de tudo. Se uma empresa, fabricante, atacadista, varejista ou outro tipo precisa de ajuda logística, elas encontrarão "um ponto de expedição" para serviços logísticos se estiverem lidando com empresas 3PLs.

Junto com a disponibilidade de uma gama quase ilimitada de serviços está a capacidade de muitas 3PLs adequarem os serviços logísticos que fornecem para atender às necessidades específicas dos seus consumidores. Ao seu ver, por que as 3PLs se tornaram um tipo tão importante de agente facilitador nos canais de marketing? Você acha que essa tendência vai continuar?

REFERÊNCIAS

1. Stigler, George J. The division of labor is limited by the extent of the market, *Journal of Political Economy*, jun. 1951, p. 185-93.

2. Para ver um estudo de caso interessante, em inglês, relacionado com esse tópico, consultar: Huang, Ming-Hui. Eliminate the middleman?, *Harvard Business Review*, mar. 2006, p. 33-43.

3. Mallen, Bruce. Functional spin-off: a key to anticipating change in distribution structure, *Journal of Marketing*, jul. 1973, p. 18-25.

4. Rosenbloom, Bert. The wholesaler's role in the marketing channel: disintermediation vs. reintermediation, *The International Review of Distribution and Consumer Research*, set. 2007, p. 327-39.

5. Para uma base muito interessante sobre o atacado, ver: Luqmani, Mushtaq; Goehle, Donna; Quraeshi, Zahir A.; Yavas, Ugar. Tracing the development of wholesaling practice and thought, *Journal of Marketing Channels*, v. 1, n. 2, 1992, p. 75-77; ver também: Danenburg, William P.; Moncrief, Russell L.; Taylor, William E. *Introduction to whole sale distribution*. Englewood Cliffs, NJ: Prentice-Hall, 1978.

6. Para uma discussão sobre as tendências envolvendo os atacadistas, ver Pirog III, Stephen F.; Smith, Michael F. A market-orientation approach to identifying structural change in wholesaling, *Journal of Marketing Channels*, inverno 1996, p. 37.

7. Para um olhar amplo e profundo do atacado, ver Lusch, Robert F. et al. *Foundations of wholesaling: a strategic and financial chart book*. Norman, Okla.: Distribution Research Program, College of Business Administration, 1996.

8. Para uma discussão fundamental sobre o assunto, ver: Michman, Ronald D.; Sibley, Stanley D. (eds.). Wholesaling: a neglected area, *Proceedings of the annual meeting of the southern marketing association*. Klein, David M.; Smith, Allen E. (eds.). Boca Raton, Fla.: Florida Atlantic University, 1985, p. 118-23.

9. Fine, Adam J. et al. *Facing the forces of change: the road to opportunity*, Washington, DC, Distribution Research and Education Foundation, 2004.

10. Rosenbloom, Bert. *Marketing functions and the wholesaler-distributor: Achieving excellence in distribution*. Washington, DC: Research and Education Foundation, 1987. p. 17-28.

11. Rose, Mathew. Magazine wholesaler pressures publishers, adding to their woes, *Wall Street Journal*, 5 mar. 2001, p. A1, A6.70. Part 1: Marketing Channel Systems.

12. Jackson, Donald M.; d'Amico, Michael F. Products and markets served by distributors and agents, *Industrial Marketing Management*, v. 18, fev. 1989, p. 33.

13. Hlavacek, James D.; McCuistion, Tommy J. Industrial distributors – When, who, and how?, *Harvard Business Review*, mar.-abr. 1983, p. 96-101; Narus, James A.; Reddy, Mohan N.; Pinchak, George L., Key problems facing industrial distributors, *Industrial Marketing Management*, ago. 1984, p. 139-47.

14. Brown, Reva Berman; Herring, Richard. The role of the manufacturer's distributor, *Industrial Marketing Management*, v. 24, out. 1995, p. 285-95.

15. Rosenbloom, Bert. The ten deadly myths of e-commerce, *Business Horizons*, mar.-abr. 2002, p. 61-66.

16. Oswall, Sharon L.; Boulton, William R. Obtaining industry control: the case of the pharmaceutical distribution industry, *California Management Review*, outono de 1995, p. 139-62.

17. Let's get you up to date and up to speed, CDW advertisement in the *Wall Street Journal*, 17 ago. 2009, p. R8.

18. Rosenbloom, Bert. *Marketing functions and the wholesaler-distributor: achieving excellence in distribution*. Washington, DC: Distribution Research and Education Foundation, 1987, p. 17-28, 21-27.

19. Para uma discussão a esse respeito, ver: Panitz, Eric. Distribution image and marketing strategy, *Industrial Marketing Management*, nov. 1988, p. 315-23.

20. Naik, Gautam. Pieces in Alco's distribution network fall into place, *Wall Street Journal*, 13 nov., 1992, p. B6.

21. Alderson, Wroe. *Marketing behavior and executive action.* Homewood, Ill.: Irwin, 1957.

22. Murphy, Kate. Food brokers are bigger so shelves look smaller, *The New York Times*, 2 set. 2004, p. 4.

23. Para uma discussão sobre o assunto, ver: Hughes, Tim. New channels/old channels, Customer management and multi-channels, *European Journal of Marketing*, v. 40,½, 2006, p. 113-29.

24. Rosenbloom, Bert. The wholesaler's role in the marketing channel: disintermediation vs. reintermediation, *The International Review of Distribution and Consumer Research*, set. 2007, p. 327-29.

25. Ver: Integrating multiple channels, *Chain Store Age*, ago. 2001, p. 24A-25A.

26. Skidmore, Sarah. Wholesale clubs grow as supermarkets slide, *Food Industry Writer*, 3 mar. 2001, p. 1-2.

27. *Statistical abstract of the United States: 2010.* 129th ed. Washington, DC: 2009, p. 646-47.

28. No entanto, o dramático crescimento ocorreu também em alguns tipos de pequenos varejos. Um caso muito interessante nesse tópico é o crescimento de mercado agrícola. Ver, por exemplo: Etter, Lauren. Food for thought: do you need farmers for a farmer's market? *Wall Street Journal*, 29 abr. 2010, p. A1, A6.

29. Rosenbloom, Bert; Mollenkopf, Diane. Dominant buyers: are they changing the wholesalers' role in marketing channels?, *Journal of Marketing Channels*, outono de 1993, p. 73-89.

30. Alguns varejistas, no entanto, estão enfrentando sérios desafios. Ver, por exemplo: Department stores fight to preserve role that may be outdated, *Wall Street Journal*, 12 mar. 2002, p. A1, A17.

31. Para algumas possíveis exceções, ver: Betancourt, Roger R.; Goutschi, David A. Distribution services and economic power in a channel, *Journal of Retailing*, outono de 1998, p. 37-60; Aiwaldi, Kisum L.; Boria, Norm; Farris, Paul W. Market power and performance: a cross-industry analysis of manufacturers and retailers, *Journal of Retailing*, outono de 1995, p. 211-48; Messinger, Paul R.; Narasimhan, Chakravarthi. Has power shifted in the grocery channel?, *Marketing Science*, v. 14, n. 2, p. 189-223.

32. Rosenbloom, Bert "From merchants to marketers: trends in u.s. retailing for europe to watch, *THEXIS*, verão de 2001, p. 8-11.

33. Edwards, Cliff. Why tech bows to best buy, *Bloomberg Business Week*, 21 dez. 2009, p. 48-54.

34. Ver: Seybold, Patricia B. *Customers.com.* Nova York: Random House, 1998; Hagel III, John; Singer, Marc. *Net Worth*. Boston, MA: Harvard Business School Press, 1999.

35. Rosenbloom, Bert; Dupuis, Marc. Low price, low cost, high service: a new paradigm for global retailing?, *The International Review of Retail Distribution and Consumer Research*, abr. 1994, p. 149-58.

36. Ver, por exemplo: Matlack, Carol. A french Wal-Mart's global blitz, *Bloomberg Business Week*, 21 dez. 2009, p. G4-G6.

37. Rosenbloom, Bert; Mollenkopf, Diane. Dominant Buyers: Are They Changing the Wholesalers' Role in Marketing Channels?, *Journal of Marketing Channels*, outono de 1993, p. 73-89.

38. Lazarus, Charles Y. The retailer as a link in the distribution channel, *Business Horizons*, fev. 1961, p. 95-98.

39. Muller, Joann. Attention Kmart: find a niche, *Business Week*, 4 fev. 2002, p. 72.

40. Ver, por exemplo, Dickinson, Roger; Cooper, Bixby. The emergence of cost-based strategies in retailing, *Journal of Marketing Channels*, v. 2, 1992, p. 29-45. Também, para uma excelente abrangente avaliação institucional de mudança no varejo, ver: Brown, Stephen. Institutional change in retailing: a review and synthesis, *European Journal of Marketing*, v. 21, 1987, p. 5-36.

41. Ver, por exemplo: Quintanilla, Carl. Hardware Stores Try to Rattle Big Chains, *Wall Street Journal*, 11 dez. 1996, p. B1, B4.

42. McVey, Philip. Are channels of distribution what the text books say? *Journal of Marketing*, jan. 1960, p. 61-65.

43. Disponível em: http://www.elmlogistics.com/about-us.html. Acesso em: 11 ago. 2014.

O ambiente dos canais de marketing

OBJETIVOS DE APRENDIZAGEM

Após a leitura deste capítulo, você será capaz de:

1 Compreender o impacto do ambiente em um contexto de canais de marketing.

2 Estar ciente das maiores forças econômicas que afetam os canais de marketing.

3 Reconhecer que condições econômicas incomuns podem ter um impacto dramático nos canais de marketing.

4 Estar ciente da natureza internacional ou global do ambiente competitivo conforme ele afeta os canais de marketing.

5 Estar apto a delinear os principais tipos de concorrência no contexto da estrutura e estratégia dos canais de marketing.

6 Identificar alguns dos principais desenvolvimentos socioculturais que estão ocorrendo no que diz respeito às suas implicações para os canais de marketing.

7 Estar alerta para mudanças rápidas na tecnologia e perceber como podem afetar os canais de marketing.

8 Ter conhecimento geral das leis antitruste básicas que se aplicam à estratégia de canais de marketing.

9 Estar familiarizado com as principais questões jurídicas relacionadas com os canais de marketing.

Você diz que quer uma revolução? Não se for um dos membros remanescentes dos Beatles

No final da década de 1960, os Beatles lançaram uma de suas canções mais famosas, "Revolution". Sua letra era sobre mudar o mundo – não pela destruição ou pela guerra, mas por meio das pessoas, que em todo o planeta praticariam boas ações para tornar o planeta um lugar melhor.

Hoje, milhões de indivíduos creem que uma coisa boa e revolucionária foi o desenvolvimento da tecnologia que permite o *download* de músicas da internet para iPods da Apple e outros dispositivos. Milhões de canções são assim baixadas todos os dias pelo mundo, exceto as dos Beatles. Os membros restantes da banda, Paul McCartney e Ringo Star, bem como a viúva de John Lennon, Yoko Ono, desejavam proteger a integridade e a mística em torno das canções dos Beatles, controlando precisamente sua disponibilidade aos seus fãs. A distribuição das suas músicas pela tecnologia eletrônica de *download* não condizia com esse objetivo de distribuição seletiva. Em suma, se os fãs quisessem as obras dos Beatles, teriam de adquiri-las pelo modo antigo, por canais de baixa tecnologia que disponibilizam as canções apenas na forma física, tais como CDs, fitas cassete e discos. No contexto não muito distante da tecnologia "moderna", fãs poderiam comprar um dispositivo de memória USB com uma imensa coleção de canções dos Beatles, inclusive com alguns vídeos, por $ 279. Outro produ-

to físico contendo suas composições também foi disponibilizado como parte de um *videogame* chamado "The Beatles Rock Band", que tratava sobre a história da banda. De qualquer maneira, a música ainda precisava ser tocada pelo console do jogo, e não podia ser baixada ou compartilhada.

Essa política de "não permitir *download* por canal digital", imposta pelos Beatles remanescentes e seus herdeiros, foi também vigorosamente apoiada por outros titulares dos direitos autorais da banda, como a gravadora EMI e a gigante Viacom.

Então, por mais de uma década, quando se falava em baixar músicas dos Beatles digitalmente, a resposta dos membros restantes, bem como a de seus herdeiros e detentores de direitos, estava na música "Revolution": "Você não sabe que pode contar comigo?…."Apesar de tudo isso, em novembro de 2010, a Apple anunciou que as canções da banda logo estariam disponíveis no iTunes. Por que a mudança brusca nessa política? Bem, parece que nem mesmo os revolucionários Beatles podiam ignorar a "revolução" tecnológica que atingiu a indústria musical.

Fonte: Extraído de: L. Gordon Crovitz, Money can't buy me Beatles. *Wall Street Journal*, 9 nov. 2009, p. A17. Ethan Smith, Apple finally snares Beatles. *Wall Street Journal*, 16 nov. 2010, p. B1, B7.

Canais de marketing operam em um ambiente em constante mudança.[1] Por isso, o gerente do canal precisa estar sensível ao ambiente e às alterações que nele ocorrem a fim de planejar estratégias de canais de marketing efetivas que abordem essas mudanças com sucesso. Para tanto, ele precisa compreender os fatores ambientais que podem afetar os sistemas do canal de marketing.

Neste capítulo, examinaremos o ambiente no qual os canais de marketing operam levando em conta as implicações da estratégia, estrutura e gestão do canal.

O CANAL DE MARKETING E O AMBIENTE

O ambiente é composto de inumeráveis fatores externos incontroláveis dentro do qual estão os canais de marketing. Para organizar essa enorme gama de variáveis, vamos categorizá-las neste capítulo sob os seguintes cinco títulos gerais:

1. Ambiente econômico
2. Ambiente competitivo
3. Ambiente sociocultural

4. Ambiente tecnológico

5. Ambiente legal

Essa não é a única maneira de classificar variáveis ambientais. Há diversos outros sistemas categóricos (taxonomias).[2] Utilizamos essa taxonomia simplesmente porque fornece uma base conveniente e viável para discutir o ambiente de canais de marketing. Também é necessário observar que a sequência na qual as categorias são listadas e discutidas não está em ordem de importância. Para qualquer canal, a importância dos fatores ambientais específicos pode mudar em diferentes situações e ao longo do tempo. Conforme avançarmos ao longo do capítulo, numerosos exemplos de vários efeitos dos fatores ambientais, em diferentes canais e momentos, serão apresentados.

Antes de discutir cada uma dessas categorias ambientais e suas possíveis consequências para o canal de marketing, deve-se notar uma peculiaridade da influência do ambiente em um contexto de canais: como o canal de marketing inclui empresas independentes, como varejistas e atacadistas, gerentes da área também devem se preocupar com o impacto do ambiente sobre esses membros do canal. Além disso, assim como a eficácia do canal também é influenciada pelo desempenho de participantes não membros, como agentes facilitadores, os gerentes também precisam considerar como o ambiente afeta esses participantes externos. Assim, gerentes de canal devem analisar o impacto do ambiente não apenas em suas próprias empresas e mercados-alvo finais, mas também nos participantes do canal de marketing. A Figura 3.1 ilustra exatamente isso ao mostrar como o ambiente pode afetar todos os participantes do canal e os mercados-alvo. A localização da administração de canal, que não necessariamente controla tudo, pode ser encontrada em empresas de produção e fabricação ou intermediárias, como grandes organizações atacadistas e varejistas capazes de administrar o canal. A chave na parte inferior da figura indica que a análise da administração dos efeitos ambientais deve levar em conta todos os membros do canal.

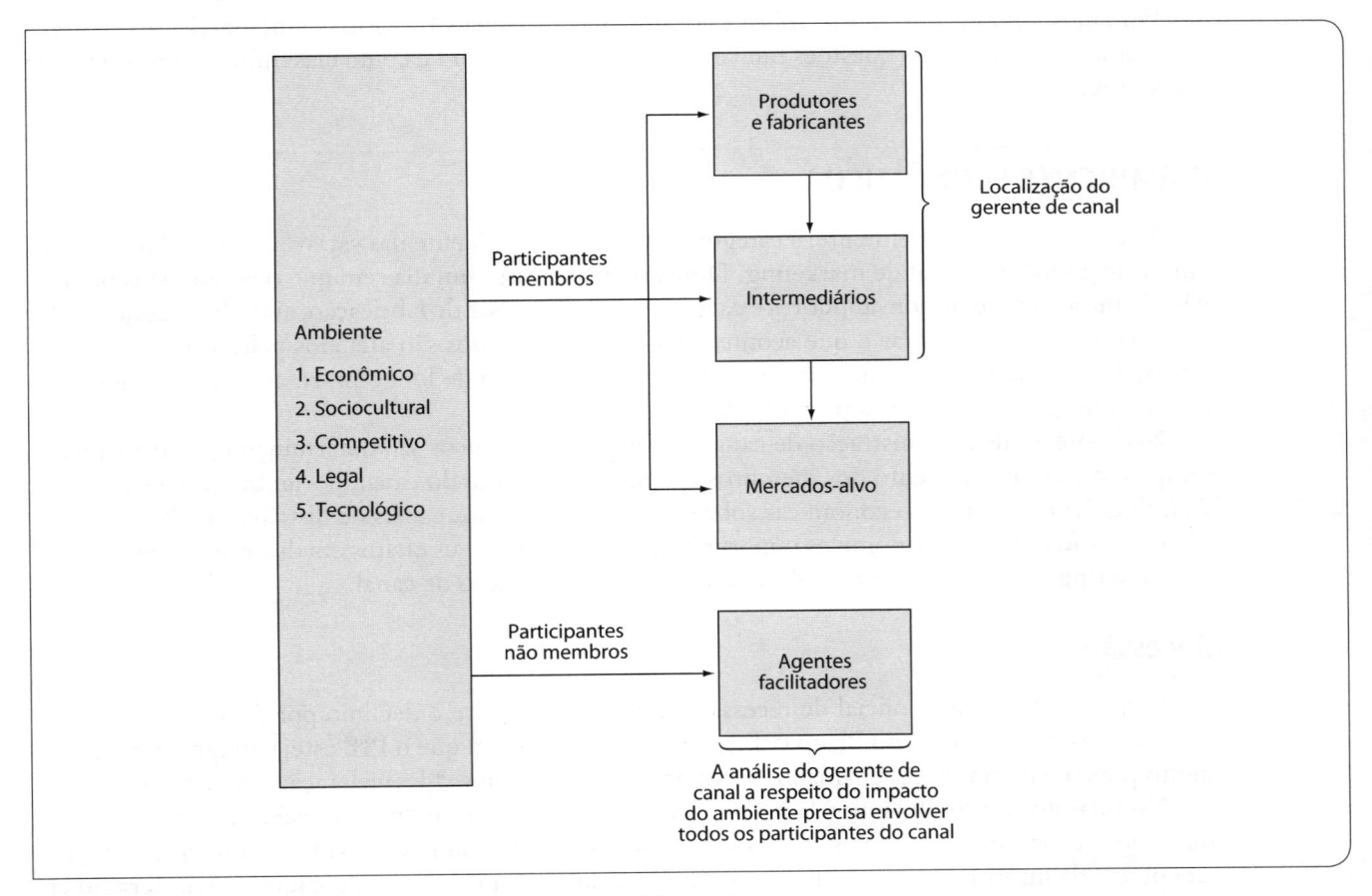

FIGURA 3.1 ▶ Impacto do ambiente no contexto do canal de marketing.

© Cengage Learning 2013

A compreensão do impacto do ambiente no contexto de canais de marketing representa uma distinção fundamental entre gerenciamento de canal e administração de outras variáveis importantes no *mix* de marketing de uma empresa (produto, preço e promoção). Em suma, quando o gerente do canal considera as influências ambientais na estratégia de sua área, ele precisa observar as implicações estratégicas que afetam não apenas sua própria empresa, mas também outros participantes do canal. Não é incomum que forças ambientais, como uma crise econômica ou recessão, sejam vistas de formas diferentes por vários membros do canal de marketing.[3] Considere, por exemplo, o impacto do colapso que atingiu a economia dos Estados Unidos, em 2008, nos canais de marketing de automóveis americanos. Durante a recessão, a venda de carros diminuiu severamente. Um negociante, por exemplo, que vendia 50 veículos por mês passou a vender apenas 12 nesse mesmo período.[4] Esse vendedor, e muitos outros em todo o país que sofreram com a queda das vendas, reagiu à grave crise econômica cortando drasticamente seus gastos na tentativa de "apertar os cintos" e sair da recessão. Entretanto, os fabricantes de automóveis reagiram ao péssimo ambiente econômico de uma maneira bem diferente. Em vez de compartilhar do sofrimento de seus concessionários, os fabricantes, conhecidos como "The Big Three" (GM, Ford e Chrysler), enxergaram a crise como uma oportunidade estratégica de se livrar dos negociantes fracos. Então, em vez de esperar menos de seus vendedores durante aquela crise econômica, The Big Three exigiu *mais* deles. Os que não conseguiam melhorar seu desempenho, contratar mais e melhores vendedores, e fornecer ao consumidor um serviço superior, eram imediatamente substituídos por centenas de outros negociantes. Assim, a mesma mudança no ambiente, uma crise econômica, fomentou várias reações estratégicas diferentes dos membros do canal de automóveis: enquanto os negociantes retrocediam, os The Big Three usaram tal crise para melhorar e agilizar seus canais de marketing.

Essa visão ampliada de análise ambiental, que inclui todos os participantes do canal, deve permanecer em foco ao longo deste capítulo, mantendo-se nesse sentido no restante do livro.

Voltamos agora a um debate sobre cada uma das principais categorias ambientais. A discussão incidirá sobre algumas das questões fundamentais para cada esfera e como elas influenciam o canal de marketing.

O AMBIENTE ECONÔMICO

A economia é, provavelmente, a categoria mais óbvia e influente das variáveis ambientais que afetam os membros do canal de marketing. Dificilmente se passa um dia sem que o estado da economia não chame a atenção de consumidores e executivos em empresas de fabricação, atacado e varejo. Todas essas partes devem observar o que acontece na economia. Todos são afetados pelas variáveis econômicas, do fabricante que levanta capital para um investimento de longo prazo até o consumidor que adquire um quilo de café no supermercado.

No contexto de administração de canal, os fatores econômicos são determinantes críticos do desempenho e comportamento dos membros do canal. O gerente do canal, portanto, deve estar ciente da influência das variáveis econômicas sobre os participantes nos canais de distribuição. Nesta seção, discutimos fenômenos econômicos importantes, considerando seus efeitos em diversas partes no canal de marketing, assim como suas implicações para a administração de canal.

Recessão

Enquanto a definição oficial de recessão entre economistas é o declínio por dois trimestres consecutivos no Produto Interno Bruto (PIB), qualquer período em que o PIB esteja estagnado ou cresça muito pouco é muitas vezes chamado "recessão" ou, pelo menos, "desaceleração econômica".

No final do século 20, autoridades no assunto falavam sobre o "fim do ciclo de negócios" e em uma "nova economia" em que os colapsos econômicos seriam coisa do passado. Argumentavam que a tecnologia da informação era tão boa a ponto de avisar as empresas sobre qualquer desaceleração em potencial na economia, as quais, por conta disso, poderiam fazer os ajustes necessários, como redução de estoques, para prevenir o surgimento de uma recessão. Ao alvorecer do novo milênio em 2000, e com o histórico da última recessão de 1990-91, ocorrida quase uma década antes, os especialistas pareciam estar corretos em suas análises. Mas suas esperanças duraram pouco, conforme os Estados Unidos experimentaram não apenas uma recessão durante a primeira década do século 21, mas duas, ao longo de menos de sete anos; a recessão de 2001-02 e a chamada "Grande Recessão" de 2007-08, que acabou sendo a maior crise em termos de queda do PIB e dos níveis de desemprego desde a Grande Depressão de 1930. Mesmo assim, o ciclo de negócio ainda está bem vivo, apesar das recessões periódicas e por vezes extremamente severas, e das desacelerações econômicas que ficam aquém de um colapso completo.

Enquanto ocorre o processo de recessão, o consumo (especialmente de bens duráveis, como automóveis, principais utensílios domésticos e computadores pessoais, cuja compra pode ser adiada) em geral desacelera, às vezes drasticamente. Mas na "Grande Recessão" de 2007-08 a aquisição de casas, automóveis e todo o resto não apenas caiu violentamente, como os investimentos empresariais também diminuíram substancialmente. Isso gerou o que economistas tecnicamente habilitados chamavam de "golpe duplo" no declínio dos gastos. Só o estímulo do governo federal, que injetou mais de $ 800 bilhões na economia, ajudou a compensar a queda nos gastos de consumidores e empresas.

Todos os membros do canal de marketing sentem os efeitos da recessão, já que o volume de vendas e a rentabilidade caem bem ao longo das crises. Durante a "Grande Recessão" de 2007-08, dois dos fabricantes dos chamados The Big Three dos Estados Unidos faliram no esforço de reorganizar suas estruturas de custo a um ponto no qual ainda poderiam ser lucrativos, mesmo em níveis de vendas bem mais baixos.[5] Como mencionado, centenas de negociantes foram dispensados pela GM e Chrysler, que buscavam desenvolver canais de marketing mais eficientes para seus carros, o que ocasionou uma quantidade menor, porém maior e mais eficiente, de revendedores.

Mudanças no comportamento de compra do consumidor provocadas pela recessão também tiveram impacto significativo em praticamente todos os participantes do canal de marketing, até mesmo para produtos básicos, como de mercearia.[6] Conforme os consumidores visavam a produtos mais baratos, fabricantes de famosas marcas norte-americanas, como H.J. Heinz Co., observaram as vendas até mesmo de produtos ícones, como o *ketchup* Heinz, declinarem, enquanto os supermercados responderam a essa demanda dos consumidores por produtos mais baratos enchendo suas prateleiras com os de marca própria.[7] Até a Starbucks, por muitos anos vista como "à prova de recessão", viu suas vendas caírem substancialmente, enquanto os consumidores buscavam café com leite ou bebidas derivadas mais baratas na Dunkin Donuts e McDonalds, ou até mesmo faziam seu próprio café em casa.[8]

Dada a sensibilidade dos consumidores ao preço durante os períodos de crise, todos os membros do canal precisam se concentrar em entregar um valor final maior, sobretudo em razão do crescente uso da internet para pesquisas do melhor preço. O número de consumidores que pesquisam os *websites* em busca de cupons e ofertas especiais aumentou muito durante a "Grande Recessão" de 2007-08. De acordo com a comScore Media Metrix, empresa de pesquisa de marketing, em novembro de 2008 o EVERSAVE.com, *website* líder de cupons on-line, tinha cerca de 8,6 milhões de visitantes procurando por cupons entre uma enorme gama de produtos.[9] Fabricantes, distribuidores e varejistas dessas mercadorias, mesmo tentando suportar o peso da recessão, não podem ignorar a crescente categoria de consumidores que usam a internet com destreza para buscar os melhores preços possíveis em produtos e serviços durante períodos de declínio econômico ou desaceleração.

Inflação

Nas últimas duas décadas, a taxa de inflação medida pelo Índice de Preços ao Consumidor (IPC) dos Estados Unidos tem ficado bem abaixo de 5%. Na verdade, como exemplificado na Tabela 3.1, durante 19 anos, de 1990-2009, o nível mais alto alcançado pelo IPC foi de 4,2% durante 1990-91; e o ponto mais baixo, de –0,4%, foi alcançado em 2008-09. A média do órgão para as duas décadas foi de 2,7%. Durante a década anterior aos anos 1980, o IPC nunca ultrapassou os 5,6%, com uma média de 4,2% para esse período. Comparada à década de 1970, quando taxas anuais de dois dígitos eram comuns, a inflação tem sido de moderada à baixa por três décadas. Esse longo período de inflação

TABELA 3.1 Taxas de inflação nos Estados Unidos medidas pelo Índice de Preços ao Consumidor (IPC), 1990-2009

Anos	Crescimento anual do Índice de Preços ao Consumidor (em percentual)
1990 – 1991	4,2
1991 – 1992	3,0
1992 – 1993	3,2
1993 – 1994	2,7
1994 – 1995	2,5
1995 – 1996	3,3
1996 – 1997	2,2
1997 – 1998	1,7
1998 – 1999	1,6
1999 – 2000	2,7
2000 – 2001	3,4
2001 – 2002	1,6
2002 – 2003	2,3
2003 – 2004	2,7
2004 – 2005	3,4
2005 – 2006	3,2
2006 – 2007	2,8
2007 – 2008	3,8
2008 – 2009	−0,4

© Cengage Learning 2013

baixa levou alguns economistas a acreditar que a alta inflação fosse um fenômeno do passado e provavelmente não retornaria no futuro.

Apesar de as taxas de inflação estarem relativamente baixas por um período considerável de tempo, não há qualquer garantia de que permanecerão em níveis reduzidos no futuro. De fato, muitos economistas argumentam que as taxas poderiam aumentar de forma significativa se, por exemplo, a economia crescesse muito rapidamente, a oferta de dinheiro caísse demais ou uma crise mundial criasse escassez de energia que levasse à espiral dos preços de energia. Considerando essas possibilidades, é prudente para o gerente do canal familiarizar-se com as implicações de uma inflação mais elevada quando da criação da estratégia de canal de marketing.

Em se tratando de atacado e varejo, as respostas dos membros do canal às altas taxas de inflação são, em grande medida, determinadas pela reação dos consumidores ou usuários finais. Infelizmente, o comportamento destes durante períodos inflacionários não é fácil de prever. Gastos elevados podem permanecer mesmo em face da crescente inflação, conforme os consumidores e outros usuários sigam a psicologia "Compre agora, antes que os preços aumentem". Isso, é claro, alimenta ainda mais a espiral inflacionária. Por outro lado, essa forma de pensar pode ser subitamente substituída pelo estado de espírito "Segure seu dinheiro" quando os usuários percebem uma recessão a caminho. Paradoxalmente, essas quedas precipitadas nos gastos podem ajudar a criar e agravar a recessão que tanto temem.

Além da dramática alteração nos gastos dos consumidores que pode ocorrer em períodos inflacionários, muitas mudanças sutis nos padrões de compra podem acontecer. Por exemplo, durante esses momentos na indústria de supermercados, os padrões de compra dos consumidores refletiram cada vez mais comportamentos do tipo:

- Ir ao supermercado sem levar dinheiro extra.
- Devolver alguns itens antes de finalizar a compra.
- Adquirir apenas a quantidade necessária.
- Comprar menos carne.
- Estocar produtos que oferecem desconto.
- Adquirir produtos de marcas de qualidade inferior.
- Comprar itens não planejados apenas se houver uma oferta especial.

Durante períodos de inflação elevada, consumidores também tendem a escolher lojas mais baratas em relação às que normalmente frequentam. Lojas como Dollar General e Aldi, que oferecem preços baixíssimos, podem roubar as vendas até de gigantes do desconto, como Walmart e Target.[10] Por fim, o número de consumidores navegando na internet em busca de barganhas, tanto em mercadorias novas quanto usadas oferecidas no eBay e em numerosos outros *websites*, pode aumentar à medida que a inflação destrói seu poder de compra. Tais padrões de comportamento de compra obviamente refletem uma tentativa de os consumidores lidarem com a inflação.

Da perspectiva do gerente do canal na empresa de produção ou manufatura, tais mudanças no hábito de compra dos consumidores devem ser encaradas no contexto de como elas podem afetar o comportamento dos membros do canal e quais seriam as implicações para a estratégia da área. Por exemplo, em vista de um consumo mais lento e prudente, varejistas tornam-se cada vez mais cautelosos sobre os produtos que irão manipular. Além disso, em virtude das altas taxas de juros, geralmente tentam reduzir ao mínimo seus níveis de estoque e, por último, buscarão mais promoções dos fabricantes e maior nível de apoio promocional. Em face de maiores demandas dos participantes do canal, uma estratégia eficaz deve ser desenvolvida para satisfazê-los. Tal estratégia pode forçar uma mudança na ênfase do *mix* de produtos do fabricante, passando daqueles de preço mais alto para os de menor preço. Scott Paper Co., por exemplo, começou oferecendo produtos de papel baratos aos supermercados para não perder espaço nas prateleiras devido à forte concorrência de preço. Redução do peso do estoque para os membros do canal, por meio de uma linha de produtos simplificada, processamento de pedidos e entrega mais rápidos, e maior giro de estoque mediante o forte apoio promocional são elementos que também podem ser incorporados a uma estratégia de canal a fim de atender às demandas dos participantes que tentam operar lucrativamente sob a intensa pressão de custo imposta pela inflação.

Deflação

Uma deflação em larga escala, resultado da diminuição dos preços de um amplo espectro de bens e serviços, não foi registrada nos Estados Unidos desde a Grande Depressão da década de 1930. Se uma deflação similar à experimentada durante essa crise ocorresse no futuro, o Índice de Preços ao Consumidor, nos quais os dados da Tabela 3.1 se baseiam, mostraria números negativos, e não positivos (um IPC negativo foi relatado em apenas um ano: 2008-09).

A maioria dos economistas não espera que surja, no futuro próximo, um ambiente deflacionário grande o bastante para causar um declínio sustentado no Índice de Preços ao Consumidor. No entanto, a inflação dos últimos anos tornou-se baixa o bastante (ver Tabela 3.1) para que esse surgimento não seja assim tão inusitado. Entretanto, o que já aconteceu e é bem provável que ocorra no futuro é a deflação em determinados setores da economia e em algumas categorias de produtos. Imóveis, automóveis, eletrônicos, computadores, equipamentos de telecomunicação, alguns tipos de vestuário e muitas outras mercadorias recentemente experimentaram deflação. É quase certo que outros setores da economia e produtos distintos a experimentem no futuro.[11]

Deflação, preços estáticos ou mesmo índices muito baixos de aumento de preços podem criar sérias dificuldades à administração do canal. Um dos problemas é tentar repassar ao preço o aumento de custos ao longo do canal por conta da deflação ou inflação muito baixa. Por quê? Mesmo com um nível de inflação muito baixo ou com a deflação real em alguns setores da economia, fabricantes, atacadistas e varejistas com frequência enfrentam pressões de custo interno, como gastos de energia mais elevados e, em especial, de contratos de trabalho possivelmente negociados muitos anos antes, quando o nível de inflação era maior. Mas aumentar os preços para compensar as pressões de custo se torna muito difícil quando a inflação é baixa, já que cada membro do canal é altamente sensível a preços altos. Embora, durante momentos de inflação, seja relativamente fácil repassar aumentos de preços para o nível seguinte do canal de marketing até o comprador final, essa prática torna-se árdua quando o índice de inflação é baixo e quase impossível quando se trata de um período de deflação real.

Outras questões econômicas

Recessão, inflação e deflação não são as únicas variáveis do ambiente econômico. O déficit do orçamento federal, a dívida e o saldo negativo da balança comercial, que aumentaram dramaticamente nos últimos anos, são questões de preocupação contínua enquanto avançamos para a segunda década do século 21. Esses fenômenos não são intrinsecamente ruins, mas podem agravar a recessão ou a inflação. O déficit de orçamento e a dívida nacional elevam a demanda por capital e, em consequência, aumentam as taxas de juros. Isso, por sua vez, aumenta o nível de inflação. O déficit na balança comercial, resultante de níveis de importação maiores do que os de exportação, pode resultar em perda de empregos dos trabalhadores norte-americanos e redução dos seus níveis de renda, o que agrava o poder da recessão.

Embora os Estados Unidos tenham aproveitado baixas taxas de juros na segunda década do século 21, não há garantia de que altas taxas não retornem. Taxas de juros elevadas podem significar um problema até mesmo quando o nível de inflação é moderado e a economia não está em recessão. Isso é particularmente verdadeiro em se tratando da **taxa de juros real**, que é a taxa de juros nominal menos a taxa de inflação. Na verdade, se levarmos em conta a mesma taxa de juros nominal, a de juros real será maior quando a inflação for baixa. Isso é ilustrado na Tabela 3.2. Sob uma taxa de juros nominal de 10%, quando a taxa de inflação diminuiu de 6% para 3%, a de juros real aumentou de 4% para 7%. Isso significa, é claro, que o custo real de emprestar dinheiro efetivamente aumentará quando a inflação for atenuada caso as taxas de juros nominais não caiam o suficiente para compensar a diminuição da taxa de inflação.

Altas taxas de juros podem afetar todos os membros do canal de marketing. Mesmo que os consumidores demorem a perceber os efeitos das altas taxas de juros reais, finalmente acabam compreendendo a situação, e seus gastos desaceleram. Isso, em contrapartida, afeta as vendas para os varejistas, atacadistas e fabricantes. Além disso, como todos eles precisam de dinheiro emprestado, as altas taxas de juros reais impactam diretamente seus custos. Então, mesmo durante a possibilidade de boas condições econômicas (quando a inflação está baixa e a economia não está em recessão), altas taxas de juros ainda podem causar problemas ao diminuir a demanda por produtos e aumentar os custos.

Outro fator econômico que pode afetar a administração do canal, mesmo em períodos econômicos favoráveis, é o valor do dólar norte-americano em relação à moeda estrangeira. Ironicamente, um

TABELA 3.2 Taxas de juros nominal e real comparadas com diferentes taxas de inflação

Taxa de juros nominal (percentual)	Taxa de inflação	Taxa de juros real
10	6	4
10	3	7

dólar forte pode de fato criar problemas na administração do canal para fabricantes norte-americanos ao dificultar a venda de seus produtos por intermédio de membros do canal. Quando o valor da moeda é alto, o preço das mercadorias norte-americanas aumenta em relação aos produtos estrangeiros porque são necessários maiores volumes de moeda estrangeira para comprar artigos dos Estados Unidos e menos dólares americanos para comprar bens estrangeiros. Portanto, os produtos norte-americanos podem ficar menos competitivos. Quando isso acontece, torna-se muito mais difícil para os fabricantes desse país vender nos mercados internacionais, a fim de movimentar seus bens de consumo por meio de canais no exterior. Mas, mesmo em canais domésticos, é mais complicado fazer girar os produtos, já que varejistas e atacadistas gostam de comprar mercadorias estrangeiras mais baratas.

Então, quanto ao ambiente econômico – independentemente do estado da economia –, o gerente precisa prestar atenção nas implicações dos fatores econômicos na administração do canal. Afinal, mesmo vivendo "bons tempos", algumas forças sutis, até mesmo traiçoeiras, podem criar problemas suficientes para fazer "bons tempos" parecerem ruins.

O AMBIENTE COMPETITIVO

Concorrência é sempre um fator fundamental a considerar para todos os participantes do canal de marketing. Esse é o caso dos últimos anos, quando a concorrência se tornou global nesse âmbito. Para as empresas nacionais, já não é uma situação realista concentrar-se apenas em rivais dentro dos limites do seu próprio país. Também é necessário prestar atenção aos concorrentes existentes e emergentes do mundo inteiro. Os termos *mercado global, arena global* e *concorrência global* não são apenas jargões do negócio internacional, mas também descrições realistas do ambiente competitivo que enfrenta hoje um crescente número de indústrias. Além disso, novas tecnologias, sobretudo as relacionadas ao comércio on-line, discutido mais à frente neste capítulo e no Capítulo 15, mudaram substancialmente a paisagem competitiva.

Tipos de concorrência

Junto com o amplo escopo de concorrência e novas formas de competições impulsionadas pelas novas tecnologias, gerentes de canal também devem considerar os principais tipos de concorrência que podem afetar a estratégia do canal. Particularmente, eles precisam focar nos quatro modelos representados na Figura 3.2:[12]

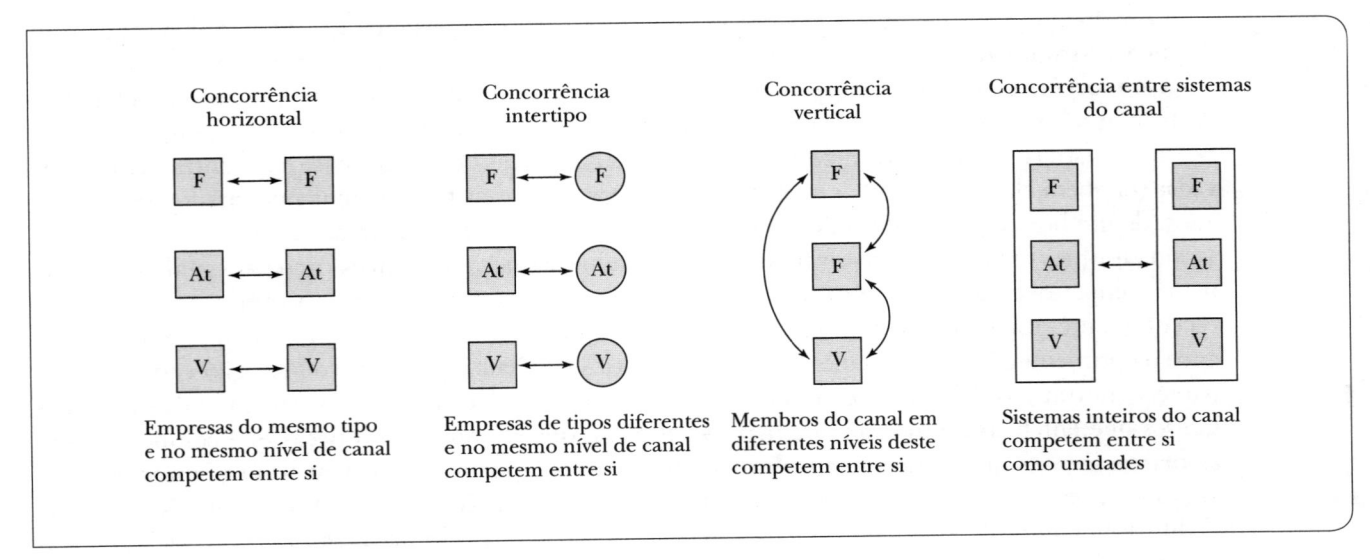

FIGURA 3.2 ▶ Tipos de concorrência.
© Cengage Learning 2013

1. Concorrência horizontal
2. Concorrência intertipo
3. Concorrência vertical
4. Concorrência entre sistemas de canal[13]

Concorrência horizontal é a concorrência entre empresas do mesmo tipo; por exemplo, a rivalidade de um fabricante de automóveis contra outro, de um atacadista de fornecimento de material hidráulico *versus* outro, ou mesmo de um supermercado contra outro. Essa é a forma de concorrência mais evidente e com mais frequência discutida. Em teoria econômica, grande parte do tratamento sobre concorrência lida com o tipo horizontal, embora este seja comumente chamado simplesmente de "concorrência", já que muitas vezes as empresas envolvidas são produtoras ou fabricantes, em vez de atacadistas e varejistas. A batalha competitiva entre os gigantes varejistas de produtos eletrônicos de consumo Best Buy e Circuit City é uma situação recente, mas talvez o mais clássico exemplo de concorrência horizontal que acabou resultando no fim de uma das partes.[14] Ambos os varejistas vendiam produtos semelhantes e operavam essencialmente no mesmo formato. Cada um operou centenas de megalojas de varejo em escala nacional, enfatizando altos volumes de vendas e preços baixos. Entretanto, a Best Buy, em última análise, provou ser o competidor mais forte, o que resultou na falência da Circuit City e no fechamento de suas 567 lojas remanescentes.

Concorrência intertipo é a concorrência entre diferentes tipos de empresas do mesmo nível de canal, tais como lojas de desconto *versus* lojas de departamento, ou atacadistas tradicionais *versus* agentes e corretores.[15] Nos últimos anos, a concorrência intertipo também tem sido observada em varejistas on-line, que competem com os de lojas convencionais. A intensa batalha de concorrência entre a gigante on-line Amazon.com e o maior varejista do mundo, Walmart, é um exemplo.[16] Enquanto as vendas on-line totais representam menos de 5% das vendas totais do varejo, a Amazon (e outros varejistas on-line) acredita que, no devido tempo, vão contabilizar 20% ou mais. Sua estratégia agressiva em ampliar sua linha de produto, a fim de competir com mais categorias de produtos, tem por objetivo tomar para si uma grande fatia desse aumento previsto na cota do mercado.

Competição intertipo também se desenvolve rapidamente no mercado de varejo de vídeos. Por exemplo, a ainda maior, porém em acelerado declínio, loja de vendas e aluguel de filmes, Blockbuster, está sendo atacada por concorrentes usando outros canais de marketing, como o Netflix, que foca fortemente em encomendas e vendas on-line de filmes.[17] Nesse meio-tempo, as videolocadoras e os programas de TV são cada vez mais pressionados por companhias de canais a cabo, como a Comcast, enquanto o competitivo canal da Redbox depende de 22 mil máquinas de vendas para a distribuição dos filmes, colocadas principalmente em supermercados e farmácias.[18]

Obviamente, tais dinâmicas competitivas, associadas à concorrência intertipo, podem alterar de modo drástico a estrutura dos canais de marketing, mesmo após períodos de tempo relativamente curtos.[19]

Concorrência vertical refere-se à concorrência entre membros do canal em níveis diferentes deste, como um varejista *versus* atacadista, atacadista contra um fabricante, ou este mesmo fabricante *versus* um varejista. A concorrência entre fabricantes de marcas de alcance nacional contra marcas privadas (também chamadas marcas próprias), produzida por varejistas, que tem aumentado nos últimos anos, dá um bom exemplo de concorrência vertical.[20] Fabricantes de marcas de alcance nacional gastaram enormes recursos desenvolvendo e promovendo suas peças em um esforço para ganhar sua fatia nesse competitivo mercado, ajudando também a limitar a penetração de marcas próprias. No entanto, recentemente, estas últimas têm ganhado espaço no mercado de modo significativo.[21] Nos últimos anos da primeira década do século 21, marcas próprias cresciam a um ritmo de 10% ao ano, em comparação à evolução da marca de alcance nacional, de apenas 4% ao ano. A Macy's, um dos varejistas líderes que enfatizam o mercado de marcas próprias, oferece numerosas peças que competem com as marcas líderes de alcance nacional, incluindo roupas esportivas da Alfant, roupas íntimas, joias, sapatos e acessórios, roupas para recém-nascidos e bebês, camas de luxo, banho e colchão do Hotel Collection, e utensílios para cozinha da Tools of the Trade.[22] A Home Depot oferece várias marcas próprias, uma das quais (ventiladores elétricos da Hampton Bay) contabiliza metade das vendas de ventiladores nos Estados Unidos. O principal concorrente da Home Depot, Lowe's, também lida com inúmeras marcas próprias, como as ferramentas Kobalt. No campo de alimentos e remédios, marcas próprias também prevalecem e crescem cada vez mais. O cereal O Organics, da Safeway, por exemplo, concorre diretamente com o ícone de mercado Cheerios, da General Mills's.[23] Os varejistas adoram vender suas próprias marcas, não apenas porque têm margens brutas mais elevadas, mas também porque assim conseguem controlar seu próprio destino, em vez de se submeter aos poderosos fabricantes. Além disso, as marcas próprias vendidas apenas por determinado varejista reduzem a comparação de preços que os consumidores fazem quando desejam comprar algo, já que os produtos ficam disponíveis exclusivamente naquele varejista. Por fim, se os consumidores de fato gostam de produtos de marca própria, provavelmente a eles serão leais, tornando-se seus compradores fixos. Conforme a concorrência entre fabricantes e varejistas aumenta, a concorrência vertical pode se transformar em conflito dentro do mercado quando um membro do canal atua para impedir diretamente a tentativa de sucesso de outro participante. Aspectos dessa possível disputa serão discutidos em detalhes no Capítulo 4.

Por fim, a **concorrência entre sistemas de canal** refere-se a canais inteiros que enfrentam outros canais inteiros. Para que disputem como uma só unidade, precisam ser organizações coesas e ordenadas. Tais canais, chamados de **sistemas verticais de vendas**, são classificados em três tipos: (1) corporativo; (2) contratual; e (3) administrativo.[24] Em **canais corporativos**, as instalações de produção e venda são propriedades da mesma empresa. Firestone Tire & Rubber Company e a Sherwin-Williams Co. são exemplos desse caso. No **canal contratual**, membros independentes do canal (produtores e fabricantes, atacadistas e varejistas) estão ligados por um acordo formal contratual. Redes voluntárias patrocinadas por atacadistas, cooperativas de varejistas e sistemas de franquia são as três formas principais de sistemas de venda contratuais. ServiStar, ferramentas, Independent Grocers' Alliance (IGA), alimentos, e Drug Guild, produtos farmacêuticos, são exemplos de tais canais de marketing contratuais.

Franquia, o tipo de negócio no qual o franqueador não apenas fornece o produto ao franqueado, mas o formato inteiro do negócio, é outro tipo de sistema de venda contratual que cresceu bastante nos últimos anos.[25] Os exemplos mais conhecidos de franquias em formato de negócios estão no ramo de *fast-food*, com o McDonalds liderando. Entretanto, esses sistemas são comuns em muitas outras áreas também. Discutiremos tais canais de marketing de franquia em detalhes no Capítulo 16.

Sistemas de canal administrativos resultam de uma forte dominação por um dos seus membros, normalmente um fabricante, sobre outros. Essa posição dominante é uma função da alavancagem que o membro dominante do canal pode alcançar, baseada em um monopólio de fornecimento, conhecimentos especiais, forte aceitação do consumidor de seus produtos ou outros fatores. Empresas como Scott, Ethan Allen e Samsonite são exemplos de companhias que operam canais de marketing administrativos.

Pela discussão anterior, podemos ver que os gerentes de canal enfrentam um ambiente competitivo complexo. Eles não apenas precisam pensar em termos de uma ampla perspectiva global de concorrência, mas também são obrigados a se preocupar com as competições horizontal, de intertipo, vertical e entre sistemas de canal. Felizmente, é improvável que enfrentem todos os tipos de concorrência simultaneamente. No entanto, devem estar familiarizados o suficiente com os quatro tipos para reconhecê-los e distingui-los.

Estrutura competitiva e administração do canal

Do ponto de vista do produtor ou do fabricante, a compreensão da estrutura competitiva e das mudanças que nela ocorrem é crucial para um bom desenho e administração do canal.[26]

Na concepção dos canais de marketing, o gerente do canal precisa determinar que tipos de distribuidores e/ou revendedores podem distribuir de maneira mais eficaz e eficiente os produtos da empresa. Mas, visto que a estrutura competitiva dos distribuidores e revendedores se modifica, às vezes rapidamente, as ideias convencionais sobre quais tipos de distribuidores ou revendedores devem vender produtos particulares logo podem se tornar obsoletas. Por exemplo, não muito tempo atrás, a maioria das autopeças era vendida em lojas de autopeças, artigos esportivos em lojas do gênero, e ferramentas em lojas de ferramentas. Nos últimos anos, porém, é possível encontrar todos esses produtos em hipermercados, lojas de departamento, *home centers*, armazéns e até em muitas farmácias e supermercados. E, é claro, muitos desses produtos estão disponíveis para venda on-line por meio de inúmeras empresas que operam na internet. Tal **comercialização miscigenada** (venda de produtos por entrepostos não tradicionais) mudou drasticamente o cenário competitivo. Consideremos um fabricante de autopeças, por exemplo, que pensasse apenas em projetar um canal que utilizasse somente distribuidores e revendedores de autopeças; para ele, as opções disponíveis aumentaram bastante. O mesmo pensamento aplica-se a fabricantes de muitos outros tipos de produtos. Parece que qualquer modelo de loja ou de venda, como o correio ou a internet, pode servir de canal para qualquer tipo de produto. Enquanto essa situação não se torna 100% verdadeira, sugere--se que a sabedoria convencional sobre quem deve vender quais produtos não se sustenta nesse ambiente novo e competitivo. Basta observar a grande variedade de produtos vendidos na internet para ter ideia sobre como a sabedoria convencional que especula quem deve vender o quê e quem compete contra quem está sendo desafiada.[27]

O ambiente competitivo em constante mudança também indica que produtores e fabricantes que buscam gerenciar canais de marketing atualmente enfrentam uma complexa tarefa de administração, pois agora lidam com outros tipos distintos de membros do canal. Por exemplo, o fabricante de autopeças que estava acostumado a lidar principalmente com lojas de autopeças independentes agora precisa enfrentar hipermercados, *home centers*, redes de farmácias, supermercados, armazéns e distribuidores on-line também. Desnecessário dizer que as políticas e estratégias de gestão que lidam com lojas de autopeças independentes podem não ser efetivas ao tratar com outros tipos de membros do canal.

Essa discussão sugere que um entendimento dos diversos tipos de concorrência que afetam o canal fornece ao gerente da área um foco mais preciso para discernir o que acontece no ambiente competitivo. Conforme prosseguirmos ao longo do texto, trataremos sobre os vários tipos de decisões que o gerente de canal precisa encarar. Muitas destas exigirão uma análise do ambiente competitivo enfrentado por uma empresa ou um sistema de canal.

O AMBIENTE SOCIOCULTURAL

Esse ambiente permeia praticamente todos os aspectos de uma sociedade. Canais de marketing (e, particularmente, a estrutura de canais de marketing) são, portanto, influenciados pelo ambiente sociocultural no qual existem. De fato, alguns analistas de canal argumentam que se trata de uma grande força que afeta a estrutura do canal.[28]

Ao longo das últimas décadas e em muitos países ao redor do mundo, vários estudos apoiam essa visão. Por exemplo, Wadinambiaratchi estudou canais para bens de consumo em diversos países em desenvolvimento, assim como no Japão, e encontrou grandes variações nas suas estruturas, que ele atribuiu a seus diferentes "climas sociais, psicológicos, culturais e antropológicos".[29] Um estudo de canais de distribuição na Grã-Bretanha e América do Norte, feito por Hall, Knapp e Winsten; e outros realizados por Guirdham na Europa Ocidental; Galbraith e Holton em Porto Rico; Baker na África tropical; além de outros, dão respaldo a essa proposta.[30] Veja, por exemplo, o caso da África tropical. Em alguns países, não é difícil encontrar até dez níveis na estrutura de canal para bens de consumo importados. A maioria dos pequenos intermediários varejistas, normalmente chamados "*mammy traders*" (ambulantes), lida com pequenas quantidades de produtos, tais como um punhado de sal, meia barra de sabão ou dois ou três cigarros. Observadores ocidentais, bem como alguns oficiais do governo em países da África tropical, muitas vezes ficam estarrecidos com essa situação, acreditando que essa seja uma estrutura de canal altamente irracional e ineficiente. Esses observadores, porém, cometem o erro de não considerar o contexto sociocultural dessa estrutura. Na realidade, os canais aparentemente arcaicos, com camadas e camadas de pequenos intermediários, são bastante racionais quando se faz um esforço em compreender os fatores socioculturais envolvidos. Em termos de África tropical, esses fatores incluem uma grande dispersão geográfica da população, mobilidade extremamente limitada do consumidor e uma tradição imediatista e nada previsível. Dadas essas condições, um supermercado moderno de estilo ocidental seria altamente irracional e ineficiente.

Mesmo no Japão altamente industrializado, com uma das tecnologias mais avançadas, os canais de marketing para vários bens são extensos e atravancados, com diversas camadas de intermediários e uma imensidão de pequenas lojas. Pesquisadores que examinaram a estrutura japonesa de canal de marketing apontam vários fatores socioculturais que tendem a perpetuar tais canais de distribuição no país.[31] Um deles é a propensão japonesa a desenvolver relações de negócio muito próximas entre empresas colaboradoras, sistema conhecido como *keiretsu*. No contexto de distribuição, ele une um fabricante e vários revendedores de atacado e varejo. Tais vínculos protegem os muitos distribuidores e varejistas pequenos e ineficientes que participam do *keiretsu* da concorrência de empresas maiores e mais eficientes que são mantidas fora do sistema de forma efetiva. Inúmeros outros fatores socioculturais também contribuem para a estrutura de canal complexa e ineficiente no Japão. Alguns dos mais citados são: (1) atitude social que favorece pequenas empresas, particularmente pequenos varejistas, no setor de distribuição da economia; (2) preferência dos consumidores japoneses a comprar em seu próprio bairro; (3) desejo de alimentos frescos, bom atendimento e contato social durante transações de vendas; (4) prioridade em manter baixas taxas de desemprego ao encorajar a existência de muitas lojas pequenas nas quais as pessoas possam trabalhar; (5) desejo de "ter algo para fazer" durante a aposentadoria.[32] Mas essas estruturas tradicionais de canal estão começando a mudar à medida que os consumidores japoneses mais jovens, que já viajaram e conheceram outras culturas, começam a exigir canais de marketing mais modernos e eficientes em seu próprio país.[33]

Estudos recentes de países emergentes, como Brasil, China e Índia, além de vários outros latino-americanos, também mostram que os fatores socioculturais específicos desses países têm uma influência significativa na estrutura de canal de distribuição nessas regiões.[34]

Assim, o gerente de canal precisa estar sensível ao ambiente sociocultural no qual os canais de marketing existem, estejam eles nos Estados Unidos ou em qualquer outro país do mundo.[35]

Outras forças socioculturais

Nos últimos anos, surgiram vários fenômenos socioculturais que não são característicos a um país ou região em particular. Pelo contrário, essas forças já influenciaram e continuam a influenciar o modo como os canais de marketing são projetados e gerenciados ao redor do mundo. Sem dúvida, os mais importantes e relevantes fatores socioculturais para os canais de marketing são:

1. Globalização
2. Conectividade e mobilidade do consumidor
3. Interação social
4. O Movimento Verde

Globalização – esse termo é mais comumente utilizado para descrever a interligação e interdependência de países ao redor do mundo. Quando se trata de um negócio, em vez de um contexto político, a globalização foca tipicamente os vastos e complexos fluxos de comércio entre países e redes de fornecimento internacionais que tornam possíveis enormes fluxos de produtos e serviços através de fronteiras nacionais. Os esforços de cooperação das empresas – por exemplo, a Boeing, que utiliza fornecedores e fabricantes de vários países na produção de suas modernas aeronaves – também são um aspecto importante da globalização. Além disso, esse termo refere-se ao número crescente de pessoas que realizam viagens internacionais. De acordo com a United Nations World Tourism Organization (UNWTO), esse número excederá 1,5 bilhão anualmente até 2020.

Entretanto, o conceito de globalização ainda apresenta uma dimensão sociocultural que transcende os fluxos físicos de produtos e pessoas além-fronteiras e também pode ser vista como um estado de espírito ou uma perspectiva que é influenciada por milhões de consumidores no mundo.[36] É uma dimensão que não vê o mercado limitado a um ou mais países, e sim como um mosaico magnífico e estimulante composto por numerosos países e culturas. Assim, o velho ditado "O mundo como um mercado" já não é uma simples expressão, mas uma expectativa concreta influenciada por consumidores expostos ao mercado global. Em suma, cada vez mais os consumidor esperam ter acesso a produtos mundiais e serviços a preços favoráveis, que a concorrência deve promover. As possibilidades não se limitam apenas aos consumidores de países mais ricos e desenvolvidos. Ikea, varejista sueca mundialmente conhecida, percebeu isso ao tentar adentrar o mercado russo. Mesmo após investir $ 4 bilhões e abrir 11 lojas, a empresa descobriu que a "burocracia" e corrupção russas prejudicaram a habilidade de vender sua marca registrada e a experiência de qualidade mundial ao consumidor daquele país, resultando em muitos consumidores russos aborrecidos, que mantiveram seu dinheiro no bolso, ao invés de gastá-lo nas lojas Ikea.[37]

Dessa forma, a mensagem que esse fenômeno passa para o gerente do canal é muito clara: *a globalização criou expectativas de classe mundial nos consumidores, que precisam se satisfazer por meio de estratégia de canal, desenho e administração de classes internacionais*. Apesar de a mensagem ser simples, não é fácil. Pelo contrário, é penoso implementá-la, em razão das muitas complexidades e sutilezas envolvidas no desenvolvimento e operação dos canais de marketing que atendem aos requisitos da arena global. Grande parte do material contido nos próximos capítulos deste livro aborda questões de estratégia de canal e de administração associadas a esse desafio.

Mobilidade e conectividade – atualmente, afirmar que é bom que as pessoas corram atrás de projetos profissionais e pessoais é dizer o óbvio. Declarar que essa mobilidade está ganhando cada vez mais espaço em distâncias maiores é talvez igualmente incontestável nos Estados Unidos e em outras economias desenvolvidas. Outra observação inegável é a de que o movimento local, nacional e global não está fora do alcance de ninguém. A geração atual possui muita mobilidade, e espera não apenas cobrir uma grande parte do território em uma base frequente, mas também ficar sempre próxima a colegas, amigos e familiares durante o processo. Assim, uma escolha entre mobilidade e contato não é aceitável. Importante frisar, porém, que esse procedimento não ocorre necessariamente graças à abundância de redes sem fio, centenas de milhões de celulares, à internet e novas tecnologias como o Skype.

A habilidade de estar constantemente em movimento e ainda ser capaz de manter contato ininterrupto com as pessoas não foi perdida pelos consumidores. De fato, adquirir literalmente produtos e serviços enquanto se corre para lá e para cá tornou-se uma expectativa comum para consumidores do mundo inteiro, munidos de laptops e smartphones. Estima-se que esse fenômeno, em geral chamado nos últimos anos de "comércio móvel", ou simplesmente *m-commerce*, cresça rapidamente, mesmo que represente ainda apenas uma pequena fração das vendas do varejo (bem abaixo de 1%), e talvez se torne o canal principal e significativo de distribuição em um futuro próximo. Então, em sentido literal, os consumidores poderão comprar praticamente qualquer produto de quase qualquer lugar do mundo enquanto se movimentam de um lugar para outro – possivelmente a grande velocidade!

Aqui, novamente, a estratégia de canal e as implicações do desenho dessa revolução de mobilidade e conectividade são simples, mas difíceis de implementar. A princípio, quase todos os gerentes de canal, independentemente de suas indústrias, precisarão incluir canais *m-commerce* nos *mix* de canal, só porque os consumidores altamente móveis e conectados esperam tê-los à disposição. Em segundo lugar, é necessário que esses gerentes examinem de perto esses canais e a função que terão no *mix* do multicanal. Embora sejam importantes e cresçam cada vez mais, provavelmente não substituirão por completo canais como lojas de varejo, catálogos e correspondência, bem como canais on-line via computadores pessoais. Por fim, os gerentes precisarão examinar de perto o potencial e as limitações dos canais *m-commerce*. Apesar de a capacidade de vender produtos e serviços aos consumidores enquanto se movem em qualquer lugar do mundo ser uma opção de canal extremamente poderosa, pode haver limitações que precisam ser reconhecidas daqui para a frente.

Interação social – o termo faz referência à interação entre redes compostas por indivíduos ou organizações interligadas com base em algum interesse comum, como amizade, crenças, *hobbies*, buscas profissionais, conhecimentos especiais e muitos outros. Tais redes e as relações entre seus integrantes, chamadas nos últimos anos de "interação social", não são um fenômeno novo. Na verdade, elas existem há muitas décadas. A novidade, porém, é a recente apresentação da World Wide Web, a internet, que permitiu o aumento exponencial de redes sociais e seus participantes para que, literalmente, milhões, dezenas de milhões e, em alguns casos, até centenas de milhões de pessoas possam interagir umas com as outras por sites nas redes. O maior de todos é o Facebook, com mais de 500 milhões de usuários registrados, e em contínuo crescimento. Entre outros websites líderes de interação social estão o MySpace (130 milhões de usuários) e o Twitter (75 milhões de participantes). Mais sites como esses têm alcançado um grande número de envolvidos. Um deles é o LinkedIn (75 milhões de usuários inscritos), focado especialmente em negócios e relações profissionais. Classmates.com, com mais de 50 milhões de usuários registrados, especializa-se em reunir colegas de escola, faculdade e militares; enquanto o Buzz.net, com mais de 10 milhões de participantes, trata de música e cultura pop. Os 15 milhões de usuários inscritos no Geni.com estão mais interessados em compartilhar conhecimentos sobre relações familiares e genealogia. Há milhares de sites de relacionamento social, além desses, que se distinguem entre si quanto ao alcance de pessoas, de múltiplos milhões a apenas algumas centenas de usuários.[38] Embora esses websites variem enormemente em número de participantes e foco, possuem a mesma função principal: permitir a seus usuários comunicar-se e compartilhar conhecimentos uns com os outros em uma escala global a praticamente qualquer hora do dia ou da noite.

No contexto dos negócios, a interação social permitiu a milhões de consumidores compartilhar informações e opiniões sobre produtos, serviços e empresas onde compram ou pretendem comprar. Além disso, milhares de companhias, de grandes corporações multinacionais a pequenas empresas que estão apenas começando, fazem parte de sites de interação social, como Facebook e Twitter. Elas compartilham constantemente com os usuários da rede informações sobre novos produtos, eventos especiais e promoções. JCPenney, por exemplo, utiliza essas duas redes não apenas para acessar as avaliações de produtos por clientes e divulgar promoções, mas também para comunicar novos serviços. Em 2010, ela anunciou nos dois sites que logo ofereceria promoções exclusivas para consumidores com smartphones. Empresas bem menores também se beneficiaram dos recursos da interação social. Considere, por exemplo, o caso da Folbot Inc., um pequeno fabricante de caiaques localizado em Charleston, Carolina do Sul. A empresa, que faz parte do Twitter, usa essa rede social para atingir potenciais consumidores que provavelmente seriam perdidos nos canais convencionais. David AvRutick, seu coproprietário, checa regularmente a rede em busca de tweets que mencionem a prática de caiaque e depois manda mensagens às pessoas que os escreveram. Uma delas chegou até a blogueira Jackie Siddall, após ter postado um tweet no qual dizia querer um caiaque. Depois de receber a mensagem, pelo Twitter, de AvRutick sobre a variedade incrível de caiaques oferecidos pela empresa, ela acabou comprando um modelo de $ 1.900 dólares diretamente do website de *e-commerce* da Folbot.[39]

Da perspectiva dos canais de marketing, a interação social não apenas ofereceu aos consumidores o poder de escolha sobre produtos que desejam comprar, informações sobre os serviços que usam e empresas com as quais lidam, pelo compartilhamento praticamente ilimitado de conhecimento, mas também lhes possibilitou fazer melhores escolhas de canal e os tornou mais exigentes sobre os canais que escolhem. Por quê? Porque a interação social permite que os consumidores compartilhem suas vivências sobre esses canais. Experiências boas e ruins associadas às opções de canal são rapidamente divulgadas pela rede. Além disso, principalmente por causa dessa interação social que acontece de consumidor para consumidor, a credibilidade da informação trocada entre eles é maior do que a compartilhada da empresa para o consumidor nas redes sociais. Assim, se a blogueira Jackie Siddall, já mencionada, "twitta" que foi uma experiência incrível comprar um caiaque do canal on-line da Folbot, é provável que isso dê mais credibilidade à empresa do que se ela mesma fizer essa afirmação no Twitter.

Assim como a interação social deu poder aos consumidores de escolher o melhor canal e estimulou consumidores mais exigentes, também propiciou às empresas, em todos os níveis do canal, a capacidade de atingir consumidores potenciais que não poderiam ter atingido antes e, aliás, poderiam nem mesmo ter conhecido.

O Movimento Verde – esse termo tem sido muito usado para se referir à ênfase na preservação do meio ambiente e na saúde humana. As raízes filosóficas desse movimento remontam ao século 19, mas, conforme ultrapassamos a primeira década do 21, ele assumiu uma orientação muito programática. Grande parte da atenção tem sido direcionada aos possíveis efeitos adversos na saúde humana e no avanço econômico relacionados a mudança climática, poluição, produtos químicos e hormônios na cadeia de alimentos, uso exagerado de recursos e várias outras questões. *Uma verdade inconveniente*, filme do ex-vice-presidente dos Estados Unidos Al Gore, retratou dramaticamente os terríveis efeitos da mudança climática sobre o futuro da Terra e aumentou bastante a conscientização pública a respeito disso e de questões associadas ao Movimento Verde. Enquanto essas questões causam controvérsia, mesmo na comunidade científica, não há dúvida de que atraem mais atenção do público em geral, de empresas e governos aos problemas do Movimento Verde. Em suma, a preocupação com o clima, poluição, integridade da fonte de alimento e uso de recursos escassos é genuína e, por isso, não pode ser ignorada como um importante fenômeno social do século 21.

O que os receios com as questões do Movimento Verde têm que ver com estratégia e administração do canal de marketing? A resposta é: tudo. Todos os membros do canal de marketing, incluindo produtores, atacadistas, agentes, corretores e consumidores, participam de atividades que afetam o meio ambiente e a qualidade de vida. O Walmart, por exemplo, estimou que seria possível salvar 3.800 árvores e mil barris de petróleo apenas reduzindo embalagens desnecessárias de uma só categoria de produto: seus brinquedos de marca própria. Além disso, a empresa comprou caminhões híbridos que utilizam energia elétrica e veículos de refrigeração dotados com unidade de energia de pequeno porte para resfriamento a fim de que o motor principal possa ser desligado quando o caminhão estiver parado. O resultado? Uma melhora de 25% na eficácia do combustível para sua frota de caminhões e uma redução anual de 400 mil toneladas de emissão de dióxido de carbono![40]

Portanto, seja focando a atenção pública para limitar efeitos adversos das alterações climáticas seja promovendo a venda de mais alimentos orgânicos, as questões associadas ao Movimento Verde fornecem grande oportunidade e desafio aos gerentes de canal para participar plenamente do desenvolvimento e administração de canais de marketing que apoiem as aspirações do movimento.[41]

O AMBIENTE TECNOLÓGICO

Tecnologia é o aspecto do ambiente que muda de forma mais contínua e rápida. Provavelmente, qualquer pessoa poderia recitar longas listas de avanços tecnológicos que ocorreram ao longo da sua vida ou mesmo durante a última década. O uso generalizado de laptops, smartphones, sistemas de navegação GPS e livros eletrônicos é um dos exemplos mais óbvios.

Diante dessa tecnologia em rápida aceleração, o gerente do canal precisa decidir quais evoluções no canal de marketing são relevantes para sua empresa e para os participantes do canal, e determinar como as mudanças podem afetá-los.[42] Essa não é uma tarefa fácil, pode até nem ser possível programá-las corretamente. Mudanças tecnológicas, embora contínuas, não ocorrem de maneira uniforme ou previsível ao longo do tempo.

Embora não seja possível apresentar uma lista abrangente dos desenvolvimentos tecnológicos que incidem sobre o canal de marketing, muitos são os indicativos dos tipos de avanço que devem ser observados com cuidado.

Intercâmbio eletrônico de dados

Intercâmbio eletrônico de dados, chamado EDI (*Electronic Data Interchange*), refere-se à interligação dos sistemas de informação dos membros do canal para fornecer respostas em tempo real à comunicação entre eles.

Por exemplo, um sistema computadorizado de administração de estoques de determinado varejista está conectado e monitorado pelos computadores do fornecedor (fabricante ou atacadista). Pedidos de mercadorias podem, assim, ser expedidos automaticamente quando o nível de estoque dos produtos desse fornecedor atingir um patamar mínimo de reposição. Dessa forma, o computador do varejista solicita os produtos aos computadores do fabricante ou atacadista sem intervenção humana ou documentos de qualquer tipo. Os sistemas EDI mais sofisticados podem também prever a demanda com base no histórico de vendas. Nesse caso, os computadores do fabricante ou atacadista disparam o pedido para o varejista prevendo a quantidade de itens de que este precisará durante certo período. Esses sistemas também podem estar ligados diretamente ao planejamento da produção, permitindo que a produção da fábrica seja determinada por padrões de vendas ocorridos em lojas de varejo. Ou seja, a mercadoria vendida em certo dia nas lojas de varejo do país fornecerá informações que guiarão o processo de produção do fabricante naquele mesmo dia. A VF Corporation, fabricante das marcas Lee e Wrangler, utiliza o EDI para ajudar a desbancar a famosa Levi's, já que a liderança no mercado de *jeans* é medida por unidade de vendas. De acordo com alguns varejistas, a Levi's demorava demais para reabastecer seus estoques. Por outro lado, foi possível uma resposta rápida da sofisticada VF graças à tecnologia EDI, que passou a reabastecer o estoque das lojas em dois dias, comparado às duas semanas ou mais da Levi's.

O surgimento da internet, num período razoavelmente recente, aumentou o potencial do EDI, já que ela permite que empresas fiquem conectadas e se comuniquem de modo similar ao EDI, mas com bem menos investimento em hardware e software.[43] Assim, cada vez mais empresas conectadas pela internet poderão aproveitar os benefícios do EDI a "preço de banana".

Não há dúvida de que a tecnologia EDI aumenta a eficiência de distribuição, resultando em benefício substancial a todos os membros do canal e aos consumidores finais. O fabricante lucra pelo benefício de uma programação de produção mais rigorosa e oportuna, enquanto atacadistas e varejistas economizam no processamento de pedidos e gastos com transporte de estoque. Por fim, o consumidor é beneficiado pelos custos reduzidos de distribuição possíveis pelo EDI e pela maior probabilidade de encontrar nas prateleiras dos varejistas os itens que procura.

O ponto negativo é que os membros do canal devem compartilhar as informações abertamente para que o sistema EDI funcione. Assim, para os membros do canal que acreditam ser necessário controlar o que veem como informação sensível ou confidencial, o EDI pode perder um pouco do seu apelo.

Escâneres, gerenciamento computadorizado de estoque e computadores portáteis

Os escâneres eletrônicos e gerenciamento computadorizado de estoque, complementados por computadores portáteis, tecnologia de celular e internet, criaram um novo mundo no varejo e no atacado. A tecnologia não apenas reduziu drasticamente a quantidade de trabalho e os documentos envolvidos no gerenciamento de estoque, mas também disponibilizou uma vasta gama de informações oportunas e valiosas para os gerentes, possibilitando-lhes tomar melhores decisões de mercado.[44] Informações que levariam semanas para ser obtidas com um sistema de estoque manual agora podem ser encontradas no computador em segundos. Varejistas e atacadistas de todos os tamanhos podem monitorar o sucesso ou o fracasso de seus produtos bem mais de perto do que alguns anos atrás. Se um produto recentemente introduzido não está vendendo, eles ficam sabendo – e logo. Quando a taxa de crescimento de vendas de uma mercadoria de alto giro começa a diminuir, eles são capazes de detectar esse padrão no estágio inicial. Produtos com vendas estagnadas provavelmente não serão menosprezados. Por outro lado, artigos com bom resultado de vendas também podem ser identificados mais rapidamente por varejistas e atacadistas, e novos pedidos ser feitos com a mesma rapidez. Por isso, a nova tecnologia é uma faca de dois gumes para os fabricantes. Reações imediatas de varejistas e atacadistas aos produtos de vendas rápidas concedem mais tempo ao fabricante para planejar com antecedência o aumento da produção. Mas, por outro lado, respostas rápidas demais dos membros do canal para desacelerar vendedores podem significar uma parada súbita nos pedidos, já que eles mantêm seus dados de estoque atualizados em computador para reduzir riscos e proteger o lucro.

O sistema usado pela McKesson Drug Company, um grande atacadista farmacêutico, serve como exemplo. Em seu armazém em Delran, New Jersey, seus funcionários, chamados "robôs do estoque", passeiam pelos corredores usando computadores portáteis para gerenciar os produtos armazenados conforme entram e saem do depósito. O computador, usado na cintura do funcionário, recebe sinais de um computador central, que o informa qual mercadoria precisa ser encontrada em seguida. Na sequência, uma mensagem informando ao funcionário onde fica armazenado o produto aparece na tela do seu computador. Quando ele chega até a prateleira indicada, utiliza um escâner a *laser* acoplado aos seus dedos para ler cada item. O computador, então, registra toda a mercadoria, verifica se o número correto de itens foi recolhido e atualiza o estoque principal. Outro dos principais usos do gerenciamento de estoque por escâner encontra-se na Frito-Lay, que possui mais da metade do mercado de salgadinhos industrializados, avaliado em $ 15 bilhões. Praticamente todas as 12.800 pessoas responsáveis pelas entregas da empresa, quando visitam as lojas, são equipadas com computadores portáteis, que lhes permitem transmitir as vendas e informações de estoque instantaneamente de volta para a matriz. O uso efetivo dessa tecnologia tem um papel importante na transformação da Frito-Lay no que os concorrentes chamam de "oponente invencível".

A revolução digital e os smartphones

Revolução digital é o termo comumente usado para descrever a grande transformação que ocorreu nas últimas três décadas da tecnologia analógica e mecânica para a digital, e continua nos dias atuais. A maior e mais óbvia manifestação da revolução digital tem se refletido no crescimento maciço do uso de computadores pessoais, internet, celulares e, mais recentemente, do download de músicas, filmes; bem como de materiais escritos, incluindo livros inteiros nos e-books, como o Kindle da Amazon, o Nook da Barnes and Noble's, e o iPad da Apple.[45]

A revolução digital já provoca e continuará a provocar efeitos profundos na estrutura e estratégia do canal.[46] Essa tecnologia tornou a compra on-line pela internet o principal canal de marketing, tanto em mercados B2C quanto B2B, desde meados dos anos 1990. De fato, os canais on-line continuam a crescer imensamente, com vendas de centenas de bilhões de dólares que cobrem uma grande variedade de produtos e serviços e se tornaram parte do *mix* de canal para a maioria das empresas em todos os níveis do canal, incluindo as menores e as maiores companhias. O aparecimento recente do *m-commerce*, já discutido, também foi possível graças à revolução digital.

O poder do gerente do canal que utiliza estrategicamente essa tecnologia para melhorar o desenho e a administração dos canais de marketing é praticamente ilimitado. Considere, por exemplo, o potencial dos smartphones, que tornaram o canal *m-commerce* possível. Até 2010, consumidores tinham pedido mais de $ 2,2 bilhões de bens físicos usando seus aparelhos. Isso é o dobro da demanda de 2009 e cinco vezes mais do que a de 2008![47] Enquanto esses $ 2,2 bilhões são apenas uma pequena parcela dos aproximadamente $ 175 bilhões de vendas on-line em 2010, a rápida taxa de crescimento do *m-commerce* permite que este aumente significativamente sua participação no total de vendas on--line. Até agora, cerca de 30% dos varejistas instituíram websites de comércio, e a previsão é de que muitos mais criem seus canais on-line. É muito atrativa a capacidade dessa tecnologia em criar um canal que ofereça um nível incrível de flexibilidade e rapidez.

Michelle Kelly, vice-presidente de e-commerce da Lily Pulitzer, varejista de roupas femininas, define esse recurso sucintamente: "Eu imagino uma consumidora-alvo que está em uma festa e acha o vestido da amiga lindo, procura por ele em seu telefone e o compra!"[48]

Considere também James O' Brien, um web designer sênior de 34 anos que foi até a loja American Eagle Outfitters para comprar uma calça *jeans*. Ao descobrir que a rede não tinha o estilo de *jeans* que procurava, ainda dentro do estabelecimento encomendou uma calça *jeans* pelo iPhone. Sua explicação para usar o aparelho? "É possível que eu me esqueça disso até chegar em casa."[49]

Não são apenas os varejistas de roupa que reconheceram o poder da mobilidade do comércio on-line, possível por meio do smartphone e da revolução digital. O maior varejista do mundo em itens para reformas de casa, Home Depot, apressou-se em lançar um site de *m-commerce* de última tecnologia destinado a usuários de smartphone e um aplicativo especial para usuários de iPhone a fim de facilitar as compras em sua página. Até 2014, esse varejista esperava que pelo menos 40% de todas as suas vendas on-line fossem feitas por telefones celulares.[50]

Gerentes de canal também podem usar a tecnologia do smartphone para "atrair" consumidores quando estiverem perto das lojas de varejo. Por exemplo, uma empresa nova chamada Shopkick-Inc. inscreveu Best Buy e Macy's como parceiros de lançamento de um novo tipo de aplicativo para iPhones e Androids. Ele detecta quando compradores estão dentro ou perto das lojas e anuncia ofertas especiais e prêmios. Então, aproveitando a capacidade de detecção local dos smartphones bem como de suas câmeras, que os consumidores podem usar para escanear códigos de barra em produtos, o aplicativo da Shopkick oferece cupons ou outras promoções quando os consumidores estiverem em uma posição conveniente de compra.[51]

RFID

Essa sigla significa *identificação por radiofrequência*. É uma tecnologia relativamente nova que usa o dispositivo RFID em uma etiqueta colada a uma pessoa ou objeto, como um produto, permitindo que ela(e) seja identificada(o) e rastreada(o) por meio de ondas de rádio.[52] Há muitas aplicações potenciais para a tecnologia RFID na administração de canal de marketing. A principal seria nas áreas de controle de estoque, gerenciamento da rede de abastecimento e aumento da eficiência do processo de compra na loja.

Ao implantar chips ou etiquetas RFID em um produto, podem-se gravar informações detalhadas, incluindo preço, características básicas, datas de fabricação, origem e localização atual. A etiqueta pode transmitir a informação por ondas de rádio aos leitores eletrônicos, permitindo que produtos com chip sejam escaneados remotamente mesmo em grandes quantidades. Devido a essa capacidade, o dispositivo RFID pode não apenas melhorar imensamente a eficiência e a eficácia do controle de estoque e da rede de abastecimento, como também oferecer uma descoberta ainda mais significativa: a eliminação das filas nos caixas em lojas de varejo por meio do escaneamento das compras assim que efetivadas, em vez de o consumidor ter de levá-las até o caixa. Algumas das maiores companhias do mundo, incluindo as varejistas Best Buy e Walmart, têm feito experiências com essa tecnologia para avaliar sua praticidade e eficiência de custo. Embora essas duas questões estejam fora de julgamento, e a implementação do RFID em larga escala possa demorar uma década ou mais, a chance de bons resultados é grande. Como Robert Willett, diretor de informática e chefe de operações internacionais da Best Buy, afirmou em um discurso no Congresso Mundial de RFID:[53] "A primeira loja a remover todos os caixas de uma vez será a campeã de consumo para sempre".

Logo, RFID é uma tecnologia na qual os gerentes de canal devem prestar atenção. Enquanto ainda está nos primeiros estágios de desenvolvimento, se provar ser viável e de custo efetivo, tem potencial para de fato revolucionar não apenas o controle de estoque na rede de abastecimento, mas todo o processo de consumo dentro da loja também.

Computação em nuvem

Tecnologia de internet que permite a empresas e organizações, tanto grandes quanto pequenas, utilizar aplicações de computador altamente sofisticadas sem precisar do seu próprio hardware, software, mesa de escritório ou equipe.[54] Em vez disso, ao fazer parte da rede, ou "nuvem", o usuário pode acessar pela internet os recursos de computação necessários para a demanda de um fornecedor terceirizado. Ao participar da nuvem, o consumidor paga apenas pelos serviços de computação que de fato utilizou, num processo similar ao pagamento de contas. Outra opção para o usuário é custear uma assinatura com taxa fixa por determinado tempo, por exemplo, mensal. Dado que o usuário de serviços da "nuvem" não precisa investir em tecnologia de informação necessária para auxiliá-lo em aplicações sofisticadas, incluindo instalações e equipe, a redução de custo pode ser significativa. Ainda mais importante: já que o fornecedor terceirizado oferece seus serviços a vários outros consumidores, as economias de escala e escopo fornecidas por tal **multilocação** permitem ao provedor da "nuvem" desenvolver aplicações poderosas que seriam viáveis apenas para grandes consumidores se fossem para uso próprio. Dadas as vantagens da "nuvem" em termos de eficácia dos aplicativos fornecidos, seus benefícios de custo inerente e a grande flexibilidade conferida aos usuários, esse avanço poderia revolucionar a indústria de tecnologia da informação (TI) ao tornar obsoleta a necessidade de empresas individuais investirem pesadamente em TI. De fato, muitas das companhias líderes em tecnologia de

TI no mundo, como IBM, Hewlett Packard e Microsoft, veem o potencial revolucionário na computação em nuvem e investem pesadamente no desenvolvimento dessa tecnologia.

Da perspectiva de canais de marketing, os recursos fornecidos pela computação em nuvem significam que praticamente qualquer empresa no canal, independentemente do seu tamanho, julgará viável e rentável obter esses recursos e a experiência necessária para desenvolver e apoiar quaisquer aplicações relacionadas à administração de canal de que precisarem, se estas abarcarem o controle de relações de distribuição, coordenarem canais múltiplos ou rastrearem produtos na rede de abastecimento. Até agora, empresas como a Salesforce.com e a Amazon.com lideraram nesse quesito, ao oferecer serviços de computação que ajudaram a Dell Computer Corporation a gerenciar sua rede de canal global B2B. Isso também permitiu que a Starbucks operasse uma comunidade on-line que capta ideias para melhorar a experiência do consumidor que participa da imensa base de consumidores da rede. De forma semelhante, a Amazon.com, que desenvolveu uma grande capacidade de TI além de suas necessidades, começou a oferecer serviços de computação a seus comerciantes afiliados por meio da divisão Amazon Web Service (AWS).[55] O resultado disso é que mesmo comerciantes pequenos participantes da "nuvem" da Amazon.com podem oferecer a seus consumidores muitas das sofisticadas interfaces de consumidores que tornaram o site famoso.

O AMBIENTE LEGAL

Esse ambiente refere-se ao conjunto de leis que impactam os canais de marketing. A estrutura legal que resulta dessas leis não é um código estático. Ao contrário, é uma estrutura continuamente em evolução, afetada pela mudança de valores, normas, políticas e precedentes estabelecidos por meio de processos judiciais. As variadas e numerosas interpretações pelos tribunais das leis que afetam a administração de canal podem parecer ao gerente do canal apenas uma "confusão" jurídica. Felizmente, esse gerente não precisa ser um especialista em aspectos legais dos canais de marketing. Nem deve tampouco aspirar tal posição, dada sua natureza técnica, já que esse seria um trabalho de tempo integral. Apenas especialistas legais treinados estão em posição de lidar adequadamente com as complexidades legais relevantes aos canais de marketing. Não obstante, o gerente ainda precisa possuir algum conhecimento geral da legislação pertinente aos canais e familiaridade com questões legais importantes. Essa base e a consciência geral da parte legal da administração de canal o ajudarão a se comunicar melhor com especialistas da lei e, talvez, a evitar problemas legais potencialmente graves e dispendiosos que podem surgir na administração.

Legislação que afeta canais de marketing

Embora existam muitas leis federais, estaduais, locais e até mesmo internacionais, que podem afetar os canais de marketing, as principais questões legais da administração de canal a serem discutidas neste capítulo baseiam-se em cinco pontos da legislação federal norte-americana: (1) Sherman Antitrust Act; (2) Clayton Act; (3) Federal Trade Commission Act; (4) Robinson-Patman Act; e (5) Celler-Kefauver Act.

Sherman Antitrust Act – aprovada em 1890, é a lei antimonopólio fundamental dos Estados Unidos. A doutrina subjacente a esse diploma legal é que se trabalha melhor o bem-estar público por meio da concorrência. Assim, essa lei destina-se a impedir práticas que restrinjam a concorrência no mercado. A Seção 1 do Sherman Act proíbe contratos ou acordos que cerceiem o comércio interestadual ou externo. Além disso, prevê tribunais federais com poder de separar ou dissolver monopólios e, ainda, sanções penais contra indivíduos envolvidos na criação de monopólios ilegais.

Clayton Act – aprovado em 1914, seu objetivo é reforçar o Sherman Antitrust Act, complementando-o ao proibir especificamente práticas como discriminação de preço, cláusulas de conjugação, acordos de exclusividade, participações acionárias cruzadas e diretorias corporativas comuns entre empresas concorrentes, caso essas práticas tendam a diminuir substancialmente a concorrência ou a criar monopólio em qualquer ramo de negócio.

Federal Trade Commission Act – também aprovada em 1914, essa lei estabeleceu a Federal Trade Commission (FTC), uma agência federal à qual foi concedido o poder de investigar e fazer cumprir a lei, mediante uso de liminares, métodos desleais de concorrência no comércio interestadual. Tais métodos incluem não apenas os estipulados nos Sherman Act e Clayton Act, mas também quaisquer outras práticas que possam ser prejudiciais à concorrência. Assim, essa lei expandiu significativamente o objetivo do governo federal em regulamentar o comércio interestadual.

Robinson-Patman Act – aprovada em 1936, como uma emenda ao Clayton Act, essa lei destinava-se a proibir várias formas de discriminação de preços que tendiam a diminuir a concorrência, mas eram inadequadamente cobertas pelo Clayton Act.

Suas Seções 2a e 2b proíbem pessoas envolvidas no comércio interestadual de discriminar preço ou termos de venda em grau e qualidade caso os efeitos de tal marginalização diminuam substancialmente a concorrência ou promovam monopólios em qualquer ramo de negócio. Essa lei também barra o dano, destruição ou prevenção de concorrência com qualquer pessoa que conceda ou conscientemente receba o benefício de tais discriminações, ou com consumidores de qualquer um deles. A lei, no entanto, permite diferenças de preço para consumidores diferentes, sob as seguintes circunstâncias:

1. Quando as diferenças de preços cobrados dos consumidores não excederem as do custo da fabricação, venda ou entrega resultante de métodos distintos, ou quantidades nas quais tais bens são vendidos ou entregues aos compradores.
2. Quando as mudanças de preço que resultam em diferenciais de preço precisam satisfazer as alterações nas condições de mercado a fim de evitar a obsolescência de mercadorias sazonais, dispor produtos perecíveis, ou realizar liquidações legítimas ou leilões judiciais.
3. Quando as diferenças de preços cotados para consumidores selecionados são oferecidas de boa-fé para alcançar os preços dos competidores e não visam prejudicar a concorrência.

A Seção 2c dispõe sobre outra forma de discriminação de preço: comissões de corretagem não merecidas. Esse é um dispositivo usado por compradores para obter um preço mais baixo do vendedor. Sob esse acordo, um comprador montaria uma falsa empresa de corretagem, que na verdade seria parte de sua própria organização, e cobraria do vendedor o "custo" da comissão de corretagem. O resultado almejado reduziria o preço efetivo pago pelo consumidor ao vendedor, e os consumidores que não fizessem parte de tais regimes de corretagem pagariam, então, um preço mais alto. Já que esses compradores capazes de configurar um regime de corretagem imposto eram grandes empresas, companhias menores ficavam em significativa desvantagem. Tais práticas eram comuns antes da aprovação do Robinson-Patman Act.

As Seções 2d e 2e dispõem sobre o que talvez seja a área mais nebulosa da discriminação de preços em canais de marketing: serviços e descontos promocionais. Estes se referem a várias formas de assistência do vendedor ao comprador. Normalmente se encontram na forma de subsídios cooperados de propaganda, pagamentos para a exibição de produtos dos fornecedores, materiais de pontos de venda, catálogos, *displays*, programas de treinamento, assistência administrativa, assim como uma variedade de outros serviços (ver Capítulo 12). Para oferecer legalmente tais serviços e descontos promocionais aos consumidores, os vendedores devem apoiar-se em uma base proporcionalmente igual a todos os outros que distribuem seus produtos.

Celler-Kefauver Act – aprovada em 1950, foi uma emenda à Seção 7 do Clayton Antitrust Act que proibiu fusões ou aquisições que diminuíssem a concorrência ou criassem monopólios. Essa lei aumentou o escopo do Clayton Act a fim de que as proibições contra fusões e aquisições que diminuíssem a concorrência ou promovessem monopólios como resultado de fusões horizontais entre empresas também se aplicassem a fusões e aquisições verticais. Assim, ela é particularmente relevante a situações que envolvem integração vertical por meio de fusões e aquisições. Em essência, tal integração é proibida se diminui substancialmente a concorrência ou promove monopólios.

Questões legais na administração de canal

Tendo discutido algumas das legislações federais básicas subjacentes ao ambiente legal de canais de marketing, atentaremos agora a algumas das questões jurídicas mais importantes na sua administração que são afetadas por esta legislação. O que se deve ter em mente, conforme procedemos à discussão das questões legais, é o potencial de conflito que existe entre os objetivos das estratégias de administração de canal de uma empresa individual e os interesses da sociedade em geral. Assim, quando um produtor ou fabricante impõe restrições verticais a seus distribuidores ou revendedores (por exemplo, por meio de acordos exclusivos, restrições territoriais ou controles de preço), tais práticas podem ser estrategicamente favoráveis para a empresa que as impõe, mas anticompetitivas para a sociedade como um todo.

Distribuição Dual – Esse termo refere-se à prática por meio da qual um produtor ou fabricante utiliza duas ou mais estruturas de canal distintas para entregar o mesmo produto a seu mercado-alvo. A venda de produtos iguais ou similares de marcas diferentes para fornecimento por dois ou mais canais também é uma forma de distribuição dual.

Distribuição dual, que nos últimos anos tem sido cada vez mais conhecida como **distribuição multicanal**, é uma prática frequente e legal, de acordo com as leis federais antitruste. Controvérsias antritruste surgem, no entanto, quando uma empresa fornece algo por seu próprio canal integrado verticalmente em concorrência com membros independentes do canal nos níveis de atacado e varejo. Esse é um arranjo de distribuição comum no mercado de derivados do petróleo, pneus, calçados, tintas e remédios. Sob tal acordo, o fabricante pode ganhar uma vantagem competitiva injusta usando pontos de propriedade da empresa a fim de reduzir os preços cobrados por independentes. Por exemplo, revendedores de automóveis muitas vezes reclamam da "concorrência injusta" que sofrem das montadoras de automóveis quando estas vendem diretamente a grandes compradores de frota, como empresas de aluguel de veículos. Os revendedores afirmam que quem compra vários carros de uma vez consegue um preço melhor. Portanto, os compradores de frotas têm vantagem competitiva desleal no negócio de carros novos e usados quando os revendem nos mesmos mercados locais que as concessionárias após um ano de uso e com preços muito atraentes. Tais práticas tornam difícil aos revendedores independentes competir e, de fato, podem ameaçar sua existência. Levado ao extremo, um fabricante dominante pode ganhar um monopólio ao tirar do negócio distribuidores ou revendedores independentes. Nos últimos anos, o tribunal decidiu exigir que um fabricante com papel dominante em determinada linha de produto preserve, se existirem, os distribuidores ou revendedores independentes dessa linha. Acordos de distribuição dual, que se empenham para eliminar o distribuidor ou o revendedor independente, são inconsistentes com essa posição. E, por consequência, podem ser vistos pelo tribunal como tendo o potencial para a diminuição substancial da concorrência, ou seja, estão violando as posições antitruste dos Sherman e Clayton Acts.

Acordos de Exclusividade – Estes existem quando um fornecedor precisa que membros do seu próprio canal vendam apenas os seus produtos ou se abstenham de vender itens oriundos de fornecedores diretamente concorrentes. O caso dos sorvetes Ben & Jerry's *vs.* Häagen-Dazs é um típico exemplo de exclusividade. A Häagen-Dazs estipulou que os distribuidores que comercializassem seu sorvete não poderiam negociar diretamente com empresas concorrentes, a fim de que toda a atenção dos consumidores fosse direcionada à sua marca. A empresa concorrente, Ben & Jerry's, argumentou, em um processo contra a Häagen-Dazs, que essa política limitou severamente sua habilidade de competir com a marca, já que esses distribuidores eram o seu principal canal de vendas para levar seus produtos para os *freezers* dos supermercados. Sem distribuidores que revendessem de maneira adequada seus produtos, a Ben & Jerry's alegou que não haveria canais de marketing para os consumidores. A política de acordos de exclusividade que a Häagen-Dazs tentava implementar representou uma tentativa de eliminar a concorrência, argumentou a Ben & Jerry's.

Com essa exclusividade, o fornecedor fica substancialmente protegido contra produtos competitivos nas áreas de vendas protegidas por seus membros do canal. Se um membro se recusa a obedecer ao acordo, o fornecedor pode proibi-lo de vender seus produtos.

Acordos de exclusividade violam as disposições antitruste do Clayton Act se seu efeito é diminuir *substancialmente* a concorrência ou promover monopólios. Por exemplo, a Anheuser-Busch, maior fabricante de cerveja do país, foi investigada pelo Departamento de Justiça após lançar uma nova estratégia de canal chamada "100% Share of Mind". O programa era essencialmente uma política de acordo de exclusividade, já que buscava fazer que distribuidores de cerveja transportassem apenas a marca Anheuser. Produtos de outras cervejarias, em especial de pequenas empresas e marcas nacionais menores, não conseguiram ter acesso a essa estratégia ou saíram obrigatoriamente das prateleiras dos 2.700 distribuidores atacadistas de cerveja do país. Recentemente, a Comissão Federal de Comércio e o Departamento de Justiça também começaram a investigar a Apple para determinar se uma política de acordo de exclusividade utilizada pela empresa, envolvendo desenvolvedores de aplicativos para seus iPhones, iPod Touches e iPads, prejudicaria a concorrência, preocupados com essa determinação da empresa porque foi estipulado aos desenvolvedores de aplicativos que deveriam usar apenas ferramentas de software da Apple para construir tais aplicativos. Já que a Apple é uma empresa dominante na área, sobretudo no mercado de *smartphones*, onde vendeu mais 100 milhões de aparelhos, esse acordo de exclusividade, que permite aos desenvolvedores de aplicativos usar apenas seus *softwares*, pode diminuir substancialmente a concorrência. Ao impedir outras ferramentas de software de ter acesso a dezenas de milhões de dispositivos móveis da Apple, a empresa dominante atesta que apenas seu próprio software será usado, mesmo que os produtos dos concorrentes sejam melhores e mais baratos.[56]

O acordo de exclusividade tem sido, em geral, baseado em três condições: (1) se o acordo descarta produtos competitivos de uma parte significativa do mercado (diretrizes do Departamento de Justiça determinam que, se um fabricante tem uma fatia do mercado de menos de 10%, não vai se preocupar com isso); (2) se a quantia envolvida é substancial; e (3) se a disputa acontece entre grandes fornecedores e um pequeno distribuidor ou revendedor, para o qual um poder econômico desigual pode ser inerentemente coercitivo.[57] Se alguma ou todas essas condições existirem, o acordo de exclusividade pode ser visto e atacado como anticompetitivo, de acordo com os Sherman e Federal Trade Commission Acts.[58]

Imposição de Linha Completa – Se um fornecedor precisa de participantes do canal para comercializar uma ampla variedade de produtos (linha completa), em vez de apenas um ou poucos itens da sua linha, podemos chamar essa frequente prática no mercado de imposição de **linha completa**. Ela é usada por muitas indústrias em diferentes graus. Representa, até certo ponto, um esforço legítimo do fabricante de ver toda sua linha de produtos vendida por membros do canal para evitar que apenas os itens "mais quentes" sejam adquiridos. A questão antitruste ocorre quando a imposição de linha completa é forte demais, a ponto de impossibilitar outros distribuidores de vender as linhas concorrentes por meio dos membros do canal, já que estes ficam completamente "abarrotados" com os produtos do fornecedor que pratica essa imposição.

Um exemplo dessa situação que ultrapassou o limite legal envolveu a Levi Strauss & Company. A Federal Trade Commission emitiu uma liminar para impedir a empresa de utilizar essa prática, visto que ela forçava lojas de departamento a adquirir uma vasta gama de artigos de vestuário apenas para obter, entre eles, os *jeans* mais vendidos da marca. Grande parte dos outros itens não era mercadoria desejável que os varejistas teriam estocado por vontade própria. Algumas delas, por exemplo, eram peças já fora de moda. De qualquer maneira, os varejistas eram forçados a comprar esses produtos se quisessem ter acesso aos *jeans* da Levi Strauss, que constituíam uma importante categoria do mercado. O estoque forçado dessas outras mercadorias, resultante da política de imposição de linha completa da Levi's, fez que os varejistas tivessem menos capacidade de estocar artigos de outros fabricantes.

A prática diminuiu a concorrência à Levi Strauss ao limitar espaços nas prateleiras dos varejistas. Isso, por sua vez, reduziu as opções do consumidor no mercado.

Discriminação de Preço – Essa prática, protegida em especial pelo Robinson-Patman Act, acontece quando um fornecedor, direta ou indiretamente, vende um mesmo produto a preços diferentes à mesma classe de membros do canal para que tais diferenças diminuam a concorrência. Por exemplo, pequenos varejistas independentes de livros representados por sua associação comercial, a American Booksellers Association, entraram com um processo antitruste contra grandes editoras. Os varejistas alegavam que elas favorecem regularmente grandes redes com descontos secretos e acordos promocionais que não são disponibilizados às pequenas livrarias.

Diferenciais de preços discriminatórios podem assumir várias formas, algumas bem sutis. O clássico caso da Simplicity Pattern Company ilustra quão tênue tal distinção de preço pode ser. A Federal Trade Commission acusou-a de violar a Seção 2e do Robinson-Patman Act, argumentando que a empresa, um fabricante de moldes de costura, tinha praticado discriminação ao oferecer serviços promocionais a varejistas. Especificamente, a Simplicity ofereceu catálogos de graça e *displays* a grandes redes de varejo, mas não às lojas pequenas e independentes, e terminou por julgar culpada a empresa. A Simplicity apelou à Corte, que reverteu a decisão da FTC. Após apelo da FTC, a Suprema Corte confirmou sua decisão original. No veredicto, o tribunal argumentou que as lojas de variedades e as independentes já eram concorrentes; dessa maneira, a concessão de catálogos gratuita e *displays* era um subsídio promocional discriminatório que favorecia as lojas de variedades, mas colocavam em desvantagem competitiva as independentes. A Simplicity argumentou que vendia os moldes por motivos diferentes. No caso das lojas de variedades, estes eram comercializados em grande quantidade, como um item importante do mercado sobre o qual as lojas desejavam lucrar. Para as lojas de tecido, porém, os moldes eram vendidos em quantidade limitada, como comodidade para os consumidores, e por isso não eram uma categoria de mercadoria significativa sobre a qual as lojas pretendiam lucrar. A empresa argumentou que, se as lojas não concorressem entre si, então as ações da companhia, no que dizia respeito aos subsídios promocionais, não poderiam ser vistas como impedimento da concorrência, já que tal disputa nunca existira.

Na verdade, se se levasse em conta a questão da estrutura competitiva, a situação ficaria crítica caso os dois tipos de lojas realmente competissem entre si na venda de moldes de costura. Observadores subsequentes desse caso acreditam que, se a Simplicity tivesse apresentado uma hipótese mais bem documentada que ajudasse em seu argumento de "não concorrência", poderia ter ganhado o processo.

É, logicamente, discutível se o resultado seria diferente caso o problema da estrutura competitiva fosse simplesmente articulado de forma mais convincente. De qualquer maneira, a situação traz à tona questões sutis e as dificuldades interpretativas que surgem com frequência quando se lida com temas de discriminação de preço em canais de distribuição como regida pelo Robinson-Patman Act. Não é de admirar que confusões e inconsistências ao longo da história sejam comuns nas decisões de tribunais que envolvem o Robinson-Patman Act. Em consequência, generalizações precisas sobre se políticas e práticas específicas de preço de canal constituem discriminação de preço são bem difíceis de fazer.[59] Um estudo de Norton Marks e Neely Inlow, no entanto, constatou que os tribunais têm focado, principalmente, em violações flagrantes que envolvem discriminação de preço.[60] Além disso, grandes empresas (com vendas excedendo $ 1 bilhão) constituíam quase 40% dos réus, vindos, com frequência, das indústrias de alimentos, tabaco, combustíveis, gás e petroquímicas.

Manutenção de Preço – A tentativa de um fornecedor controlar os preços reais de seus produtos, determinados por seus membros do canal, é tipicamente chamada de **manutenção de preço** ou **comércio justo**. O fornecedor, com efeito, dita os preços cobrados pelos membros do canal aos seus consumidores. Desta forma, os preços pelos quais os membros do canal comercializam os produtos não são baseados no critério dos outros membros, em resposta às forças do mercado, mas nos requisitos do fornecedor. Tais regras de manutenção de preço podem ajudar fabricantes a controlar bem a distribuição de seus produtos.[61]

Estranhamente, a fixação de preços anticompetitiva, que é de fato o que tais práticas significam, foi tolerada pela legislação antitruste federal durante as aprovações das leis Miller-Tydings Act, em 1937, e McGuire Act, em 1952. Ambas toleraram o congelamento de preços de varejo por fabricantes em estados que permitiam acordos de fixação verticais de preços entre fabricantes e varejistas. Tais acordos em geral eram chamados eufemisticamente de leis **de comércio justo**. A maioria dos estados promulgou diversas variações dessas leis.

Com a criação da lei Consumer Goods Pricing Act, em 1975, que revogou as Miller-Tydings e McGuire Acts, a base jurídica para isentar as leis de comércio justo estaduais da legislação antitruste federal já não existia. Por consequência, a maioria das leis de comércio justo estaduais não era mais válida.

Embora o desaparecimento das leis de comércio justo tenha eliminado os fundamentos jurídicos para a manutenção de preço no canal de marketing, de forma alguma isso fez desaparecer a prática. Muitos fabricantes ainda tentam de alguma maneira influenciar os preços cobrados por seus membros do canal. E assim fazem por uma série de razões, como proteção da imagem dos produtos, redução de guerras de preços e abastecimento com margens de lucro suficientes para que os membros do canal possam oferecer serviços pré e pós-venda adequados. Os membros do canal que prestam pouco serviço e vendem a preços baixos, aproveitando-se dos serviços prestados pelos membros de canal de serviço completo, podem ser excluídos do canal por serem considerados *free riders*, o que às vezes ocorre quando membros de canal de serviço completo reclamam dos efeitos adversos daqueles sobre seu negócio.[62]

Até recentemente, a redução do preço de fabricante pelos membros do canal era normalmente vista pelos tribunais como anticompetitiva e, portanto, violação das leis antitruste. Mas o precedente estabelecido por uma decisão recente da Suprema Corte pode ter feito a balança pender a favor dos fabricantes que fazem acordos de manutenção de preços com varejistas.[63] Em junho de 2007, a Suprema Corte proferiu uma decisão envolvendo a Leegin Creative Leather Products Inc., fabricante de bolsas e acessórios femininos, e a Kay's Kloset, varejista de Dallas que daria aos fabricantes maior margem de manobra nas políticas de manutenção de preço. Os produtores estipulariam aos varejistas o preço mínimo de venda dos seus produtos no varejo. A decisão judicial permite que tais acordos de preço mínimo sejam examinados caso a caso a fim de determinar se são anticompetitivos. Nesse caso, a Kay's Kloset processou a Leegin Creative Leather alegando ter sido excluída do recebimento de seus produtos porque aplicava descontos nos seus preços de varejo abaixo do preço mínimo estabelecido pela Leegin. A decisão 5-4 da Suprema Corte, de relatoria do juiz Anthony Kennedy, estabeleceu que acordos de preço mínimo entre fabricantes e varejistas não eram necessariamente anticompetitivos e poderiam, na verdade, beneficiar os consumidores sob algumas circunstâncias. O juiz Kennedy argumentou, por exemplo, que tais acordos poderiam fomentar a concorrência ao abastecer varejistas com lucro suficiente para promover uma marca ou oferecer um serviço melhor. Com base no precedente estabelecido por essa decisão, parece agora que qualquer fabricante tem mais liberdade para definir e impor acordos de preço mínimo com varejistas, contanto que demonstre que seu tratado de manutenção de preço particular não é anticompetitivo.

Recusa a Negociar – Em termos gerais, os fornecedores selecionam quem preferem como membros do canal e se **recusam a negociar** com os que não consideram adequados. Este direito é baseado no precedente estabelecido em um caso clássico da Suprema Corte de 1919 (Estados Unidos *vs.* Colgate and Company*)*, comumente chamado de "Doutrina Colgate". O tribunal argumentou o seguinte:

> O Sherman Act não restringe o direito, há muito tempo reconhecido, de um comerciante ou fabricante envolvido em um negócio totalmente privado de exercer livremente seu próprio critério de escolha quanto às partes com as quais pretende negociar. E, é claro, ele pode anunciar com antecedência as circunstâncias sob as quais se recusará a negociar com alguém.

Assim, não existem barreiras legais para os vendedores que podem escolher de acordo com seu próprio critério e julgamento a seleção de membros do canal, anunciando com antecedência as condições sob as quais se recusam a negociar.

No caso de membros do canal já existentes, no entanto, há restrições jurídicas sobre a prática dessa recusa. Especificamente, ela não pode ser usada de forma coercitiva para excluir membros do canal que não se encaixam nas políticas estipuladas pelo vendedor, pois estas podem ser ilegais ou reprimir o comércio. Esse seria o caso, por exemplo, se um fabricante excluísse um membro do canal que se recusasse a obedecer a um conjunto de preços específicos ou intervalos de preços por ele ditados. Assim, mesmo levando em conta o precedente estabelecido no caso Business Electronics *vs.* Sharp Electronics, que oferece aos fornecedores mais liberdade no uso de políticas de manutenção de preço, o Sherman Act ainda poderia limitar a liberdade do fabricante de excluir um membro do canal que pratique preços baixos.

Restrições à Revenda – Quando um fabricante tenta estipular a quem um membro do canal pode revender seus produtos e em quais áreas geográficas específicas do mercado podem ser comercializados, está praticando **restrições à revenda**.

Tais restrições podem ser muito vantajosas tanto para o fabricante quanto para o membro do canal. Do ponto de vista do fabricante, a capacidade de estipular a quem os produtos podem ser revendidos autoriza que retenha e reserve para si determinadas contas, como **da casa** (consumidores a quem o fabricante vende diretamente), proibindo membros do canal de vender a eles. Além disso, permite ao fabricante controlar os tipos de estabelecimentos nos quais os consumidores finais comprarão. Se, por exemplo, um fabricante que trabalha com atacadistas deseja apenas que varejistas de alto grau de serviço vendam seus produtos, ele deve especificar os tipos de varejistas aos quais seus atacadistas podem vender. Por exemplo, Omega S/A, uma unidade do Grupo Swatch, da Suíça, ficou muito decepcionada quando os distribuidores europeus a quem tinha vendido seus preciosos relógios Omega os revenderam a um distribuidor americano, que por sua vez os vendeu ao grande varejista de desconto Costco. A Swatch acreditou que prejudicaria a imagem de alta qualidade da marca ter seus artigos vendidos na Costco especialmente porque o varejista praticou um preço muito baixo nos relógios, vendendo-os por $ 1.299, em vez do preço de varejo sugerido pela Omega, $ 1.999.[64] Além disso, ao delinear territórios nos quais os membros do canal podem revender seus produtos, o fabricante pode manter um alto nível de controle sobre a distribuição. Do ponto de vista dos membros do canal, as restrições territoriais minimizam a **concorrência intramarca** (concorrência entre distribuidores que vendem o mesmo produto da marca de um fabricante em particular), já que cada membro fica com uma área geográfica de mercado "protegida" para vender os produtos do fabricante. Outros membros do canal que vendem os mesmos itens são, dessa forma, proibidos de vender em uma área do mercado que não a sua.

Ao decidir se tais restrições constituem um impedimento ao livre comércio, as cortes usaram a famosa **regra da razão**. De acordo com essa regra, os tribunais ponderavam as intenções do fabricante e os efeitos das restrições à revenda do fornecedor no mercado. Se as restrições não eram intencionais e não pareciam resultar em impedimento do livre comércio, normalmente eram autorizadas a permanecer.

Em 1967, no entanto, um caso marcante apreciado pela Suprema Corte, Estados Unidos *versus* Arnold Schwinn and Company, alterou radicalmente a abordagem dessa regra da razão.[65] A Corte decidiu, segundo o Sherman Act, que restrições à revenda impostas por fornecedores aos seus membros do canal eram ilegais por si mesmas. O tribunal argumentou:

> Segundo o Sherman Act, não é razoável para um fabricante restringir e limitar áreas ou pessoas nas quais um artigo pode ser negociado após o fabricante não ter mais controle sobre ele. Uma vez que o fabricante tenha se desfeito da propriedade e do risco, desfez-se do domínio sobre o produto, e seu esforço posterior de restringir o território ou pessoas às quais deve ser vendido, tanto por acordo explícito, por confirmação silenciosa ou acordo com o vendedor, é, por si, uma violação da Seção I do Sherman Act.

O efeito dessa decisão foi limitar severamente a legalidade das restrições à revenda. Políticas que demarcavam a distribuição e haviam sido praticadas como rotina por muitas empresas durante anos agora estavam abertas ao ataque das violações do Sherman Act. Cerca de dez anos antes, em 1977, outro caso marcante da Suprema Corte (Continental TV Inc. et al. *vs.* GTE Sylvania Inc.) anulou o caso Schwinn "por si só" e essencialmente restaurou a doutrina da regra da razão para controlar as restrições à revenda.

O tribunal decidiu que essas restrições não são necessariamente anticompetitivas se a disputa for vista de uma perspectiva mais abrangente. Ainda defendeu que as restrições podem ter "virtudes compensadoras" ao promover **concorrência intermarcas** (concorrência entre distribuidores na venda de produtos de marca de fabricantes diferentes), incluindo a promoção de novas empresas e novos produtos. Além disso, ao induzir varejistas competentes e agressivos a oferecer serviços especiais e promoções, a eficiência de vendas pode ser aumentada e empresas menores têm chances de competir com as maiores. Em suma, o tribunal assim se posicionou: ainda que restrições à revenda possam limitar a concorrência intramarca, elas também podem promover a concorrência intermarcas.

Mesmo com a decisão judicial a favor da GTE Sylvania, entretanto, a questão da legalidade de restrições à revenda ainda está no ar. O tribunal deixou a porta aberta para a ação antitruste contra restrições à revenda se estas exibirem um "efeito econômico demonstrável".[66]

Acordos de Vínculo – Acordos pelos quais um fornecedor vende um produto a um membro do canal na condição de que esse membro também compre outro artigo, ou pelo menos concorde em não comprar o mesmo produto de qualquer outro fornecedor. A imposição de linha completa, já discutida, é um caso especial desses acordos.

Acordos de vínculo colocam o fornecedor em uma posição muito vantajosa sobre os membros do canal com os quais faz negócios. Ele pode alavancar os preços como quiser e repassá-los ao membro do canal; afinal, este deve necessariamente aceitar os produtos "amarrados" no acordo para obter outros. Além disso, o membro do canal não pode comprar esses itens vinculados no mercado aberto. Com efeito, o fornecedor dita os termos da venda. De longe, o caso mais importante de um acordo de subordinação que rompeu a legislação antitruste envolveu o software Internet Explorer da Microsoft. Esta "amarrou" seu software ao sistema operacional Windows. Então, fabricantes de computadores, como Compaq, Dell, Hewlett-Packard e IBM, e praticamente todos os outros fabricantes que usavam Windows (com exceção do Macintosh da Apple), deveriam usá-lo. Visto que o sistema operacional Windows da Microsoft era usado para rodar 95% dos PCs do mundo, claramente havia um monopólio nos sistemas operacionais. Ao unir indissociavelmente seu navegador de Internet Explorer como parte do Windows, a Microsoft teve uma vantagem injusta sobre os navegadores concorrentes, como o Netscape Communicator, que muitos especialistas alegam ser o criador da interface "aponte e clique", que tornou navegar na internet algo tão fácil. A Netscape alegou, em um processo contra a Microsoft (que mais tarde foi acompanhado pela Federal Trade Commission e pelo Departamento de Justiça), que a conjugação por ela feita do Internet Explorer ao Windows limitou severamente a habilidade da Netscape de incluir seu navegador em sistemas operacionais do PC. De fato, a empresa exibiu seu descontentamento, e o Departamento de Justiça concordou que a Microsoft fez tudo o que estava a seu alcance para limitar a concorrência da Netscape, como dificultar o acesso ao Netscape Communicator pelo sistema operacional Windows, mesmo quando os fabricantes do PC o incluíram no pacote de software embutido no PC.

Após enfrentar tribunais por mais de três anos, o Departamento de Justiça constatou que a Microsoft de fato operava como monopólio ao congregar o Internet Explorer ao Windows e, portanto, violar as leis antitruste.[67]

Integração Vertical – Empresas que possuem e operam organizações em outros níveis do canal de distribuição (por exemplo, um fabricante que possui e opera suas próprias instalações atacadistas e lojas de varejo) estão envolvidas na **integração vertical**. Esta é praticada por inúmeros fabricantes em várias indústrias, como a Goodyear e a Firestone em pneus, e a Sherwin-Williams em tintas.

Integração vertical pode ocorrer como resultado de crescimento e evolução da empresa, por meio da qual a empresa decide expandir sua organização para incluir instalações atacadistas e varejistas. Seus motivos normalmente se baseiam no desejo de obter economia de escala e alto grau de controle, acreditando que a integração vertical pode oferecer tudo isso. Por exemplo, a Walt Disney Company comprou a Capital Cities/ABC Inc. para manter um sistema de distribuição seguro dos seus programas.

No entanto, a integração vertical também pode acontecer por meio de fusões e aquisições, em diferentes níveis do canal. Um fabricante, por exemplo, pode adquirir ou fundir-se com uma organização atacadista ou varejista.

Da emenda Celler-Kefauver ao Sherman Act, tal integração vertical por fusão e aquisição é sujeita à ação antitruste se as fusões e aquisições diminuem muito a concorrência ou fomentam monopólio. Isso pode acontecer quando se encontram em uma indústria altamente centralizada, eliminando, assim, uma importante fonte de fornecimento às empresas independentes, ou reduzindo significativamente a oportunidade de empresas concorrentes chegarem ao mercado. Por exemplo, uma fusão entre a Brown Shoe Company, grande fabricante de calçados, e a Kinney Shoe Corporation, antiga cadeia independente de calçados nos Estados Unidos, foi considerada ilegal pela Suprema Corte, já que a fusão poderia impedir outros fabricantes de sapato de vender pela Kinney.[68]

Resumo

Canais de marketing se desenvolvem e operam em um ambiente complexo em constante mudança. Gerentes de canal, portanto, devem ser sensíveis às mudanças de ambientes para planejar estratégias eficazes de canal de marketing e, assim, se adaptar a elas com sucesso. Para isso, precisam compreender o ambiente e de que maneira ele pode influenciar a administração do canal.

Enquanto há muitos meios de categorizar a miríade de variáveis ambientais, a divisão em cinco categorias foi usada neste capítulo: (1) ambiente econômico; (2) ambiente competitivo; (3) ambiente sociocultural; (4) ambiente tecnológico; e (5) ambiente legal.

Ao lidar com uma ou todas essas categorias, gerentes de canal precisam considerar os efeitos das variáveis ambientais não apenas em suas próprias empresas e nos seus mercados-alvo, mas também em *todos* os membros e participantes do canal.

O ambiente econômico é provavelmente a categoria mais óbvia e influente das variáveis ambientais que afetam os membros e participantes do canal. Especialmente importantes são os efeitos da recessão, inflação e de uma possível deflação; mas, mesmo as chamadas condições econômicas normais podem criar problemas. O desafio fundamental para os gerentes do canal, em face desses acontecimentos econômicos, é ajudar membros do canal em situações econômicas difíceis. Planejamento com antecedência a fim de desenvolver estratégias que lidem bem com mudanças econômicas é a base para vencer esse desafio com sucesso.

O ambiente competitivo deve incluir tanto a concorrência global quanto a doméstica. Além disso, quatro tipos principais de concorrência precisam ser abordados: (1) concorrência horizontal, na qual empresas similares no mesmo nível do canal competem umas com as outras; (2) concorrência intertipo, na qual diferentes tipos de empresas do mesmo nível do canal competem; (3) concorrência vertical, em que empresas de níveis diferentes no mesmo canal competem entre si; e (4) concorrência entre sistemas de canal, na qual canais inteiros competem uns com os outros. Gerentes de canal devem prestar atenção a todos esses tipos de concorrência, a fim de determinar como a estrutura competitiva na qual seus canais operam pode mudar, e as implicações dessas mudanças na estratégia de administração de canal.

O ambiente sociocultural tem grande impacto nos canais de marketing, já que a estrutura destes reflete o ambiente sociocultural no qual existem. Portanto, gerentes de canal devem observar cuidadosamente mudanças nos padrões socioculturais para discernir quais implicações terão para a estratégia de canal. Por sua profunda influência nos últimos anos, certos acontecimentos devem ser especialmente notados. Eles incluem: globalização, mobilidade e conectividade dos consumidores, interação social e o Movimento Verde.

O ambiente tecnológico precisa ser monitorado atentamente para avaliar os efeitos de mudanças tecnológicas em canais de marketing. Evoluções como a internet, gerenciamento computadorizado de estoque por meio de computadores portáteis, EDI, revolução digital, smartphones, RFID e computação em nuvem devem ser observadas de perto.

Por fim, os gerentes de canal não podem ignorar o ambiente legal, com suas complexas leis e precedentes em contínua mudança. Não se pode esperar deles especialistas em aspectos técnicos e envolvidos no complexo e inconstante ambiente legal que afeta a administração do canal, mas é necessário que tenham conhecimento geral e consciência de algumas das leis básicas e questões legais. Em particular, eles devem estar familiarizados com as disposições fundamentais do Sherman Act, Clayton Act, Federal Trade Commission Act, Robinson-Patman Act e Celler-Kefauver Act., e, ainda, entender como estes afetam tais questões legais, como: (1) distribuição dual; (2) acordos de exclusividade; (3) imposição de linha completa; (4) discriminação de preço; (5) manutenção de preço; (6) recusa a negociar; (7) restrições à revenda; (8) acordos de vínculo e (9) integração vertical por meio de fusões e aquisições.

QUESTÕES DE REVISÃO

1. Como o impacto do ambiente na estratégia de canal difere das outras grandes áreas estratégicas do *mix* de marketing?

2. Ao lidar com os efeitos do ambiente na estratégia de canal, o gerente do canal precisa refletir muito sobre a questão. Discuta essa declaração.

3. Discuta os pontos de administração de canal associados a períodos de recessão, inflação e deflação na economia.

4. Por que até mesmo as condições econômicas "normais" podem representar problemas à administração de canal?

5. Explique os quatro tipos de concorrência discutidos no capítulo. Por que é importante reconhecer essas diferentes formas de disputa?

6. Canais de marketing refletem os ambientes socioculturais em que existem. Explique essa afirmação.

7. Discuta as forças socioculturais importantes que surgiram nos últimos anos e demonstre como elas já afetaram a estratégia do canal de marketing e de que maneira podem ocorrer no futuro.

8. Mudanças tecnológicas, ainda que contínuas, não ocorrem igual ou previsivelmente ao longo do tempo. Discorra sobre as implicações dessa declaração para a estratégia de administração do canal.

9. Analise as implicações sobre a administração de canal de desenvolvimentos tecnológicos como escâneres eletrônicos, *displays high-tech* no ponto de venda, sistemas computadorizados de administração de estoque, EDI, revolução digital, smartphones, RFID e computação em nuvem.

10. Qual é a filosofia subjacente do Sherman Act no que diz respeito ao papel da concorrência *versus* o monopólio para a promoção do bem-estar público? Discuta.

11. Fale sobre as disposições fundamentais do (1) Sherman Antitrust Act; (2) Clayton Act; (3) Federal Trade Commission Act; (4) Robinson-Patman Act; e (5) Celler-Kefauver Act.

12. Acordos de exclusividade, imposição de linha completa e acordos de vínculo têm algo em comum. O quê? Discuta as implicações antitruste desse elemento comum.

13. Manutenção de preço, recusa a negociar e restrições à revenda representam tentativas de o fornecedor exercer controle sobre seus membros do canal. Quais limites legais o fornecedor pode exercer por meio dessas três abordagens?

14. Discuta as implicações jurídicas básicas associadas às políticas de distribuição dual, discriminação de preço e integração vertical por meio de fusões e aquisições.

QUESTÕES DE CANAL PARA DISCUSSÃO

1. James Johnson, vice-presidente de vendas de um importante fabricante de fibra de vidro para isolamento de casas, voltado ao mercado faça-você-mesmo, se animou ao ler um artigo no *The Wall Street Journal* sobre o recente aumento dos preços da energia. "Isso vai ser ótimo para nós. Nossas vendas podem dobrar na próxima temporada", exclamou ao seu gerente-geral de vendas, Bill Allan, que acabara de entrar no escritório. "Diga a seus gerentes

regionais de vendas que instruam os vendedores em campo a convencer os *home centers* varejistas a aumentar seu estoque e espaço na loja dedicados ao isolamento residencial", continuou Johnson. Bill Allan respondeu assentindo: "Farei isso agora mesmo, mas a última coisa que os *home centers* vão querer é sobrecarregar seu estoque no momento em que essa espiral de preços da energia provocar uma recessão".

Comente a situação em diferentes perspectivas do fabricante e dos varejistas sobre esse fato ambiental.

2. Quase 80% dos diretores financeiros dos 100 maiores varejistas dizem que ter muito inventário é um dos principais fatores de risco para a viabilidade de seus negócios durante períodos de recessão. Estoques elevados levam a grandes descontos quando faltam pedidos do consumidor. Isso, por sua vez, prejudica as margens brutas. Quando a demanda é muito fraca, as margens brutas podem desaparecer completamente, conforme os varejistas são forçados a liquidar mercadoria de baixo giro a preços abaixo do custo atacadista. Paradoxalmente, varejistas também se preocupam em ter *pouco* estoque em seu depósito para atender à demanda do consumidor, já que assim perdem vendas quando ele não encontra os produtos nas prateleiras das lojas. Então, varejistas que tentam administrar seus estoques durante uma recessão geralmente sentem que estão condenados, de uma forma ou de outra, no que diz respeito às suas reservas.

Como os varejistas podem lidar com esse dilema de estoque de maneira mais eficaz durante os períodos de recessão? O que os fornecedores podem fazer para ajudar os lojistas a tratar esse problema?

3. Home Depot, Toys "R" Us, Staples, Best Buy e muitos outros grandes varejistas (normalmente chamados varejistas *category killers*, ou "megarrevendedores", devido ao seu domínio sobre determinadas categorias específicas de mercadorias e ao impressionante tamanho de suas lojas) são fortes competidores e em geral acusados de excluir os pequenos varejistas do negócio. Observadores que testemunharam esse esforço competitivo na última década dizem que os pequenos varejistas saíram do mercado por "não terem conseguido competir" com esses gigantes. O veredicto, na maioria dos casos,

é um "acordo" entre os gigantes varejistas e os pequenos, já que estes últimos raramente ganham ou conseguem ficar no mercado.

Do ponto de vista competitivo, tal resultado é inevitável? Discuta. São realmente os "gigantes" que tiram os "pequenos" do negócio ou há algo mais profundo por trás disso?

4. Quando a Circuit City, segundo maior varejista de eletrônicos do mundo, saiu do mercado em janeiro de 2009, os especialistas acreditaram que grande parte dos negócios da empresa seria captada pelo maior varejista de eletrônicos, a Best Buy, bem como pelo Walmart, que também vende um número considerável de bens eletrônicos. Mas o ambiente competitivo criado pela falência da Circuit City não seguiu como o previsto. Uma rede de lojas de eletrônicos criada em Indianápolis, chamada hhgregg, decidiu tentar competir com os gigantes em nível nacional. Essa rede planejou abrir 50 lojas nos mesmos mercados que a Circuit City havia operado e, em alguns casos, até mesmo em lojas que eram da própria Circuit City. A nova rede acreditava que podia competir até mesmo com a grande Best Buy e o Walmart ao enfatizar produtos de alta tecnologia e oferecer melhor serviço ao consumidor, de acordo com sua equipe de vendas bem treinada e remunerada principalmente com comissões de vendas. A hhgregg acredita que sua equipe de vendas mais competente, que recebe cerca de 300 horas de treinamento no primeiro ano, cobrindo mais de 500 produtos diferentes, lhe dará uma vantagem na criação de uma base de consumidores leais que os concorrentes não conseguirão igualar.

Você acha que a hhgregg pode competir com a Best Buy e o Walmart de forma bem-sucedida, mesmo sendo um varejista de eletrônicos relativamente pequeno, ao oferecer ao consumidor uma experiência de que os gigantes não dispõem? Justifique a sua resposta.

5. No ano de 2009, serviços de mídia social, como o Facebook e o Twitter, tornaram-se ferramentas populares de vendas para pequenos negócios. Na verdade, quase 25% das empresas com menos de 100 funcionários usavam as mídias sociais para propósitos de vendas, mais do que o dobro do percentual do ano anterior. Muitas dessas empresas citam a facilidade do uso e o custo baixo dessas mídias como motivo

principal de usá-las para chamar a atenção à sua marca e se comunicar com consumidores potenciais e já existentes.

Como a habilidade de se comunicar com consumidores pela mídia social pode melhorar a gestão de canal? Discuta.

6. Canais de distribuição para livros passaram por uma metamorfose nos últimos anos, visto o surgimento de *e-books*, como Kindle, da Amazon, Nook, da Barnes & Noble's, ou o iPad da Apple. De fato, em meados de 2010, a Amazon.com informou que as vendas de livros pelo Kindle superaram o número de vendas dos livros impressos em uma proporção de 180 e-books para cada 100 livros impressos vendidos. Apenas livros de bolso ainda vendiam mais unidades do que os *e-books*. Entretanto, o canal de *e-books* continuou a crescer rapidamente a fim de dar conta de cerca de 10% das vendas totais de livros ao final de 2010.

Você acredita que canais de *e-book* substituirão completamente os canais convencionais e físicos de livros? Explique por quê.

7. Em meados de 2009, uma ação coletiva foi lançada contra Babies "R" Us, uma divisão da Toys "R" Us, bem como cinco fabricantes dos quais a empresa comprava produtos de bebês para revender em suas lojas. O processo alega que Babies "R" Us e seus fornecedores conspiraram para fixar preços em vários produtos, incluindo carrinhos de bebê, cadeirões e assentos para carro, e afirma que entre 2001 e 2006 mais de $ 500 milhões em mercadorias produzidas pelos cinco fabricantes e vendidas pela Babies "R" Us eram controlados por acordos de preço mínimo. As demandas totalizaram de 10% a 50% das vendas dos cinco fabricantes nos Estados Unidos. O processo afirma, ainda, que o acordo de preço mínimo é anticompetitivo e resultou em diversos consumidores pagando milhões de dólares a mais por esses produtos de bebês do que teriam de fato pago na ausência de tal acordo.

Discuta, sob uma macroperspectiva, as possíveis vantagens estratégicas da gestão de canal tanto para a Babies "R" Us quanto para os fabricantes fornecedores como resultado do acordo de manutenção de preços *versus* os possíveis efeitos negativos do acordo no bem-estar dos consumidores.

REFERÊNCIAS

1. Veja, por exemplo: Favaro, Ken; Romberger, Tim; Meer, David. Five rules for retailing in a recession, *Harvard Business Review*, Apr. 2009, p. 64-72; HAWES, Jon M.; BAKER, Thomas L. Type of exchangeand environmental uncertainty within a marketing channel. In: LEONE, Robert P.; Kamar, V. (ed.) *Proceedings of the annual educators' Conference of the American Marketing Association*. Chicago: American Marketing Association, 1992, p. 496-500; Dilts, Jeffrey C. Perceived environmental uncertainty and perception of the channel relationship. In: *Developments in marketing science, proceedings of the Academy of Marketing Science*. Coral Gables, Fla.: Academy of Marketing Science, 1991, p. 96-99, v. XIV; DWYER, F. Robert; WELSH, N. Ann. Environmental relationships of the international political economy of marketing channels. *Journal of Marketing Research*, Nov. 1985, p. 397-414.

2. Veja, por exemplo: Achrol, Ravi S.; Reve, Torger; W. Stern, Louis. The environment of marketing channel dyads: a framework for comparative analysis. *Journal of Marketing*, Fall 1983, p. 55-67.

3. Favaro, Ken; Romberger, Tim; Meer, David. Five rules for retailing in a recession. *Harvard Business Review*, Apr. 2009, p. 67.

4. Welch, David. What detroit likes about the crisis. *Business Week*, Oct. 2008, p. 78.

5. O'Neill, Finbarr. The auto industry's comeback, *Wall Street Journal*, 30 July 2009, A17.

6. Fine, John. Why General Mills's marketing pays off, *Business Week*, 27 July 2009, p. 67.

7. Martin, Timothy W.; Brat, Ilan. Food sellers signal weak recovery, *Wall Street Journal*, 26 Feb. 2010, B8, p. 106. Part 1: Marketing channel systems.

8. Adamy, Janet; Jargon, Julie. Starbucks responds to cost-wary market, *Wall Street Journal*, 19 Mar. 2010, B4.

9. Coupon clicking, *Marketing News*, 30 Jan. 2009, p. 6.

10. Zimmerman, Ann. Dollar General Lays bet on opening new stores, *Wall Street Journal*, 14 May, 2010, B8.

11. Lloyd, Mary Ellen. Retailers fret about inventory levels for holidays, *Wall Street Journal*, 30 Sept. 2009, B6.

12. Essa classificação de concorrência se baseia no trabalho de: Palamountain, Joseph C. *The politics of distribution*. Cambridge, Mass.: Harvard University Press,1955.

13. Esse sistema de concorrência tem origem no trabalho de: McCammon, Bert C. The emergence and growth of contractually integrated channels in the american economy. In: BENNETT, P.D. *Marketing and economic development*. Chicago: American Marketing Association, 1965, p. 496-515.

14. Boyle, Matthew. A contrarian electronics chain, *Business Week*, 12 Oct. 2009, p. 66.

15. Para mais informações sobre concorrência intertipo, veja: Dwyer, F. Robert; Oh, Sejo. The consequences of intertype competition on retail and interfirm behavior. In: Douglas P., Susan. (ed.). *Proceedings of the Annual Educators' Conference of the American Marketing Association*. Chicago: American Marketing Association, 1987, p. 23-28.

16. Fowler, Geoffrey A.; Bustillo, Miguel. Wal-Mart, Amazon gear up for holiday battle, *Wall Street Journal*, 19 Oct. 2009, B3.

17. The last picture show at blockbuster?, *Bloomberg Businessweek*, 5 Apr. 2010, p. 28.

18. Spector, Mike. Blockbuster plots a remake, *Wall Street Journal*, 24 Fev. 2010, B1, B8.

19. Veja, por exemplo: Todd, Heather. Changing channels, *Beverage World*, July 2003, p. 32-33.

20. Boyle, Matthew. Brand killers, *Fortune*, 11 Apr. 2003, p. 89-96.

21. Jannarone, John. Wal-Mart spices up private label, *Wall Street Journal*, 6 Fev. 2010, B16.

22. Fonte: http://macysinc.com/macys/private-brands/default.aspx. Acesso em: 15 out. 2014.

23. Boyle, Matthew. Generics: making gains in the shelf war, *Business Week*, 10 Nov. 2008, p. 62.

24. McCammon, Bert C. *The emergence and growth of contractually integrated channels in the american economy, marketing and economic development*. Chicago: American Marketing Association, 1965, p. 498-504.

25. Watson, Anna; Johnson, Richard. Managing the franchisor-franchisee relationship: a relationship marketing perspective, *Journal of Marketing Channels*, Jan.-Mar. 2010, p. 51-68.

26. Para uma análise mais completa da estrutura e estratégia competitiva, leia: Porter, Michael E. *Competitive advantage*: creating and sustaining superior performance. Nova York: Free Press, 1985. [Vantagem competitiva: criando e sustentando um desempenho superior. São Paulo: Elsevier, 1989.]

27. Peers, Martin. Rivals explore Amazon's territory, *Wall Street Journal*, 7 Jan. 2010, C10.

28. Olsen, Janeen; Granzin, Kent L. Vertical integration and economic development: an empirical investigation of channel integration, *Journal of Global Marketing*7, n. 3, 1994, p. 7-39; Bandyopadhyay, Soumave; Robicheaux, Robert A. The effects of culture on interfirm communications. In: LEONE, Robert P.; KUMAR, V. (eds.) *Proceedings of the Annual Educators'Conference of the American Marketing Association*. Chicago: American Marketing Association, 1992, p. 100; Olsen, Janeen E.; Granzin, Kent L. A conceptualization of the relationship between economic development and the structure of marketing channels. In: Belk, Russel et al. (eds.) *Proceedings of the Annual Educators' Conference of the American Marketing Association*. Chicago: American Marketing Association, 1987, p. 307-311. Para uma breve, mas importante discussão sobre este tópico, consulte: Goldstucker, Jac L. The influence of culture on channels of distribution. In: KING, Robert L. (ed.). *Marketing and the new science planning*. Chicago: American Marketing Association, 1968, p. 468-473.

29. Wadinambiaratchi, George. Channels of distribution in developing economies, *Business Quarterly*, Winter 1965, p. 74-82.

30. Hall, Margaret L.; Knapp, John; Winsten, Christopher. *Distribution in great Britain and North America*. Londres: Oxford University Press, 1961; GUIRDHAM, Maureen. *Marketing: the management of distribution channels*. Oxford: Pergamon Press, 1972, p. 91-99; Galbraith, J. K.; Holton, Richard H. *Marketing efficiency in Puerto Rico*. Cambridge, Mass: Harvard University Press, 1955; BAKER, Raymond W. Marketing in Nigeria, *Journal of Marketing*, 29 July 1965, p. 40-48. Consulte também, por exemplo, as seleções em: Moyer, Reed; Hollander, Stanley C. (eds.) *Markets and marketing in developing economies*. Chicago: American Marketing Association, 1968.

31. Consulte, por exemplo: Potjes, Jeroen C. A.; Thurik, Roy. Japanese supermarket chains and labor costs, Part 2: a comparison with french variety stores, supermarkets and hypermarkets, *Journal of Marketing Channels* 1, n. 3, 1992, p. 97-113.

32. Czinkota, Michael R.; Woronoff, Jon. *Japan's market: the distribution system*. New York: Praeger, 1986.

33. Osawa, Juro. Convenience stores score in Japan, *Wall Street Journal.*, 19 Aug. 2008, B2.

34. Consulte, por exemplo: Uncles, Mark D. Retail change in China: retrospect and prospects, the international review of retail distribution and consumer research, Fev. 2010, p. 69-84; D'Andrea, Guillermo; Lopez-Aleman, Belen; Stengel, Alejandro. Why small retailers endure

34. ...in Latin America, *International Journal of Retail & Distribution Management*, v. 34, n. 9, 2006, p. 661-673.

35. Dimitrova, Boryana; Rosenbloom, Bert. Standardization versus adaptation in global markets: is channel strategy different? *Journal of Marketing Channels*. Apr. June 2010, p. 157-176.

36. Consulte, por exemplo: Cleveland, Mark; Laroche, Michel; Papdopoulos, Nicolas. Cosmopolitanism, consumer ethnocentrism, and materialism: an eight-country study of antecedents and outcomes, *Journal of International Marketing*, v. 17, n. 1, 2009, p. 116-146; Cannon, High M.; Yaprak, Attila. Will the real-world citizen please stand up! The many faces of cosmopolitan consumer behavior, *Journal of International Marketing*, v. 10, n. 4, 2002, p. 30-52.

37. BUSH, Jason. IKEA in Russia: enough is enough, *Business Week*, 13 July 2009, p. 33.

38. Consulte, por exemplo: <http://en.wikipedia.org/wiki/List_of_social_networking_Web_sites>. Acesso em 15 out. 2014.

39. Needleman, Sarah. Entrepreneurs question value of social media, *Wall Street Journal*, 16 Mar. 2010, B7.

40. Lai, Kee-Hung; Cheng, T.C.E.; Tang, Ailie K.Y. Green retailing: factors for success, *California Management Review*, Winter 2010, p. 6-30.

41. Veja, por exemplo: Vachani, Sushil; Smith, N. Craig, Socially responsible distribution: distribution strategies for reaching the bottom of the pyramid, *California Management Review*, Winter, 2008, p. 52-84.

42. Veja, por exemplo: The new fundamentals: technology's impact on the future of marketing, *Bloomberg Businessweek*, 1 Mar. 2010, p. 64-68.

43. Para uma discussão relacionada, veja: Port, Otis, The next web, *Business Week*, 4 Mar. 2002, p. 96-102.

44. Para uma discussão relacionada, veja: Butner, Karen, The smarter supply chain of the future, *Strategy and Leadership*, v. 38, n. 1, 2010, p. 22-31.

45. Trachtenberg, Jeffrey A. E-books rewrite bookselling, *Wall Street Journal*, 21 May 2010, A1, A2.

46. Veja, por exemplo: Trachtenberg, Jeffrey A. Barnes & noble puts faith in digital future, *Wall Street Journal*, 24 Feb. 2010, B8.

47. MATTIOLI, Dana. Retailers ring up new sales on smartphones, *Wall Street Journal*, 11 June 2010, B7.

48. Ibid.

49. Ibid.

50. Ibid.

51. Fowler, Geoffrey A. Retailers reach out on cellphones, *Wall Street Journal*, 21 Apr. 2010, B6.

52. Para mais informações sobre identificação por radiofrequência, consulte: <http://pt.wikipedia.org/wiki/Identifica%C3%A7%C3%A3o_por_radiofrequ%C3%AAncia>. Acesso em: 15 out. 2014.

53. HUDSON, Kris. Best buy foresees using RFID to track inventory, *Wall Street Journal*, 4 Apr. 2007, B1.

54. O que é computação em nuvem? Visite: <http://www.salesforce.com/cloudcomputing/>. Acesso em: 15 out. 2014.

55. Cloud computing, what's in it for you?, *Wall Street Journal*, 31 July 2009, A18.

56. Catan, Thomas; KANE, Yukari Iwatani. Apple attracts scrutiny from regulators, *Wall Street Journal*, 4 May 2010, B4.

57. Trombetta, William L.; PAGE, Albert L. The channel control issue under scrutiny, *Journal of Retailing*, Summer 1978, p. 55; Easier rules on exclusive dealing, *Business Week*, 4 Feb. 1985, p. 40.

58. Em algumas indústrias, exceções a estas disposições são feitas muitas vezes. Veja: Jennings, Marianne M. Exclusive distributorships in soda pop industry exempted from antitrust laws, *Marketing News*, 23 Jan.1981, p. 12.

59. Para análise de alguns processos judiciais e interpretações de discriminação de preços envolvendo a Robinson-Patman Act, veja: Werner, Ray O. Marketing and the supreme court in transition 1982-1984, *Journal of Marketing*, Summer 1985, p. 99-101.

60. Marks, Norton E.; Inlow, Neely S. Price discrimination and its impact on small business, *Journal of Consumer Marketing*, Winter 1988, p. 31-37.

61. Consulte, por exemplo: Sacasas, Rene. Channel of distribution under antitrust statutes, *Journal of the Academy of Marketing Science*, Fall 2006, p. 629-630.

62. Para duas excelentes análises de questões envolvidas na manutenção de preços, veja: Kaufmann, Patrick J. Dealer termination agreements and resale price maintenance: implications of the business electronics case and proposed amendment to the Sherman Act, *Journal of Retailing*, Summer 1988, p. 113-124; Sheffet, Mary Jane; Scammon, Debra L. Resale price maintenance: is it safe to suggest retail prices? *Journal of Marketing*, Fall 1985, p. 82-91.

63. Pereria, Joseph. Price fixing makes comeback after supreme court ruling, *Wall Street Journal*, 18 Aug. 2008, A1, A12.

64. Kendall, Brent. Justices to hear retail case, *Wall Street Journal*, 20 Apr. 2010, B3.

Capítulo 3   O ambiente dos canais de marketing   **93** ◀

65. *United States v. Arnold Schwinn and Company*, 388 U.S. 365 (1967).

66. Para uma análise aprofundada da questão de restrição territorial com base em pesquisa empírica, veja: Dutta, Shantan; Heide, Jan B.; Berger, Mark. Vertical territorial restrictions and public policy: theories and industry evidence, *Journal of Marketing*, Oct. 1999, p. 121-134.

67. Wilke, John R.; Buckman, Rebecca; Mcwilliams, Gary. Microsoft lets pc firms remove browser, *Wall Street Journal*, 12 July 2001, A3, A8.

68. Stern, Louis W.; El-Ansary, Adel I. *Marketing channels*. Englewood Cliffs, N.J.: Prentice-Hall, 1977, p. 344.

CAPÍTULO 4

Processos comportamentais nos canais de marketing

OBJETIVOS DE APRENDIZAGEM

Após a leitura deste capítulo, você será capaz de:

1 Perceber que o canal de marketing pode ser visto como um sistema social e também econômico.

2 Entender que processos comportamentais, tais como conflito, poder, papel e comunicação, são dimensões de comportamentos inerentes aos canais de marketing.

3 Estar ciente de como surge um conflito nos canais de marketing.

4 Saber as principais causas do conflito de canal.

5 Estar familiarizado com os efeitos do conflito de canal.

6 Reconhecer as principais questões envolvidas na administração do conflito de canal.

7 Entender o conceito de poder aplicado ao canal de marketing.

8 Estar ciente das conclusões básicas de pesquisa sobre o uso do poder.

9 Atentar para o conceito e uso dos papéis em canais de marketing.

10 Compreender como os processos comportamentais podem distorcer o fluxo de comunicação nos canais de marketing.

Custando apenas um dólar, o hambúrguer Whopper Júnior, do Burger King, criou um crescente poder de disputa no canal de marketing

Quando se trata de definir os preços dos produtos que vendem em suas lojas, os franqueados do Burguer King preferem fazer as coisas do seu jeito. Para deixar clara sua opinião sobre esse poder, a associação nacional de franqueados, representando um grupo de franqueados insatisfeitos dessa rede, entrou com uma ação no Tribunal Federal alegando que o franqueador, Burger King, dita os preços máximos pelos quais os franqueados podem vender determinados itens em seus cardápios. Estes se preocupam especialmente com o WHOPPER JR., que o franqueador deseja que seus franqueados vendam por $ 1 como parte de seu "Menu de Valor" de itens de um dólar para satisfazer um próspero segmento de consumidores conscientes quanto ao valor e, também, para competir com as ofertas de $ 1 do McDonald's e do Wendy's. Bem, vários franqueados afirmam não lucrar nada quando vendem o WHOPPER JR. por apenas $ 1 e se ressentem de ser forçados a seguir a estratégia de preços que os faz perder dinheiro. Por outro lado, o Burger King argumenta que precisa ter o poder de controlar os preços, especialmente quando tal domínio de precificação é necessário para responder a desafios competitivos estratégicos de redes rivais de *fast-food*. De fato, a futura competitividade e viabilidade de todo o sistema de franquia do Burger King podem estar em risco. Entretanto, os franqueados envolvidos no processo não aceitam esse argumento, pois acreditam que o poder de decisão dos preços, de seu próprio interesse, é uma parte fundamental para manter o *status* de negócio independente.

Então, parece que a batalha de preços sobre o WHOPPER JR. criou um "whopper" (trocadilho com o nome do lanche, que significa "colosso", "montanha", na gíria popular) de conflitos no canal entre franqueador e franqueados, situação que apenas os tribunais serão capazes de resolver.

Fonte: Extraído de: Richard Gibson, Burger King Franchisees Can't Have It Their Way. *Wall Street Journal*, 21 jan. 2010, p. B1, B5.

No Capítulo 1, definimos canal de marketing de uma perspectiva gerencial e discutimos sua estrutura em termos de atribuição de tarefas de distribuição dentro do próprio canal, em conformidade com os princípios econômicos de especialização e divisão de trabalho, bem como de eficiência contatual. Os Capítulos 2 e 3 discutiram alguns dos conhecimentos essenciais ao gerente do canal. Tais fundamentos, como a base econômica para o surgimento de vários participantes, as características destes e as restrições ambientais dentro das quais os participantes do canal operam, também foram abordados.

Neste capítulo, voltamo-nos a outro tipo de conhecimento necessário ao gerente – sobre as **dimensões comportamentais** dos canais de marketing. Essa compreensão é necessária, já que estes não são apenas sistemas econômicos ordenados racionalmente e desprovidos de interações sociais e processos.[1] Pelo contrário, canal de marketing é basicamente um sistema social sujeito aos mesmos processos comportamentais característicos de todos os sistemas desse tipo.[2] Em consequência, entender os processos de comportamento presentes nesses canais e ter habilidade para aplicar esse aprendizado no desenvolvimento e na administração do canal de marketing é uma parte importante do trabalho do gerente.[3]

CANAL DE MARKETING COMO UM SISTEMA SOCIAL

Sistema social pode ser definido como: "[...] o sistema gerado por qualquer processo de interação no nível sociocultural entre dois ou mais atores. O ator pode ser um indivíduo humano concreto (pessoa) ou uma coletividade".[4]

Quando indivíduos ou coletividades (empresas ou agentes) interagem como membros do canal de marketing, existe um **sistema social interorganizacional**. O canal já não pode ser visto como simplesmente um sistema econômico afetado apenas por variáveis da economia. Pelo contrário, as dimensões comportamentais essenciais e presentes em todos os sistemas sociais – tais como processos de conflito, poder, papel e comunicação – entram em jogo.[5]

Neste capítulo, discutiremos os processos comportamentais de conflito, poder,[6] papel e comunicação no contexto de canal de marketing. A ênfase será mostrar como esses processos operam no canal, e destacar sua importância para o gerente de canal no desenvolvimento e na administração do canal.

CONFLITO NO CANAL DE MARKETING

Grande parte da discussão em torno deste texto é baseada em um pressuposto de confiança implícita, compromisso e cooperação entre membros do canal, destacando a construção de relacionamentos viáveis que objetivem a distribuição. De fato, estratégia e administração de canal não podem ser implementadas efetivamente a não ser que os membros do canal confiem uns nos outros, estejam aptos a se comprometer com o relacionamento do canal em relação a recursos humanos e capital, e dispostos a cooperar uns com os outros.[7] Mas, considerando que o canal de marketing é um sistema social, não há como fugir da dimensão comportamental básica inerente a todos os sistemas sociais – o **conflito**. Embora haja muitas definições de conflito, no contexto do canal de marketing ele existe quando um de seus membros percebe que as ações de outro impedem a realização de seus objetivos. Como Stern e Gorman afirmam,

> Em qualquer sistema social, quando um elemento percebe que o comportamento de outro integrante impede a realização de seus objetivos ou o desempenho eficaz de seus padrões de comportamento instrumentais, prevalece uma atmosfera de frustração. Um estado de conflito pode, portanto, existir quando dois ou mais componentes de qualquer sistema de ação, por exemplo, um canal de distribuição, ficam decepcionados um com o outro.[8]

Como exemplo do surgimento de conflitos nos canais de marketing, considere o segmento de automóveis. Os três grandes fabricantes norte-americanos – GM, Ford e Chrysler – estão ligados a revendedores independentes para formar canais de marketing (e, portanto, sistemas sociais) na distribuição de automóveis nos Estados Unidos. Os três fabricantes obtêm suas receitas e lucros mediante a entrega de carros aos revendedores. Os grandes estoques nos lotes dos revendedores são vistos como receitas favoráveis que dão resultados lucrativos aos fabricantes; assim, estes pressionam incansavelmente aqueles a requisitar carros. Mas, da perspectiva dos revendedores, estoques excessivos são muito difíceis de custear quando as vendas no varejo diminuem. Tais discrepâncias entre o que é bom para os fabricantes e o que é adequado aos revendedores causam um conflito substancial entre as partes. Os revendedores de automóveis percebem que o comportamento dos fabricantes impede suas oportunidades de controlar despesas, enquanto estes veem a resistência daqueles em adquirir mais carros como uma inibição a suas expectativas de crescimento de vendas e de lucros. Em suma, fabricantes e revendedores podem se tornar objetos mútuos de frustração, especialmente durante períodos de desaquecimento de vendas de automóveis no varejo.[9]

Conflito *versus* competição

Conflito no canal de marketing não deve ser confundido com competição, situação que também ocorre.[10] Competição é um comportamento centrado no propósito, indireto e impessoal. Conflito, por sua vez, como mostrado na discussão anterior, é um comportamento direto, pessoal e centrado no oponente. Assim, em uma situação de conflito, não são as forças do mercado impessoal que as empresas tentam superar, mas as de outras empresas no sistema com quem estão em conflito. Schmidt e Kochan fazem esta distinção:

Tanto no processo de competição quanto no de conflito, os objetivos (das várias unidades) são percebidos como incompatíveis, embora os elementos se esforcem para realizar tais propósitos. Neste contexto, a competição ocorre quando, dados objetivos incompatíveis, um não interfere no atingimento dos objetivos do outro. A diferença essencial entre competição e conflito está no campo de atividades de interferência ou de bloqueio.[11]

Exemplos da diferença entre competição e conflito podem ser vistos no mercado alimentício. Uma forma de disputa entre supermercados varejistas e fabricantes é a famosa guerra das marcas próprias contra as nacionais. Chamar essa rivalidade de batalha, luta ou conflito é, no sentido mais estrito, conferir-lhe um nome impróprio, visto que o que acontece de fato é uma competição. As tentativas de fabricantes e supermercados varejistas conseguirem maior aceitação de suas marcas são normalmente impessoais, focadas no mercado. Em outras palavras, as partes não se envolvem em atividades diretas de bloqueio, que visam impedir o aumento de consumo das marcas de cada uma. Em vez disso, na maioria das vezes, elas competem no mercado consumidor. O nível de aceitação das marcas do fabricante *versus* as dos varejistas, portanto, torna-se uma questão de preferência do consumidor.

Por outro lado, alguns comportamentos dos fabricantes e supermercados quanto a cupons de desconto estão no campo do conflito. A situação que causou uma disputa entre ambos foi a prática de supermercados que encorajam a má interpretação pelos consumidores. Em um caso extremo, várias redes alimentícias se envolveram em uma "guerra de cupons". Certas lojas aceitavam qualquer quantidade de cupons, independentemente de quais produtos os clientes compravam. Algumas pessoas descontaram cupons no valor de várias centenas de dólares. Os fabricantes viram esse comportamento dos supermercados como uma tentativa de sabotar seus objetivos em relação ao uso de cupons. Em consequência, disputas calorosas aconteceram entre fabricantes e supermercados sobre a quantidade de cupons que os primeiros resgatariam.[12]

Causas do conflito de canal

Embora pesquisas sugiram que os casos de conflito de canal são bem diversos, a maioria pode ser colocada basicamente em uma ou mais das sete categorias de causas básicas de conflito de canal: incongruências de papéis, escassez de recursos, diferenças de percepção, diferenças de expectativa, discordâncias no domínio de decisão, incompatibilidade de metas e dificuldades na comunicação.

Incongruências de papéis – Papel é um conjunto de prescrições que definem quais devem ser os comportamentos dos membros (do canal de marketing) em relação às suas posições. Qualquer membro tem uma série de papéis a desempenhar. Por exemplo, espera-se que um franqueador forneça ampla assistência administrativa e suporte promocional aos franqueados. Em retorno, estes devem operar em estrita conformidade com o padrão dos procedimentos operacionais do franqueador. Se um dos dois não cumpre determinado papel (por exemplo, se o franqueado decide instituir algumas de suas próprias políticas), uma situação de conflito pode surgir. Discutiremos especificamente mais à frente, neste capítulo, o conceito de papel conforme aplicado ao canal de marketing.

Escassez de recursos – Às vezes, o conflito decorre de um desentendimento entre membros do canal a respeito da alocação de alguns recursos valiosos, necessários para alcançar os respectivos objetivos. Exemplo comum é a distribuição de varejistas entre um fabricante e os atacadistas. Os varejistas são vistos por ambos como recursos valiosos e necessários para alcançar seus objetivos de distribuição. É frequente que o fabricante mantenha alguns dos varejistas de maior volume como **conta da casa** (lojas às quais o fabricante vende diretamente), o que provoca objeções do atacadista sobre o que considera uma alocação desfavorável desse recurso (os varejistas), o que, por sua vez, normalmente leva a conflitos.

Outro importante exemplo de escassez de recursos como causa de conflito envolve a seleção de locais dos canais franqueados. Nesse caso, o recurso é a área em que os franqueados operam. Em determinado mercado, franqueados podem entrar em conflito com o franqueador se este estabelecer no mercado novos concorrentes que lhes podem tirar consumidores. Alguns franqueados foram longe demais, a ponto de propor ações judiciais para evitar que os franqueadores estabeleçam novas franquias no que consideram como "seu" mercado.[13]

Diferenças de percepção – **Percepção** refere-se ao modo como um indivíduo seleciona e interpreta estímulos ambientais. A maneira como tais estímulos são percebidos, porém, costuma ser, bem diferente da realidade objetiva. No contexto do canal de marketing, os vários membros podem perceber o mesmo estímulo, mas lhes dar diferentes interpretações.[14] Exemplo comum está no uso de *displays* nos pontos de venda (DPV). O fabricante que os fornece normalmente percebe o DPV como uma valiosa ferramenta promocional, necessária para girar os produtos nas prateleiras do varejista.[15] Nos pontos de venda, o varejista, por sua vez, em geral vê esse material como uma sucata inútil que serve apenas para ocupar um valioso espaço. Um fabricante de assoalhos de madeira, por exemplo, produziu o que considerava lindos folhetos em quatro cores ilustrando a instalação de seus pisos em casas magníficas. Os impressos foram feitos para demonstrar a qualidade, beleza e variedade de aplicações para revestimento ao consumidor no ponto de venda. Milhares de folhetos foram enviados a um varejista de *home center*, junto com um *display* de chão. Mas, em vez de colocá-los junto ao *display*, os varejistas amassaram os folhetos e os usaram como embalagem para devolução de mercadorias!

Diferenças de expectativa – Vários membros do canal têm expectativas sobre o comportamento uns dos outros. Na prática, expectativas são prognósticos relativos a comportamentos futuros de outros membros.[16] Às vezes, essas predições se tornam imprecisas, mas o membro do canal que as antecipou vai agir com base nos resultados previstos. Ao fazer isso, é possível que outro membro reaja com um comportamento de resposta, algo que poderia não ter ocorrido sem a ação original. Com efeito, é criada uma profecia autorrealizável. Exemplo é a Aamco, maior empresa em conserto de sistemas de transmissão do mundo. Esperava-se que as garantias estendidas, oferecidas por fabricantes de automóveis, reduzissem significativamente, para os franqueados da Aamco, os negócios em reparo de transmissores. A expectativa dessa redução fez que muitos desses franqueados forçassem uma diminuição nas taxas de *royalties* de franquia de 9% para 5% e solicitassem expansão de seus territórios. Um implacável conflito se seguiu, com a Aamco argumentando que precisava de maiores taxas de *royalties* a fim de anunciar e promover seu produto de forma mais agressiva em face da probabilidade de redução esperada dos futuros negócios em conserto de transmissores.

Discordâncias no domínio de decisão – Membros do canal, explícita ou implicitamente, determinam para si uma área na tomada de decisões que consideram exclusivamente sua. Em sistemas contratuais de canal, como franquia, por exemplo, esses domínios são explícitos e, em geral, meticulosamente descritos no contrato da franquia. O McDonald's, por exemplo, possui um manual detalhado especificando a divisão de responsabilidades na tomada de decisões entre o franqueador e o franqueado. Mas em canais mais tradicionais, livremente alinhados, compostos por empresas independentes, os domínios de decisão surgem às vezes para quem quiser tomá-las. Portanto, os conflitos podem aparecer sobre qual membro tem o direito de tomar quais decisões.

Exemplo tradicional dessa situação tem ocorrido na área de decisão de preço. Muitos varejistas acreditam que podem ter esse controle.[17] Alguns dos fabricantes que abastecem esses varejistas, porém, acreditam que deveriam ter voz na tomada de tais decisões.

O conflito entre o Burger King e seus franqueados a respeito do preço do WHOPPER JR., discutido no item Foco *em Canais*, no começo deste capítulo, é um exemplo claro de conflito causado pela discordância sobre o domínio de decisão que envolve preços: o Burger King acreditava que cobrar $ 1 pelo WHOPPER JR. estava sob seu domínio de decisão, enquanto os franqueados que processavam a rede julgavam que essa decisão deveria estar sob seus domínios.[18]

Incompatibilidade de metas – Cada membro do canal de marketing tem suas próprias metas. Quando as metas de dois ou mais membros são incompatíveis – o que é frequente –, pode ocorrer uma situação de conflito. Exemplo causado por incompatibilidade de metas pode ser visto em uma situação que surgiu entre a Redbox, companhia que oferece locação de DVD por $ 1 por dia em máquinas de vendas, e os estúdios de cinema Universal e Fox.[19] As 18 mil máquinas da Redbox ficam localizadas em varejistas importantes, como Walmart, Kroger e muitos outros. A empresa cresceu espetacularmente disponibilizando lançamentos de DVDs para milhões de consumidores, que pagam o baixíssimo preço de um dólar pelo aluguel diário. O maior objetivo da Redbox é aumentar continuamente seu bem-sucedido negócio de DVDs; entretanto, para isso, precisa ter muitos itens novos e baratos disponíveis para estocar em suas máquinas de vendas. Mas a Universal e a Fox acreditam que a estratégia de preços da Redbox – locações a $ 1 – prejudicará seu objetivo de alugar DVDs a preços altos. Então, impediram distribuidores terceirizados de abastecer a Redbox com vídeos produzidos por seus estúdios antes que abasteçam os outros varejistas. Em resposta, a Redbox entrou com um processo contra ambas, dizendo que a atitude da Universal e da Fox prejudicava seu objetivo de oferecer a muitos consumidores a maior seleção possível de DVDs a preço mais baixo pela vasta rede de máquinas de venda em lojas.

Dificuldades na comunicação – Comunicação é o veículo para todas as interações entre os membros do canal, sejam cooperativas ou conflitantes.[20] A falha ou desarranjo na comunicação pode rapidamente transformar uma relação de cooperação em uma situação de conflito. Considere o caso da AlphaGraphics, uma franqueadora de serviços de impressão com mais de 250 lojas nos Estados Unidos e no exterior. Muitos franqueados estavam descontentes com o que consideravam uma falta de suporte adequado por parte da franqueadora. Eles enviavam seus pagamentos de *royalties* à AlphaGraphics, mas não recebiam praticamente nenhuma informação sobre como seu dinheiro estava sendo usado para melhorar os negócios. Alguns ficaram tão furiosos que processaram a franqueadora. Em resposta, a AlphaGraphics afirmou que precisava de mais informações da parte dos franqueados; por exemplo, menos da metade deles enviava declarações financeiras mensais por ela requeridas.

Para resolver o conflito, a empresa revisou completamente seu contrato de franquia, com cláusula estipulando maior transparência sobre como seriam gastos os *royalties* pagos pelos franqueados e, em contrapartida, impondo que estes lhe fornecessem dados financeiros detalhados e oportunos.

Efeitos do conflito de canal

Do ponto de vista do gerente, a questão-chave sobre esses efeitos é saber como a disputa afeta a eficiência do canal. O conflito reduz a eficiência sob a qual os objetivos de distribuição são alcançados? Pode aumentá-la? É possível que não cause efeito algum?[21] Antes de discutir essas relações, definiremos mais precisamente o que entendemos por **eficiência de canal**: "O estágio no qual o investimento total nas diversas contribuições necessárias para atingir um objetivo de distribuição pode ser otimizado em termos de resultados".[22]

Quanto maior o grau de otimização das contribuições para alcançar um objetivo de distribuição, maior a eficiência, e vice-versa. Essas contribuições podem incluir o que for necessário para alcançar esse objetivo. Por exemplo, um fabricante pode definir como seu objetivo de distribuição fazer que 80% dos seus atacadistas recebam uma nova linha de produto. Suponha que, na tentativa de atingi-lo, ele encontre forte resistência dos atacadistas, que sentem já estar mantendo estoque demais desse fabricante. O conflito resultante poderia fazer que o fabricante direcionasse sua força de vendas no sentido de despender uma extraordinária quantia de tempo e esforço para convencer os relutantes varejistas a aceitar a nova linha. Nesse exemplo, a contribuição extra (tempo e esforço de vendedores) seria necessária para atingir o objetivo de distribuição e poderia ser contabilizada em custos adicionais.

Efeito negativo – Eficiência reduzida – A Figura 4.1 ilustra o mais comum ponto de vista a respeito do efeito do conflito na eficiência do canal, pois mostra uma relação negativa indicando que, conforme o nível de conflito aumenta, a eficiência do canal diminui.

Um exemplo dessa relação pode ser visto em situações como a seguinte: um grande Atacadista (A) recebe produtos similares de dois fabricantes, F_1 e F_2. Em dado momento, F_1 percebe que o atacadista reduziu seu volume de compras e, preocupado com a redução, decide tentar retomar o nível de vendas que tinha com esse atacadista. Foi, assim, definido por F_1 um objetivo de distribuição: recuperar o volume anterior de A. O nível de entrada que F_1 usa para atingir esse objetivo determinará o nível de eficiência alcançado no canal. Suponha que F_1, após conversar com A, descubra que este está se saindo bem com os produtos de F_2 e, assim, acredita que já não poderá comprar mais seus produtos. F_1 fica furioso e ameaça cortar outras linhas de produto que A ainda compra e considera rentáveis.

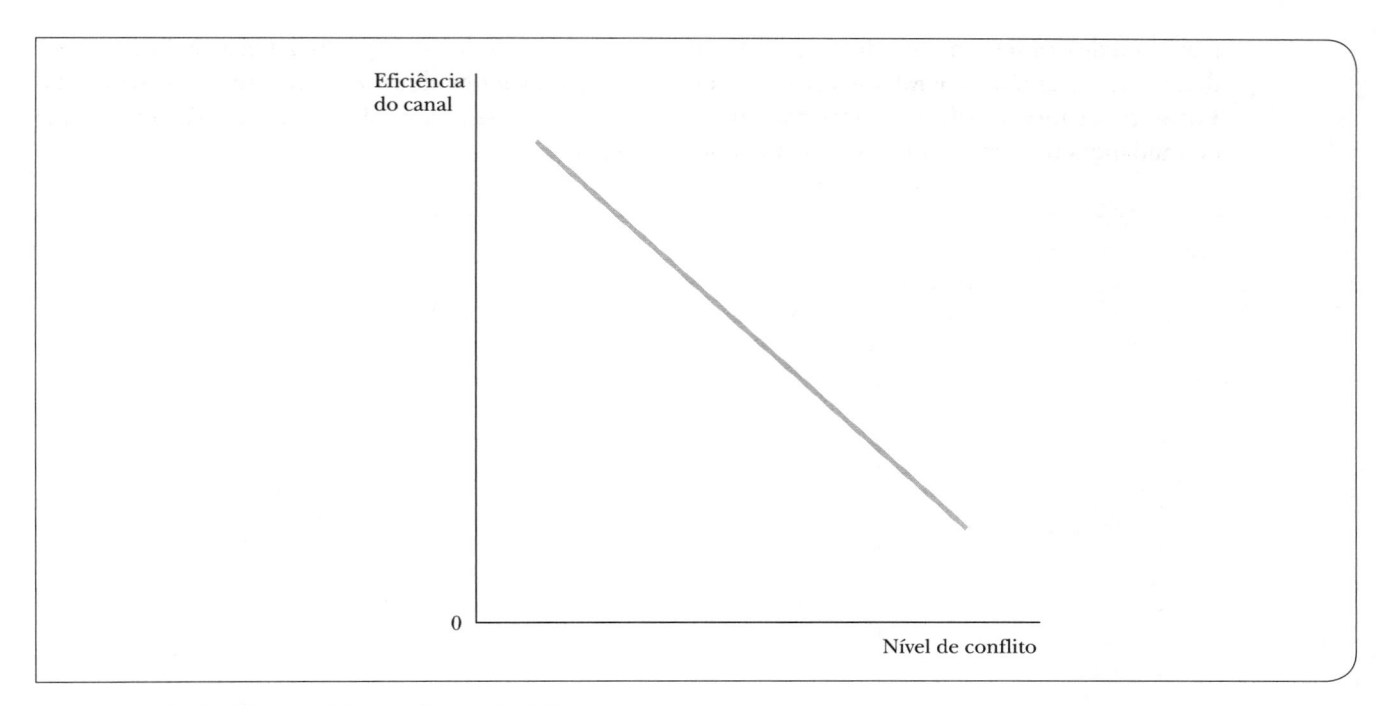

FIGURA 4.1 ▶ Conflito e eficiência do canal – Efeito negativo.

Fonte: Bert Rosembloom, Conflict and channel efficiency: some conceptual models for the decision maker. *Journal of Marketing* 37, jul. 1973, p. 28. Reeditado com permissão do *Journal of Marketing*, publicado pela Associação Americana de Marketing.

Suponha ainda que, como reação à ameaça de F_1, A simplesmente reduza ainda mais suas compras. Uma situação de conflito foi criada, e seu nível de disputa continua a crescer de acordo com cada ação subsequente desses dois membros do canal. F_1 não apenas crê necessário dedicar mais esforço de venda para fazer A ceder, como também aumenta suas despesas de propaganda para impulsionar mais consumidores a pressionar A a fim de que receba a nova linha de produtos. Tornou-se cada vez mais difícil para F_1 movimentar produtos por meio do canal. Ou seja, ele precisa usar níveis maiores de contribuições (venda pessoal e propaganda) para isso.

Sem efeitos – Eficiência continua constante – Outra relação possível entre conflito e eficiência do canal é mostrada na Figura 4.2. Nela, a existência de conflito não provocou mudanças na eficiência do canal. Portanto, o efeito do conflito é insignificante nos níveis de contribuições necessárias para atingir os objetivos de distribuição.

Esse tipo de relação é pensado para existir em canais caracterizados por um alto nível de dependência e comprometimento entre seus membros. Em outras palavras, as partes do conflito, consciente ou inconscientemente, estão a par da natureza necessária de seu relacionamento com o outro. Ambas sentem que esse relacionamento é primordial para que alcancem seus respectivos objetivos de distribuição, pois o conflito tem apenas um efeito superficial em sua eficiência na operação do canal. Com efeito, membros do canal aprendem a conviver com o conflito para que, mesmo diante de hostilidades e atritos, a eficiência do canal não seja afetada.

Efeito positivo – Eficiência aumentada – A Figura 4.3 apresenta um terceiro efeito de conflito possível na eficiência do canal. O conflito é mostrado para aperfeiçoá-la. O exemplo a seguir ajudará a ilustrar essa possibilidade. Um atacadista descobre que um fabricante, com quem tinha um relacionamento muito rentável, decidiu ignorá-lo e vender certos produtos diretamente aos varejistas. Primeiro, o atacadista reage com raiva ao comportamento do fabricante. As sementes do conflito podem conduzir a uma situação de conflito que possivelmente afetaria de forma negativa a eficiência do canal de uma ou de ambas as partes (ver Figura 4.1). O conflito pode, no entanto, servir como ímpeto para que um ou ambos os membros do canal reavaliem suas respectivas políticas. Por exemplo, o atacadista pode superar seu descontentamento, focar em seu próprio desempenho e descobri-lo deficiente. Pode considerar que até então não tinha se esforçado o bastante para vender alguns dos produtos do fabricante. Portanto, quando justifica o comportamento do fabricante pelas circunstâncias, enxerga a necessidade de mudanças para melhorar seu desempenho de vendas.

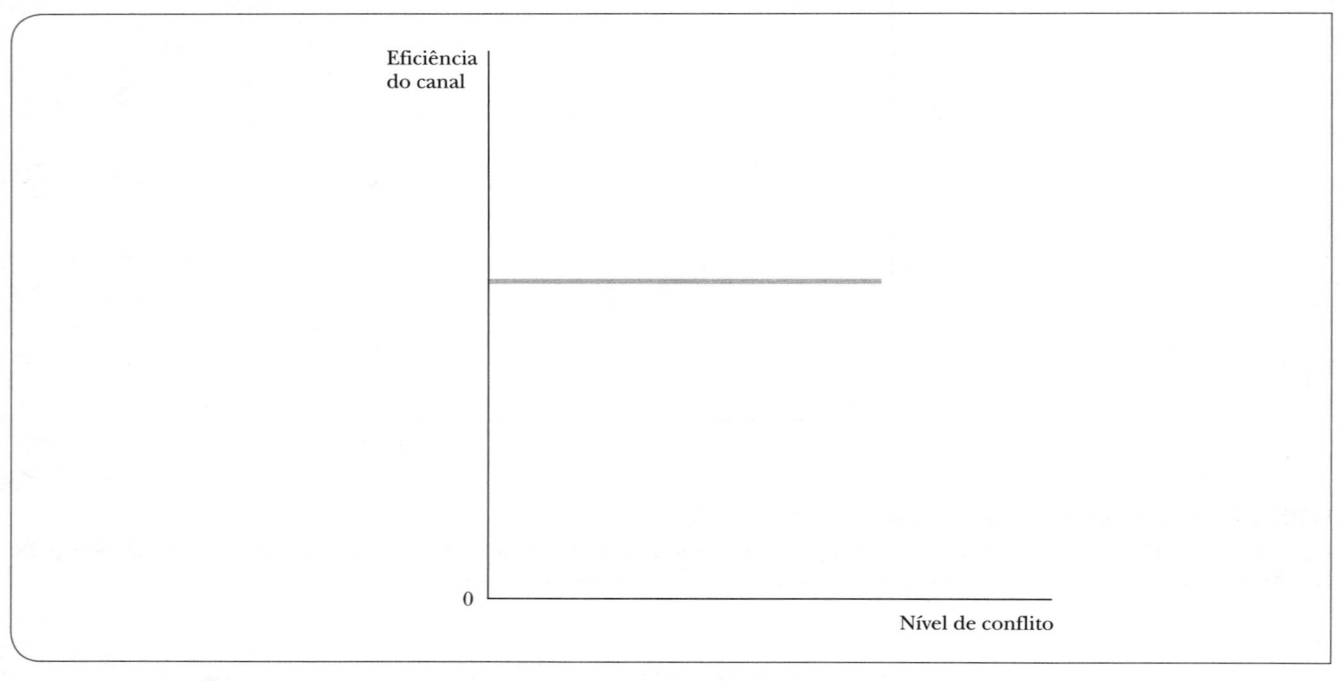

FIGURA 4.2 ▶ Conflito e eficiência do canal – Sem efeitos.

Fonte: Bert Rosembloom, Conflict and channel efficiency: some conceptual models for the decision maker. *Journal of Marketing* 37, jul. 1973, p. 28. Reeditado com permissão do *Journal of Marketing*, publicado pela Associação Americana de Marketing.

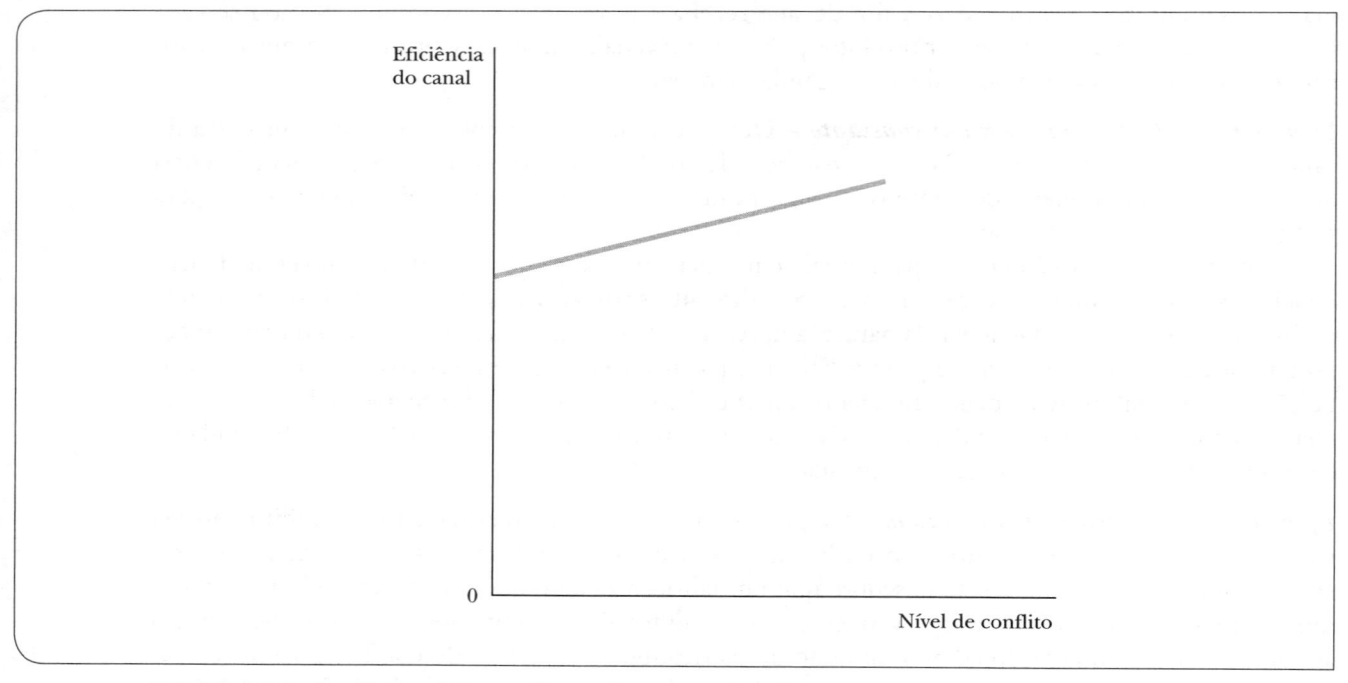

FIGURA 4.3 ▶ Conflito e eficiência do canal – Efeito positivo.

Fonte: Bert Rosembloom, Conflict and channel efficiency: some conceptual models for the decision maker. *Journal of Marketing* 37, jul. 1973, p. 28. Reeditado com permissão do *Journal of Marketing*, publicado pela Associação Americana de Marketing.

O fabricante também pode reexaminar suas políticas e considerar deficientes os esforços que fez para suportar o atacadista. E, então, é possível que conclua que esforços e incentivos mais específicos são necessários para manter seu apoio ao atacadista.

O resultado dessa reformulação bipartidária poderia ser uma mudança de contribuições baseada nas vantagens comparativas de cada membro em relação às tarefas de distribuição necessárias para o alcance de seus respectivos objetivos de distribuição. A realocação de contribuições entre os dois membros do canal, decorrentes dessa reavaliação, poderia representar uma melhor divisão de trabalho, resultando no aumento da eficiência do canal para um ou talvez para ambos os membros.[23]

Conflito e eficiência de canal – Curva geral – Combinando os três modelos, uma curva geral mostra os possíveis efeitos de conflito nos resultados da eficiência do canal, como mostrado na Figura 4.4.

Nessa figura, o nível de conflito de 0 a C_1 sugere uma faixa de tolerância sobre a qual o conflito não tem impacto na eficiência do canal. Sobre a faixa C_1C_2, o efeito do conflito é positivo, enquanto para além de C_2 é negativo. O nível C_2 representa um efeito limiar de conflito. Uma vez ultrapassado o intervalo de tolerância, quanto maior o nível de conflito entre C_1C_2, maior o de eficiência do canal. Além de C_2 (nível do limiar), quanto maior for o nível de conflito, menor será o de eficiência do canal.

Administrando o conflito de canal

Nossa discussão sobre conflito no canal de marketing aponta para as quatro generalizações abaixo:

1. Conflito é uma dimensão comportamental inerente ao canal de marketing.
2. Dadas as inúmeras causas que podem originá-lo, conflito é um fenômeno que percorre todo o canal de marketing.
3. O conflito pode afetar a eficiência do canal.
4. Vários níveis de conflito podem ter efeitos negativos, positivos, ou até mesmo nenhum, na eficiência do canal.

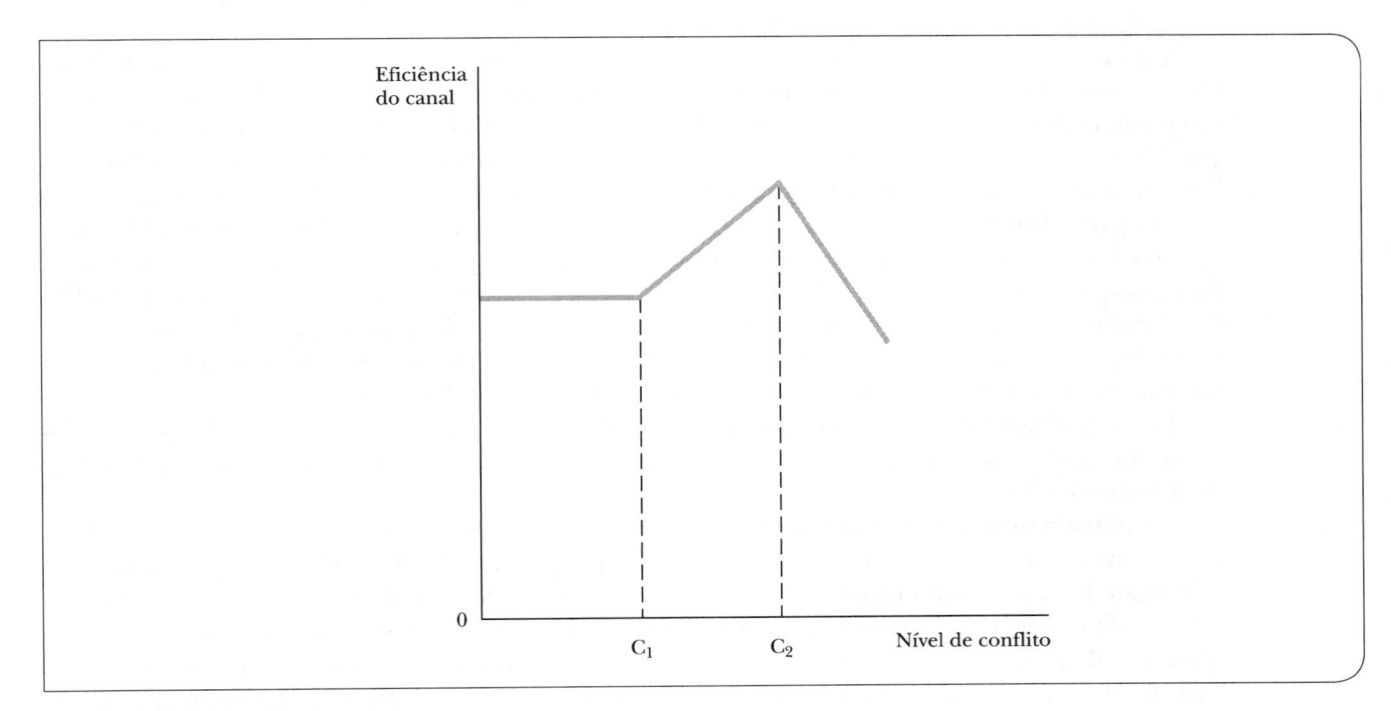

FIGURA 4.4 ▶ Conflito e eficiência do canal – Curva geral.

Fonte: Bert Rosembloom, Conflict and channel efficiency: some conceptual models for the decision maker. *Journal of Marketing* 37, jul. 1973, p. 28. Reeditado com permissão do *Journal of Marketing*, publicado pela Associação Americana de Marketing.

A literatura sobre a natureza, causas e efeitos do conflito no canal de marketing, embora de maneira alguma seja definitiva, lança uma luz considerável sobre o significado do conflito no canal. Embora o gerente do canal não tenha um conjunto preciso de princípios ou diretrizes como referência que possa utilizar quando quiser tentar gerenciar o conflito, algumas abordagens são discutidas na literatura. Estas serão analisadas visando ajudar o gerente a: (1) detectar um conflito existente ou em potencial; (2) avaliar os possíveis efeitos do conflito; e (3) resolver o conflito de canal.

Detectando um conflito de canal – Na prática, o conflito é normalmente percebido quando já bem desenvolvido e evidente. Para detectá-lo, essa abordagem de "pós-acontecimento" é insatisfatória, já que seus efeitos potencialmente negativos podem ter avançado e deteriorado. Assim, é melhor que o gerente do canal possua algum tipo de "sistema de advertência rápido".

No que foi, talvez, o primeiro estudo voltado a um método de detecção precoce de conflito de canal, Foster e Shuptrine sugerem que um membro do canal pode ajudar a identificar potenciais áreas de conflito ao levantar as percepções de desempenho dos outros membros.[24] A pesquisa na qual a sugestão é baseada mediu a percepção dos varejistas sobre o desempenho de atacadistas e fabricantes em cinco tarefas relacionadas à distribuição. Para ter valor real, no entanto, o estudo observou que as medidas de percepção precisariam ser consideradas em uma base regular e contínua. Tais pesquisas regulares dos membros do canal para a detecção de possíveis conflitos são tão relevantes hoje em dia quanto há quase quatro décadas, quando Foster e Shuptrine sugeriram essa abordagem. Mas, atualmente, com a disponibilidade da internet e o uso generalizado do e-mail, elas podem ser feitas mais fácil e rapidamente por meios eletrônicos.

Para identificar áreas de conflito, estudos com membros do canal também podem ser feitos por empresas de pesquisa independentes. Não apenas a empresa ou o consultor que faz a pesquisa precisa ter grande experiência em desenhar e executar esse tipo de estudo, mas a independência da parte externa também ajuda a evitar distorções no levantamento.

Levantamentos sobre as percepções de potenciais áreas de conflito dos membros do canal também podem ser executados por terceiros, tais como associações comerciais ou publicações de negócios. A revista *Industrial Distribution*, por exemplo, realiza periodicamente uma pesquisa abrangente sobre as percepções do fabricante contra as do atacadista em relação a uma ampla variedade de assuntos. A Tabela 4.1 fornece um extrato de um desses estudos.

À esquerda da Tabela 4.1 estão listadas oito vantagens específicas da venda por distribuidores. Os números à direita representam o percentual de entrevistados (fabricantes e distribuidores) que as entendem como vantajosas. Por exemplo, 72% dos fabricantes e 66% dos distribuidores concordam que é benéfico usar distribuidores para ganhar "maior cobertura de mercado e esforço de vendas". Embora isso represente uma diferença em percepção, não é muito grande. Há discrepâncias muito maiores para "distribuidor que assume risco de crédito", em que o dobro de distribuidores (36%) vê a comercialização por distribuidores como uma vantagem, se comparado a apenas 18% dos fabricantes. Disparidade similar existe para "distribuidor que lida com faturamento e contas" (fabricantes 14%, distribuidores 28%). A maior discrepância em percepção, no que diz respeito ao uso de distribuidores, é a vantagem de contratá-los para "encarregar-se de serviços e instalações", em que apenas 9% dos fabricantes viram isso como uma vantagem, se comparada a 28% dos distribuidores.

Tais disparidades em percepções por parte dos fabricantes e distribuidores detectadas por estudos como esses podem ser valiosas para ajudar membros do canal a descobrir áreas da relação que podem resultar em conflito.

A **auditoria do canal de marketing** oferece outra abordagem para descobrir potenciais conflitos entre membros do canal.[25] Esse termo sugere uma avaliação periódica e regular de importantes áreas da relação de determinado membro do canal com os outros. Na avaliação de várias áreas desse vínculo, conflitos potenciais são mais prováveis de ser detectados. Exemplo disso envolveu um grande fabricante de pneus que realizou uma auditoria de canal de marketing. O suporte promocional que o fabricante concedia aos varejistas representou uma das principais áreas avaliadas. Uma descoberta surpreendente nessa área, com potencial de gerar conflito, dizia respeito à utilização do fabricante de material promocional no ponto de venda. Descobriu-se que as percepções do fabricante e do varejista sobre o valor desse material eram bem diferentes. O primeiro o via como algo importante e valioso,

TABELA 4.1 Extrato da pesquisa da revista *Industrial Distribution* sobre as percepções de fabricantes *versus* distribuidores em relação às vantagens de utilizar distribuidores

Vantagens em vender por meio de distribuidores	Percentual de entrevistados que percebem vantagens							
	Total		Fabricantes de			Distribuidores: número de fornecedores		
	Fabricantes	Distribuidores	*Commodities*	Bens de consumo	Bens de capital	Até 25	25 – 100	Mais de 100
Maior cobertura de mercado e esforço de vendas	72	66	72	69	68	65	66	69
Contato local e mais frequente	54	60	54	44	64	64	59	53
Estoque local ou armazéns dos distribuidores	57	68	60	57	62	59	66	88
Distribuidor assume risco de crédito	18	36	19	13	23	31	36	43
Distribuidor lida com faturamento e contas	14	28	16	7	17	29	21	40
Fabricantes podem despachar grandes quantidades	14	6	17	3	6	8	3	7
Distribuidor encarrega-se de serviços e instalações	9	28	8	18	17	38	25	19
Despesas de vendas reduzidas	24	29	25	15	19	33	28	22
Outras	3	1	3	3	–	–	2	2

Fonte: Manufacturer/Distributors Issues and Answers, *Industrial Distribution*. Cahners Publishing Co., mar. 1987, p. 48.

destinado a ajudar os varejistas a realizar vendas aos consumidores que entrassem em suas lojas. Os varejistas, por outro lado, o viam como um lixo supérfluo que não os ajudava a resolver seu principal problema relativo à promoção dos espaços, que era, em primeiro lugar, fazer os consumidores entrarem nas lojas! Assim, sentiam que os fabricantes decepcionavam ao não promover suporte promocional onde *realmente* precisavam. A diferença de percepção (ver a discussão no início deste capítulo sobre as diferenças de percepção como causa de conflito) a respeito da estratégia promocional plantou as sementes do conflito. A advertência antecipada fornecida pela auditoria do canal, porém, permitiu ao fabricante fazer mudanças apropriadas e, assim, evitar o conflito.

Conselhos consultivos de distribuidores ou **comitês de membros do canal** oferecem outra abordagem para detecção prévia de conflito de canal. Esses grupos são compostos por representantes da alta administração do fabricante e executivos importantes de um grupo seleto de distribuidores e/ou revendedores que se reúnem regularmente para discutir uma vasta gama de questões e estratégias do canal. Embora não preocupados especialmente com as questões do conflito de canal, esses conselhos ou comitês estabelecem um fórum para expor áreas potenciais de conflito entre membros do canal que poderiam passar despercebidas. O papel desses conselhos ou comitês será discutido em detalhes no Capítulo 9.

Avaliando os possíveis efeitos do conflito – Um crescente corpo de acadêmicos tem surgido para auxiliar o gerente do canal a desenvolver métodos para mensurar os conflitos e seus efeitos na eficiência do canal. Por exemplo, Pruden, numa das primeiras tentativas de medir o conflito em uma configuração de canal de marketing, desenvolveu uma escala de intensidade do conflito entre produtores e distribuidores de materiais de construção.[26] Rosenberg e Stern investigaram um canal para bens domésticos duráveis e desenvolveram uma escala para medição da intensidade do conflito de canal que seria associado a quatro causas diferentes.[27] Pearson mediu a intensidade do conflito em um canal de distribuição para produtos de mercearia e tentou relacioná-la ao desempenho do canal.[28] Mediante uma abordagem um pouco diferente, Lusch mediu o conflito de canal em termos da frequência de discordâncias entre fabricantes e revendedores na indústria automobilística, relacionando essa dimensão ao desempenho do revendedor.[29] Usando uma técnica de mensuração conjunta, Brown desenvolveu uma abordagem para verificar a importância das questões de conflito quanto aos níveis globais de conflito em uma situação hipotética de conflito de canal, eBrown e Day desenvolveram um método para medir tanto a intensidade quanto a frequência do conflito em um canal para automóveis.[30] Em um dos estudos mais recentes, Laskey, Nicholls e Roslow desenvolveram um índice para mensurar o conflito de canal composto por cinco elementos de percepção e cinco de comportamento de conflito de canal.[31] Apesar de os estudos terem sido conduzidos na indústria náutica, o índice de conflito desenvolvido pode ser aplicado a muitas outras indústrias. Vários outros estudos que lidam com medidas de conflito em canais de marketing também aparecem nesse tipo de literatura.[32]

A importância desse trabalho é que demonstra a efetividade de métodos desenvolvidos para medir conflitos em canais de marketing em situações reais. Embora essa análise ainda esteja nas fronteiras do pensamento de marketing, *não* deve ser descartada pelo gerente do canal como algo direcionado e adequado somente a acadêmicos. Os métodos envolvidos têm maior probabilidade de se tornar mais refinados e aplicáveis a uma gama maior de canais com a ajuda dessas pesquisas. É válido acreditar que, no futuro, tal trabalho poderá provar ser de valor muito prático aos responsáveis pela administração de canal. Atualmente, a maioria das tentativas de medir conflito e avaliar seus efeitos na eficiência do canal ainda é feita em um nível conceitual que se baseia no julgamento subjetivo do gerente.

Resolvendo o conflito de canal – Quando há conflitos no canal, o gerente deve tomar medidas adequadas para resolvê-lo caso acredite que trará efeitos nocivos à eficiência do canal. Um volume significativo de trabalho empírico emergiu ao longo dos anos para orientar o gerente do canal nessa resolução.

Rosenberg fez várias sugestões para lidar com conflito de canal há quase quatro décadas, mas ainda relevantes hoje em dia.[33]

1. **Um comitê que abranja todo o canal** deve ser estabelecido para avaliações periódicas de problemas emergentes relacionados a conflito. Tal comitê poderia funcionar com capacidade de administração de crise, ao promover um fórum para os diversos pontos de vista dos vários membros do canal. Rosenberg sugere que o fabricante indique alguns representantes como membros do comitê, enquanto distribuidores e varejistas poderiam eleger seus próprios representantes.
2. **Fixação de metas conjuntas** pelo comitê (ou algum outro veículo) – que leve em conta os objetivos e as capacidades especiais dos vários membros do canal, as necessidades dos consumidores e as restrições ambientais – ajudaria a atenuar os efeitos de um conflito. Mesmo que não seja possível estabelecer objetivos comuns em perfeita harmonia, o próprio diálogo provocado por essa tentativa seria um benefício em si mesmo para a resolução do conflito.
3. **Uma posição executiva de distribuição** pode ser criada para cada grande empresa no canal.[34] O(s) indivíduo(s) que ocupa(m) essa posição seria(m) responsável(is) por explorar os problemas da empresa relacionados à distribuição. Além disso, esse(s) membro(s) poderia(m) tentar conscientizar outros executivos a respeito do potencial impacto do conflito na eficiência da empresa. E, por fim, ser-lhe-ia necessário identificar a forma atual das questões de conflito no canal.

Outra abordagem para resolver um conflito de canal, sugerida por Weigand e Wasson, é submeter as partes envolvidas à arbitragem.[35] Esses autores apontam cinco vantagens da arbitragem na resolução de conflitos:

1. *A arbitragem é rápida.* As partes de um litígio podem ser rapidamente informadas de que existe uma disputa judicial e cientificadas a tempo sobre uma audiência. É possível que os fatos sejam, então, ouvidos por jurados e a decisão proferida – tudo em poucas semanas.
2. *A arbitragem preserva o sigilo.* Terceiros podem ser barrados nas audiências, e decisões que não são de registro público mantidas em segredo.

3. *A arbitragem é menos cara que o litígio.* Existe um elemento de "atalho" que ocorre com frequência e reduz o custo de uma decisão razoável.

4. *A arbitragem enfrenta os problemas em sua fase inicial, justamente quando conflitos são mais fáceis de resolver.* A atitude certa seria: "Temos um problema potencial aqui; deixe-nos resolvê-lo antes que posições e opções fiquem muito enraizadas".

5. *A arbitragem ocorre diante de especialistas do setor.* Em muitos casos, o mediador ou o painel de arbitragem é composto de especialistas que conhecem a indústria e suas práticas. Alguns afirmam que isso leva a uma decisão mais justa.

Zikmund e Catalanello propõem usar conceitos e métodos de desenvolvimento organizacional (DO) para resolver conflitos no canal de marketing. Basicamente, isso envolve o emprego de cientistas de comportamento, como consultores, a fim de que desenvolvam estratégias educacionais para ajudar os membros do canal a lidar com mudanças que possam estimular o conflito.

Outra abordagem é oferecida por Dwyer e Walker. Com base em pesquisas comportamentais em laboratório, que simulavam um ambiente de canal, os autores argumentam que procedimentos especializados de barganha e negociação podem ser proveitosamente aplicados à resolução do conflito de canal.[36]

Os estudos realizados por Schul, Pride e Little, mencionados neste capítulo, produziram resultados que sugerem a diminuição de conflitos negativos caso o gerente do canal enfatize um estilo de liderança participativo que busque refletir as necessidades e predisposições dos seus membros.[37]

Uma pesquisa sobre resolução de conflitos, realizada por Dant e Schul em canais franqueados de *fast-food*, sugere que a interação direta entre membros do canal visando à resolução conjunta de problemas pode ser eficaz.[38] No entanto, os autores também descobriram que a solução de conflitos de canal pode precisar da intervenção de terceiros quando o problema envolve altos riscos, complexidade, questões políticas importantes ou um nível muito alto de dependência entre o franqueado e o franqueador.

A viabilidade e a aplicação de qualquer uma dessas abordagens para a resolução de conflitos variam para tipos distintos de canais e sob diferentes circunstâncias.[39] Por exemplo, um fabricante relativamente pequeno, que distribui a atacadistas igualmente pequenos, pode achar não ser muito prático criar um comitê para o canal ou instituir a posição de executivo de distribuição. É possível, ainda, que um grupo de franqueados em conflito com seu franqueador acredite que um processo nos tribunais lhes ofereça uma arma mais poderosa do que a arbitragem para a resolução dos conflitos. Reuniões presenciais podem ser efetivas quando o número de membros do canal é pequeno. No entanto, Hibbard, Kumar e Stern, em pesquisas recentes com um canal envolvendo um fabricante de bens de consumo duráveis da *Fortune 500*, que vende a 1.200 revendedores independentes, descobriram que uma reunião para "resolver as coisas" por meio de discussões construtivas pode, na verdade, *agravar* o conflito, ao invés de atenuá-lo.[40] Por quê? Em uma configuração de canal que envolve a relação "um-para-muitos", em vez de "um-para-um", é quase impossível à alta administração de um grande fabricante engajar-se em uma discussão construtiva com muitas centenas dos seus membros. Assim, o trabalho de conduzir o diálogo com os revendedores deve ser relegado para representantes de níveis mais baixos do fabricante que não têm autoridade para mudar as políticas que visam à resolução dos conflitos e à satisfação do revendedor. O resultado é a frustração e o potencial agravamento do conflito, do ponto de vista do revendedor, de que o fabricante não está engajado em um diálogo sério.

Mais importante do que as especificações dessas abordagens particulares é o princípio subjacente comum a todas elas. Pode-se afirmar: *a ação tomada a tempo por parte de alguns participantes do conflito é necessária se este for resolvido com sucesso. Por outro lado, se o conflito é "deixado de lado", não será suscetível de ser bem resolvido, e ainda pode piorar.* Em suma, é muito provável que, ao ser ignorado, o conflito não desapareça simplesmente. Ao contrário, membros do canal devem se esforçar para resolvê-lo.[41] Independentemente das abordagens específicas usadas no esforço de resolução (com a possível exceção da situação de canal "um-para-muitos" descrita no estudo de Hubbard, Kumar e Stern), enquanto elas promoverem um diálogo sincero entre membros do canal e ajudarem a mostrar as diferenças, serão benéficas para a resolução de conflitos.[42] Como em muitas situações de conflito em outras áreas além do canal de marketing, soluções envolvem alguma medida de compromisso. Mas o comprometimento não é possível sem diálogos substanciais entre as partes do conflito.[43] Assim, cabe ao gerente desenvolver abordagens para conseguir isso, seja por meio de arbitragem, um comitê que abranja todo o canal, desenvolvimento organizacional, processos de negociação, ou até mesmo uma "conferência de paz" entre os membros do canal. Essa abordagem tem sido empregada na indústria alimentícia entre fabricantes e supermercados. De acordo com o Food Marketing Institute (FMI), a associação comercial para supermercados, um tratado formal de paz pode muito bem ser a melhor forma de resolver conflitos entre fabricantes e supermercados em relação a questões conflituosas, como *merchandising*, preços, termos de vendas, taxas de alocação e compras a prazo.[44]

O PODER NO CANAL DE MARKETING

Há vários conceitos de poder na literatura. Dahl, por exemplo, afirma que "A tem poder sobre B na medida em que consegue que este faça algo que normalmente não faria".[45] Miller e Butler argumentam que poder representa a habilidade de uma pessoa em controlar o comportamento de outra.[46] Etziono o vê como uma capacidade de superar parte ou toda resistência à mudança em face da oposição.[47] Price sugere que a essência do poder é a capacidade de influenciar o comportamento de outros.[48]

Como podemos ver por essa descrição, há muitas posições sobre o conceito de poder. No entanto, há um tema comum em todas: o poder está ligado à capacidade que uma parte tem de controlar ou influenciar o comportamento de outra ou outras partes. Assim, quando usamos o termo **poder** em um contexto de canal de marketing, referimo-nos à *capacidade de um membro particular controlar ou influenciar o comportamento de outro(s) membro(s) do canal.* Por exemplo, quando a Hewlett-Packard Co. soube que a Dell Computer Corp. considerava comercializar sua própria linha de impressoras, decidiu que esta não seria mais um membro do seu canal.[49] A Dell já vendia impressoras HP há mais de oito anos, muitas vezes combinando-as com seus computadores nas negociações de venda. Aparentemente, a HP acreditou que sua decisão fosse dissuadir a Dell de implementar seu plano. Entretanto, esta pouco se importou com a atitude da HP, já que, como a maior fabricante mundial de computadores naquela época, aproveitou sua posição de poder como revendedora de impressoras. Agora, ela não apenas tinha sua própria linha de impressoras, mas também outros fabricantes, como Lexmark, Xerox Corp. e Seiko Epson Corp., ficaram muito felizes de vender impressoras por meio da Dell.

A chave para determinar quais são os membros do canal suscetíveis a ter maior poder em situações distintas fica a cargo das fontes ou bases de controle disponíveis aos membros do canal.

Bases de poder para controle de canal

French e Raven definem **base de poder** como a fonte ou a raiz do poder que uma parte exerce sobre outra, assim descrevendo-a: poder de recompensa, poder de coerção, poder de legitimidade, poder de referência, e poder de experiência.[50]

Poder de recompensa – Essa fonte de poder, presente em praticamente todos os sistemas de canal, refere-se à capacidade de um membro do canal recompensar outro se este estiver de acordo com sua influência. As recompensas manifestam-se, em geral, como ganhos financeiros percebidos ou reais que os membros do canal experimentam como resultado da obediência à vontade do outro. Membros do canal – produtor, atacadista ou varejista – permanecerão viáveis a longo prazo apenas se puderem obter benefícios financeiros nessa filiação de canal.[51] Há exceções a essa proposição geral quando a relação do canal é baseada em acordos contratuais que restringem as capacidades dos membros de se desvincular de um canal não rentável. Mas, mesmo nessa situação, quando o contrato expira, é possível que o membro insatisfeito com as recompensas financeiras do canal o abandone.

Um exemplo dessas tentativas de influenciar membros do canal com o poder de recompensa vinda de um fabricante é mostrado na Figura 4.5, em um anúncio que apareceu na *Discount Store News*, revista de negócios que se espalhou por lojas de desconto e hipermercados. A chamada do anúncio do Hoover SteamVac Deluxe diz "Todos a bordo". Uma cópia mais recente do anúncio continua a manter a metáfora do trem ao dizer: "Você vai querer incrementar suas vendas e lucro..." e "Se você não tem o SteamVac Deluxe com ferramentas acopladas, pode ser deixado para trás na estação". O fabricante, Hoover, oferece recompensa de altas vendas e lucros na tentativa de fazer os varejistas adquirirem seu produto. No anúncio, a empresa também promete compensações adicionais com o apoio promocional contínuo a fim de manter o produto sempre fora das prateleiras dos varejistas. O sucesso de Hoover em transformar varejistas em membros do canal que irão vender agressivamente seu produto depende muito do poder de recompensá-los pelos seus serviços. Se o fabricante não consegue convencer os membros do canal que pode lhes oferecer recompensas suficientes, é improvável que sua tentativa de influência para obter apoio e comprometimento desses membros seja bem-sucedida.

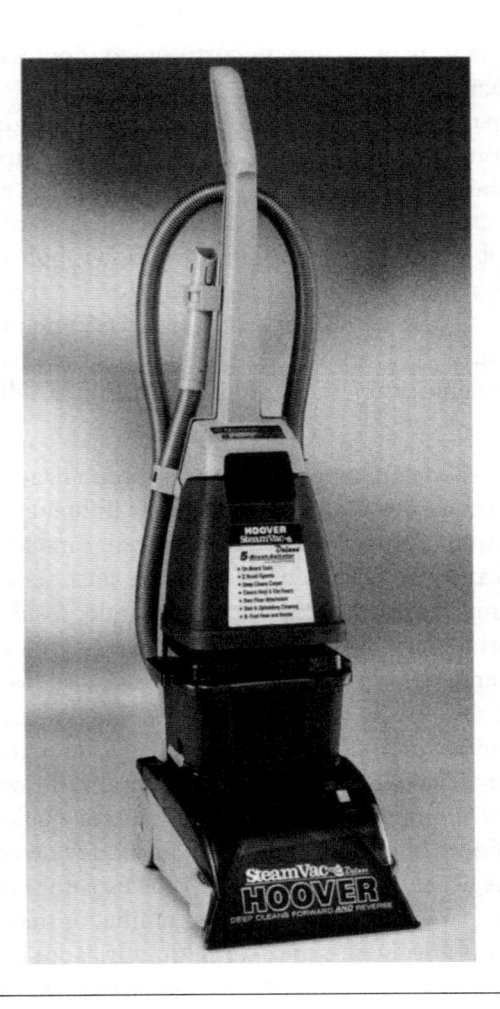
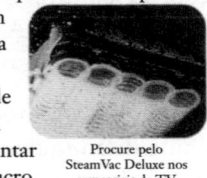

FIGURA 4.5 ▸ Propaganda em uma revista de comércio ilustrando o uso do poder de recompensa.

Fonte: Foto reproduzida com a permissão de The Hoover Co. [Tradução livre].

Poder de coerção – É essencialmente o oposto do de recompensa. Nesse caso, o poder de um membro do canal sobre outro é baseado na expectativa de que o primeiro pode punir o segundo caso este não aceite suas tentativas de influência. Esse tipo de poder ocorre com muita frequência nas relações de canal. Tomemos, por exemplo, o caso da Gallo Wine Co., maior fabricante de vinhos norte-americano. A empresa, que produz uma grande variedade da bebida, usou a forma de imposição de linha completa (ver Capítulo 3) para coagir distribuidores de vinho independentes a receber, forçosamente, mais de 40 marcas diferentes do seu produto. Estes não tiveram escolha, visto o grande poder da empresa, apesar de a maioria não querer muitas dessas marcas. A Gallo simplesmente não venderia aos comerciantes os vinhos de grande giro, altamente rentáveis, a não ser que estivessem dispostos a adquirir também seus rótulos de baixo giro e, em alguns casos, de qualidade inferior. A maioria dos distribuidores não se sustentaria sem os melhores produtos da Gallo e, assim, eram forçados a aceitar a coerção do fabricante. A situação tornou-se tão dispendiosa para os distribuidores que a Federal Trade Commission (FTC) interveio e ordenou que a empresa cessasse a prática.

Nesse exemplo, a capacidade da Gallo em usar o poder coercitivo provinha do seu grande porte e posição dominante na indústria. Por isso foi capaz de exercer uma pressão considerável sobre seus atacadistas e fazê-los atender a seus desejos. Se estes não se comportassem de acordo com a Gallo, a empresa simplesmente poderia cortá-los da rede de distribuidores, sem perda significativa para si mesma. Essa é uma típica operação de poder coercitivo no canal de marketing. As empresas capazes de utilizar essa prática ou são grandes ou estão em posição muito vantajosa – resultando em um quase monopólio ou uma condição de contrato formal apreciada por inúmeros franqueadores. Na ausência de restrições externas (ação governamental, caso a lei seja violada, como aconteceu com a Gallo), poderosos membros de canal conseguem, pelo menos no curto prazo, dominar aqueles mais fracos, chegando mesmo a usar ameaças e coerção.

Devemos salientar que tais companhias poderosas não se limitam a produtores ou fabricantes. Atacadistas e varejistas em posição dominante, em razão de seu porte ou posições de monopólio em determinadas áreas de comércio, também podem recorrer ao uso do poder coercitivo. Por exemplo, o Walmart, maior varejista do mundo, cresceu sob o ataque de fabricantes, atacadistas e varejistas menores que afirmam que a empresa usou poder de coerção para impor suas políticas de canal. Exemplo disso é o anúncio do Walmart de que não mais compraria de corretores e representantes de vendas, mas apenas diretamente do fabricante. O comunicado criou tanta agitação no mercado que uma organização, a Coalition of Americans to Save the Economy (CASE), foi formada para combater o jogo de poder do Walmart. A Figura 4.6 mostra um anúncio usado pela CASE para solicitar que os membros do canal revidassem na mesma moeda.

Poder de legitimidade – Essa base de poder decorre de normas internalizadas em um membro do canal que ditam que determinado membro tem o direito legítimo de influenciar outros, e que é obrigatório aceitar essa circunstância. Em um sistema intraorganizacional, característico de empresas de grande porte, o poder legítimo é eficaz e rotineiramente aceito. De fato, seria extremamente difícil para a organização operar sem ele. Em cada nível da cadeia de comando, o subordinado reconhece o direito legítimo da influência comportamental do seu superior e sabe ser seu dever aceitá-la. Assim, um vendedor que se reporta a um gerente de vendas espera receber suas ordens; e este último, por sua vez, recebe ordens do vice-presidente de vendas, e assim por diante.

Por outro lado, em um sistema interorganizacional, como o canal de marketing, o poder de legitimidade funciona de forma diferente, não é um fenômeno generalizado nem bem-aceito. Dado que muitos canais são compostos por empresas independentes, não há qualquer relação superior--subordinado definida, nem existem linhas claras de autoridade ou cadeias de comando. É apenas em canais contratualmente vinculados que existe algo semelhante a uma estrutura organizacional baseada em poder legítimo. Em consequência, para canais de marketing alinhados mais livremente, esse tipo de controle é uma base de poder que praticamente inexiste. Um fabricante que vende por meio de atacadistas independentes, por exemplo, não pode lhes ordenar que façam algo baseado em um poder legítimo que lhe tenha sido conferido e que esse atacadista seja obrigado a aceitar. O fabricante pode, é claro, oferecer incentivos ou usar formas de coerção (por exemplo, ameaçar cortar o atacadista da sua

FIGURA 4.6 ▶ Anúncio reclamando do uso de poder de coerção.

Fonte: Cortesia da Coalition of Americans to Save the Economy. [Tradução livre.]

lista de fornecimento) se o atacadista se recusar a ceder à sua influência. Mas, nesses casos, as bases de poder envolvidas seriam recompensa e coerção, respectivamente, em vez da legítima.

Em geral, o gerente que opera um canal pouco alinhado não pode depender de uma base de poder legítimo para influenciar os membros do canal. Antes, deve recorrer a outras bases ou reestruturar o canal em um sistema mais formal, como do tipo vertical, contratualmente vinculado, para incrementar uma base de poder de legitimidade.

Algumas das mais fortes bases de poder legítimo são mantidas por franqueadores, já que a legitimidade provém do contrato de franquia com seus franqueados. Esses acordos quase sempre enunciam os direitos específicos e as obrigações de ambas as partes. Com poucas exceções, a maior parte da base de poder legítimo é mantida pelo franqueador, e não pelos franqueados. Por exemplo, a Southland Corporation, franqueadora das lojas Seven-Eleven, tem um acordo contratual que a coloca em uma posição altamente dominante. Ela tem direito a 52% dos lucros brutos de seus franqueados, além de lidar com a contabilidade deles, enviando-lhes um cheque mensal de seus lucros líquidos. Se o desempenho do franqueado fica abaixo de um nível especificado, a Southland pode fechar suas lojas com um aviso-prévio de apenas 72 horas.

Poder de referência – Quando um membro do canal percebe que seus objetivos estão alinhados com os de outro, pode surgir entre eles uma base de poder referente. Em outras palavras, é possível que acreditem fazer parte do mesmo grupo de referência. Portanto, nessa situação, um dos membros do canal pode tentar influenciar o comportamento do outro, enquanto é provável que este último entenda a situação como benéfica para a realização de suas próprias metas. Por exemplo, varejistas ou atacadistas que anseiam o rótulo de empresas "líderes", "de alta qualidade" ou "de prestígio" usarão como grupo de referência os fabricantes cujos produtos forem consistentes com a imagem que tentam projetar ao consumidor. Isso, por sua vez, confere aos fabricantes uma base de poder de referência sobre os intermediários que tentam vender seus produtos. Para quem produz artigos altamente desejáveis, a base de poder referente pode ser bem alta, com influência significativa sobre os membros do canal que vendem seus produtos. Veja o anúncio na Figura 4.7 feito por Sylvan Learning Center, um franqueador de programas educacionais. O anúncio ressalta o orgulho da empresa em ser líder mundial em educação complementar que melhorou a vida de mais de 1 milhão de crianças. Essa propaganda, no *Wall Street Journal*, não apenas destinava-se a novos franqueados, mas também visava reforçar um sentimento de pertencimento e orgulho que os franqueados da Sylvan sentem ao ser associados a uma renomada organização educacional.

Grandes membros de canal, como a Macy's, maior rede de lojas de departamento do mundo, também podem ser influenciados por esse tipo de poder. Para manter e melhorar a imagem ligada à moda, crucial para sua estratégia competitiva de diferenciação de hipermercados de descontos, como o Walmart e a Target, suas prateleiras devem estar cheias de marcas conhecidas, como Polo by Ralph Lauren,

FIGURA 4.7 ▶ Anúncio ilustrando o uso da base de poder de referência.
Fonte: Cortesia da Sylvan Learning Centers. [Tradução livre.]

Liz Claiborne, Jones Apparel Group e muitas outras.[52] Como a Macy's é muito maior do que a maioria dos fabricantes cujas marcas ela vende, ela é capaz de manejar de forma substancial o poder coercitivo para forçar desses fabricantes concessões sobre preços e condições de vendas. Sua predisposição para exercer tal poder, no entanto, é atenuada pela necessidade de associar-se ao mercado da moda. Então, em um sentido muito real, o poder referente que possuem os fabricantes de produtos de marcas conhecidas compensa, pelo menos em algum grau, o poder coercitivo disponível aos grandes varejistas.

Poder de experiência – Essa base de poder é derivada do conhecimento (ou sua percepção) que um membro do canal atribui a outro em determinada área. Em outras palavras, as tentativas de um membro de influenciar o comportamento do outro baseiam-se em uma experiência superior.

O poder de experiência é bem comum no canal de marketing. Muitos fabricantes fornecem aos varejistas um suporte administrativo relevante a várias fases das operações que lhes são comuns. Exemplo é o Programa de Sortimento Eficiente da Procter & Gamble's (P&G) que ajuda varejistas a manter nos estoques e prateleiras os sortimentos certos de seus produtos para atender às necessidades particulares de consumidores em diferentes mercados com um mínimo de estoque excedente. O programa é anunciado em publicações especializadas, como a *Discount Store News*, para manter informados membros do canal já existentes ou potenciais. É frequente que os varejistas façam mudanças baseados em conselhos recebidos por fabricantes ou atacadistas que oferecem sua experiência de mercado.

Em canais de franquias, a experiência é uma base de poder fundamental para que o franqueador influencie os franqueados. Embora, obviamente, o franqueador também possa usar outras bases de poder, em especial o legítimo, o uso do de especialista é extremamente importante para conseguir a cooperação submissa dos franqueados. Estes esperam que o franqueador lhes ofereça, regular e continuamente, sua experiência. De fato, um dos principais valores que podem ser transmitidos entre eles é a experiência do franqueador no seu específico ramo de negócios.[53] O anúncio para Dairy Queen, mostrado na Figura 4.8, veiculado no *Wall Street Journal*, exemplifica a base de poder de experiência já em seu título, "Franquia com experiência", indicando aos seus futuros franqueados que a Dairy Queen sabe muito bem o que está fazendo e tem o melhor professor de todos – a experiência. Franqueados que se tornam parte da organização teriam, portanto, a vantagem do tipo de experiência que só o conhecimento adquirido por uma franquia bem-sucedida pode fornecer.

Aconselhamento especializado também pode ajudar o fluxo de canal do franqueado para o franqueador, já que, por vezes, os franqueados conseguem "sentir o pulso" do mercado consumidor melhor do que o próprio franqueador. Considere o caso das lojas de sanduíche Subway.[54] Durante a "Grande Recessão" de 2007-08, o lanche de $ 5 tornou-se um grande sucesso. Entretanto, foi um seu franqueado, e não o franqueador, que teve essa ideia. Stuart Frankel, o dono de duas pequenas lojas da rede em Miami, ao notar que as vendas estavam lentas nos fins de semana, começou a oferecer sanduí-

FIGURA 4.8 ▶ Propaganda unindo a base de poder de experiência ao canal de franquias.

Fonte: "Dairy Queen", "DQ" e o logo da elipse são marcas registradas da American Dairy Queen Corp. Usada com permissão. [Tradução livre.]

ches por $ 5, em vez dos habituais $ 6, e as vendas explodiram em dois dígitos! Em semanas, o lanche de $ 5 tornou-se um grande sucesso em toda a franquia. Aparentemente, a experiência de Frankel, nesse caso, sua habilidade de "ler o mercado", faltava aos franqueadores nas sedes da Subway's.

Usando o poder no canal de marketing

Do ponto de vista do gerente de canal de uma empresa de produção ou manufatura, o poder deve ser usado para influenciar o comportamento de membros do canal de forma a realizar os objetivos de distribuição da empresa.[55] Assim, o gerente do canal deve usar as bases de poder disponíveis para exercer o poder por todo o canal. Isso levanta duas questões básicas da administração de canal: (1) Quais bases de poder estão disponíveis? e (2) Qual base ou bases devem ser usadas?

Identificando as bases de poder disponíveis – Na maioria dos casos, lidar com essa questão é simples, já que as bases de poder disponíveis ao gerente do canal normalmente podem ser identificadas de imediato. Em geral, elas são uma função do tamanho do produtor ou fabricante quanto aos membros do canal, à organização do canal, ou a determinado conjunto de circunstâncias que permeiam a relação do canal.[56]

No que diz respeito ao tamanho, pode-se dizer que, tipicamente, um grande produtor ou fabricante que lida com membros do canal relativamente pequenos nos níveis de atacado ou varejo utiliza grandes bases disponíveis de poder de recompensa e de coerção, e vice-versa. Por outro lado, varejistas gigantescos, como Home Depot, Walmart e Amazon.com, são maiores do que a maioria dos fabricantes que os abastecem. Portanto, esses varejistas "poderosos" ou "dominantes" têm altos níveis de poder de recompensa e de coerção, em comparação com a maioria dos fabricantes menores de quem compram. Tais diferenças na quantidade de poder disponível aos membros do canal (assimetria) não significam necessariamente que o maior e mais poderoso membro do canal tirará, de forma automática, vantagem de suas maiores bases de poder de recompensa e de coerção.[57] Isso meramente indica que o potencial para essa prática existe.

Em termos de organização de canal, os que estão contratualmente vinculados, como num sistema de franquia, fornecem ao franqueador uma forte base de poder legal que deriva do contrato. Inversamente, canais convencionais frouxamente alinhados não oferecem ao produtor ou fabricante praticamente nenhuma base de poder legal.

Por fim, a qualquer momento no relacionamento de canal as circunstâncias podem mudar, levando à associação com uma base de poder particular.[58] Por exemplo, a base do poder especialista pode estar disponível ao fabricante apenas nos primeiros estágios de introdução de um novo produto, já que este pode ser o único membro do canal que sabe como promover esse produto de forma efetiva. Por conta disso, os varejistas podem aceitar as "recomendações" promocionais do fabricante porque ele possui o conhecimento necessário.

Embora em algumas situações as bases de poder sejam difíceis de identificar, na maioria dos casos uma avaliação cuidadosa do relacionamento básico do canal no que diz respeito ao seu tamanho e estrutura organizacional, e de qualquer alteração das circunstâncias relevante à relação entre estes, revelará as bases de poder disponíveis.[59] Por exemplo, um estudo de corretores e atacadistas de alimentos em canais de distribuição para produtos de mercearia descobriu que, pelo menos neste canal em particular, a quantidade de poder de um membro sobre outro não era tão grande, mas sim relacionada a questões específicas e áreas políticas.[60] Da mesma forma, um estudo exploratório envolvendo floricultores de varejo abastecidos por atacadistas descobriu que, dada a natureza do produto (uma *commodity*), a quantidade de poder disponível aos atacadistas dessa área é bem limitada, já que os floricultores poderiam facilmente adquirir flores semelhantes de muitos outros.[61]

Selecionando e usando bases de poder apropriadas – Determinar quais bases devem ser usadas para exercer o poder no canal de marketing é uma questão mais difícil e complexa para o gerente do canal do que a questão anterior.[62] Como Frazier e Antia apontam:

O poder pode ser usado de forma exagerada para pressionar os membros do canal a praticar ações indesejadas. Sem dúvida, seu uso contribui para piorar as relações de canal em diversos contextos. No entanto, também é importante reconhecer que o poder pode ser usado para melhorar a natureza de troca nos relacionamentos entre membros do canal.[63]

Então, a fim de utilizar esse poder para aumentar, ao invés de inibir, os relacionamentos do canal, o gerente do canal precisa conhecer a eficácia das várias bases de poder para influenciar seus membros a levar adiante os objetivos de distribuição da empresa, reconhecer as possíveis reações dos membros do canal a diferentes bases, e como o uso de várias delas afetará o relacionamento de todo o canal. Embora não haja qualquer conjunto definitivo de princípios ou diretrizes para lidar com essa situação, um número crescente de análises e pesquisas empíricas surgiu para fornecer algumas ideias úteis sobre essa questão.

Muitos estudos têm focado nas reações de membros do canal ao uso de várias bases de poder pelo fabricante e nos efeitos que tal prática pode ter sobre todo o relacionamento de canal. Beier e Stern argumentam que bases de poder não coercitivas conduzem membros "mais fracos" do canal a um maior nível de satisfação.[64] Hunt e Nevin testaram essa hipótese em franquias de *fast-food*.[65] Suas descobertas de fato fornecem suporte empírico para a hipótese. Com base nessas descobertas, os autores afirmam que, ao menos em um canal de franquia, evitar o uso de poder coercitivo pelo franqueador pode produzir os seguintes resultados em relação aos franqueados:

1. Tendência a ter a moral mais elevada.
2. Maior propensão a cooperar com o franqueador.
3. Menor inclinação a rescindir seus contratos.
4. Menor propensão a entrar com processos individuais contra o franqueador.
5. Menos predisposição a propor ações judiciais coletivas.
6. Menor disposição para procurar uma legislação protetora, como o "Franchise Full Disclosure Act" (1970).

Um estudo subsequente feito por Lusch em canais franqueados de distribuição de automóveis reforçou as evidências de Hunt e Nevin.[66] Esse estudo descobriu que o uso de certas bases de poder pelos fabricantes pode ter impacto sobre o conflito de canal. Especificamente, verificou-se que o uso de bases não coercitivas (recompensa, legitimidade, referente e especialista) tende a reduzir o conflito no canal, enquanto o poder coercitivo tende a aumentá-lo. Resultados semelhantes também foram relatados em um estudo de canais de marketing de automóveis conduzido por Brown e Frazier.[67]

Em outro estudo baseado em um canal de marketing simulado, composto por estudantes de graduação e pós-graduação, Dwyer descobriu que bases de poder de recompensa, referência, legitimidade e especialista tendem a promover uma relação de canal mais cooperativa.[68] Estudos mais recentes também apoiam essa proposição. Por exemplo, Schul e Babakus, em um estudo envolvendo 106 corretores de imóveis franqueados, representando as seis maiores organizações de franquia imobiliária em atividade no território norte-americano, descobriram que o poder de recompensa tendia a impactar positivamente no relacionamento do canal, enquanto o uso de poder coercitivo exercia impacto negativo.[69] Outro estudo, de Hunt, Mentzer e Danes, que envolveu 67 representantes de fabricantes de materiais hidráulicos, aquecedores e ar-condicionado em mercados industriais, encontrou uma relação estatisticamente significativa entre os poderes legítimo, referente e de especialista e a probabilidade de os membros do canal cederem às tentativas de influência fundamentadas nessas bases de poder.[70]

Em um dos poucos estudos realizados fora dos Estados Unidos sobre o uso de poder no canal de marketing, Wilkinson investigou um canal de distribuição para um bem durável doméstico na Austrália, terminando por descobrir uma relação direta (embora fraca) entre as bases de poder não coercitiva e o grau de satisfação de membros com o relacionamento no canal.[71]

Em outra análise fora dos Estados Unidos, Johnson et al. examinaram como os distribuidores japoneses de bens de consumo fabricados nos Estados Unidos percebem a forma pela qual as fontes de poder são usadas por si mesmos e pelos seus fornecedores americanos.[72] O estudo constatou que os japoneses concebem o uso do poder de forma diferente da de típicas culturas ocidentais. Por exemplo, um participante de canal dos Estados Unidos que tenta influenciar um parceiro japonês de forma sutil e não agressiva para os padrões americanos pode ser considerado excessivamente agressivo pelos orientais. Por outro lado, um membro do canal norte-americano que busca fazer uma forte observação do que acredita ser um uso agressivo de poder pode não ser levado a sério por membros do canal japonês.

Por fim, em uma recente pesquisa internacional sobre canais de marketing para cerveja na República Popular da China, Lee descobriu que 95 distribuidores de cerveja nativos que participavam do estudo tinham percepções acerca do uso de poder por seus fornecedores semelhantes aos encontrados em canais de marketing ocidentais.[73] Especificamente, os distribuidores chineses dividem o poder em categorias agressivas e não agressivas, similares à dicotomia coercitiva e não coercitiva, típica das percepções de poder dos distribuidores ocidentais empregados por fornecedores. Além disso, como acontece em canais ocidentais, os distribuidores chineses ficavam mais satisfeitos com seus fornecedores quando o poder não coercitivo (não agressivo) era utilizado, em vez do coercitivo (agressivo). De fato, o estudo descobriu que a associação entre o uso de poder não coercitivo e a satisfação do membro do canal (nesse caso, distribuidor de cerveja) era ainda maior na China do que no Ocidente.

Embora não se possa extrair dessa pesquisa nenhuma implicação precisa da administração do canal no uso de poder no canal de marketing, várias deduções gerais podem ser obtidas:

1. Alguma forma de poder deve ser exercida para influenciar o comportamento do membro do canal.
2. A eficácia das diversas bases de poder que influenciam o comportamento dos membros do canal decorre, provavelmente, de uma situação específica.[74] Dependendo da estrutura particular do canal envolvido, da natureza dos membros e do contexto ambiental no qual o poder é exercido, altera-se a eficácia das várias bases de controle.[75]
3. O exercício do poder, bem como a forma como este é usado, pode afetar o grau de cooperação, causar conflitos e afetar os níveis da satisfação de membros com o relacionamento no canal.[76]
4. O uso do poder coercitivo parece fomentar o conflito e promover insatisfação em maior grau do que outras bases de poder.
5. A prática do poder coercitivo, sobretudo em canais vinculados contratualmente, pode reduzir a estabilidade e a viabilidade do canal, e aumentar a probabilidade de seus membros coagidos buscarem assistência externa (tais como ações de governo) para reduzir a coerção.

Ainda que as generalizações acima não devam ser consideradas definitivas, universais ou imutáveis, elas, de fato, oferecem ao gerente do canal ao menos algum grau de orientação baseado em pesquisas sobre o uso de poder no canal de marketing.[77] Quando combinadas com o bom-senso gerencial, podem provar ser valiosas para o desenvolvimento e a administração do canal.[78]

PAPEL NO CANAL DE MARKETING

Com tantos termos surgindo das ciências comportamentais, há uma boa dose de divergência a respeito da definição de papel. Esse conceito tem sido usado para significar prescrição, descrição, avaliação e ação. Uma definição aceitável de **papel**, para nossos propósitos, seria:

"Um conjunto de prescrições que definem qual deve ser o comportamento da posição de um membro".[79]

Ao aplicar essa definição ao canal de marketing, Gill e Stern afirmam que este, quando visto como sistema social, é composto por uma série de posições reconhecíveis, com cada organização (fabricantes, atacadistas, varejistas) ocupando uma delas.[80] Cada posição possui um conjunto de prescrições socialmente definidas (papéis), delineando um comportamento aceitável para os ocupantes desse papel.[81] Por exemplo, um preceito básico de papel para a posição do fabricante pode ser maximizar as vendas de sua marca particular de produto. Espera-se que ele concorra com seus "pares sociais" (outros fabricantes, seus concorrentes) por participação de mercado. Esse papel também prescreve a promoção da marca de maneira agressiva para competir de forma eficaz. As prescrições do papel de atacadistas independentes, no entanto, podem variar bastante porque a posição por eles ocupada terá um conjunto diferente de prescrições associadas. Por exemplo, a marca do produto de um fabricante em particular pode ser apenas uma entre tantas outras vendidas. Dessa maneira, as prescrições do papel do atacadista são assim definidas por sua posição como concorrente de outros atacadistas. Esse papel pode determinar que se promovam as vendas com qualquer das marcas mais demandadas pelos varejistas. Se o fabricante ou atacadista foge muito do papel prescrito, podem ocorrer situações de conflitos que afetem adversamente seu desempenho ou até mesmo sua sobrevivência. Por exemplo, se o atacadista continua a manter um grande estoque da marca do fabricante, mesmo que produtos semelhantes de outros fabricantes estejam em maior demanda no período, ele se arrisca a perder vendas e importantes contas de varejistas. Por outro lado, o fabricante não poderia simplesmente "seguir os passos" do atacadista por um longo período de tempo, já que, se este último parasse de comprar dele e começasse a adquirir produtos de outros fabricantes, isso claramente reduziria seu volume de vendas e sua participação de mercado.

Os papéis no canal de marketing não são necessariamente sempre os mesmos; podem mudar com o tempo. Evoluções na indústria automobilística mostram como os papéis dos membros do canal podem mudar e, por conseguinte, desviar-se do que geralmente se via como normal ou habitual.[82] Nas últimas duas décadas houve um crescimento substancial de "megarrevendedores" – grandes varejistas de automóveis que negociam diferentes marcas. Esses grandes e poderosos comerciantes estão insatisfeitos com o papel tradicional dos revendedores de automóveis do canal de marketing porque sentem que quase não podem opinar sobre o planejamento que é feito pelos fabricantes. Muitos revendedores querem que sua função se expanda, e os megarrevendedores têm o poder de fazer isso acontecer. O revendedor deseja, por seu papel mais amplo no canal, ser consultado quando da tomada de decisões sobre desenvolvimento de produto e formulação de estratégias de vendas, tais como incentivos aos revendedores, além de especificar as disposições de programas de garantias. Apenas vender os carros que os fabricantes decidem produzir, em conformidade com estratégias de vendas fornecidas exclusivamente pelo fabricante, tornou-se um papel muito pequeno para a maioria dos revendedores de automóveis.

Para um exemplo de como papéis claramente definidos ajudam a promover melhor compreensão entre membros do canal, considere o caso das lojas de artigos de aço. São um tipo de atacadista independente em operação no mercado industrial. Elas compram aço a granel em grande quantidade dos maiores produtores do material e o processam muitas vezes, em várias formas e dimensões. As lojas mantêm estoques significativos desses artigos, proporcionando rápido atendimento a seus clientes, normalmente fabricantes de produtos como computadores, pequenos eletrodomésticos, luminárias, móveis, carros de bombeiros, equipamentos de restaurante e hotel, sistemas de ar-condicionado e muitos outros. Normalmente, essas lojas desfrutam de excelentes relações com os produtores do metal e seus consumidores. Um dos principais motivos para isso, de acordo com fontes do setor, é o claro entendimento entre membros do canal de seus respectivos papéis.[83] Por exemplo, o papel dos produtores de aço como fornecedores diretos de pequenos usuários tem decrescido em razão de seus elevados requisitos para pedido mínimo (de 20 a 50 toneladas para determinados tipos de produtos de aço). Eles viram as lojas de artigos de aço como membros de canal ideais para o papel de fornecedores aos consumidores menores. Estes, por sua vez, esperavam que a loja de artigos de aço fornecesse atividades de processamento, como corte e laminação, armazenamento, e a habilidade de entregar os itens em curtos períodos de tempo e em quantidades menores do que os produtores de aço. Mesmo que o "casamento" não seja perfeito, a maior parte dos indícios aponta que essas relações de canal são caracterizadas por um alto nível de compreensão, entre seus membros, de seus respectivos papéis. Em suma, a familiaridade com o conceito de papel no canal de marketing promove uma reflexão mais extensa e nítida sobre o que se espera de cada um dos membros. Isso promove o desenvolvimento de ocupações mais harmoniosas entre os membros do canal, o que, por sua vez, resulta em canais mais cooperativos e eficientes.

Do ponto de vista do gerente do canal, o valor principal do conceito de papel é ajudar a descrever e comparar o comportamento esperado dos membros do canal, além de fornecer ideias sobre as restrições sob as quais eles operam. Por exemplo, o gerente do canal pode usar esse conceito para formular questões como as seguintes:

1. Que papel espero que um membro em particular desempenhe no canal?
2. Que papel os pares (de outras empresas semelhantes) desse membro (potencial ou existente) esperam que ele desempenhe?
3. Minhas expectativas em relação a esse membro conflitam com as de seus pares?
4. Que papel esse membro espera que eu ocupe?

Ao formular esses tipos de questões sobre os papéis dos vários membros de canal, é fácil surgir uma compreensão mais clara sobre o desempenho de cada parte. Isso ajuda a minimizar relações confusas e aleatórias que normalmente existem entre os membros do canal e, portanto, a reduzir a possibilidade de conflitos de papel.[84]

PROCESSO DE COMUNICAÇÃO NO CANAL DE MARKETING

A **comunicação** tem sido descrita como "a cola que mantém unido um canal de distribuição"[85]. Ela fornece a base para o envio e recebimento de informações entre membros do canal, e entre este e seu ambiente.[86] Atividades de comunicação desenvolvidas por membros criam um fluxo de informação dentro do canal necessário para que haja um trânsito eficiente de produtos ou serviços por meio dele. De fato, é quase impossível visualizar um trânsito eficiente de produto ou serviço sem um fluxo eficaz de informação.[87] Por consequência, é preciso que o gerente do canal se esforce em criar e fomentar um fluxo efetivo de informação dentro do canal. As abordagens e métodos usados para isso serão discutidos em detalhes nos Capítulos 9 e 12. Neste, nosso objetivo, ao introduzir o tema da comunicação, é fornecer um pano de fundo para alguns dos problemas comportamentais presentes na comunicação no canal de marketing. A experiência com essas situações é necessária se o gerente do canal deseja evitar armadilhas enquanto tenta criar um fluxo eficaz de informação ao longo do canal.

Problemas comportamentais em comunicações de canal

Um estudo pioneiro feito por Wittreich tornou-se marcante ao apontar os problemas comportamentais que afetam as comunicações no canal de marketing.[88] Embora a análise do autor lide em especial com as adversidades encontradas por grandes fabricantes corporativos que tentavam se comunicar com varejistas independentes relativamente pequenos, suas descobertas também fornecem um eficiente panorama para entender problemas de comportamento nas comunicações em outras estruturas de canal; por isso, onde apropriado, apontamos diferentes tipos de canais aos quais as observações de Wittreich também podem ser aplicadas.

O autor delineia dois problemas comportamentais básicos que criam dificuldades de comunicação entre o fabricante e o pequeno varejista independente na estrutura de canal: (1) diferenças de objetivos entre fabricantes e seus varejistas; e (2) diferenças nos tipos de linguagem que usam para transmitir informações.

Objetivos divergentes – A administração corporativa dos grandes fabricantes caracteriza-se por uma psicologia de crescimento. Na estratégia de marketing corporativo, isso se traduz em um esforço agressivo para elevar o volume de vendas. Portanto, espera-se que aqueles que participam dos canais de marketing estejam realmente comprometidos com tal objetivo. Por outro lado, a meta de crescimento não é compartilhada pelo típico comerciante varejista. Ao contrário, o de pequeno ou médio porte caracteriza-se por manter uma psicologia essencialmente estática, isto é, ele geralmente está satisfeito com o nível de negócio atual, ou, no máximo, espera uma expansão modesta e progressiva.

A oposição desses objetivos é responsável por grande parte dos problemas de comunicação no canal de marketing entre grandes fabricantes e pequenos varejistas. Para ilustrar essa situação, Wittreich cita o exemplo de incentivos a comerciantes amplamente utilizados por fabricantes. Tais incentivos normalmente vêm na forma de estímulos financeiros que os varejistas recebem quando aumentam seu volume de vendas. Um exemplo é o desconto por volume, no qual um percentual cada vez maior de abatimento em compras é concedido ao comerciante como uma compensação por este ter aumentado seu volume de compras. Com frequência, os fabricantes ficam confusos com sua inabilidade de anunciar os benefícios desses descontos, e, assim, os negociantes aproveitam para, entusiasmados, tirar proveito deles. Wittreich explica esse problema de comunicação da seguinte maneira:

> Para entender um ponto de vista tão intrigante, devemos recordar (...) enquanto a administração [de fabricantes] é caracterizada pela expansão crescente, em muitas situações o comerciante não está interessado em ir além do nível de negócio que alcançou. Este último, desfrutando de um bom padrão de vida, não está apenas satisfeito em manter seu nível atual, mas fica irritado com o fornecedor que o "incita" a avançar além desse nível. E depois ele não apenas se ressente com tal atitude, mas a considera uma "discriminação injusta" a favor de negociantes maiores que ele.[89]

Embora a diferença de objetivos seja exemplificada por meio de grandes fabricantes que distribuem usando varejistas relativamente pequenos, o mesmo problema pode existir em outras estruturas de canal onde um dos membros é grande, e os outros relativamente pequenos. Assim, o mesmo problema pode existir em canais em que há: (1) um fabricante que distribui por meio de pequenos atacadistas; (2) um grande atacadista e pequenos varejistas; (3) um franqueador e franqueados pequenos; e possivelmente outros. Obviamente, sem evidência empírica não podemos validar essa afirmação com toda certeza; entretanto, a extensão das descobertas de Wittreich em outras estruturas de canal, envolvendo grandes e pequenos membros, é certamente razoável – sobretudo porque as diferenças de objetivos que o autor menciona não são uma função de tipo particular de negócio, como um fabricante por si mesmo, mas parecem estar intimamente relacionadas ao tamanho da empresa e à filosofia de sua administração. Um grande atacadista dirigido por uma administração profissional, por exemplo, pode ter elevadas metas de crescimento, inconsistentes com as dos varejistas por meio dos quais a empresa distribui.

Com isso em mente, os gerentes de canal em grandes empresas, sejam produtores, fabricantes, atacadistas ou franqueadores de serviços, devem tentar entender os objetivos de pequenos membros do canal para saber se estes são muito diferentes das metas de suas próprias empresas.

Diferenças de linguagem – Outro problema básico de comunicação entre o fabricante e o pequeno varejista decorre da terminologia ou jargão usado por profissionais da administração corporativa em grandes indústrias. Wittreich argumenta que, embora tal linguagem seja bem compreendida entre gerentes profissionais, é praticamente incompreensível para os pequenos varejistas. Para elucidar esse ponto, cita o exemplo da indústria cervejeira norte-americana. Especificamente, afirma que os fabricantes têm grande dificuldade em se comunicar com proprietários de bares do pequeno varejo.

> O típico dono de bar não é exatamente um executivo. Ele não está acostumado a pensar em termos familiares a este último. Para ele, "lucro" é uma palavra secreta da alta sociedade usada por caras espertos que pensam ser melhores do que ele. Estando nesse negócio para "fazer dinheiro", ele é mais suscetível a responder a argumentos ou recursos que o ajudarão a realizar isso, propriamente, do que aos que deveriam levá-lo a "melhores lucros". Da mesma forma, as palavras *merchandising* e "promoção" vão automaticamente entrar e sair pelos seus ouvidos. Para fazê-lo agir, você precisa falar com ele em termos familiares e significativos, prometendo recompensas concretas que ele pode digerir e entender.[90]

Aqui, outra vez, o argumento de Wittreich pode ser aplicável a outras estruturas de canal, além dos grandes fabricantes e pequenos varejistas independentes, caracterizadas por grandes membros de canal corporativo que lidam com outros significativamente pequenos, tais como distribuidores, atacadistas ou franqueados. Assim, gerentes de canal de grandes organizações corporativas, que distribuem seus produtos ou serviços por meio de empresas de pequeno porte, precisam ter certeza de que ambos falam a "mesma língua" em suas comunicações de canal.

Outros problemas comportamentais nas comunicações do canal – Três outros problemas de comportamento que podem inibir comunicações efetivas são aqueles associados a diferenças de percepção entre membros do canal, comportamento reservado e frequência inadequada de comunicação.

No caso de diferenças de percepção, membros do canal podem perceber os mesmos estímulos de formas diferentes. Tal diferença, que envolve variadas percepções de linguagem, já foi discutida neste capítulo. Outras distinções, porém, podem distorcer a comunicação, não sendo o resultado de variadas percepções de linguagem. Por exemplo, questões como tempo de entrega da mercadoria podem ser percebidas por vários membros do canal de maneira diferente.

Exemplo dessa situação envolveu o fabricante de um pequeno guindaste portátil e um atacadista com uma franquia exclusiva para o produto. O primeiro carregamento dos artigos que chegou às lojas tinha 100% de defeito. O atacadista precisou devolver cada guindaste vendido. O fabricante permitiu que este fizesse a devolução e começou a trabalhar para consertar as imperfeições de maneira muito cautelosa a fim de ter certeza de que os guindastes estariam perfeitos. Isso atrasou a produção, resultando num prazo de entrega ao atacadista de nove a dez meses. O atacadista queixou-se amargamente ao fabricante de que os consumidores não estavam dispostos a esperar tanto. O fabricante respondeu que, se esse atacadista não estivesse contente com seu trabalho, poderia facilmente procurar outro. A resposta deste foi processar o fabricante por lucros perdidos por encomendas não entregues a tempo. O fabricante argumentou que, sob as circunstâncias, um tempo de entrega de nove a dez meses era razoável. O atacadista argumentou que um período de aproximadamente 30 dias era o que se entendia por um tempo de entrega "razoável". O tribunal decidiu a favor do atacadista com base em uma testemunha especialista que apoiou a percepção do atacadista de que o prazo de 30 dias significava um tempo de entrega razoável.

Esse exemplo envolveu a questão do prazo de entrega, mas podem acontecer diferenças de percepção entre membros do canal em uma ampla variedade de questões. Portanto, é importante que os gerentes de canal explicitem tais questões, como tempo de entrega, margem e descontos, direito à devolução, disposições de garantia etc., para que os membros tenham essa mesma compreensão. Gerentes de canal não devem presumir erroneamente que "todos saibam" o que significa uma disposição em particular, ou o que "é uma prática padrão" na indústria. Um pouco mais de cuidado nessa área pode tornar as comunicações de canal mais efetivas e minimizar as possibilidades de conflito e ações judiciais.

A tendência de membros do canal a se comportar de maneira reservada também pode inibir comunicações efetivas de canal, especialmente quando isso envolve a divulgação de um futuro plano promocional. Muitas vezes, os fabricantes relutam em expor muitos dos detalhes do plano a seus membros de canal. Ao não divulgarem o plano antes de sua execução, eles não obtêm um *feedback* potencialmente valioso dos seus intermediários sobre se o plano é apropriado, oportuno e passível do seu apoio. Membros do canal também se comportam de forma reservada, com medo de que outros participantes sejam membros de canais concorrentes. Assim, a possibilidade de vazar informações é alta. Ainda que isso possa acontecer, os vários membros do canal com frequência omitem ou distorcem as informações sensíveis para se proteger contra essa prática.[91]

Devemos destacar que um pouco de sigilo normalmente é necessário no canal. Por exemplo, ao lançar uma importante campanha promocional, uma empresa em geral precisa do elemento-surpresa. Ao divulgar os detalhes da campanha, ela fica mais suscetível a perder essa vantagem competitiva.

Infelizmente, não há qualquer posição definida a respeito do sigilo dos membros do canal, se essa é uma atitude necessária, e quando ela funciona como inibidor da comunicação eficaz no canal. Claramente, altos níveis de segredo em todas as circunstâncias provavelmente são desnecessários. Por outro lado, a transparência completa em todas as situações é bastante imprudente. O gerente do canal deve, por isso, decidir a questão caso a caso.

Por fim, no que diz respeito à comunicação exacerbada e imprópria entre membros do canal, um estudo de Mohr e Sohi sobre canais de marketing para computadores pessoais descobriu que essa atitude poderia, de fato, inibir uma comunicação de canal eficaz. Conforme os autores apontaram,

> A comunicação pouco frequente pode fazer que membros do canal se sintam abandonados; membros da ponta do canal podem não ter a informação necessária para efetivamente comercializar os produtos de um fabricante. Portanto, a comunicação pouco frequente é associada a percepções de baixa qualidade de comunicação.[92]

Apesar da cautela dos autores sobre a generalização para outros canais de suas descobertas (que foram baseadas em dados de 125 revendedores de computador), a associação da pouca frequência com baixa qualidade de comunicação também pode se aplicar a uma ampla variedade de canais. A deficiência em comunicação parece ser exatamente o que aconteceu entre o Chrysler Group LLC e seus 2.500 revendedores americanos e internacionais.[93] Sergio Marchionne, o CEO da montadora italiana Fiat, também ocupou essa posição na Chrysler quando a Fiat assumiu a falida Chrysler, em junho de 2009. Mesmo assim, Marchionne não se comunicou abertamente com os revendedores da Chrysler até setembro de 2010 – mais de um ano desde que se tornara CEO das duas organizações. Muitos dos revendedores ficaram chateados e ansiosos com essa falta de comunicação em um período de tempo tão longo, especialmente levando em conta o grande tumulto gerado pela reorganização por conta da falência, do encerramento de centenas de revendedores da Chrysler e do drástico declínio nas vendas de automóveis. Por que Marchionne demorou tanto para se comunicar com os revendedores? O CEO queria esperar até que seus planos para novos modelos estivessem prontos antes de se comunicar com eles. Aparentemente, acreditou que manter os vendedores "às escuras" por 14 meses até que tivesse algo empolgante para lhes mostrar era preferível a se comunicar com eles quando tivesse pouca coisa para compartilhar. Mas a maioria dos revendedores preferiria ter travado um diálogo mais aberto com o CEO durante um momento tão difícil.

Resumo

O canal de marketing caracteriza-se não apenas por processos econômicos, mas também comportamentais. E pode, portanto, ser visto como um sistema social afetado por dimensões comportamentais, como conflito, poder, papel e processos de comunicação. O gerente do canal precisa conhecer as dimensões comportamentais e saber como elas operam no canal de marketing a fim de que seus efeitos possam ser incorporados na tomada de decisões.

Conflito é uma dimensão comportamental inerente nos canais de marketing generalizada porque deriva de muitas causas, como incoerência de papéis, escassez de recursos, diferenças de percepção, de expectativas, discordâncias quanto ao domínio de decisão, incompatibilidade de metas e dificuldades de comunicação. O conflito pode ter efeitos negativos e positivos na eficiência do canal e, em alguns casos, nenhum efeito. A administração do conflito de canal envolve três tarefas: (1) detectar o conflito; (2) avaliar seus efeitos; e (3) resolvê-lo se causar efeitos negativos sobre a eficiência do canal. Uma variedade de abordagens pode ser usada para detectar o conflito de canal, tais como pesquisas de percepções dos membros, auditorias de canal e conselhos consultivos de distribuidores. A mensuração do conflito foi tratada em muitas pesquisas, e agora há uma variedade de métodos sofisticados que medem o conflito e relacionam seus efeitos à eficiência do canal. Embora a maioria desses métodos não tenha sido amplamente utilizada na prática, podem abastecer o gerente do canal com sugestões valiosas para lidar com o conflito de canal. A resolução do conflito pode ser facilitada por meio do uso de comitês formados por representantes de todos os membros do canal, definição de objetivos comuns, executivos de distribuição, arbitragem, organizações especiais para coleta de informações, métodos de desenvolvimento organizacional, procedimentos especializados de negociação e resolução conjunta de problemas. Todas essas abordagens tentam promover maior diálogo entre os membros do canal a fim de atenuar os efeitos negativos do conflito.

O poder é usado no canal de marketing para influenciar o comportamento de outros membros e deriva de cinco fontes ou bases: (1) recompensa; (2) coerção; (3) legitimidade; (4) referência; e (5) experiência. A questão fundamental e mais importante que o gerente do canal enfrenta no uso do poder no canal de marketing é decidir qual base ou combinação de poder deve ser usada para atingir influência máxima sobre os membros do canal e, ao mesmo tempo, evitar o conflito e promover a satisfação dos membros. Esta questão tem sido foco de pesquisas e estudos consideráveis. Suas descobertas podem fornecer algumas orientações para o uso do poder no canal de marketing. Entre as descobertas mais importantes está a de que a eficácia do poder no canal parece ser específica à situação; o uso do poder pode afetar o grau de cooperação e conflito no canal e os níveis de satisfação dos membros do canal; o uso do poder coercitivo parece fomentar o conflito e promover insatisfação a um grau maior do que as outras bases de poder.

O papel, um conjunto de prescrições que define o comportamento de cada integrante, fornece ao gerente do canal as bases para delinear o que ele espera de cada membro do membro do canal e que papel a empresa deve exercer no canal de marketing. Por meio do desenvolvimento de papéis mais coerentes entre os integrantes do canal, é mais provável que o gerente do canal consiga chegar a um canal de marketing mais efetivo e eficiente.

Os fluxos de comunicação dentro do canal são vitais à sua operação. Entretanto, problemas comportamentais, como objetivos divergentes entre os membros do canal, dificuldades de linguagem, diferenças de percepção, comportamentos reservados e frequência inadequada de comunicação, podem causar distorções no fluxo de comunicações, o que pode reduzir a eficiência do canal. Dessa forma, o gerente do canal deveria tentar detectar todos os problemas comportamentais com tendência a inibir a eficácia do fluxo de informações por meio do canal e tentar solucioná-los antes que o processo de comunicação no canal fique seriamente distorcido.

QUESTÕES DE REVISÃO

1. Um modelo puramente econômico de canal de marketing é inadequado. Explique essa afirmação.

2. Por que o gerente de canal precisa ter familiaridade com alguns dos processos comportamentais que ocorrem no canal?

3. Discuta a diferença entre conflito e competição no canal de marketing.

4. Quais são algumas das causas básicas do conflito de canal? Geralmente elas são óbvias? São questões sobre as quais o conflito pode se desenvolver da mesma forma que as causas básicas?

5. Mais de uma causa poderia ser associada ao desenvolvimento de conflito no canal de marketing?

6. Os efeitos do conflito são necessariamente prejudiciais à eficiência do canal? Discorra sobre isso.

7. Como o conflito poderia ter significado positivo para o canal de marketing? Explique.

8. Discuta alguns meios disponíveis para o gerente de canal detectar um conflito de canal. Você acha que eles poderiam ser de aplicação prática no mundo real?

9. Fale sobre algumas das abordagens que o gerente de canal pode usar ao tentar gerenciar o conflito. Todas elas compartilham de um tema comum?

10. Por que é necessário usar o poder no desenvolvimento e na administração do canal?

11. Quais são as bases de poder no canal de marketing? É possível classificá-las de acordo com seu grau de eficiência para influenciar o comportamento de outro membro do canal antes que se examinem circunstâncias ou contextos particulares da tentativa de influência no canal?

12. Como um gerente de canal percebe quais bases de poder estão disponíveis?

13. Resuma o que se sabe sobre o uso de poder no canal de marketing.

14. Como o gerente de canal pode usar o conceito de papel para desenvolver um canal mais eficiente e eficaz?

15. Discuta alguns dos problemas comportamentais que podem "prejudicar" comunicações eficazes no canal de marketing.

QUESTÕES DE CANAL PARA DISCUSSÃO

1. Logo após a "Grande Recessão" de 2007-08, fabricantes de alimentos e supermercados entraram no que muitos observadores da indústria descrevem como guerra de preços. Os supermercados ficaram aborrecidos porque os fabricantes de alimento estavam aumentando os custos de atacado

que lhes eram cobrados, mesmo que os preços das *commodities* e os custos de combustível para os fabricantes tivessem diminuído. Os supermercados sentiram-se presos em uma armadilha porque não poderiam repassar seus custos elevados para os consumidores prejudicados pela recessão. Entretanto, os fabricantes de alimentos alegaram estar também em uma situação difícil em relação aos lucros, presos em contratos para *commodities* negociadas antes da recessão, quando os preços estavam significativamente mais altos. O conflito que surgiu desse problema de preços fez que algumas redes importantes de supermercado ameaçassem diminuir a área das prateleiras alocada para marcas nacionais, preenchendo esse espaço com mais artigos de marcas próprias. Qual é a causa do conflito entre os fabricantes de alimentos e os supermercados? Como essa situação pode ser resolvida?

2. Bill Schwartz, proprietário da Newvalue Supply, um atacadista de médio porte de materiais de encanamento, estava furioso. Ele acabara de desligar o telefone, depois de uma conversa com o gerente de vendas da Jefferson Industries, fabricante de uma linha muito rentável de torneiras de alta qualidade que a Newvalue vendia havia anos. "Aquele sujeito agora vai começar a vender diretamente às grandes contas de *home centers*", disse Bill Schwartz, em um acesso de cólera, ao seu filho Paul. "Trabalhamos muito duro para estabelecer essa linha de negócios, e, então, quando ela finalmente começa a crescer, a Jefferson quer nos cortar", ele continuou.

Discuta as possíveis causas do conflito que parecem emergir dessa situação.

3. Amoco, uma das maiores companhias norte-americanas de petróleo, tem forçado vários de seus postos de serviço independentes a converter-se de postos completos, que oferecem serviços de reparos, em lojas de conveniência ou postos que vendem somente combustíveis. Assim, a parte do reparo, a mais rentável desse negócio, não estará mais disponível aos donos dos postos, forçados a mudar seu formato inicial. Os revendedores franqueados independentes têm pouca opção a não ser se render à Amoco, já que a companhia de petróleo é dona dos terrenos e edifícios do posto e oferece arrendamento por apenas três anos ou menos. Esse arranjo parece investir todo o poder ao produtor e praticamente nenhum aos comerciantes.

Discuta essa situação à luz das bases de poder e seus possíveis efeitos a longo prazo na relação de canal.

4. "Isso realmente ultrapassou os limites", comentou Lisa Johnston, compradora de calçados esportivos de uma grande rede de lojas de artigos esportivos. A sra. Johnston se referia à nova política da Nike, o famoso fabricante de calçados esportivos, que exigiu que os varejistas fizessem seus pedidos com seis meses de antecedência de entrega. "Isso é ótimo para a Nike porque permite que planejem sua produção eficazmente, mas dificulta muito nossa vida. A Nike não sabe que o varejo de calçados esportivos é um mercado de alta rotatividade e competitividade? É extremamente difícil prever com tanta antecedência exatamente quais tênis da Nike nossos consumidores vão querer. E as outras marcas de calçados esportivos que comercializamos?", continuou a sra. Johnston em conversa com o comprador assistente. A Nike entende o papel do varejista? Discuta a esse respeito.

5. No verão de 2009, o Walmart, maior varejista do mundo, não deixou dúvidas a respeito do seu enorme poder sobre o canal de marketing. Ele anunciou a todos os fabricantes cujos produtos comercializava que deveriam aderir à sua nova iniciativa de meio ambiente "verde". Os fabricantes tinham de estimar e divulgar os custos ambientais da produção de seus artigos e, então, permitir que o Walmart usasse essa informação para desenvolver um sistema de classificação "verde" que seria comunicado aos consumidores nos rótulos dos produtos. O custo do programa "verde" também tinha de ser bancado inteiramente pelos 100 mil fornecedores do Walmart. Embora o programa levasse anos para ser completamente implementado, algumas das suas partes poderiam estar funcionando em meados de 2011. Os fornecedores não seriam autorizados a deixar o programa. Dessa forma, todos, do maior ao menor, precisariam participar. O Walmart deixou bem claro que os fornecedores que não participassem provavelmente seriam descartados. Que bases de poder parecem estar em jogo nessa situação? O que o Walmart tenta realizar ao exercer seu grande poder no canal de marketing?

6. Como parte da reorganização de falência da Chrysler Corp., iniciada e supervisionada pelo governo americano, quase 800 concessionárias da empresa foram fechadas. Muitos desses revendedores acharam que o fechamento forçado das lojas pela Chrysler foi extremamente injusto e quiseram contestá-lo por arbitragem ou pelos tribunais. Porém, não foram autorizados a fazer isso porque

o processo de falência especificamente proibiu a arbitragem ou processos contra a Chrysler. Com efeito, uma das principais razões da empresa para seguir essa opção era ganhar proteção de revendedores contra ações judiciais ou de arbitragem. Mas eles conseguiram pressionar o Congresso para aprovar uma lei que substituiria a proteção contra a falência e lhes permitiria utilizar a arbitragem para permanecer no negócio. Dada a aprovação da nova lei, muitos revendedores usaram a arbitragem para manter suas concessionárias abertas.

Discuta a mudança de poder que ocorre no canal. Há "mocinhos" e "bandidos" aqui? Explique isso levando em conta as causas possíveis do conflito e a luta pelo poder entre a Chrysler e suas concessionárias fechadas.

7. As UPS Stores operam estabelecimentos do tipo "embalar e enviar" em uma base de franquia concedida pelo franqueador, UPS Inc. Além desses serviços, elas oferecem uma variedade de outros produtos e serviços, como materiais de escritório, serviços de copiadora e notariais. O franqueador também exige que as lojas forneçam serviços "de recolhimento", utilizados por consumidores que fazem sua própria embalagem, compram e pagam pela internet as etiquetas de postagem diretamente da UPS e, depois, vão a qualquer loja da empresa para "deixar" suas caixas, sem nenhum custo. A UPS paga às suas franquias $ 1 por caixa despachada. Muitos franqueadores da rede não gostam dessa política. Argumentam que o canal on-line, que trata diretamente com o consumidor, prejudica parte do negócio de embalagem e envio, o que constitui a maior porção de suas vendas. Em vez de levar até as lojas UPS os itens para serem embalados, pesados e despachados, o consumidor pode fazer isso por conta própria. Os franqueados afirmam que $ 1 por caixa, pago a eles pela UPS pelos recolhimentos, não compensa a perda de receitas de embalagem e envio na loja física. O franqueador vê a situação de maneira muito diferente. A UPS defende que a política de recolhimento ajuda a trazer novos consumidores às suas lojas, que nunca teriam aparecido antes sem essa facilidade. O maior movimento na loja fornece oportunidades aos franqueados da UPS de vender a esses consumidores outros produtos e serviços no momento em que a visitam. Então, de acordo com o franqueador, o programa de recolhimento deve ser visto como algo positivo para os franqueados.

Você acha que os diferentes pontos de vista entre o franqueador UPS e seus franqueados a respeito da política de recolhimento é um problema de comunicação no canal? Justifique sua resposta.

REFERÊNCIAS

1. Veja, por exemplo: Dwyer, F. Robert. Behavioral dimensions in marketing channels, *Journal of Retailing*, Winter 1995, p. 329-330; Dahlstrom, Robert; Dwyer, F. Robert. The political economy of distribution systems: a review and prospectus, *Journal of Marketing Channels 2*, n. 1, 1992, p. 47-86; Lee, Keun S. A framework of channel membership involvement: alienative, calculative, and moral attitudinal orientation. In: BAHN, Kenneth D. *Developing in marketing science*, II ed. Blacksburg, Va: Academy of Marketing Science, 1988, p. 456-459.

2. Para uma discussão seminal do canal de marketing como um sistema social, veja: Stern, Louis W.; Brown, Jay W. Distribution channels: a social systems approach. In: Stern, Louis W. (ed.). *Distribution channels: behavioral dimensions*. New York: Houghton Mifflin, 1969, p. 6-19. Veja também: Foran, Michael F.; McGann, Anthony F. A scheme for examining marketing channels as social systems, *Business Ideas and Facts*, Fall 1974, p. 51-54; Stern, Louis W.; Reve, Torger. Distribution channels as political economies: a framework for comparative analysis, *Journal of Marketing*, Summer 1980, p. 52-64; BROWN, James R.; TIMMINS, Sherman A. Substructural dimensions of interorganizational relations in marketing channels, *Journal of the Academy of Marketing Science*, Summer 1981, p. 163-173; LUSCH, Robert F.; BROWN, James R. Interdependency, contracting, and relational behavior in marketing channels, *Journal of Marketing*, Oct. 1996, p. 19-38.

3. Para uma discussão relacionada, veja: Watson, Anna; Johnson, Richard. Managing the franchisor–franchisee relationship: a relationship marketing perspective, *Journal of Marketing Channels*, Jan.-Mar. 2010, p. 51-68.

4. Parsons, Talcott; Smelser, Neil J. *Economy and society: a study in the integration of economic and social theory*. New York: Free Press, 1956, p. 8.

5. Hunt, Shelby D.; Ray, Nina M.; Wood, Van R. Behavioral dimensions of channels of distribution: review and

synthesis, *Journal of the Academy of Marketing Science*, Summer 1985, p. 1-24.

6. Para uma análise seminal de conflito e poder nos canais de marketing, veja: Gaski, John F. The theory of power and conflict in channels of distribution, *Journal of Marketing*, Summer 1984, p. 9-29.

7. Kingshott, Russel P.J.; Pecotich, Anthony. The impact of psychological contracts on trust and commitment in supplier-distributor relationships, *European Journal of Marketing*, v. 41, n. 9/10, 2007, p. 1053-1072; Sahadev, Sunil, Economic satisfaction and relationship commitment in channels: the role of environmental uncertainty, collaboration communication and coordination strategy, *European Journal of Marketing*, v. 42, n. 1/2, 2008, p. 178-195; Mehta, Rajiv; Larsen, Trina; Rosenbloom, Bert. The influence of leadership style on cooperation in channels of distribution, *International Journal of Physical Distribution & Logistics Management 26*, n. 6, 1996, p. 32-59; Skinner, Steven J.; Gassenheimer, Jule B.; Kelley, Scott W. Cooperation in supplier–dealer relations, *Journal of Retailing*, Summer 1992, p. 174-193.

8. STERN, Louis W.; Gorman, Ronald H. Conflict in distribution channels: an exploration. In: Stern, Louis W. (ed.). *Distribution channels:* behavioral dimensions. New York: Houghton Mifflin, 1969, p. 156.

9. Para uma discussão relacionada, veja: Maltby, Emily. Chrysler dealerships fight closings, *Wall Street Journal*, 31 Dec. 2009, p. B2.

10. Para uma discussão relacionada, veja: DANT, Rajiv P.; MONROE, Kent B. Dichotomy of issue-specific and overall perceptions: a new paradigm for channel conflict and cooperation research. In: FIRAL, Fuat et al. (eds.). *Philosophical and radical thought in marketing.* Lexington, Mass: Lexington Books, 1988, p. 323-329.

11. Schmidt, Stuart M.; Kochan, Thomas A. Conflict: toward conceptual clarity, *Administrative Science Quarterly 17*, Sept. 1972, p. 361. Para uma discussão mais aprofundada sobre a distinção, veja: Stern, Louis W.; Sternthal, Brian; Craig, C. Samuel. Managing conflict in distribution channels: a laboratory study, *Journal of Marketing Research*, May 1973, p. 169-170.

12. Zhao, Kate. Retailers and manufacturers fight coupon fraud, *Wall Street Journal*, 1 July 2009, p. B5.

13. Veja: Kaufmann, Patrick J.; Rangan, V. Kasturi. A model for managing system conflict during franchise expansion, *Journal of Retailing*, Summer 1990, p. 155-173.

14. Zhou, Nan; Zhuang, Guijun; Sai-Chung, Leslie. Perceptual difference of dependence and its impact on conflict in marketing channels in China: an empirical study, *Industrial Marketing Management*, n. 36, 2007, p. 309-321.

15. Ouwerkerk, Cok; Verbeke, William; Hovingh, Heino; Peelen, Ed. Retailers' and manufacturers' perceptions of the temporary display, *Journal of Marketing Channels* 6, n. 1, 1997, p. 1-16.

16. Veja, por exemplo: Cronin Jr., J. Joseph; Skinner, Steven J.; Turley, L.W. The Impact of Disconfirmed Expectations on Channel Conflict and Repurchase Intentions. In: LUSCH, Robert F. et al. (ed.). *Proceedings of the annual educators' conference of the American Marketing Association.* Chicago: American Marketing Association, 1985, p. 172.

17. Martin, Timothy W. CEO denies pricing war between grocers, suppliers, *Wall Street Journal*, 11 Mar. 2009, p. B3.

18. Gibson, Richard. Burger King franchisees can't have it their way, *Wall Street Journal*, 21 Jan. 2010, p. B1, B5.

19. Hollywood vs. Redbox, *Business Week*, Aug. 24 & 31, 2009, p. 038.

20. Para uma excelente discussão sobre a teoria subjacente de comunicações em canais de marketing, veja: Mohr, Jakki; Nevin, John R. Communication Strategies in Marketing Channels: A Theoretical Perspective, *Journal of Marketing*, Oct. 1990, p. 36-51.

21. Para um excelente estudo relacionado com estas questões, veja: Perry, Morys Z. An experimental investigation of conflict response behaviors and performance consequences in manufacturer–dealer relationships: do issue situations and resolution strategies matter?, *Journal of Marketing Channels*, Apr.-June 2009, p. 101-130; veja também: Hunt, Kenneth A. the relationship between channel conflict and information processing, *Journal of Retailing*, Winter 1995, p. 417-436.

22. Rosenbloom, Bert. Conflict and channel efficiency: some conceptual models for the decision maker, *Journal of Marketing*, July 1973, p. 27.

23. Para uma discussão relacionada, veja: Winsted, Kathryn Frazer; Hunt, Kenneth A. Functional conflict in channel relationships. In: Frazier, Gary (ed.). *Proceedings of the annual educators' conference of the American Marketing Association.* Chicago: American Marketing Association, 1988, p. 244.

24. Foster, Robert J.; Shuptrine, Kelly F. Using retailers' perception of channel performance to detect potential conflict. In: *Proceedings of the American Marketing Association.* Chicago: American Marketing Association, Aug. 1973, p. 110-123.

25. Cox, Reavis; Schutte, Thomas F. A look at channel management. In: *Proceedings of the American Marketing Association.* Chicago: American Marketing Association, Aug. 1969, p. 99-105.

26. Pruden, Henry O. Interorganizational conflict, linkage, and exchange: a study of industrial salesmen, *Academy of Management Journal*, Sept. 1969, p. 339-350.

27. Rosenberg, Larry J.; STERN, Louis W. Conflict measurement in the distribution channel, *Journal of Marketing Research*, Nov. 1971, p. 437-442.

28. Pearson, Michael M. The conflict-performance assumption, *Journal of Purchasing*, Feb. 1973, p. 57-69.

29. Lusch, Robert F. Channel conflict: its impact on retailer operating performance, *Journal of Retailing*, Summer 1976, p. 3-12.

30. Brown, James R. Toward improved measures of distribution channel conflict. In: *Proceedings of the annual educators' conference of the American Marketing Association*. Chicago: American Marketing Association, 1977, p. 385-389; Brown, James R.; Day, Ralph L. Measures of manifest conflict in distribution channels, *Journal of Marketing Research*, Aug. 1981, p. 263-274.

31. Laskey, Henry A.; Nicholls, J. A. F.; Roslow, Sydney. Management-oriented indices of channel conflict, *Journal of Marketing Channels 2*, n. 1, 1992, p. 87-103.

32. Veja, por exemplo: Stern, Louis W.; Sternthal, Brian; Craig, C. Samuel. Managing conflict in distribution channels: a laboratory study, *Journal of Marketing Research*, May 1973, p. 169-179; Pearson, Michael M.; Monoky, John F. The role of conflict and cooperation in channel performance. In: *Proceedings of the annual educators' conference of the American Marketing Association*. Chicago: American Marketing Association, 1976, p. 240-244; Kelly, J. Stephen; Peters, J. Irwin. Vertical conflict: a comparative analysis of franchisees and distributors. In: *Proceedings of the annual educators' conference of the American Marketing Association*. Chicago: American Marketing Association, 1977, p. 380-384; Brown, James R.; Frazier, Gary L. The application of channel power: effects and connotations. In: *Proceedings of the annual educators' conference of the American Marketing Association*. Chicago: American Marketing Association, 1978, p. 266-270; Etgar, Michael. Sources and types of intrachannel conflict, *Journal of Retailing*, Spring 1979, p. 61-78.

33. Rosenberg, Larry L. A new approach to distribution conflict management, *Business Horizons*, Oct. 1974, p. 67-74.

34. Veja mais dois artigos relacionados: Walker, Bruce J.; Keith, Janet E.; Jackson, Donald W. The channels manager: now, soon or never? *Journal of the Academy of Marketing Science*, Summer 1985, p. 82-96; Rosenbloom, Bert. The influence of manufacturer organizational structure on marketing channel management. In: *Proceedings of the second world marketing congress*. Stirling, Scotland: University of Stirling, 1985, p. 733-744.

35. Weigand, Robert E.; Wasson, Hilda C. Arbitration in the marketing channel, *Business Horizons*, Oct. 1974, p. 39-47.

36. Dwyer, Robert F.; Walker Jr., Orville C. Bargaining in an assymmetrical power structure, *Journal of Marketing*, Winter 1981, p. 104-115.

37. Schul, Pride, and Little, The impact of channel leadership, p. 23–27.

38. Dant, Rajiv P.; Schul, Patrick L. Conflict resolution processes in contractual channels of distribution, *Journal of Marketing*, Jan. 1992, p. 38-54.

39. Veja, por exemplo: Brown, James R.; Fern, Edward F. Conflict in marketing channels: the impact of dual distribution. In: Thurik, Roy A.; Gianotten, Henk J. (eds.). *Proceedings of the sixth world conference on research in the distributive trades*. The Hague, Netherlands: Research Institute for Small and Medium-Sized Business, 1991, p. 349-356.

40. Hibbard, Jonathan D.; Kumar, Nirmalya; Stern, Louis W. Examining the impact of destructive acts in marketing channel relationships, *Journal of Marketing Research*, Feb. 2001, p. 45-61.

41. Balabanis, George. Antecedents of cooperation, conflict and relationship longevity in an international trade intermediary's supply chain, *Journal of Global Marketing 12*, n. 2, 1998, p. 25-46.

42. Para uma discussão relacionada, veja: Perry, Morys Z. An experimental investigation of conflict response behaviors ... *Journal of Marketing Channels*, Apr.-June 2009, p. 101-130.

43. Para uma discussão relacionada, veja: Kumar, Nirmalya. The power of trust in manufacturer–retailer relationships, *Harvard Business Review*, Nov.-Dec. 1996, p. 92-96.

44. Schlossberg, Howard. Grocers seek peace treaty in a war with manufacturers, *Marketing News*, 8 June 1992, p. 16-17.

45. Dahl, Robert A. The concept of power, *Behavioral Science 2*, July 1957, p. 203-204.

46. Miller, Norman; Butler, Donald. Social power and communication in smaller groups, *Behavioral Science 14*, Jan. 1969, p. 11.

47. Etzioni, Armitai W. *The Active Society*. New York: Free Press, 1968, p. 314.

48. Price, James L. *Organizational effectiveness: an inventory of propositions*. Homewood, Ill: Irwin, 1969, p. 48.

49. Tam, Pui-Wing. Hewlett-Packard discontinues printer-sales deal with dell, *Wall Street Journal*, 24 July 2002, p. B9.

50. French, John R. P.; Raven, Bertram. The Bases of Social Power. In: Cartwright, Dorwin (ed.). *Studies in social power*. Ann Arbor, Mich: University of Michigan, 1959, p. 612-613. Outras bases de poder, como o poder da informação, também foram discutidas na literatura. Veja, por exemplo: EYUBOGLU, Nermin; Atac, Osman A. Informational power: a means for increased control in channels of distribution, *Psychology & Marketing*, Fall 1991, p. 197-213.

51. Veja, por exemplo: Ziobro, Paul. Burger King franchisees get to keep rebates, *Wall Street Journal*, 3 Feb. 2010, p. B5.

52. Talley, Karen. Retailers, suppliers tussle, *Wall Street Journal*, 11 Feb. 2009, p. B6A.

53. Watson, Anna; Johnson, Richard. Managing the franchisor–franchisee relationship: a relationship marketing perspective, *Journal of Marketing Channels*, Jan.-Mar. 2010, p. 51-68.

54. Boyle, Matthew. The accidental hero, *Business Week*, 16 Nov. 2009, p. 58-61.

55. Brown, James R.; Cobb, Anthony T.; Lusch, Robert F. The roles played by interorganizational contracts and justice in marketing channel relationships, *Journal of Business Research*, n. 59, 2006, p. 166-175.

56. Para uma discussão relacionada, veja: Lichtenthal, J. David; Eyuboglu, Nermine. Channel power in business markets: structural linkages, *Journal of Marketing Channels 1*, n. 1, 1991, p. 39-58; ETGAR, Michael. Channel Environment and Channel Leadership, Journal of Marketing Research, Feb. 1977, p. 69-76.

57. Veja, por exemplo: KIM, Keysuk. Interfirm power and coercive influence strategy in industrial channels of distribution: a contingency perspective, *Proceedings of the American Marketing Association Summer Educators Conference*, Summer 1996, p. 384-385.

58. Lucas, George H.; Gresham, Larry G. Power, conflict, control, and the application of contingency theory in marketing channels, *Journal of the Academy of Marketing Science*, Summer 1985, p. 27.

59. Para uma discussão sobre as questões de pesquisa envolvidas, veja: FRAZIER, Gary L. On the measurement of interfirm power in channels of distribution, *Journal of Marketing Research*, May 1983, p. 158-166.

60. Lusch, Robert F.; Ross, Robert H. The nature of power in a marketing channel, *Journal of the Academy of Marketing Science*, Summer 1985, p. 39-56.

61. Krapfel, Robert E.; Spekman, Robert. Channel power sources, satisfaction and performance: an exploration. In: *Proceedings of the annual educators' conference of the American Marketing Association*. Chicago: American Marketing Association, 1987, p. 30-34.

62. Veja, por exemplo: Richardson, Lynne; Powers, Thomas L. Power usage in the channel: perceptions by personnel level within the organization, *Journal of Marketing Channels 1*, n. 4, 1992, p. 31-49; Kasualis, Jack J.; Spekman, Robert E. A framework for the use of power, *European Journal of Marketing*, Fall 1980, p. 180-191. Veja também: Eyuboglu, Nermine; Didow, Nicholas M. A preliminary test of the applicability of interdependence theory in explaining power and conflict in distribution channels. In: *Proceedings of the annual educators' confer-* *ence of the American Marketing Association*. Chicago: American Marketing Association, 1987, p. 29.

63. Frazier, Gary L.; Antia, Kersi D. Exchange relationships and interfirm power in channels of distribution, *Journal of the Academy of Marketing Science*, Fall 1995, p. 324.

64. Beier, Frederick J.; Stern, Louis W. Power in the channel of distribution. In: Stern, Louis W. (ed.). *Distribution channels: behavioral dimensions*. New York: Houghton Mifflin, 1969, p. 92-93.

65. Hunt, Shelby D.; Nevin, John R. Power in a channel of distribution: sources and consequences, *Journal of Marketing Research*, May 1974, p. 186-193.

66. Lusch, Robert F. Sources of power: their impact on intrachannel conflict, *Journal of Marketing Research*, Nov. 1976, p. 382-390. Para uma crítica da metodologia e conclusões desse estudo, veja: ETGAR, Michael. Intrachannel conflict and use of power, *Journal of Marketing Research*, May 1978, p. 273-274. Para uma resposta de Luch a essa crítica, veja: Lusch, Robert F. Intrachannel conflict and use of power, a reply, *Journal of Marketing Research*, May 1978, p. 275-276.

67. Brown, James R.; Frazier, Gary L. The application of channel power: its effects and connotations, *Proceedings of the annual educators' conference of the American Marketing Association*. Chicago: American Marketing Association, 1978, p. 266-270.

68. DWYER, Robert F. Channel-member satisfaction: laboratory insights, *Journal of Retailing*, Summer 1980, p. 45-65.

69. Schul, Patrick L.; Babakus, Emin. An examination of the interfirm power–conflict relationship: the intervening role of the channel decision structure, *Journal of Retailing*, Winter 1988, p. 381-404.

70. Hunt, Kenneth A.; Mentzer, John T.; Danes, Jeffrey E. The effects of power sources on compliance in a channel of distribution: a casual model, *Journal of Business Research 15*, 1987, p. 377-395. Confira também: Lusch, Robert F.; Brown, James R. A modified model of power in the marketing channel, *Journal of Marketing Research*, Aug. 1982, p. 312-323; GASKI, John F.; NEVIN, John R. The differential effects of exercised and unexercised power sources in a marketing channel, *Journal of Marketing Research*, May 1985, p. 135-142; Michie, Donald A.; Sibley, Stanley D. Channel member satisfaction: controversy resolved, *Journal of the Academy of Marketing Science*, Spring 1985, p. 188-205.

71. Wilkinson, Ian F. Power and satisfaction in distribution channels, *Journal of Retailing*, Summer 1979, p. 79-94.

72. Johnson, Jean L.; Sakano, Tomoaki; Cote, Joseph A.; Onzo, Naoto. The exercise of interfirm power and its repercussions in U.S.–japanese channel relationships, *Journal of Marketing*, Apr. 1993, p. 1-10.

73. Lee, Don Y. Power, conflict, and satisfaction in IJV supplier–chinese distributor channels, *Journal of Business Research 52*, 2001, p. 149-160.

74. Veja, por exemplo: Kim, Keysuk. On interfirm power, channel climate, and solidarity in industrial distributor – supplier dyads, *Journal of the Academy of Marketing Science 28*, n. 3, 2000, p. 388-405.

75. Para perspectivas adicionais sobre este ponto, veja: ETGAR, Michael. Differences in use of manufacturer power in conventional and contractual channels, *Journal of Retailing*, Winter 1978, p. 49-62.

76. Para uma excelente discussão sobre poder em um contexto de canais de marketing que tem uma perspectiva muito diferente, veja: Cespedes, Frank V. Channel power: suggestions for a broadened perspective, *Journal of Marketing Channels 1*, n. 3, 1992, p. 2-37. Veja também, Munson, Charles L.; Rosenblatt, Meir J.; Rosenblatt, Zehava. The use and abuse of power in supply chains, *Business Horizons*, Jan.-Feb. 1999, p. 55-65.

77. Para algumas conclusões interessantes sobre o uso do poder em canais de marketing industrial, veja: Sibley, Stanley D.; Michie, Donald A. Distribution performance and power sources, *Industrial Marketing Management*, Feb. 1981, p. 59-65.

78. Métodos experimentais para examinar o uso de poder nos canais de marketing também podem auxiliar no julgamento gerencial sobre o uso de poder efetivamente. Veja, por exemplo: Webb, Kevin L.; Didow, Nicholas M. The influence of relative power and locus of control on channel cooperation, *Journal of Marketing Channels 4*, n. 3/4, 1996, p. 71-94.

79. Biddle, Bruce J.; Thomas, Edwin J. *Role theory concepts and research*. New York: Wiley, 1966, p. 29.

80. Gill, Lynn E.; Stern, Louis W. Roles and role theory in distribution channel systems. In: Stern, Louis W.(ed.). *Distribution channels: behavioral dimensions*. Boston: Houghton Mifflin Co., 1969, p. 22-47.

81. Veja, por exemplo: Cronin Jr., L. Joseph; Baker, Thomas L.; Hawes, Jon M.; An assessment of the role performance measurement of power-dependency in marketing channels, *Journal of Business Research 30*, 1994, p. 201-210.

82. O'Neil, Finnbar The auto industry's comeback, *Wall Street Journal*, 30 July 2009, p. A17.

83. Para uma perspectiva adicional sobre o assunto, veja: Today's Metals Service Center Institute. Disponível em: <https://www.msci.org/about-us/history>. Acesso em: 15 out. 2014.

84. Para uma discussão relacionada, veja: Gassenheimer, Jule B.; Calantone, Roger J.; Schmitz, Judith M.; Robicheaux, Robert A. Models of channel maintenance: What is the weaker party to do? *Journal of Business Research 30*, 1994, p. 225-236.

85. Mohr and Nevin, "Communication strategies in marketing channels," p. 36.

86. Para um excelente artigo que explica como vários tipos de canais de relacionamento ou "governança" influenciam os canais de comunicação, veja: Mohr, Jakki J.; Fisher, Robert J.; Nevin, John R. Collaborative communication in interfirm integration and control, *Journal of Marketing*, July 1996, p. 103-115.

87. Mohr, Jakki J.; Sohi, Ravipreet S. Communication flows in distribution channels: impact on assessments of communication quality and satisfaction, *Journal of Retailing*, v. 71, n. 4, 1995, p. 393-416.

88. Wittreich, Warren J. Misunderstanding the retailer, *Harvard Business Review 40*, May-June 1962, p. 147-159.

89. Wittreich, Misunderstanding the Retailer, p. 151.

90. Wittreich, Misunderstanding the Retailer, p. 155.

91. Para uma discussão relacionada, veja: Frazier, Gary L.; Maltz, Elliot; Antia, Kersi D.; Rindfleisch, Aric. Distributor sharing of strategic information with suppliers, *Journal of Marketing*, July 2009, p. 31-43.

92. Mohr, Jakki J.; Sohi, Ravipreet S. Communication flows in distribution channels: impact on assessments of communication quality and satisfaction, p. 411.

93. Bennett, Jeff. Chrysler dealers get a peek at coming models, *Wall Street Journal*, 14 Sept. 2010, p. B3.

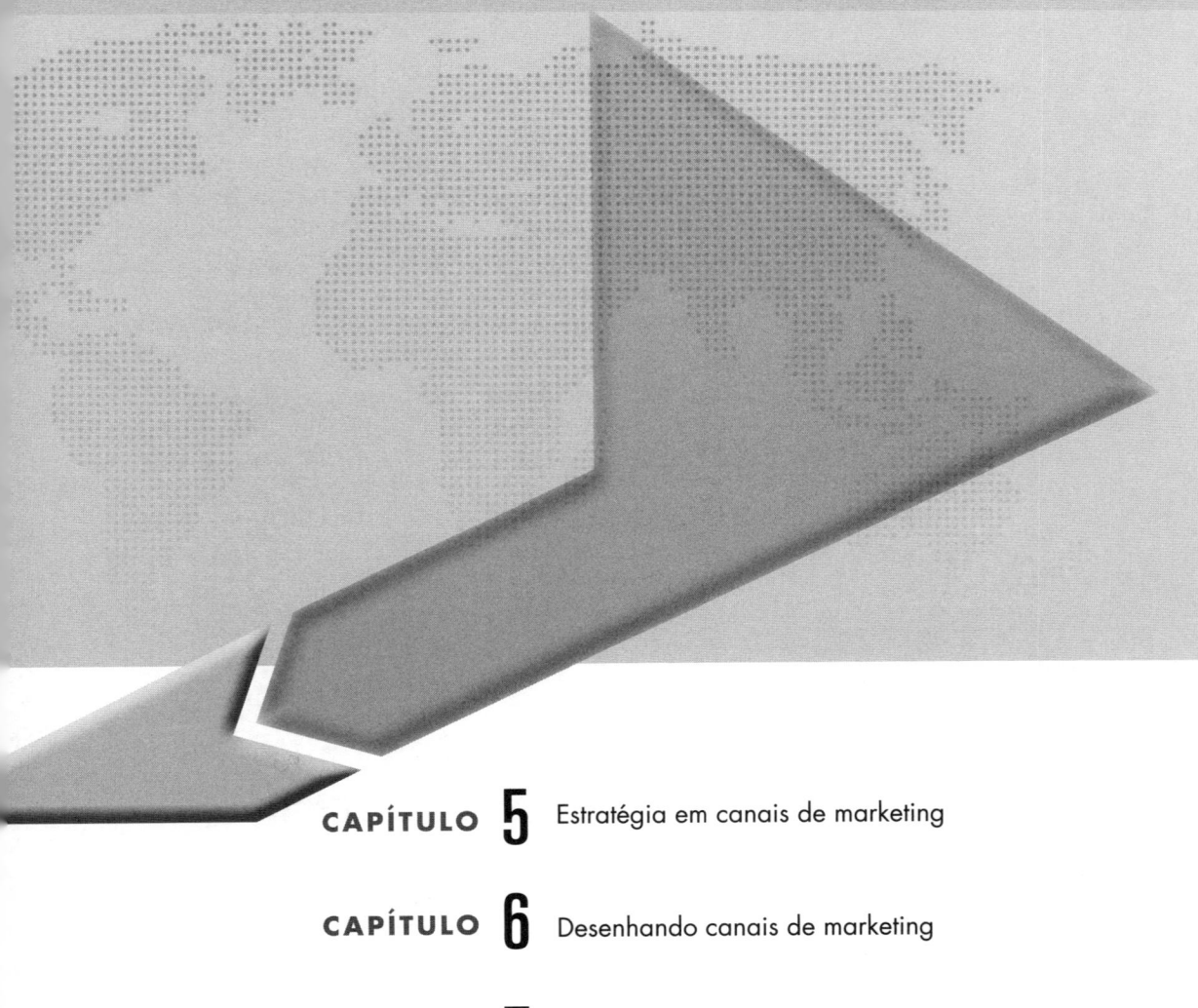

PARTE 2

Desenvolvendo o canal de marketing

CAPÍTULO 5

Estratégia em canais de marketing

OBJETIVOS DE APRENDIZAGEM

Após a leitura deste capítulo, você será capaz de:

1 Compreender o significado de estratégia de canal de marketing.

2 Descrever as seis decisões básicas de distribuição que a maioria das empresas enfrenta.

3 Tomar consciência do potencial da estratégia de canal no desempenho de um importante papel em relação aos objetivos gerais da corporação.

4 Reconhecer a relação entre distribuição e as outras variáveis do *mix* de marketing e o papel da estratégia de canal.

5 Estar alerta às condições que tendem a favorecer a ênfase na estratégia de distribuição no desenvolvimento do *mix* de marketing.

6 Avaliar o papel da estratégia de canal na criação de uma vantagem diferencial por meio do desenho de canal.

7 Estar familiarizado com as implicações da decisão seletiva para a estratégia de canal.

8 Conhecer as decisões estratégicas mais importantes enfrentadas pelo gerente do canal no gerenciamento do canal de marketing.

9 Compreender o conceito de portfólio conforme aplicado na motivação dos membros do canal.

10 Estar ciente do principal fator da estratégia de canal envolvido na avaliação dos membros do canal.

O possível abandono de Hollywood de sua estratégia de "janelas" de distribuição poderia fazer os donos de cinemas se atirar pela janela

Por muitos anos, grandes estúdios como Disney, Paramount, Sony, Twentieth Century Fox, Universal e outros usaram uma estratégia de canal na indústria do cinema conhecida como "janelas" de distribuição para levar seus filmes aos consumidores. Segundo essa estratégia novos filmes seriam primeiro exibidos apenas em salas de cinema para, em seguida, em geral quatro meses, ser liberados para DVDs e TV a cabo. Ao atrasar o lançamento de filmes em DVD e canais a cabo, uma "janela" de oportunidades de quatro meses surge para os cinemas, que agem como distribuidores exclusivos de filmes recém-lançados. Essa técnica de distribuição também ajudou a maximizar a receita total, pois as vendas posteriores por meio dos DVDs e canais a cabo não "canibalizariam" as receitas do cinema, já que, depois dessa janela, a maioria dos filmes já não estaria em cartaz nas telas.

Entretanto, com o recente e dramático declínio nas vendas de DVD, os estúdios estão pensando em uma alternativa para a estratégia de janelas de distribuição. A nova técnica chama-se "vídeo sob demanda *premium*" e permite, basicamente, que consumidores assistam a filmes em suas casas, pelo DVD ou TV a cabo, 30 dias após o lançamento nos cinemas, em vez de esperar por quatro meses. Os estúdios apostam que os consumidores estarão dispostos a pagar um preço *premium* por esse serviço – cerca de $ 20, $ 30 por filme, e também acreditam que essa nova estratégia de distribuição é consistente com as mudanças nas expectativas dos consumidores, já que estes se acostumaram a usar vários dispositivos para assistir a filmes no momento e lugar que preferirem. Mas há uma "mosca estraga prazer" nessa nova estratégia de distribuição: os proprietários de cinemas a odeiam. Eles argumentam que a opção de antecipar a visualização em casa prejudicará a venda de ingressos no cinema, já que muitos filmes ainda estariam em cartaz além do período de 30 dias. Alguns já consideraram se recusar a mostrar filmes oferecidos antes em DVDs e na TV a cabo.

Dessa forma, o novo plano de distribuição parece oferecer uma janela de oportunidades aos estúdios; mas, para os proprietários de cinemas, lembra mais uma janela aberta pela qual serão convidados a cometer suicídio.

Fonte: Baseado em Shira Ovide e Sam Schechner, Hollywood eyes shortcut to TV. *Wall Street Journal*, 22 maio 2010, p. A1, A4.

Após discutirmos conceitos e sistemas básicos de canal de marketing, participantes dos canais de marketing, ambiente no qual operam e os processos comportamentais nos canais de marketing na Parte 1 deste livro, voltamos agora nossa atenção para a estratégia nos canais de marketing. Este capítulo apresenta uma estrutura estratégica para lidar com as principais decisões gerenciais envolvidas nos canais de marketing. Os capítulos subsequentes estão relacionados à estrutura estratégica desenvolvida neste momento. Portanto, este capítulo é muito importante para extrair o máximo do restante do livro, pois fornece uma base essencial para quase todas as decisões de administração de canal de distribuição discutidas nos próximos capítulos.

DEFINIÇÃO DE ESTRATÉGIA DE CANAL

Kotler define estratégia de marketing como "os princípios gerais pelos quais a unidade de negócios espera alcançar seus objetivos de marketing em um mercado-alvo".[1] A **estratégia de canal de marketing** pode ser vista como um caso especial da estratégia mais comum. Portanto, podemos defini-la como: "Os princípios gerais pelos quais a empresa espera alcançar seus objetivos de distribuição para seu(s) mercados(s)-alvo".

Essa definição, embora paralela à elucidação de Kotler sobre estratégia de marketing, é mais específica porque foca em princípios como diretrizes para atingir os objetivos de distribuição da empresa, em vez de objetivos genéricos de marketing (que inclui o produto, seu preço e os objetivos promocionais). Assim, a estratégia de canal de marketing preocupa-se com o aspecto de *distribuição (lugar ou praça)* da estratégia de marketing, enquanto os outros três Ps do *mix* de marketing abordam estratégias de *produto, preço e promoção*.[2] Como veremos em breve, a estratégia de canal, embora relativamente limitada em foco, pode ser igual ou mais importante do que as outras variáveis estratégicas do *mix* de marketing, bem como vital para os objetivos para os objetivos e estratégias gerais da empresa.[3]

Para atingir seus objetivos de distribuição, a maioria das empresas precisa abordar seis decisões básicas de distribuição:

1. Que papel deve ter a distribuição nos objetivos e estratégias gerais da empresa?
2. Que papel a distribuição precisa desempenhar no *mix* de marketing?
3. Como os canais de marketing da empresa devem ser projetados para atingir seus objetivos de distribuição?
4. Que tipos de membros do canal devem ser selecionados para atingir os objetivos de distribuição da empresa?
5. Como o canal de marketing pode ser gerenciado para implementar a estratégia e o desenho de canal eficaz e eficientemente, de forma contínua?
6. De que maneira o desempenho do membro do canal pode ser avaliado?

Essas seis decisões são "o coração e a alma" da distribuição, quando vistas da perspectiva do gerenciamento do canal de marketing.

Elas podem ser tratadas *ad hoc* (sob medida) ou de forma imediatista. Entretanto, essa abordagem é limitada e pode resultar em uma mentalidade do tipo "apagar incêndio", na qual as decisões de distribuição são mantidas em segundo plano até que uma crise surja. Uma vez que o "incêndio" é apagado, as resoluções voltam ao segundo plano, até surgir a próxima crise.[4] Uma abordagem mais sensata para lidar com as decisões de distribuição é formular uma estratégia de canal de marketing que forneça os princípios gerais que ajudem nessa lida. Essa abordagem estratégica força que as decisões de distribuição estejam no início do desenvolvimento da estratégia de marketing e fornece um conjunto de orientações para lidar com elas de forma proativa, e não reativa. Assim, o gerenciamento da distribuição deve, sempre que possível, ser orientado por uma estratégia de canal, como ilustrado na Figura 5.1. O retângulo grande, na parte superior do resumo esquemático, representa o desenvolvimento de uma estratégia de canal de marketing que fornece os princípios de orientação fundamental para abordar as seis decisões básicas de distribuição, exibidas na figura como uma série de quadrados. As setas verticais que saem do retângulo da estratégia de canal de marketing representam essa relação; as horizontais, que vão de uma decisão de distribuição a outra, sugerem a sequência normal de abordagem das decisões básicas de distribuição. As setas horizontais nos lados esquerdo e direito do resumo esquemático transmitem o conceito de *feedback*, tanto para as decisões prévias de distribuição quanto para a formulação de estratégia. Por fim, são indicados na figura os capítulos do livro que se concentram em cada uma das decisões de distribuição.

O restante deste capítulo segue o esquema ilustrado na Figura 5.1 ao discutir a estratégia de canal de marketing em relação a cada uma das seis decisões básicas de distribuição. Nossa proposta não é catalogar todas as possíveis estratégias de canal, já que existe uma variedade praticamente ilimitada delas, dependendo da empresa em questão e das circunstâncias envolvidas. Mas forneceremos uma visão geral que não só mostra a relação entre a estratégia de canal de marketing e as decisões básicas de distribuição, como ainda transmite a importância de reconhecer essa relação.

A ESTRATÉGIA DE CANAL DE MARKETING E O PAPEL DA DISTRIBUIÇÃO NOS OBJETIVOS E NA ESTRATÉGIA CORPORATIVOS

A principal decisão de distribuição que qualquer empresa ou organização deve considerar é o papel que ela desempenha nos seus objetivos e estratégias de longo prazo. Mais especificamente, a empresa deve decidir se a concretização de objetivos de distribuição específicos é crucial para seu sucesso a longo prazo.[5] Se a resposta for sim, então o papel da distribuição deve ser tratado pelos altos níveis

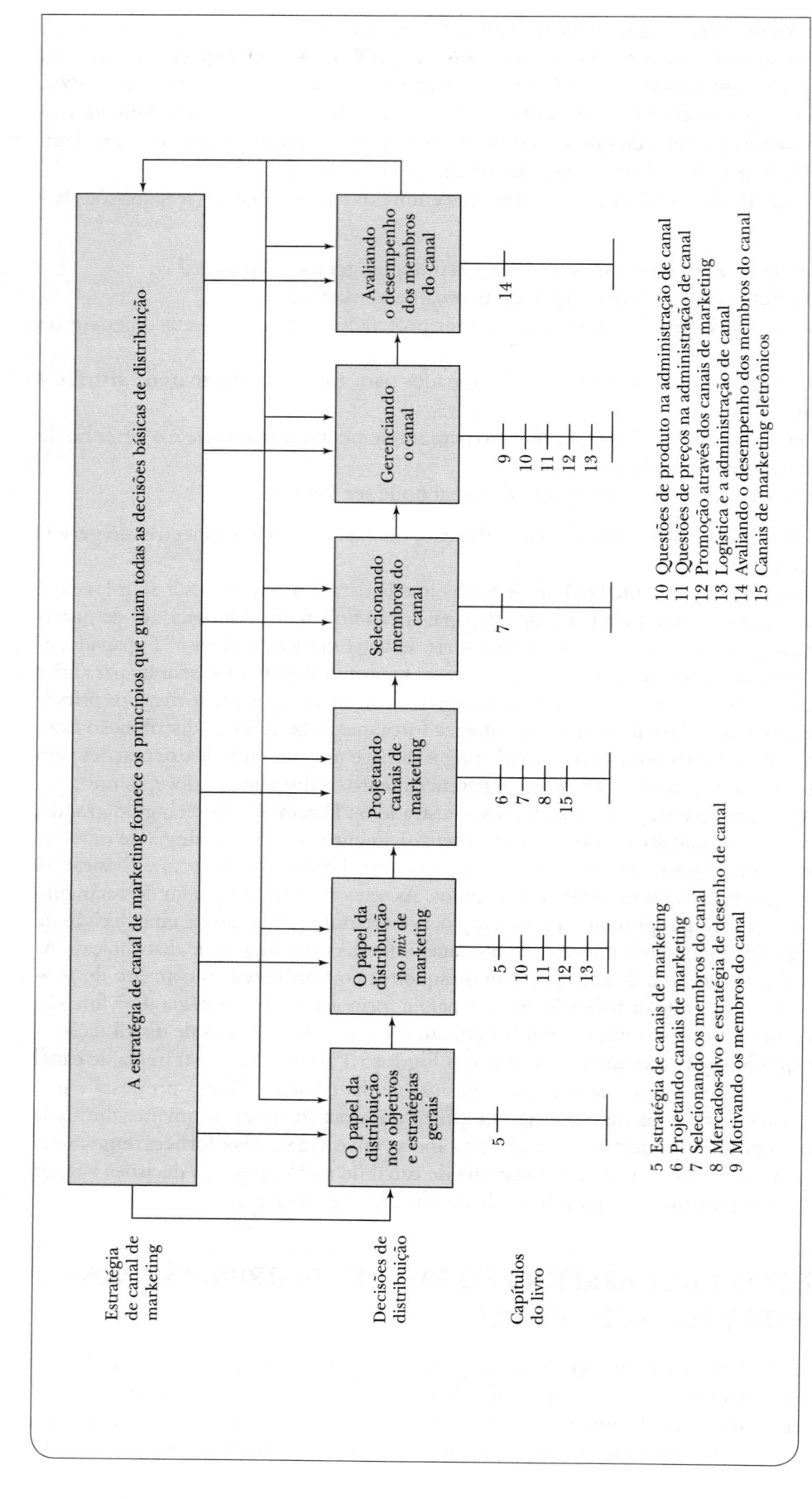

FIGURA 5.1 ▶ Resumo esquemático da estratégia de canal de marketing em relação às decisões básicas de distribuição tratadas no livro.

© Cengage Learning 2013

da administração, incluindo o presidente e até mesmo o presidente do conselho de administração de grandes estruturas corporativas organizacionais. Considere, por exemplo, a BMW, fabricante de automóveis luxuosos de alto desempenho de prestígio internacional. Ela quer revolucionar o modo como seus veículos são distribuídos nos Estados Unidos. Em vez de fabricar automóveis com antecedência e direcioná-los aos estoques das concessionárias, a empresa tomou uma decisão estratégica que busca imitar o famoso modelo da Dell Computer, ou seja, customizar carros por encomenda específica de cada consumidor. A fabricante acredita que a estratégia de distribuição sob medida não apenas lhe poupará, e também aos seus revendedores, boa soma em dinheiro ao reduzir custos de manutenção do estoque e descontos em carros com baixa venda, como ainda, de acordo com a pesquisa da J.D. Power & Associates, resultará em consumidores mais satisfeitos e fiéis. Nesse momento, carros customizados representam apenas 15% das vendas da BMW nos Estados Unidos. Entretanto, James O'Donnell, CEO da fabricante, espera atingir 40% até 2015. Como um incentivo para a compra de carros sob medida, a BMW oferecerá aos clientes opções únicas de recursos e acessórios e disponibilizará um *link* para um vídeo que mostra a "criação" dos seus automóveis na fábrica.

Vender carros em uma base personalizada tem sido o Santo Graal da indústria automobilística por muitos anos, mas, até agora, só a BMW deu o grande passo para fazer dessa prática sua estratégia central. Se esta for bem-sucedida, O'Donnell acredita que a inovadora estratégia de distribuição da empresa terá uma vantagem competitiva primordial sobre as outras marcas de luxo, ao criar ganhadores em todos os níveis do canal: a empresa fabricará apenas os carros com os quais os consumidores se comprometeram, os revendedores reduzirão seus gastos e, por fim, os consumidores terão exatamente os carros que desejam.[6]

Dada sua potencial importância, a distribuição deve ser levada em consideração em qualquer planejamento estratégico realizado pela empresa. Isso é mostrado na Figura 5.2. O diagrama

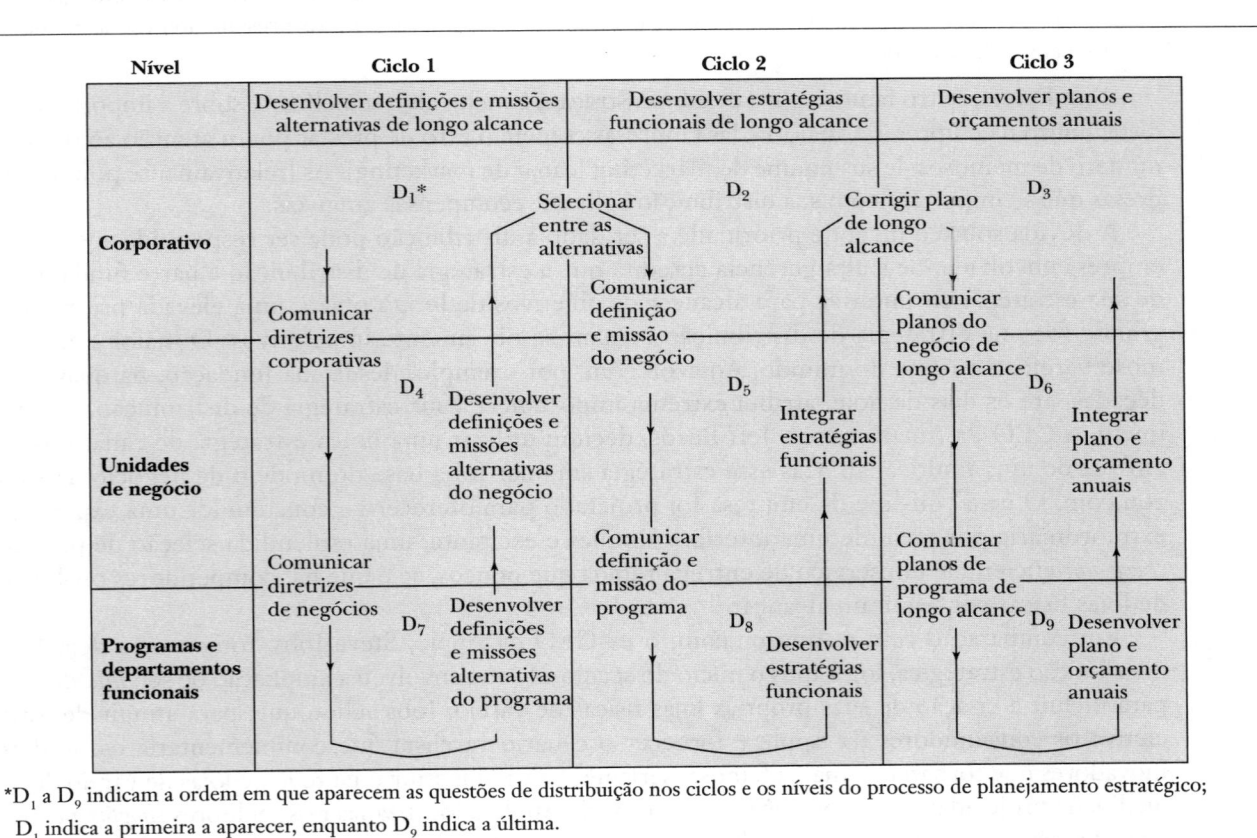

*D_1 a D_9 indicam a ordem em que aparecem as questões de distribuição nos ciclos e os níveis do processo de planejamento estratégico; D_1 indica a primeira a aparecer, enquanto D_9 indica a última.

FIGURA 5.2 ▶ O processo de planejamento estratégico e o papel da distribuição na empresa.

Fonte: Adaptado de Derek F. Abell e John S. Hammond, *Strategic market planning problems and analytical approaches*. Englewood Cliffs, NJ: Prentice-Hall, 1979, p. 451.

ilustra o que Abell e Hammond chamam de processo de planejamento estratégico de três ciclos.[7] Olhando primeiro para o nível corporativo, no ciclo 1, o planejamento trata do gerenciamento de alternativas fundamentais e críticas para definir o negócio e seu futuro. No ciclo 2, a definição do negócio e sua missão já foram determinados, e, assim, a ênfase transfere-se para a formulação de estratégias funcionais. No ciclo 3, o foco vai da estratégia de longo alcance para um horizonte de planejamento a curto prazo (em geral um ano), com ênfase em planejamento e orçamento detalhados. Quando se experimenta o processo de planejamento de três ciclos em uma empresa grande e diversificada, eles estarão envolvidos em um processo de planejamento estratégico: corporativo, unidades de negócio e programas e departamentos funcionais. D_1 a D_9 indicam onde e quando o papel de distribuição seria abordado por empresas com diferentes prioridades de distribuição. Aquela com maior prioridade para a distribuição, considerá-la-ia no ciclo 1, no nível corporativo (D_1); a com menor prioridade a abordaria no ciclo 3, e apenas no nível de programas e departamentos funcionais (D_9). Embora a Figura 5.2 seja uma simplificação da interface entre o papel da distribuição e o processo de planejamento estratégico, ela transmite um ponto essencial: *quanto maior a prioridade dada à distribuição, maior o nível no qual deve ser considerada na formulação de objetivos e estratégias gerais da organização.*[8]

Determinando a prioridade dada à distribuição

O mais famoso e aclamado guru da administração dos últimos 100 anos, Peter Drucker, disse sobre a importância da distribuição:

> Mudanças em canais de distribuição podem não importar tanto quanto o PIB e a macroeconomia. No entanto, deveriam ser de grande preocupação para todos os negócios e a indústria [...] Todo o mundo sabe quão rápido a tecnologia está mudando. Todo o mundo sabe que os mercados estão se tornando globais, e que há alterações na força de trabalho e na demografia. Mas poucas pessoas prestam atenção às mudanças nos canais de distribuição.[9]

Tom Peters, outro famoso guru da administração, conclui algo semelhante sobre a importância da distribuição na empresa: A maioria das empresas comete o erro de prestar pouca atenção ao reduzido número de membros de sua equipe de marketing [canal de marketing]. As [relativamente poucas] empresas que se importam com sua distribuição colhem recompensas tangíveis.[10]

A dúvida sobre o nível de prioridade a ser dado à distribuição pode ser respondida apenas pela empresa envolvida. Se a alta gerência acredita que a estratégia de distribuição é parte fundamental de sua estratégia corporativa para alcançar os objetivos de longo prazo, uma elevada prioridade e grande foco na estratégia de distribuição tornam-se obviamente imperativos. O maior e mais famoso varejista on-line do mundo, Amazon.com, por exemplo, desde sua fundação, há quase duas décadas, até os dias de hoje, atribui extrema importância à sua estratégia de distribuição. Desde o início, o CEO da Amazon.com, Jeff Bezos, decidiu utilizar uma única estratégia de canal on-line, em vez de uma multicanal. Mas essa estratégia singular foi a base do modelo de negócio da Amazon.com. O canal on-line da empresa foi projetado para oferecer ao consumidor uma experiência extraordinária por meio de uma interface simples e excitante, uma esplêndida seleção de produto, *check-out* eficiente e um serviço de entrega rápida que poucos, se é que há, competidores on-line ou de lojas físicas conseguiram alcançar.[11]

Em comparação com a Amazon.com, o ex-CEO da Apple, Steve Jobs, tomou uma decisão de distribuição estratégica, logo após o início do século 21, que envolveu a ampliação de seu *mix* de canal para incluir a criação de suas próprias lojas físicas de varejo. Jobs achou que, para atingir de forma efetiva os consumidores da Apple e fornecer o cenário varejista que complementaria os produtos inovadores que tornaram a marca famosa, seria necessário instituir uma rede de lojas de varejo de alta qualidade projetadas com especificações da própria Apple e localizadas nos melhores *shopping centers*. Essa decisão estratégica de desenvolver um canal próprio de lojas de varejo desempenhou um papel vital no seu crescimento e na rentabilidade excepcionais nesses últimos anos, não apenas por causa das receitas e lucros gerados diretamente pelas lojas da Apple, mas pelo fato de os mostruários das lojas possibilitarem aos consumidores ver, tocar e testar os novos produtos da Apple, com a assistência de funcionários altamente treinados e em uma atmosfera empolgante e de alta tecnologia.[12]

No setor de serviços, a empresa de serviços financeiros Edward Jones, com mais de 10 mil escritórios físicos de corretagem nos Estados Unidos, colocou grande ênfase em sua estratégia de distribuição ao manter deliberadamente uma estrutura de canal tradicional que serviu à empresa por muitas décadas. Mesmo diante da revolução tecnológica nos serviços financeiros que tornou os canais on-line uma força dominante para negociar seus produtos, Edward Jones firmemente decidiu não participar dessas mudanças. Se um consumidor da empresa quer comprar ou vender ações, bônus, fundos mútuos ou outros instrumentos financeiros, deve fazê-lo por meio de um corretor local. Dessa forma, enquanto praticamente todas as outras grandes empresas de serviços financeiros abasteceram seus consumidores com uma opção de canal on-line, Edward Jones ainda oferece apenas o "antigo" canal de corretor humano.[13] A empresa é "louca" por permanecer com sua estratégia de canal "desatualizada"? Não, de acordo com os quase 7 milhões de consumidores que a utilizam e com a J.D. Power & Associates, que ranqueou a Edward Jones como "maior nível em satisfação do investidor com empresas de corretagem que oferecem serviço completo".

A Hewlett-Packard, hoje o maior fabricante de computadores do mundo e um gigante em impressão e serviços de TI, que faz questão de salientar a importância da estratégia de distribuição para suas metas e objetivos gerais, fez a seguinte declaração em seu relatório anual:[14]

"Se falharmos ao gerenciar adequadamente a distribuição de nossos produtos e serviços, nossa receita, margem bruta e rentabilidade podem sofrer".

Inúmeras outras empresas, de uma ampla gama de indústrias, levaram a sério essa mensagem sobre a importância da distribuição. O fabricante de baterias Rayovac Corp., por exemplo, tentando bater seus grandes rivais, Duracell e Energizer, em busca de maior participação de mercado, enfatizou a penetração em canais de hipermercados, especialmente no maior varejista do mundo, o Walmart. A Rayovac percebe que a tecnologia da bateria é essencialmente igual entre as três maiores marcas do produto, e desenvolver uma estratégia de canal para conquistar espaço nas prateleiras e atingir grandes números de consumidores nos Estados Unidos e no exterior tornou-se uma prioridade para a empresa.[15]

O WD-40, produto lubrificante universal que está em 75% dos lares norte-americanos, tem o processo de distribuição no centro de sua estratégia corporativa para competir com gigantes como 3M, DuPont e GE, que tentaram, sem sucesso, substituí-lo com artigos concorrentes. A principal razão pela qual o produto prevaleceu é porque a empresa valoriza todos os canais de distribuição de varejo possíveis. O WD-40 é vendido em todo tipo de ponto de venda, e a empresa tem se aplicado muito em manter os diversos varejistas felizes com negócios rentáveis, campanhas especiais de *merchandising*, *displays* de pontos de vendas e estratégias de preço inteligentes.

O grande fabricante de bens de consumo embalados, Procter & Gamble Company, tem enfatizado a distribuição de seus produtos, objetivando sobretudo a construção de alianças estratégicas com grandes varejistas. O Walmart representa mais de 10% do volume de vendas da P&G nos Estados Unidos. Para satisfazer a busca desse grande varejista por preços baixos nos seus produtos, por embalagens especiais superdimensionadas para a rede Sam's Club e por muitas outras demandas, a P&G possui uma equipe de executivos que moram na cidade natal do Walmart, Bentonville, em Arkansas, para atender praticamente a todos os desejos do varejista.

Muitos outros exemplos de empresas que colocam a distribuição no centro de seus objetivos e estratégias corporativos poderiam ser citados. Mas, há é claro, companhias que dão a essa prática uma prioridade muito menor. Não se pode afirmar que aquelas que consideram a distribuição como prioridade da alta gerência estão certas, e as que assim não fazem estão erradas. Provavelmente esteja correto afirmar, no entanto, que descartar *automaticamente* sua importância como área de decisão de interesse da alta gerência na formulação de objetivos e estratégias corporativos limita a habilidade da empresa de competir eficazmente nos mercados globais de hoje.

ESTRATÉGIA DE CANAL DE MARKETING E O *MIX* DE MARKETING

Vendo ou não a distribuição como digna de interesse da alta gerência no desenvolvimento de objetivos e estratégias gerais, a empresa deve lidar com a questão do seu papel no *mix* de marketing. Desenvolver esse *mix* com estratégias de produto, preço, promoção e distribuição (praça) que atendam às demandas dos mercados-alvo da empresa melhor que a concorrência é a essência do gerenciamento de marketing moderno. Essa relação entre a satisfação do mercado-alvo e o *mix* de marketing de uma empresa pode ser representada da seguinte forma:

$$T_s = f(P_1, P_2, P_3, P_4)$$

em que

T_s = grau de satisfação do mercado-alvo
P_1 = estratégia de produto
P_2 = estratégia de preço
P_3 = estratégia promocional
P_4 = estratégia de praça (distribuição)

O trabalho do gerente de marketing é desenvolver a combinação correta dos quatro Ps para proporcionar e manter o nível almejado de satisfação do mercado-alvo (T_s). Para tanto, ele deve considerar as possíveis contribuições de cada variável para atingir as demandas do mercado-alvo.[16] Portanto, o papel da distribuição deve ser considerado junto com produto, preço e promoção. Isso faz pensar em quanta atenção se deve conferir a cada variável estratégica do *mix* de marketing. Não há, é claro, uma resposta abrangente para essa questão. É diferente para cada empresa e situação e, às vezes, varia bastante. Por exemplo, uma empresa na área farmacêutica, que possui uma nova droga protegida por patente, vai depender muito da satisfação de seu mercado-alvo (medida em termos de vendas, lucros e participação de mercado) em relação ao seu produto exclusivo. Então, enquanto durar a patente, e assumindo que não há competição disponível, a variável do produto dominará seu *mix* de marketing. Para uma companhia que vende um produto sem diferenciais, considerado *commodity*, como *chips* padrões de computadores, o preço será a variável mais importante nesse *mix*. A promoção, especialmente em forma de propaganda, tende a ser a variável mais considerável no *mix* de empresas como fabricantes de cosméticos, que contam com sua imagem para alcançar a satisfação do mercado. Se o mercado-alvo enfatiza a forma como o produto é vendido, a rapidez e a conveniência com que fica disponível e onde é vendido, a variável que domina esse *mix* pode ser a distribuição.

Ainda assim, mesmo reconhecendo a ampla gama de variáveis no *mix* de marketing que qualquer empresa pode escolher para ênfase estratégica, um caso geral para salientar a estratégia de distribuição ainda pode ser elaborado se alguma das seguintes condições prevalecer:

1. A distribuição é a variável mais relevante para satisfazer demandas do mercado-alvo.
2. Existe paridade entre concorrentes nas outras três variáveis do *mix* de marketing.
3. Um alto grau de vulnerabilidade existe devido à negligência na distribuição pelos concorrentes.
4. A distribuição pode melhorar a empresa ao criar sinergia pelos canais de marketing.

O final dessa seção é dedicado a discussões de cada uma dessas condições.

Relevância da distribuição para a demanda do mercado-alvo

A demanda do mercado-alvo é, certamente, a base para desenvolver um *mix* de marketing apropriado. Portanto, se os consumidores-alvo da empresa têm uma demanda por bens que pode ser mais bem satisfeita pela estratégia de distribuição, isso deve ser destacado no *mix* de marketing da companhia.[17] Em suma, a distribuição torna-se relevante porque o mercado-alvo assim deseja.[18]

Nas últimas duas décadas, conforme as empresas eram orientadas pelos mercados-alvo e escutando os consumidores com mais atenção, a relevância da distribuição tornou-se evidente a um número crescente delas, pois representa um papel muito importante na satisfação dos consumidores. Por que os canais de marketing estão tão intimamente ligados à satisfação dos consumidores?

Porque é pela distribuição que a empresa pode fornecer os tipos e níveis de serviço que os satisfazem. Exemplo disso envolveu a Volvo GM Heavy Truck Corporation.[19] Suas concessionárias estavam perdendo negócios para os concorrentes em razão da dificuldade em fornecer um pronto serviço ao consumidor. Muitas vezes, as concessionárias e os depósitos regionais que as abasteciam não tinham estoque das peças necessárias para os reparos, embora nesse segmento o mercado de peças estivesse crescendo. A Volvo GM sabia que esse problema era causado pela inabilidade das concessionárias em prever adequadamente a demanda por peças e serviços. Mas foi somente quando a empresa realizou cuidadosas pesquisas de mercado que de fato entendeu a natureza da demanda por serviço pelo mercado-alvo. Especificamente, a Volvo GM descobriu que os consumidores usam peças de reposição em duas situações distintas: manutenção programada e reparos de emergência na estrada. Para a primeira, o sistema de distribuição existente da companhia funcionava bem porque a necessidade dos consumidores variava pouco, e, assim, a carência de peças poderia ser antecipada, pedida e entregue regularmente. Entretanto, para a segunda situação, o sistema estava totalmente inadequado, já que a demanda por reparos de emergência não podia ser prevista. Então, não importava quanto estoque estivesse nas prateleiras das concessionárias e dos depósitos, peças importantes quase sempre pareciam estar indisponíveis.

Finalmente, quando compreendeu a natureza da demanda do mercado-alvo por peças para situações de emergência, a Volvo GM foi capaz de desenvolver uma estratégia de distribuição que atendesse às necessidades de seus consumidores. Trabalhando com a FedEx Logistics Services, a Volvo GM montou um depósito em Memphis, Tennessee, onde estocou a linha completa de peças de caminhão. Agora, quando uma concessionária necessita de peças para reparos de emergência, simplesmente telefona para um número gratuito ou faz o pedido pela internet; as peças são enviadas por via aérea, normalmente no mesmo dia, e chegam às mãos dos revendedores à tarde. As peças também podem ser entregues diretamente a uma oficina mecânica de beira de estrada, se necessário. Obviamente, um nível tão superior de serviço ao consumidor só poderia ser fornecido por meio de uma estratégia de distribuição meticulosa e do canal de marketing extremamente funcional que resultou dessa atenção às necessidades do mercado-alvo.

Paridade competitiva em outras variáveis do *mix* de marketing

Certamente não é mais segredo que a concorrência está cada vez mais acirrada, sobretudo desde que a competição global tornou-se o padrão em muitas indústrias. Em consequência, mais e mais empresas competem com diversos *mix* de marketing medidos não apenas contra os concorrentes nacionais fortes, mas também contra os estrangeiros. Em uma arena competitiva tão intensa, é cada vez mais difícil para uma empresa diferenciar seu *mix* de marketing do da concorrência.[20] Na área de produto, a habilidade em manter uma liderança em inovação ou qualidade é mais difícil devido à rápida transferência de tecnologia entre empresas e países. Considerando a variável preço, manter vantagem é mais difícil por causa da velocidade com que os concorrentes podem ajustar suas estruturas de custo, mudando suas instalações de produção para locais com custo mais baixo no seu país ou no exterior. As vantagens do *mix* de marketing baseadas em promoção tendem a ter vida curta porque novas e engenhosas mensagens promocionais perdem rapidamente seu apelo, sendo substituídas pelas ofertas dos concorrentes, que parecem mais recentes.

A distribuição, quarta variável do *mix* de marketing pode, porém, oferecer uma base mais favorável para desenvolver uma vantagem competitiva, já que as vantagens alcançadas com esta não são facilmente copiadas pelos concorrentes como nas outras três variáveis. Por que isso acontece? Os benefícios da distribuição, se manifestados em um canal de marketing superior (em vez de apenas nos seus aspectos logísticos), são baseados em uma combinação de capacidades humanas, estratégia superior e organização. Essa conjunção não é fácil ou rapidamente imitada pelos concorrentes. Considere, por exemplo, o caso da Caterpillar, Inc., líder mundial em equipamentos de terraplanagem. A empresa tornou-se famosa não apenas por seus excelentes produtos, mas, principalmente, pela memorável estratégia de canal de distribuição. No que se tornou um artigo clássico da *Harvard*

Business Review, Donald Fites, ex-CEO da Caterpillar, captou sucintamente a crescente necessidade em considerar a estratégia de distribuição como um meio de superar a paridade competitiva em outras áreas:

> Excelência em engenharia, eficiência de fabricação e qualidade estão rapidamente se tornando pré-requisitos: todos precisarão deles para competir. Na verdade, a maioria das empresas deficientes nessas áreas já desapareceu. Esse é um dos motivos por que me sinto muito otimista em relação à minha própria companhia. Sabemos como fazer isso [estratégia de distribuição]. Já construímos boas parcerias com nossas revendas.[21]

As "boas parcerias com nossas revendas" às quais Fites se refere não representam simplesmente uma façanha logística. Pelo contrário, elas dependem de uma minuciosa estratégia de canal desenvolvida a longo prazo que enfatize o desenvolvimento de um excelente grupo de revendas, uma estrutura de canal interorganizacional cuidadosamente gerenciada e capaz de responder de forma rápida e flexível, e um grupo de pessoas no sistema de canal com capacidade para colocar em prática a estratégia. Em suma, as parcerias da Caterpillar com suas revendas refletem a atenção cuidadosa e detalhada da empresa, de longo prazo, para com essa relação, construída na base de confiança, comprometimento e cooperação. Atingir esse nível de capacidade de distribuição confronta os concorrentes da Caterpillar com um desafio muito maior do que simplesmente se equiparar a seus produtos, preços e promoções. Duplicar o poderoso canal de marketing da Caterpillar exigiria mudanças estratégicas de longo prazo, incluindo a construção de relacionamentos[22] e o desenvolvimento de capital humano. É óbvio que isso não pode ser feito fácil ou rapidamente. Portanto, a moral da história é que, para as empresas dispostas a despender esforços e recursos, focar na distribuição como principal variável do *mix* de marketing para competir pode ser uma estratégia útil.

Negligência na distribuição e vulnerabilidade competitiva

A negligência na estratégia de distribuição por parte dos concorrentes fornece uma excelente oportunidade às empresas dispostas a desenvolver a distribuição como a variável estratégica chave no *mix* de marketing. Entretanto, para exercer essa abordagem, o gerente do canal precisa fazer um esforço consciente de análise dos mercados-alvo para determinar se a distribuição foi negligenciada pelos concorrentes e se há vulnerabilidades a serem exploradas. Zappos.com, varejista on-line de sapatos, roupas, bolsas e acessórios, fundada em 1999, que agora gera vendas superiores a 1 bilhão de dólares, é um excelente exemplo de uma empresa que utiliza uma estratégia de canal inovadora para explorar a negligência da estratégia de distribuição do concorrente.[23] Essa empresa, que foi adquirida pela Amazon.com em 2009, mas ainda mantém sua própria identidade e autonomia, sempre colocou a excelência do serviço como o centro da sua cultura corporativa. Ela oferece mais de 1.200 marcas, quase 3 milhões de produtos diferentes, frete grátis, política de devolução de um ano e atendimento ao consumidor 24 horas por dia, sete dias por semana, realizado por pessoas físicas em seu *call center*. Todos os funcionários passam por um treinamento intensivo de quatro semanas, não apenas para que dominem os processos e detalhes associados à prestação de um ótimo atendimento ao consumidor, mas também para que absorvam a cultura da Zappos.com a fim de que cada um deles se torne uma extensão viva e verdadeira da cultura corporativa. Para testar se os funcionários conseguem viver de acordo com esse padrão, o CEO, Tony Hsieh, oferece um vale de $ 3 mil, após duas semanas de treinamento, a qualquer um que queira desistir. Apenas 1% dos funcionários aceita esta oferta. A Zappos. com mantém seu próprio depósito e executa cada aspecto de suas operações em ambiente interno para assegurar o controle sobre a experiência total do consumidor. A empresa tem conseguido direcionar seu canal de distribuição on-line, que oferece um serviço de alta qualidade, a consumidores-alvo insatisfeitos com a seleção limitada e os níveis inferiores de serviço fornecido pelas tradicionais lojas físicas varejistas de sapatos, roupas e acessórios. Muitos desses varejistas, por vários motivos, não estavam dispostos ou aptos a fornecer o tipo de experiência que milhões de consumidores procuravam. Quando a Zappos.com ofereceu uma alternativa na forma de um canal on-line direto, com maior disponibilidade e variedade de produto, ao lado de um serviço excelente, os consumidores literalmente afluíram para esse novo e mais efetivo canal.

Distribuição e sinergia para o canal

Como apontamos várias vezes neste texto, uma das dificuldades em gerenciar canais de marketing é que estes envolvem membros de canal independentes – empresas que têm seus próprios objetivos, políticas e estratégias. A tentativa de ganhar a cooperação dessas empresas, para que possam ajudar o fabricante a atingir seus objetivos e estratégias, é o que faz da administração de canal interorganizacional um desafio. Alinhadas a esse desafio surgem oportunidades; afinal, um canal de marketing bem desenvolvido, composto por membros apropriados, pode proporcionar sinergia entre seus membros, resultando um programa de distribuição superior. Então, pensando em qual variável enfatizar no *mix* de marketing, deve ser considerado o potencial de sinergia na distribuição.[24] "Associando-o" com os membros de canal mais apropriados, o *mix* de marketing pode ser substancialmente fortalecido a um grau que não é facilmente alcançado com as outras variáveis. O mais óbvio exemplo dessa situação é quando a reputação ou prestígio de um membro do canal se torna mais forte que o do fabricante. Ao assegurar a distribuição de seus produtos por meio de tais membros do canal, tanto no nível de atacado quanto no de varejo, o fabricante imediatamente aprimora sua própria credibilidade. Com efeito, os produtos do fabricante, distribuídos pelos famosos varejistas ou por atacadistas bem-sucedidos, tornam-se "consagrados" como de qualidade superior, em maior grau do que o fabricante poderia ter realizado por conta própria. Esse tipo de sinergia é exatamente o que a NutriSystem, Inc., fabricante de alimentos *diet* que vende seus produtos diretamente aos consumidores, em várias configurações que compõem seu plano dietético, esperava ganhar ao deixar seus bens de consumo nas prateleiras do Walmart.[25] No final de 2009, a empresa localizada em Horsham, Pennsylvania, fechou um acordo com o Walmart para vender uma versão "inicial", especialmente desenvolvida, dos produtos *diet* da NutriSystem por $ 148 nas lojas do varejista. Com exceção de uma relação em menor escala com a Costco, anterior à parceria com o Walmart, a NutriSystem vendeu suas mercadorias por telefone e canais on-line, baseando-se principalmente em comerciais de televisão para promovê-las aos consumidores. Com o acordo com o Walmart, a empresa espera conseguir maior reconhecimento e credibilidade dos seus produtos *diet* do que poderia alcançar vendendo-os diretamente aos canais de consumo. Ao convencer o Walmart a receber seus produtos, que serão vendidos em mais de 3.200 lojas, a NutriSystem recebeu de fato um endosso de seus produtos pelo maior e mais poderoso varejista do mundo.

A sinergia por meio da distribuição vai muito além do fortalecimento da imagem do fabricante. Relações profissionais fortes e próximas – que nos últimos anos têm sido chamadas de parcerias de distribuição, parcerias, alianças estratégicas ou redes – entre estes e os membros do canal podem proporcionar uma vantagem estratégica significativa.[26] A relação previamente discutida entre a Procter & Gamble e o Walmart é, talvez, a aliança estratégica mais comentada dos últimos anos. Mas muitos outros relacionamentos com forte sinergia foram estabelecidos em diversas indústrias.

No mercado industrial, ou business-to-business, parcerias de canal e alianças que proporcionam sinergia também se tornaram populares. A Motorola, por exemplo, como parte de seu programa *Total Quality Management* (TQM), desenvolveu relações próximas e mutuamente benéficas com fornecedores por meio de um programa chamado, pela empresa, *Suppliers Perceptions Measurement*, que ajuda os fornecedores a atender aos seus padrões rigorosos de qualidade e desempenho. Ele reduziu o número de fornecedores com os quais a empresa lida; entretanto, a relação com os que ficaram é mais próxima e rentável para ambos.

ESTRATÉGIA DE CANAL E O DESENHO DE CANAIS DE MARKETING

O tema desenho de canal, que envolve todo o processo de criação de um canal (ou a modificação de um existente), será discutido em detalhes no Capítulo 6 e continuará nos 7 e 8. É um tema complexo que requer vários capítulos para ser abordado adequadamente. Nossa proposta, ao introduzir esse tópico neste capítulo, limita-se a mostrar a relação entre a estratégia e essa construção. A associação é direta: *a estratégia do canal deve guiar o desenho de canal, assim como ajudar a empresa a atingir uma vantagem diferencial.*

Vantagem diferencial e desenho de canal

Vantagem diferencial,[27] também chamada **vantagem competitiva sustentável,**[28] nos últimos anos, refere-se à obtenção, pela empresa, de uma posição vantajosa no mercado em relação aos concorrentes – um posicionamento que lhe permite usar seus pontos fortes específicos para satisfazer as demandas dos consumidores melhor do que seus concorrentes em uma base (sustentável) a longo prazo. A gama de recursos disponível da empresa e suas atividades funcionais mais importantes podem contribuir para a criação de uma vantagem diferencial. O nível de capital, a qualidade da administração e dos funcionários, e suas estratégias gerais de produção, finanças e marketing são variáveis que devem ser consideradas.

O desenho de canal, embora apenas uma parte da tentativa de obter uma vantagem diferencial, também pode ser de grande valor.[29] Considerando que a distribuição é uma das principais variáveis controláveis do *mix* de marketing, não é menos importante que a empresa busque maior vantagem diferencial em seu desenho de canal do que em suas estratégias de produto, preço e promoção. Na verdade, uma vantagem diferencial baseada no desenho de um canal de marketing superior pode render uma vantagem formidável e de longo prazo, já que os concorrentes não conseguirão copiá-la com facilidade.

Considere de novo o caso da Caterpillar, empresa cujos canais de distribuição são altamente respeitados ao redor do mundo. Com poucas exceções, ela teve, nos últimos 50 anos, um dos melhores resultados financeiros na indústria de equipamento pesado, ou mesmo entre todas as corporações mais importantes dos Estados Unidos, levando em conta também a concorrência acirrada dos japoneses.

O que está por trás do sucesso da Caterpillar? Embora vários fatores a diferenciem dos concorrentes, o ingrediente-chave do seu sucesso, como a própria empresa declarou muitas vezes, é um sistema de canal de marketing bem desenhado, baseado em uma excelente organização de concessionárias, cuja rede, que abrange o canal da maioria dos produtos da Caterpillar, consiste em quase 200 concessionárias nacionais e estrangeiras, todas independentes e relativamente grandes. O faturamento médio de uma concessionária está bem acima de $ 100 milhões, e cada uma tem patrimônio líquido médio na casa dos milhões. Esse grupo poderoso e financeiramente forte de concessionárias permitiu que a Caterpillar fornecesse um nível de disponibilidade de produto e serviço a seus consumidores incomparável na indústria. Entretanto, o sistema de canal bem desenhado que deu à Caterpillar uma vantagem diferencial tão forte não é mero acaso. Como já discutido neste capítulo, com o passar dos anos, a empresa deu importância à construção e ao fomento de seu sistema de canal de marketing em um esforço consciente para torná-lo superior aos da concorrência. Uma característica do sistema, por exemplo, é a rede de computadores que conecta todas as concessionárias ao centro de distribuição em Morton, Illinois, possibilitando-lhes pedir qualquer peça que precisarem entregar no dia seguinte nos Estados Unidos e, geralmente, dentro de 48 horas em qualquer lugar do mundo. A Caterpillar também realiza dezenas de programas de treinamento para as concessionárias, tanto nos Estados Unidos quanto no exterior. De fato, a empresa realiza inclusive um curso em Peoria, Illinois, para incentivar os filhos dos concessionários a permanecer nos negócios. Como esse exemplo sugere, um desenho superior de canal pode contribuir significativamente para a conquista de vantagem diferencial.

Posicionando o canal para obter vantagem diferencial

Na tentativa do gerente do canal em promover uma vantagem diferencial por meio do desenho de canal, o conceito de **posicionamento do canal** pode servir como um guia útil. Narus e Anderson definem posicionamento de canal como: "a reputação que um fabricante adquire entre distribuidores [membros do canal] por fornecer produtos, serviços, retornos financeiros, programas e sistemas que são, de alguma forma, superiores aos oferecidos por concorrentes."[30]

Posicionamento de canal é o que a empresa realiza com seu planejamento de canal e tomada de decisões para atingir a posição desejada para o canal. O ingrediente-chave, de acordo com Narus e Anderson, é enxergar a relação com os membros do canal como uma *parceria* ou *aliança estratégica* que oferece benefícios reconhecíveis a ambos no longo prazo. Isso contrasta com os típicos programas de incentivo de curto prazo para um fim específico, tão comuns em muitas relações de canais, que são táticas de curto prazo, ao invés de estratégias. Pensando em termos de posicionamento do canal, podemos afirmar que o gerente de canal que adota uma visão estratégica de longo prazo para o desenho de canal está mais propenso a perguntar: como posso desenhar o canal de modo que os membros vejam minha empresa como responsável por um trabalho melhor do que os concorrentes que eles representam? Os automóveis da Lexus oferecem um bom exemplo de posicionamento ao declarar seu canal de revendas independentes como o melhor na indústria automobilística.[31] Essa busca em posicionar as concessionárias da Lexus como as melhores do país mostra-se em "O compromisso da Lexus", quarto tópico do comprometimento que aparece no *site* oficial da empresa (ver Figura 5.4), que diz o seguinte: "A Lexus terá a melhor rede de concessionárias da indústria". O próximo (quinto) compromisso da empresa continua: "A Lexus tratará cada consumidor como um convidado em nossa casa". Nessa estratégia de posicionamento do canal, a empresa é clara e propositalmente estabelece altos padrões para seu canal revendedor. A Lexus espera que suas concessionárias sejam as melhores – sem nenhum "se", "e" ou "talvez". Mas, indo além, essa estratégia também visa criar expectativas muito altas nos consumidores sobre suas concessionárias. Com efeito, a empresa promete-lhes algo bem além do que normalmente é esperado de uma concessionária: uma experiência inesquecível, a promessa de que a empresa irá "tratar cada consumidor como [trataríamos] um convidado em nossa casa". Obviamente, essa é uma tarefa difícil, mas que a Lexus leva muito a sério. Na verdade, desde a inauguração da marca, no final dos anos 1980, possíveis candidatos a revendedores da Lexus foram avaliados tanto por fatores "subjetivos", como a atitude em relação ao consumidor, quanto "objetivos", como solidez financeira. Ao colocar tanta ênfase na dimensão humana e na habilidade social das pessoas como parte integrante do DNA dos seus representantes, a empresa ganhou muitos prêmios ao longo dos anos, como a mais alta classificação no cobiçado J.D. Power Customer Service Index (CSI). Entretanto, o que realmente importa, do ponto de vista da estratégia competitiva, é que a Lexus posicionou seu canal de revendas como o melhor do mercado, fornecendo ao consumidor motivos suficientes para comprar um carro da empresa, em vez de outra marca de automóveis luxuosos.

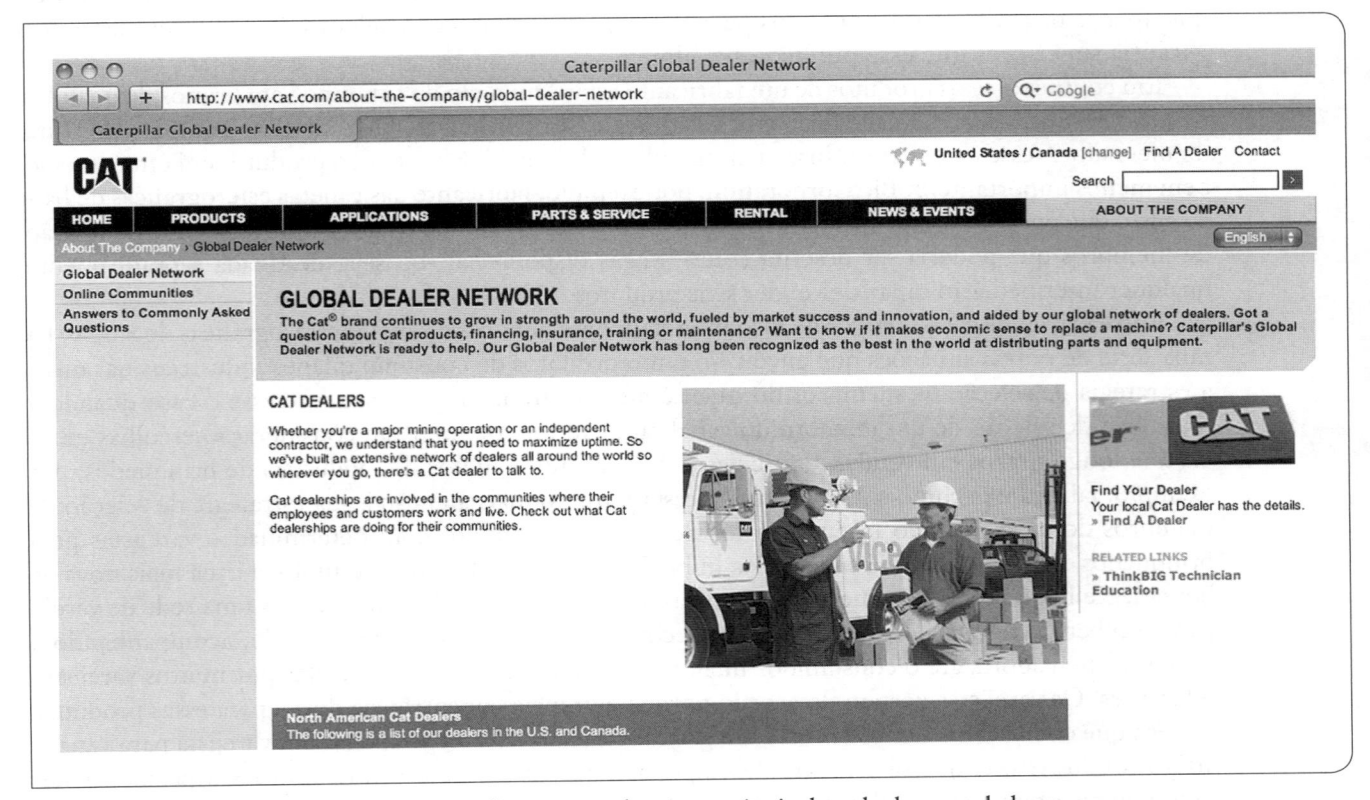

FIGURA 5.3 ▶ Parte do website da Caterpillar mostrando a importância da rede de revendedores.

Fonte: Cortesia de © CAT

Um canal bem posicionado também significa que o gerente do canal terá a confiança e o apoio dos membros do canal em sua tentativa de obter uma vantagem diferencial. Em resumo, um canal que está bem posicionado com seus membros aumentará as chances de um melhor posicionamento do fabricante com seus consumidores finais. Isso pode resultar na vantagem diferencial que o fabricante almejava. Dessa maneira, trabalhar bem para conquistar o respeito de membros do canal pode resultar no tipo de posição de canal que melhora as chances de alcançar uma verdadeira vantagem diferencial ante os consumidores finais. Afinal, os membros do canal estão posicionados para ser os "líderes de torcida" do fabricante que alcançou a posição de canal forte.

ESTRATÉGIA DE CANAL E SELEÇÃO DE MEMBROS

Seleção de membros do canal é a fase final do desenho do canal, discutida de forma abrangente no Capítulo 7. Nosso objetivo, ao introduzir esse tema neste capítulo, é mostrar que esse aspecto do desenho de canal também possui uma dimensão estratégica. Em particular, a abordagem adotada na seleção de membros do canal e de tipos específicos de intermediários escolhidos para ser membros deve refletir as estratégias que a empresa desenvolveu para atingir seus objetivos de distribuição.[32] Além disso, essa seleção deve ser consistente com os objetivos e as estratégias de marketing, devendo refletir os objetivos e as estratégias da organização como um todo.[33] Isso porque os membros do canal, embora constituídos como empresas independentes, são vistos pelo consumidor como uma extensão da organização do próprio fabricante. Assim, os tipos de intermediários que vendem os produtos desse fabricante acabam por refleti-lo diretamente. Por exemplo, um fabricante que se orgulha em oferecer produtos de alta qualidade precisa ser muito cuidadoso em escolher os tipos de membros do canal que comercializarão seus produtos. A Rolex, por exemplo, sem dúvida o fabricante de relógios de maior prestígio no mundo, seleciona de forma minuciosa apenas os comerciantes de varejo mais conceituados para vender seus produtos. A empresa também faz anúncios em publicações como o *Wall Street Journal* para lembrar aos consumidores que apenas os joalheiros autorizados pela Rolex podem oferecer a seleção de produtos, serviço e garantia superiores que esse público-alvo almeja.

Em contraste, se os produtos de um fabricante estão "no meio do caminho" em termos de qualidade e são destinados ao mercado de massa, a estratégia de distribuição deve enfatizar a ampla cobertura do mercado. Nesse caso, determinar quais membros do canal lidarão com o produto será uma questão bem menos importante. A Bic Corporation, por exemplo, fabricante das canetas esferográficas de baixo custo que podem ser encontradas em quase todo ponto de venda, enfatiza uma estratégia de seleção de membros que poderia ser descrita como "vagas disponíveis", ou seja, destinada a praticamente qualquer intermediário capaz de vender seus produtos.

Entre extremos como artigos de luxo mundialmente famosos e canetas esferográficas de $ 0,50, há uma série de outras situações que envolvem tanto produtos de consumo quanto industriais nas quais a estratégia de seleção de membros do canal é menos óbvia.[34] É precisamente esse o caso quando a estratégia de seleção de um membro do canal também tem de levar em consideração escolhas entre curto e longo prazos em vendas, participação de mercado e lucros. Na indústria de brinquedos, por exemplo, fabricantes como a Mattel, Inc., prestam muito mais atenção à sua estratégia de seleção de membros do canal quando fazem acordos de negócio exclusivos com determinados varejistas para brinquedos em particular. Na sua famosa linha de bonecas Barbie, por exemplo, a irmã mais nova da boneca, Kelly, só pode ser comercializada pelas lojas Target. Ao selecionar apenas uma rede de varejo para receber certos produtos, os fabricantes conseguem maior grau de controle, acompanhando a venda da mercadoria até o consumidor final, do que se fossem comercializados por muitos varejistas diferentes. Os varejistas gostam do acordo porque elimina a concorrência direta para esses produtos. É claro que o fabricante também corre um grande risco ao selecionar apenas um varejista para vender artigos exclusivos, já que se este não desempenhar sua função de acordo com suas expectativas nenhum outro estará disponível para cobrir a lacuna.

ESTRATÉGIA DE CANAL E ADMINISTRAÇÃO DO CANAL DE MARKETING

Da perspectiva do fabricante, administração de canal envolve todos os planos e ações realizados por ele que visam à cooperação dos membros para atingir os objetivos de distribuição.[35] Esse tema é discutido em detalhes do Capítulo 9 ao 13, na Parte 3 deste livro. Nosso objetivo, ao introduzir esse tópico neste momento, é mostrar sua relação com a estratégia de canal.

O gerente do canal que tenta planejar e executar um programa para obter a cooperação de membros do canal enfrenta três questões estratégicas:

1. Quão próxima deve ser a relação com os membros do canal?
2. Como esses membros devem ser motivados para cooperar nos objetivos de distribuição do fabricante?
3. De que maneira o *mix* de marketing deve ser utilizado para melhorar a cooperação entre os membros do canal?

Proximidade das relações de canal

Nos últimos anos, um número significativo de estudos parece discutir a necessidade de relações mais próximas entre fabricantes e membros do canal nos níveis de atacado e/ou varejo. De acordo com essas análises, fabricantes e membros do canal conseguem trabalhar juntos para alcançar altos níveis de eficácia e eficiência na distribuição apenas se desenvolverem relações próximas, "parcerias" ou alianças estratégicas. De fato, a filosofia implícita na maioria dos escritos sobre administração interorganizacional de canal pressupõe a necessidade de relações próximas entre fabricante e membros do canal.[36] Vozes contrárias a esse argumento – não destacar relações de canal próximas ou propositadamente manter uma distância – são improváveis.[37] Tanta ênfase de um lado e praticamente nenhuma do outro significam que o primeiro, de que a "proximidade é melhor", é correto? Na verdade, nenhum deles é necessariamente certo ou errado.[38]

O que não deve ser esquecido nesse debate – ou, mais especificamente, nesse argumento unilateral – é que a proximidade que qualquer fabricante deve desenvolver com seus membros numa relação de canal é, na verdade, uma questão de estratégia. Se o gerente do canal acredita que uma relação de trabalho mais próxima o ajudará a gerenciar melhor o canal e atingir seus objetivos de distribuição, então essa proximidade deve ser enfatizada. Se, por outro lado, ele acha que o contato frequente não é necessário para um gerenciamento efetivo do canal, então provavelmente isso é adequado à sua empresa e, na verdade, poderia até ser uma perda de tempo, energia e dinheiro insistir no contrário. Para o fabricante de um produto *commodity* vendido por milhares de varejistas, por exemplo, provavelmente não seria viável tentar desenvolver uma relação próxima com cada um deles. Por outro lado, se o fabricante usa um grupo relativamente pequeno de atacadistas para alcançar os varejistas, talvez seja sensato estabelecer uma relação próxima com os primeiros.

A maioria dos exemplos citados neste capítulo, incluindo Caterpillar, BMW, Lexus e NutriSystem, enfatizou a necessidade de proximidade nas relações de trabalho entre fabricante e membros do canal. Mas não significa que isso seja sempre correto em todas as situações. Bic, WD-40 e Rayovac, também citadas neste capítulo, não poderiam manter relações próximas com todos os varejistas ou atacadistas que vendem seus produtos, pois seria inviável e antieconômico. Portanto, cada empresa precisa saber quão próximo deve desenvolver o relacionamento com seus membros do canal.[39] A Figura 5.5 ilustra a estratégia que enfrenta o gerente do canal ao retratá-la como um *continuum*. O relacionamento que um fabricante busca ter com seus membros de canal pode variar de muito próximo, como é o caso da Caterpillar ou Lexus e seus revendedores; a muito distante, como a relação da Bic com qualquer loja 7-Eleven que venda suas canetas esferográficas. Bem no meio desses extremos está o vínculo entre a GM, Ford ou Chrysler e uma concessionária de automóveis típica.[40]

Como esboço de um guia estratégico para lidar com a questão da proximidade, o gerente do canal pode relacioná-lo com o nível de intensidade da distribuição que presumivelmente teria sido definido por ocasião do processo de desenho do canal.

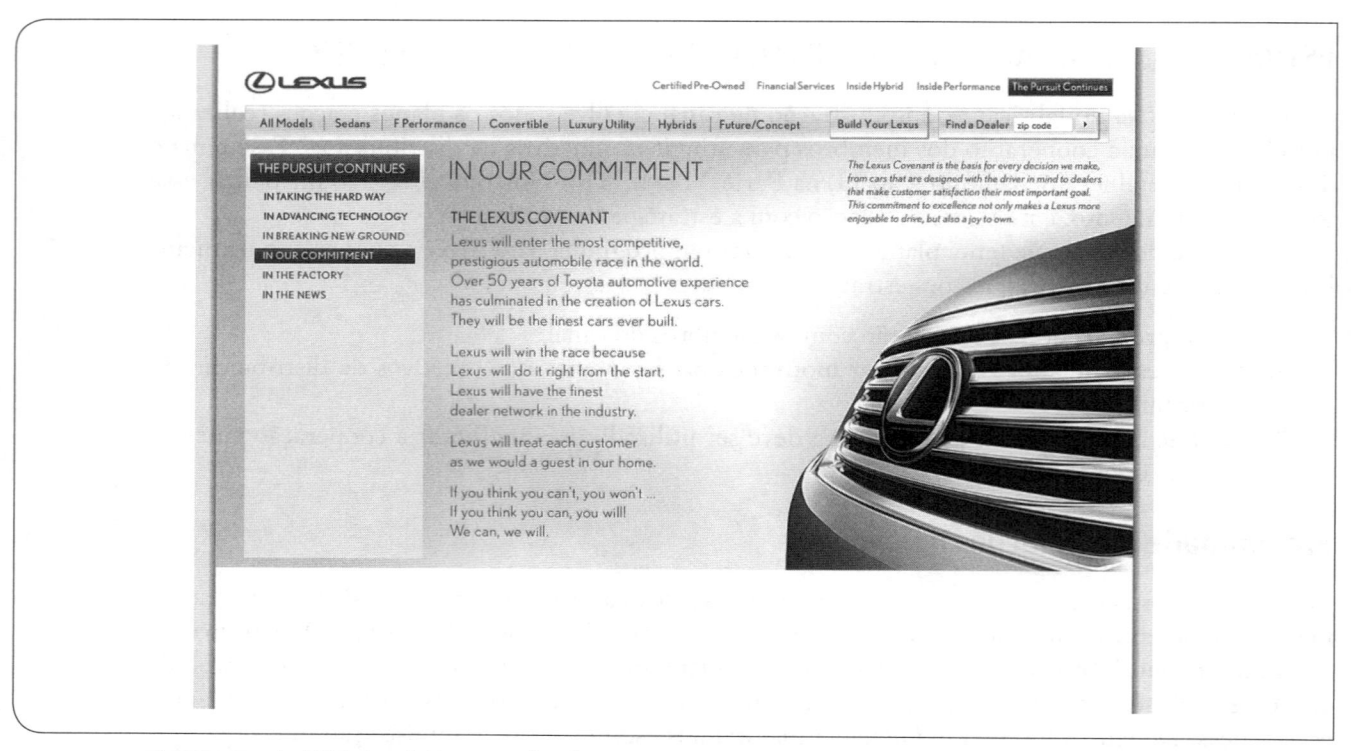

FIGURA 5.4 ▶ Website da Lexus exibindo "O compromisso da Lexus".
Cortesia de Lexus/Leam One

Isso também pode ser visualizado como um *continuum*, conforme mostrado na Figura 5.6. Os adjetivos **intensivo**, **seletivo** e **exclusivo** – usados para descrever os pontos no *continuum* – são os termos tradicionais usados na literatura de marketing para indicar o número de membros do canal (nos níveis de atacado ou varejo) empregado pelo fabricante (ver Capítulo 6, seção *Intensidade em vários níveis*). Combinando as Figuras 5.5 e 5.6, um gráfico da relação entre o grau de proximidade e a intensidade da distribuição pode ser construído, como mostrado na Figura 5.7, que mostra um vínculo positivo

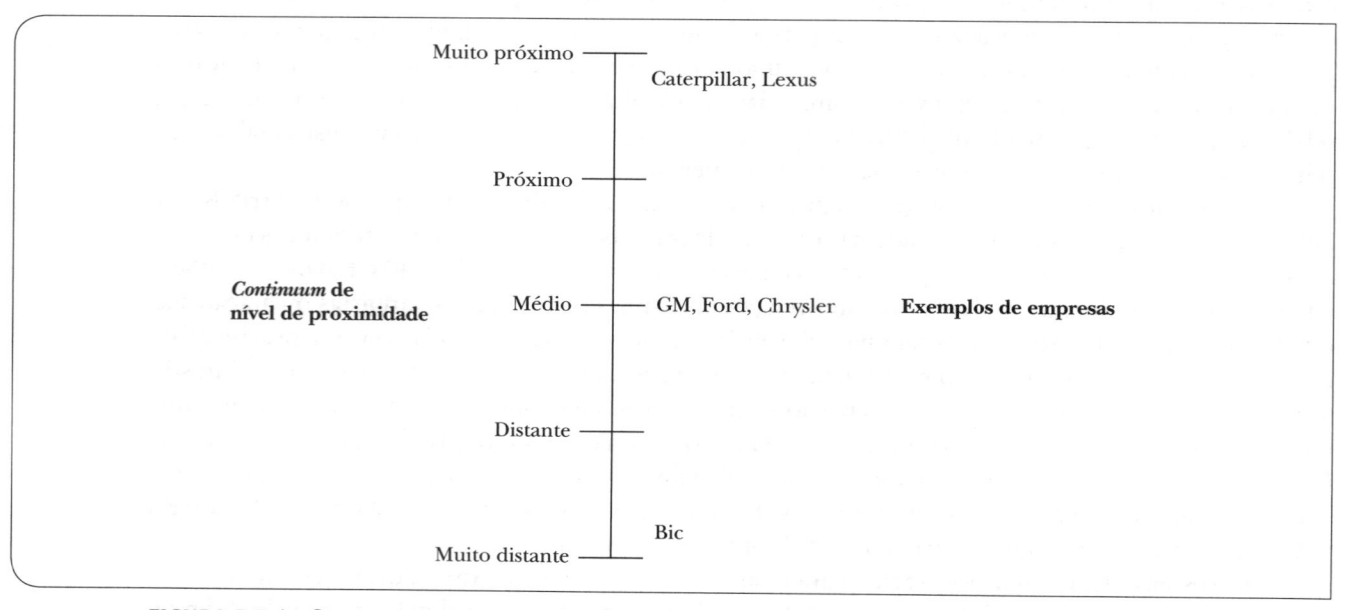

FIGURA 5.5 ▶ *Continuum* representando o nível de proximidade entre fabricantes e membros do canal.
© Cengage Learning 2013

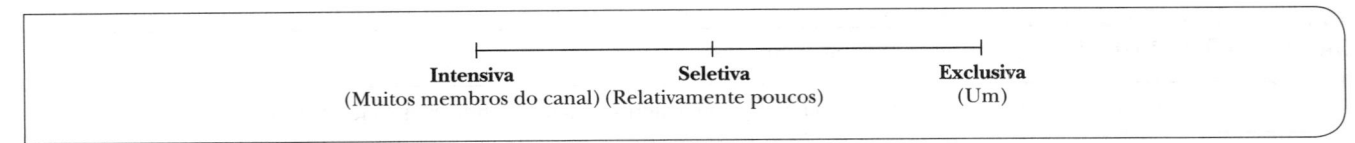

Intensiva   Seletiva   Exclusiva
(Muitos membros do canal) (Relativamente poucos)   (Um)

FIGURA 5.6 ▶ *Continuum* de intensidade de distribuição.
© Cengage Learning 2013

entre a intensidade da distribuição e o grau de proximidade no relacionamento do canal. Isso não indica um convívio linear e preciso. Pelo contrário, sugere apenas uma relação básica que pode servir como um ponto de partida para lidar com a questão de proximidade na relação entre fabricantes e seus membros de canal. A Figura 5.7 implica que, na média, mantendo os outros elementos inalterados, se o gerente do canal projetou uma distribuição intensiva de canal, deve pensar em manter uma relação mais distante com os vários membros do canal envolvidos, do que seria no caso de um número menos significativo de membros envolvidos num canal mais seletivo ou exclusivo.

A intensidade da distribuição não é, obviamente, o único fator a se considerar na decisão de quão próximo deve ser o relacionamento entre fabricante e membros do canal.[41] Muitos outros fatores, como mercados-alvo, produtos, políticas da empresa, intermediários, ambiente e dimensões comportamentais, também podem ser importantes – estes são discutidos em detalhes no Capítulo 6. Entretanto, a intensidade da distribuição é provavelmente um ponto tão importante como qualquer outro para lidar com a questão estratégica de quão próximo deve ser o relacionamento com os membros do canal.

Motivação de membros do canal

Essa motivação é abordada em detalhes no Capítulo 9, no qual discutimos um programa completo focando essa importante decisão de distribuição. Mas, como dissemos ao longo deste capítulo, para abordar qualquer uma dessas decisões básicas, o gerente do canal precisa pensar em termos da estratégia de canal envolvida. Ao motivar os membros do canal, o desafio estratégico baseia-se em encontrar os meios para assegurar uma cooperação forte desses membros a fim de atingir os objetivos de distribuição. Neste contexto, a estratégia de canal envolve quaisquer ideias ou planos que o gerente de canal possa conceber para ajudar a alcançar este resultado.[42] Mais especificamente, significa montar a combinação certa de táticas que motivem os membros do canal. A Tabela 5.1, por exemplo, lista algumas das táticas mais utilizadas para motivar os membros do canal. Como se pode ver, a lista é muito diversa, variando de uma abordagem "força bruta" de **bonificações**[43] – termo relativamente recente para a velha prática de pagar a membros do canal pelo espaço nas prateleiras – até uma muito mais sutil, que é estabelecer conselhos de distribuidor que dão voz a membros do canal nas decisões que afetam o canal (ver Capítulo 9).

Da relação de táticas de canal mostrada na Tabela 5.1 (junto com muitas outras possibilidades nela não mencionadas), o gerente do canal deve decidir qual usar para motivar os membros do canal de forma mais eficaz. Visando a esse fim, um quadro sistemático será apresentado no Capítulo 9; portanto, não trataremos dele aqui. É apropriado neste momento, porém, discutir brevemente uma estratégia geral que pode ajudar o gerente do canal a motivar os membros do canal de forma mais produtiva. Esta estratégia é baseada no conceito de portfólio – cuja origem se deu no campo das finanças. Basicamente, o investidor vê os investimentos variados que possui como um portfólio financeiro. Com o tempo, ele muda esse *mix* de investimentos no portfólio para atingir objetivos financeiros por meio de estratégias diferentes para cada investimento.

O conceito de portfólio foi tomado emprestado por diversas outras áreas de negócios, incluindo o marketing. No gerenciamento de produto, por exemplo, o *mix* de produto oferecido por um fabricante pode ser retratado como seu **portfólio de produtos**.[44] Compatível com a analogia de portfólio financeiro, o gerenciamento de produto envolve mudar o *mix* de produto e as estratégias para atingir os objetivos de marketing, usualmente especificados em termos de vendas, participação de mercado e lucro. O conceito de portfólio também foi aplicado no contexto de canais de marketing, chamado de **análise de portfólio de distribuição (APD)**.[45] Enquanto a APD fornece um método abrangente para

TABELA 5.1 Relação de táticas gerais para motivar membros do canal

1.	Pagar "bonificações" (pagamento por espaço na prateleira) maiores do que os fabricantes concorrentes.
2.	Dar descontos comerciais (margens) maiores do que os fabricantes concorrentes.
3.	Tentar recompensar com margens maiores aqueles que desempenharem mais tarefas de distribuição.
4.	Oferecer produtos de preço protegido quando se recusam a negociar com intermediários que praticam preços mais baixos.*
5.	Proporcionar forte apoio de propaganda e promocional.
6.	Fornecer uma variedade maior de descontos promocionais do que os concorrentes oferecem.
7.	Disponibilizar mais negociações especiais e campanhas de merchandising do que a concorrência.
8.	Conceder níveis maiores de verba de propaganda cooperativa do que os concorrentes.
9.	Fazer uso de divulgadores do produto para apoiar os esforços de vendas.
10.	Desenvolver um equilíbrio ideal entre estratégias promocionais de "empurrar" (*push*) e "puxar" (*pull*).
11.	Proteger suas vendas mediante de uma distribuição altamente seletiva.
12.	Desenvolver cotas de vendas com base em análises de seus potenciais de mercado.
13.	Oferecer acordos de "parceria", salientando as expectativas e compromisso mútuos.
14.	Desenvolver acordos especiais de licenciamento ou de franquia para fortalecer o relacionamento de canal.
15.	Oferecer um acordo de negociação exclusiva.
16.	Utilizar distribuição multicanal para fomentar as rivalidades entre canais.
17.	Empregar acordos de vinculação (inclusive forçando a comercialização de toda a linha de produtos) para limitá-los em relação à venda de produtos da concorrência.
18.	Proporcionar territórios protegidos.
19.	Fornecer produtos de alta qualidade, inovadores ou distintos.
20.	Enfatizar o gerenciamento do ciclo de vida do produto para lhes garantir lançamentos de novos produtos ou remoções em momentos mais adequados.
21.	Assegurar vendas garantidas e devoluções irrestritas.
22.	Fornecer treinamento de vendas aos seus vendedores.
23.	Disponibilizar assistência financeira.
24.	Oferecer-lhes assistência no gerenciamento e no treinamento.
25.	Proporcionar um apoio logístico superior ao da concorrência.
26.	Oferecer um sistema computacional sofisticado de entrada de ordem on-line.
27.	Conceder assistência técnica e suporte.
28.	Fornecer pesquisas de mercado sobre seus mercados-alvo.
29.	Gerar oportunidades de vendas e passá-las a eles.
30.	Organizar conselhos de distribuidores para ampliar a participação dos membros no processo decisório do canal.

* Consulte o Capítulo 3 para verificar as implicações legais.

© Cengage Learning 2013

categorizar membros do canal, sua essência ajuda o gerente do canal a focá-los mais profundamente ao considerar todas as estruturas de canal e/ou todos os membros como o portfólio. Cada estrutura, bem como os grupos definidos de membros de canal, é vista como "investimentos" específicos dentro do portfólio.

Considere, por exemplo, as estruturas de canal mostradas na Figura 5.8. Em conjunto, elas constituem o portfólio vertical de estruturas de canal usadas pelo fabricante e podem ser combinadas em uma matriz que mostra uma possível variedade delas e os tipos de membros do canal, como ilustrado na Figura 5.9. Os diferentes tipos e tamanhos de varejistas, atacadistas e representantes de fabricantes, mostrados horizontalmente dentro de diferentes estruturas verticais de canal, podem ser vistos cada qual como um investimento distinto dentro do portfólio.

Para motivar os membros do canal, as táticas escolhidas da relação da Tabela 5.1 têm de variar para cada categoria do participante. Atacadistas, por exemplo, podem ser altamente motivados por um programa de treinamento, enquanto altas bonificações estariam mais próximas ao que buscam os hipermercados. A ideia essencial por trás da abordagem de portfólio para motivação é a de que membros do canal de diferentes tipos e tamanhos, que participam de várias estruturas de canal, podem responder de forma diferente a diversas estratégias de motivação. Algum esforço por parte do gerente de canal em agrupar estruturas e membros em um portfólio, antes de lançar um programa de motivação, pode vir a ser útil no direcionamento das estratégias apropriadas.[46]

Embora o conceito de portfólio de canal forneça uma estrutura útil para determinar quais abordagens motivacionais podem ser usadas para vários tipos de membros, o gerente do canal não deve perder de vista o consumidor final, que, no fim das contas, é o motivo real para se desenvolver uma combinação de canais e estratégias apropriada no portfólio. Conforme Schoenbachler e Gordon apontam ao tratar esta questão da perspectiva do consumidor:

> [Muitas vezes] o foco tem sido no canal, em como melhorá-lo e em como a ele conduzir os consumidores sem ofender outros membros de canal. O foco deve, porém, estar no consumidor, e não no canal. O cliente ou o foco nele incentiva os gerentes a desenvolver e projetar alternativas de canal bem-sucedidas e eficazes, já que consideram as necessidades do consumidor.[47]

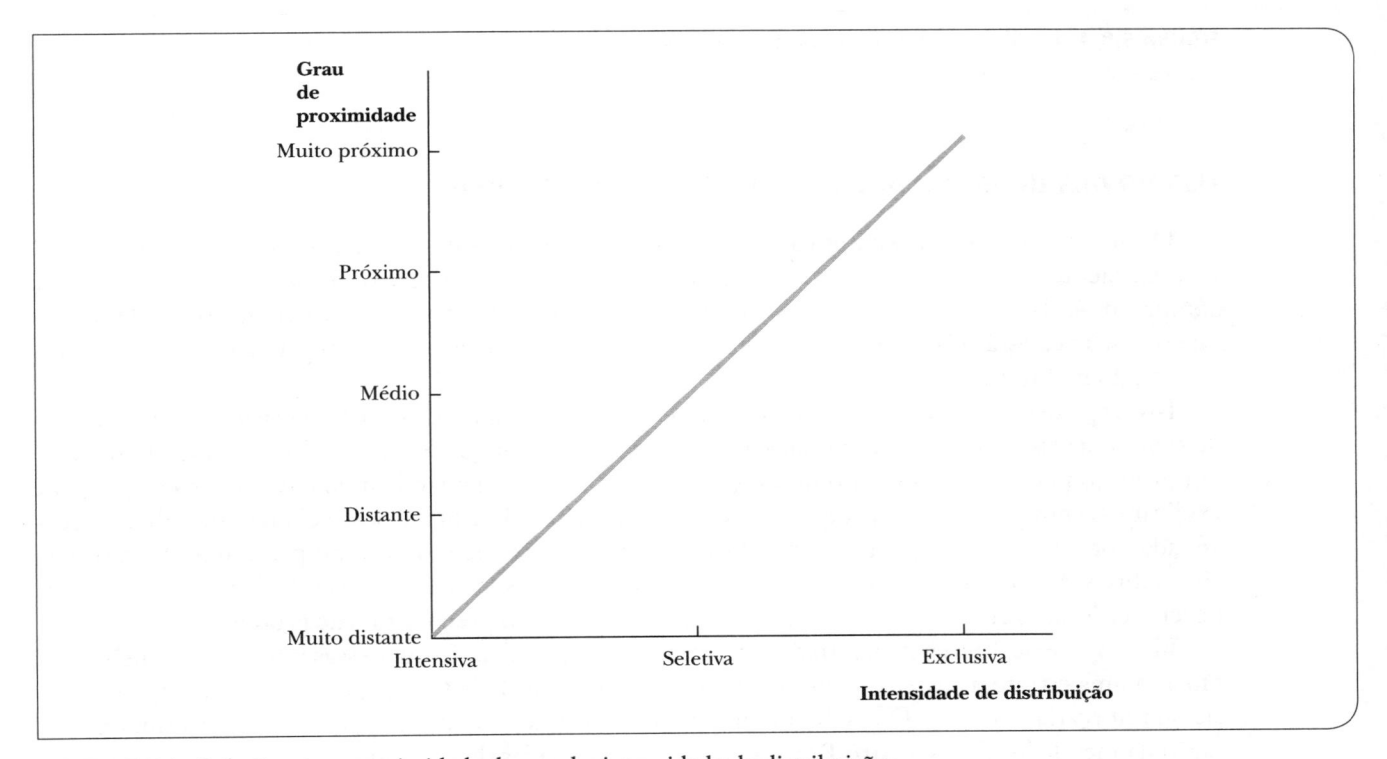

FIGURA 5.7 ▶ Relação entre proximidade do canal e intensidade de distribuição.
© Cengage Learning 2013

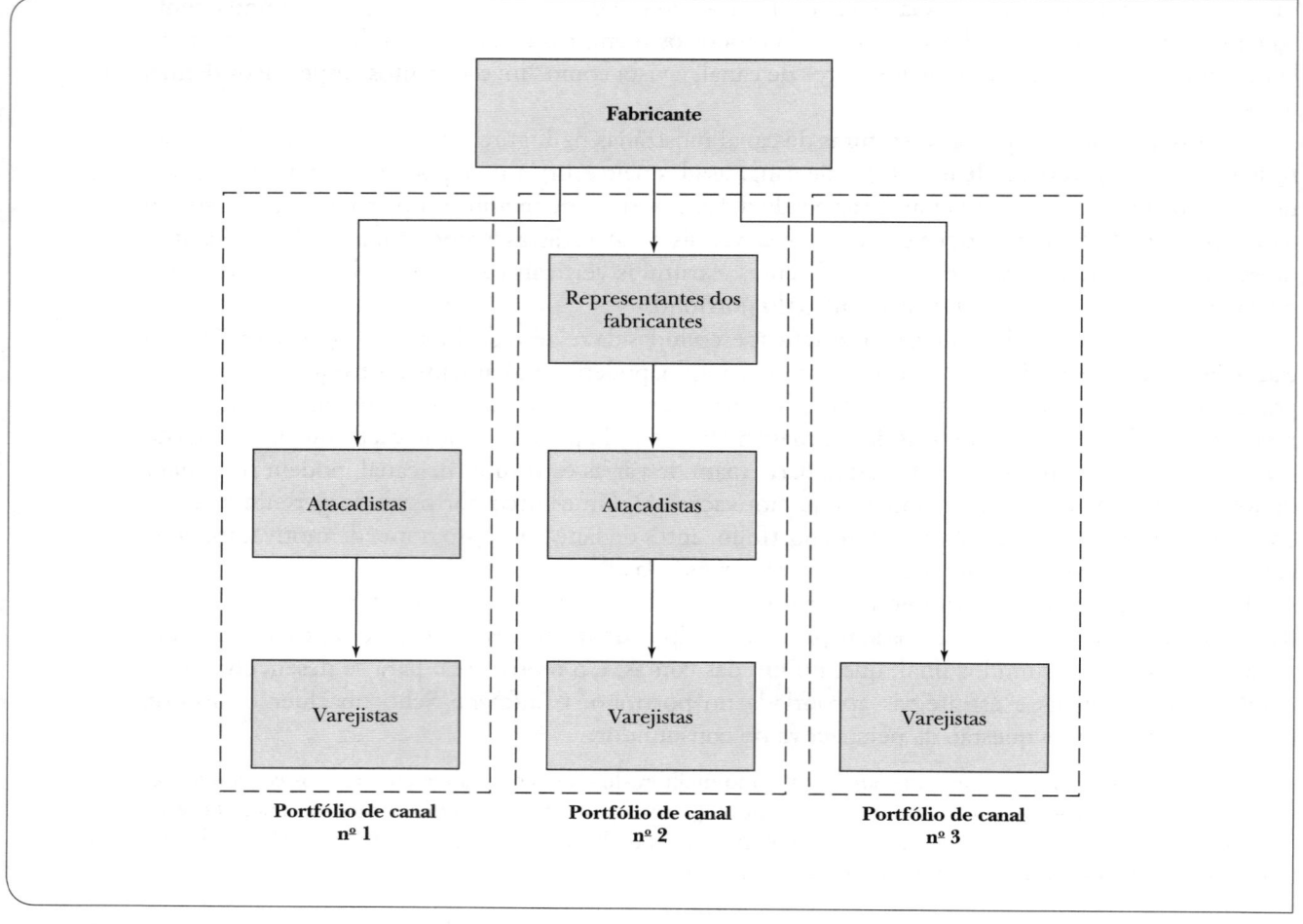

FIGURA 5.8 ▶ Perfil vertical de diferentes estruturas de canal.
© Cengage Learning 2013

Uso do *mix* de marketing na administração de canal

Otimizar o *mix* de marketing para que atenda às demandas do mercado-alvo requer não apenas uma excelente estratégia em cada uma das quatro variáveis estratégicas do *mix*, mas também uma compreensão das relações ou interfaces entre elas. A estratégia de produto interage com a de preço, que por sua vez está relacionada à estratégia promocional, vinculada à estratégia de distribuição. Isso é ilustrado na Figura 5.10.

Isso representa, do ponto de vista do *mix* de marketing, que os planos e decisões feitos em uma de suas variáveis acabam tendo implicações para outras. Assim, a decisão de alterar características de um produto pode exigir aumento no preço, que, por sua vez, demanda mudanças na promoção para explicar esse novo recurso do produto e justificar o aumento. Por fim, é possível que a distribuição seja afetada por essa situação, já que os membros do canal que vendem o produto precisarão de informações sobre suas novas características. Além disso, suas atitudes em relação à venda do produto também devem ser levadas em conta, por causa da comparação do novo preço com o de produtos concorrentes.

Idealmente, um gerenciamento de marketing eficaz anteciparia todas essas interfaces e, então, formularia uma estratégia de *mix* de marketing para cada variável, de forma que cada uma complementaria ou reforçaria as outras. O resultado seria um melhor *mix* de marketing, que alcançaria sinergia em razão da mescla ideal dos quatro Ps para atender às demandas do mercado-alvo.

Portfólio vertical de canal	Representantes dos fabricantes	Portfólio horizontal de canal	
		Atacadistas	Varejistas
Portfólio vertical de canal #1		Grandes atacadistas de linha geral Médios atacadistas de linha geral Pequenos atacadistas de linha geral	Pequenos varejistas independentes Varejistas de catálogo
Portfólio vertical de canal #2	Representantes nacionais Representantes internacionais	Atacadistas de especialidade	Lojas de departamento Lojas de especialidade
Portfólio vertical de canal #3			Hipermercados Lojas de desconto Redes especializadas

FIGURA 5.9 ▸ Matriz vertical e horizontal de portfólios de estruturas e membros de canal.
© Cengage Learning 2013

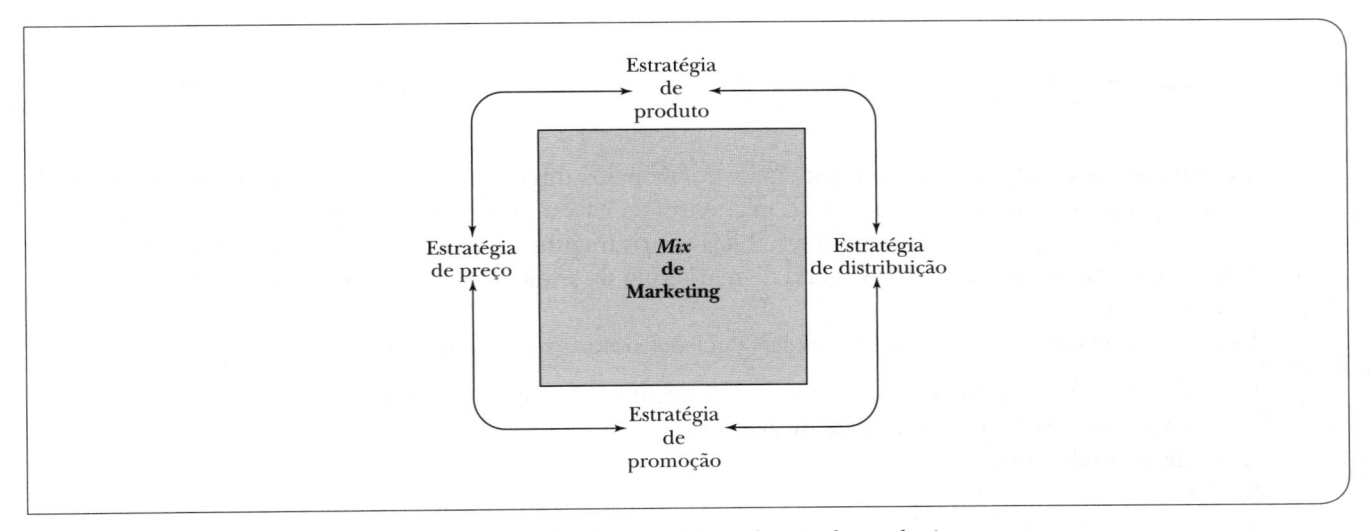

FIGURA 5.10 ▸ Inter-relações entre as quatro variáveis estratégicas do *mix* de marketing.
© Cengage Learning 2013

Na prática, é claro, essa mescla ideal do *mix* de marketing não é possível. O mundo real é por demais complexo e muda muito rápido para permitir que isso aconteça com frequência. No entanto, o conceito estratégico implícito no desenvolvimento de sinergia no *mix* de marketing, antecipando e incorporando inter-relações entre os quatro Ps, ainda é uma abordagem útil para o gerente do canal. Mesmo que uma verdadeira mescla ideal do *mix* de marketing não aconteça, é possível conseguir uma que seja eficaz.

Do ponto de vista da estratégia de distribuição e, particularmente, do gerenciamento do canal de marketing, o gerente de canal deve ter em mente um conceito estratégico de desenvolvimento de sinergia. Ao fazer isso, é mais provável que o potencial dos outros Ps do *mix* de marketing reforce, em vez de diminuir, a importância da administração de canal. Esse tema é a base de todo o material apresentado nos Capítulos 10 a 13, que discutem estratégias de produto, preço, promoção e logística conforme interagem com a estratégia e administração de canal.

ESTRATÉGIA DE CANAL E AVALIAÇÃO DO DESEMPENHO DE MEMBROS DO CANAL

A máxima "O segredo está no processo" é a mais apropriada quando se fala em avaliação do desempenho de membros do canal, pois é por meio desse processo que o gerente obtém evidências concretas de quão bem o canal tem sido desenhado e gerenciado.

O tema da avaliação do desempenho do membro de canal é abordado no Capítulo 14. Nele, discutimos a distinção entre o monitoramento diário do desempenho do membro do canal contra uma abordagem de avaliação abrangente do desempenho, no longo prazo, que envolve o uso de uma variedade de critérios e, em alguns casos, métodos formais para reunir e analisar os dados necessários para medir o desempenho de cada membro.

Por ora, preocupamo-nos apenas com o significado estratégico básico da avaliação de desempenho do membro do canal, que, na prática, trata da questão primordial: foram tomadas as precauções no desenho e no gerenciamento do canal a fim de assegurar que o desempenho do membro de canal seja efetivamente avaliado? Essa pergunta fará que o gerente do canal veja a avaliação de desempenho como parte integrante do desenvolvimento e do gerenciamento do canal de marketing, e não como uma reflexão tardia. Esse tipo de abordagem para avaliação do desempenho do membro do canal pode ser aplicado em praticamente qualquer setor, desde um fabricante de produtos de luxo, como no caso dos relógios Rolex, até um produtor de equipamentos de terraplanagem, por exemplo, a Caterpillar.

Resumo

A estratégia de canal refere-se aos princípios gerais pelos quais a empresa espera atingir os objetivos de distribuição para seus mercados-alvo. Como tal, centra-se na variável Praça (lugar) dos quatro Ps do *mix* de marketing. Embora o foco da estratégia de canal seja relativamente limitado, pode ter um grande impacto e ser de grande importância para a estratégia geral de marketing da empresa, bem como para objetivos e estratégias (corporativas) gerais.

A estratégia de canal é relevante para as seis decisões básicas de distribuição enfrentadas pelas empresas:

1. O papel da distribuição nos objetivos e nas estratégias gerais da empresa
2. O papel da distribuição no *mix* de marketing
3. O desenho de canais de marketing
4. A seleção de membros do canal
5. O gerenciamento do canal
6. A avaliação do desempenho dos membros do canal

Se o papel da distribuição é considerado vital para o sucesso de longo prazo da empresa, então a estratégia de distribuição deve ser considerada nos mais altos níveis da organização e incluída no processo de planejamento estratégico.

Com relação ao papel da distribuição no *mix* de marketing, pode ser dada uma forte ênfase a essa variável se alguma das seguintes condições existir: (1) a distribuição é a variável mais relevante do *mix* de marketing para satisfazer a demanda do mercado-alvo; (2) existe paridade competitiva nas outras variáveis do *mix* de marketing; (3) há um alto grau de vulnerabilidade competitiva por causa da negligência na distribuição; ou (4) a distribuição pode criar sinergia.

Em termos de desenho dos canais de marketing, a estratégia de canal deve guiar esse processo na tentativa de obter uma vantagem diferencial para a empresa por meio de um desenho de canal superior. O gerente do canal deve utilizar o conceito de posicionamento de canal para posicioná-lo com o objetivo de obter os esforços dos seus membros como se fossem "líderes de torcida" para que estes alcancem, com os consumidores finais, uma vantagem diferencial para o fabricante.

A seleção dos membros do canal deve refletir os objetivos e as estratégias gerais do fabricante, assim como suas estratégias de marketing, em uma tentativa de "associar-se" apenas com membros do canal condizentes com os objetivos corporativos e capazes de implementar as estratégias de modo eficaz e eficiente.

Gerenciar o canal de marketing faz que o gerente do canal responda a três perguntas estratégicas: quão próximo deve ser o relacionamento com os membros do canal? Como esses membros devem ser motivados? De que maneira o *mix* de marketing deve ser usado para melhorar a cooperação dos membros?

Por fim, ao lidar com a sexta decisão básica de distribuição – a avaliação do desempenho de membros do canal –, o gerente do canal deve se certificar de que as precauções foram tomadas no desenho e no gerenciamento do canal a fim de assegurar que o desempenho dos seus membros seja avaliado efetivamente.

QUESTÕES DE REVISÃO

1. Como a estratégia de canal se relaciona com a estratégia de marketing?

2. Delineie e comente brevemente as seis decisões básicas de distribuição que a maioria das empresas eventualmente precisa considerar.

3. Um fabricante pode decidir automaticamente se a distribuição é importante para a empresa e deve ser parte integral do seu plano estratégico?

4. Uma empresa deve dispensar automaticamente a distribuição na formulação de seus objetivos e estratégias corporativas de longo prazo?

5. Onde a estratégia de canal se "encaixa" no *mix* de marketing?

6. Quais indícios o gerente do canal deve procurar ao decidir o quanto enfatizar a distribuição como uma variável importante no *mix* de marketing?

7. Explique o conceito de sinergia aplicado à estratégia de canal de marketing.

8. Discuta o conceito de vantagem diferencial em relação à estratégia de desenho do canal.

9. Como o posicionamento de canal se relaciona ao desenho de canal e, por sua vez, à vantagem diferencial por meio do desenho de canal?

10. Membros do canal vistos da perspectiva dos consumidores representam uma extensão da organização do fabricante. Você concorda ou discorda dessa afirmação? Explique.

11. Discuta as questões estratégicas mais importantes enfrentadas pelo gerente do canal em seu gerenciamento.

12. Identifique a possível relação entre proximidade com o canal e intensidade da distribuição.

13. Discuta o conceito de portfólio na motivação dos membros do canal.

14. O que significa "utilizar o *mix* de marketing" para obter cooperação de membros do canal ao implementar a estratégia de canal do fabricante?

15. Discuta o tema básico envolvido na estratégia de canal quanto à avaliação do desempenho dos membros do canal.

QUESTÕES DE CANAL PARA DISCUSSÃO

1. Embora os canais de vendas on-line tenham desfrutado de um grande crescimento na última década, uma desvantagem estratégica que poderia limitar seu futuro crescimento potencial é o imediatismo. Quando pedem produtos físicos pela internet, os consumidores não têm a mesma experiência de quando compram em uma loja, de levar a mercadoria consigo imediatamente. Em vez dis-

so, precisam esperar pelo menos um dia e, às vezes, por muitos. Recentemente, o maior varejista on-line do mundo, a Amazon.com, tentou atenuar o problema do imediatismo ao oferecer entregas no mesmo dia do pedido para determinado número de grandes áreas metropolitanas. Entretanto, esse serviço é caro, $ 17,99 por remessa, mais $ 1,99 por quilo do peso do produto. Nessas circunstâncias, alguns tradicionais varejistas físicos, como a Nordstrom e a divisão de varejo do Jones Apparel Group Inc., pensam ter encontrado uma sinergia que proporcionará vantagem diferencial sobre a Amazon.com, ao usar suas lojas físicas como centros de entrega para operações on-line. Ao fazer isso, eles acreditam conseguir oferecer um serviço de entrega no mesmo dia de maneira mais eficiente e com menor custo do que a Amazon.com, já que, diferentemente dela, eles têm muitas lojas próximas a seus consumidores.

Você acha que a sinergia entre canais on-line e lojas de varejo acessíveis, para varejistas tradicionais que possibilitam a entrega de produto mais rápida e barata aos consumidores, proporcionará uma vantagem diferencial à maioria das redes de varejo que também oferecem canais de vendas on-line?

2. A Oakley Inc., com sede em Foothill Ranch, Califórnia, é mais conhecida como fabricante de óculos de sol sofisticados e modernos, que vende mais de $ 300 milhões por ano. É também a empresa que doou seu principal artigo a todos os mineiros resgatados no desastre em uma mina no Chile em 2010. Cerca de um terço dessas vendas é realizado por meio de quase 2 mil filiais da rede de lojas especializadas da Sunglass Hut. A relação de canal entre a Oakley e esta última tem sido muito boa. Os óculos de sol da empresa atraem consumidores para a Sunglass Hut, as margens são altas, e a Oakley tem um parceiro de canal por meio do qual pode vender literalmente toneladas de seus óculos. Mas tudo isso mudou quando um fabricante italiano de óculos de sol, Luxoticca Group S.A., adquiriu a rede Sunglass Hut. Luxottica, dona da famosa marca Ray-Ban, cortou imediatamente as encomendas de produtos da Oakley para menos de 20% do que era pedido antes dessa aquisição. Claramente, e por meio da Sunglass Hut, a Luxottica queria movimentar mais seus próprios artigos, diminuindo assim o espaço nas prateleiras para produtos Oakley. Quando foi noticiada a reviravolta nesse canal, as projeções de lucro da Oak-

ley e o preço de suas ações caíram drasticamente. Discuta a estratégia de canal da Oakley a respeito de possíveis desvantagens de parcerias de canal ou alianças estratégicas, como a que possuía com Sunglass Hut. Como a estratégia da empresa pode mudar a fim de atenuar esse tipo de problema no futuro?

3. Milwaukee é um nome referência em ferramentas elétricas de qualidade industrial. Seus produtos são conhecidos pelo *design* robusto e confiabilidade. A maioria deles é vendida por atacadistas (distribuidores industriais) a diversos usuários de ferramentas, incluindo fábricas, construtoras, mecânicas, escolas, agências do governo e muitas outras. A Milwaukee afirma que quase 80% de seus distribuidores mantêm um relacionamento de mais de 25 anos com a empresa. Ela descreve a si mesma como uma parceira consistente e confiável, e diz: "Nosso negócio prospera quando o seu negócio prospera".

Comente essa declaração e suas possíveis implicações para as estratégias de desenho, seleção, gerenciamento e avaliação do canal.

4. Os automóveis da Lincoln, divisão de carros de luxo da Ford Motor Company, têm passado por tempos difíceis nos últimos anos. Nas décadas de 2000 a 2010, a Lincoln deixou de ser a marca de luxo mais vendida nos Estados Unidos para se tornar apenas a oitava no *ranking*. Além disso, vários consumidores que compram automóveis luxuosos da Lexus, BMW, Mercedes-Benz e até da Cadillac não pensam em adquirir um produto Lincoln. Agora, a Ford procura reviver e rejuvenescer essa divisão para posicioná-la como um concorrente real no mercado de carros de luxo estrangeiros e nacionais. A empresa acredita que alcançar esse novo *status* envolve não apenas introduzir carros melhores e mais estimulantes; há também um problema de canal – dos muitos revendedores da Lincoln, poucos têm instalações de luxo e capacidade de serviço que proporcionem a experiência que o consumidor de automóveis de luxo procura. A Ford estima que precisará demitir 200 revendedores dos seus atuais 1.200, e que muitos dos que ficarem precisarão gastar algo em torno de $ 2 milhões cada um para atualizar suas concessionárias.

Discuta o conceito de "experiência do consumidor" em relação ao papel desempenhado pelo produto *versus* os canais por meio dos quais é vendido.

5. A Nespresso, uma divisão da Nestlé S.A., foi pioneira no desenvolvimento de máquinas de café expresso em 1986. Em 2009, a empresa atingiu vendas de mais de $ 2,6 bilhões, com crescimento de dois dígitos projetado para os próximos anos. As máquinas, que foram imitadas por mais de 20 concorrentes, usam uma cápsula ou "sachê" para produzir uma porção individual de café bombeando água quente sob grande pressão através das cápsulas. Desde o início, o modelo de negócio da Nespresso baseou-se nas vendas de suas cápsulas exclusivas de café, protegidas por muitas patentes, para gerar a maior parte dos lucros à empresa, em vez de basear-se nas vendas das máquinas. A relação entre a cápsula e a máquina de café é análoga à do cartucho e impressora, já que os fabricantes de impressoras dependem das vendas de cartuchos de impressão para a maior parte de suas receitas e lucros. A empresa reconhece a extrema importância de manter a exclusividade e o preço *premium* de suas cápsulas de café, controlando rigorosamente seus canais de distribuição. Por conta disso, as cápsulas da Nespresso são vendidas apenas em suas próprias lojas, pelo site ou pelo telefone direto da empresa. Recentemente, seus concorrentes, Sara Lee Corp. e Ethical Coffee Co., anunciaram planos para introduzir suas próprias cápsulas de café, que funcionarão nas máquinas da Nespresso. Essas cápsulas seriam mais baratas e mais bem distribuídas do que as da Nespresso. A marca diz que tomará medidas legais se os produtos dos competidores violarem qualquer patente.

   Você acha que a estratégia de distribuição da Nespresso, baseada em um controle rígido dos canais para suas cápsulas, pode fornecer um meio eficaz de lidar com essa competição se a ação legal não impedir a concorrência de venda de cápsulas compatíveis? Justifique sua resposta.

6. Por muitos anos, a Procter & Gamble, bem como outros grandes fabricantes de produtos de consumo embalados, fez uso de negociações especiais e campanhas de *merchandising* como o principal suporte de sua estratégia de administração de canal para negociar com seus membros. Descontos especiais, bonificações, taxas de espaço de prateleira, cupons, pagamentos de *displays* e táticas similares foram usados fartamente para fazer os varejistas e atacadistas impulsionar seus produtos. O principal problema com essa abordagem de motivação é seu custo para o fabricante. Ela normalmente requer gastos mais elevados para embalagem e manipulação especial, cria "picos e vales" na produção e aumenta os custos promocionais do fabricante. Além disso, do ponto de vista dos consumidores, esses altos e baixos nos preços – em que determinada semana uma embalagem de Tide pode custar $ 3,79 e na outra $ 7,79 – provocam a sensibilidade de preço, destrói a imagem da marca e a lealdade deles. Em uma ruptura fundamental com esse *status quo* do gerenciamento do canal, a P&G ofereceu seus produtos aos membros do canal por preços mais baixos diariamente e de forma sustentada. A empresa acreditou que isso reduziria seus próprios custos e permitiria que seus membros repassassem esses preços mais baixos aos consumidores também diariamente.

   O que você acha da estratégia de canal da P&G? Quais são seus possíveis pontos fortes e fracos? Discuta essa questão do ponto de vista do fabricante e dos membros do canal.

7. O negócio de mercearia é um dos mais competitivos, especialmente no que diz respeito à colocação de novos produtos de um pequeno fabricante nas prateleiras dos supermercados. Um supermercado típico recebe em torno de 30 mil artigos diferentes, com cerca de 15 mil novos produtos introduzidos todo ano. Não existe possibilidade de todos esses bens de consumo ocuparem as prateleiras, já que há um espaço limitado para novos produtos. Um método que aumenta as chances do novo fabricante é o *"pay-to-stay"*, ou seja, pagar os varejistas pelo direito de colocar seus produtos nas prateleiras. Entretanto, essas taxas podem ser muito altas; por exemplo, $ 5 mil por aproximadamente 1,2 metro de espaço de prateleira de loja por ano.

   As taxas de *"pay-to-stay"* são simplesmente um modo de vida das indústrias altamente competitivas onde a briga por espaço na prateleira é intensa? Pode haver outras abordagens? Discuta.

8. Ultimamente, os estúdios de cinema enfrentam um dilema no que diz respeito ao planejamento da estratégia de canal futura para distribuição dos seus filmes. A distribuição eletrônica é muito rentável, em função dos $ 4,99 que os canais a cabo cobram dos consumidores por aluguel de filme. Os estúdios recebem cerca de 70% desse valor. Os DVDs são menos rentáveis, cuja margem bruta recebida pelos estúdios na venda é de cerca de 30%. Mas há um "porém". Embora canais eletrônicos para distribuição de fil-

mes estejam crescendo rapidamente, os DVDs "à moda antiga" ainda representam em torno de 70% dos lucros do filme. Então, enquanto a distribuição eletrônica é uma grande promessa, levando em conta especialmente o potencial de crescimento esperado para a exibição de filmes em dispositivos móveis, como smartphones, os DVDs físicos ainda são um importante canal de distribuição.

Que tipo de estratégia de canal para lidar com esse desafio você recomendaria aos estúdios de cinema?

REFERÊNCIAS

1. Kotler, Philip. *Marketing management analysis, planning implementation and control*, 6th ed. Englewood Cliffs, N.J.: Prentice-Hall, 1988, p. 71.

2. Para um abrangente e aprofundado tratamento de estratégia de marketing, veja: Cravens, David W. *Strategic marketing*. 5th ed. Chicago: Richard D. Irwin, 1997.

3. Para outra perspectiva do canal de estratégia com foco em canais industriais, consulte: Kistner, Leonard J. C.; Benedetto, Anthony di; Bhooraraghaven, Sriraman. An integrated approach to the development of channel strategy, *Industrial marketing management 23*, 1994, p. 315-322; veja também: WREN, Brent M. Channel structure and strategic choice in marketing channels. In: Leone, Robert P.; Kumar, V. (eds.). *Enhancing knowledge development in marketing:* Proceedings of the annual educators' conference of the American Marketing Association. Chicago: American Marketing Association, 1992, p. 529-535.

4. Para uma discussão relacionada, veja: Meyers, Joe; Van Metre, Evan; Pickersgill, Andrew. Steering customers to the right channel, *McKinsey Quarterly*, Oct. 2004, p. 1-6.

5. Para outra discussão aprofundada relacionada a essa questão, consulte: Porter, Michael E. Strategy and the internet, *Harvard Business Review*, March 2001, p. 63-68.

6. Muller, Joann. The Bespoke Auto, *Forbes*, 27 Sept. 2010, p. 96-98.

7. Abell, Derek F.; Hammond, John S. *Strategic market planning problems and analytical approaches*. Englewood Cliffs, N.J.: Prentice-Hall, 1979, p. 451.

8. Para uma discussão relacionada, veja: Porter, Michael E. *Competitive advantage: creating and sustaining superior performance*. New York: The Free Press, 1998. [em português: Vantagem competitiva: criando e sustentando um desempenho superior. Campus, 1989]

9. Drucker, Peter. Manage by walking around outside, *Wall Street Journal*, 11 May 1990, p. A12.

10. Peters, Tom, Ignore distribution channels at your own risk, *San Jose Mercury News*, 13 Feb. 1986, p. 8G.

11. Ante, Spencer E. At amazon, marketing is for dummies, *Business Week*, 28 Sept. 2009, p. 53-54.

12. Kane, Yukari Iwatani; Smith, Ethan. Apple sees new money in old media, *Wall Street Journal*, 21 Jan. 2010, p. B1, B2; Schonfeld, Erick. Apple's new retail strategy? mini-me, *Business Week*, Nov. 2004, p. 44.

13. Craig, Susanne. For Edward D. Jones, avoiding the internet is a secret to success, *Wall Street Journal*, 8 Aug. 2001, p. A1, A4.

14. *Hewlett-Packard Annual Report*, 2009, p. 23.

15. Frank, Robert. Rayovac to buy battery business of varta for about $ 262 million, *Wall Street Journal*, 29 July 2002, p. A6.

16. Para uma discussão relacionada, confira: Mentzer, John T.; Williams, Lisa R. The role of logistics leverage in marketing strategy, *Journal of Marketing Channels 8*, n. ¾, 2001, p. 29-47.

17. Veja, por exemplo: Integrating multiple channels, *Chain Store Age*, Aug. 2001, p. 24A-25A.

18. Para uma discussão relacionada, confira: Peppers, Don; Rogers, Martha. Delivering a smarter multichannel experience, *Sales and Marketing Management*, Apr. 2007, p. 11-13.

19. Narus, James A.; Anderson, James C. Rethinking distribution, *Harvard Business Review*, July-Aug. 1996, p. 112-130.

20. Confira, por exemplo: Wakabayashi, Daisuke. Dell unit hunts for cost cuts, *Wall Street Journal*, 28 Apr. 28 2010, p. B4.

21. FITES, Donald V. Make your dealers your partners, *Harvard Business Review*, Mar.-Apr. 1996, p. 86.

22. Para um artigo criterioso que trata da questão da construção de relacionamento em canais de marketing, veja: Nevin, John R. Relationship marketing and distribution

channels: exploring fundamental issues, *Journal of the Academy of Marketing Science 23*, n. 4, 1995, p. 327-334.

23. Andruss, Paula. Delivering wow through service, *Marketing News*, 15 Oct. 2008, p. 10.

24. Confira, por exemplo: Perman, Stacy. Multichannel cross-platform synergy is mega, Yo, *Business 2.0*, Aug./Sept. 2001, p. 164-165.

25. Kanaley, Reid. NutriSystem at Walmart, Philadelphia Inquirer, 7 Oct. 2009, p. D1.

26. Veja, por exemplo: Forming strategic alliances between suppliers and distributors, *NeoBrief*, issue 2, 1991, p. 1-5; Narus, James A.; Anderson, James C. Turn your industrial distributors into partners, *Harvard Business Review*, Mar.-Apr. 1986, p. 66-71; Anderson, James C.; Narus, James A. A model of distributor firm and manufacturer firm working partnerships, *Journal of Marketing*, Jan. 1990, p. 42-58.

27. Alderson, Wroe. *Marketing behavior and executive action*. Homewood, Ill: Irwin, 1957, p. 101-109. Além disso, para uma excelente discussão sobre vantagem diferencial baseado em uma perspectiva do marketing, veja: Cook Jr., Victor J. Marketing strategy and differential advantage, *Journal of Marketing*, Spring 1983, p. 68-75.

28. Porter, Michael E. *Competitive strategy*: techniques for analyzing industries and competitors. New York: The Free Press, 1980.

29. Para uma perspectiva a mais sobre esse ponto, veja: Trivedi, Minakshi. Channel selection: a cost of information issue, *Journal of Marketing Channels 4*, n. 4, 1995, p. 1-13; Skytte, Hans. How to develop and sustain competitive advantages through interorganizational relations between retailers and suppliers. In: THRUIK, Roy; Gianotten, Henk J. (eds.). *Proceedings of the sixth world conference on research in the distributive trades*. The Hague, Netherlands: Dutch Ministry of Economic Affairs, 1992, p. 133-140.

30. Narus, James A.; Anderson, James C. Strengthen distributor performance through channel positioning, *Sloan Management Review*, Winter 1988, p. 33.

31. Creating the lexus customer experience, *The Executive Issue*, Jan. 2009, p. 1-3.

32. Para uma discussão relacionada e apresentação de um método para ajudar a obter esse resultado, veja: Yeoh, Poh-Lin; Calantone, Roger J. An application of the analytical hierarchy process to international marketing selection of a foreign distributor, *Journal of Global Marketing 8*, n. ¾, 1995, p. 39-65.

33. Confira, por exemplo: Peers, Alexandra; Wingfield, Nick. Sotheby's, eBay team up to sell fine art online, *Wall Street Journal*, 31 Jan. 2002, p. B8.

34. Veja, por exemplo: Bustillo, Miguel; Wingfield, Nick. Best-buy to sell green vehicles, *Wall Street Journal*, 6 July 2009, p. B4.

35. Para um artigo relacionado ao canal de marketing, veja: Cespedes, Frank V.; Corey, Raymond. Managing multiple channels, *Business Horizons*, July-Aug. 1990, p. 67-77.

36. Para uma excelente discussão sobre esse ponto de vista no contexto da área de canais, veja: Johnson, Jean L. Strategic integration in industrial distribution channels: managing the interfirm relationship as a strategic asset, *Journal of the Academy of Marketing Science*, Winter 1999, p. 4-18.

37. Para um perspicaz e imparcial artigo que faz discutir o afrouxamento ou fragilidade do canal de relacionamentos, veja: Frazier, Gary L.; Antia, Kersi D. Exchange relationships and interfirm power in channels of distribution, *Journal of the Academy of Marketing Science 23*, n. 4, 1995, p. 321-326.

38. Veja, por exemplo: Anderson, James C.; Narus, James A. Partnering as a focused market strategy, *California Management Review*, Spring 1991, p. 95-113; Heide, Jan R.; John, George. Alliances in industrial purchasing: the determinants of joint action in buyer–supplier relationships, *Journal of Marketing Research*, Feb. 1990, p. 24-36.

39. Cattani, Kyle; Heese, Sebastian; Gilland, Wendell; Swaminathan, Jayashankar. When manufacturers go retail, *MIT Sloan Management Review*, Winter 2006, p. 9-11.

40. Bennett, Jeff. Some chrysler dealers see un problema in fiat's plan, *Wall Street Journal*, 24 Aug. 2010, p. B1.

41. Para uma discussão relacionada, veja: Fowler, Geoffrey A.; Morrison, Scott; TERLEP, Sharon. GM eBay end online sales effort, *Wall Street Journal*, 30 Sept. 2009, p. B2.

42. Para uma discussão relacionada, veja: RANGAN, V. Kasturi; RAMCHANDRAN, Jarkumar. Integrating distribution strategy and tactics: a model and application, *Management Science*, Nov. 1991, p. 1377-1389.

43. Para duas excelentes análises sobre o papel das bonificações nos canais de marketing, veja: White, J. Chris; Troy, Lisa C.; Gerlich, R. Nicholas. The role of slotting fees and introductory allowances in retail buyers' new product acceptance decisions, *Journal of the Academy of Marketing Science*, Spring 2000, p. 291-298; Siguaw, Judy. Slotting allowances: a new variable in the distribution channel. In: King, Robert L. (ed.). *Developments in marketing science, volume XIV, Proceedings of the 15th annual conference of the Academy of Marketing Science*. Coral Gables, FL: Academy of Marketing Science, 1991, p. 91-100.

44. Day, George S. Diagnosing the product portfolio, *Journal of Marketing*, Apr. 1977, p. 29-38.

45. Confira, por exemplo: Perry, David. How you'll manage your 1990s distribution portfolio, *Business Marketing*, June 1989, p. 52-56.

46. Dickson, Peter R. Distributor portfolio analysis and the channel dependence matrix: new techniques for understanding and managing the channel, *Journal of Marketing*, Summer 1983, p. 35-44.

47. Schoenbachler, Denise D.; Gordon, Geoffrey L. Multi-channel shopping: understanding what drives channel choice, *Journal of Consumer Marketing 19*, n. 1, 2002, p. 50.

CAPÍTULO **6**

Desenhando canais de marketing

OBJETIVOS DE APRENDIZAGEM

Após a leitura deste capítulo, você será capaz de:

1 Compreender a definição de desenho de canal e os diferentes pontos-chave a ele associados.

2 Perceber que o desenho de canal é um processo complexo.

3 Conhecer a sequência do paradigma do desenho de canal e entender sua lógica implícita.

4 Reconhecer uma variedade de situações que podem exigir uma decisão de desenho de canal.

5 Estar familiarizado com o conceito de objetivos de distribuição e a necessidade de coerência com os objetivos e as estratégias de marketing e da empresa.

6 Ser capaz de especificar as tarefas de distribuição.

7 Reconhecer as três dimensões da estrutura de canal e o significado estratégico de cada uma delas.

8 Delinear e definir as seis categorias básicas de variáveis que afetam a estrutura de canal.

9 Compreender o conceito de heurística, assim como seus benefícios e limitações no desenho de canal.

10 Reconhecer as limitações na capacidade do gerente de canal na definição de uma estrutura de canal ideal.

11 Estar familiarizado com as principais abordagens para a escolha de uma estrutura de canal.

12 Saber avaliar as abordagens por julgamento e heurísticas na escolha de estruturas de canal na vida real.

O desenho de canal direto da Google para seu Smartphone não foi muito inteligente

Google, Inc. é uma das empresas mais inteligentes e bem-sucedidas da história. Em menos de uma década, tornou-se uma força global como líder inquestionável em mecanismo de buscas com um modelo de receita baseado em propaganda que gerou bilhões de dólares em vendas e lucros extraordinários.

Mas mesmo as melhores e mais brilhantes empresas podem cometer erros, e o Google não é nenhuma exceção. Na verdade, ele cometeu um grande erro quando desenhou o canal de vendas para seu Smartphone Nexus One. A empresa pensou que poderia revolucionar o mercado de telefonia celular vendendo aos consumidores os telefones diretamente on-line por meio de sua própria loja na web, com ou sem contratos de acesso à internet. Entretanto, depois de apenas cinco meses, o Google anunciou que iria fechá-la. O que causou a súbita paralisação da estrutura de canal da empresa que lidava diretamente com o consumidor? O mesmo problema que meras empresas efêmeras enfrentam quando desenham o canal errado: não conseguiu fornecer o tipo de experiência que os consumidores procuravam. A maioria deles deseja manusear o smartphone antes de comprá-lo, escolher entre uma ampla gama de planos de serviço e receber claras explicações de uma pessoa real. O canal direto de loja web não fornecia esses serviços; assim, as vendas acabaram sendo tão ruins que o Google não teve escolha a não ser abandoná-lo. Em seu lugar, a empresa anunciou no seu blogue que desenharia uma estrutura de canal diferente para o Nexus One, usando operadoras de celular para disponibilizar os telefones aos consumidores — a mesma estrutura de canal usada por todos os fabricantes de smartphone concorrentes.

Então, se você procurar no Google a frase "smartphones mal projetados", não se surpreenda nos primeiros resultados (*pop up*) aparecer o nome de uma empresa chamada Google!

Fonte: Baseado em Scott Morrison, Google to stop online sales of Nexus One smartphones, *Wall Street Journal*, 17 maio 2010, p. B9.

O capítulo anterior analisou a estratégia de canal de marketing levando em conta as principais decisões de distribuição que a maioria das empresas enfrenta. Como salientamos, a primeira é determinar qual papel a distribuição deve desempenhar nos objetivos e estratégias corporativos gerais da empresa. Espera-se que a participação da distribuição em meio às quatro áreas estratégicas do *mix* de marketing seja a segunda maior dessas decisões que a empresa deve tomar. A terceira lida com a estrutura de canais de marketing da empresa. Para abordá-la, o gerente de canal deve se envolver no processo de desenho do canal, tema deste capítulo.

O QUE É DESENHO DE CANAL?

O uso do termo *desenho* varia amplamente conforme se aplica ao canal de marketing. Alguns autores o utilizam como um substantivo para descrever a estrutura de canal. Há os que o empregam para designar a formação de um novo canal a partir de um esboço, enquanto outros, ainda, o usam mais amplamente para incluir modificações em canais existentes. Finalmente, "desenho" também tem sido usado como sinônimo de *seleção*, sem que haja distinção entre ambos.[1]

Tais variações podem levar à confusão. Então, antes de prosseguirmos, vamos definir mais precisamente o que entendemos por desenho como aplicado no canal de marketing:

Desenho de canal *refere-se às decisões associadas ao desenvolvimento de novos canais de marketing, onde não havia nenhum canal antes, ou para modificar os existentes.*

O primeiro aspecto a ser observado nessa definição é que o desenho de canal é apresentado como uma decisão a ser tomada pelo administrador. Nesse sentido, esse desenho é semelhante a outras áreas de decisão do *mix* de marketing, ou seja, produto, preço e promoção. Então, quando visto de uma perspectiva gerencial, o administrador deve tomar decisões em cada uma dessas áreas desse *mix*.

Um segundo ponto é o fato de que o desenho de canal pode ser usado em um sentido mais amplo a fim de tanto incluir a criação de um canal inteiramente novo quanto modificar os que já existem. Na verdade, alteração ou reformulação dos canais existentes, às vezes referidas no jargão recente como *reengenharia* do canal de marketing, na verdade, é na prática uma ocorrência mais comum do que a criação de canais do zero.[2]

Terceiro, quando usado em sua forma verbal, o termo *desenhar* implica que o administrador está consciente e ativamente alocando tarefas de distribuição na tentativa de desenvolver uma estrutura eficaz e eficiente de canal. A expressão não é empregada para se referir às estruturas de canal que têm simplesmente evoluído.[3] Em suma, desenho significa que a administração assumiu um papel ativo no desenvolvimento do canal.

Quarto, o termo *seleção*, como o usamos, refere-se apenas a uma fase do desenho de canal — a seleção dos seus membros.

Por fim, *desenho de canal* também tem uma conotação estratégica porque, como apontado no Capítulo 5, este deve fazer parte da tentativa da empresa em obter no mercado uma vantagem diferencial ou competitiva sustentável.[4] Assim, quando estiver desenhando canais de marketing, o gerente de canal deve ter como ideia central o uso desse desenho como ferramenta estratégica para obter uma vantagem diferencial.

QUEM SE ENGAJA NO DESENHO DE CANAL?

Produtores, fabricantes, atacadistas (consumidores e industriais) e varejistas enfrentam decisões de desenho de canal. Para os varejistas, no entanto, este é visto de uma perspectiva oposta à dos produtores e fabricantes. Eles olham "canal acima", na tentativa de conseguir fornecedores, enquanto produtores e fabricantes olham "canal abaixo", em direção ao mercado. Os intermediários de atacado enfrentam decisões de desenho de canal sob ambas as perspectivas.

Neste texto, usamos o ponto de vista de uma empresa (principalmente produtores, fabricantes, prestadores de serviços e franqueadores) que olha "canal abaixo". Portanto, discutiremos o tema foco deste capítulo a partir dessa perspectiva. Isso não significa minimizar a importância da outra. Com efeito, isso pode ser um problema considerável para os varejistas (e para atacadistas e franqueados também). Entretanto, um tratamento adequado da perspectiva de uma empresa que olha "canal acima" está fora do escopo deste livro.[5]

UM PARADIGMA DA DECISÃO DO DESENHO DE CANAL

A decisão do desenho de canal pode ser dividida em sete fases, ou etapas:

1. Reconhecer a necessidade de uma decisão de desenho de canal.
2. Definir e coordenar os objetivos de distribuição.
3. Especificar as tarefas de distribuição.
4. Desenvolver possíveis estruturas de canal alternativas.
5. Avaliar as variáveis que afetam a estrutura de canal.
6. Escolher a "melhor" estrutura de canal.
7. Selecionar os membros do canal.

As sete fases são mostradas esquematicamente na Figura 6.1.

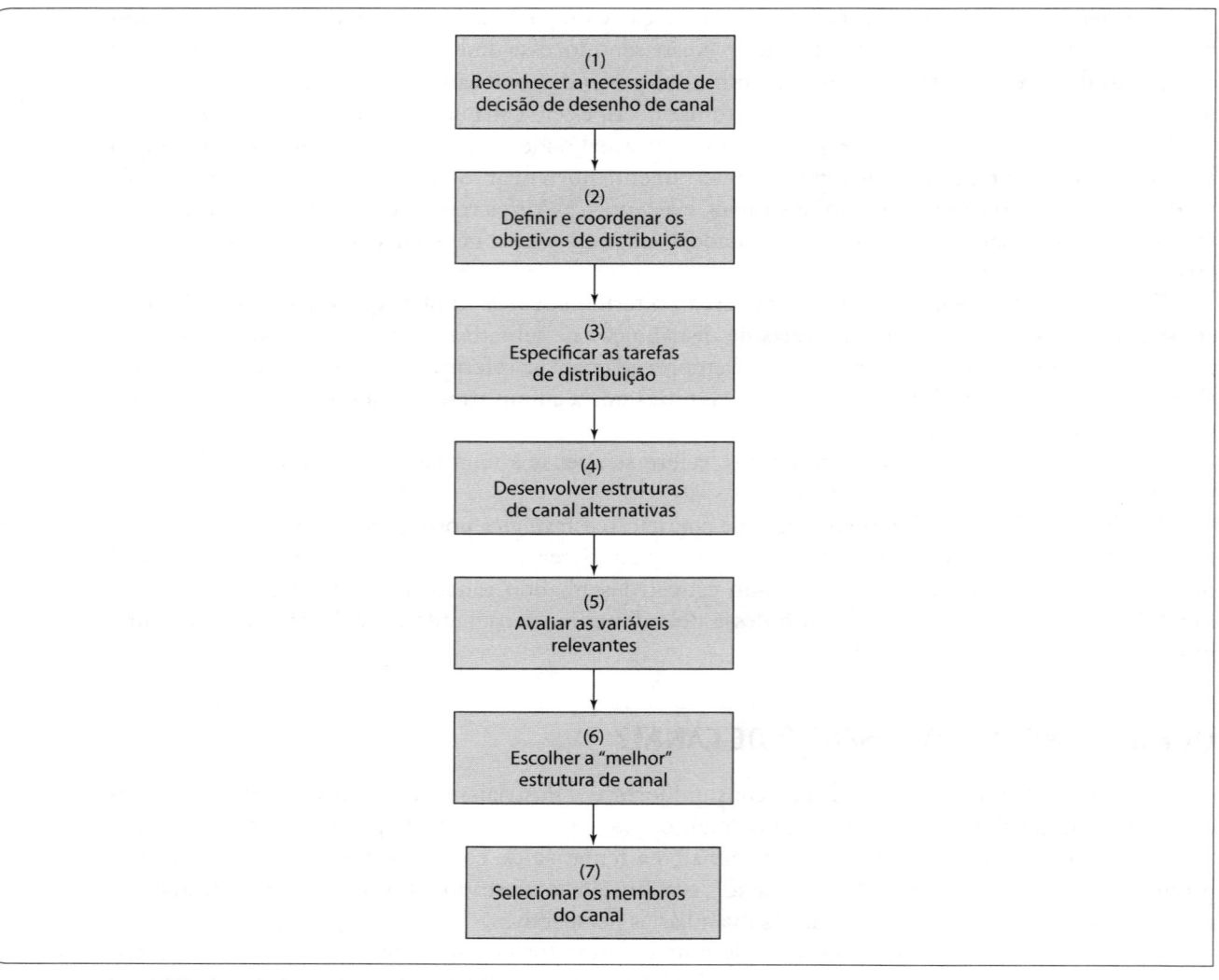

FIGURA 6.1 ▶ Fluxograma do paradigma de decisão de desenho de canal.
© Cengage Learning 2013

A organização deste capítulo e do Capítulo 7 segue esse paradigma de desenho de canal. Cada seção deste capítulo está centrada em uma das fases, 1 a 6. A 7, de seleção de membros do canal, é discutida separadamente no Capítulo 7. Mercados-alvo, a variável mais básica que afeta as decisões de desenho de canal, embora brevemente discutida neste capítulo, é de tal importância que todo o Capítulo 8 (o último da Parte 2) é dedicado a esse tema.

FASE 1: RECONHECER A NECESSIDADE DE DECISÃO DE DESENHO DE CANAL

Muitas situações podem indicar a necessidade de decisão de desenho de canal.[6] Entre elas, destacamos as seguintes:

1. **Desenvolver um novo produto ou uma linha de produtos.** Se os canais existentes não são adequados para o novo produto ou linha de produtos, um novo canal talvez precise ser criado, ou mesmo os existentes tenham de ser modificados de alguma forma.
2. **Levar um produto existente a um novo mercado-alvo.** Exemplo comum dessa situação é a introdução, por uma empresa, de um produto no mercado de consumo depois de este já estar sendo vendido no mercado industrial.

3. Fazer uma grande mudança em algum outro componente do *mix* de marketing. Por exemplo, uma nova política de preços que enfatize valores mais baixos pode exigir a adoção de revendedores mais populares, como lojas de descontos.

4. Instalar uma nova empresa, seja a partir do zero ou como resultado de fusões e aquisições.

5. Adaptar-se às mudanças das políticas de intermediários, o que pode inibir a realização dos objetivos de distribuição da empresa. Por exemplo, se intermediários começam a ressaltar suas marcas próprias, o fabricante pode preferir adicionar novos distribuidores que promovam seus produtos com mais entusiasmo.

6. Lidar com as mudanças na disponibilidade de certos tipos de intermediários. Por exemplo, fabricantes franceses de produtos de luxo, como trajes de gala da Yves St. Laurent, porcelana da Limoges e prataria Christofle, enfrentaram as decisões de desenho de canal no mercado dos Estados Unidos quando houve uma redução do número de lojas de departamentos de prestígio, resultado da onda de aquisições e fusões ocorridas no setor de varejo.

7. Abertura de novas áreas geográficas de comercialização (territórios).

8. Quando os avanços tecnológicos possibilitam novos canais, tais como on-line, da internet e tecnologia smartphone, que possibilitam que canais móveis recentes emerjam de uma opção de canal marginal para uma principal.

9. Enfrentar o desafio do conflito ou outros problemas comportamentais.[7] Por exemplo, em alguns casos, o conflito pode se tornar tão intenso que não dá para resolvê-lo sem modificar o canal. A perda de poder do fabricante para seus distribuidores também pode promover a necessidade de criar um canal inteiramente novo.[8] Além disso, é possível que mudanças de papéis e dificuldades de comunicação confrontem o administrador com as decisões de desenho de canal (ver Capítulo 4).

10. Rever e avaliar. As revisões e avaliações regulares e periódicas efetuadas por uma empresa podem apontar a necessidade de mudança nos canais existentes e, possivelmente, a necessidade de novos canais (ver Capítulo 14).

Essa lista, embora não seja exaustiva, oferece uma visão geral das condições mais comuns que podem exigir uma decisão de desenho de canal por parte do gerente.[9] É importante estar familiarizado com ela porque as decisões de desenho de canal não são necessariamente óbvias, sobretudo aquelas que envolvem modificações em vez de criação de novos canais.

FASE 2: DEFINIR E COORDENAR OS OBJETIVOS DE DISTRIBUIÇÃO

Reconhecendo que uma decisão de desenho de canal é necessária, o gerente deve tentar desenvolver uma estrutura de canal a partir do zero ou modificar canais existentes, o que o ajudará a atingir com eficiência os objetivos de distribuição da empresa. No entanto, muitas vezes, nessa fase de decisão de desenho de canal, os objetivos de distribuição da empresa não são explicitamente formulados, em particular porque as diferentes condições que criaram a necessidade dessas decisões (consultar a seção anterior) podem também ter criado a necessidade de objetivos de distribuição novos ou modificados. É importante para o gerente de canal, nesse momento, avaliar cuidadosamente os objetivos de distribuição da empresa a fim de se certificar de que os novos são necessários. Esse exame também deve ser feito para saber se estão alinhados com os objetivos e as estratégias em outras áreas do *mix* de marketing (produto, preço e promoção) e da empresa como um todo.

Para definir objetivos de distribuição bem coordenados com outros objetivos e estratégias de marketing e da empresa, o gerente de canal precisa realizar três tarefas:

1. Familiarizar-se com os objetivos e as estratégias das outras áreas do *mix* de marketing e com quaisquer outros objetivos estratégicos da empresa que sejam relevantes.

2. Definir objetivos de distribuição e declará-los explicitamente.

3. Verificar se o conjunto de objetivos de distribuição condiz com os objetivos e as estratégias de marketing e da empresa em geral.

Cada uma dessas tarefas será abordada individualmente na discussão que se segue.

Familiarizar-se com os objetivos e as estratégias

Quem for o responsável pela definição de objetivos de distribuição também deve fazer um esforço para reconhecer quais objetivos e estratégias da empresa podem prejudicá-los. Na prática, muitas vezes o(s) mesmo(s) indivíduo(s) que define(m) objetivos para outros componentes do *mix* de marketing fará(ão) isso para a distribuição.[10] Mas, mesmo nesse caso, é necessário refletir sobre as inter-relações dos vários objetivos e políticas de marketing. A Frito-Lay, fabricante do Doritos e do Fritos, líder mundial em salgadinhos, fornece um bom exemplo de como até mesmo uma empresa gigante e bem gerenciada pode se prejudicar ao tentar relacionar objetivos de distribuição a objetivos e estratégias em outras áreas do *mix* de marketing. Essa empresa coloca grande ênfase estratégica no frescor de seus produtos — a maioria dos quais tem vida útil muito curta. Para alcançar seu objetivo de distribuição de qualidade, a Frito-Lay desenhou um canal que utiliza quase 13 mil condutores/vendedores que entregam o produto diretamente às mercearias. Cada condutor/vendedor está equipado com computadores pessoais portáteis de alta tecnologia que transmitem dados de venda e de inventário na mesma hora para a sede. Essa estrutura de canal "diretamente à porta da loja" tornou-se famosa na indústria, sendo geralmente citada como a principal vantagem competitiva no domínio da Frito-Lay sobre o mercado de salgadinhos. A empresa também tentou a mesma estrutura de canal para biscoitos e bolachas — mas com muito menos sucesso. A razão? A ênfase estratégica no frescor não era necessária para a vida mais longa desses produtos na prateleira. Portanto, a despesa e o trabalho pesado dos condutores/vendedores para atingir o objetivo de distribuição rigoroso não foram justificados para biscoitos e bolachas.

Definir objetivos de distribuição explícitos

Os objetivos de distribuição, em essência, descrevem o que se espera da distribuição para atingir os objetivos gerais de marketing e/ou corporativos da empresa. A Dell Computer, por exemplo, que nos últimos anos procurou revigorar seu crescimento adquirindo maior penetração nos mercados de consumo em escala global, coloca seu objetivo de distribuição em seu relatório anual:

"Nossa estratégia de crescimento envolve alcançar mais consumiores em todo o mundo por meio de novos canais de distribuição, como varejo do consumo, ampliando nosso relacionamento com revendedores de valor agregado e aumentando áreas selecionadas de nossos negócios mediante aquisições direcionadas."[11]

Seguem-se outros exemplos de objetivos de distribuição:

- A decisão da General Mills de fundir-se com a Pillsbury baseou-se fortemente no objetivo de distribuição da primeira, que procurou acessar restaurantes, cantinas escolares e máquinas de venda usando a experiência da Pillsbury em atuar por meio desses canais.[12]
- No início do novo milênio, a Apple Computer definiu um objetivo de distribuição para atingir mais consumidores com o que denominou "experiência da Apple". Dessa maneira, desenvolveu uma cadeia de varejo própria para maximizar seu controle sobre a apresentação de seus produtos a consumidores no varejo.[13]
- A Coca-Cola Co., com base em um objetivo de distribuição que busca ampliar sua penetração em escolas e faculdades, tem usado contratos de distribuição exclusiva, pelos quais essas instituições concordam em vender apenas produtos da Coca-Cola Company. Os acordos bloqueiam os concorrentes e ajudam a empresa a atingir seu objetivo e ganhar alta taxa de penetração nesse mercado.[14]
- Desde o início, o objetivo primordial de distribuição da Amazon.com para seu exclusivo canal de vendas on-line foi fornecer não apenas o melhor atendimento ao consumidor, mas também a melhor experiência. Jeff Bezos, fundador e CEO da Amazon, vê uma importante distinção entre esses dois termos:[15]

[...] o atendimento ao consumidor faz parte da experiência dele. Sua experiência inclui ter acesso ao menor preço, entrega rápida e suficiente confiança na empresa para que [o consumidor] não precise entrar em contato [com ninguém]. Assim, você poupa o atendimento ao consumidor para aquelas situações verdadeiramente incomuns.

Então, o objetivo de distribuição de Jeff Bezos para o canal on-line da Amazon foi, e ainda é, destinado não a "confrontar" problemas de determinados consumidores pelo serviço ao consumidor, mas fornecer a praticamente todos eles uma grande experiência de compra para que poucos exijam assistência que envolva intervenção humana.

Verificar a coerência

Essa verificação no contexto de desenho de canal envolve certificar-se de que os objetivos de distribuição não entram em conflito com os de outras áreas do *mix* de marketing (produto, preço e promoção), ou com os objetivos e estratégias gerais de marketing e da empresa. Para fazê-la, é importante examinar a inter-relação e a hierarquia dos objetivos e estratégias da empresa, retratadas na Figura 6.2.

Na figura, objetivos e estratégias para os quatro componentes do *mix* de marketing estão conectados por setas bidirecionais, transmitindo a ideia de que essas áreas estão inter-relacionadas. Assim, em geral, os objetivos e estratégias perseguidos em qualquer uma dessas áreas precisam ter coerência com as outras. Um objetivo de alta qualidade na área de produto, por exemplo, possivelmente precisaria de um objetivo de preço que cobriria os prováveis custos elevados do produto e melhoraria sua imagem de qualidade. Objetivos promocionais teriam de se concentrar em comunicar ao mercado-alvo essa qualidade superior. Ao mesmo tempo, os objetivos de distribuição precisariam ser desenvolvidos para tornar o produto convenientemente acessível ao mercado nos tipos de lojas em que os consumidores-alvo tendem a comprar.

A Figura 6.2 também sugere uma hierarquia no sentido de que os objetivos e as estratégias de cada área do *mix* de marketing também sejam coerentes com os do marketing de um nível mais alto.

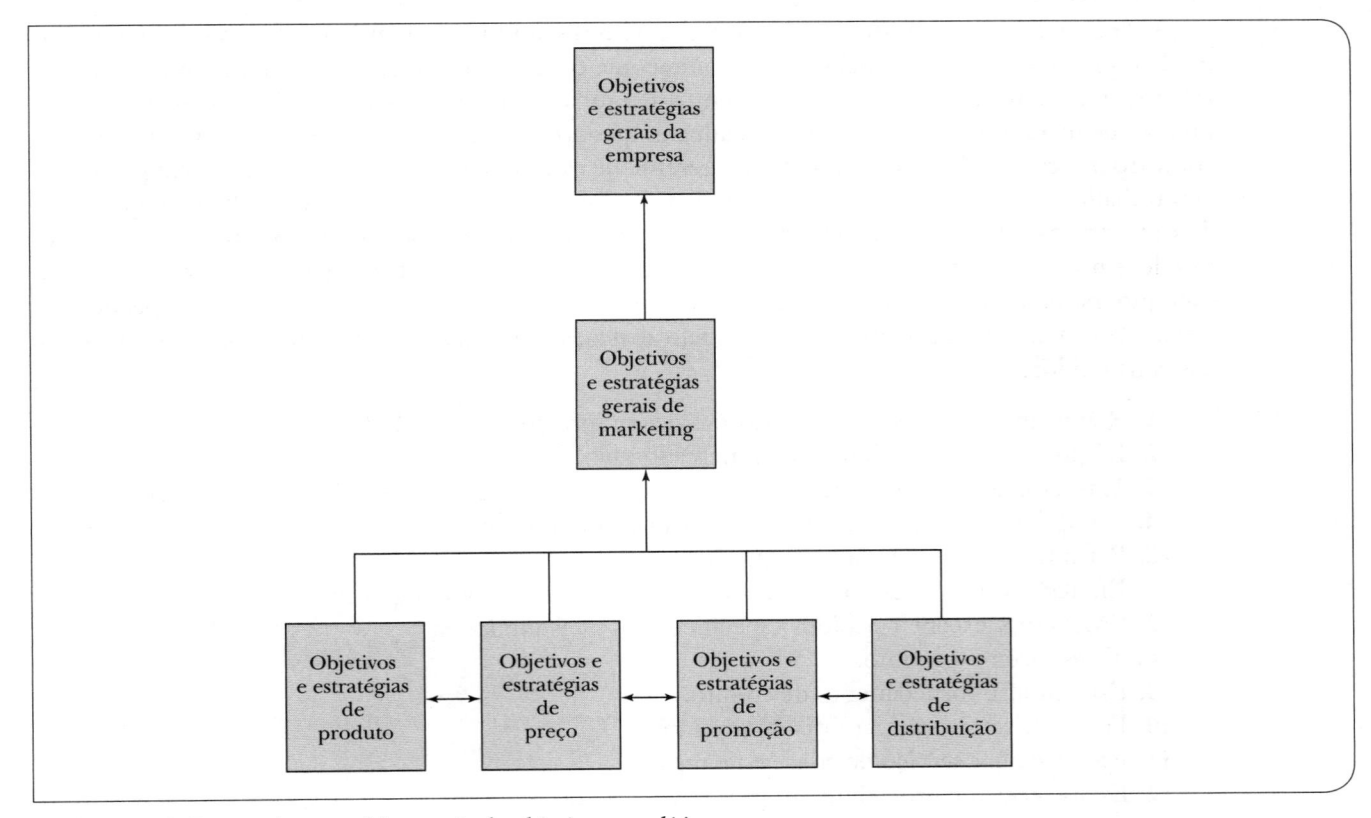

FIGURA 6.2 ▶ Inter-relações e hierarquia de objetivos e políticas na empresa.
© Cengage Learning 2013

Estes, por sua vez, devem ser congruentes com o conjunto ainda maior de objetivos e estratégias gerais da empresa.

Buscar coerência dessa forma é particularmente importante para definir objetivos de distribuição, já que estes podem ter um grande impacto no longo prazo sobre a empresa, em especial se se afastar significativamente das estratégias e objetivos estabelecidos. Considere, por exemplo, a recente decisão da Starbucks de distribuir sua linha Seattle's Best Coffe por meio de milhares de lojas de conveniência, supermercados, cadeias de *fast-food*, como Burger King e Subway, e, até mesmo, em máquinas de venda. A Starbucks, que comprou a Seattle's Best Coffee em 2003, tinha vendido café até 2010 principalmente em cadeias de lojas próprias, livrarias Borders e em cerca de 2.500 supermercados. Agora, com seu novo objetivo de ampla e intensiva distribuição da Seattle's Best Coffee, usando o *slogan* "Excelente café em todos os lugares", a empresa pretende alcançar muitos mais clientes potenciais que não frequentavam suas lojas próprias e, ao mesmo tempo, competir com cadeias de *fast-food*, como o McDonalds, que tem 30 mil restaurantes nos Estados Unidos que vendem café de qualidade.[16] No entanto, o perigo representado pelo objetivo de distribuição intensiva da linha Seattle's Best Coffee é que essa tática poderia canibalizar as vendas de café da própria Starbucks. Além disso, alguns observadores da indústria do café acreditam que essa distribuição, por meio de lojas de *fast-food*, redes de conveniência e máquinas de venda automática, poderia prejudicar não apenas a imagem de qualidade da Seattle's Best Coffee, mas também a marca Starbucks em si. Apenas o tempo dirá se esse objetivo de distribuição ampliada será coerente com o objetivo geral corporativo da Starbucks de manter sua imagem de melhor fornecedora de café do mundo.

FASE 3: ESPECIFICAR AS TAREFAS DE DISTRIBUIÇÃO

Depois que os objetivos de distribuição forem definidos e coordenados, é preciso executar várias tarefas (funções) de distribuição para atingir os respectivos objetivos. O gerente de canal deve, portanto, explicitar a natureza de cada uma delas.

Ao longo dos anos, estudiosos de marketing têm discutido inúmeras listas de tarefas (funções) de marketing[17] que geralmente incluem atividades como compra, venda, comunicação, transporte, armazenamento, assunção de riscos, financiamento, desembaraço de cargas e outras.[18] Tais classificações de funções de marketing, embora úteis para aqueles que procuram explicar o papel do marketing em um contexto macro, são de pouco valor para o gerente de canal que opera em uma empresa em particular. Seu trabalho para definir as tarefas ou funções de distribuição é muito mais específico e dependente de cada situação. Os tipos de tarefas necessárias para atender aos objetivos específicos de distribuição devem ser precisamente enunciados. Por exemplo, o fabricante de um produto de consumo, por exemplo, raquetes de tênis de alta qualidade destinadas a jogadores amadores, precisaria especificar as tarefas de distribuição de acordo com o modelo abaixo, a fim de disponibilizar prontamente o produto aos consumidores:

1. Reunir informações sobre os padrões de compra do mercado-alvo.
2. Disponibilizar o produto para o mercado-alvo.
3. Manter o estoque bem armazenado a fim de garantir disponibilidade no tempo certo.
4. Compilar informações sobre características do produto.
5. Permitir a experimentação do produto.
6. Efetuar a venda, mesmo com a concorrência de produtos competitivos.
7. Processar e executar pedidos específicos dos consumidores.
8. Transportar o produto.
9. Estruturar o fornecimento de crédito.
10. Fornecer serviço de garantia do produto.
11. Proporcionar serviço de conserto e reparo.
12. Estabelecer um procedimento para devolução do produto.

A especificação das tarefas de distribuição para produtos vendidos em mercados industriais precisa, por vezes, ser enunciada de maneira ainda mais específica do que para produtos de consumo. Por exemplo, um produtor de aço ou metal, cujos objetivos de distribuição impliquem lidar com um mercado-alvo de pequenos consumidores, teria tarefas básicas de distribuição como vendas, comunicação, transporte, armazenamento, assunção de riscos e financiamento. Mas, além disso, a fim de bem servir a esses consumidores menores, o produtor provavelmente precisaria executar mais tarefas especializadas, como segue:

1. Manter estoque prontamente disponível (especificado em termos de quantidade e tipo).
2. Proporcionar entrega rápida (especificada em dias ou horas).
3. Oferecer crédito.
4. Prestar serviço de emergência.
5. Oferecer funções de semifabricação, como cortar, laminar, furar, afilar, bobinar, rebobinar e nivelar.
6. Incluir embalagem e manuseio especial.
7. Prestar assistência técnica, como análise de problemas, seleção de produtos, aplicação e uso final do produto.
8. Manter informações de mercado.
9. Oferecer espaço para armazenamento.
10. Ter capacidade para absorver obsolescências.
11. Processar pedidos e notas fiscais para muitas contas.
12. Receber devoluções.

Embora várias dessas funções pareçam ser de produção, em vez de distribuição, quando vistas como necessárias para atender a determinado objetivo de distribuição (como lidar com consumidores menores), de fato representam tarefas de distribuição. A execução dessas tarefas seria necessária porque o objetivo de distribuição implicaria lidar com muitos pequenos consumidores que, na maioria dos casos, não conseguem executá-las sozinhos. Em consequência, os tipos específicos de tarefas de distribuição requeridos são função, principalmente, dos objetivos de distribuição definidos e, é claro, dos tipos de empresas envolvidas. Por exemplo, se o objetivo de distribuição do produtor de metal tinha como meta lidar apenas com consumidores de grande porte, algumas tarefas poderiam ser eliminadas ou significativamente reduzidas — em particular as 2, 4, 5, 6, 7 e 9.[19]

Ao especificar tarefas de distribuição, é especialmente importante não subestimar o que está envolvido em tornar produtos e serviços convenientemente disponíveis aos consumidores finais.[20] Uma causa importante dos erros cometidos por muitas empresas de *E-commerce*, em ambos os canais, B2C e B2B, pode ser atribuída a subestimar grosseiramente todas as tarefas de distribuição necessárias para vincular as empresas aos seus consumidores de forma eficiente.[21] Poderosas tecnologias baseadas na internet e websites espetaculares não substituem a necessidade de executar tarefas de distribuição que parecem triviais, como escolha de produto, embalagem, estocagem e monitoramento de milhares, ou até mesmo de dezenas de milhares, de encomendas recebidas todos os dias.[22] De fato, a Amazon.com descobriu que precisava construir uma série de grandes armazéns de última geração e contratar muitas centenas de pessoas para executar essas aparentemente "simples" tarefas de distribuição.

FASE 4: DESENVOLVER POSSÍVEIS ESTRUTURAS DE CANAL ALTERNATIVAS

Tendo especificado em detalhes as tarefas de distribuição particulares que precisam ser executadas para alcançar os objetivos de distribuição, o gerente de canal também deve considerar formas alternativas de alocação dessas tarefas. Com frequência, será preciso escolher mais de uma estrutura de canal para atingir os mercados-alvo de forma eficaz e eficiente.[23] Kraft Foods Inc., por exemplo, vende produtos como macarrão com queijo e pizza Tombstone em supermercados, distribuidores de alimentos por atacado, lojas de conveniência, redes de farmácias, hipermercados e, recentemente, salas de cinema, por meio de máquinas automáticas de alta tecnologia, que aquecem os produtos para consumo imediato dos espectadores.[24] O Capítulo 1 mostra, em formato de diagrama, uma variedade de outras estruturas de múltiplos canais para várias empresas de produto de consumo, assim como para B2B e canais de distribuição de serviços (ver Figuras 1.1, 1.2, 1.11, 1.12, 1.13, 1.14 e 1.15). Mas, seja para estruturas simples ou de múltiplos canais, B2B ou para serviços, as alternativas de alocação (estruturas de canal possíveis) devem ser tratadas em três dimensões: (1) número de níveis no canal; (2) intensidade em vários níveis; e (3) tipos de intermediários em cada nível.

Número de níveis

Esse número em um canal pode variar de dois — o mais direto (fabricante → consumidor) — a cinco e, ocasionalmente, até mais que isso.

Na realidade, o número de alternativas que o gerente de canal pode considerar para essa dimensão estrutural é muitas vezes limitado, não mais do que duas ou três.

Por exemplo, pode ser viável considerar vender diretamente (dois níveis), usar um intermediário (três níveis), ou possivelmente dois (quatro níveis). Essas limitações resultam de vários fatores, como práticas particulares da indústria, natureza e tamanho do mercado, disponibilidade de intermediários e outras variáveis (que discutiremos em detalhes na Fase 5). Em alguns casos, a dimensão estrutural do canal é a mesma para todos os fabricantes na indústria e pode permanecer praticamente fixa por longos períodos de tempo. Na indústria automobilística norte-americana, por exemplo, três grandes fabricantes, GM, Ford e Chrysler, comercializam seus carros em concessionárias independentes, que, por sua vez, vendem aos consumidores finais. Mesmo no caso da chamada venda de automóveis on--line, o revendedor independente ainda está envolvido no canal, já que a venda efetiva é feita por meio dele. Em outras indústrias, a dimensão do número de níveis é mais flexível e sujeita a alterações em períodos de tempo relativamente curtos. Isso ocorre particularmente desde o advento dos canais on-line, que permitiu a uma grande variedade de fabricantes de produtos de consumo e industriais adicionar estruturas de canal direta, de dois níveis (fabricante → consumidor) às existentes de três e quatro níveis.

Intensidade em vários níveis

Intensidade refere-se ao número de intermediários em cada nível do canal de marketing. Como apontamos no Capítulo 5, tradicionalmente essa dimensão foi dividida em três categorias: (1) intensiva; (2) seletiva; e (3) exclusiva. **Intensiva** (às vezes chamada **saturação**) significa que são usados tantos estabelecimentos quanto possível em cada nível do canal. Muitos produtos consumíveis de conveniência e suprimentos operacionais industriais encaixam-se nessa categoria. **Seletiva**, como o nome sugere, significa que nem todos os intermediários possíveis em determinado nível são utilizados, mas os incluídos no canal são cuidadosamente escolhidos. Vários bens de consumo estão nessa categoria. **Exclusiva** é, na verdade, uma forma de se referir a um padrão altamente seletivo de distribuição. Nesse caso, apenas um intermediário em uma particular área de mercado é usado. Bens de especialidade muitas vezes encaixam-se nessa categoria. A Figura 6.3 ilustra como a intensidade da dimensão de dis-

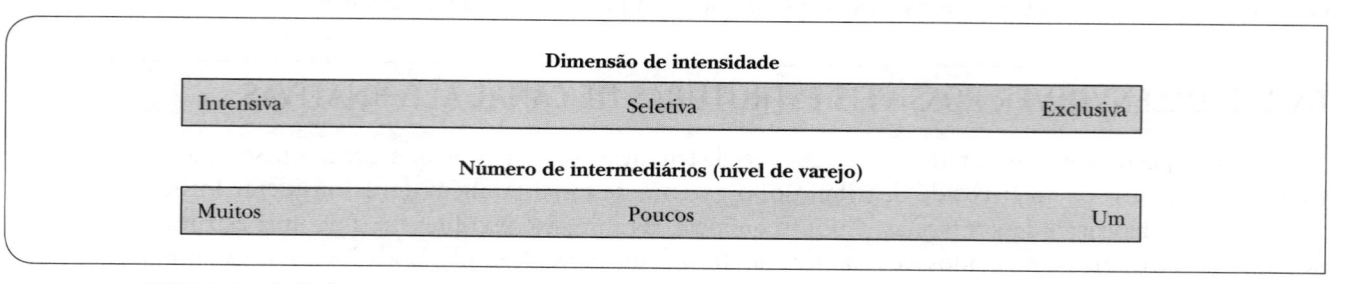

FIGURA 6.3 ▶ Relação entre a dimensão de intensidade de distribuição e o número de intermediários do varejo usados em dada área de mercado.
© Cengage Learning 2013

tribuição pode se aplicar aos intermediários de varejo, mostrando que, para determinada área do mercado (território), um alto grau de seletividade ou distribuição exclusiva comporta apenas um varejista. Um grau menor de seletividade corresponde a poucos varejistas, enquanto seletividade muito baixa (ou, inversamente, nível intensivo de distribuição) está associada a muitos varejistas no território. Os números reais envolvidos, é claro, variam para diferentes empresas.

Como também discutimos no Capítulo 5, intensidade da dimensão de distribuição é um aspecto muito importante da estrutura de canal, já que, com frequência, representa um fator-chave na estratégia básica de marketing da empresa, assim como refletirá as estratégias e objetivos gerais corporativos. A estratégia de marketing que visa abastecer o mercado com um produto requer uma estrutura de canal que dê ênfase a um alto nível de intensidade de distribuição. A goma de mascar Wrigley, por exemplo, utilizou uma estrutura de canal de distribuição intensiva ao longo da sua história. A empresa despacha mais de 500 toneladas do seu produto diariamente a fim de fornecer ao consumidor disponibilidade imediata e presença em todos os lugares onde se poderia comprar goma de mascar. Uma parte fundamental da sua estrutura de canal é a vasta rede de atacadistas independentes contatados por telefone, pelo menos uma vez por semana, pelo pessoal de vendas da Wrigley. Por outro lado, uma estratégia de marketing que se concentra em mercados-alvo cuidadosamente escolhidos, como a utilizada pelos relógios Rolex, exige que um alto grau de seletividade seja adotado na estrutura de canal. Portanto, em geral, se a estratégia básica de marketing da empresa enfatiza o apelo de massa para seus produtos, provavelmente terá de desenvolver uma estrutura de canal focada em distribuição intensiva, ao passo que outra, com campanhas mais segmentadas, possivelmente escolherá uma estrutura de canal mais seletiva.[25] Assim, como já mencionado, quando a Starbucks decidiu perseguir para sua linha Seattle's Best Coffee um objetivo de distribuição para mercado de massa, mudou de uma intensidade de distribuição bastante seletiva (pequeno número de lojas próprias, filiais da livraria Borders e 2.500 supermercados) para um nível muito mais elevado, que incluía milhares de restaurantes *fast-food*, supermercados, lojas de conveniência e máquinas de venda automática.

Além da relação básica com a estratégia de marketing, a decisão quanto ao grau de intensidade com frequência também reflete a estratégia geral da empresa em lidar com membros do canal (consulte a seção intitulada "Estratégia de canal e seleção de membros" no Capítulo 5). Algumas gostam de escolher seus membros de canal, ou "parceiros", com muito cuidado, e então com eles trabalhar em estreita colaboração na distribuição dos produtos da empresa.[26] Outras acreditam na venda por meio de "quase qualquer um" e prestam pouca atenção à maneira como o produto é vendido, desde que seja passado para a frente para os muitos membros do canal da empresa. Outras, ainda, ficam em algum lugar entre os dois extremos citados. Assim, ao analisar a dimensão de intensidade ao desenhar o canal, o gerente deve considerar cuidadosamente as estratégias estabelecidas para lidar com intermediários e tentar ficar dentro dessas diretrizes.

Tipos de intermediários

A terceira dimensão da estrutura de canal lida com os tipos particulares de intermediários usados (se houver) em vários níveis do canal. No Capítulo 2, discutimos os diferentes tipos de intermediários disponíveis. Lembre-se de que há muitos tipos, enumerados no *Census of Wholesale Trade* e no *Census of Retail Trade*. Infelizmente, são muitos e diferentes os nomes dados aos intermediários, em particular no nível de atacado; nomes antigos provenientes da indústria ou do comércio, que hoje transmitem pouco significado sobre os serviços que essas empresas oferecem.[27]

O gerente de canal não deve negligenciar novos tipos de intermediários que têm surgido, sobretudo empresas de eletrônicos ou "leilão" on-line, por exemplo, o eBay ou Amazon.com, como possíveis pontos de venda para produtos de consumo. Em relação aos produtos industriais vendidos em mercados B2B, comércios eletrônicos[28] como Chemdex (produtos químicos), Converge.com (componentes eletrônicos) e centenas de outros surgiram para servir esses mercados.[29]

Neste momento, a ênfase da análise do gerente de canal deve centrar-se nos tipos básicos de tarefas de distribuição executadas por esses intermediários.[30] Por exemplo, distribuidores de metal, um tipo de atacadista industrial, em geral têm capacidade de executar todas as tarefas de distribuição requeridas pelos produtores de metais, a fim de que estes lidem com contas menores.

Número de alternativas possíveis para estruturas de canal

Dado que o gerente de canal deve considerar as três dimensões estruturais (nível, intensidade e tipo de intermediários) no desenvolvimento de alternativas de estruturas de canal, há, em teoria, um grande número de possibilidades. Considere o seguinte: três níveis, três graus de intensidade e cinco diferentes tipos de intermediários. O número de possíveis estruturas de canal baseadas nessas três dimensões é:

$$3 \times 3 \times 5 = 45 \text{ possíveis estruturas}$$

Na realidade, usualmente esse número de alternativas de estruturas de canais não pode ser considerado, exceto quando certas abordagens da ciência da administração são utilizadas (ver Fase 6). Felizmente, na prática, o número de alternativas viáveis para cada dimensão é muitas vezes limitado; assim, é raro que seja necessário ter mais de uma dúzia de alternativas de estruturas de canal entre as quais escolher. Em geral, o número é consideravelmente menor do que esse.

FASE 5: AVALIAR AS VARIÁVEIS QUE AFETAM A ESTRUTURA DE CANAL

Tendo estabelecido alternativas de estruturas de canal, o gerente deve avaliar uma série de variáveis para determinar como aquelas influenciarão estas. Embora haja uma infinidade de variáveis, seis categorias básicas são as mais importantes:

1. de mercado
2. de produto
3. da empresa
4. dos intermediários
5. ambientais
6. comportamentais

Enquanto discutirmos as variáveis nessas categorias, citaremos muitas vezes uma série de **heurísticas** (regras empíricas) que as relacionam à estrutura de canal. Um exemplo é:

Se um produto é tecnicamente complexo, o fabricante deve vender diretamente ao seu usuário, em vez de usar intermediários, devido à necessidade de contato e aconselhamento técnico que os intermediários não conseguem fornecer.

Nesse caso, uma variável de produto (complexidade técnica) aparentemente produz uma receita simples para a estrutura de canal. Bom seria se as coisas fossem fáceis assim, mas em geral esse *não* é o caso. Tais heurísticas, comumente mencionadas na literatura de marketing, são apenas guias rudimentares para a tomada de decisão. Não devem ser vistas como prescrições exatas para a escolha de uma estrutura de canal em particular. Elas são úteis apenas na medida em que oferecem reflexões básicas do que normalmente seria o esperado dada determinada condição e, assim, fornecem um ponto de partida para a análise de diferentes estruturas de canal.

Com essa ressalva em mente, voltamo-nos à discussão sobre estas seis categorias de variáveis e algumas das heurísticas relacionadas, relevantes para escolher a estrutura de canal.

Variáveis de mercado

Administração de marketing, incluindo a de canais de marketing, baseia-se na filosofia subjacente ao conceito clássico de marketing, que reforça a orientação para o consumidor (mercado). Em seguida, ao desenvolver e adaptar o *mix* de marketing, os gerentes devem tirar suas sugestões básicas das necessidades e desejos dos mercados-alvo, seja qual for seu objetivo. Portanto, assim como os produtos que uma empresa oferece, os preços que cobra e as mensagens promocionais que emprega deveriam refletir intimamente as necessidades e os desejos do mercado-alvo, também deveriam refletir a estrutura dos seus canais de marketing.[31] Variáveis de mercado são, portanto, o ponto fundamental a considerar quando se desenha um canal de marketing. De fato, elas são de tal importância no desenho de canal de marketing que dedicamos um capítulo inteiro a esse tópico (Capítulo 8), no qual as abordamos a fundo. Nessa seção, discutiremos as variáveis de mercado apenas brevemente, conforme se aplicam ao desenho de canal.

Quatro subcategorias básicas das variáveis de mercado são particularmente importantes no que diz respeito à influência sobre a estrutura de canal: (1) geografia; (2) tamanho; (3) densidade; e (4) comportamento.

Geografia de mercado Refere-se ao tamanho geográfico, à sua localização física e distância do produtor ou fabricante. Do ponto de vista do desenho de canal, as tarefas básicas que surgem quando se trata dessa subcategoria abrangem o desenvolvimento de uma estrutura de canal que adequadamente englobe os mercados em questão e preveja um fluxo eficiente de produtos para eles.

Exemplo de heurística geral que relaciona geografia de mercado e desenho de canal é:

Quanto maior for a distância entre o fabricante e seus mercados, maior a probabilidade de o uso de intermediários ser menos custoso do que com a distribuição direta.

Este é frequentemente o caso, já que os intermediários compram em grande quantidade e difundem os produtos aos consumidores finais em quantidades menores. Por exemplo, se uma fábrica na China fabricasse 10 mil torradeiras e então despachasse uma a uma para os consumidores finais nos Estados Unidos, os custos de transporte e manuseio seriam vastamente superiores do que se ela despachasse de uma vez todos os itens em apenas um contêiner rumo a um centro de distribuição do Walmart. Todas as torradeiras, então, poderiam ser distribuídas em lotes de uma centena ou individualmente a lojas do Walmart para a compra pelos consumidores finais. Assim, tendo o varejo como intermediário, o Walmart reduz, em vez de aumentar, os custos de distribuição no canal, em comparação com um canal direto de um fabricante distante até o consumidor.

Tamanho de mercado O número de consumidores que compõem um mercado (consumidor ou industrial) determina esse tamanho. Do ponto de vista do desenho de canal, quanto maior o número de consumidores individuais, maior o tamanho de mercado.

As costumeiras medidas operacionais que tratam sobre o tamanho de mercado representam o número efetivo de potenciais consumidores ou empresas nos mercados consumidores e industriais, respectivamente. Faturamento, em geral, não é uma boa medida de tamanho de mercado, devido às suas grandes oscilações; ou seja, é possível receber grande quantidade de dinheiro de um pequeno número de consumidores e vice-versa. Apenas se o faturamento estiver altamente relacionado com os números de consumidores servirá como uma medida confiável de tamanho de mercado.

Uma heurística geral sobre a relação entre tamanho de mercado e estrutura de canal:

Se o mercado é grande, é provável que seja necessário o uso de intermediários, devido aos altos custos de transação para servir a um grande número de consumidores individuais. Por outro lado, se for pequeno, é mais provável que a empresa evite o uso de intermediários.

Densidade de mercado O número de unidades compradoras (consumidores ou empresas industriais) por unidade de superfície determina essa densidade. Um mercado que possui mil consumidores em uma área de $100km^2$ é mais denso que um com o mesmo número de consumidores em uma área de $500km^2$.

No geral, quanto menos denso é o mercado, mais difícil e cara é a distribuição. Isso é particularmente verdade no fluxo de produtos para o mercado. Por conseguinte, uma típica heurística citada para precisar a densidade de mercado e a estrutura de canal é:

Quanto menos denso é o mercado, mais provável se torna o uso de intermediários. Por outro lado, quanto maior a densidade, maior a probabilidade de eliminá-los.

Por exemplo, uma empresa que vende equipamentos industriais especializados, como sondas de perfuração de poços de petróleo, terá seu mercado concentrado em uma área relativamente pequena de alguns estados. Por outro lado, uma empresa que comercializa suprimentos básicos operacionais, como óleos e graxas, abrasivos, materiais de limpeza, detergentes, material de papelaria e artigos afins, encontrará um mercado disperso em uma vasta área geográfica, já que existem inúmeros usuários potenciais desses produtos. Em geral, a possibilidade de desenhar um canal direto que sirva a esses mercados de baixa densidade é muito pequena devido aos elevados custos envolvidos no fornecimento de serviço adequado.

Comportamento de mercado   Refere-se aos quatro tipos de comportamentos dos consumidores em relação à compra: (1) como compram; (2) quando compram; (3) onde compram; e (4) quem faz as compras. Cada um desses padrões de comportamento pode ter um efeito significativo na estrutura de canal.[32] O Quadro 6.1 dá alguns exemplos. Novamente, devemos observar que a heurística mostrada no quadro apresenta apenas meros indicadores do que é típico nessa situação. Há muitas exceções a essas heurísticas, sob diferentes circunstâncias. O quadro deve ser visto apenas como um exemplo ilustrativo, e não utilizada como fonte de referência para a escolha de estrutura de canal. Esses comportamentos de mercado serão discutidos em detalhes no Capítulo 8.

Variáveis de produto

Representam outra categoria importante a se considerar na avaliação de alternativas de estruturas de canal.[33] Algumas das principais variáveis são medidas em volume e peso, perecibilidade, valor unitário, grau de padronização (personalizado *versus* padronizado), técnico *versus* não técnico, novidade e prestígio.

Volume e peso   Produtos pesados e volumosos têm alto custo de manipulação e transporte. Seus produtores, portanto, devem tentar minimizar os de transporte, embarcando apenas em grandes lotes e para o menor número possível de pontos.

▶ **QUADRO 6.1** Exemplos de hábitos de compra do mercado e algumas heurísticas correspondentes para a estrutura de canal

Hábitos de compra	Heurísticas correspondentes para a estrutura de canal
Como	
Em geral os consumidores compram em pequenas quantidades.	Utilize canais longos (e talvez vários níveis de intermediários) para alcançar o mercado.
Quando	
Comprar é um hábito altamente sazonal.	Acrescente intermediários no canal para realizar a função de armazenamento, assim reduzindo os altos e baixos na produção.
Onde	
Cada vez mais os consumidores tendem a comprar em casa.	Elimine os intermediários do varejo e atacado, e venda diretamente por meio de catálogo ou on-line.
Quem	
Mercado consumidor: geralmente marido e mulher se envolvem na compra. Mercado industrial: muitos indivíduos influenciam a decisão de compra.	Faça a distribuição por meio de varejistas que atendam de forma bem-sucedida ambos os cônjuges. Distribua diretamente para ter maior controle da força de vendas e alcançar com sucesso todas as partes responsáveis pela tomada de decisões de compra.

© Cengage Learning 2013

Em consequência, a estrutura de canal para esses produtos deve, regra geral, ser a menor possível – normalmente direto do produtor para o usuário. A principal exceção ocorre quando os consumidores compram em pequenas quantidades e precisam de entrega rápida. Nesse caso, pode ser necessário usar algum tipo de intermediário.

Claro, produtos que podem ser digitalizados, como artigos de finanças, material escrito (incluindo livros), filmes e músicas, têm, literalmente, zero volume ou peso após a digitalização. Portanto, volume e peso não são fatores relevantes a se considerar na distribuição das versões digitalizadas de tais produtos.

Perecibilidade Produtos sujeitos a rápida deterioração física (por exemplo, alimentos frescos) e aqueles que logo saem da moda e caem na obsolescência são considerados altamente perecíveis. Nesse caso, a condição *sine qua non* de desenho de canal é o rápido movimento do produto da produção até seu usuário final para que isso minimize os riscos de obsolescência e perecibilidade. A seguinte heurística é apropriada:

> *Quando os produtos são altamente perecíveis, estruturas de canal devem ser desenhadas para fornecer entrega rápida dos produtores aos consumidores finais.*

Quando os produtores e os consumidores estão próximos, essas estruturas de canal podem ser curtas. Quando distâncias maiores estão envolvidas, no entanto, a forma mais prática e econômica de garantir a velocidade de entrega necessária pode ser usando vários intermediários na estrutura de canal. A alface da Califórnia, por exemplo, muitas vezes passa por dois níveis de atacadistas antes de chegar às lojas de varejo e, finalmente, aos consumidores.

Valor unitário Em geral, quanto menor é o valor unitário de um produto, mais extensos são seus canais. Isso ocorre porque um baixo valor unitário deixa pequena margem para os custos de distribuição. Produtos como bens de conveniência no mercado consumidor e suprimentos operacionais no industrial normalmente usam um ou mais intermediários para que os custos de distribuição sejam compartilhados por muitos outros produtos vendidos pelos intermediários, criando, assim, economias de escala e de escopo. Por exemplo, seria difícil imaginar a venda de um pacote de goma de mascar diretamente da Wrigley para o consumidor. Apenas dividindo os custos de distribuição entre a grande variedade de produtos negociados por atacado ou intermediários de varejo é possível comprar um pacote de goma de mascar no varejo por cerca de $ 0,79. Por outro lado, quando o valor unitário de um produto é elevado em relação ao seu tamanho e peso, como é o caso de joias finas, produtos eletrônicos, vestuário de luxo, cosméticos e outras mercadorias com alto valor por unidade, a distribuição direta, mesmo em grandes distâncias, é viável porque os custos de transporte e manuseio são baixos em comparação ao valor dos produtos. O alto valor em relação ao peso e tamanho é o que permite à Amazon.com vender esses produtos diretamente aos consumidores e até mesmo oferecer frete gratuito em pedidos acima de $ 25.

Grau de padronização No geral, a influência dessa variável na estrutura de canal é caracterizada pela relação mostrada na Figura 6.4. O grau de padronização é mostrado no eixo horizontal como um contínuo, variando dos produtos feitos sob medida para os idênticos entre si. O comprimento do canal, no eixo vertical, é representado pelo número de intermediários, de nenhum a vários. Essencialmente, a figura mostra que produtos personalizados seguem direto do produtor para o usuário; entretanto, conforme ficam cada vez mais padronizados, aumenta a oportunidade de alongar o canal incluindo intermediários. Por exemplo, é frequente que produtos totalmente personalizados, como máquinas industriais, sejam vendidos diretamente do fabricante ao usuário. Produtos semipersonalizados, como acessórios para o mercado industrial e móveis no mercado consumidor, com frequência precisarão de um intermediário. Por outro lado, artigos altamente padronizados, como suprimentos operacionais no mercado industrial e bens de conveniência no consumidor, normalmente incluirão mais de um intermediário.

Técnico versus não técnico No mercado industrial, um produto altamente técnico em geral será distribuído por um canal direto. Isso acontece porque o fabricante precisa de vendedores e pessoal de serviços capazes de comunicar aos consumidores potenciais as características técnicas do produto,

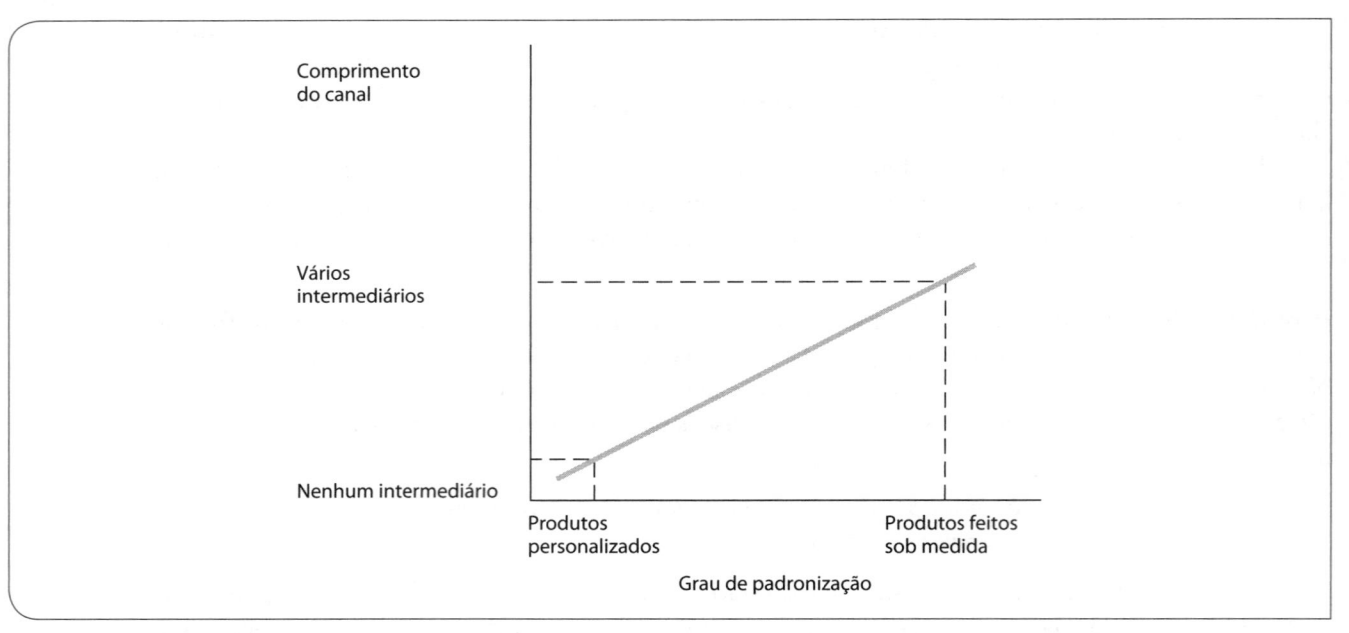

FIGURA 6.4 ▶ Relação entre grau de padronização do produto e comprimento do canal.
© Cengage Learning 2013

manter contato, aconselhamento e serviço pós-venda. Mesmo em mercados de consumo, é usual que produtos relativamente técnicos, complexos ou sofisticados, como sistemas de *home theater*, equipamentos esportivos de alta *performance* e modernos computadores pessoais, sejam distribuídos pelas mesmas razões por meio de canais curtos.

Novidade   Uma grande quantidade de novos produtos em ambos os mercados, consumidores e industriais, exige extensa e agressiva promoção em sua fase introdutória para construir uma demanda. Em geral, quanto mais longo é o canal, mais difícil é conquistar esse tipo de esforço promocional de todos os seus membros. Por consequência, um canal mais curto é comumente visto em sua fase introdutória como uma vantagem para ganhar a aceitação do produto.[34] Além disso, o grau de seletividade também tende a ser mais elevado para novos produtos, já que um grupo cuidadosamente selecionado de intermediários é mais suscetível de fornecer uma promoção agressiva.

Produtos de prestígio   Sempre associados a marcas de luxo famosas, como Gucci, Rolex, Louis Vuitton, Mercedes-Benz e muitas outras, que precisam manter uma aura de exclusividade e singularidade incompatível com os canais de distribuição do mercado de massa. Portanto, os canais para esses produtos precisam ser desenhados para reforçar essa aura, fornecendo acesso limitado aos consumidores que buscam comprar esse tipo de produto.[35]

Variáveis da empresa

As mais importantes variáveis que afetam o desenho de canal são: (1) tamanho; (2) capacidade financeira; (3) experiência gerencial; e (4) objetivos e estratégias.

Tamanho   No geral, um leque de opções para diferentes estruturas de canal é uma função positiva do tamanho da empresa. As bases de poder disponíveis para grandes empresas — especialmente as de recompensa, coerção e experiência — lhes permitem exercer bastante poder no canal e lhes conferem um grau relativamente elevado de flexibilidade na escolha das estruturas de canal em comparação com empresas menores. Portanto, a capacidade da grande empresa em desenvolver canais que abordem pelo menos uma alocação ideal de tarefas de distribuição é tipicamente superior do que para as menores.

Capacidade financeira Em geral, quanto maior o capital disponível de uma empresa, menor a sua dependência de intermediários. Para vender diretamente aos consumidores finais ou usuários empresariais, uma empresa pode precisar de sua própria equipe de vendas e de suporte, ou, então, de lojas de varejo, armazéns e capacidades para processamento de pedidos. As grandes empresas são mais capazes de suportar o alto custo dessas instalações. Existem, é claro, exceções a esse padrão, particularmente quando são usados canais diretos de vendas por catálogo ou eletrônicos na internet. Em ambos os casos, até pequenas empresas com capacidade financeira muito limitada podem achar viável vender diretamente ao consumidor final (ver Capítulos 3 e 15).

Experiência gerencial Algumas empresas carecem das competências gerenciais necessárias para executar tarefas de distribuição.[36] Quando for o caso, o desenho de canal deve incluir os serviços de intermediários, ou seja, atacadistas, representantes dos fabricantes, agentes de vendas, corretores e outros. Ao longo do tempo, conforme a administração da empresa ganha experiência, pode ser viável alterar a estrutura e reduzir a dependência dos intermediários.

Objetivos e estratégias Os objetivos e as estratégias gerais e de marketing (como o desejo de exercer alto grau de controle sobre o produto e seu serviço) podem limitar o uso de intermediários.[37] Além disso, tais estratégias, como ênfase na promoção agressiva e reação rápida às mudanças nas condições de mercado, restringirão os tipos de estruturas de canal disponíveis para as empresas que as empregam.

Variáveis dos intermediários

As principais dessas variáveis relacionadas à estrutura de canal são: (1) disponibilidade; (2) custos; e (3) serviços oferecidos.

Disponibilidade Em alguns casos, a disponibilidade de intermediários adequados influencia diretamente a estrutura de canal. Por exemplo, a falta de disponibilidade de intermediários adequados levou Michael Dell, fundador da Dell Computer Corp., a desenhar um canal direto de venda por catálogo que fornecia ao consumidor forte assistência técnica, bem como computadores pessoais customizados. De acordo com Michael Dell, os varejistas existentes, tanto grandes como pequenos, simplesmente não conseguiam fornecer habilidades semelhantes.

Custos O custo de utilizar intermediários é sempre algo a se considerar na escolha de uma estrutura de canal. Se o gerente determina que o custo para esse uso é muito alto para os serviços prestados, é provável que a estrutura de canal minimize-o. Abordagens para tomar esse tipo de decisão serão discutidas na Fase 6.

Serviços A terceira variável, serviços oferecidos pelos intermediários, está intimamente relacionada à seleção de membros do canal (discutida em detalhes no próximo capítulo). Essencialmente, isso envolve avaliar os serviços oferecidos por intermediários específicos para ver quais podem realizá-los melhor e com o menor custo.[38] Considere, por exemplo, Graybar Electric Co. Inc., um grande distribuidor de eletrônicos que atende a mercados industriais e ao governo. A empresa investiu dezenas de milhões de dólares para instalar a plataforma de E-business mySAP.com, que inclui recursos avançados nas áreas de **gerenciamento do relacionamento com o cliente (CRM)** e **gerência da cadeia de suprimentos (SCM)**, a fim de fornecer um serviço superior aos fabricantes que representa (assim como aos consumidores que serve).[39] Então, em vez de ser "apenas mais um intermediário" que o fabricante vai tentar evitar, a Graybar espera que seu elevado nível de capacidade de serviço como distribuidor industrial, baseado em tecnologia avançada, posicione-o como um parceiro de canal indispensável, cortejado ansiosamente pelos melhores fabricantes.

Variáveis ambientais

Como salientamos no Capítulo 3, essas variáveis podem afetar todos os aspectos do desenvolvimento e gerenciamento do canal. Forças econômicas, socioculturais,[40] competitivas, tecnológicas, ambientais e jurídicas podem ter um impacto significativo na estratégia e na estrutura do canal.[41] De fato, como já mencionado neste capítulo, o impacto das forças ambientais é uma das razões mais corriqueiras para se tomar decisões de desenho de canal.[42] Não precisamos nos estender nesse assunto, já que o Capítulo 3 apresentou numerosos exemplos de como o ambiente afeta o canal.

Variáveis comportamentais

Antes de escolher uma estrutura de canal, o gerente precisa rever as variáveis comportamentais discutidas no Capítulo 4. Por exemplo, desenvolver papéis coerentes para os membros do canal pode reduzir as principais causas de conflito. Dar mais atenção à influência de problemas comportamentais que podem distorcer as comunicações (como discutido no Capítulo 4) promove uma estrutura de canal com fluxo de comunicação mais eficaz. Tendo em mente as bases de poder disponíveis, o gerente pode ajudar a garantir que a escolha final de uma estrutura de canal seja mais propensa a refletir a realidade para influenciar os membros do canal. Por exemplo, é improvável que um pequeno e especializado fabricante que decide utilizar grandes cadeias varejistas na estrutura de canal consiga ganhar influência ou controle pelo uso do poder de coerção; no entanto, pode muito bem ser capaz de fazê-lo se enfatizar o poder de especialista. Um gerente de canal que precisa de alto nível de controle para atingir seus objetivos de distribuição pode acreditar que a base de poder legítimo (declarado em um forte contrato de franquia) deve servir como base para a estrutura de canal. Essas e muitas outras implicações de variáveis comportamentais podem, em determinadas instâncias, ser relevantes para escolher uma estrutura de canal adequada[43] (ver Capítulo 4).

FASE 6: ESCOLHER A "MELHOR" ESTRUTURA DE CANAL

Em teoria, o gerente de canal deve escolher uma estrutura de canal ideal que ofereça o nível de eficácia desejado para a execução das tarefas de distribuição com o menor custo possível. Se o objetivo da empresa é maximizar seus lucros no longo prazo, uma estrutura de canal favorável seria consistente com esse objetivo.[44]

Na realidade, não é possível escolher uma estrutura de canal ideal, no sentido estrito da palavra. Fazer isso exige que o gerente tenha considerado todas as alternativas possíveis de estruturas de canal e seja capaz de calcular os retornos exatos associados a cada estrutura alternativa, segundo algum critério (normalmente o lucro). Dessa forma, então, escolheria uma alternativa que oferecesse o mais alto retorno.[45]

Por que isso não é possível? Primeiro, como apontamos na Fase 4, a administração não é capaz de conhecer todas as alternativas possíveis. Seria proibitiva a quantidade de informações e de tempo necessários para desenvolver todas essas alternativas de estruturas de canal a fim de alcançar um objetivo de distribuição em particular. Além disso, mesmo que a administração estivesse disposta a gastar tempo e esforço, não haveria maneira de saber quando, de fato, todas as alternativas possíveis tivessem sido realmente especificadas.

Segundo, mesmo que fosse possível especificar todas as estruturas de canal cabíveis, não há métodos precisos para calcular os retornos exatos associados a cada uma delas. Como salientamos na última seção e nos capítulos anteriores, o número de variáveis que afetam o canal é imenso, e todas estão em contínua mudança. Qualquer método que pretenda oferecer um meio para calcular os retornos exatos para cada uma dessas alternativas precisaria oferecer ao usuário a capacidade de identificar as mais relevantes e dizer precisamente os efeitos de cada uma delas sobre a estrutura. Além disso, o método também teria de ser capaz de prever o nível e a direção da mudança em todas as variáveis. Tal método ou modelo não é uma possibilidade realista.

No entanto, apesar de não haver um método exato para a escolha de uma estrutura de canal favorável, registros de tentativas pioneiras no desenvolvimento de métodos mais exatos aparecem na literatura da área. Discutiremos brevemente algumas delas, pois podem fornecer uma compreensão para fazer uma boa (se não ótima) escolha. Especificamente, as abordagens e métodos que serão discutidos podem ajudar a aguçar a habilidade do gerente de canal para avaliar as variáveis que afetam a estrutura de canal. Munido desse conhecimento, ele estará preparado para escolher estruturas com uma boa alocação das tarefas de distribuição.

Abordagem das "características dos produtos e sistemas paralelos"

Proposta pela primeira vez na década de 1950 por Aspinwall, essa abordagem enfatiza principalmente as variáveis de produto para escolher uma estrutura de canal,[46] argumentando que todos os produtos podem ser descritos nos termos das cinco características abaixo:

1. *Taxa de reposição* – com base nela um produto é comprado e consumido pelos usuários a fim de proporcionar a satisfação que esperam obter.
2. *Margem bruta* – diferença entre o custo inicial e o preço final da venda realizada (inclui a soma de todas as margens brutas conforme o produto se movimenta por meio do canal).
3. *Ajuste* – serviços aplicados aos produtos para atender às exatas necessidades do consumidor.
4. *Tempo de consumo* – tempo medido de consumo, durante o qual o produto vai perdendo a utilidade desejada.
5. *Tempo de busca* – uma medida de tempo médio e distância da loja de varejo.

Aspinwall continua, apresentando um método para a classificação de todos os produtos com base no grau em que possuem essas características, usando uma engenhosa analogia com o espectro de cores. Qualquer produto pode ser representado por sua "sombra" nesse espectro, que utiliza apenas três cores, em vez das sete habituais. Produtos com altas taxas de reposição, mas baixos valores para as outras quatro características são chamados de "produtos vermelhos". Aqueles com valores médios nas cinco características são considerados "produtos laranja", enquanto os com taxa de reposição baixa, mas valores mais altos para as outras quatro características são "produtos amarelos". Visualizando mentalmente uma mistura dessas cores, do vermelho para o amarelo, com a cor laranja no centro, pode-se perceber uma gradação infinita de valores para os produtos.

O autor argumenta que as estruturas de canal usadas na distribuição (bem como na promoção) de produtos estão intimamente relacionadas com sua "cor" (isto é, o grau que possuem de cada uma das cinco características).

Por exemplo, produtos vermelhos têm uma elevada taxa de reposição. A alta frequência de compra destes permite um alto grau de padronização e especialização na execução das tarefas de distribuição, o que, por sua vez, cria a oportunidade de mais instituições de marketing especializadas participar desse processo, resultando em longos canais para produtos vermelhos. Os bens de conveniência no mercado consumidor e os suprimentos operacionais no mercado industrial encaixam-se nesse padrão.

Já os produtos amarelos têm baixa taxa de reposição e altos níveis em outras características, o que faz que a execução das tarefas de distribuição seja relativamente cara, em razão da baixa oportunidade de padronização e estabelecimento de rotinas, se comparados aos vermelhos. Produtos personalizados (como um terno feito sob medida, ou equipamento industrial projetado especificamente para as necessidades do seu usuário) representam essa categoria, que geralmente exige estruturas de canal curtas.

Finalmente, os produtos laranja têm classificação média nas cinco características. Estes, embora produzidos de acordo com as especificações padrão, ainda exigirão certo grau de ajuste para atender às necessidades do usuário. Automóveis e móveis são exemplos dessa categoria. A taxa de reposição para produtos laranja é alta o suficiente para oferecer uma oportunidade moderada de padronização e especialização. É provável que pelo menos um intermediário entre no canal; por exemplo, um revendedor de automóveis que compra do fabricante e vende ao consumidor, ou um distribuidor industrial que opera entre dois fabricantes. As estruturas de canal para esses produtos tendem a ser médias em comprimento, ou seja, em geral abrangem pelo menos um nível de intermediário.

É de perceber que há uma relação paralela entre as características dos produtos e o comprimento do canal, o que evidencia que a estrutura de canal, em relação à sua dimensão de comprimento, segue ao lado das características dos produtos.

Utilizando a abordagem de Aspinwall Essa abordagem tem como principal contribuição oferecer ao gerente de canal uma maneira clara de descrever e relacionar várias heurísticas sobre como as características do produto afetam a estrutura do canal, permitindo-lhe controlar e lidar melhor com as variáveis do produto. Em vez de tentar enumerar diferentes variáveis para cada produto, o gerente pode utilizar a estrutura de Aspinwall e descrever praticamente qualquer produto em termos das cinco características. Em seguida, com base no julgamento ou designando pesos numéricos para cada uma delas, o produto pode ser classificado como vermelho, laranja ou amarelo.

O maior problema com a abordagem de Aspinwall é que ela enfatiza muito as características de produto, como se fossem determinantes na estrutura de canal. Pode ser tentador utilizá-la, mas deve-se levar em conta a pouca atenção que dá às outras categorias de variáveis, que também podem ser determinantes importantes da estrutura de canal. Problemas de ordem prática também estão envolvidos na obtenção de informações necessárias para desenvolver medidas apropriadas das características do produto.[47] Por exemplo, "tempo de busca" é um tipo de informação particularmente difícil de obter.

Abordagem financeira

Lambert oferece outra abordagem, desenvolvida na década de 1960, argumentando que as variáveis mais importantes para a escolha de estrutura de canal são as financeiras:

> O exame do processo de escolha de um canal de marketing leva à conclusão de que as considerações que primeiro determinam a escolha são as financeiras, e não as geralmente chamadas mercadológicas. Essa ideia mostra-se verdadeira mesmo que a empresa não tenha recursos financeiros adequados, ou os tenha limitados, para expandir suas operações de marketing. É igualmente a mesma situação no caso de a empresa contemplar a redução do canal, a qual exige mais investimento ou seu alongamento, o que torna disponíveis para outros usos os fundos anteriormente utilizados na distribuição.[48]

Portanto, de acordo com Lambert, escolher uma estrutura adequada de canal é comparável a uma decisão de investimento do orçamento de capital. Basicamente, essa decisão envolve comparar os ganhos estimados de capital, resultantes de alternativas de estruturas de canais, como o custo desse capital, a fim de determinar qual canal é mais rentável. Além disso, o uso de capital para a distribuição deve ser comparado à alternativa de utilização dos fundos em operações de produção. A menos que a empresa possa lucrar mais do que seu custo de capital e o retorno que seria possível com o uso dos fundos na produção, ela deveria transferir a execução das funções de marketing para intermediários. Recentemente, Chu et al. propuseram uma escolha de canal semelhante à abordagem financeira de Lambert ao desenvolver uma metodologia para verificar o valor econômico de determinadas estruturas de canal.[49] Utilizando um modelo estrutural altamente sofisticado e técnicas de simulação de diretrizes para analisar as estruturas de canal na indústria de computadores pessoais, esses pesquisadores foram capazes de fornecer justificativas econômicas para as decisões tomadas por fabricantes de PC, tais como Dell, IBM, Toshiba e outros, no que se refere às estruturas de canal escolhidas por essas empresas.

Utilizando a abordagem financeira Essa abordagem serve como um lembrete útil da importância das variáveis financeiras na escolha de uma estrutura de canal. Além disso, é adequada, já que as decisões de estrutura são, em geral, de longo prazo, em comparação com as demais áreas de decisão do *mix* de marketing. Quando se pensa no canal como um investimento de longo prazo, que precisa cobrir mais do que o custo do capital investido e proporcionar melhor retorno do que outros usos alternativos para o capital (**custo de oportunidade**), nota-se que os critérios para a escolha de uma estrutura de canal se tornam mais rigorosos. O gerente do canal precisa justificar sua escolha de estrutura de canal com base nesses critérios de investimento.

O maior problema com essa abordagem reside na dificuldade de torná-la operacional no contexto de tomada de decisões de canal. Independentemente dos métodos de investimento utilizados (como taxa de retorno simples ou métodos mais sofisticados de fluxo de caixa descontado, que levam em conta o valor atual do dinheiro), é muito difícil obter estimativas precisas das futuras receitas e custos das alternativas de estruturas de canal. Na verdade, prever futuros fluxos de receitas e custos, mesmo para bens de capital como edifícios, máquinas e equipamentos, é algo complicado, com frequência sujeito a muitos erros. O problema se agrava em razão do número de variáveis que podem afetar as relações de canal, especialmente quando intermediários independentes estão envolvidos.[50]

Abordagem da análise dos custos de transação

A análise dos custos de transação (ACT), baseada no trabalho de Williamson,[51] tornou-se o foco de muita atenção na literatura sobre os canais de marketing.[52] A ACT aborda a escolha de estrutura de canal apenas numa situação mais geral, como ter de escolher entre um fabricante, que realiza todas as tarefas de distribuição por meio de integração vertical, e intermediários independentes, que realizam algumas ou a maioria das tarefas de distribuição.

Na sua abordagem, Williamson tenta sintetizar a análise econômica tradicional com conceitos comportamentais e descobertas de pesquisas que emergem do comportamento organizacional.

O foco principal da ACT é o custo de realizar as operações necessárias para a empresa cumprir suas tarefas de distribuição. Custos de transação são, essencialmente, aqueles associados a tarefas como coleta de informações, negociação, monitoramento de desempenho, entre outras.

Para que as transações aconteçam, são necessários **ativos específicos**, a saber, o conjunto de produtos exclusivos, tangíveis e intangíveis, requeridos para executar as tarefas de distribuição. Dispositivos de segurança, exclusivamente projetados para exibir as peças de vestuário Polo de Ralph Lauren, seriam exemplo de ativo tangível específico à transação, enquanto os conhecimentos especiais e as habilidades adquiridas pelos vendedores para vender uma imagem de moda associada à alta qualidade da Polo seriam o indicativo de ativo intangível específico à transação.

De acordo com Williamson, se a especificidade do ativo é elevada, no sentido de que exige alto investimento e tem pouco ou nenhum valor fora do canal para produtos Polo, então, provavelmente a marca lucraria mais fazendo tudo sozinha, e a empresa deveria escolher uma estrutura de canal verticalmente integrada. Por quê? A razão pela qual Williamson oferece essa conclusão é baseada em sua visão bastante cínica do comportamento humano nos sistemas sociais; ou seja, ele argumenta que as pessoas se comportam de forma **oportunista**, definindo isso como um comportamento que mostra um "malicioso interesse em si mesmo". Em outras palavras, nas organizações as pessoas são astutas e espertas o suficiente para reconhecer quando estão sentadas no "banco do motorista". Portanto, se os membros de canais independentes controlam a maioria ou todos os ativos específicos à transação, saberão que são praticamente indispensáveis e agirão de acordo com isso. Como consequência, imporão termos claramente voltados aos seus próprios interesses, aumentando assim os custos de transação para o fabricante em níveis antieconômicos. Para o fabricante, a maneira mais segura de se proteger dessa situação é manter os ativos específicos à transação "em casa", onde consegue exercer muito mais controle pela estrutura burocrática intraorganizacional. Por outro lado, se os ativos não são muito específicos à transação (há muitos usos alternativos para eles), então o fabricante não precisa se preocupar em alocá-los aos membros de canais independentes. Se as demandas destes últimos se tornarem muito interesseiras, os ativos podem ser transferidos facilmente para outro grupo de membro de canal menos exigente.

Usando a abordagem ACT Mesmo que seja uma interessante abordagem de desenho de canal dentro da literatura acadêmica de marketing, ela tem algumas limitações do ponto de vista de utilidade gerencial.

Em primeiro lugar, a ACT trata apenas a dicotomia de integração vertical mais geral da estrutura de canal contra o uso de membros de canais independentes. Assim, dispõe de uma limitada compreensão sobre a gama de opções de estrutura de canal possível para a maioria das situações em que a integração vertical não é possível.

Segundo, a suposição de um comportamento oportunista pode não ser uma reflexão precisa do comportamento em canais de marketing.[53] Isso parece ignorar a cooperação, o trabalho em equipe, a parceria e os conceitos de aliança estratégica predominantes em canais de marketing.[54] Em vez disso, salienta uma forma extrema de oportunismo pelos membros do canal.

Terceiro, nenhuma distinção real é feita entre questões de longo e curto prazos nas relações de estrutura de canal. Muitos intermediários independentes podem estar dispostos a renunciar ao que Williamson se refere como comportamento oportunista a fim de perseguir uma relação cooperativa mais duradoura. Por exemplo, um atacadista ou varejista diante da oportunidade de estocar um produto extremamente popular de um concorrente pode decidir não fazê-lo porque isto prejudicaria suas relações de longo prazo com o fabricante. Esse seria um comportamento oportunista ou não? Williamson não oferece nenhuma base para fazer tal distinção.

Quarto, o conceito de especificidade do ativo (ativos específicos à transação) é muito difícil de operacionalizar. Na verdade, definir o conjunto desses ativos e medir seu grau de aplicabilidade de um grupo de membros do canal para outro em muitos casos não se torna viável. Além disso, as coisas mudam com o tempo.

Por último, mas com certeza não menos importante, a ACT é uma abordagem unidimensional e excessivamente simplista de escolha de estrutura de canal porque negligencia a maioria das outras variáveis relevantes para essa escolha (ver Fase 5).

Abordagens da ciência da administração

Certamente seria desejável se o gerente do canal pudesse reunir todas as estruturas de canal possíveis a todas as variáveis relevantes e colocasse todas em um conjunto de equações, o que lhe renderia, então, a estrutura de canal ideal. Mas essa abordagem só é possível na teoria. Na verdade, algumas tentativas pioneiras foram feitas para usar os métodos da ciência da administração, como pesquisa operacional, simulação e teoria da decisão, em um esforço para desenhar canais de marketing ideais.

Por exemplo, Balderston e Hoggatt desenvolveram um modelo de simulação que foi usado para estudar as estruturas de canal na indústria madeireira da Costa Oeste dos Estados Unidos.[55] A estrutura típica dessa região é produtor → atacadista → varejista. Em geral, o fluxo do produto ocorre em lotes do produtor para o varejista, com os atacadistas executando principalmente tarefas de informação, assumindo riscos e o financiamento. Esses autores foram capazes de incorporar essas características em seu modelo, alcançando um grau de realismo que às vezes falta em abordagens de simulação. Esse método pode ser promissor para aplicações mais amplas na escolha de uma estrutura de canal, sobretudo àquelas decisões complexas demais para se lidar matematicamente (nas quais pode ser empregado apenas um número limitado de alternativas e variáveis). Além disso, a abordagem tem a vantagem adicional de permitir a quem toma a decisão de canal "ver o que acontece", como resultado das decisões ao executar o modelo de simulação, antes mesmo de adotar as decisões no mundo real.

Artle e Berglund desenvolveram um modelo matemático que permite ao usuário calcular os custos de execução das tarefas de distribuição para estruturas de canais alternativas e, em seguida, selecionar a que oferece o menor custo total e os maiores lucros.[56] Embora o modelo trate apenas das tarefas de vendas pessoais e somente de duas estruturas de canal alternativas (produtor → atacadista → varejista, e produtor → varejista), mantém a promessa de aplicações para outras tarefas de distribuição e adicionais estruturas de canal alternativas.

Alderson e Green mostram como as estatísticas bayesianas podem ser aplicadas à escolha do canal.[57] Seu exemplo aborda a decisão de uma empresa que, ao utilizar agentes de vendas, deveria mudar sua própria força de vendas. Essa abordagem exige que o gerente de canal explicite os vários pagamentos associados a diferentes estruturas de canal. O custo da informação que ajuda no processo de decisão também é incorporado à análise. Embora a abordagem bayesiana pareça ser promissora, sua aplicação para as decisões de desenho de canal tem sido muito limitada. Isso pode dever-se à dificuldade de obter estimativas de probabilidade subjetivas e precisas de quem toma as decisões requeridas por essa abordagem.

Baligh desenvolveu um abrangente modelo de pesquisa operacional para estruturar os problemas de escolha do canal ideal[58] que permite a combinação de fatores que leva ao controle de canal e, portanto, afeta receitas e custos. O modelo fornece, assim, uma base para incorporar a variável comportamental de poder em estruturas matemáticas formais.

Rangan forneceu um modelo matemático normativo mais sofisticado que incorpora uma série de tarefas básicas de distribuição, como manutenção de estoque, concessão de crédito, comunicação de conhecimento sobre o produto, processamento de pedidos e entrega,[59] e especifica a estrutura de canal ideal em termos de extensão e intensidade, incluindo as especificações para os níveis de suporte aos membros de canal. O modelo, que estava sendo testado em uma grande empresa industrial, incorpora os dados financeiros e de julgamento dos administradores.

Moorthy construiu um modelo matemático que representa as decisões de estrutura de canal enfrentadas pelos fabricantes concorrentes no que diz respeito a varejistas independentes (descentralização) em oposição ao desenvolvimento de suas próprias estruturas de canal (integração vertical) para alcançar consumidores.[60]

Em outra abordagem, Rangan, Menezes e Maier desenvolveram um método de escolha das estruturas de canal para novos produtos industriais que se concentra em fatores de produtos e mercados que influenciam a escolha do canal. Oito das chamadas funções de canal, que precisam ser realizadas para satisfazer as exigências do consumidor industrial, são analisadas com base na opinião de especialistas a fim de desenvolver tarefas operacionais específicas que devem ser realizadas por meio do canal. Em seguida, essas funções são combinadas usando o preciso e específico procedimento de medição de consenso. O perfil funcional obtido é então "traduzido" para várias alternativas de estrutura de canal, e as que rendem maior lucro são escolhidas.[61]

Ainda em outra abordagem, Atwong e Rosenbloom usaram a técnica quantitativa de análise da correspondência como um método para antecipar mudanças na estrutura de canal pelo deslocamento das funções de marketing entre seus membros.[62] Esse estudo examinou as decisões de desenho de canal de 262 empresas de fabricação na forma como alocavam 12 funções de marketing entre atacadistas-distribuidores em canais de marketing de uma grande variedade de produtos. A análise de correspondência forneceu um mapa espacial que permite aos gerentes de canal observar os padrões funcionais de transferência dos fabricantes que estão no grupo de amostra para os atacadistas-distribuidores. Os resultados podem ser elucidativos para os gerentes, quando da escolha das estruturas de canal, a respeito de alternativas para a atribuição de funções de marketing entre os membros do canal.

Finalmente, em um estudo bastante recente, Shang et al. utilizaram o que eles chamaram de um modelo "nonlinear mixed-integer programming" no desenvolvimento de uma estrutura de canal de distribuição para o fabricante de medicamentos GlaxoSmithKline (GSK).[63] O modelo tem duplo objetivo: minimizar os custos totais de distribuição enquanto melhora o atendimento ao consumidor. Os autores usaram esse modelo para tratar de cinco questões relacionadas à distribuição: (1) determinar o número ideal de centros de distribuição regional que a GSK deve usar; (2) especificar a localização dos centros nos Estados Unidos; (3) alocar lojas de varejo e consumidores para os centros de distribuição regionais adequados; (4) estimar o custo total de transportes e os níveis de serviço sob diferentes cenários; e (5) conduzir uma análise de sensibilidade que avalie o impacto das mudanças no sistema de distribuição. Os autores relatam que a bem-sucedida implementação do modelo reduziu os custos totais de distribuição da GSK em 6% ao ano e aumentou as entregas pontuais em mais de 40%.

Apesar de o modelo de Shang et al. tratar apenas do aspecto logístico do desenho de canal, sua abordagem pode ter potencial para ser aplicada, no futuro, a uma ampla gama de questões de desenho de canal.

Utilizando abordagens da ciência da administração Essas abordagens ainda precisam se desenvolver muito mais antes de poder ser aplicadas à escolha de canal. Não as estamos menosprezando. Pelo contrário, no futuro (sob certas condições restritas), podem ser de muito valor prático. Mesmo hoje, tais tentativas devem ser encorajadas, já que no processo de construção de modelos formais de decisões de escolha do canal as variáveis relevantes e as relações entre elas são feitas de forma mais explícita. Mas, levando em conta o estado da arte da escolha de canal — pelo menos atualmente —, elas continuarão a ser menos formais, confiando plenamente no julgamento do administrador. As abordagens por julgamento são discutidas na próxima seção.

Abordagens por julgamento e heurísticas

Como o nome sugere, essas abordagens para escolha da estrutura de canal dependem fortemente do julgamento do administrador e de heurísticas ou regras empíricas. Há, no entanto, variações no grau de precisão dessas abordagens. Algumas tentam formalizar o processo de tomada de decisão em determinado grau; enquanto outras, incorporar dados de custos e de receitas. As três abordagens abaixo ilustram essas variações

Abordagem de julgamento qualitativo direto Embora seja a mais primitiva, na prática a abordagem qualitativa é a mais usada na escolha de estruturas de canal. De acordo com ela, as várias estruturas de canais alternativas que foram geradas são avaliadas pelo gerente de canal por meio de fatores de decisão considerados importantes, que podem incluir avaliações de custo e de lucro, de curto e longo prazos, problemas de controle do canal, potenciais de crescimento a longo prazo e muitos outros. Às vezes, no entanto, esses fatores não são apresentados explicitamente, nem fica muito evidente sua importância relativa. Porém, é preciso escolher uma alternativa que, na opinião do gerente de canal, melhor satisfaça os vários fatores de decisão explícitos ou implícitos.

Como exemplo dessa abordagem, considere o seguinte caso: a Commodity Chemical Company gerou cinco alternativas de canal (mostradas na Figura 6.5) para a distribuição do seu novo produto germicida para piscinas. Se a abordagem de julgamento qualitativo direto fosse utilizada para escolher a "melhor" alternativa, a administração teria de "pesar" subjetiva e qualitativamente cada uma das alternativas apresentadas na figura, levando em conta os fatores de decisão que considera importantes. Depois de analisar os prós e os contras das cinco alternativas, a administração teria de, segundo sua opinião, escolher a que julga a melhor.[64]

Abordagem da pontuação de fatores ponderados Essa é uma versão mais refinada que a citada acima, sugerida por Kotler. Ela obriga o gerente de canal a estruturar e quantificar suas decisões na escolha de um canal alternativo.[65] Essa abordagem consiste em quatro etapas básicas:

1. Os fatores de decisão nos quais se baseará a escolha de canal devem ser declarados explicitamente.

▶ **TABELA 6.1** Método da pontuação de fatores ponderados aplicado à escolha de canal: alternativa de canal 1

FATOR	PESO DO FATOR (A)	PONTOS DO FATOR (B)											PONTUAÇÃO (A X B)
		0	1	2	3	4	5	6	7	8	9	10	
1 – Eficácia em alcançar proprietários de piscinas	15 %				✓								45
2 – Volume de lucro caso essa alternativa funcione	25 %						✓						125
3 – Experiência que a empresa adquire no mercado consumidor	10 %			✓									20
4 – Volume de investimento envolvido (pontuação alta para baixo investimento)	30%									✓			240
5 – Habilidade da empresa para interromper as perdas	20%								✓				140
	100 %									Total *score*			570

Fonte: Adaptada de Philip Kotler, *Marketing decision making: a model building approach*, 292. Copyright 1971 South-Western, parte da Cengage Learning, Inc. Reproduzida com permissão. www.cengage.com/permissions.

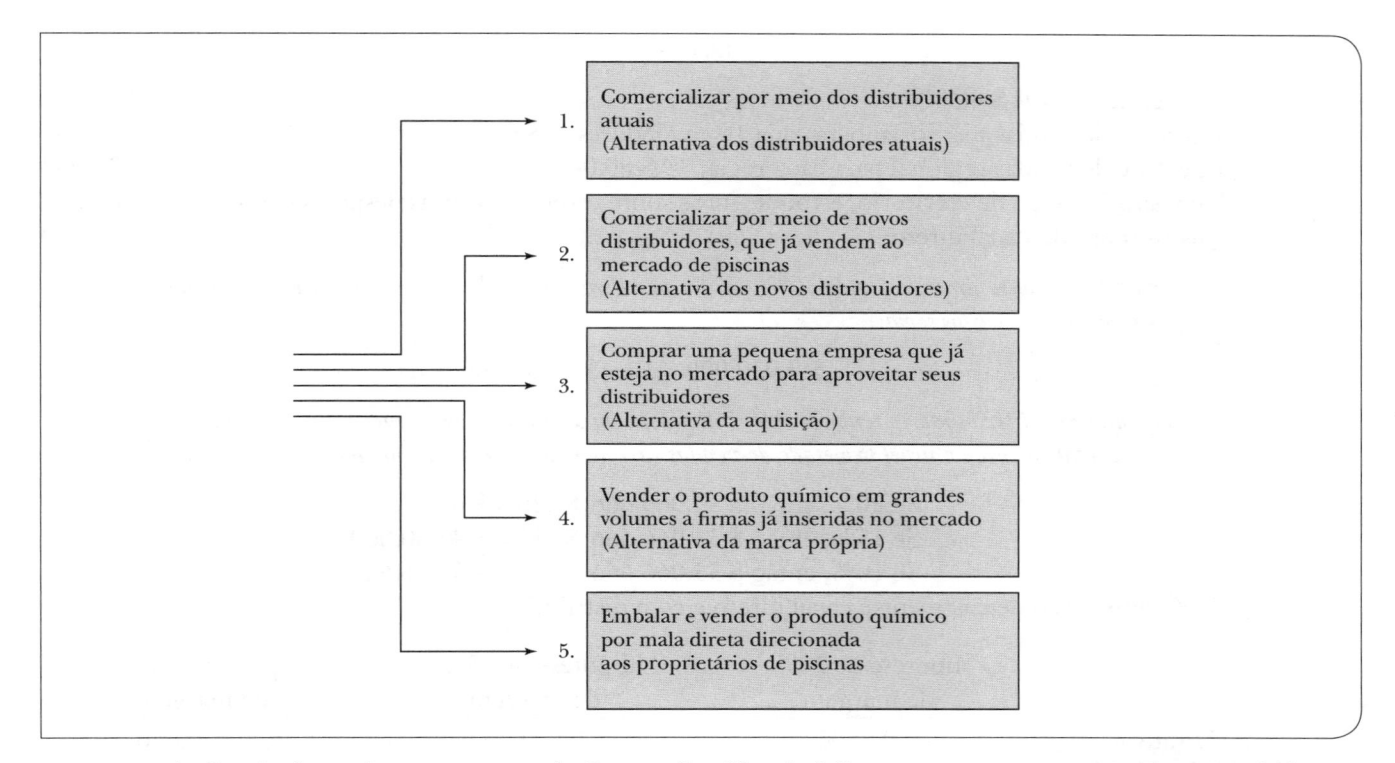

FIGURA 6.5 ▶ Canais alternativos propostos pela Commodity Chemical Company para seu novo produto germicida para piscinas.

Fonte: Philip Kotler, *Marketing decision making: a model building approach*, 292. © 1971 by Holt, Rinehart & Winston. Reeditado com permissão da CBS College Publishing.

2. Pesos são atribuídos a cada um dos fatores de decisão a fim de refletir precisamente sua importância relativa em termos percentuais.
3. Cada alternativa de canal é classificada em fatores de decisão, numa escala de 1 a 10.
4. A pontuação geral dos fatores ponderados (pontuação total) é calculada para cada alternativa de canal multiplicando-se o peso do fator (A) pela pontuação no fator (B).

Na coluna mais à esquerda da tabela, podemos perceber que a Commodity Chemical Company declarou explicitamente cinco fatores de decisão (etapa 1). Os pesos dos fatores atribuídos (etapa 2) são mostrados na coluna seguinte. Os sinais de verificação representam as pontuações da alternativa de canal 1, feitas pela administração, em cada um dos fatores de decisão (etapa 3). Finalmente, o peso do fator (A) é multiplicado pelo fator de pontuação (B) para cada fator de decisão e somado para chegar à pontuação total da alternativa de canal 1 (etapa 4).

O resultado (570) é, na verdade, uma representação quantitativa do julgamento da administração dos méritos dessa alternativa de canal em particular. Repetindo esse procedimento para cada uma das quatro alternativas de canal restantes, cinco resultados estarão disponíveis. A administração, então, levando em conta sua pontuação total, seria capaz de classificar as cinco alternativas de canal mostradas na Figura 6.5. O canal com maior pontuação seria o melhor, de acordo com o julgamento da administração.

Abordagem dos custos de distribuição Sob essa abordagem, estimativas de custos e receitas para diferentes alternativas de canal são feitas, e os números são comparados para ver como cada alternativa se comporta. Considere o exemplo a seguir, que compara duas alternativas de estrutura de canal: distribuição direta (estrutura de dois níveis) e uso de distribuidores (estrutura de três níveis) por um fabricante.[66]

Vamos supor 6 mil consumidores potenciais, cada qual requerendo um contato personalizado feito por um vendedor externo a cada duas semanas. Se eles mantêm uma média de seis ligações por dia, cada vendedor consegue lidar com 60 consumidores. Tendo em conta esses números, um fabricante precisaria de 100 vendedores externos para servir sua base de consumidores.

Dados estimados

100 vendedores @ $ 40.000	=	$ 4.000.000
1 gerente de vendas territorial para cada 10 vendedores @ $ 60.000 4 regiões	=	600.000
1 gerente de vendas regional para cada região @ $ 80.000	=	320.000
Depósito e equipe de escritório, estoque, juros sobre estoque e outras despesas gerais	=	5.000.000
Custos totais do canal direto:		$ 9.920.000

Levando em conta uma média de 30%, para a margem bruta sobre vendas, o volume de vendas necessário para cobrir esses custos seria:

$ 9.920.000 ÷ 30 = $ 33.066.666

Suponha que distribuidores tenham sido utilizados com a alternativa de margens comerciais abaixo, oferecida pelo fabricante no nível projetado de vendas (arredondado para o valor mais aproximado):

Se 20%, então $ 33.066.666 × ,20 = $ 6.613.333

Se 15%, então $ 33.066.666 × ,15 = $ 4.960.000

Se 10%, então $ 33.066.666 × ,10 = $ 3.306.667

Comparação de custo entre canal direto e com distribuidor:

	Hipótese de 20% de margem	Hipótese de 15% de margem	Hipótese de 10% de margem
Direto	$ 9.920.000	$ 9.920.000	$ 9.920.000
Distribuidor	6.613.333	4.960.000	3.306.667
Economia	$ 3.306.667	$ 4.960.000	$ 6.613.333

Isto é, naturalmente, um exemplo simplificado. Versões mais elaboradas e detalhadas desse tipo de abordagem são discutidas na literatura sobre análise de custos de distribuição.[67] Independentemente de quão elaborada ou detalhada seja a análise, no entanto, o tema básico de todas as abordagens salienta o julgamento do administrador, as regras empíricas e as estimativas sobre os prováveis custos e receitas das várias alternativas de estrutura de canal.[68]

Utilizando abordagens por julgamento e heurísticas Independentemente de qual abordagem por julgamento e heurística é utilizada, grandes doses de julgamento, estimativa e até mesmo de "achismo" são praticamente inevitáveis. Dizer o contrário é dar a entender que um grau maior de precisão existe, e que de fato esse é o caso. Mesmo com as abordagens da pontuação de fatores ponderados ou de custos de distribuição, uma grande quantidade de julgamento do administrador ainda é necessária para conseguir números aparentemente precisos.

Isso não quer dizer que as chamadas abordagens por julgamento e heurísticas sejam totalmente subjetivas. Pelo contrário. Em alguns casos, a capacidade de a administração fazer julgamentos precisos pode ser bem elevada e, se combinada com bons dados empíricos sobre custos e receitas, essas abordagens podem produzir decisões de escolha de canal altamente satisfatórias (embora não ideais).

Abordagens por julgamento e heurísticas também permitem ao gerente de canal incorporar prontamente critérios não financeiros (fatores de decisão) em decisões de escolha do canal. Critérios não financeiros – por exemplo, o grau de controle ou a boa vontade existente em uma alternativa de canal em particular – podem ser de real valor.[69] Se tais critérios forem considerações importantes, esse tipo de abordagem oferece flexibilidade para incluí-los na decisão. No caso da abordagem de julgamento qualitativo direto, isso pode ser feito de forma implícita, enquanto na de pontuação de fatores ponderados, critérios de controle ou de boa vontade podem ser usados como fatores de decisão explícita, e pesos podem ser atribuídos para refletir sua importância relativa. Mesmo com a abordagem de custos de distribuição, fatores não financeiros, como controle e boa vontade, podem ser aplicados no final. Ou seja, uma vez que os custos e lucros potenciais de cada alternativa de canal foram calculados, o gerente de canal ainda pode julgar se a alternativa de canal que dá o maior retorno financeiro também atende aos critérios de boa vontade e controle.

Desenho de canal refere-se às decisões associadas ao desenvolvimento de novos canais de marketing até então inexistentes, ou à modificação dos já existentes. É um aspecto muito importante da estratégia geral de marketing da empresa, já que pode ser um fator-chave para ajudá-la a conquistar uma **vantagem diferencial** (**vantagem sustentável competitiva**). Esse desenho pode ser visto como um processo de sete fases, comumente conhecido como **paradigma do desenho de canal**. As seis primeiras fases foram discutidas neste capítulo. A Fase 7 será abordada no próximo capítulo.

A Fase 1 envolve reconhecer a necessidade de uma decisão de desenho de canal. Enquanto em muitas situações a necessidade de tomar decisões de desenho de canal é óbvia (como quando um novo produto é lançado), em outras essa necessidade não fica muito evidente. Por isso, o gerente precisa estar alerta a mudanças nas condições internas e externas, e determinar se têm implicações no desenho de canal.

A Fase 2 compreende a definição e a coordenação dos objetivos de distribuição, ou seja, explicitar o que se espera que a distribuição cumpra visando alcançar os objetivos de marketing da empresa como um todo.

Os objetivos de distribuição devem ser coerentes com os objetivos e as estratégias gerais de marketing da empresa, assim como com seus próprios objetivos e estratégias. Para garantir que essa coerência seja alcançada, o gerente de canal precisa examinar outros objetivos e estratégias da empresa e como se relacionam com os objetivos de distribuição.

A Fase 3 especifica as tarefas de distribuição que devem ser realizadas a fim de alcançar os objetivos de distribuição. O gerente de canal deve ser o mais específico possível ao delinear precisamente os tipos de tarefas envolvidas.

A Fase 4 consiste em desenvolver estruturas de canal alternativas. As estruturas devem ser especificadas em três dimensões básicas: (1) número de níveis; (2) intensidade em vários níveis; e (3) tipos de intermediários usados em cada nível. A intensidade pode ser intensiva (com o máximo de intermediários possível), seletiva (poucos intermediários, escolhidos cuidadosamente) ou exclusiva (apenas um intermediário por área do mercado). A dimensão de intensidade precisa ser cuidadosamente considerada, já que, com frequência, reflete características cruciais da estratégia de marketing da empresa, métodos gerais de operação e imagem. Os tipos de intermediários também devem ser considerados de forma diligente, por sua disponibilidade e capacidade de realizar as tarefas de distribuição.

A Fase 5 envolve a avaliação das variáveis que afetam a estrutura de canal. Seis maiores variáveis devem ser consideradas: (1) de mercado; (2) de produto; (3) da empresa; (4) dos intermediários; (5) ambientais; e (6) comportamentais. Em relação a essas variáveis da estrutura de canal, é frequente que várias heurísticas (regras empíricas) sejam utilizadas. Por oferecerem abordagem prática e útil para lidar com a complexidade das relações, devem ser consideradas apenas como uma reflexão rudimentar de relacionamentos típicos e um ponto de partida para análises mais completas. Há uma categoria de variáveis de mercado tão importante e básica que lhe dedicamos o Capítulo 8 inteiro.

A Fase 6 é a da escolha da "melhor" estrutura de canal para atingir os objetivos de distribuição. Não é possível escolher um canal verdadeiramente ideal no sentido estrito do termo porque as diferentes análises de informação adequada e o prognóstico necessário para fazer isso estão, na maioria dos casos, além do alcance da capacidade humana. Contudo, as abordagens existem para ajudar a tomar boas decisões de canal, mesmo que não sejam ótimas. As abordagens das "características dos produtos e sistemas paralelos", financeira, da análise dos custos de transação e da ciência da administração, todos ajudam neste quesito. A maior parte das escolhas de canal, no entanto, ainda é feita com base no julgamento do administrador, auxiliado por heurísticas e quaisquer dados (mesmo que imprecisos) que estiverem disponíveis. Muitas variações dessas abordagens por julgamento e heurísticas para a escolha do canal foram discutidas neste capítulo.

1. Discuta o significado do desenho de canal em relação a conceitos como: estrutura de canal, seleção, evolução dos canais e alocação das tarefas de distribuição.

2. Discorra sobre o papel do desenho de canal na busca por vantagem diferencial.

3. Neste capítulo, discutimos uma série de condições que podem fomentar a necessidade das decisões de desenho de canal. Cite outras.

4. O que é objetivo de distribuição? O que isso significa quando dizemos que os objetivos de distribuição devem ser alinhados com outros objetivos e estratégias da empresa?

5. Cite um exemplo de um objetivo de distribuição incongruente.

6. Como as tarefas de distribuição, vistas da perspectiva do gerente de canal de uma indústria, diferem das tradicionais listas de funções de marketing?

7. Descreva brevemente as principais categorias de variáveis que devem ser consideradas quando se avaliam as estruturas de canal alternativas.

8. Discuta as três dimensões de estrutura de canal que precisam ser consideradas no desenvolvimento dessas estruturas alternativas.

9. Quando discutimos as muitas variáveis que afetam a escolha de canal, citamos diversas heurísticas que tendem a influenciar a estrutura de canal. A que propósito útil elas servem? E que perigos trazem consigo?

10. Discuta sobre as dificuldades envolvidas na tentativa de escolher uma estrutura de canal ideal.

11. Compare e contraponha a chamada abordagem por julgamento e heurísticas na escolha da estrutura de canal com outras abordagens que discutimos neste capítulo.

12. A "melhor" estrutura de canal deve, necessariamente, ser a única a oferecer o maior retorno monetário? Explique.

QUESTÕES DE CANAL PARA DISCUSSÃO

1. A Best Buy Co., maior varejista do mundo em produtos eletrônicos, é famosa por suas megalojas de 3,7 mil m². Esse canal serviu bem à Best Buy por anos, e enquanto seus consumidores vagavam pelas amplas lojas da rede, cheias de *displays* de produtos, competidores, como Circuit City, eram, literalmente, expulsos do negócio por essas mesmas lojas dominantes. Mas, no final da primeira década do século 21, a Best Buy tomou uma decisão de desenho de canal que adicionou um canal de varejo, com lojas de apenas 270m², às suas imensas lojas existentes. As novas e pequenas lojas estariam localizadas em shoppings e nas avenidas dos centros urbanos. A empresa desenhou essa nova estrutura de canal principalmente para trabalhar melhor o crescente mercado de telefonia celular, em especial de smartphones. Essas lojas menores vão comercializar quase 100 tipos diferentes de telefones, assim como oferecer os serviços de nove operadoras.

Você acha que foi uma boa decisão de desenho de canal da Best Buy? Que outras opções a empresa poderia tentar para complementar seu objetivo de distribuição?

2. Máquinas automáticas de vendas existem há muitas décadas como um canal mecânico para a distribuição de uma variedade de produtos. Tradicionalmente, os produtos típicos vendidos nelas são refrigerantes, doces, cigarros e salgadinhos. Mas, nos últimos anos, essa variedade expandiu-se drasticamente. Agora, os consumidores podem comprar câmeras digitais, DVDs, iPods, fraldas e, na Alemanha, até mesmo barras de ouro, com informações de variação dos seus preços sendo mostradas a cada dois minutos.

Do ponto de vista de desenho de canal, quais variáveis importantes você consideraria para determinar se as máquinas automáticas de vendas podem ser um canal viável para qualquer produto de sua escolha?

3. A Quaker Oats Co. tomou a mais desastrosa decisão na história da empresa quando adquiriu a Snapple Beverage Corp. Depois de sofrer por anos com péssimos resultados financeiros, a Quaker vendeu

sua divisão da Snapple e, com isso, teve uma perda de mais de 1 bilhão de dólares. O que deu errado? Especialistas apontam diversos fatores, sobretudo a natureza ultracompetitiva do mercado de refrigerantes. Entretanto, o pouco conhecimento da Quaker sobre a estrutura de canal para refrigerantes certamente desempenhou um papel primordial. A empresa esperava ganhar muita sinergia atrelando os produtos da Snapple ao seu bem-sucedido Gatorade, mas a típica estrutura de distribuição desse produto vai das fábricas ao depósito dos varejistas, onde cada loja pede o que requer para manter seu estoque bem abastecido. A Quaker conhecia bem esse padrão e estava confortável com isso. Em contraste, a Snapple é distribuída diretamente às lojas por meio de caminhões de distribuidores independentes. Em geral, esses distribuidores oferecem uma variedade de outras marcas de refrigerantes e, portanto, não dedicariam atenção exclusiva aos produtos da Snapple. De fato, ou a Quaker não entendeu essa diferença fundamental de estrutura de canal, ou então acreditou que poderia mudá-la facilmente. Como se descobriu depois, a empresa não conseguiu mudar a estrutura de distribuição da Snapple para igualá-la à do Gatorade.

Em sua opinião, por que a Quaker, um gigante da indústria alimentícia, com recursos substanciais, não conseguiu desenhar uma estrutura de canal para a Snapple paralela à da Gatorade?

4. Canais de marketing deveriam ser desenhados para tornar disponíveis aos consumidores produtos e serviços como, quando e onde estes preferirem. É exatamente o que fazem diversas franquias, como Cousins Submarines Inc., Tasti D-Lite LLC frozen yogurt e Toppers Pizza Inc. Elas pretendem mudar suas estruturas de canal para incluir canais móveis, com caminhões e vans bem equipados que carregam o máximo de produtos possível para atender os consumidores de suas lojas físicas, perto de onde moram ou trabalham. Como esses potenciais consumidores saberão quando e onde vão surgir esses pequenos restaurantes em caminhões e *vans*? É simples: eles podem rastrear o paradeiro dos vendedores pelo Facebook, Twitter ou FourSquare.

Você acha que esse tipo de canal móvel é apenas uma novidade nos canais de *fast-food* ou de fato essa ideia tem potencial para se tornar uma grande força de mudança nessa estrutura de canal e em outros canais de distribuição de produtos e serviços?

5. A C.F. Martin & Company, localizada em Nazareth, Pensilvânia, é conhecida, pelos entusiastas de violões, como a empresa que fabrica a melhor corda de aço para esses instrumentos no mundo. Martin está para os violões assim como a Mercedes ou mesmo a Rolls Royce está para os automóveis do ponto de vista dos consumidores desse mercado-alvo, que aponta para músicos profissionais do mais alto nível e amadores talentosos. Depois de 150 anos no mercado de violões, a empresa decidiu examinar sua abordagem de marketing. Como parte do processo, ela pediu a você, no seu papel de consultor de marketing independente, que definisse novos objetivos de distribuição.

Cite algumas das questões-chave que você precisa considerar para realizar sua missão.

6. A Chrysler Group LLC. e a Fiat SpA anunciaram sua parceria para trazer ao mercado o subcompacto Fiat 500 e vendê-lo nos Estados Unidos em 2011. O carro foi posicionado como concorrente direto do MiniCooper da BMW AG. O Fiat 500 seria vendido por um seleto grupo de mais ou menos 165 revendedores da Chrysler, que também teriam oportunidade de vender a marca de luxo de alta *performance* Alfa Romeo, fabricada pela Fiat SpA, disponível ao mercado em 2012. Mas, para que os revendedores adquirissem a franquia que lhes permitisse vender os automóveis Fiat 500 e Alfa Romeo, precisariam de instalações especiais, incluindo dois *showrooms* separados para os carros. Cada revendedor teria de gastar mais do que 1 milhão de dólares para providenciá-las, uma equipe de vendas e pessoal de serviços para os carros. Tanto a Chrysler quanto a Fiat acreditavam que, para as marcas Fiat 500 e Alfa Romeo serem bem-sucedidas nos Estados Unidos, era necessário que o canal pelo qual fossem vendidas se mostrasse aos consumidores como dedicado apenas a elas, sem se misturar com as marcas Chrysler, Dodge e Jeep.

Você concorda com essa estratégia de desenho de canal montada pela Chrysler e pela Fiat? Justifique sua resposta.

7. Tradicionalmente, gigantes da indústria farmacêutica, como Merck & Company e Pfizer, têm dependido muito do canal "médico-paciente" para promover seus produtos. Em essência, essa estrutura de canal tenta alcançar os médicos com o uso intensivo dos vendedores externos dos fabricantes de medicamentos, comumente chamados "propagandistas", que entram em contato com os profissionais de saúde para oferecer amostras grátis e

outros incentivos, como presentes caros, material de escritório e hospedagem gratuita em hotéis de luxo. No entanto, esse canal está sendo ameaçado por compradores com mais poder e conhecimento, como grandes hospitais e instituições de assistência médica que cada vez mais utilizam executivos em lugar de médicos para tomar suas decisões sobre os remédios que compram ou prescrevem. Um observador do mercado, vendo as mudanças, comentou

que "o bate-papo entre propagandista e médico está sendo substituído pela frieza da análise de dados apresentada aos comitês de compra".

Como tantas mudanças no comportamento do comprador podem afetar as decisões de desenho de canal das grandes indústrias farmacêuticas? Explique por meio das fases relevantes do paradigma de desenho de canal.

REFERÊNCIAS

1. Veja, por exemplo: MAGRATH, Allan J.; HARDY, Kenneth G. Selecting sales and distribution channels, *Industrial Marketing Management* 16, Aug. 1987, p. 273-278.

2. Confira, por exemplo: KESMODEL, David. Anheuser weighs change in beer sales, USB says, *Wall Street Journal*, 25 June 2009, p. B3.

3. Para discussão de alguns problemas associados aos canais de marketing que tiveram como base a evolução e não o planejamento, veja: LAMBERT, Douglas M. *The distribution channels decision*. New York: National Association of Accountants, 1978; GUILTINAN, Joseph P. Planned and evolutionary changes in distribution channels, *Journal of Retailing*, Summer 1974, p. 79-91; HUTT, Michael D.; SPEH, Thomas W. Realigning industrial marketing channels, *Industrial Marketing Management*, Oct. 1982, p. 171-177; WITHEY, John J. Realities of channel dynamics: a wholesaling example, *Journal of the Academy of Marketing Science*, Summer 1985, p. 72-81.

4. CHANG, Julia. Short-term buzz, long-term strategy, sales and marketing management, Jan. 2007, p. 10.

5. Para discussão de algumas dessas questões, veja: LIU, Hong; MCGOLDRICK, Peter J. International retail sourcing: trend, nature, and process, *Journal of International Marketing 4*, n. 4, 1996, p. 9-33; WAGNER, Janet; ETTENSON, Richard; PARRISH, Jean. Vendor selection among retail buyers: an analysis by merchandise division, *Journal of Retailing*, Spring 1989, p. 58-79; SHIPLEY, David D. Resellers' supplier selection criteria for different consumer products, *European Journal of Marketing 19*, 1985, p. 26-36.

6. Para um excelente estudo sobre essa questão, veja: COELHO, Filipe; EASINGWOOD, Chris. An exploratory study into the drivers of channel change, *European Journal of Marketing*, v. 42, n. 9/10 2008, p. 1005-1022.

7. EYUBOGLU, Nermin; KABADOYI, Sertan. Dealer-Manufacturer Alienation in a Multiple Channel System: The Moderating Effect of Structural Variables, *Journal of Marketing Channels*, v. 12, n. 3, 2005, p. 5-26; HAR-

VEY, Michael; SPEIER, Cheri. Developing an Interorganization relational marketing perspective, *Journal of Marketing Channels* 7, n. 4, 2000, p. 23-44.

8. Veja, por exemplo: BUCHANAN, Lauranne. Vertical trade relationships: the role of dependence and symmetry in attaining organizational goals, *Journal of Marketing Research*, Feb. 1992, p. 65-75.

9. Para mais algumas condições, veja: GUIRDHAM, Maureen. *Marketing*: the management of distribution channels. Oxford, U.K.: Pergamon Press, 1972, p. 129-130.

10. Para um estudo sobre indústrias que têm como responsável pelas decisões envolvendo o desenho de canais de marketing, veja: WELCH, Joe L. An investigation of distribution channel selection policies of U.S. manufacturers. In: *Proceedings of the Southeastern AIDS*, 1976, p. 183-185; WALKER, Bruce J.; KEITH, Janet E.; JACKSON, Donald W. The channels manager: now, soon or never? *Journal of the Academy of Marketing Science*, Summer 1985, p. 82-96.

11. Dell Computer Corporation, Annual Report 2009, p. 4.

12. FORSTER, Julie. The lucky charm of steve sanger, *Business Week*, 26 Mar. 2001, p. 75-76.

13. TAM, Pui-Wing. Apple computer tries courting retailers again, *Wall Street Journal*, 7 July 2000, p. B1, B4.

14. McKAY, Betsy. Coke finds its exclusive school contracts aren't so easily given up, *Wall Street Journal*, 26 June 2001, p. B1, B4.

15. GREEN, Heather. How amazon aims to keep you clicking, *Business Week*, 2 Mar. 2009, p. 34.

16. HELLIKER, Kevin. Starbucks targets regular joes, *Wall Street Journal*, 12 May 2010, p. B3.

17. Para um exemplo recente, veja: TAMILIA, Robert D.; SENECAL, Sylvain; CORRIVEAU, Gilles. Conventional Channels of Distribution and Electronic Intermediaries: A Functional analysis, *Journal of Marketing Channels* 1, n. 3/4, 2002, p. 27-48.

18. Confira, por exemplo: ROSENBLOOM, Bert. *Marketing functions and the wholesaler-distributor*: achieving excellence in distribution. Washington D.C.: Distri-

bution Research and Education Foundation, 1987. Para algumas análises anteriores sobre as funções de marketing, veja, por exemplo: RYAN, Franklin W. Functional elements of market distribution, *Harvard Business Review* 13, Jan. 1935, p. 205-221; MCGARRY, Edmund D. Some functions of marketing reconsidered. In: COX, Revis; ALDERSON, Wroe (eds.). *Theory in marketing*. Homewood, Ill.: Irwin, 1950, p. 263-279; NAVER John C.; SAVITT, Ronald. *The marketing economy*. New York: Holt, Rinehart & Winston, 1971, p. 118-128.

19. Para uma discussão sobre fabricantes que vendem tanto no atacado como no varejo, veja: QUELCH, John A. Why not exploit dual marketing? *Business Horizons*, Jan.-Feb. 1987, p. 52-60.

20. Confira, por exemplo: ADAMS, Russel. Playboy Farms Out Business Duties, *Wall Street Journal*, 24 Nov. 2009, p. B7.

21. Tamilia, Senecal, and Corriveau, Conventional channels of distribution and electronic intermediaries, p. 31-39.

22. BROWN, Jeanette; GREEN, Heather; ZELLNER, Wendy. Shoppers are beating a path to the web, *Business Week*, 24 Dec. 2001, p. 41.

23. Integrating multiple channels, *Chain Store Age*, Aug. 2001, p. 24A-25A.

24. EGAN, Cathleen. Vending machine technology matures, offering branded food, convenience, *Wall Street Journal*, 13 Dec. 2001, p. B13.

25. Para uma análise muito perspicaz da dimensão seletiva, veja: FEIN, Adam J.; ANDERSON, Erin. Patterns of credible commitments: territory and brand selectivity in industrial distribution channels, *Journal of Marketing*, Apr. 1997, p. 19-34.

26. NARUS, James A.; ANDERSON, James C. *Building successful working partnerships*. Washington D.C.: Distribution Research and Education Foundation, 1987.

27. ROSENBLOOM, Bert; ANDRAS, Trina Larsen. Wholesalers as global marketers, *Journal of Marketing Channels*, v. 15, n. 4, 2008, p. 235-252.

28. CROSS, Kim. Marketplaces that work, *Business 2.0*, 30 Apr. 2001, p. 38-40.

29. Para uma análise aprofundada de um tema relacionado no B2B E-commerce, veja: SHASHI, C. M.; O'LEARY, Bay. The role of internet auctions in the expansion of B2B markets, *Industrial Marketing Management* 31, 2002, p. 103-110.

30. Para uma discussão relacionada, veja: HAHN, Mini; CHANG, Dae R. An extended framework for adjusting channel strategies in industrial markets, *Journal of Business and Industrial Marketing*, Spring 1992, p. 31-43.

31. MORIORITY, Roland; MORAN, Ursula. Managing hybrid marketing systems, *Harvard Business Review*, Nov.-Dec. 1990, p. 146-155.

32. EWING, Jack. Where dell sells with brick and mortar, *Business Week*, 8 Oct. 2007, p. 78.

33. Para uma discussão relacionada, veja: LARSON, Paul D.; LUSCH, Robert F. Functional integration in marketing channels: a determinant of product quality and total cost, *Journal of Marketing Channels* 2, n. 1, 1991, p. 1-28.

34. Confira: GILMOUR, Maggie. Threadless: from clicks to bricks, Business Week, 26 Nov. 2007, p. 84.

35. Para uma discussão relacionada, veja: SULLIVAN, Elisabeth A. H.O.G. Harley-Davidson shows brand strength as it navigates down new roads—and picks up more female riders along the way, *Marketing News*, 1 Nov. 2008, p. 8.

36. Para uma análise criteriosa de como esse fator pode ser aplicado em uma start-up, veja: DOU, Wenyu; CHOU, David C. A structural analysis of business-to-business digital markets, *Industrial Marketing Management* 31, 2002, p. 172-174.

37. Para uma excelente discussão sobre o assunto, veja: CESPEDES, Frank V. Control vs. resources in channel design: distribution differences in one industry, *Industrial Marketing Management* 17, Aug. 1988, p. 215-227.

38. ROSENBLOOM, Bert; LARSEN, Trina L. How foreign firms view their u.s. distributors, *Industrial Marketing Management*, May 1992, p. 93-101.

39. CALLAHAN, Sean. Distributors far from being dead, *B to B*, 19 Apr. 2002: http://www.btobline.com/cgi-bin/article.pl?id=8551.

40. Confira, por exemplo: SHETH, Kartik N. India: shopping with the family, *McKinsey Quarterly*, n. 4, 2007, p. 74-75.

41. Confira, por exemplo: OSTROM, Lonnie L.; KELLY, Craig; JACKSON, Donald W. Vertical territorial restraints: rules of legality and guidelines for channel design, *Journal of the Academy of Marketing Science*, Spring 1986, p. 1-6.

42. Para um artigo criterioso que lida com abordagens para a obtenção de um "advertência rápida» sobre o impacto do meio ambiente na estratégia de marketing, veja: MICHMAN, Ronald D. Why forecast for the long term? *Journal of Business Strategy*, Sept.-Oct. 1989, p. 36-40.

43. Confira: LABAHN, Douglas W.; HARICH, Katrin R. Sensitivity to national business culture: effects on U.S. mexican channel relationship performance, *Journal of International Marketing* 5, n. 4, 1987, p. 29-51.

44. KAUFMAN, Patrick J.; GORDON, Richard M.; OWERS, James E. Alternative profitability measures and marketing channel structure: the franchise decision, *Journal of Business Research* 50, 2000, p. 217-224; A discussão teórica relacionada a este ponto pode ser encontrada em: BUCKLIN, Louis P. *A theory of distribution channel structure*. Berkeley: Institute of Business and Economic Research, University of California, 1966.

45. Para uma clássica discussão das limitações do tomador de decisões para operar de forma otimizada, veja: SIMON, Herbert A. Theories of decision making in economic and behavioral sciences, *American Economic Review* 49, June 1959, p. 253-283.

46. ASPINWALL, Leo. The characteristics of goods and parallel systems theories. In: KELLY, Eugene J.; LAZER, William. (eds.). *Managerial marketing*. Homewood, Ill.: Irwin, 1958, p. 434-450.

47. Para uma discussão relacionada, confira: WUYTS, Stefan; STREMERSCH, Stefan; Van Den BULTE, Christophe; FRANSES, Philip Hans. Vertical marketing systems for complex products: a triadic perspective, *Journal of Marketing Research*, Nov. 2004,p. 479-487.

48. LAMBERT, Eugene W. Financial considerations in choosing a marketing channel, *MSU Business Topics*, Winter 1966, p. 17-26.

49. CHU, Junhong; CHINTAGUNTA, Pradeep K.; VILCASSIM, Nautel J. Assessing the economic value of distribution channels: an application to the personal computer industry, *Journal of Marketing Research*, Feb. 2007, p. 29-41.

50. Para outra abordagem financeira para escolha do canal, veja: HIGBY, Mary A. *An evaluation of alternative channels of distribution*. East Lansing, Mich.: Graduate School of Business Administration, Michigan State University, 1977.

51. WILLIAMSON, Oliver E. *Markets and hierarchies*: analysis and antitrust implications. New York: Free Press, 1975.

52. Confira, por exemplo: KLEIN, Saul. Selection of international marketing channels, *Journal of Global Marketing* 4, n. 4, 1991, p. 21-37; JOHN, George. An empirical investigation of some antecedents of opportunism in a marketing channel, *Journal of Marketing Research*, Aug. 1984, p. 278-289; ANDERSON, Erin. The salesperson as outside agent or employee: a transaction cost analysis, *Marketing Science*, Summer 1985, p. 234-254; DWYER, F. Robert; OH, Sejo. A transaction cost perspective on vertical contractual structure and interchannel competitive strategies, *Journal of Marketing*, Apr. 1988, p. 21-34; KLEIN, Saul; FRAZIER, Gary L.; ROTH, Victor J. A transaction cost analysis model of channel integration in international markets, *Journal of Marketing Research*, May 1990, p. 196-208.

53. Veja, por exemplo: PENNINGS, Joost M.E; WANSINK, Brian. Channel contract behavior: the role of risk attitudes, risk perceptions, and channel members' market structures, *Journal of Business*, v. 77, n. 4, 2004, p. 697-723.

54. Para uma excelente análise aprofundada relacionada a esta questão, veja: JOSHI, Ashwin W.; STUMP, Rodney L. The contingent effect of specific asset investments on joint action in manufacturer–supplier relationships: an empirical test on the moderating role of reciprocal asset investments, uncertainty, and trust, *Journal of the Academy of Marketing Science* 27, n. 3, 1999, p. 291-305.

55. BALDERSTON, Fredrick E.; HOGGATT, Austin C. *Simulation of market processes*. Berkeley: Institute of Business and Economic Research, University of California, 1962, chaps.1–2.

56. ARTLE, Roland; BERGLUND, Sture. A note on manufacturer's choice of distribution channels, *Management Science*, July 1959, p. 460-471.

57. ALDERSON, Wroe; GREEN, Paul E. Bayesian decision theory in channel selection. in their text *Planning and problem solving in marketing*. Homewood, Ill.: Irwin, 1964, p. 311-317.

58. BALIGH, Helmy H. A theoretical framework for channel choice. In: BENNETT, Peter D. (ed.). *Marketing and economic development*. Chicago: American Marketing Association, 1965, p. 631-654.

59. RANGAN, V. Kasturi. The channel design decision: a model and an application, *Marketing Science*, Spring 1987, p. 156-174.

60. MOORTHY, K. Sridhor. Strategic decentralization in channels, *Marketing Science*, Fall 1988, p. 335-355.

61. RANGAN, V. Kasturi; MENEZES, Melvyn A. J.; MAIER, E. P. Channel selection for new industrial products: a framework, method, and application, *Journal of Marketing*, July 1992, p. 69-82.

62. ATWONG, Catherine T.; ROSENBLOOM, Bert. A spatial approach to measuring functional spin-offs in marketing channels, *Journal of Marketing Theory and Practice*, Fall 1995, p. 58-71.

63. SHANG, Jennifer; YILDIRIM, Tuba Pinar; TADIKAMALLA, Panda; MITTAL, Vikas; BROWN, Lawrence H. Distribution network redesign for marketing competitiveness, *Journal of Marketing*, Mar. 2009, p. 146-163.

64. Esse exemplo é adaptado de: KOTLER, Philip. *Marketing decision making*: a model building approach. New York: Holt, Rinehart & Winston, 1971, p. 291-293.

65. KOTLER. *Marketing decision making*, p. 293.

66. Esse exemplo é adaptado de: BRION, John M. *Marketing through the wholesaler–distributor channel*. Chicago: American Marketing Association, 1965, p. 5.

67. Veja, por exemplo: LONGMAN, D. R.; SCHIFF, M. *Practical distribution cost analysis*. Homewood, Ill.: Irwin, 1955; MALLEN, Bruce; SILVER, Stephen D. Modern marketing and the accountant, *Cost and Management* 38, Feb. 1964, p. 75-85.

68. Para uma discussão relacionada, veja: LYNN, Frank. The changing economics of industrial distribution, *Industrial Marketing Management* 21, 1992, p. 355-360.

69. Para uma discussão relacionada, veja: NEVIN, John R. Relationship marketing and distribution channels: exploring fundamental issues, *Journal of the Academy of Marketing Science* 23, n. 4, 1995, p. 327-334.

CAPÍTULO 7

Selecionando os membros do canal

OBJETIVOS DE APRENDIZAGEM

Após a leitura deste capítulo, você será capaz de:

1 Reconhecer a importância da seleção de membros do canal.

2 Entender a relação entre a seleção de membros do canal e a intensidade da distribuição.

3 Conhecer as principais fontes usadas para encontrar potenciais membros do canal.

4 Estar familiarizado com as listas generalizadas de critérios de seleção.

5 Reconhecer a necessidade de adaptar os critérios de seleção às conveniências de cada empresa.

6 Perceber que a seleção de membros do canal pode ser uma via de mão dupla.

7 Reconhecer a necessidade de oferecer incentivos a potenciais membros do canal para transformá-los em membros efetivos.

8 Reconhecer os aspectos humanos da seleção de membros do canal e o papel dos relacionamentos justos e amigáveis nos canais.

Mostarda, maionese e molhos exóticos não são mais exclusividades de lojas *gourmet*

O mercado de condimentos dos Estados Unidos, formado principalmente por mostardas, maioneses e molhos, gerou $ 5,6 bilhões em 2009 e deve chegar a $ 7 bilhões até 2015. O que está conduzindo um crescimento de vendas tão alto em uma categoria de produtos aparentemente periférica? Os observadores da indústria dizem que isso se deve em especial às pessoas de 18 a 34 anos que buscam cada vez mais temperos novos e exóticos, como o molho de wasabi com limão, *ketchup* de banana, mostarda integral, maionese de alho torrado, molhos com sabor de frutas e centenas de outras variedades. Essa mania criou o que alguns fabricantes descrevem como "a era dourada dos condimentos". Parece não haver limites para a variedade de condimentos diferentes que os consumidores procuram. Literalmente, centenas de novos condimentos estão sendo trazidos ao mercado a cada ano, sobretudo por pequenos fabricantes familiares, como a Woeber's, com sede em Ohio. Mais conhecida por suas mostardas castanha, amarelas e picantes, essa empresa adicionou à sua linha de produtos mostardas com sabor de *jala-*

peño, *cranberry* e wasabi, bem como maioneses de alho torrado e de endro fresco.

Até recentemente, os fabricantes de tais produtos incomuns e com preços *premium* selecionavam varejistas especializados como membros do canal apropriados para atingir o consumidor, como a Bristol Farms, uma cadeia de 14 mercearias *gourmet* na Califórnia. Mas isto não acontece mais. Os grandes, do Walmart a Whole Foods, e quase todas as outras cadeias de supermercado predominantes tornaram-se novatos canais potenciais para condimentos exóticos. Esses produtos não apenas são rentáveis para as lojas, mas também ajudam a atrair os jovens e abastados com idade entre 18 e 34 anos, desejados por todas as lojas.

Então, pelo menos por um tempo, muitos pequenos fabricantes de condimentos estão no comando da seleção dos supermercados que irão vender seus produtos. Afinal, é muito mais rentável para os supermercados atrair consumidores com bom molho picante do que com um bom preço de um perdedor.

Fonte: Baseado em Spreading the love, de David Sax, *Bloomberg BusinessWeek*, 11-17 out. 2010, p. 96-97.

Quando se trata da seleção de funcionários, a maioria das empresas é muito cuidadosa. Elas podem definir especificações de tarefas, instituir uma ampla pesquisa para encontrar os candidatos e realizar um processo de triagem e entrevistas minucioso antes de selecionar pessoas para trabalhar. Essas empresas vão tão longe porque reconhecem a importância de ter bons funcionários para o sucesso de seus negócios. O mesmo se aplica à seleção dos membros de canal. O sucesso no mercado requer fortes membros — os que possam executar de forma eficiente as tarefas de distribuição necessárias para implementar a estratégia de canal. Assim, essa seleção é uma tarefa muito importante que não deve ser deixada ao acaso ou movida por métodos aleatórios.[1] Neste capítulo, examinamos os tipos de questões com os quais o gerente de canal deve lidar para tomar boas decisões sobre a seleção de membros do canal.

SELEÇÃO DE MEMBROS E DESENHO DO CANAL

A efetiva seleção das empresas que se tornarão membros do canal de marketing é a última fase do desenho de canal (Fase 7 – ver Capítulo 6). Podemos assinalar, no entanto, que as decisões de seleção são, com frequência, necessárias mesmo quando as alterações da estrutura do canal não tenham sido feitas. Ou seja, essas decisões podem ou não ser resultado das advindas do projeto de canal. Por exemplo, suponha que uma empresa precise de mais cobertura em territórios existentes. Apesar de sua estrutura de canal permanecer a mesma em termos de extensão, intensidade e tipos de intermediários, ela pode precisar de pontos de venda adicionais para seu crescimento. Outra razão comum para a seleção, independentemente das decisões de desenho do canal, é a substituição de membros do canal que saíram, por vontade própria ou não.

Dois outros pontos sobre a relação do desenho de canal com a seleção também devem ser mencionados. Primeiro, um ponto óbvio, mas às vezes esquecido, é que empresas com uma estrutura de canal direto (fabricante → usuário) não precisam se preocupar com decisões de seleção. Como a atribuição das tarefas de distribuição não especifica o uso de intermediários, elas não precisam selecioná-los. Por consequência, para as que escolheram uma estrutura de canal direto como a melhor alternativa, a decisão de desenho de canal é um processo de seis fases.[2] É claro que, se em um momento posterior a empresa decide mudar sua estrutura de canal para incluir membros de canal, a seleção se torna relevante.[3]

O segundo ponto trata da relação entre a dimensão estrutural de intensidade (ver Capítulo 6, seção *Intensidade em vários níveis*) e a seleção de membros do canal. Como regra geral, quanto maior a intensidade de distribuição, menor a ênfase na seleção, como Pegram destaca em seu clássico estudo sobre as práticas de seleção:

> *Tais empresas [as que utilizam a distribuição intensiva] em geral colocam seus produtos em qualquer estabelecimento lógico numa tentativa de cobrir o mercado e tornar seus produtos universalmente disponíveis. Raras vezes elas usam muita discriminação na seleção de revendedores, a não ser para garantir que seu crédito seja satisfatório. Como itens de consumo muitas vezes são amplamente "pré-vendidos" por meio de propaganda, há pouca preocupação com a seleção, e a escolha de revendedores praticamente inexiste.*[4]

Por outro lado, referindo-se às empresas que enfatizam uma distribuição mais seletiva, Pegram aponta a necessidade de uma forte ênfase na seleção de membros do canal:

> "Para esses fabricantes [com distribuição mais seletiva], a seleção de distribuidores é crítica e representa o momento em que o fabricante tem maior controle e oportunidades no campo para garantir o sucesso de vendas de seus produtos, que se movem por meio de revendedores."[5]

Na Goodyear's Tire and Rubber Co., por exemplo, a seleção cuidadosa dos membros do canal tem alta prioridade. Em seu relatório anual, a empresa aborda explicitamente sua filosofia de seleção de canal:[6]

> "(...) nossa filosofia é simples e lógica. Nós vencemos com vencedores. Alinhamo-nos com consumidores [revendedores] que são excelentes. Estamos intensamente concentrados na construção de seus negócios, não apenas na venda de pneus. Temos, de longe, a melhor rede de revendedores na indústria global."

Em geral, se um canal foi estruturado para enfatizar a distribuição intensiva em vários níveis, os intermediários que são incluídos como membros do canal são "selecionados", muitas vezes, apenas na medida em que tenham uma probabilidade razoável de pagar suas contas.[7] Por outro lado, se a estrutura de canal salienta uma distribuição mais seletiva, os potenciais membros devem ser examinados com muito mais cuidado, e as decisões de seleção se tornam mais críticas.[8] Com esses pontos em mente, voltaremos nossa atenção ao processo de seleção de membros do canal.

O PROCESSO DE SELEÇÃO

O processo de seleção de membros do canal consiste nas três etapas abaixo:

1. Encontrar potenciais membros do canal.
2. Aplicar critérios de seleção para determinar a adequação dos qualificados como potenciais.
3. Conquistá-los, para que se tornem membros efetivos do canal.

O restante deste capítulo segue esse formato, com cada seção principal debatendo um desses três passos.

ENCONTRANDO POTENCIAIS MEMBROS DO CANAL

Uma ampla variedade de fontes está disponível para ajudar o gerente de canal a encontrar potenciais membros do canal. As principais, listadas em ordem de importância, são:

1. Organização de vendas em campo
2. Fontes comerciais
3. Consultas de revendedores
4. Consumidores
5. Propaganda
6. Feiras e eventos comerciais
7. Outras

Organização de vendas em campo

Para empresas com sua própria força de vendas formada por intermediários em níveis de varejo e atacado, esses vendedores externos representam um excelente recurso para encontrar novos membros do canal.

Os vendedores estão na melhor posição para conhecer os potenciais membros do canal em seu próprio território. Ao atender seus consumidores, muitas vezes são capazes de coletar informações sobre intermediários que podem estar disponíveis. É comum um vendedor estar familiarizado com a administração e os vendedores de importantes intermediários que não estão representando suas empresas no mesmo território. O vendedor pode ter potenciais membros de canal interessados, caso a empresa decida que os seus atuais daquele território devam ser trocados ou complementados.

Um problema em usar a força de vendas para encontrar potenciais membros do canal é a possibilidade de o fabricante não recompensar adequadamente os vendedores por seus esforços para encontrá-los. Se o fabricante não levar em conta o tempo e o esforço despendidos na busca e no estabelecimento de novos contatos, e apenas recompensar os vendedores pelo volume de vendas para os membros de canal existentes, é improvável que a força de vendas passe muito tempo buscando novos membros. Assim, se a força de vendas deve ser um recurso eficaz para encontrar novos membros do canal, o fabricante deve deixar claro que os vendedores serão devidamente recompensados por seus esforços.[9]

Fontes comerciais

Essas, como associações comerciais, publicações comerciais, diretórios, empresas vendendo produtos relacionados ou similares, feiras, eventos e "comunicação boca a boca", são valiosas fontes de informação sobre potenciais intermediários.

A National Association of Wholesaler-Distributors, em Washington, tem uma riqueza de informações sobre atacadistas, e a National Retail Federation, em Nova York, oferece uma grande quantidade de informações sobre intermediários de varejo.

As fontes de informações mais específicas em determinada indústria são as associações comerciais. Os Quadros 7.1 e 7.2, por exemplo, fornecem as listas de uma série de associações de comércio atacadista e varejista. Existem muitas outras, mas essas duas dão uma ideia geral da extensão e do escopo das associações comerciais nesses níveis. Uma excelente fonte para obter uma listagem de praticamente todas as associações comerciais pode ser encontrada na *Encyclopedia of Associations*.[10]

Quase todas as associações comerciais de atacado e varejo, bem como muitas outras representativas de vendas e de fabricantes, agora têm websites que contêm informações que podem ser úteis para encontrar potenciais membros do canal.[11] Um número crescente de associações também está no Facebook, Twitter e LinkedIn, o que aumenta ainda mais sua utilidade como fonte para encontrar membros do canal, fornecendo informações atualizadas e a oportunidade para o diálogo.

- American Machine Tool Distributors Association

- American Nursery & Landscaping Association

- American Veterinary Distributors Association

- Association of High Technology Distribution

- Appliance Parts Distributors Association Inc.

- Association of Pool & Spa Professionals (The)

- Automotive Aftermarket Industry Association

- Bicycle Product Suppliers Association

- Ceramic Tile Distributors Association

- Cooper & Brass Servicenter Association

- Food Marketing Institute

- Health Industry Distributors Association

- International Association of Plastics Distributors

- Material Handlers Equipment Distributors Association

- Metals Service Center Institute

- Motorcycle Industry Council

- National Association of Chemical Distributors

- National Association of Electrical Distributors

- National Association of Sporting Goods Wholesalers

- National Beer Wholesalers Association

- National Fastener Distributors Association

- National Grocers Association

- National Wood Flooring Association

- North American Building Material Distribution Association

- Pet Industry Distributors Association

- Petroleum Equipment Institute

- Professional Beauty Association

- Recreational Vehicle Aftermarket Association

- Safety Equipment Distributors Association Inc.

- Wine & Spirits Wholesalers of America Inc.

Fonte: Compilado de National Association of Wholesales Distributors, Member Association List. Disponível em: <http://www.naw.org/about/associist.php>. Acesso em: 21 ago. 2014.

Tipo de negócio	Associação comercial
Revendedores de material de construção, ferramentas e implementos agrícolas	National Retail Hardware Association (NRHA) National Lumber and Building Materials Dealers Association (NLBMDA)
Grupo de mercadorias gerais	National Retail Merchants Association (NRMA) National Association of Variety Stores (NAVS) Mass Retailing Institute (MRI)
Lojas de alimentos	National Association of Retail Grocers of the United States (NARGUS) National Association of Independent Food Retailers (NAIFR) National Association of Food Chains (NAFC) National Association of Convenience Stores (NACS) Supermarket Institute (SMI)
Grupo automotivo	National Automobile Dealers Association (NADA) National Tire Dealers and Retreaders Association (NTDRA) National Vehicle Dealers Association of North America (RVDA)
Lojas de roupas e acessórios	Menswear Retailers of America (MRA) National Shoe Retailers Association (NSRA) Master Furriers Guild of America (MFGA)
Lojas de móveis, de decoração e de equipamentos	National Home Furnishings Association (NHFA) National Appliance and Radio-TV Dealers Association (NARDA) National Association of Music Merchants (NAMM)
Drogarias	National Association of Retail Druggists (NARD) National Association of Chain Drug Stores (NACDS)
Lojas diversas de varejo	Retail Jewelers of America (RJA) American Booksellers Association (ABA) Florists Transworld Delivery Association (FTDA) National Bicycle Dealers Association (NBDA)

Fonte: Reproduzido de Retail trade associations as a resource for retailing education, Bert Rosenbloom. *Journal of Retailing*, outono 1978, p. 55-56. Copyright © 1978, com permissão de Elsevier.

Questionamentos dos revendedores

Muitas empresas aprendem sobre potenciais membros do canal fazendo perguntas diretas com intermediários interessados em lidar com sua linha de produtos. Para alguns fabricantes, essa é a principal fonte de informação sobre potenciais novos membros do canal.

Como seria de esperar, as empresas que recebem o maior número de questionamentos de possíveis membros do canal são as mais prestigiadas em suas respectivas indústrias. A 3M Company, por exemplo, é inundada diariamente por centenas de atacadistas, revendedores, distribuidores industriais e varejistas que querem vender seus últimos produtos introduzidos por ela. Durante décadas, a 3M tem sido reconhecida como líder em inovação, resultando em muitos novos produtos altamente bem-sucedidos, procurados ansiosamente pelos potenciais membros do seu canal.[12]

Consumidores

Algumas empresas veem os consumidores dos potenciais intermediários como fonte de informação. Fabricantes alegam que muitos consumidores estão dispostos a dar opiniões francas sobre os intermediários que os atendem.

Uma das melhores maneiras para um fabricante obter informações dos consumidores sobre potenciais intermediários é conduzindo uma pesquisa formal ou informal a respeito de sua visão sobre vários distribuidores em suas áreas de mercado. Os usuários finais podem fornecer percepções sobre os pontos fortes e fracos dos potenciais membros do canal sob seu ponto de vista que o fabricante não conseguiria obter da sua posição de fornecedor.[13]

Propaganda

Anúncios em revistas de comércio, tanto impressas quanto on-line, oferecem outra abordagem para encontrar potenciais membros do canal.

Esse tipo de comunicação em revistas de comércio pode gerar um grande número de questionamentos de potenciais membros do canal, proporcionando assim uma grande concentração da qual podem ser feitas as seleções.

Feiras e eventos comerciais

Feiras ou convenções podem ser uma vantajosa fonte para encontrar potenciais membros do canal. Muitas associações comerciais, atacadistas ou varejistas, realizam convenções anuais nas quais numerosas organizações de atacado ou varejo são representadas. Ao participar da convenção, o fabricante tem acesso a uma ampla variedade de potenciais membros do canal juntos em um único lugar e ao mesmo tempo.[14] Essas feiras podem ser especialmente benéficas a pequenos fabricantes, em particular de produtos de consumo, como brinquedos, presentes, ferramentas e artigos esportivos, porque fornecem a esses fabricantes, que muitas vezes são desconhecidos em seus setores, a chance de encontrar muitos atacadistas e varejistas possivelmente interessados em seus produtos.

Outras fontes

Algumas empresas também consideram as seguintes fontes úteis para localizar potenciais intermediários:

1. Câmaras de comércio, bancos e corretores de imóveis locais
2. Listas telefônicas classificadas ou páginas amarelas
3. Solicitações de mala direta
4. Contatos de inscrições anteriores
5. Consultores independentes
6. Corretores que vendem mailing[15]
7. Bancos de dados empresariais
8. Internet
9. Redes sociais, como Facebook, Twitter e LinkedIn

APLICANDO CRITÉRIOS DE SELEÇÃO

Tendo desenvolvido uma lista de potenciais membros do canal, o próximo passo é avaliá-los à luz dos critérios de seleção.

Se uma empresa não desenvolveu um conjunto de critérios para a seleção de membros do canal, deve fazê-lo. Vários analistas de canais desenvolveram listas genéricas deles. No entanto, nenhuma, não importa quão cuidadosamente tenha sido desenvolvida, é adequada para uma empresa sob todas as condições. Como a mudança das circunstâncias pode exigir que a empresa altere sua ênfase, o gerente de canal deve ser flexível no uso de critérios de seleção a fim de adaptar sua lista a tais condições.

Listas genéricas de critérios

Mais de meio século atrás, em uma das primeiras tentativas de especificar um conjunto de critérios para a escolha de membros do canal, Brendel desenvolveu uma lista com 20 questões-chave para empresas industriais fazerem a seus potenciais membros.[16] Muitas dessas questões também são relevantes para empresas de produtos de consumo. A lista de Brendel, que se tornou um clássico na literatura dos canais de marketing, continua até hoje. As 20 questões para seleção são:

1. O distribuidor realmente quer nossa linha, ou a quer por causa da escassez atual?
2. Quão bem estabelecido ele é?
3. Como é sua reputação entre seus consumidores?
4. Como é sua reputação entre os fabricantes?
5. Ele é agressivo?
6. Quais outras linhas similares o distribuidor administra?
7. Qual é a situação financeira do distribuidor?
8. Ele tem condições de oferecer desconto em suas faturas?
9. Qual o tamanho de sua fábrica (instalações)?
10. Ele manterá um estoque adequado?
11. A quais consumidores importantes o distribuidor vende?
12. A quais não vende?
13. O distribuidor mantém preços estáveis?
14. Ele fornece demonstrativos de vendas dos últimos cinco anos?
15. Que território o distribuidor realmente cobre com vendedores?
16. Os vendedores do distribuidor são treinados?
17. Possui quantas pessoas em campo?
18. Possui quantos funcionários internos?
19. Ele acredita em cooperação ativa, treinamento e promoção de vendas?
20. Que instalações o distribuidor tem para essas atividades?

Outro conjunto de critérios, proposto por Hlavacek e McCuistion, amplia a lista de Brendel.[17] Esses autores argumentam que, para produtos técnicos vendidos no mercado industrial, os fabricantes devem selecionar os distribuidores que trabalhem com uma pequena, em vez de grande, gama de produtos. Isso acontece porque trabalhar com um número menor de produtos permite ao distribuidor concentrar-se mais em produtos de determinado fabricante. Hlavacek e McCuistion também sugerem que a cobertura de mercado dos potenciais membros do canal deve ser especificada como um critério, não apenas em termos geográficos, mas também de ***cobertura do segmento de mercado***. Esse termo refere-se a se o potencial distribuidor lida ou não com os segmentos de mercado específicos que o fabricante almeja, e não simplesmente se ele cobre os territórios geográficos nos quais o fabricante vende. Além disso, os autores acreditam que a capacidade financeira do potencial membro do canal, ainda que importante, não deve ser superestimada porque, às vezes, distribuidores menos sólidos financeiramente são mais "sedentos" e agressivos. A agressividade de um potencial distribuidor é sempre um critério vital. Mesmo que as sugestões de critérios de seleção de Hlavacek e de McCuistion tenham sido apresentadas no contexto dos fabricantes vendendo produtos industriais em mercados industriais, também podem ser aplicáveis a um espectro mais amplo de canais.

Outro conjunto de critérios de seleção é fornecido por Shipley com base em um estudo de fabricantes nos Estados Unidos e no Reino Unido.[18] Esse estudo é relatado em 12 critérios agrupados em três categorias básicas: (1) fatores de vendas e de mercado; (2) de produtos e de serviços e (3) de risco e de incerteza. As colunas "Porcentagem" mostram a proporção de fabricantes que mencionaram o uso de um critério em suas decisões de seleção de membros de canal, enquanto as colunas "Classificação" indicam a respectiva ordem. É interessante notar o grau geralmente alto de similaridade em resultados para os Estados Unidos e para o Reino Unido, sugerindo que fabricantes em economias ocidentais altamente desenvolvidas tendem a recorrer a critérios de seleção semelhantes.

Com base em uma cuidadosa revisão da literatura de marketing internacional importante para selecionar distribuidores estrangeiros, Yeoh e Calantone identificam seis categorias principais de critérios de seleção: (1) nível de comprometimento; (2) força financeira; (3) habilidades de marketing; (4) fatores relacionados a produtos; (5) habilidades de planejamento; e (6) fatores de instalações. Os autores referem-se a esses seis fatores como as "competências essenciais" que os distribuidores devem ter para uma representação efetiva em mercados estrangeiros.[19]

A lista mais abrangente e definitiva dos critérios de seleção de membros do canal, no entanto, ainda é a oferecida há mais de quatro décadas por Pegram.[20] Como a lista de Shipley, a de Pegram é de base empírica; a diferença é que este último usou um número maior e uma gama mais ampla de empresas (mais de 200 fabricantes norte-americanos e canadenses), dividindo os critérios em uma série de categorias. Discutiremos brevemente dez delas a fim de oferecer uma visão geral dos tipos de critérios que muitas empresas acreditam ser importante considerar.

Condições financeiras e de crédito Quase todos os fabricantes incluídos no estudo de Pegram mencionaram, como vital, a investigação das condições financeiras e de crédito de potenciais intermediários. Esse foi, de longe, o critério mais usado para julgar a aceitabilidade de um potencial membro do canal.

Força de vendas A maioria das empresas também mencionou a capacidade de vendas de potenciais intermediários como um critério fundamental. Entre as medidas da força de vendas mais usadas, particularmente para intermediários atacadistas, estão a qualidade dos vendedores e o número real daqueles empregados. Fabricantes de produtos mais técnicos também estão preocupados com a competência técnica dos vendedores do intermediário.

Linhas de produto Em geral, fabricantes consideram quatro aspectos da linha de produtos do intermediário: (1) *concorrentes*; (2) *compatíveis*; (3) *complementares*; e (4) *qualidade* das linhas vendidas.

Os fabricantes, de modo geral, tentam evitar, sempre que possível, intermediários que vendem linhas de produto diretamente concorrentes. Muitos dos intermediários também compartilham essa visão, em particular os que têm um sentimento de lealdade com seus fornecedores atuais. Há, é claro, inúmeras exceções a esse critério de "nada de produtos diretamente concorrentes".

Os fabricantes, em regra, preferem intermediários que lidam com produtos compatíveis (quaisquer que, por definição, não concorram diretamente com a sua linha). Intermediários que vendem produtos complementares são vistos de maneira favorável, pois, com a venda de tais produtos, oferecem melhor composto geral de produtos aos seus consumidores. Por fim, os fabricantes normalmente procuram intermediários que vendam linhas de produtos iguais ou melhores do que as suas próprias. Os fabricantes não querem associar seus produtos a linhas inferiores, desconhecidas ou problemáticas, se puderem evitar isso.

Reputação A maioria dos fabricantes vai categoricamente eliminar potenciais intermediários que não tenham uma boa reputação em sua comunidade. Para intermediários de varejo, a imagem da loja é um componente especialmente crítico de reputação global do varejista. Portanto, se a imagem do potencial varejista não seguir os padrões que o fabricante está tentando projetar para seus produtos, isso já será suficiente para evitar selecioná-lo como membro do canal. Ter o tipo "errado" de varejista vendendo seus produtos pode trazer graves efeitos adversos sobre a própria reputação do fabricante. Em consequência, sob a perspectiva de estratégia de canal, a reputação dos distribuidores e varejistas vendendo o produto do fabricante é uma das principais questões estratégicas a serem consideradas pelo fabricante. A decisão pode exigir informação dos níveis mais altos na organização, incluindo o presidente do Conselho, em alguns casos.

Cobertura de mercado Ou seja, a adequação do intermediário para cobrir o território geográfico que o fabricante gostaria de alcançar. Uma consideração adicional é que, se o potencial intermediário cobre um amplo território, isso pode levar à sobreposição da cobertura dos intermediários existentes. Em geral, os fabricantes tentarão obter a melhor cobertura territorial com um mínimo de sobreposição. Essa é uma consideração de especial importância para um fabricante que visa a uma distribuição altamente seletiva.

Desempenho de vendas Aqui, a consideração principal é se o potencial intermediário pode obter a máxima participação de mercado quanto o fabricante espera. Muitas vezes, ele pesquisa dados detalhados sobre o desempenho das vendas dos potenciais intermediários para obter uma primeira ideia de sua eficácia. Se tal evidência direta não puder ser obtida, outras fontes incluem instituições de crédito, distribuidores concorrentes e não concorrentes na área, consumidores de produtos do fabricante, consumidores do distribuidor, outras empresas fornecedoras e os comerciantes locais. Relatórios dessas fontes muitas vezes dão uma indicação do histórico de desempenho de vendas do intermediário. Alguns fabricantes informam que isto é tudo o de que necessitam para ter uma noção do desempenho de vendas de um potencial membro do canal.

Sucessão gerencial Vários intermediários são administrados pelo proprietário e fundador da empresa, muitos dos quais, especialmente no nível atacadista, são negócios pequenos e independentes. Por consequência, se o diretor da empresa morre, a continuidade da administração é incerta. O critério de sucessão é tão importante para a Caterpillar Inc. que a empresa ofereceu seminários especiais por muitos anos para ajudar a convencer os filhos de seus distribuidores atuantes a continuar com seus negócios quando seus pais se aposentassem ou falecessem.[21]

Capacidade gerencial Muitos fabricantes acreditam que um potencial membro do canal nem deve ser considerado se a qualidade de sua administração for baixa. Portanto, esse fator é fundamental na escolha de membros do canal.[22] Na verdade, julgar a qualidade da administração é difícil por causa dos intangíveis envolvidos na realização de uma avaliação. Um dos principais determinantes é a capacidade de a administração organizar, treinar e reter vendedores. Em suma, uma boa força de vendas com frequência indica boa administração.

Atitude Esse critério aplica-se principalmente à agressividade, ao entusiasmo e à iniciativa do potencial intermediário. Acredita-se que essas qualidades estão intimamente relacionadas ao sucesso a longo prazo na venda do produto de um fabricante. Avaliar se o potencial membro do canal tem a

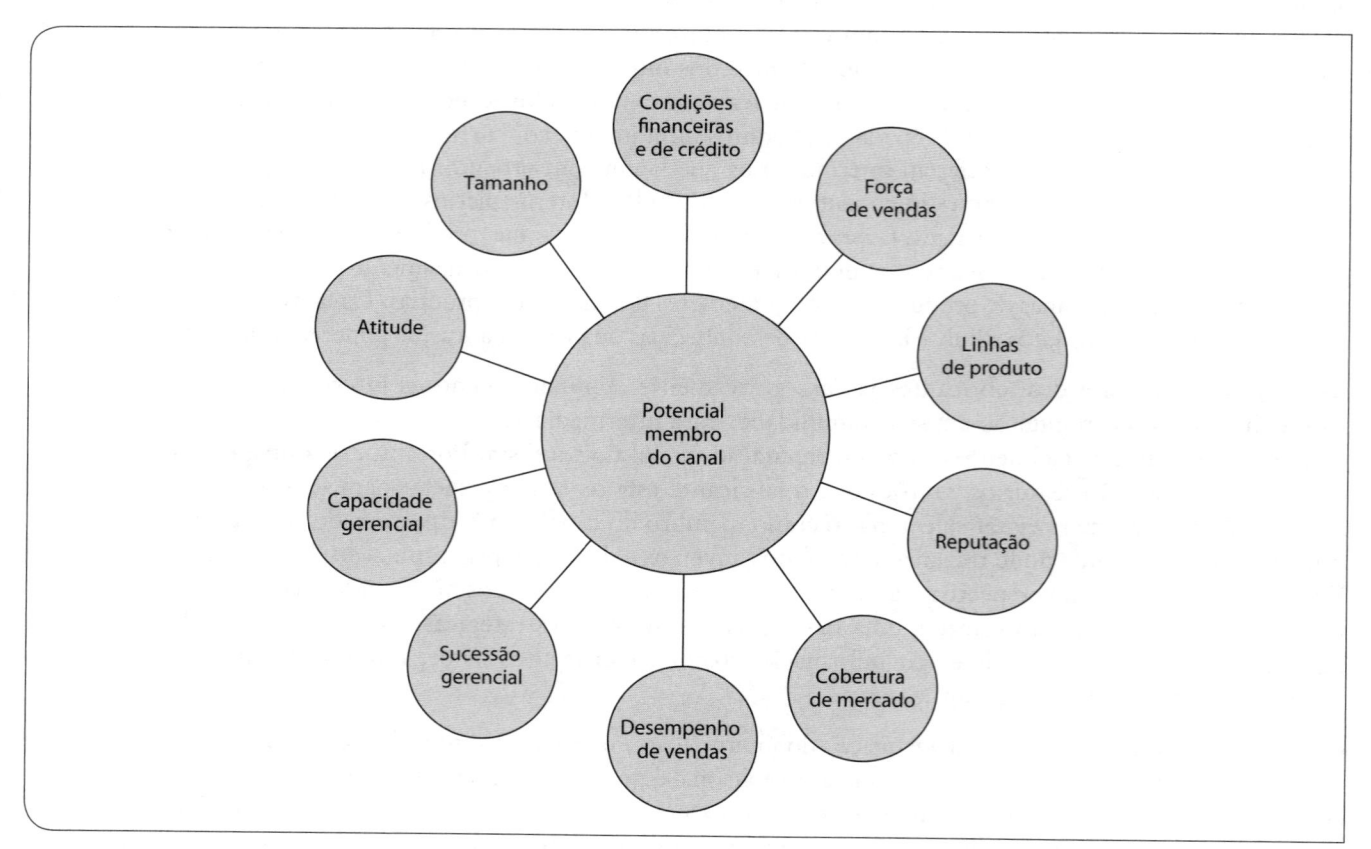

FIGURA 7.1 ▶ Critérios-chave a se considerar durante a seleção de membros do canal.
© Cengage Learning 2013

atitude "apropriada" em geral é uma questão de julgamento gerencial porque atitudes não aparecem claramente em demonstrações financeiras.[23]

Tamanho Às vezes, um potencial intermediário é julgado por sua dimensão. Acredita-se que, quanto maior o volume de vendas e a organização, maior a venda de produtos do fabricante. Há outras razões para considerar o tamanho um critério importante e positivo além dessa crença geral. Quase sempre é seguro supor que grandes intermediários são mais bem-sucedidos, lucrativos, bem estabelecidos e controlam melhor as linhas de produto. Além disso, o grande intermediário usualmente emprega mais vendedores (o que leva à maior exposição dos produtos do fabricante) e é mais bem equipado do que os pequenos em termos de escritórios, pessoal e instalações.

Usando listas de critérios para seleção

Mesmo que as listas de verificação como as já descritas não sejam aplicáveis a todas as empresas sob todas as condições, ainda assim são valiosas, pois ajudam a apontar muitas áreas de consideração importantes na seleção de membros do canal. Mesmo que cada empresa deva desenvolver seu próprio conjunto específico de critérios de seleção com base em seus objetivos e políticas, tais listas fornecem um bom ponto de partida e podem tornar essa tarefa mais fácil. Além disso, a abrangência de uma lista individualizada de critérios de seleção de uma empresa pode ser maior se todos esses critérios gerais forem considerados durante o seu desenvolvimento. A Figura 7.1 fornece uma visão geral dos principais critérios a se considerar durante a seleção de membros do canal.

CONQUISTANDO OS MEMBROS DO CANAL

É importante lembrar que o processo de seleção é uma via de mão dupla. Não é só o produtor ou o fabricante que faz a seleção, mas também os intermediários nos níveis de atacado e de varejo. Os grandes e bem estabelecidos podem ser muito seletivos sobre quem representam.[24] Produtores e fabricantes, exceto aqueles com reputação e prestígio verdadeiramente extraordinários, não podem esperar que intermediários de qualidade fiquem na fila para se tornar membros do canal. Pelo contrário, a maioria deles ainda precisa fazer um trabalho de venda eficaz para garantir os serviços de bons intermediários.

O gerente de canal em empresas produtoras ou fabricantes pode usar uma série de incentivos específicos ao tentar contratar os membros do canal. Esses incentivos, no entanto, devem transmitir o compromisso da empresa em apoiar os potenciais membros para que sejam bem-sucedidos com a linha. Em outras palavras, o fabricante ou o produtor deve deixar claro ao potencial intermediário que a parceria será mutuamente benéfica se cada um deles fizer sua parte. Pegram resume bem esse ponto: "A chave de muitas políticas de vendas do fornecedor é este conceito: o fornecedor produz, o distribuidor vende e cada um é dependente do outro. Juntos, eles formam uma equipe, e o trabalho em equipe é essencial para a associação se mostrar mutuamente benéfica."[25]

Agora, mais de quatro décadas depois de Pegram fazer essa observação, suas palavras soam mais verdadeiras do que nunca. Parcerias ou alianças estratégicas entre fabricantes e intermediários em níveis de atacado e/ou de varejo com base no compromisso mútuo e trabalho em equipe não só são populares, como se tornaram norma para as relações em muitos canais de distribuição.[26]

Incentivos específicos para conquistar os membros do canal

Geralmente, quanto mais específico o fabricante for ao definir que tipos de apoio e assistência serão oferecidos aos membros do canal, melhor. Potenciais membros querem saber desde o início, precisamente, "quais são seus benefícios" caso se decidam integrar o canal de marketing do fabricante.[27] Embora existam muitos incentivos que o fabricante pode oferecer, a maioria deles encaixa-se em uma de quatro áreas: (1) linha de produto boa e rentável; (2) propaganda e apoio promocional; (3) assistência gerencial; e (4) políticas comerciais justas e relacionamentos amigáveis.

Linha de produto No centro do que o fabricante tem para oferecer está uma boa linha de produtos, com forte potencial de vendas e lucros.[28] De fato, se os fabricantes são capazes de oferecer isso, muito pouco além disso será necessário para garantir todos os membros do canal que desejam. Obviamente, fabricantes de produtos conhecidos e altamente respeitados têm uma vantagem considerável sobre os menos conhecidos. Assim, é especialmente importante que fabricantes cujos produtos não sejam tão conhecidos façam um bom trabalho de comunicação dos benefícios de vendê-los *do ponto de vista do membro do canal*. É muito fácil os fabricantes ser pegos falando sobre como seus produtos são bons, em vez de ressaltar a eficácia deles na geração de *vendas e lucros para os membros do canal*.

Propaganda e promoção Potenciais intermediários também procuram pelos fabricantes para ter apoio promocional.[29] No mercado de consumo, um forte programa de propaganda nacional é um dos incentivos mais eficazes para conquistar intermediários de varejo. O fabricante que pode veicular esse programa ganha credibilidade quase imediata aos olhos dos potenciais intermediários no que diz respeito ao potencial de vendas da linha de produtos. No mercado industrial, um forte programa de propaganda comercial oferece vantagem semelhante. Além disso, nos mercados consumidor e industrial, fatores como concessões de propaganda, campanhas de propaganda cooperadas, materiais de pontos de venda e exibições em *showrooms* indicam forte apoio ao membro do canal e servem como bons incentivos para os potenciais intermediários unirem-se ao canal (ver Capítulo 12).

Assistência gerencial Potenciais membros do canal querem saber se o fabricante está comprometido a ajudá-los, não apenas na forma de propaganda e apoio promocional para a venda de produtos específicos, mas também ajudando-os a fazer um trabalho melhor no gerenciamento de seus negócios. Assistência gerencial é uma boa evidência desse compromisso. Ela pode envolver diversas áreas, incluindo programas de treinamento, análise e planejamento financeiro, análise de mercado, procedimentos de controle de estoque e métodos promocionais. A extensão dessa assistência varia muito, dependendo do tipo de relacionamento de canal envolvido. Uma do tipo contratual, envolvendo um abrangente contrato de franquia entre o fabricante e os membros do canal, usualmente forneceria um programa de assistência gerencial muito mais abrangente do que em uma relação de canal convencional, de baixo alinhamento. Mas mesmo nessa última situação alguma forma de assistência gerencial ainda é possível e desejável. O programa "Seu Parceiro de Gerenciamento de Categoria", oferecido a varejistas e distribuidores pela 3M, dá um excelente exemplo de assistência gerencial com um nível de sofisticação que muitos varejistas e distribuidores (até mesmo os gigantes) podem ter dificuldade de conseguir por conta própria.

A figura mostra o trecho de um folheto da 3M que explica a capacidade a empresa para fornecer uma ampla gama de assistência gerencial aos seus membros do canal. Os tópicos do lado direito do folheto destacam uma série de ferramentas de assistência gerencial contundentes, disponíveis para seus parceiros de canal, visando ajudá-los a alcançar seus resultados finais.

Política comercial justa e relacionamento amigável Como destacamos no Capítulo 4, os relacionamentos em canais de marketing não são mecânicos ou puramente econômicos, desvinculados do "elemento humano". Em vez disso, um relacionamento de canal ocorre entre organizações de pessoas e, como tal, é um sistema social sujeito às mesmas interações comportamentais e aos processos característicos de todos os sistemas sociais. Os membros do canal podem gostar[30] ou não, respeitar ou desdenhar, suspeitar ou temer uns aos outros. Podem ser cooperativos ou antagônicos, leais ou desleais entre si. Em suma, o relacionamento de canal de marketing não é só comercial, mas também humano.[31] Embora esse relacionamento possa ser expresso em acordos elaborados ou formais, ou mesmo em contratos legais, o elemento humano, de pessoa para pessoa, nunca é totalmente removido.[32] Esse fato não deve ser esquecido ao tentar conquistar os membros do canal. Especificamente, o fabricante deve comunicar aos potenciais membros que está de fato interessado em estabelecer um bom relacionamento com eles, construído com base na confiança e na preocupação com seu bem-estar, não só como entidades empresariais, mas como pessoas.[33] Na verdade, alguns fabricantes vão ainda mais longe, referindo-se aos seus membros do canal como sua "família" de distribuidores ou revendedores.

Embora isso pareça um pouco exagerado, transmite a crença do fabricante em construir um canal de marketing que se apoie em mais do que simplesmente dólares e centavos.

Não se pode esperar, no entanto, que essa ênfase em política comercial justa e relacionamentos amigáveis compense as falhas das bases econômicas ou de negócios no relacionamento do canal. Pesquisas recentes têm mostrado que as relações interpessoais, a cordialidade e até mesmo a afinidade genuína entre membros do canal não substituem a essência na forma de produtos competitivos, preços e programas de apoio.[34]

Resumo

Assim como a seleção de bons funcionários é fundamental para o sucesso da empresa, a de membros do canal também é, pois a maioria das empresas precisa de ambos para ser bem-sucedida no mercado.

A seleção de membros do canal é a última (sétima) fase do desenho de canal, cujas decisões também podem ser tomadas de forma independente das do desenho de canal, quando novos membros são adicionados ao canal ou quando os que saíram são substituídos. Apenas os fabricantes que vendem diretamente aos usuários não enfrentam a seleção de membros do canal.

No geral, quanto mais seletiva a intensidade de distribuição, maior a ênfase que a empresa precisa dar à seleção, e vice-versa.

O processo de seleção consiste em três etapas básicas: (1) encontrar potenciais membros do canal; (2) aplicar critérios de seleção para determinar se são adequados; e (3) conquistá-los.

Encontrar potenciais membros do canal geralmente traz à tona alguns problemas porque muitas fontes podem ser usadas para localizá-los: (1) a organização de vendas em campo; (2) fontes comerciais; (3) questionamentos dos revendedores; (4) consumidores; (5) propaganda; (6) feiras e eventos comerciais; e (7) outras fontes, como câmaras de comércio, listas telefônicas, consultores independentes, corretores de listas, bancos de dados e internet.

Aplicar critérios de seleção é um problema muito sério porque nenhuma lista de critérios é apropriada para todas as empresas. Cada empresa deve desenvolver sua própria lista, que reflita seus objetivos e políticas particulares. Além disso, esses critérios devem ser flexíveis o bastante para permitir a mudança de condições. No entanto, dez critérios gerais são úteis como ponto de partida para a maioria das empresas usar quando estiver desenvolvendo seu próprio conjunto especializado de critérios de seleção: (1) condições financeiras e de crédito; (2) força de vendas; (3) linhas de produto; (4) reputação; (5) cobertura de mercado; (6) desempenho de vendas; (7) sucessão gerencial; (8) capacidade gerencial; (9) atitude; e (10) tamanho.

Por fim, conquistar os potenciais membros do canal pode ser um desafio porque, com exceção de casos raros, eles normalmente não ficam em fila esperando ansiosos a ligação do fabricante. A maioria dos fabricantes deve, portanto, fazer um trabalho de vendas eficaz para garantir serviços de qualidade dos membros do canal. Incentivos específicos podem ser usados na tarefa de conquistar membros do canal: (1) fornecer uma linha de produto boa e rentável; (2) proporcionar apoio promocional e propaganda; (3) dar assistência gerencial; e (4) garantir aos potenciais membros do canal políticas comerciais justas e uma relação construída com base na confiança e na amizade. O gerente de canal não deve, no entanto, esperar que o tratamento justo e os relacionamentos amigáveis compensem deficiências na base econômica que sustenta a relação do canal.

QUESTÕES DE REVISÃO

1. As decisões de seleção são sempre resultado de mudanças na estrutura do canal? Explique.

2. Qual é a relação entre a intensidade de distribuição e a ênfase dada à seleção?

3. Ocorreu de fato um processo de seleção no caso de uma distribuição muito intensa em que todos os possíveis estabelecimentos foram usados no desenho de canal? Comente.

4. Discuta várias fontes que o gerente de canal pode usar para ajudar a localizar potenciais membros do canal.

5. Qual pode ser o problema que resulta do uso da força de vendas como meio para encontrar potenciais membros do canal?

6. É possível desenvolver uma lista verdadeiramente universal de critérios de seleção para avaliar potenciais membros do canal? Cite alguns dos problemas que alguém pode encontrar ao tentar desenvolvê-la.

7. A lista de critérios de seleção de Pegram é descritiva ou normativa? Explique.

8. Descreva brevemente cada um dos dez critérios gerais de seleção de membros do canal que podem ser usados como ponto de partida para o desenvolvimento de listas mais especializadas de critérios de seleção de membros do canal.

9. Quais são alguns dos incentivos específicos que o fabricante pode usar para conquistar membros do canal?

10. Ao discutir os meios disponíveis para conquistar potenciais intermediários como verdadeiros membros do canal, o capítulo sugere que o oferecimento de uma "parceria" por parte do produtor ou fabricante pode servir como um forte estímulo. O que isso significa?

QUESTÕES DE CANAL PARA DISCUSSÃO

1. A Apple, com suas quase 300 lojas próprias, usa intermediários independentes, aos quais se refere como "revendedores terceirizados". Para seus computadores Mac, a Apple é muito cuidadosa com os intermediários que escolhe para se tornarem membros de seu canal de distribuição. Uma vez selecionados, a Apple faz um investimento substancial para melhorar as capacidades dos membros escolhidos para vender e prestar serviços para os seus produtos. Seu "Programa de Consultores de Venda Apple", por exemplo, coloca os funcionários da Apple em lojas de membros do canal selecionados para fornecer conhecimentos sobre como contar a história da Apple e assegurar uma experiência de compra de alta qualidade. A empresa também oferece treinamento extensivo e apoio por meio do que chama "Programa de Revendedores *Premium* Apple" a membros selecionados do canal a fim de ajudá-los a desenvolver altos níveis de atendimento ao consumidor e conhecimento do produto. A Apple acredita fortemente que fornecer vendas e apoio pós-venda de alta qualidade é fundamental para atrair novos consumidores e reter os já existentes.

   Você acha que a seleção cuidadosa de membros do canal da Apple e seus esforços para permitir que forneçam suporte de alta qualidade a vendas e a serviços são tão importantes quanto os produtos exclusivos da companhia para a criação de uma vantagem diferencial para a Apple?

2. Bill Harding, gerente nacional de vendas de um importante fabricante de dispositivos, percebeu que a empresa teria de adicionar novos distribuidores atacadistas em pelo menos meia dúzia de grandes territórios da Costa Leste e do Centro-Oeste dos Estados Unidos para manter o crescimento desses mercados. Bill sabia que precisava de bons distribuidores que fossem financeiramente sólidos, tivessem ótimas habilidades de vendas e oferecessem altas capacidades de serviço. Para identificar esses novos potenciais distribuidores, decidiu usar a força de vendas externa da companhia que atendia a esses territórios. Ele enviou memorandos para os gerentes distritais de vendas, que, por sua vez, informaram a força de vendas de campo para acionar os potenciais distribuidores de seus territórios e mandar de volta relatórios por escrito.

   Um mês depois, Harding ficou muito decepcionado com as respostas indiferentes que obteve. Os relatórios que recebeu eram insuficientes e superficiais. Ele ficou um pouco confuso com a situação porque todos os vendedores que foram convidados a prospectar novas contas eram bastante produtivos.

   Por que você acha que Bill Harding não recebeu as respostas animadoras que queria?

3. A Rust-Oleum Corporation é mundialmente conhecida por seus impermeabilizantes anticorrosivos para praticamente qualquer aplicação, usados em tudo, de pesados equipamentos industriais até a mobília de varanda do consumidor. A empresa vende seus produtos industriais por meio de atacadistas (distribuidores industriais), e seus produtos de consumo tanto por atacadistas quanto por vare-

jistas. A Rust-Oleum tem, por muitos anos, falado sobre negociar com seus membros do canal pela regra de ouro — "Fazer negócios juntos, com sinceridade, honestidade e cooperação". A empresa também é bastante seletiva na escolha de distribuidores, limitando o número selecionado ao mínimo necessário para fornecer uma cobertura eficiente de cada mercado. Além disso, ela faz questão de dizer que vende *por meio do* distribuidor, não só para ele.

Dada essa abordagem para lidar com membros do canal, que critério você acredita ser especialmente importante para a Rust-Oleum Corporation enfatizar ao selecionar potenciais membros do canal?

4. John Paul Mitchell Systems, Inc., um fabricante de produtos especializados para cuidados com os cabelos de alta qualidade, adotou uma política de vender seus produtos apenas por meio de "profissionais especializados em cuidados com os cabelos". Só os melhores salões de beleza e lojas especializadas são selecionados pela empresa para representar seus produtos. No entanto, de alguma forma os produtos da Paul Mitchell estavam sendo vendidos por lojas do Walmart no Texas. Ao saber disso, a empresa entrou com uma ação contra o Walmart, alegando estar vendendo lotes de produtos Paul Mitchell abaixo do padrão e ter comprado os produtos de um seu antigo fornecedor. O lote de produtos em questão tinha sido rejeitado pela Paul Mitchell Systems por causa da má qualidade e, portanto, não deveria ter sido disponibilizado para revenda em *qualquer* varejista, muito menos pelo Walmart. A Mitchell Systems pediu que o tribunal emitisse uma ordem de restrição temporária que proibiria o Walmart de vender seus produtos.

Por que a Mitchell Systems foi tão longe para evitar que seus produtos fossem vendidos pelo Walmart? Discuta em termos da estratégia de seleção de membros do canal aparentemente usada pelo fabricante.

5. A New Balance desenvolveu uma forte reputação como um fabricante sério e líder de calçados esportivos de alta qualidade e desempenho. Seu uso da tecnologia para produzir tênis de corrida e *cross-trainers* de última geração ganhou o respeito

de muitos atletas mundiais que confiam nos seus calçados para competir nos níveis mais altos de seus respectivos esportes. Assim, os observadores da indústria estranharam quando a estratégia de desenho de canal da New Balance, implementada na primavera de 2009, escolheu as lojas de calçado Nine West, uma divisão do Jones Apparel Group Inc., para vender seus calçados esportivos. O que surpreendeu os observadores? O encaixe, não dos sapatos, mas das duas marcas. A Nine West, que é identificada como vendedora de sapatos femininos de moda, prejudicaria a imagem da marca New Balance como fabricante de calçados esportivos? Embora a estratégia esteja sendo testada em uma base limitada de apenas 50 lojas da Nine West, se as vendas forem boas nos primeiros seis meses, muitas outras serão incluídas.

O que você enxerga como uma estratégia racional para a New Balance selecionar a Nine West como um membro do canal para vender seus calçados esportivos de alta *performance*? No longo prazo, você acredita que essa estratégia de seleção de membros do canal afetará a imagem do seu produto?

6. Master Lock talvez seja o nome mais conhecido dos Estados Unidos quando se fala em cadeado. Seus cadeados são vendidos intensamente no varejo em uma ampla variedade de lojas, incluindo de ferramentas e materiais de construção, automóveis, bicicletas (cadeados específicos), farmácias, supermercados e muitas outras. Essa ampla rede de varejo é abastecida principalmente por atacadistas. A Master Lock conta com atacadistas para fornecer a maior parte das vendas e apoio logístico aos membros do canal de varejo. Quando os varejistas precisam de ajuda para fazer pedidos, estocar o sortimento necessário, escolher os *displays* de pontos de venda ou propaganda para os consumidores, a Master Lock lhes diz: "Peça ao seu distribuidor Master Lock todo conselho e apoio de que precisar".

Considerando que a Master Lock espera que seus distribuidores atacadistas forneçam praticamente todo o apoio de que os varejistas necessitam, que tipo de apoio você acha que os distribuidores atacadistas devem esperar da Master Lock?

1. Veja, por exemplo: Fram, Eugene H. We can do a better job of selecting international distributors, Journal of Industrial Marketing, Spring 1992, p. 61-70.

2. Para uma discussão relacionada, confira: Delevingne, Lawrence. Amway: shining up a tarnished name, *Business Week*, 11 Aug. 2008, p. 56.

3. Veja, por exemplo: Davis, Greg. Dell takes top honors in server category at leading channel industry awards, *CRN*, Sept., 9, 2010, http://community.dell.com/.

4. Pegram, Roger. *Selecting and evaluating distributors*. New York: National Industrial Conference Board, 1965, p. 5.

5. Pegram, Roger. *Selecting and evaluating distributors*. New York: National Industrial Conference Board, 1965, p. 3.

6. *Goodyear Tire & Rubber Company Annual Report 2009*, p. 5.

7. Para um artigo relacionado a esse ponto, veja: Merrick, Amy. Kmart suppliers limit risk in case of chapter 11 filing, *Wall Street Journal*, 21 Jan. 2002, p. A4.

8. Para uma análise relacionada, com base em um modelo matemático do processo de seleção, veja: Rangan, V. Kasturi; Zoltners, Andris A.; Becker, Robert J. The channel intermediary selection decision: a model and an application, *Marketing Science*, Sept. 1986, p. 1114-1122.

9. Stewart, Thomas A. Leading change from the top, *Harvard Business Review*, July-Aug. 2006, p. 93-94.

10. *Encyclopedia of Associations*. Gale Research: 2009.

11. Veja, por exemplo: National Retail Federation (NRF), 11 Nov. 2010, http://www.nrf.com/modules.php? name= Pagestsp_id=146; National Association of Wholesaler Distributors (NAW), 11 Nov. 2010, http://www.naw.org/about/aindex.php; Manufacturers' Agents National Association (MANA), http://www. manaonline.org.

12. *3M Company Annual Report 2009*, p. 5.

13. Para uma discussão relacionada, confira: Cordozo, Richard N.; Shipp, Shannan H.; Roering, Kenneth J. Proactive strategic partnerships: a new business markets strategy, *Journal of Business and Industrial Marketing*, Winter 1992, p. 51-63.

14. Jackson, Anna-Louise. Must the show go on? *Marketing News*, 15 Apr. 2009, p. 6.

15. Confira, por exemplo: mailinglists direct, 11 Nov. 2010, http://www.mailing-lists-direct.com/.

16. Brendel, Louis H. Where to find and how to choose your industrial distributors, *Sales Management*, 15 Sept. 1951.

17. Hlavacek, James D.; McCuistion, Tommy J. Industrial distributors—When, who, and how? *Harvard Business Review*. Mar.-Apr. 1983, p. 96-101.

18. Shipley, David D. Selection and motivation of distribution intermediaries, *Industrial Marketing Management*, Oct. 1984, p. 249-256.

19. Yeoh, Poh-Lin; Calantone, Rojer J. An application of the analytical hierarchy process to international marketing: selection of a foreign distributor, *Journal of Global Marketing* 8, n. 3/4, 1995, p. 39-65.

20. Pegram, Roger. *Selecting and evaluating distributors*. New York: National Industrial Conference Board, 1965, p. 21-91.

21. Fites, Donald V. Make your dealers your partners, *Harvard Business Review*, Mar.-Apr. 1996, p. 84-95.

22. Howell, Debbie. Fleming takes distribution service to next level, *Retailing Today*, 5 Nov. 2001, p. 4.

23. Berfield, Susan. The new star of sellavision, *Bloomberg BusinessWeek*, 24-30 May, p. 60-63.

24. Wagner, Janet; Ettenson, Richard; Parrish, Jean. Vendor selection among retail buyers: an analysis by merchandise division, *Journal of Retailing*, Spring 1989, p. 58-79.

25. Pegram, Roger. *Selecting and evaluating distributors*. New York: National Industrial Conference Board, 1965, p. 100.

26. Vazquez, Rodolfo; Iglesias, Victor; Alvarez-Gonzalez, Luis Ignacio. Distribution channel relationships: the conditions and strategic outcomes of cooperation between manufacturer and distributor, *International Review of Retail Distribution and Consumer Research*, Apr. 2005, p. 125-150; Sahadev, Sunil. Economic satisfaction and relationship commitment in channels, *European Journal of Marketing*, v. 42, n. 1/2, 2008, p. 178-195.

27. Gordon, Geoff; Calantone, Roger; diBenedetto, C.A. How electrical contractors choose distributors, *Industrial Marketing Management* 20, 1991, p. 29-42.

28. Duff, Mike. Supercenters open floodgates as water rises, *Retailing Today*, 10 Oct. 2002, p. 10.

29. Ramaswami, Sridhar N.; Srinivasan, Srini S. Analyzing the impact of promotions on manufacturer and retailer performance: a framework for cooperative promotional strategy, *Journal of Marketing Channels* 6, n. 3/4, 1998, p. 131-145.

30. Veja, por exemplo: Nicholson, Carolyn Y.; Compeau Larry D.; Sethi, Rajesh. The role of interpersonal liking in building trust in long-term channel relationships, *Journal of the Academy of Marketing Science*, Winter 2001, p. 3-15.

31. J. Kingshott, Russel P.; Pecotich, Anthony. The impact of psychological contracts on trust and commitment in supplier–distributor relationships, *European Journal of Marketing*, v. 41, n. 9/10, 2007, p. 1053-1072; Jussaume

Jr. Raymond A.; Tansuhaj, Patriya. Asian variations in the importance of personal attributes for wholesaler selection: japanese and thai marketing channels, *Journal of International Consumer Marketing* 3, n. 3, 1991, p. 127-140.

32. Para uma discussão interessante e esclarecedora, relevante para estabelecer canal de relacionamentos, especialmente no que diz respeito à questão de "justiça", veja: Dickinson, Roger. Negotiations in the channel: the negotiation ratio. In: Thurik, Roy; Giannotten, Henk J. (eds.). *Proceedings of the Sixth World Conference on Research in the Distributive Trades*. The Hague, Netherlands: Dutch Ministry of Economic Affairs, 1991, p. 261-266.

33. Para uma discussão relacionada, veja: Gassenheimer, Jule B.; Ramsey, Rosemary. The impact of dependence on dealer satisfaction: a comparison of reseller–supplier relationships, *Journal of Retailing* 70, n. 3, 1994, p. 253-266.

34. Wathne, Kenneth H.; Biong, Harold; Heide, Jan B. Choice of supplier in embedded markets: relationship and marketing program effects, *Journal of Marketing*, Apr. 2001, p. 54-66.

CAPÍTULO 8

Mercados-alvo e estratégia de desenho de canal

OBJETIVOS DE APRENDIZAGEM

Após a leitura deste capítulo, você será capaz de:

1 Reconhecer a importância das variáveis de mercado como as mais importantes e significativas a se considerar na estratégia de desenho de canal.

2 Estar familiarizado com o modelo de análise de mercado e suas quatro dimensões básicas.

3 Reconhecer a importância de acompanhar as mudanças na geografia do mercado, já que estas podem afetar a estratégia de desenho de canal.

4 Saber como o tamanho do mercado se relaciona com a estratégia de desenho de canal.

5 Absorver o conceito de congestionamento eficiente, relacionado à densidade do mercado.

6 Compreender o significado de comportamento do mercado em termos de quando, onde, como e quem compra produtos e serviços.

7 Perceber que quaisquer das subdimensões do comportamento de mercado estão sujeitas a mudança.

8 Ter consciência das implicações das mudanças do comportamento do mercado na estratégia de desenho de canal.

Os canais do mercado agrícola têm de ter agricultores?

Em um mundo ideal, no qual palavras e rótulos poderiam ser levados ao pé da letra, o termo "mercado agrícola" transmitiria um significado direto: mercado agrícola é simplesmente um canal de marketing no qual agricultores locais vendem seus produtos diretamente aos consumidores. Mas no mundo real não é assim. Nos últimos anos, "mercado agrícola" tornou-se um termo da moda, com um bom número de tesouros escondidos na indústria de alimentos. Parece que mais e mais consumidores passaram a se interessar por alimentos "frescos", "saudáveis", "naturais" e "orgânicos", atributos que se associaram a esse mercado. Essa associação não passou despercebida por algumas grandes redes de supermercados, como Safeway Inc. e Supervalue Inc. Esses e outros gigantes varejistas aparentemente não veem os mercados agrícolas como um tipo específico de canal de marketing, mas como um dispositivo promocional para atrair consumidores às suas lojas. As da Safeway em Seattle, por exemplo, colocam anúncios que dizem "Mercado Agrícola" sobre as vitrines de produtos na frente de suas lojas, e a divisão de supermercados Albertsons, da Supervalue, fez o mesmo em 200 lojas em Washington, Oregon e Idaho. Mas as bancas não eram operadas por agricultores locais, e a origem do produto vendido era questionável. Na verdade, as mangas expostas em Washington não só não foram cultivadas localmente (o clima de Washington não é adequado), como até podem ter vindo de um país estrangeiro!

Tal uso descomprometido do termo "mercado agrícola" por grandes varejistas convencionais de gêneros alimentícios tem levado medo a alguns grupos de agricultores, como Farmers Market Coalition, grupo de comércio nacional. A preocupação é que o termo pode ser diluído ou mesmo passar a não fazer mais sentido se os grandes continuarem a invadir o território dos mais de 6 mil verdadeiros mercados agrícolas.

Então, a definição de "mercado agrícola" dos agricultores é razoável? Eles certamente acham que sim. Afinal de contas, quando os consumidores vão a um mercado agrícola, não deveriam ver agricultores lá?

Fonte: Baseado no texto de Nick Wingfield e Ben Worthen, Copy farmers' markets reap a crop of complaints, *Wall Street Journal*, 24 set. 2010, p. A3.

No Capítulo 6, *Desenhando canais de marketing*, ressaltamos que de todas as variáveis que afetam o desenho dos canais de marketing as variáveis de mercado são as principais. Isso acontece porque as necessidades e os desejos do mercado-alvo do gerente de canal devem moldar o desenho dos canais de marketing da empresa.[1] Em outras palavras, a estratégia desse desenho deve ser **orientada ao mercado** a fim de satisfazer, tanto quanto possível, as exigências dos mercados-alvo da empresa (seus consumidores). Assim, se os consumidores esperam poder fazer compras on-line a qualquer momento, comprar pelos seus smartphones enquanto se movimentam, ter filmes e programas via Hulu em vez da TV convencional,[2] tomar uma vacina contra gripe em um shopping local, em vez de ir ao consultório de um médico,[3] ou ter uma da infinidade de outras expectativas do canal, os gerentes precisam prestar muita atenção para que as estratégias de desenho do canal reflitam as demandas dos consumidores-alvo.[4] Para fazer isso com sucesso, o gerente de canal precisa estar familiarizado com as várias dimensões dos mercados e como elas se relacionam com o desenho dos canais de marketing.

Neste capítulo, examinaremos essas dimensões de mercado de forma mais aprofundada do que fizemos no Capítulo 6, discutindo suas implicações em várias fases do processo de desenho do canal.

MODELO PARA ANÁLISE DE MERCADO

Mercados, consumidor ou industrial, são complexos. Uma série de fatores deve ser considerada na análise de mercados específicos; para tanto, é útil ter um modelo para ajudar a dar alguma ordem a essa complexidade.

Neste capítulo, usamos um modelo constituído de quatro dimensões básicas para nossa discussão sobre mercados:

1. Geografia
2. Tamanho
3. Densidade
4. Comportamento

Esse modelo de mercado é ilustrado na Figura 8.1

O capítulo está estruturado em torno dessas quatro dimensões básicas. Cada seção principal discute uma delas. A ênfase será mostrar como influenciam a estratégia de desenho do canal. Como a quarta dimensão, comportamento do mercado, é a mais complexa, a maior parte deste capítulo lhe será dedicada.

GEOGRAFIA DO MERCADO E ESTRATÉGIA DE DESENHO DE CANAL

Geografia do mercado refere-se à extensão geográfica dos mercados e à sua localização. Se o gerente de canal faz as perguntas "Com o que nossos mercados se parecem geograficamente?" e "Quão distantes são nossos mercados?", a preocupação é com a dimensão dessa geografia.

Cabe ao gerente de canal a tarefa de avaliar a geografia do mercado em relação à estrutura de canal para se certificar de que esta é capaz de servir aos mercados de forma eficaz e eficiente. A mudança nas localizações dos mercados, resultante da expansão das fronteiras geográficas dos mercados existentes e da abertura de mercados novos e mais distantes, deve indicar para o gerente que modificações na estrutura de canal podem ser necessárias. A Starbucks, por exemplo, nos últimos anos instalou suas cafeterias não só em todos os estados dos Estados Unidos, mas também em todo o mundo, incluindo muitos países da Europa, da Ásia e da América do Sul, seguindo os passos de outras empresas, como McDonald's, Burger King e Kentucky Fried Chicken, que já, há muitos anos, têm estabelecido seus restaurantes em todo o mundo. Essas empresas não deixaram a distância geográfica ficar no caminho entre elas e seus consumidores-alvos. Em vez disso, têm desenvolvido e adaptado suas estruturas de canal para servir esses mercados distantes de forma eficaz e eficiente. No Capítulo 18, que aborda os canais de marketing globais, examinaremos essa questão com mais detalhes.

Claro, outra abordagem utilizada nos últimos anos para lidar com mercados distantes é por meio de canais de comércio na internet, que proporciona alcance mundial eletronicamente, tornando, portanto, a distância geográfica menos importante, pelo menos em teoria. Na prática, esse não foi o caso especialmente para empresas que vendem produtos físicos que, depois de escolhidos e embalados, precisam ser enviados a grandes distâncias. A conclusão do pedido, a logística e o atendimento ao consumidor ainda apresentam desafios tanto para o mercado consumidor quanto para o de negócios, mesmo com o poder da tecnologia da internet.[5] Voltaremos a esse assunto com maior profundidade no

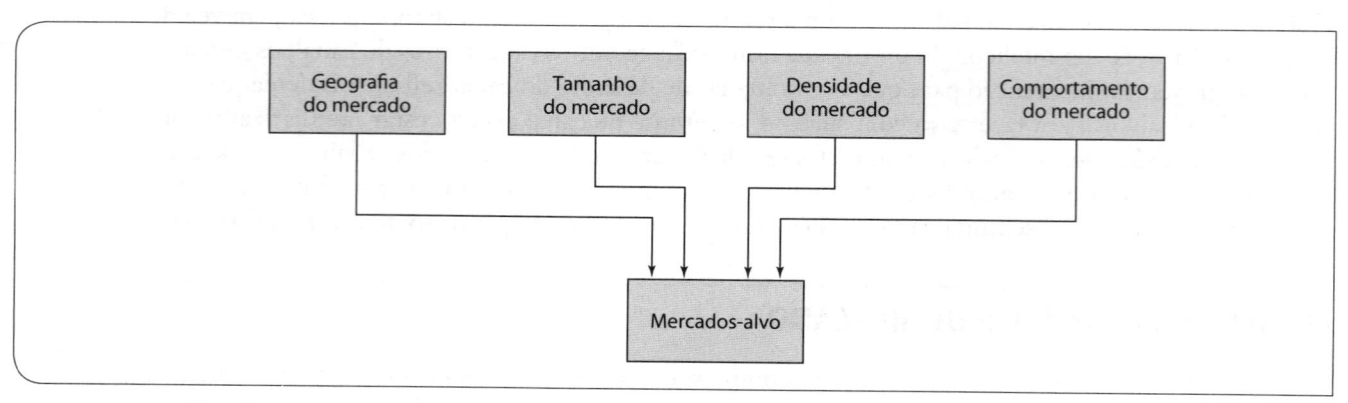

FIGURA 8.1 ▶ Modelo para análise das dimensões de mercado em relação ao desenho de canal.

© Cengage Learning 2013

Capítulo 13, que se concentra em logística e gerenciamento da cadeia de suprimentos, e no Capítulo 15, que trata dos canais de marketing eletrônicos.

Localizando mercados

Como parte da estratégia global de marketing da empresa, o gerente de canal pode ser acionado para delinear a localização geográfica dos mercados-alvo. Em geral, isso pode ser feito em termos de uma ou mais unidades geográficas comumente aceitas. O Bureau of the Census, por exemplo, lista dados para uma série de entidades geográficas, como estados, regiões e divisões, condados, áreas estatísticas metropolitanas (*metropolitan statistical areas* – MSAs), cidades selecionadas, municípios e várias outras designações especiais norte-americanas. O Quadro 8.1 fornece definições para essas entidades geográficas. Códigos postais também são úteis para delinear mercados geograficamente.

▸ **QUADRO 8.1** Áreas geográficas para as quais os dados do censo estão disponíveis

Termos geográficos e definições usados pelo U.S. Census Bureau

O U.S. Census Bureau produz estimativas populacionais para o país, os estados, o Distrito de Colúmbia, Porto Rico, condados e equivalentes, espaços incorporados, divisões civis menores, cidades consolidadas, regiões e divisões do censo e áreas metropolitanas.

Regiões e divisões do censo

São delimitados dois conjuntos de áreas subnacionais, compostas de estados. Esse sistema consiste em quatro regiões geográficas e nove divisões. A região Nordeste inclui a divisão da Nova Inglaterra: Connecticut, Maine, Massachusetts, New Hampshire, Rhode Island e Vermont; a divisão *Middle Atlantic*: New Jersey, Nova York e Pensilvânia. A região *Midwest* inclui a divisão *East North Central*: Illinois, Indiana, Michigan, Ohio e Wisconsin; e a divisão *West North Central*: Iowa, Kansas, Minnesota, Missouri, Nebraska, Dakota do Norte e do Sul. A região *South* inclui a divisão *South Atlantic*: Delaware, Distrito de Colúmbia, Flórida, Geórgia, Maryland, Carolina do Norte e do Sul, Virgínia, West Virginia; a divisão *East South Central*: Alabama, Kentucky, Mississippi e Tennessee; e a divisão *West South Central*: Arkansas, Louisiana, Oklahoma e Texas. A região *West* inclui a divisão *Mountain*: Arizona, Colorado, Idaho, Montana, Nevada, Novo México, Utah e Wyoming; e a divisão *Pacific*: Alasca, Califórnia, Hawaí, Oregon e Washington.

Condados (e equivalentes)

Condados são as divisões legais básicas da maioria dos estados. A maior parte deles representa unidades governamentais operantes cujos poderes e funções variam de estado para estado. Na Louisiana, essas divisões primárias são conhecidas como *"parishes"*. No Alasca, o equivalente a um condado consiste em bairros ou "áreas do censo" legalmente organizados, delineados para propósitos estatísticos pelo estado do Alasca e pelo U.S. Census Bureau (desde 1980). Em quatro estados (Maryland, Missouri, Nevada e Virgínia), várias cidades são independentes de qualquer organização de condados, constituindo, assim, divisões primárias de seus estados; o U.S. Census Bureau refere--se a esses lugares como "cidades independentes", tratando-os como equivalentes aos condados para propósitos de avaliação. O Distrito de Colúmbia não tem divisões primárias, e toda a área é considerada equivalente a um condado. Em Porto Rico, os municípios são as divisões primárias, tratadas como condados para propósitos de avaliação. Mudanças legais em limites ou nomes de condados costumam ser raras.

Divisões civis menores

Subdivisões de condados legalmente definidas são chamadas de divisões civis menores (*minor civil divisions* – DCMs), que são as divisões primárias de um condado. Compreendem entidades governamentais operantes – isto é, aquelas com agentes eleitos que prestam serviço e angariam receita – e inoperantes que existem principalmente para propósitos administrativos, como distritos eleitorais. Vinte e oito estados e Porto Rico têm DCMs. No entanto, estas operam como unidades governamentais com objetivos gerais em todos ou partes de apenas 20 estados. Dentro desses 20 estados, o Population Estimates Program (PEP) produz estimativas para todas as DCMs governamentais operantes e inoperantes em condados que contêm pelo menos uma operante.

Os poderes e funções legais das DCMs variam entre os estados. A maioria delas, em 12 estados (Connecticut, Maine, Massachusetts, Michigan, Minnesota, New Hampshire, New Jersey, Nova York, Pensilvânia, Rhode Island, Vermont e Wisconsin), atua como governos locais com objetivos gerais. Nos oito estados restantes para os quais o PEP produz estimativas (Illinois, Indiana, Kansas, Missouri, Nebraska, Dakota do Norte e do Sul e Ohio), as DCMs, em sua maioria, executam um menor papel governamental e são menos

(Continua)

(Continuação)

conhecidas localmente, mesmo que sejam unidades governamentais ativas.

As DCMs são principalmente conhecidas como cidades (em Nova Inglaterra, Nova York e Wisconsin), vilas e distritos, mas também incluem uma variedade de outras entidades. Em Maine e Nova York, reservas indígenas não fazem parte de nenhuma outra DCM e, portanto, o U.S. Census Bureau as trata como DCMs. O PEP não produz estimativas separadas para reservas indígenas, independentemente do seu *status* de DCM. Em alguns estados, vários locais incorporados são subordinados às DCMs nas quais estão localizados. Em consequência, um local pode ser dependente ou independente de uma DCM. Em um estado (Ohio), um local com vários condados pode ser tratado de forma diferente de acordo com o condado. Não há nenhuma DCM operante em Porto Rico.

Espaços incorporados

As designações, poderes e funções legais de espaços incorporados variam de estado para estado. Estes incluem cidades (exceto em Nova Inglaterra, Nova York e Wisconsin, onde o U.S. Census Bureau reconhece algumas cidades como DCMs para efeito de censo), bairros (exceto no Alasca, onde o U.S. Census Bureau reconhece bairros como equivalentes a condados, e em Nova York, onde reconhece os cinco bairros que constituem a cidade de Nova York como DCMs) e vilas. Espaços incorporados podem cruzar fronteiras de condados e de DCMs.

Quando isso acontece, o nome do local é seguido pela designação "pt" (que representa parte). O PEP produz estimativas da área não incorporada de "saldo de condado" para aqueles que não são inteiramente compostos por espaços incorporados. Outra forma de entender isso é pensar no "saldo de condado" como a população de um condado menos a do condado residente em espaços incorporados.

Cidades consolidadas

Unidades de governo nas quais as funções de um espaço incorporado e seu condado ou DCM se fundiram. Os aspectos legais dessa ação podem resultar no espaço incorporado e no condado ou DCM continuando a existir como entidades legais, mesmo que o condado ou DCM exerçam pouca ou nenhuma função governamental. Onde um ou mais espaços incorporados dentro do governo consolidado continuam a funcionar como unidades governamentais separadas, o espaço incorporado primário é chamado "cidade consolidada".

As estimativas são exibidas para cidades consolidadas e para o "saldo" da cidade consolidada, que é a cidade consolidada menos os espaços incorporados semi-independentes localizados dentro dela. As cidades consolidadas incluem: Condado de Athens-Clark, GA; Condado de Augusta-Richmond, GA; Butte-Silver Bow, MT; Indianápolis, IN; Condado de Louisville-Jefferson, KY; Millford, CT; e Nashville-Davidson, TN. Também são produzidas estimativas para os espaços semi-independentes que, junto com o "registro de saldo", somam o território completo da cidade consolidada.

Áreas estatísticas metropolitanas e micropolitanas

O conceito geral de uma área estatística metro ou micropolitana é de uma área central que contém um núcleo populacional expressivo junto com comunidades vizinhas com alto grau de integração econômica e social em relação à central. Essas áreas compreendem um ou mais condados inteiros. Para mais informações, acesse: <www.census.gov/population/www/estimates/aboutmetro.html>.

Fonte: U.S. Census Bureau, Population Division Washington, DC.

Uma combinação dessas entidades geográficas em geral serve como base para especificar a localização dos mercados. O Quadro 8.2 lista algumas fontes úteis para a obtenção de dados geográficos de mercado adicionais.

Mais difícil do que localizar mercados é acompanhar as mudanças geográficas nos mercados existentes e prevê-las no futuro. Dada a crescente mobilidade das populações, o gerente de canal não pode esperar que a geografia do mercado permaneça estável por um longo período de tempo.

Em um contexto global, a geografia do mercado também mudou de forma drástica nos últimos anos. Mais notavelmente, países do Sudeste Asiático, bem como os antigos países do Bloco do Leste da Europa Central e Oriental, tornaram-se locais-chave para os mercados emergentes.

Felizmente, gerentes de canal não precisam medir, controlar e prever essas mudanças. Esse é um trabalho para especialistas em geografia, demografia, sociologia e economia, e grande parte dos dados que geram está disponível em fontes secundárias. O que é exigido desse gerente, no entanto, é consciência e sensibilidade no que diz respeito às mudanças na geografia do mercado refletidas nos dados e vontade de examinar suas possíveis implicações nas decisões de desenho de canal.

Fonte	Descrição
Metropolitan Map Series, do Census Bureau	Publicado pelo Departamento de Comércio dos Estados Unidos. Os mapas retratam todas as Áreas Estatísticas Metropolitanas Padrão definidas oficialmente. A versão computadorizada, chamada *GBF/DIME* (Geographic Base File/Dual Independent Map Encoding) também está disponível.
Commercial Atlas and Market Guide	Publicado por Rand McNally. Contém mapas regionais, estaduais e de áreas metropolitanas, assim como uma grande quantidade de dados sobre economia, transporte, comunicação e população. Contém ainda mapas canadenses e mundiais e informações.
County and City Data Books	Publicado pelo U.S. Census Bureau. Resumo prático de estatísticas e estrutura social e econômica dos condados e das cidades dos Estados Unidos.
Editor and Publisher Market Guide	Publicado por Editor and Publisher. Contém Mapas de Guias de Mercado, que mostram a localização de todas as cidades com jornais diários dos Estados Unidos, e as do Canadá, bem como as áreas metropolitanas dos Estados Unidos, e as informações sobre população, habitação, indústrias, jornais e outros dados de cada local.
The Sourcebook of ZIP Codes	Publicado por ESRI Business Solutions (antes CACI Marketing Systems). Todos os códigos postais residenciais e não residenciais. Poder de compra indicado para 20 categorias de serviços/produtos; dados de negócios incluem o total de empresas e de funcionários.

© Cengage Learning 2013

TAMANHO DO MERCADO E ESTRATÉGIA DE DESENHO DE CANAL

A segunda dimensão da estrutura de mercado, **tamanho do mercado**, refere-se ao número de compradores ou potenciais compradores (de consumo ou industriais) em determinado mercado.

Bucklin desenvolveu um modelo, relacionando o tamanho do mercado à estrutura de canal, que oferece uma contribuição para o uso de dados dessa dimensão,[6] mostrado na Figura 8.2. Nela, o eixo horizontal mede o número de compradores no mercado, com cada um comprando aproximadamente o mesmo número de unidades em cada transação. "Cd" é o custo direto do canal, quase constante para cada comprador. A ligeira inclinação descendente ocorre por causa da provável existência de economias de mercado externas para volumes maiores (melhores instalações de mercado a um custo menor). Por outro lado, o canal usando intermediários, "Cm", mostra altos custos para um mercado pequeno, com uma diminuição acentuada de volume maior. Os altos custos iniciais resultam dos custos extras de manipulação e transação, necessários para o canal intermediário. Em um nível baixo de volume, qualquer economia na concentração e na dispersão é insuficiente para compensar esses custos. Contudo, como o volume aumenta e o custo do uso de intermediários está espalhado por um número maior de compradores, o custo diminui. Quando o tamanho do mercado atinge o ponto "Ue" na Figura 8.2, o custo da estrutura intermediária é igual ao da estrutura de venda direta. Como o mercado se torna ainda maior (à direita de "Ue"), a estrutura de canal usando intermediários tem custos mais baixos.

A visão fornecida pelo modelo de Bucklin sobre a possível relação entre tamanho do mercado e estrutura de canal é de uso específico para o gerente de canal na Fase 1 da decisão de desenho de canal (saber quando uma decisão de desenho de canal é necessária). Mantendo esse modelo teórico em mente, o gerente, de posse dos dados sobre variações de tamanho do mercado, provavelmente será mais sensível às suas implicações na estrutura de canal. Por exemplo, se os dados de previsão do mercado indicarem um aumento substancial no número de compradores em um mercado específico, deverão surgir perguntas como:

1. O aumento no número de compradores vai elevar ou diminuir o custo médio de atender nossos compradores?

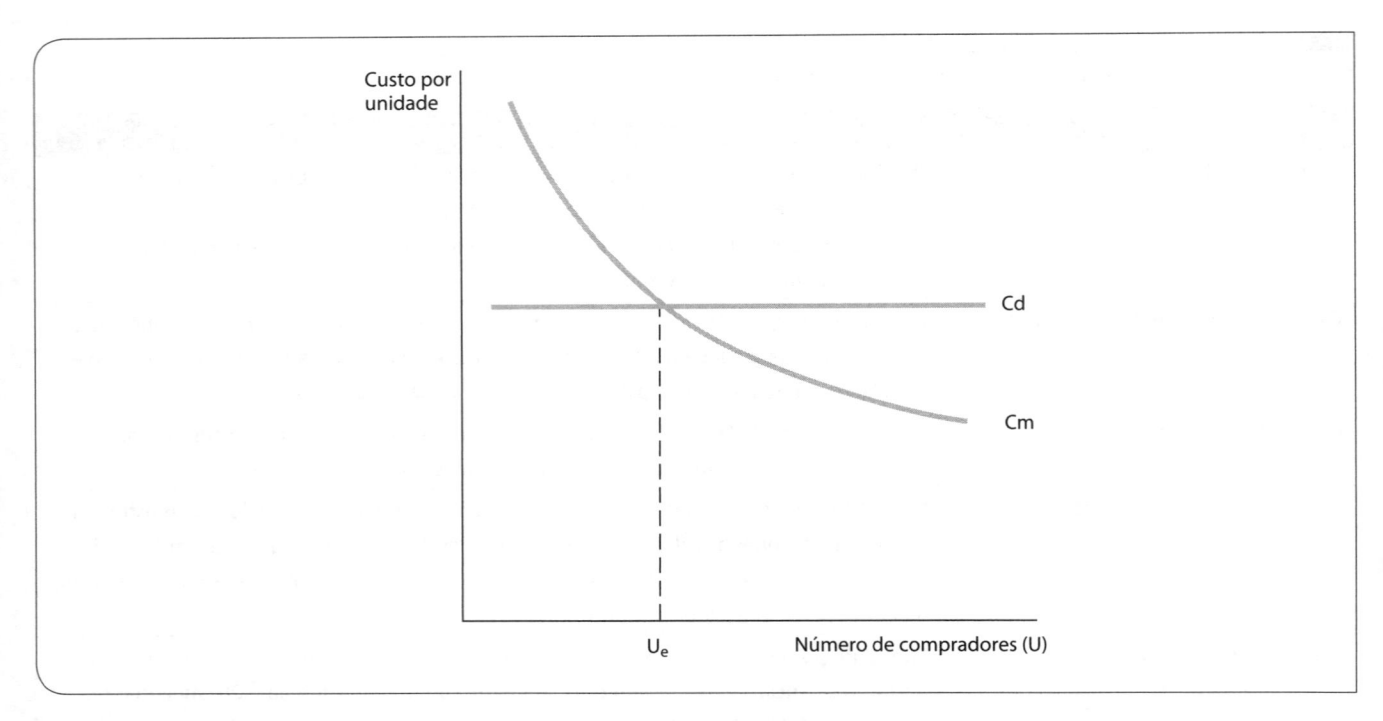

FIGURA 8.2 ▶ Efeito do número de compradores (U) sobre o custo direto relativo do canal *versus* o canal intermediário.

Fonte: Louis P. Bucklin. *Competition and evolution in the distributive trades.* (Reproduzido com permissão de Prentice-Hall, Inc., Englewood Cliffs, N. J. © 1972).

2. Se um aumento em custos médios é provável, nossa estrutura de canal atual pode ser alterada para reduzi-los antes de o mercado atingir seu tamanho previsto?

3. Se tais mudanças estruturais podem ser feitas, isso poderia produzir uma vantagem diferencial para nossa empresa?

A teoria não oferece uma base clara para responder a essas perguntas. Portanto, uma grande dose de julgamento que leva em conta as peculiaridades das situações particulares e outras variáveis ainda é necessária.[7] Tomemos, por exemplo, o caso de uma empresa que tenta alcançar compradores adicionais em novos territórios. Nessa situação, uma correlação altamente positiva entre a geografia do mercado e as dimensões do seu tamanho é muito provável porque o tamanho geográfico e o número de compradores estão aumentando juntos. Por conta dessa situação específica, a resposta à pergunta 1 pode ser que o tamanho crescente do mercado *elevará* o custo médio de atender os compradores no mercado. Por outro lado, se o tamanho do mercado está aumentando enquanto sua dimensão geográfica permanece constante (isto é, se os compradores adicionais são atraídos aos territórios geográficos atuais), o efeito sobre os custos pode ser muito menor. Tal crescimento no tamanho do mercado dentro de um mercado geográfico essencialmente fixo permitiu que um canal de marketing muito "antiquado" — entrega de leite em domicílio — voltasse à cena recentemente. Esse tipo de entrega foi, por muitas décadas, o canal dominante para o leite. No começo dos anos 1960, esse canal, porém, praticamente desapareceu. Supermercados e lojas de conveniência tornaram-se os canais preferidos para a maioria dos consumidores. Contudo, com a recente demanda por alimentos "frescos", "naturais" e "orgânicos", algumas pequenas fábricas de laticínios, como a Crescent Ridge Dairy Inc., de Sharon, Massachusetts, passaram a vender seu leite produzido localmente em garrafas de vidro, entregando-as diretamente na porta dos consumidores, oferecendo-lhes uma experiência superior. Essa estratégia de posicionamento, no entanto, só poderia funcionar se os custos de entrega fossem mantidos sob controle. Felizmente, como o crescimento da demanda de consumidores por entrega em domicílio ocorreu dentro de uma área geográfica estável de Sharon, Massachusetts, os motoristas puderam cobrir seus territórios de forma rápida e eficiente.[8]

DENSIDADE DO MERCADO E ESTRATÉGIA DE DESENHO DE CANAL

Densidade do mercado refere-se ao número de compradores ou potenciais compradores por unidade de área geográfica. Essa dimensão também deve ser considerada na estratégia de desenho de canal em virtude da sua relação com a estrutura de canal.

Um conceito útil que ajuda a ilustrar essa relação é o **congestionamento eficiente**.[9] De acordo com ele, mercados congestionados (de alta densidade) podem promover eficiência no desempenho de várias tarefas básicas de distribuição, particularmente as de *transporte*, *armazenamento*, *comunicação* e *negociação*.

Com respeito ao transporte e ao armazenamento, uma alta concentração geográfica de consumidores permite que a mercadoria seja transportada em grandes lotes aos mercados concentrados e armazenada em um número relativamente pequeno de estoques, capazes de atender adequadamente aos mercados compactos. Para mercados caracterizados por baixos níveis de densidade, menores quantidades de mercadorias têm de ser transportadas, o que requer estoques menores.

Em termos de tarefas de comunicação e negociação, mercados densos facilitam seus fluxos.[10] Isso é especialmente verdadeiro quando informações e negociações "face a face" são necessárias. Por exemplo, se um vendedor do fabricante deve visitar 50 consumidores, isso levará muito menos tempo e esforço de vendas se eles estiverem localizados dentro de uma área de 100, em vez de 500km^2.

A principal implicação estratégica dessa discussão é que a chance de alcançar um nível relativamente alto de acesso a consumidores a um custo baixo é maior nos mercados densos do que nos mais dispersos. Em consequência, fabricantes de uma vasta gama de produtos, incluindo automóveis, eletroeletrônicos, alimentos, artigos esportivos, roupas, ferramentas e muitos outros, procuram distribuidores e varejistas que operem em mercados densos. Apesar de estes em geral estarem localizados nas principais áreas metropolitanas e serem os mais competitivos, o grande número de consumidores em estreita proximidade com enormes variedades de produtos oferece maior oportunidade e mais alto nível de eficiência. Em suma, altas concentrações de consumidores estimulam canais de marketing que as tornam disponíveis a estes. Assim, consumidores se beneficiam por ter uma vasta gama de produtos convenientemente disponíveis a preços competitivos. Os membros do canal nos níveis fabricante, atacadista e varejista, ainda que com frequência confrontados com intensa concorrência nos mercados densos, têm a vantagem do congestionamento eficiente fornecido pelos mercados de alta densidade.

Apesar de a relação entre os mercados densos e a estrutura de canal parecer direta, o mundo real nem sempre se adapta a essas implicações perfeitas. Um exemplo disso envolve o mercado japonês de bens de consumo. O Japão demonstra ter um mercado feito sob medida para estruturas de canal curtas. Uma população imensa (quase a metade da americana) está concentrada em uma área que corresponde a apenas 4% da dos Estados Unidos. Mesmo assim, os canais são tudo, menos pequenos. As vendas diretas do fabricante ao consumidor são praticamente inexistentes, e uma estrutura de três níveis (fabricante → varejista → consumidor) é muito rara. Muito mais comum é ter diversos níveis de atacadistas agindo entre o fabricante e o varejista, resultando em estruturas de canal de quatro níveis ou mais (ver Figura 8.3).[11]

A razão para ter estruturas de canal tão longas, mesmo diante de mercados tão densos, é resultado dos antigos padrões socioculturais japoneses. Historicamente, as estruturas de canal longas e complexas cresceram com o desenvolvimento das vilas japonesas, que em geral não confiavam umas nas outras. Muitos intermediários neutros eram necessários para vender mercadorias de uma vila à outra. Por isso, quando as empresas comerciais começaram a surgir, no fim do século 19, tornaram-se tão importantes na compra e venda que muitos fabricantes jamais se preocuparam com o desenvolvimento de forças de venda.

Um gerente de canal que não estivesse familiarizado com a cultura japonesa estaria em dificuldade se visse com entusiasmo esse denso mercado como a "oportunidade perfeita" para uma distribuição direta baseada no congestionamento eficiente. Assim, mesmo que o conceito de congestionamento eficiente seja um modelo útil para relacionar a densidade do mercado-alvo à estratégia de desenho de canal, com certeza não é um modelo completo. Outros fatores, mesmo os aparentemente obscuros,[12] como as nuanças da história e da cultura do Japão, podem compensar a aparente "sólida" relação entre a densidade do mercado e a estrutura de canal.

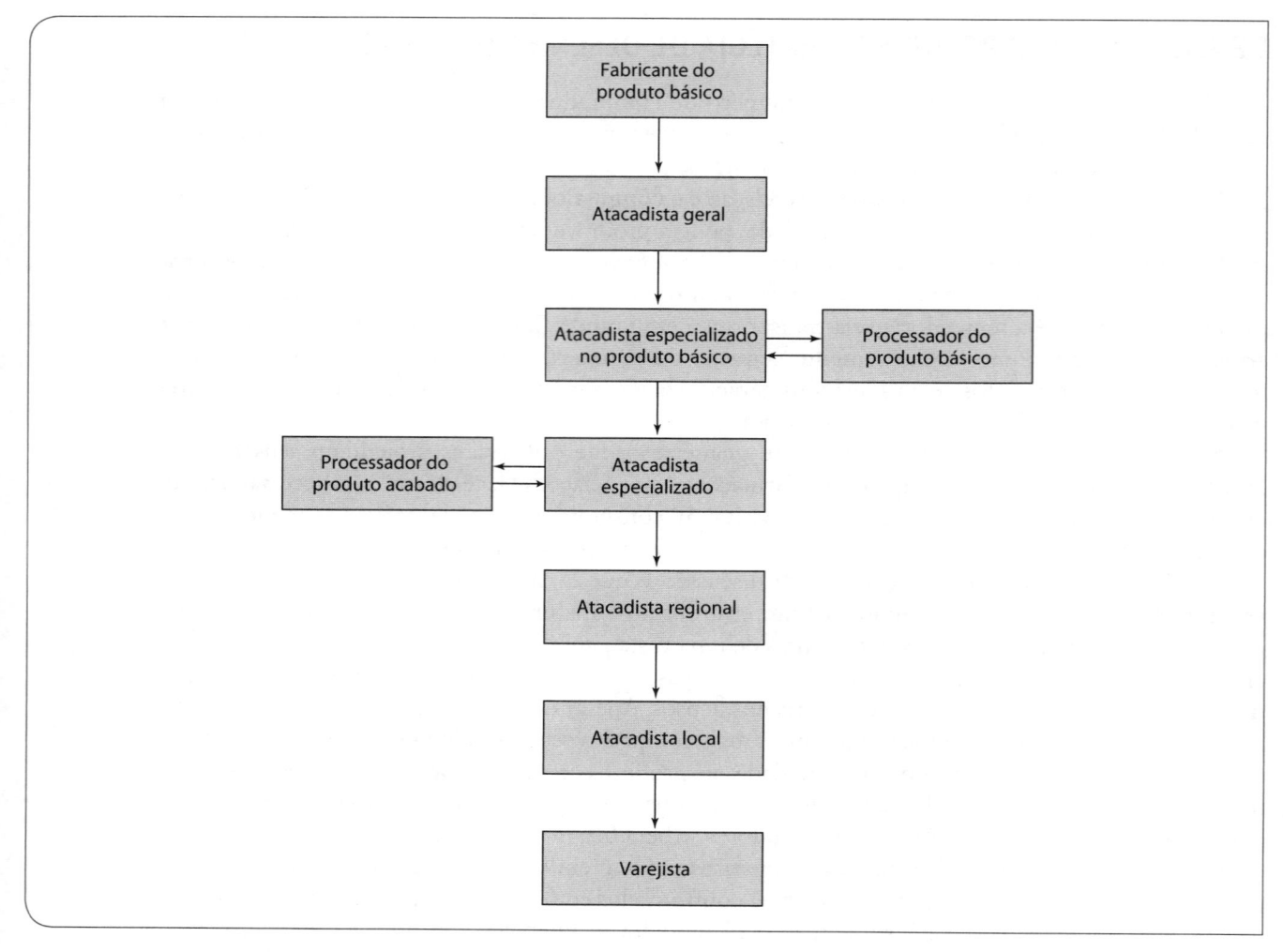

FIGURA 8.3 ▶ Canal de distribuição típico do Japão para um produto de consumo.

Fonte: Louis P. Bucklin. *Competition and evolution in the distributive trades.* Prentice-Hall, 1972.

Copyright © Louis P. Bucklin. Todos os direitos reservados. Reprodução permitida.

COMPORTAMENTO DO MERCADO E ESTRATÉGIA DE DESENHO DE CANAL

Essa quarta dimensão, **comportamento do mercado**, consiste em quatro subdimensões: *quando, onde e como o mercado compra*, e *quem compra*.

Quando os consumidores compram

Nem consumidores nem mercados industriais compram produtos em períodos precisamente previsíveis que permaneçam constantes no tempo. Com frequência ocorrem variações sazonais, semanais e diárias. Muito mais esquis são vendidos aos consumidores no inverno do que no verão. Condicionadores de ar, pneus de neve, anticongelantes, gemada, camisas de manga curta e equipamentos de jardim são outros exemplos óbvios de produtos em geral comprados sazonalmente.

Variações diárias e semanais no comportamento do comprador são comuns no nível varejista, e mudam entre as diferentes áreas comerciais em todo o país. Em algumas, a quarta-feira pode ser a grande noite de compras, enquanto, em outras, pode ser quinta ou sexta-feira. Muitas tendências de compras têm seguido um padrão bastante semelhante no nível nacional; no entanto, na forma de lojas abrindo sete dias por semana e funcionando até tarde da noite em todos os dias da semana, ou até mesmo 24 horas por dia. Muitas empresas de vendas por catálogo oferecem aos consumidores a oportunidade de fazer compras 24 horas por dia, sete dias por semana, 365 dias por ano. Em alguns casos, elas fornecem esse serviço com operadores ao vivo, ou por correio de voz, fax e, de forma crescente, pela internet.[13]

Fazer compras pela internet durante o horário de trabalho também se tornou bastante comum nos últimos anos. De fato, estudos mostram que o período de pico do dia para fazer compras on-line é às 13h, enquanto o mais lento fica entre as 23h e as 4h. Essa atividade, então, sobe rapidamente no início da manhã até o nível de pico ser alcançado no início da tarde (13h). Os dias da semana com maior volume desse tipo de compras são as segundas e terças-feiras, enquanto sábados e domingos mostram o volume mais baixo.[14]

Duas implicações importantes para o gerente de canal estão relacionadas com essa subdimensão "quando os consumidores compram".

Para começar, as variações sazonais tendem a criar picos e vales na agenda de produção do fabricante. Às vezes, quase não há capacidade de produção suficiente para atender à demanda, enquanto, em outras, há excesso. De forma geral, o desejo do fabricante seria suavizar esses picos e vales na produção porque isso normalmente diminuiria os custos médios de produção. Uma maneira de tentar fazê-lo é produzir fora da temporada e manter os produtos em estoque até a estação de forte demanda. Mas essa pode ser uma estratégia cara e potencialmente perigosa se o fabricante mantiver o estoque sozinho. Os custos criados para manter o estoque — tais como para armazenamento, manuseio, seguro e financiamento (custo de oportunidade), além do risco de ter perdas, mercadorias roubadas e/ou obsoletas — podem mais do que compensar a economia do custo de produzir em nível constante. Se, no entanto, o fabricante pode ter membros do canal estocando parte dessa mercadoria na baixa temporada, uma parcela dos custos e riscos pode ser deslocada para eles. Mas os membros do canal não gostam de comprar no período de baixa temporada, a menos que lhes sejam oferecidos incentivos especiais — em particular na forma de descontos no preço – para compensar os custos adicionais e os riscos envolvidos. Somente o fabricante mais poderoso, que goza de uma posição verdadeiramente dominante no canal, pode conseguir vendas fora de temporada sem incentivos de preço. Para aqueles que não têm essa posição, é muito provável que estímulos de preço sejam necessários. Portanto, fabricantes que passam por grande sazonalidade na venda de seus produtos devem tentar selecionar membros do canal que sejam receptivos a estímulos de preços para a compra fora da temporada. Em outras palavras, a disposição de comprar na baixa temporada (com estímulos de preço) deve ser usada como um critério para a seleção de membros do canal.

A segunda implicação e como afeta a estratégia de desenho de canal também é de particular relevância na fase de seleção do desenho de canal. Simplesmente, o gerente de canal deve tentar *selecionar membros do canal que estejam em sintonia com a mudança dos padrões de quando as pessoas compram*. Em outras palavras, ele deve tentar evitar selecionar membros que não acompanhem as fases da demanda dos mercados a que atendem. Por exemplo, alguns varejistas continuarão fechados aos domingos, muito embora esse dia tenha se tornado o preferido dos consumidores suburbanos de vários tipos de produtos. Muitos revendedores de automóveis mantiveram, por décadas, um horário do seu departamento de serviços que era extremamente inconveniente para os consumidores. No geral, eles fechavam mais cedo durante a semana e não abriam aos sábados e domingos. Alguns desses revendedores estão finalmente começando a oferecer um horário de funcionamento mais conveniente, ficando abertos por mais tempo durante a semana e por algumas horas aos sábados.[15]

Incluir no canal varejistas alheios a essa necessidade pode prejudicar significativamente a posição competitiva do fabricante nos mercados por ele atendidos. Da mesma forma, no mercado industrial, distribuidores que mantêm períodos curtos de trabalho podem não fornecer o melhor nível de serviço possível aos consumidores. Isso, por sua vez, pode prejudicar a posição competitiva do fabricante. Embora alguns desses tradicionais "comerciantes de rua" e "distribuidores convencionais" ainda existam, seus dias estão contados. Seu horário de funcionamento reflete uma tentativa de tornar a vida mais fácil para *eles*, em vez de para seus consumidores. Então, independentemente de sua tradição, anos de comércio e famosas reputações, os fabricantes que desejam tornar seus produtos convenientemente disponíveis aos consumidores vão confiar cada vez menos neles para atingir mercados-alvo.[16]

Onde os consumidores compram

Os tipos e a localização de estabelecimentos que os consumidores escolhem para fazer suas compras devem ser um importante condutor da estratégia de desenho de canal.[17] Essa subdimensão está intimamente relacionada à de geografia do mercado, já discutida neste capítulo. Isso porque, no fim das contas, os tipos de estabelecimentos escolhidos pelos consumidores e suas localizações determinam as localizações geográficas reais dos mercados a que o gerente de canal pretende atender. Nosso foco nessa seção será examinar brevemente os padrões comportamentais básicos dos compradores que afetam as localizações de mercado e, por sua vez, o desenho de canal.

Uma pesquisa sobre onde os consumidores compram muitas vezes baseia-se na suposição de que eles se comportarão de modo a maximizar sua conveniência na seleção de lojas de varejo. Ou seja, o consumidor é visto como envolvido no equilíbrio entre a conveniência de varejistas próximos e distantes e o custo, o tempo e a energia que devem ser gastos para superar a distância. Se esse custo for muito alto para frequentar uma loja distante, o consumidor vai procurar a que estiver mais perto.[18] Encontrar uma localização conveniente em termos de tempo de viagem, percorrido por automóvel, a pé, ou, em alguns casos, de proximidade dos pontos de ônibus ou estações de metrô ou trem, tem sido uma condição *sine qua non* para uma boa localização de varejo.[19] Esse tem sido o caso especialmente de lojas que vendem mercadorias de conveniência, entre as quais a concorrência intensa é predominante e uma vantagem diferencial baseada em variáveis não relacionadas ao preço é difícil de alcançar. Supermercados, por exemplo, têm aprendido com pesquisas de mercado e percebem que uma localização conveniente é de esmagadora importância para atrair a preferência do consumidor. Para os varejistas que trabalham com bens de consumo e especializados, como lojas de departamento e especializadas, a localização bastante conveniente também é de grande importância. No entanto, alguns locais menos privilegiados podem ser escolhidos por varejistas que criam vantagens diferenciais com base em mercadorias incomuns, variedades e sortimentos extraordinários, serviços especiais ou outros fatores. Nesses casos, os consumidores podem estar dispostos a viajar mais longe para ter acesso a essas lojas. Ao fazer isso, eles se envolvem num comportamento de concessão: renunciam a alguma conveniência em favor de outros fatores oferecidos pelos varejistas mais distantes.[20]

Com o crescimento das compras on-line como alternativa de canal principal nos últimos anos, a localização dos varejistas ou outros vendedores é de pouca ou nenhuma preocupação para os consumidores que optaram por usar esse tipo de canal. Para estes, seleção, disponibilidade e preço do produto são fatores-chave que determinam quais vendedores on-line serão escolhidos.

Mesmo com o enorme crescimento das vendas on-line durante a primeira década do século 21, passando de apenas alguns bilhões de dólares em 2000 para mais de $175 bilhões em 2010, esse tipo de venda ainda representa menos de 4% do total do varejo por meio de todos os canais. Assim, a maioria das compras dos consumidores ainda é feita por via tradicional, ou seja, canais de distribuição com instalações físicas.[21]

Assim, enquanto os gerentes de canal não podem ignorar os canais de marketing eletrônicos ou on-line, muito da sua atenção ainda precisa estar focada na alteração dos padrões de onde os consumidores estão comprando no mundo dos canais convencionais. Por exemplo, muito menos consumidores vão às lojas de vídeo; então, literalmente, milhares de locadoras fecharam ao longo dos últimos anos. A antes poderosa Blockbuster pediu proteção contra falência, já que os consumidores mudaram para outros canais, incluindo TV a cabo, por correspondência, *downloads* do iTunes, Hulu, Netflix e máquinas de venda automática.[22]

Considere também o Walmart, maior varejista do mundo. Durante décadas, esse gigante varejista foi famoso pelas megalojas nos subúrbios americanos. Agora, planeja abrir centenas de lojas muito menores em áreas urbanas de todo o país. Por que o Walmart está fazendo isso? Milhões de consumidores em áreas urbanas, muitos deles nas faixas de baixa renda, estão procurando por conveniência. Eles querem lojas em seus bairros que ofereçam uma boa seleção e preços baixos. O alto custo da gasolina acelerou essa demanda.[23]

No campo da saúde, visitar farmácias de varejo para ter suas receitas aviadas é atualmente o canal escolhido por milhões de consumidores. Mas esse é um canal de alto custo que empresas de administração de benefícios para farmácia, como a Express Scripts, de St. Louis, estão procurando mudar. Ela quer que os consumidores mudem para canais por correspondência para suas compras recorrentes de medicamentos.[24] Fornecedores por correspondência podem aviar receitas por meio de farmácias centralizadas, altamente automatizadas e em grande escala, bem como fornecer um estoque de três meses, em vez da oferta de um mês disponível em farmácias de varejo convencional, resultando em uma grande economia de custos. A Express Scripts será bem-sucedida em sua busca por mudanças nos canais em que milhões de consumidores têm suas receitas médicas aviadas? Só o tempo dirá. Mas os primeiros indícios sugerem que a companhia terá uma resposta positiva por parte dos consumidores.[25]

Passando de cuidados de saúde aos canais de alta moda, parece que um grande número de consumidores ricos, prejudicados com a Grande Recessão de 2008, agora quer ter mais acesso aos produtos de moda em *outlets*. Na verdade, um grande estudo constatou que 75% dos consumidores que ganham mais de $ 100.000 estão favoravelmente dispostos a fazer compras em *outlets*.[26] O resultado? Varejistas americanos famosos, como Bloomingdales, Lord & Taylor, Neiman Marcus Group, Saks Inc. e Nordstrom, abriram ou vão abrir outlets em todo o país.

Esses são, obviamente, apenas alguns exemplos das mudanças que ocorrem nos canais onde consumidores compram. Muitas outras estão ocorrendo e continuarão a ocorrer no futuro. E essas mudanças podem não seguir um roteiro previsível ou óbvio, como a evolução da alta tecnologia que leva, inevitavelmente, a canais de alta tecnologia. A realidade tende a ser mais complicada do que isso. De fato, como já mencionamos neste capítulo, alguns canais realmente "antiquados", como mercados agrícolas e a entrega de leite em domicílio por leiteiros, podem aparecer junto com os canais de marketing mais modernos e de alta tecnologia!

Como os consumidores compram

As preferências do consumidor, refletidas no comportamento de compra, indicam como o mercado compra (ver Quadro 8.3 para exemplos). Cada um dos dez comportamentos mostrados no quadro pode variar entre diferentes segmentos de mercado e ao longo do tempo para qualquer categoria de produto. Por exemplo, no que diz respeito às compras de alimentos, consumidores de classe média que compram principalmente em supermercados adquirem em quantidades maiores do que os de baixa renda, em geral consumidores de lojas de bairro menores. Consumidores mais ricos também são mais propensos a exigir mais assistência dos vendedores do que os menos abastados, mais habituados

---

▶ **QUADRO 8.3** Comportamentos contrastantes em relação à forma como os consumidores compram no varejo

1. Grandes *versus* pequenas quantidades compradas em cada transação
2. Autosserviço *versus* assistência de vendedores
3. Compras em um único local *versus* em várias lojas
4. Compras por impulso *versus* uma avaliação da decisão antes de comprar
5. Uso de dinheiro *versus* crédito
6. Compras em casa on-line ou por catálogo *versus* em lojas físicas
7. Esforço substancial para a comparação de compras *versus* pouco esforço
8. Demanda de muito serviço *versus* pouco serviço
9. Uso de *smartphones* para conferir preços e compará-los dentro das lojas *versus* uso de um computador ou *notebook* para comparações fora delas
10. Uso de autoatendimento *versus* fechamento do pedido com o caixa de uma loja

© Cengage Learning 2013

ao autosserviço em muitas categorias de produto. Para quase todos os segmentos de mercado, vários desses padrões têm mudado ao longo do tempo, como a compra em um único local, a preferência por cartões de crédito e débito em vez de dinheiro e o uso da internet para compras on-line. Por exemplo, durante a temporada de férias de Natal nos Estados Unidos, as vendas on-line, como uma porcentagem das vendas totais do varejo, mais do que duplicaram, alcançando mais de 8%, contra os menos de 4% registrados em todo o ano de 2010. Alguns observadores acreditam que, quanto mais os consumidores tiverem boas experiências usando canais on-line durante os agitados períodos de festas, mais desenvolverão confiança nessa opção ao longo do ano, provocando ganhos adicionais na porcentagem total de vendas de varejo em canais on-line. O mesmo padrão também pode ser esperado para canais móveis, ou *m-commerce*. Enquanto menos de 5% dos consumidores usavam smartphones ou outros dispositivos móveis para compras no final da primeira década do século 21, um crescimento significativo é esperado à medida que ganhem mais experiência e confiança nesse canal e que os vendedores enfatizem mais o uso de canais de *m-commerce* em seu portfólio de canais.

Apesar do extraordinário crescimento de compras on-line nos últimos anos, os consumidores ainda esperam que canais convencionais também estejam prontamente disponíveis.[27] Na verdade, cada vez mais os consumidores se tornam "surfistas de canal", porque compram em múltiplos canais — lojas de varejo, por catálogos e websites. Alguns observadores da indústria têm chamado esse fenômeno de "*threetailing*" (dentro da loja, por catálogo e on-line).[28]

Alterações significativas também ocorreram em segmentos específicos de mercado. Por exemplo, o bom atendimento pessoal no varejo pode estar retornando, pelo menos nas lojas de departamento e nas especializadas. Lojas famosas, como Bloomingdale's e Neiman Marcus, têm seguido a liderança da Nordstrom em atender ao que parece ser a exigência dos consumidores por vendedores bem informados e solícitos. Ao mesmo tempo, outro segmento de consumidores está preferindo associar-se a clubes atacadistas, como Sam's Club, BJ's Wholesale e Costco, que enfatizam um ambiente espartano e serviço mínimo, mas preços baixos.[29]

Alterações dos padrões da forma como os consumidores compram também podem ser vistas como um fenômeno às vezes chamado "**compra por comando**" (*commando shopping*). O "comprador por comando" (*commando shopper*) é aquele que visita lojas que anunciam **líderes em prejuízo** (produtos vendidos com prejuízo para atrair o consumidor) mas, em vez de permanecer nelas e comprar produtos adicionais, com os quais as lojas têm uma margem de lucro significativa, só recolhe os itens anunciados como "líderes de prejuízo" e imediatamente vai embora. Esse comportamento de compras sofisticado (alguns diriam cruel) acaba com o propósito de uma das mais importantes e honradas estratégias promocionais utilizadas no varejo.

Às vezes, uma grande mudança na forma como os consumidores compram é revelada por meio de uma inovação realizada por um membro de canal que provoca resposta muito favorável do consumidor. A Kohl's, loja de departamento de desconto nos Estados Unidos que foca em roupas de marcas famosas, é um bom exemplo. Ela usa seu *layout* **de pista de corrida** para expor aos consumidores a quantidade máxima de mercadoria no menor tempo possível. Em vez de caminhar subindo e descendo os corredores, eles circulam ao redor das mercadorias à medida que se movem pela loja. Embora gastem menos tempo na loja, compram mais mercadorias.[30] Isso contradiz décadas de estratégia de *layout* de varejo, que tem se baseado no pressuposto de que, quanto mais tempo os consumidores passarem na loja, mais mercadorias adquirirão. Assim, os *layouts* de lojas de varejo têm sido, tradicionalmente, projetados como um labirinto de corredores e fileiras para manter os consumidores "presos" na loja pelo maior tempo possível.[31] Mas o enorme sucesso do *layout* circular, ou de pista de corrida, da Kohl's mostra que os consumidores apreciam o esforço de tornar as compras mais rápidas e fáceis, e a têm recompensado, abandonando os concorrentes e gastando mais na Kohl's.

A natureza potencial da mudança na maneira como os consumidores compram mostra que o gerente de canal deve estar atento às prováveis e futuras mudanças.[32] No entanto, ele também enfrenta um problema ainda mais difícil — determinar se tais mudanças são temporárias ou de longo prazo. Dada a natureza geralmente de longo prazo dos compromissos entre os membros do canal e os frequentes, altos custos de alteração de canais, o gerente não quer fazer alterações substanciais na estrutura do canal para responder às mudanças passageiras no comportamento do comprador. Fazer isso não só é caro, mas também pode estimular graves conflitos, que, por sua vez, podem ter efeitos adversos sobre o desempenho e a viabilidade do canal (ver Capítulo 4). Mesmo assim, se as mudanças na forma como os consumidores compram representarem padrões fundamentais de longo prazo, uma ação rápida na tomada de decisão sobre o desenho de canal para atender a essas alterações pode resultar em uma vantagem diferencial importante para a empresa, especialmente se o gerente de canal se antecipar aos seus concorrentes nessas decisões.[33]

Quem compra

A subdimensão de quem faz a compra tem dois aspectos: (1) quem faz a compra física e (2) quem participa das decisões de compra.

Quem faz as compras   Do ponto de vista de desenho de canal, quem realmente compra o produto pode afetar o tipo de varejista escolhido no mercado consumidor[34] e, também, influenciar os tipos de membros do canal usados para servir aos mercados industriais. Por exemplo, as mulheres tradicionalmente fazem muito mais compras em lojas de departamento do que os homens. Em consequência, produtos que são conhecidos por ser comprados sobretudo por homens não devem ser confiados a lojas de departamento como principais canais de varejo. A *compra* do produto, no entanto, não deve ser confundida com seu *uso*. Muitos produtos usados por homens (como camisas, gravatas, cuecas, produtos de higiene pessoal, joias e até mesmo alguns eletroeletrônicos) são comprados para eles por suas esposas ou namoradas em lojas de departamento. Portanto, é preciso cuidado ao fazer a distinção entre quem usa o produto e quem realmente faz a compra.

Algumas empresas, como a Kimberly-Clark Corp., têm chegado a extremos para ajudar os membros de seu canal, como Walgreen Co., Rite Aid Corp. e Family Dollar Stores Inc., a criar ambientes de canal de varejo que reflitam as exigências de quem está fazendo a compra. Especificamente, muitos dos consumidores dessas lojas têm mais de 65 anos, e uma parte significativa desse grupo de consumidores mais velhos tem limitações físicas que podem tornar um ambiente de varejo "normal" um desafio. Para descobrir quão desafiador isso pode ser, Todd Vang, vice-presidente da Walgreen, depois de passar por um programa de treinamento na Kimberly-Clark, usou óculos que deixavam sua visão turva, colocou milho de pipoca em seus sapatos e atou seus polegares na palma das mãos. E foi, então, fazer compras na loja. Após tentar encontrar, alcançar e pegar uma lata de sopa, logo percebeu as dificuldades que muitos consumidores com mais de 60 anos encontram em um ambiente típico de varejo. Para ajudar a tornar suas lojas mais acessíveis a esse público, a Walgreen vai gastar entre $ 30.000 e $ 50.000 por loja para instalar botões perto de mercadorias pesadas e lupas nas prateleiras da loja, alterar a sinalização, fornecer carrinhos de compras menores e mais fáceis de manejar, além de numerosos outros ajustes.[35]

Outro exemplo de empresa que está adaptando sua estratégia de desenho de canal para refletir quem está fazendo a compra é a gigante varejista britânica Tesco PLC. Antes de abrir uma cadeia de lojas de alimentos na Costa Oeste dos Estados Unidos, ela construiu uma "loja protótipo" em tamanho real dentro de um armazém para criar um laboratório realista e observar em primeira mão os padrões de comportamento de compra dos consumidores no tipo especial de ambiente de varejo oferecido por suas lojas, que são menores do que os típicos supermercados americanos, mas maiores do que as lojas de conveniência. O objetivo da empresa é "projetar a loja perfeita para o consumidor americano do século 21".[36] Não temos um veredicto definitivo se a Tesco atingirá esse objetivo, mas a empresa certamente fez uma séria tentativa.

Entender o comportamento dos consumidores quando compram para que a estratégia de desenho de canal reflita melhor o que eles estão buscando não se limita apenas aos canais de lojas físicas. O comportamento de compra dos consumidores on-line está sendo examinado extensivamente por empresas de pesquisa, como a ATG, com sede em Cambridge, Massachusetts, que usa uma técnica analítica chamada "previsão de preferência" para ajudar seus consumidores a criar experiências de compras on-line que serão compatíveis com o comportamento nesse tipo de compra dos consumidores em geral. Coletando dados sobre a rapidez de cliques do mouse, o tempo que os consumidores gastam nas resenhas de produtos, diferentes produtos que visualizam e uma variedade de outros fatores, a ATG é capaz de gerar conhecimento sobre o comportamento de compras dos consumidores, o que pode ajudar seus clientes a criar ambientes de canal on-line que possam realmente antecipar as preferências dos consumidores, quase como se o website tivesse lido sua mente![37]

Quem participa da decisão de compra Um aspecto mais difícil de analisar do que quem, de fato, faz a compra física é quem *decide* fazê-la. Na verdade, esse tem sido um tópico de muita pesquisa da literatura sobre comportamento do consumidor e marketing industrial.

No que diz respeito ao consumidor, a questão de quem participa da decisão de compra está geralmente no contexto de uma unidade familiar. A influência nas decisões de compra gira em torno do papel desempenhado pelo marido, pela mulher e, às vezes, pelas crianças. Por exemplo, um estudo clássico sobre padrões de influência na compra de roupas masculinas revelou que 61% dos homens que participaram da pesquisa disseram que as mulheres (esposas, namoradas ou amigas) exerceram uma grande influência sobre as decisões de compra, 20% relataram alguma influência, enquanto apenas 19% não relataram nenhuma influência.[38]

A Best Buy Co., tentando aprender mais sobre o papel das mulheres nas decisões de compra, estabeleceu o que chama de "Fóruns de Liderança Feminina", grupos informais de funcionárias e consumidores que se reúnem periodicamente em todo o país. Esses grupos mantêm discussões que ajudam a identificar a perspectiva feminina no processo de decisão do consumidor. Por exemplo, enquanto a Best Buy estava certa de que a maioria esmagadora de seus consumidores era do sexo masculino, as razões pelas quais tantas mulheres estavam decidindo não fazer compras nas suas lojas ainda eram um mistério. Uma resposta que surgiu das sessões desses fóruns foi a percepção negativa das mulheres sobre a apresentação das mercadorias, em especial os eletrodomésticos. As compradoras da Best Buy achavam que a predileção da empresa por simplesmente alinhar grandes quantidades de aparelhos fileira após fileira era fria e improdutiva. A solução, que também surgiu nos fóruns, foi redesenhar os *showrooms* da Best Buy para se parecerem com cozinhas, tornando-os mais hospitaleiros. E, assim, as vendas de eletrodomésticos aumentaram, já que mais mulheres decidiram entrar e comprar.[39]

No mercado industrial, não é incomum haver várias pessoas em uma empresa compradora envolvidas na decisão de compra. Esse fenômeno é às vezes chamado *influências múltiplas na decisão de compra*. Webster e Wind referem-se aos conjuntos de pessoas que participam das decisões de compras industriais, e são responsáveis pelas consequências resultantes dessa decisão, como **centros de compras**,[40] que têm seis funções distintas, executadas por vários indivíduos na organização.[41]

1. *Usuários* — os membros que usarão o produto ou serviço. Em muitos casos, eles iniciam a proposta de compra e ajudam a definir as especificações do produto.
2. *Influenciadores* — pessoas que influenciam a decisão de compra. Em geral, ajudam a definir as especificações e também fornecem informações para avaliar alternativas. Técnicos são especialmente importantes como influenciadores.
3. *Decisores* — os responsáveis por decidir sobre os requisitos do produto e/ou seus fornecedores.
4. *Aprovadores* — pessoas que devem aprovar as ações propostas pelos decisores ou compradores.
5. *Compradores* — pessoas com autoridade formal para selecionar o fornecedor e negociar as condições de compra. Embora possam ajudar a moldar as especificações do produto, desempenham seu papel principal na seleção de fornecedores e negociação. Em compras mais complexas, esse grupo pode incluir executivos de alto nível como participantes nas negociações.
6. *Guardiões* — pessoas que têm o poder de vetar fornecedores ou informações que chegam aos participantes do centro de compras. Por exemplo, agentes de compra, recepcionistas e telefonistas podem impedir que vendedores conversem com usuários ou decisores.

A tarefa enfrentada tanto pelo consumidor quanto pelo comerciante industrial é fazer uma avaliação cuidadosa de quem está envolvido na decisão de compra, de modo a estarem mais bem preparados para influenciar os envolvidos.[42] O papel do gerente de canal nesse sentido é determinar se a estrutura de canal planejada ou existente vai inibir ou facilitar as tentativas da empresa de atingir as pessoas mais influentes nas decisões de compra. Apesar de não haver métodos bem definidos para se fazer isso, três heurísticas oferecem conhecimentos para examinar a estrutura de canal e a capacidade de atingir as pessoas influentes nas decisões de compra.

Primeira, como apontado nos capítulos anteriores, *conforme o canal se torna mais longo, o grau de controle exercido pelo fabricante* é reduzido. Por consequência, a capacidade do fabricante de supervisionar se os membros do canal estão lidando com os participantes mais influentes nas decisões de compra também é reduzida. Por exemplo, se um produto passou por um canal de quatro níveis (F $\rightarrow$ A $\rightarrow$ V $\rightarrow$ C), o fabricante pode exercer pouco controle direto para garantir que os vendedores do varejista estão focando os membros corretos da família no ponto de venda. Ou, no mercado industrial, um fabricante que vende por meio de agentes e distribuidores industriais pode ter uma capacidade limitada de determinar se os vendedores desses membros do canal estão visitando as pessoas que têm poder de decisão de compra.

Segunda, como um corolário da primeira heurística, *conforme aumenta a intensidade de distribuição em cada nível do canal, diminui a capacidade do fabricante de supervisionar os esforços de venda dos membros do canal*.[43] Esforços mal direcionados por membros do canal para influenciar as decisões de compras são, portanto, mais difíceis de detectar e alterar do que quando há distribuição mais seletiva em cada nível.

Terceira, *membros do canal maiores e mais poderosos (como Best Buy) são mais difíceis de influenciar do que os menores e menos poderosos*. Por exemplo, se um fabricante de ferramentas quiser que a Best Buy mude sua estratégia de apresentação da mercadoria para ter mais apelo às preferências das compradoras, terá de se dar conta de que fazer que esse varejista gigante mudar provavelmente não será tão rápido nem fácil.

Além de atender a essas três heurísticas, o gerente de canal pode ajudar a garantir a adequação de uma estrutura de canal para atingir os principais decisores de compra mediante avaliação explícita dessa questão quando da seleção de membros do canal. Ao colocar um peso adicional sobre a administração dos membros potenciais e a capacidade da força de vendas para entender quem influencia as decisões de compra antes que se tornem membros do canal, problemas subsequentes a esse respeito podem ser reduzidos. Por mais que isso não tenha sido citado explicitamente como um critério específico na seleção dos intermediários (ver Capítulo 7), está subentendido nos critérios de capacidade de força e de gerenciamento de vendas.

Resumo

As considerações do mercado (consumidores) são o determinante-chave da estratégia e da estrutura de canal porque, quando tudo já está dito e feito, os canais de marketing devem refletir as necessidades e os desejos dos consumidores. Resumindo, os canais de marketing devem ser centrados no consumidor — refletindo como, quando e onde eles escolhem adquirir produtos e serviços, assim como quais decidem a compra e realizam a compra propriamente dita. Portanto, as variáveis do mercado são de fundamental importância nas decisões de desenho de canal. O gerente de canal deve tentar analisar os mercados visando obter vantagem competitiva sustentável por meio de desenhos de canal que atendam melhor a esses mercados do que a concorrência.

A fim de analisar os mercados eficazmente para os fins de desenho de canal, um modelo composto de quatro dimensões básicas foi usado neste capítulo: (1) geografia do mercado, que lida com a localização física dos mercados e sua distância do produtor e do fabricante; (2) tamanho do mercado, dado pelo número de compradores em determinado mercado; (3) densidade do mercado, definida pelo número de compradores por unidade de área geográfica; e (4) comportamento do mercado, que se subdivide em quatro subdimensões: quando, onde e como o mercado compra, assim como quem compra.

O gerente de canal deve tentar entender como essas dimensões e subdimensões funcionam em vários mercados e desenvolver estratégias de canal e estruturas que permitam à empresa servi-los eficaz e eficientemente. Ele deve também ser sensível a mudanças nessas dimensões e, se necessário, ser capaz de fazer as modificações adequadas na estrutura de canal para adaptar-se a essas mudanças.

1. A categoria de variáveis do mercado foi citada neste e no Capítulo 6 como de fundamental importância para o desenho de canal. Explique por que isso acontece.

2. As variáveis do mercado deveriam ser examinadas antes de outras ao se desenhar o canal? Explique.

3. Neste capítulo, um modelo de quatro dimensões foi usado para analisar mercados em relação à estratégia de desenho de canal. Defina cada uma delas.

4. Destacou-se, neste capítulo, que a geografia do mercado é passível de mudanças. Por que o gerente de canal deve se preocupar com elas?

5. Se a informação indica que o tamanho do mercado está aumentando, que tipos de questões se colocam para o gerente de canal?

6. O que é congestionamento eficiente? Como isso se relaciona à densidade do mercado? Essa relação é tão direta quanto parece?

7. A dimensão do comportamento do mercado foi subdividida em quatro subdimensões neste capítulo. Defina cada uma delas.

8. Discuta as principais questões enfrentadas pelo gerente de canal com relação a onde os compradores fazem suas compras.

9. Identifique todos os padrões de mudança de como os consumidores (ou compradores industriais) compram bens com os quais estão familiarizados. Aponte os possíveis efeitos dessas mudanças sobre a estrutura do canal.

10. A subdimensão de quem participa das decisões de compra pode ser importante para o gerente de canal. Sob que condições pode ser esse o caso?

1. Há um velho ditado que antecipa o conceito de marketing talvez em 100 anos: "O consumidor é o rei". Isso geralmente é interpretado no sentido de que as empresas devem se lembrar de que a única razão por que estão no mercado é para servir ao consumidor, porque sem ele não haveria negócio. Essa expressão raramente se relaciona ao desenho dos canais de marketing. Sendo assim, no longo prazo, não é o "consumidor-rei" que em última instância decreta a estrutura dos canais de marketing?

   Você concorda ou discorda? Discuta a afirmação usando exemplos contra e a favor.

2. O número de consumidores que assina serviços de TV a cabo nos Estados Unidos caiu significativamente no fim da primeira década do século 21. Só no terceiro trimestre de 2010, cerca de 120 mil consumidores cancelaram suas assinaturas, e espera-se que o ritmo de queda não só continue, como aumente. Esse padrão do que alguns observadores do setor chamam "corte do fio" está sendo orientado por uma mudança de canais baseados em cabo para os com base na web, oferecidos por empresas como Hulu, Walt Disney, NBC, Universal e Netflix. Não só as tarifas de assinatura mensais em geral cobradas por essas empresas são mais baixas do que as cobradas por empresas tradicionais de cabo, como os canais baseados na web também parecem se encaixar melhor no estilo de vida do consumidor moderno.

   Em sua opinião, qual é a causa dessa mudança dramática em relação à oferta de entretenimento doméstico?

3. No fim da primeira década do século 21, o movimento contrário ao *junk food* realmente começou a tomar de assalto os Estados Unidos. Uma preocupação especial era a venda de *junk food* em máquinas automáticas nas escolas. A fácil disponibilidade de salgadinhos, doces e refrigerantes nessas máquinas oferecia um nível de tentação que era simplesmente sedutor demais para que muitos estudantes resistissem. Mas os canais de máquinas de venda que funcionavam tão bem para vender *junk food* nas escolas poderiam funcionar igualmente bem para vender comidas mais saudáveis? Essa é a questão a que a Stonyfield Farm, fabricante de iogurte orgânico de Londonderry, New Hampshire, está tentando responder ao colocar máquinas de venda de comida saudável em várias escolas da Nova Inglaterra. A empresa está apostando que vitrines atraentes de lanches saudáveis e a conveniência oferecida por essas máquinas se provarão

tão eficazes para seduzir alunos a comprar comidas saudáveis quanto eram para *junk food*.

Você acha que o canal de máquinas de venda vai funcionar tão bem quanto a aposta da Stonyfield? Por quê?

4. Os aeroportos americanos podem ser o local onde a ação real está no varejo. Pelo menos é essa a impressão que se pode ter ao observar alguns acontecimentos recentes. A Bloomingdale's foi uma das primeiras grandes varejistas a abrir uma filial em um aeroporto, inaugurando uma butique de roupas e presentes no JFK International Airport em Nova York. Agora, a FAO Schwartz, famoso varejista de brinquedos, abriu filiais em vários aeroportos, enquanto McDonald's e Burger King estão chegando também. Vários outros varejistas podem seguir a tendência em aeroportos em todo o país.

Isso faz sentido? Argumente em termos de dimensões relevantes de mercado que podem estar por trás desses desdobramentos.

5. A Goya Foods Inc. produz e vende comidas hispânicas principalmente em supermercados de todos os Estados Unidos, em especial os que atendem a grandes populações hispânicas. A empresa, com sede em Secaucus, New Jersey, desfrutou de um forte crescimento de vendas nos últimos anos. O que é tão diferente quanto à forma de como a Goya vende sua ampla gama de produtos alimentícios, como azeite de oliva espanhol, grãos, sucos de frutas caribenhas, refrigerantes e sobremesas, é a estratégia da empresa de ocupar o espaço de prateleira dos supermercados: a Goya apresenta-os em uma única seção, em vez de dividi-los por categoria, como faz a maioria dos fabricantes de alimentos. A empresa age assim porque os corretores de alimentos que usa para colocar seus produtos nos supermercados aprenderam, ao trabalhar perto dos gerentes das lojas, que essa abordagem conjunta é consistente com a forma como os consumidores compram. Alguns observadores acreditam que a estratégia de prateleira da Goya faz que a empresa perca o chamado mercado *crossover*. Ou seja, os consumidores que compram um produto específico não têm a oportunidade de comparar o produto da Goya com os dos concorrentes. Mas a Goya está se mantendo fiel às suas convicções, argumentando que sua estratégia de loja dentro da loja funciona tão bem que nunca teve de pagar es-

paço de exposição para manter seus produtos nas prateleiras.

Se muitos dos produtos da Goya representam alta qualidade e excelente valor como a empresa alega, uma estratégia de espalhá-los por todo o supermercado não abriria mais oportunidades para o crescimento das vendas do que confiná-los todos em apenas um local? Discuta.

6. Durante décadas, varejistas gigantes como Walmart, Best Buy, Home Depot, Staples, Target e muitos outros enfatizaram a construção de lojas cada vez maiores, com sortimentos mais amplos de mercadorias e preços baixos para atrair consumidores. Mas, nos últimos anos, os consumidores, pressionados pelo tempo e com acesso mais fácil a uma extensa gama de canais on-line, estão ficando frustrados devido à dificuldade de se movimentar por essas gigantes lojas de varejo, especialmente quando não conseguem encontrar todos os itens de suas listas de compras. Um estudo do Walmart, por exemplo, descobriu que um consumidor médio em um de seus hipermercados gasta 21 minutos na loja, mas encontra apenas sete dos dez itens de sua lista. Há uma preocupação crescente entre os varejistas de grandes lojas de que o desejo do consumidor de uma experiência de compra conveniente e eficiente poderia minar o canal de varejo de megalojas no futuro.

Você acha que os dias dos varejistas gigantes estão contados? Por quê?

7. Avijit Mohan ficou realmente nervoso com o péssimo trabalho que três lojas de departamento estavam fazendo com sua linha de produtos indianos de bronze de alta qualidade. "Eles só colocavam as coisas no chão, como se fossem bijuterias baratas que o consumidor compra por impulso. Será que não percebem que essa mercadoria tem de ser vendida por vendedores treinados que possam mostrar os detalhes finos, os entalhes artísticos e o acabamento feito a mão?", ele comentou com a esposa, frustrado. "Eles, a princípio, são varejistas de alto nível, mas parecem não saber nada sobre a venda desses produtos", lamentou.

Avijit Mohan está sendo justo em sua crítica? Argumente em termos de padrões de compra do consumidor, das restrições das lojas de departamentos e da escolha de Mohan em relação à estrutura de canal para vender seus produtos.

1. Friedman, Lawrence G. *Go to market strategy*. Oxford: Butterworth-Heinemann, 2012; para um estudo esclarecedor relacionado a este assunto, veja: Baker, Thomas L.; Simpson Penny M.; Siguaw, Judy A. The impact of suppliers' perceptions of reseller market orientation on key relationship constructs, *Journal of the Academy of Marketing Science*, Winter 1999, p. 50-77.

2. Garrahan, Matthew. Viewers pull plug on cable TV, *Financial Times*, 18 Nov. 2010, p. 17.

3. W. Martin, Timothy. Retailers jocky to market swine-flu shots, *Wall Street Journal*, 29 Dec. 2009, p. B1, B6.

4. Kelly, Larry; Allen, Kyle. Crossing the great channel divide, *Retailing Issues Letter*, v. 18, n. 2007, p. 1-6.

5. Durfee, Thea; Chen, George. Should we e-? *Journal of Business Strategy*, Feb. 2002, p. 14-17.

6. Bucklin, Louis P. *Competition and evolution in the distributive trades*. Englewood Cliffs, N.J.: Prentice-Hall, 1972, p. 17-18.

7. Para um artigo que fornece insight sobre estas e outras questões semelhantes, veja: Reibstein, David J.; Farris, Paul W. Market share and distribution: a generalization, a speculation and some implications, *Marketing Science*, v. 14, n. 2, 1995, p. 190-202.

8. Bounds, Gwendolyn. Small dairies profit from a resurgence of home deliveries, *Wall Street Journal*, 15 May 2007, p. B4.

9. Cox, Revis. Consumer convenience and the retail structure of cities, *Journal of Marketing* 23, Apr. 1959, p. 359-362; Bucklin, Louis P. A *Theory of distribution channel structure*. Berkeley: University of California Press, 1966, p. 45.

10. Bucklin. *A theory of distribution channel structure*, p. 45.

11. Para duas excelentes fonts sobre os canais de marketing japoneses, veja: Tajma, Yoshihiro Japan's markets and distribution system, *Journal of Marketing Channels*, Fall 1994, p. 3-16; e Czinkota Michael R.; Woronoff, Jon. *Japan's market*: the distribution system. New York: Praeger, 1986.

12. Dimitrova Boryana; Rosenbloom, Bert. Standardization versus adaptation in global markets: is channel strategy different? *Journal of Marketing Channels*, Apr.-June 2010, p. 157-176.

13. Guo, Chiquan. Competing in high-growth markets: the case of e-commerce, *Business Horizons*, Mar./Apr. 2002, p. 77-83.

14. Favorite U.S. online shopping hours: working hours, 17 Nov. 2010. http://www.cybersource. com/news_ad_events/view.php?page_id=1524

15. Para uma discussão relacionada, veja: O'Neill, Finbarr. The auto industry's comeback, *Wall Street Journal*, 30 July 2009, p. A17.

16. Para uma fascinante discussão relacionada à mudança de cenário do varejo e suas implicações na sociedade, veja: Wood, Stacy L. Future fantasies: a social change perspective of retailing in the 21st Century, *Journal of Retailing* 78, 2002, p. 78-83.

17. Confira, por exemplo: Dholakia, Utpal M.; Kahn, Barbara F.; Reeves, Randy; Rindfleisch, Aric ; Stewart, David; Taylor, Earl. Consumer behavior in a mulitchannel, multimedia retailing environment, *Journal of Interactive Marketing*, v. 24, 2010, p. 86-95.

18. Para uma discussão relacionada, veja: Funkhouser, G. Roy; Parker, Richard. The consumer cost matrix: a new tool for product, service and distribution channel design, *Journal of Consumer Marketing*, Summer 1986, p. 35-42.

19. Rosenbloom, Bert. *Retail Marketing*. New York: Random House, 1981, p. 319-320.

20. Rosenbloom, Bert. The trade area mix and retailing mix: a retail strategy matrix, *Journal of Marketing* 40, Oct. 1976, p. 63-64.

21. U.S. Census Bureau "E-Stats", 27 May 2010, p. 1-8. www.census.gov/estats.

22. Vascellaro, Jessie E.; Schechner, Sam. Slow fade-out for video stores, *Wall Street Journal*, 30 Sept. 2010, p. A6.

23. Butillo, Miguel. Wal-Mart plans small, urban stores, *Wall Street Journal*, 14 Oct. 2010, p. B1, B2.

24. Boyle, Mathew. Coaxing patients out of the drugstore, *Business Week*, 27 July 2009, p. 58.

25. Para um excelente estudo relacionado a essa questão, veja: Rajamma, Rajasree K.; Pelton, Lou E. An empirical investigation of consumers' procurement of pharmaceutical products via online retail channels, *Psychology and Marketing*, Oct. 2009, p. 865-887.

26. Dodes, Rachel. Tony retailers hope outlets fuel sales, *Wall Street Journal*, 9 Aug. 2010, p. B7.

27. Confira, por exemplo: Dholakia, Ruby Roy; Zhao, Miao; Dholakia, Nikhilesh. Multichannel retailing: a case study of early experiences, *Journal of Interactive Marketing*, Spring 2008, p. 63-74.

28. Integrating multiple channels, *Chain Store Age*, Aug. 2001, p. 24A.

29. Zellner, Wendy. Warehouse clubs: when the going gets tough, *Business Week*, 16 July 2002, p. 60.

30. Forrest, Stephanie Anderson. Don't tell kohl's there's a slowdown, *Business Week*, 12 Feb. 2001, p. 62.

31. Rosenbloom, Bert. From merchants to marketers: trends in U.S. retailing for Europe to watch, *Thexis*, Spring 2001, p. 8-11.

32. Para uma análise notável do papel desempenhado pelas diferentes formas de concorrência na estrutura do canal, veja: Miller, Chip E.; Reardon James; McCorkle, Denny. The effects of competition on retail structure: an examination of intratype, intertype and intercategory competition, *Journal of Marketing*, Oct. 1999, p. 107-120.

33. Guiltinan, Joseph P. Planned and evolutionary changes in distribution channels, *Journal of Retailing*, Summer 1974, p. 79-91.

34. Veja, por exemplo: Boatwright, E. W.; Kelly, J. Steven; Haueisen, William. Off-price and outlet malls: a profile of 'heavy' shoppers. In: Frazier, Gary et al. (eds.). *Proceedings of the annual educators' conference of the American Marketing Association*. Chicago: American Marketing Association, 1988, p. 237-241.

35. Byron, Ellen. Seeing store shelves through senior eyes, *Wall Street Journal*, 14 Sept. 2009, p. B1, B2.

36. Rohwedder, Cecilie. Tesco studies hard for U.S. debut, *Wall Street Journal*, 28 June 2007, p. B1, B2.

37. Baker, Stephen. The web knows what you want, *Business Week*, 27 July 2009, p. 46-49.

38. Michman, Ronald D. The male queue at the checkout counter, *Business Horizons*, May-June 1986, p. 51-55; Flaherty, Julie. To start a men's line, a pitch to women, New York Times, 4 Aug. 2002, p. BU 5; para um fascinante estudo do comportamento de compra dos consumidores para esta categoria de produtos em um ambiente externo (Turquia), veja: Arslan, Muge; Gegez, Ercan. Consumer behavior in the purchase of men's shirts: a focus group research in the turkish market, documento apresentado no *European Institute of Retailing and Services Science Annual Conference*, Heidelberg, Germany, 16-19 Aug. 2002.

39. Bustillo, Miguel; Lloyd, Mary Ellen. Best buy seeks female shoppers, *Wall Street Journal*, 16 June 2010, p. B5.

40. Webster Jr., Frederick E.; Wind, Yoram. *Organizational buying behavior*. Englewood Cliffs, N.J.: Prentice Hall, 1972, p. 6.

41. Kotler, Philip. *Marketing management, analysis, planning, implementation and control*, 6th ed. Englewood Cliffs, N.J.: Prentice-Hall, 1988, p. 213.

42. Para uma análise aprofundada relacionada a estas questões entre os compradores industriais, veja: Wilson, Elizabeth J.; Lilien, Gary L.; Wilson, David T. Developing and testing a contingency paradigm of group choice in organizational buying, *Journal of Marketing Research*, Nov. 1991, p. 452-466.

43. Para um artigo relacionado a esta questão, veja: Smith, Daniel C.; Owens, Jan P. Knowledge of customers' customers as a basis of sales force differentiation, *Journal of Personal Selling and Sales Management*, Summer 1995, p. 1-14.

Capítulo 8   Mercados-alvo e estratégia de desenho de canal   **227** ◀

PARTE 3

Administração de canais de marketing

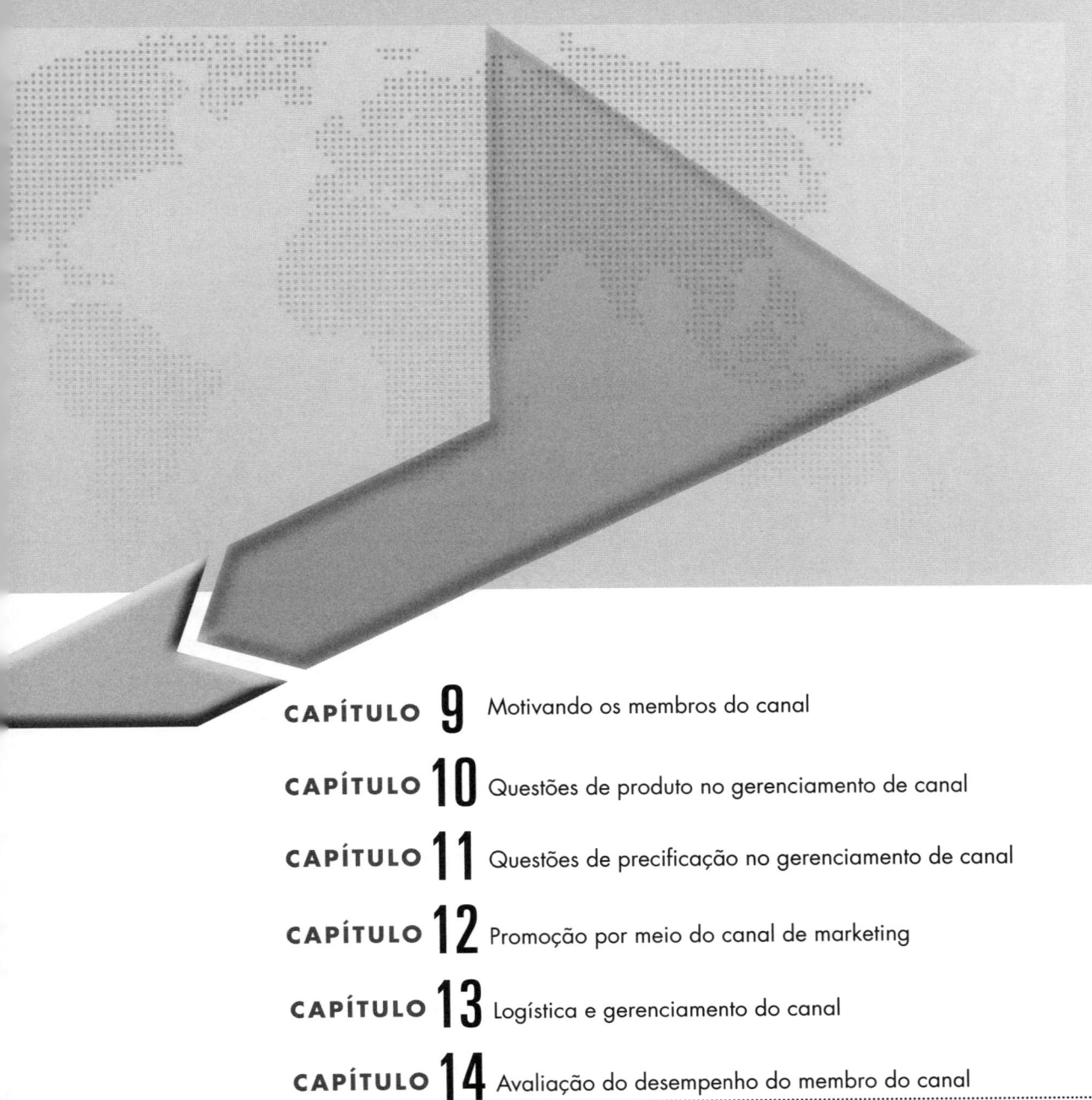

CAPÍTULO 9

Motivando os membros do canal

OBJETIVOS DE APRENDIZAGEM

Após a leitura deste capítulo, você será capaz de:

1 Entender as definições de gerenciamento de canal e de administração de motivação em canais de marketing.

2 Reconhecer as diferenças entre decisões de gerenciamento de canal e de desenho do canal.

3 Estar familiarizado com a estrutura básica de motivação dos membros do canal.

4 Reconhecer os principais meios para aprender sobre as necessidades e os problemas dos membros do canal.

5 Compreender as abordagens básicas para fornecer apoio a membros do canal.

6 Tomar conhecimento das diferenças subjacentes na re ação implícita das três abordagens de suporte aos membros do canal.

7 Estar ciente da necessidade de proporcionar liderança em canais por meio do uso efetivo de poder.

8 Perceber que há consideráveis limitações no grau de controle do canal disponível ao gerente de canal em uma configuração interorganizacional.

Parece que a aliança de distribuição estratégica entre Starbucks e Kraft pode, em breve, parar de funcionar

A Starbucks é reconhecida por sua cadeia de milhares de cafeterias localizadas ao redor do mundo, mas também é uma importante fabricante de produtos à base de café vendidos fora de suas lojas, principalmente em supermercados. De fato, sua divisão de produtos embalados desfrutou de um crescimento significativo ao longo dos últimos 12 anos, passando de $ 50 milhões, em 1998, a mais de $ 500 milhões em 2010.

A empresa beneficia-se de uma aliança estratégica com a Kraft Foods, desde 1998, para levar seus produtos à base de café embalados até as prateleiras de mercearias e pequenos mercados. O motivo? A Kraft possui a infraestrutura de distribuição e a experiência necessárias para assegurar o espaço que a Starbucks precisa nas prateleiras dos varejistas. Essa aliança foi criada de modo que a Kraft mantivesse a receita das vendas dos produtos à base de café no varejo e a Starbucks dela recebesse uma comissão sobre as vendas.

Agora, a Starbucks quer encerrar a aliança, alegando que a Kraft não cumpriu os termos acertados, falhando em criar boas vitrines de loja e não envolvendo a Starbucks no desenvolvimento de estratégias de vendas.

Esta última acredita que ainda existe um grande potencial de expansão para seus produtos à base de café embalados, embora o crescimento de suas cafeterias tenha desacelerado. Ao romper a aliança com a Kraft, a empresa espera obter mais controle e maior potencial de lucro do que mantendo-a. Mas há um problema. A Starbucks ainda não possui sua própria infraestrutura de distribuição para chegar aos varejistas. E, portanto, precisaria desenvolver essa capacidade do zero ou comprar um sistema já existente, como o da Kraft ou de outra empresa que tenha a influência de distribuição necessária para manter seu negócio de produtos à base de café embalados em movimento.

Fonte: Baseado em John Jannarone, Starbucks may spill Kraft's Coffee. *Wall Street Journal*, 29 nov. 2010, p. C8.

Iniciamos a Parte 2 com uma discussão sobre a necessidade de estratégias nos canais de marketing (Capítulo 5). Em seguida, apresentamos um paradigma do processo de desenho de canal, incluindo a seleção de seus membros com uma extensa análise dos mercados-alvo conforme se relacionam com o desenho de canal (Capítulos 6, 7 e 8).

Neste capítulo, partimos da premissa de que a estrutura necessária de canal com membros capazes de servir aos mercados-alvo de forma eficiente e eficaz já foi desenvolvida. Neste ponto, portanto, o gerente de canal precisa enfatizar a *realização desse potencial*.[1] Assim, gerenciar o canal de marketing torna-se o principal foco de atenção. **Gerenciamento de canal** pode ser definido como *a administração de canais existentes para assegurar a cooperação entre seus membros a fim de atingir os objetivos de distribuição da empresa*. Três pontos devem ser particularmente observados nesta definição.

Primeiro, o gerenciamento de canal lida com canais *existentes*, supondo que a estrutura necessária do canal já foi projetada (ou evoluiu), e que todos os membros já foram selecionados. Decisões de desenho de canal são, portanto, vistas como separadas das decisões de gerenciamento de canal. Na prática, algumas vezes essa distinção pode ficar um pouco obscura. É o caso especial quando uma decisão de gerenciamento de canal decai rapidamente para uma de desenho de canal. Por exemplo, um incentivo de preço usado para assegurar a cooperação de alguns membros do canal (decisão de gerenciamento de canal) pode não funcionar. Por conta disso, a administração pode considerar a possibilidade de mudar os tipos de membros do canal (decisão de desenho do canal). Talvez essa distinção possa ser mais bem compreendida associando-se as decisões de desenho do canal à sua "configuração", enquanto as de gerenciamento de canal a "colocar em prática" o que já foi criado.

O segundo ponto abrange o trecho: *assegurar a cooperação de membros do canal*. Está implícita nessa afirmação a noção de que os membros não cooperam automaticamente só por serem membros do canal.[2] Em vez disso, ações administrativas são necessárias para garantir sua cooperação.[3] Se um produtor, fabricante ou franqueador desfruta de uma substancial cooperação por parte dos membros do canal, sem ter de administrá-lo, isso não é gerenciamento – é pura questão de sorte.

Terceiro, o termo *objetivos de distribuição*, embora discutido no Capítulo 6 no que diz respeito a decisões de desenho do canal, é igualmente relevante para o gerenciamento de canal. Os objetivos de distribuição descrevem o papel que se espera do componente de distribuição em busca dos objetivos gerais de marketing da empresa. Objetivos de distribuição cuidadosamente delineados são necessários para guiar o gerenciamento de canal.[4] É difícil para o gerente saber claramente que rumo seguir ao gerenciar o canal sem conhecer os objetivos.[5]

Neste capítulo, examinamos um dos principais aspectos do gerenciamento de canal — como motivar membros do canal.[6] No contexto de gerenciamento de canal, **motivação** refere-se às ações desenvolvidas pelo fabricante, produtor ou franqueador para promover a cooperação de membros do canal em implementar os objetivos de distribuição. Nossa discussão é estruturada em torno das três facetas básicas envolvidas na **administração de motivação** no canal:

1. Descobrir as necessidades e os problemas dos membros do canal.
2. Oferecer apoio aos membros do canal que seja consistente com suas necessidades e problemas.
3. Fornecer liderança por meio do uso efetivo de poder.

DESCOBRINDO AS NECESSIDADES E OS PROBLEMAS DOS MEMBROS DO CANAL

Antes que o gerente de possa motivar os membros do canal de forma bem-sucedida, deve ser feita uma tentativa para descobrir o que desejam do relacionamento no canal.[7] Eles podem perceber as necessidades e enfrentar problemas bastante diferentes daqueles do fabricante.[8] McVey apontou essas diferenças com várias proposições clássicas que podem ser assim resumidas:

1. O intermediário não se considera um "elo contratado numa cadeia forjada pelo fabricante".
2. O intermediário age, primeiro, como um agente de compra para seus consumidor, e só depois como um agente de vendas para fornecedores. Seu interesse é vender *quaisquer produtos* que seus consumidor desejarem comprar dele.
3. O intermediário vê todos os produtos que oferece como uma "família" de itens que vende como um pacote sortido a clientes individuais. Ele direciona seus esforços de venda principalmente para a obtenção de pedidos do sortimento, em vez de apenas itens individuais.
4. A menos que receba algum incentivo, o intermediário não manterá um registro separado das vendas de todas as marcas comercializadas. Informações que podem ser úteis para os fabricantes no desenvolvimento do produto, na precificação, nas embalagens ou no planejamento de promoções ficam "enterradas" nos registros do próprio intermediário e, às vezes, são até escondidas dos fornecedores de forma proposital.[9]

Implícita nos comentários de McVey está a afirmação de que os fabricantes não têm consciência ou sensibilidade para as necessidades e os problemas de seus membros do canal. Considere, por exemplo, a situação dos revendedores de automóveis da Chrysler, logo após o Chrysler Group LLC emergir da reestruturação de falência no final de 2009. Sem os novos modelos para vender, com a reputação de qualidade questionável da empresa e a economia em ritmo muito lento, o moral dos revendedores estava baixo. Muitos, se não a maioria, sentiram-se excluídos da "fraternidade" das concessionárias de automóveis. Como um negociante em Wisconsin, que não quis ser identificado, comentou que "Há pessoas que passam pela minha concessionária como se eu nem estivesse aqui. A imagem ainda é tudo nos negócios, e não há muito que eu possa fazer. Onde está a ajuda?"[10]

A ajuda que esse revendedor e a maioria de seus colegas pediam era uma grande campanha de propaganda do Chrysler Group LLC destinada a reconstruir a imagem humilde dos carros Chrysler. Eles queriam uma campanha nos moldes da desenvolvida pela General Motors Co., que também havia emergido recentemente da falência. Na propaganda, o chefe executivo da GM, Edward E. Whitacre Jr., caminhava pelas fábricas da GM com um ar muito confiante, divulgando o "renascimento" da empresa.[11] Entretanto, tal campanha de reabilitação de imagem não foi planejada para a Chrysler. O CEO da empresa, Sergio Machionne, decidiu esperar vários meses antes de gastar quantias significativas em propaganda, até que a Chrysler tivesse novos produtos para apresentar, como o Grand Cherokee. Mas, enquanto isso, os revendedores sentiram-se abandonados, já que a companhia parecia desconhecer a necessidade de incentivo moral para ajudar nos tempos difíceis até que novos modelos aparecessem nos *showrooms*.

Esse caso aponta para a importância de o gerente ser sensível às necessidades dos membros do canal e desenvolver abordagens práticas e eficazes para descobrir quais problemas eles enfrentam na tentativa de sobreviver e prosperar em um ambiente altamente competitivo.[12] Mesmo acreditando ser sensata sua estratégia de esperar por novos modelos antes de lançar uma grande campanha de propaganda, o Chrysler Group LLC poderia ter se esforçado e sensibilizado mais pelo sofrimento dos revendedores, reassegurando-lhes que sua paciência seria recompensada.

Abordagens para aprender sobre as necessidades e os problemas dos membros do canal

Todos os canais de marketing têm um fluxo de informações que os atravessa como parte dos sistemas de comunicação formais e informais que existem no canal[13] (Ver a seção "*Fluxos em canais de marketing*" no Capítulo 1). A Figura 9.1 fornece um panorama dos principais componentes envolvidos na criação de um típico sistema de comunicações do canal.

Nos últimos anos, o surgimento de sites de redes sociais, como Facebook, Twitter, LinkedIn e muitos outros, pôde proporcionar uma grande quantidade de informações adicionais sobre opiniões, atitudes e comportamentos de membros de canal que não estavam disponível antes.[14] Mas a informação fornecida por processos de comunicação nas redes sociais, embora abundante e potencialmente valiosa, pode não ter o tipo de estrutura e foco necessários para obtenção de boa compreensão das necessidades e dos problemas de membros do canal. Em consequência, o gerente de canal não deve depender unicamente do fluxo regular de informações oriundo do sistema de comunicações do canal existente para obter informações precisas e oportunas sobre necessidades e problemas dos seus membros.[15] Ao contrário, é preciso de ir além do sistema convencional e fazer uso de uma ou de todas as quatro abordagens adicionais, listadas a seguir, a fim de aprender sobre as necessidades e os problemas dos membros do canal: (1) estudos sobre os membros do canal realizados por fabricantes; (2) pesquisas desenvolvidas por terceiros; (3) auditorias de canais de marketing; e (4) conselhos consultivos do distribuidor.

Estudos sobre os membros do canal   Enquanto se tornou comum para fabricantes conduzir pesquisas relacionadas a seus consumidores finais – aprender sobre os tipos de produtos que eles desejam, quais são suas marcas preferidas, os modelos de comportamentos de compra envolvidos e muitas outras informações –, estudos sobre as necessidades e os problemas dos membros do canal são raros.

Na verdade, a maior parte dos fabricantes – mesmo os grandes e sofisticados – nunca realizou esse tipo de estudo. Estimativas indicam que menos de 1% dos orçamentos para pesquisa dos fabricantes é gasto em estudos sobre os membros do canal.[16] Isso é lamentável, já que em alguns casos a pesquisa pode ser a única forma de descobrir necessidades e problemas sutis ou ocultos de membros do canal.[17] Tal realidade encaixa-se perfeitamente no caso da Loctite Corporation, um conhecido fabricante de produtos adesivos e selantes usados em muitas indústrias diferentes. A empresa vende a maior parte de seus produtos por meio de distribuidores atacadistas, que por sua vez os revendem a varejistas e consumidores empresariais e industriais. A Loctite e seus distribuidores entraram em desacordo sobre a qualidade do trabalho de vendas que estes últimos realizavam. A empresa achou que eles não se importavam com sua linha de produtos, já que seus vendedores quase nunca

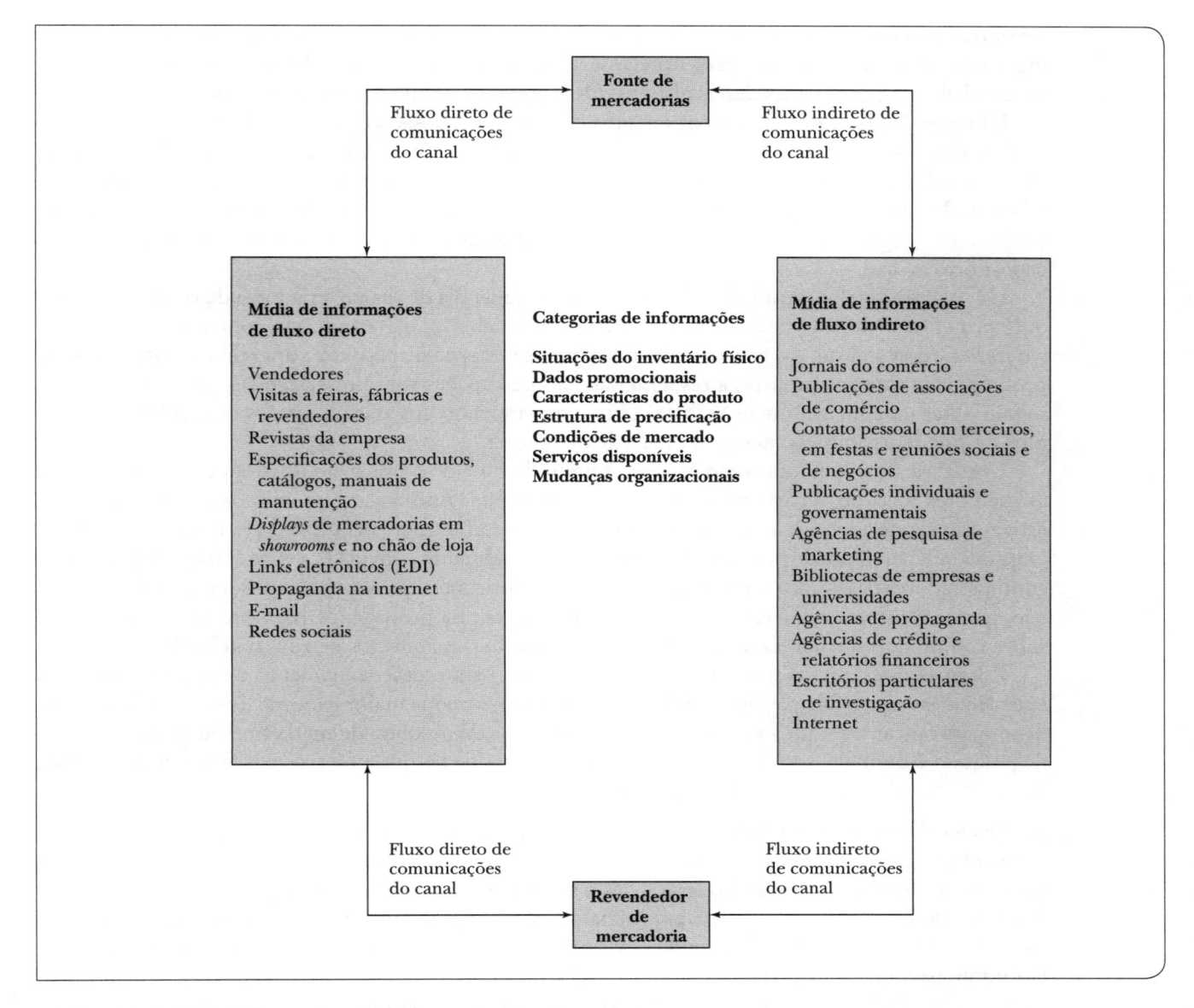

FIGURA 9.1 ▶ Modelo de um sistema de comunicações do canal.

Fonte: Walter Gross, Profitable listening for manufacturers and dealers: how to use a communication system, p. 39. Reimpresso de *Business Horizons*, 11 dez. 1969. Copyright © 1968, com permissão da Elsevier.

levavam amostras de produtos da Loctite quando entravam em contato com os consumidores. Para os distribuidores a Loctite Corporation era insensível à sua necessidade de apoio nas vendas, pois sentiam que as amostras não eram adequadas para uso dos vendedores. A empresa, acreditando que as amostras eram um excelente auxílio de vendas, ficou atônita com a atitude dos distribuidores. Finalmente, o dilema foi resolvido quando a Loctite decidiu desenvolver um estudo que revelou uma explicação simples para o fracasso dos distribuidores em utilizar as amostras. O problema era que elas haviam sido criadas para ser carregadas em maletas, mas a maioria da equipe de vendas dos distribuidores da Loctite não as utilizava! Uma vez feita essa descoberta, a empresa conseguiu resolver o problema redesenhando as amostras para um formato de bolso.[18]

Como sugerido nesse exemplo, certas necessidades ou problemas, embora simples, podem não ser nada óbvios. Em tais casos, um esforço de pesquisa iniciado pelo fabricante pode ser muito útil para eliminar os problemas.

Pesquisas desenvolvidas por terceiros A pesquisa projetada e executada por terceiros, e não por membros do canal, algumas vezes é necessária para obter dados completos e imparciais sobre as necessidades e os problemas destes últimos. Os seguintes exemplos[19] mostram como.

Um grande fabricante de roupas fez uma descoberta valiosa, só que tarde demais. Seu *display* de final de corredor, para uso em lojas de varejo, era muito grande. Sobre ele, os gerentes de lojas disseram: "Isso será deixado no depósito e descartado futuramente". Por azar, foi só depois de cometer esse caro e embaraçoso erro que o fabricante contratou uma empresa externa de pesquisa para realizar um estudo sobre os planos de alocação de espaço dos varejistas a fim de ter uma base *objetiva* para futuros expositores de loja.

Um importante fabricante de bebidas alcoólicas dependia de sua própria força de venda para "pesquisar" a eficácia de seus atacadistas. Entretanto, as conclusões não condiziam com os dados de venda e o *feedback* do varejista. Ao fazer uso de uma empresa externa de pesquisa para realizar entrevistas em profundidade com os varejistas a respeito das suas percepções sobre os atacadistas, o fabricante conseguiu obter uma imagem mais realista sobre o desempenho dos atacadistas. Os resultados levaram a uma grande reorganização dos seus canais de marketing.

Um fabricante de fibra promoveu seu produto de fibra crua por meio de propaganda direcionada às melhores lojas de departamento e varejistas de massa. Embora substanciais volumes financeiros estivessem sendo gastos, a eficácia da propaganda em influenciar o comércio era questionável. Uma empresa independente de pesquisa de marketing foi finalmente convidada a entrevistar compradores e administradores das 75 principais cadeias de lojas e fabricantes que usavam o produto. As descobertas não apenas mostraram formas de melhorar a mensagem da propaganda para causar maior impacto sobre compradores, como também revelaram que o alvo dos anúncios deixou muito a desejar.

Como esses exemplos sugerem, o uso de terceiros para o desenvolvimento de pesquisas sobre as necessidades e os problemas dos membros de canal proporciona maior garantia de objetividade. Além disso, para fabricantes que não possuem departamentos de pesquisa de marketing ou cuja capacidade de pesquisa é limitada, a utilização de empresas externas de pesquisa oferece aos fabricantes um nível de perícia não disponível em sua própria organização.

Auditorias do canal de marketing Tal como acontece com a auditoria financeira periódica, que praticamente todas as empresas já realizaram, o gerente de canal pode efetuar **auditorias regulares do canal de marketing**.[20] O impulso básico dessa abordagem deve ser a reunião de dados sobre como os membros do canal compreendem o programa de marketing do fabricante como um todo, bem como os componentes que o compõem, onde as relações comerciais são fortes e fracas, e o que se espera do fabricante para que a relação no canal seja viável e otimizada. Por exemplo, é possível que o fabricante queira coletar dados dos membros do canal a respeito das suas necessidades e problemas em áreas como:

1. Políticas de precificação, margens e subsídios
2. Extensão e natureza da linha de produtos
3. Novos produtos e seu desenvolvimento de marketing por meio da promoção
4. Políticas de serviço e procedimentos, como faturamento, programação de pedido, transporte, armazenagem e outros
5. Desempenho da força de vendas no atendimento das contas (consumidores)

Além disso, a auditoria do canal de marketing deveria identificar e definir em detalhes as questões relevantes à relação fabricante-atacadista e/ou fabricante-varejista. Calantone e Gassenheimer, por exemplo, desenvolveram um dos mais extensos registros sobre os possíveis problemas de canal com base no estudo da indústria de móveis/sistemas de escritório.[21] Suas descobertas são mostradas no Quadro 9.1, na qual as questões específicas se agrupam em seis áreas gerais que os autores consideraram cruciais na relação entre fabricantes e distribuidores. A lista de áreas e questões básicas, embora sem a pretensão de ser universalmente aplicável a todas as auditorias de canal, fornece um amplo *checklist* que pode ser útil no planejamento e desenvolvimento de qualquer auditoria de canal em particular.[22] Outro ponto a destacar envolve referências cruzadas. Quaisquer que sejam as áreas e questões escolhidas por determinada auditoria de canal de marketing, elas devem, idealmente, ser de tabulação

1. Desempenho do fabricante

Extensão do ciclo de tempo de pedido prometido para produtos de linha ou em estoque

Desempenho do fabricante em cumprir as datas de entrega prometidas

Disponibilidade dos representantes de vendas do fabricante para visitar consumidores e participar de licitações

Qualidade geral de fabricação e de acabamento do produto em relação às faixas de preço envolvidas

Continuidade do sistema de produtos durante longos períodos de tempo

Remuneração paga pelo fabricante como reembolso ao revendedor pela manutenção local das contas nacionais ou diretas

Taxa de reposição de produtos de linha ou em estoque

Flexibilidade das políticas de crédito para situações especiais

Aviso antecipado sobre atrasos de entrega

Métodos avançados de pedido

Resposta oportuna para solicitações de assistência do representante de vendas do fabricante

Precisão do fabricante na previsão e no comprometimento das datas de entrega estimadas em contrato/pedidos planejados

Programa de treinamento formal organizado pelo fabricante no gerenciamento da área de instalação

Estética global e projeto do produto

Assistência do fabricante no planejamento de *layout* do *showroom*

Ação imediata na ocorrência de queixas sobre a prestação de serviços na elaboração do pedido ou em sua entrega

Habilidade na expedição de produtos e/ou na previsão de tal serviço nos pedidos

Competitividade de preço

Orientação e assistência do fabricante no gerenciamento de estoque

Atualização de preços, especificações e materiais de promoção fornecidos pelo fabricante

Programas de treinamento formal de vendas oferecidos pelo fabricante à equipe de vendas dos revendedores

Amplitude de oferta do produto

Adesão do fabricante às instruções sobre remessas especiais

Exatidão na expedição de pedidos

Acompanhamento do pós-venda pelos representantes de vendas

Atenção aos detalhes, desde a recepção do pedido até sua remessa

Capacidade de resposta do fabricante às emergências/necessidades incomuns

Serviços de chão de fábrica computadorizados (CAD)/ projeto de *layout* e/ou assistência disponível do fabricante

2. Desejo do distribuidor por autonomia na tomada de suas próprias decisões

Margens nas vendas ao consumidor

Cotas anuais de volume mínimo

Seleção e extensão da linha de produtos do fabricante

Aceitação e adoção de novos produtos/linhas desenvolvidos ou adquiridos pelo fabricante

Grau de participação independente/não solicitado pelo fabricante na venda a novas e grandes contas

Habilidade/liberdade para selecionar linhas de produtos dos fabricantes concorrentes

Procedimentos e técnicas utilizados no desenvolvimento de habilidades de vendas e no gerenciamento de conta pelos vendedores

3. Desejo do fabricante de influenciar a decisão do distribuidor

Margens sobre as vendas ao consumidor

Cotas anuais de volume mínimo

Seleção e extensão da linha de produtos do fabricante

Aceitação e adoção de novos produtos/linhas desenvolvidos ou adquiridos pelo fabricante

Grau de participação independente/não solicitado pelo fabricante na venda a novas e grandes contas

Dimensão, investimento e aparência do(s) *showroom*(s) do revendedor

Capacidade/liberdade para selecionar linhas de produtos de fabricantes concorrentes

Procedimentos e técnicas utilizados no desenvolvimento de habilidades de vendas e no gerenciamento de conta pelos vendedores

Capacidade/liberdade para vender produtos de um fabricante fora do território de vendas autorizado/subentendido

4. Uso de poder (pressão) pelo fabricante para influenciar a decisão

Margens sobre as vendas ao consumidor

Cotas anuais de volume mínimo

Seleção e extensão da linha de produtos do fabricante

Aceitação e adoção de novos produtos/linhas desenvolvidos ou adquiridos pelo fabricante

Grau de participação independente/não solicitado pelo fabricante na venda a novas e grandes contas

Dimensão, investimento e aparência do(s) *showroom*(s) do revendedor

Habilidade/liberdade para selecionar linhas de produtos de fabricantes concorrentes

(Continua)

Procedimentos e técnicas utilizados no desenvolvimento das habilidades de vendas e no gerenciamento de conta pelos vendedores

Capacidade/liberdade de vender produtos de um fabricante fora do território de vendas autorizado/subentendido

Métodos de recepção de pedido e de comunicação usados

5. Renúncia ao controle do distribuidor em benefício do fabricante

Margens sobre as vendas ao consumidor

Cotas anuais de volume mínimo

Seleção e extensão da linha de produtos do fabricante

Aceitação e adoção de novos produtos/linhas desenvolvidos ou adquiridos pelo fabricante

Grau de participação independente/não solicitado pelo fabricante na venda a novas e grandes contas

Capacidade/liberdade para vender produtos de um fabricante fora do território de vendas autorizado ou subentendido

6. Satisfação do distribuidor com a relação de trabalho

Lucros gerados a partir da(s) linha(s) de produto do fabricante

Conduta geral do escritório regional ou sede do fabricante

"Suporte de vendas"/relacionamento com o representante de vendas local do fabricante

Oportunidades de mercado para novos produtos por meio de representantes de vendas locais do fabricante

Potencial de crescimento de vendas da(s) linha(s) de produto do fabricante

Interesse e preocupação do fabricante em ajudar a realizar os objetivos e metas do revendedor

Compromisso do fabricante em manter os programas globais de marketing

Níveis de serviço globais fornecidos ao consumidor pelo fabricante

Fonte: Adaptado de Roger J. Calatone e Jule B. Gassenheimer, Overcoming basic problems between manufacturers and distributors. *Industrial Marketing Management* 20, 1991, p. 218–19. Copyright 1991, com permissão da Elsevier.

cruzada ou correlacionadas a tipos de membros do canal, sua localização geográfica, volume de vendas alcançados e quaisquer outras variáveis que possam ser relevantes.

Por fim, para que a auditoria do canal de marketing funcione eficazmente, deve ser feita numa base periódica e regular para que se apreendam tendências e padrões. Somente dessa forma será possível acompanhar as questões que permanecem constantes, as que se dispersam ou as que se ampliam em escopo.[23] Questões emergentes também são mais propensas a ser percebidas se a auditoria for executada regularmente.

Conselhos consultivos do distribuidor Outra abordagem eficaz para o aprendizado sobre as necessidades e os problemas dos membros do canal é instituir um **conselho consultivo do distribuidor** (por vezes chamado **conselho consultivo revendedor** ou **comitê do membro de canal**). Esses conselhos reuniriam os representantes do alto escalão do fabricante, assim como os dos principais membros do canal. A alta cúpula dos fabricantes pode envolver o vice-presidente de marketing, o gerente-geral de vendas e outros membros importantes do gerenciamento de vendas. Os membros do distribuidor devem reunir uma amostra representativa dos distribuidores ou revendedores, em torno de 5% a 10% do total. No entanto, o número total de participantes deve ser limitado a fim de permitir a efetiva participação e o diálogo entre todos os presentes. O procedimento comum na criação de um conselho consultivo do distribuidor é eleger copresidentes — um eleito pelos membros do grupo do distribuidor; e outro, o principal executivo de vendas para o fabricante.

Três benefícios significativos emergem do uso de um conselho consultivo do distribuidor.[24] Primeiro, fornece *reconhecimento aos membros do canal*. Distribuidores ou revendedores, como a maioria das pessoas, gostam de ter voz no planejamento do que afeta seu próprio bem-estar. Membros do canal são, portanto, mais propensos a entender e apoiar as ações de um fabricante se ajudaram a planejá-las, pois isso confere aos distribuidores a impressão de estar "por dentro", o que aumenta seu senso de segurança e promove maior identificação com os interesses do fabricante.

Segundo, o conselho consultivo do distribuidor proporciona um veículo para *identificar e discutir problemas e necessidades mútuos* que não são transmitidos pelo fluxo padrão de informação do canal.

Terceiro, esse conselho resulta em uma ampla *melhora na comunicação do canal*, o que, por sua vez, ajuda o fabricante a aprender mais sobre as necessidades e os problemas dos seus membros, e vice-versa.

Anheuser-Busch (maior produtor de cerveja do mundo) usou um grupo consultivo de distribuidores para obter uma percepção do ponto de vista dos atacadistas a respeito de uma iniciativa de estratégia de canal controversa lançada pela empresa. Os distribuidores de cerveja forneceram um *feedback* sincero sobre como estavam reagindo ao programa da empresa. Chamado de "100% *share of mind*", o programa tinha como objetivo que distribuidores de cerveja focassem principalmente em produtos Anheuser-Busch, minimizando a importância dos produtos concorrentes. O grande fabricante de cerveja descobriu que havia diferenças consideráveis de percepção sobre a natureza dessa estratégia de canal. Em particular, vários atacadistas ficaram contrariados em perder a oportunidade de vender as "cervejas artesanais" da concorrência, algo que lhes era altamente rentável. Algumas de suas preocupações foram amenizadas quando entenderam, por intermédio de seu representante no conselho, que a implementação do "100% *share of mind*" não seria impositiva, de modo que poderiam optar de forma *voluntária* sobre sua adesão ou não ao programa. Quando os atacadistas descobriram que receberiam *incentivos* para participar, em vez de intimidação, muitos começaram a ver o programa por um novo e cooperativo ângulo.[25]

A Caterpillar, gigante industrial de equipamentos para terraplanagem, fornece outro caso de empresa que utiliza seu conselho consultivo de distribuidor para aprender a respeito das opiniões dos seus revendedores sobre a variedade de necessidades e problemas que enfrentam. Por exemplo, em uma reunião do conselho, os revendedores informaram uma falha no projeto de uma linha de niveladoras que lhes poderia ter causado sérios problemas na forma de lesões a seus consumidores caso batessem a cabeça em uma tampa baixa demais para sua adequada manutenção. Discussões no conselho também revelaram que os revendedores seriam mais capazes de oferecer a seus consumidores o tipo de serviço rápido e de alta qualidade, pelo qual a Caterpillar era famosa, mudando apenas as práticas de estoque. Em vez de pedir certas peças comumente necessárias que, independentemente de quão rápido a Caterpillar atendesse, envolveriam inevitáveis atrasos, foi acordado que a partir daquele momento os revendedores sempre estocariam a linha completa de tais peças, que consistia sobretudo em baterias de baixo custo e correias.[26]

Dessa forma, independentemente de o produto envolvido ser uma marca de cerveja[27] ou um equipamento industrial de terraplanagem, o diálogo face a face e os entendimentos viabilizados pelo conselho consultivo do distribuidor proporcionam um recurso valioso para aprender sobre as necessidades e os problemas dos membros do canal.

OFERECENDO APOIO AOS MEMBROS DO CANAL

Este apoio refere-se aos esforços do produtor ou fabricante em ajudar os membros do canal a satisfazer suas necessidades e resolver seus problemas. Ele deve ajudar a criar um grupo de membros do canal altamente motivado.[28]

Infelizmente, esse apoio muitas vezes é oferecido de modo desorganizado e improvisado. Quando os membros do canal parecem desmotivados, tornam-se "energizados" com incentivos extras de preço, subsídios para propaganda, concursos entre revendedores, ou até mesmo um discurso de estímulo por parte do fabricante.[29] Ou, caso estejam com algum problema específico, o fabricante pode tentar "dar um jeito" e esperar que não haja reincidência - pelo menos por um tempo.[30] Há mais de quatro décadas, McCammon fez um comentário profundo, que parece verdadeiro mesmo nos dias atuais, a respeito da inadequação desse tipo de abordagem para motivar membros do canal: "Muitos programas [desenvolvidos pelo fabricante] consistem em acordos comerciais improvisados apressadamente, concursos sem qualquer inspiração de revendedores e estruturas de desconto não inspecionadas... [e]essa atitude tradicional direcionada à programação do distribuidor é um luxo que já não pode ser facilmente suportado".[31]

Dessa forma, como afirma McCammon e recentes pesquisas o confirmam,[32] a obtenção de uma "equipe" altamente motivada e colaborativa de membros do canal, em uma configuração interorganizacional, exige programas cuidadosamente planejados.[33] Esses programas que fornecem apoio aos membros de canal podem, em geral, ser agrupados em uma de três categorias: (1) **cooperação**; (2) **parceria ou aliança estratégica**; e (3) **programação de distribuição**. Embora essas três abordagens enfatizem um planejamento cuidadoso, seu nível de sofisticação e abrangência pode variar muito. A cooperativa representa o enfoque menos sofisticado e abrangente para oferecer apoio aos membro do canal, enquanto a programação de distribuição é a alternativa mais sofisticada e abrangente. A de parceria ou aliança estratégica em geral encaixa-se entre as outras duas citadas.

Arranjos cooperativos

Esse tipo de arranjo entre o fabricante e os membros do canal em níveis de atacado e varejo tem sido tradicionalmente utilizado como o meio mais comum de motivação dos membros em canais convencionais e com alinhamentos mais frouxos. Os tipos de arranjo ou negociação cooperativos são bem diversos, limitados apenas pela criatividade do distribuidor, fabricante ou varejista.[34] Dentre os programas de cooperação clássico fornecidos pelos fabricantes aos membros do canal estão: concessão de propaganda cooperada, pagamento de custeio da propaganda, pagamento pelo espaço em vitrine e pela colocação de *displays* nas lojas, oferta de amostras grátis, concurso para vendedores, programas de treinamento, disponibilização de promotores em supermercados, pagamento de parte do salário da equipe de vendas, ofertas especiais a ser enviadas aos clientes, menção do nome da loja ou do distribuidor na propaganda do fabricante etc. Qual deles usar, os acordos ou as características envolvidas variam muito entre os diferentes setores da indústria. Por exemplo, a cooperação no custeio de propaganda, pagamentos por *displays* nas lojas e subsídios para cupons de descontos são oferecidos extensivamente a varejistas de bens de consumo embalados, como supermercados, farmácias e hipermercados, enquanto concursos para vendedores e programas de treinamento são muito populares no nível atacadista, em especial entre comerciantes de produtos industriais.[35] Qualquer um desses programas de cooperação que proporcionam assistência aos membros do canal deve ser oferecido, de forma não discriminatória, a todos os membros da mesma classe para que não haja violação da norma Robinson-Patman (ver Capítulo 3).

A lógica implícita em todos os programas cooperativos, do ponto de vista do fabricante, é fornecer incentivos em troca de esforço extra dos membros do canal para a promoção dos seus produtos. Porém, nem sempre são bem-sucedidos. Muitas vezes, os programas específicos de cooperação usados não atendem a necessidades dos membros de canal ou são mal projetados e executados.

Dois casos ajudam a ilustrar as principais características dos programas cooperativos que são indicativos de sucesso ou fracasso. O primeiro envolve um grande e famoso fabricante de bens de consumo, Levi Strauss & Company; o segundo diz respeito a uma empresa de produtos industriais bem menor, Warner Electric.

O programa cooperativo usado pela Levi Strauss & Company envolveu propaganda cooperada. De início, o programa parecia simples. Em troca de os varejistas apresentarem os produtos da empresa em seus anúncios, a Levi dividiria igualmente com eles os custos da propaganda. Mas uma história completamente diferente foi apresentada nas "entrelinhas" do acordo. Para se tornarem elegíveis à partilha de custos com a Levi, os varejistas precisariam submeter as tabelas publicadas do nível de audiência dos jornais ou da televisão. Na prática, isso eliminou a maioria dos pequenos jornais suburbanos e rurais, e uma importante mídia para a propaganda do varejo, como panfletos e circulares. Além disso, para participar do programa, os varejistas tinham de preencher um formulário tão longo que "era preciso o melhor advogado do mundo para entendê-lo", disse alegremente um dos principais concorrentes da Levi. Entre os varejistas que se inscreveram no programa, muitos não foram pagos quando apresentaram suas reivindicações, já que não tinham seguido os exigentes procedimentos estabelecidos pela empresa.[36]

A experiência da Levi em seu mal concebido programa de propaganda cooperada aponta para os problemas mais comuns que podem acontecer não apenas com esse tipo de programa, mas também a muitos outros. Primeiro, a Levi não *prestou atenção suficiente* às *necessidades de seus varejistas* no uso de propaganda cooperada. Meios de comunicação como pequenos jornais locais e panfletos circulares são uma forma importante de propaganda para muitos varejistas. Ao excluir esses veículos de comunicação do seu programa, a Levi ignorou uma necessidade importante de propaganda dos seus revendedores.

Segundo, ao tornar o acordo tão complicado e difícil de compreender, a Levi mostrou *falta de sensibilidade pelos problemas dos varejistas*. Especificamente, estes já têm o suficiente para se preocupar no dia a dia da administração de seus negócios, enquanto tentam trabalhar em um ambiente ferozmente competitivo. A última coisa de que precisam é de mais dores de cabeça na forma de acordos cooperativos de propaganda complexos e legalistas. Por fim, a recusa da Levi em honrar as reivindicações dos varejistas porque não haviam se submetido à "letra da lei" mostrou uma falta de confiança por parte da empresa para com seus varejistas.

Passemos agora para um exemplo de programa cooperativo bem concebido e executado, instituído pela Warner Electric, para motivar seus distribuidores industriais.[37] Na forma de um concurso de vendas, foi lançado pela Warner no meio de uma recessão. Chamado "*Sweep*" (Venda Warner e ganhe um lucro extra), visava fazer que os distribuidores da empresa vendessem seus produtos aos consumidores de seus concorrentes.

A equipe de vendas dos distribuidores recebeu da Warner um bônus que variava de $10 a $50 cada vez que identificava como um consumidor em potencial alguém que comprava produtos de seus concorrentes, além de um bônus de 5% para os vendedores que fechassem uma venda no valor de $1.000 ou mais para um novo cliente. Para os dirigentes dos distribuidores (proprietários), ela realizou um prêmio "*Sweep*" que oferecia seu estoque de graça. As chances de ganhá-lo foram atribuídas proporcionalmente ao número de novos consumidores em potencial ou vendas fechadas pelos vendedores. O vencedor do primeiro lugar ganhou $25 mil em mercadorias da Warner, e o segundo, o equivalente a $10 mil.

▶ **QUADRO 9.2** Princípios básicos para a formação de parcerias de canal bem-sucedidas

Princípio	Descrição
Ambos os parceiros devem se beneficiar do relacionamento.	Estruturar relacionamentos favoráveis para todas as partes, a fim de que ambos os parceiros prosperem.
Toda parte deve ser tratada com respeito.	O foco precisa estar na compreensão da cultura de cada parceiro (e não apenas dos seus recursos), e todos os compromissos devem ser honrados.
Prometer apenas o que é possível cumprir.	Os parceiros devem ser honestos no estabelecimento de expectativas.
Objetivos específicos devem ser definidos antes de se estabelecer firmemente o relacionamento.	Problemas serão inevitáveis se o relacionamento ficar à deriva, ao acaso.
É importante que ambas as partes se esforcem para firmar um compromisso de longo prazo.	Algumas ações necessárias podem não beneficiar imediatamente os parceiros; entretanto, serão benéficas no longo prazo.
Todo lado deve dedicar tempo à compreensão da cultura do parceiro.	Compreender as necessidades do outro, aprender sobre seu "funcionamento interno" e saber apreciar as diferentes perspectivas usadas.
Todo lado deve desenvolver seus "defensores" do relacionamento.	Cada empresa deve nomear um contato principal responsável por trabalhar com o parceiro.
Linhas de comunicação devem ser mantidas abertas.	Ambos os parceiros devem estar confortáveis em levantar e discutir questões problemáticas antes que se transformem em grandes conflitos.
A melhor decisão é tomada em conjunto.	Decisões unilaterais devem ser evitadas; forçar um parceiro a aceitar uma decisão promove desconfiança.
Preservar a continuidade do relacionamento.	A rotatividade dos principais funcionários em empresas parceiras pode prejudicar a viabilidade da parceria; portanto, é crucial uma administração que garanta transição suave.

Fonte: Adaptado de Frank K. Sonnenberg, Partnering: entering the age of cooperation. *Journal of Business Strategy*, maio-jun., 1992, p. 51-52. Reeditado com permissão de Emerald Group Publishing Limited.

O programa funcionou de meados de julho até dezembro. A papelada a preencher era mínima, com regras muito simples, para que todos que cumprissem as exigências do programa fossem devidamente recompensados. O programa de cinco meses, que suscitou a participação de todos os distribuidores da Warner, identificou mais de 750 novos consumidores e arrecadou mais de $ 5 milhões em novos negócios, e ainda desviou a atenção dos distribuidores da recessão e os ajudou a focar em vendas.

Diferentemente do programa da Levi, o da Warner refletiu as melhores características de um bom programa cooperativo porque *focou nas necessidades e nos problemas dos membros do canal* ao propiciar um

▶ **QUADRO 9.3** Diretrizes para o estabelecimento de alianças no E-commerce

Dimensão	Diretrizes para a administração de alianças no E-commerce
Metas e objetivos	- Metas claras tornarão relativamente fácil o trabalho de gerenciamento da aliança. - Alianças em E-*commerce* devem focar itens específicos. - Ter um propósito bem definido e limitado é vantajoso.
Proteção de interesses	- Disposições contratuais devem ser explícitas e cobrir o máximo possível. - O contrato deve explicitar a responsabilidade e a autoridade de cada parceiro. - Participação majoritária em geral confere uma autoridade proporcional. - Administração compartilhada é uma forma de controle. Entretanto, para a complexidade organizacional, as dificuldades de administração da aliança podem ser maiores do que quando apenas um parceiro toma a maioria das decisões. Em tais casos, defina como o controle e a tomada de decisões serão compartilhados.
Confiança	- Confiança é importante, mas a incerteza do ambiente e a pressão do tempo significam que ou se confia imediatamente, ou talvez nunca. - Competência e confiabilidade no desempenho da tarefa é muito importante para o rápido desenvolvimento da confiança. - Investimentos conjuntos podem servir para apoiar a criação de confiança.
Relações múltiplas	- Na seleção de aliados, tente minimizar riscos e maximizar resultados. - Utilize uma maneira organizada de diversificar o risco; misture métodos informais e mais integrados para diversificar o risco em múltiplas alianças. - Busque união com empresas já estabelecidas e *startups* a fim de diversificar riscos e proteger seus interesses.
Estratégia de saída	- Defina claramente a estratégia de saída; ela pode oferecer a melhor proteção em um ambiente volátil. - Avalie sob quais condições cada parceiro pode solicitar sua saída do acordo. - Considere como os ativos e passivos serão distribuídos em caso de colapso. - Determine os mecanismos de resolução de conflitos antes que ocorram. - A maneira como o relacionamento se encerra tem implicações importantes para a sua reputação.
Estrutura	- A simplicidade do projeto é uma virtude. - Estruture alianças para reduzir tarefas e a complexidade organizacional. - Novamente, a clareza de objetivos da aliança pode ser muito útil aqui. - Defina metas complementares aos objetivos do seu parceiro.
Comprometimento	- Relacionamentos únicos, em série ou contingenciais são preferíveis aos atemporais. - Levando em conta a volatilidade do ambiente, o compromisso de curto prazo parece preferível. - Prossiga com os projetos em fases.

Fonte: Henry Adobor e Ronald S. McMullen, Strategic partnering in E-commerce: guidelines for managing alliances. Reimpresso de *Business Horizons*, mar.-abr. 2002, p. 75. Copyright © 2002, com permissão da Elsevier.

agradável estímulo de vendas, bem como recompensas monetárias durante um difícil período de recessão. Além disso, o programa foi *simples e direto*, sem regras complexas e procedimentos a seguir. Por fim, transmitiu um sentido óbvio de benefício mútuo porque, mesmo sendo projetado para promover descaradamente os produtos de determinado fabricante, oferecia recompensas imediatas e tangíveis aos distribuidores que dele participavam.

Parcerias e alianças estratégicas

Termos como parcerias de distribuição, parceiros de canal, parceiros do distribuidor, parceiros do revendedor e alianças estratégicas têm aparecido com frequência crescente na literatura sobre canais de marketing,[38] bem como na mídia especializada em negócios ao longo dos últimos anos.[39] Esses termos referem-se a um tipo de relação de canal que vai além das interações improvisadas e pontuais, o "vai e volta" típico das relações cooperativas tradicionais entre o fabricante e seus membros de canal. **Parcerias** ou **alianças estratégicas**, por outro lado, enfatizam um relacionamento contínuo e mutuamente favorável[40] entre o fabricante e seus membros do canal em um esforço para formar uma equipe mais motivada, uma rede ou aliança de parceiros de canal.[41] A tradicional mentalidade "nós contra eles" é substituída por uma percepção nova e cooperativa de "nós", uma parceria de canal efetiva ou aliança estratégica. Ao descrever os tipos de relacionamentos entre empresas nos canais de marketing, Johnson argumenta que membros do canal se tornam estrategicamente integrados no processo: "No nível mais fundamental, a integração estratégica entre empresas começa quando o relacionamento se torna importante. Na relação, a empresa tem uma participação explícita e reconhecida no sucesso do outro membro porque este desempenha um papel na própria imagem estratégica da empresa."[42]

Considere, por exemplo, o acordo de parceria de canal entre a Home Depot e a LG Electronics Inc.[43] Em meados da primeira década do século 21, a Home Depot buscava aumentar drasticamente sua penetração de mercado em eletrodomésticos da linha branca a fim de competir com mais força com a Lowe's e a Sears, que tinham uma história mais longa e mais experiência com esta linha de produto. A empresa acreditou que o melhor jeito de causar maior impacto nessa categoria de produto era enfatizar uma entrega rápida. E, assim, pediu ajuda a seu parceiro de canal, LG Electronics, para que apoiasse seu foco estratégico de entrega rápida aos consumidores. Especificamente, a Home Depot queria garantir aos consumidores que, se adquirissem aparelhos da LG em suas lojas, os equipamentos seriam entregues em suas casas dentro de 48 horas. Para atender essa especificação de entrega, a LG gastou milhões de dólares para montar depósitos em uma dúzia de localizações estratégicas em todo o território dos Estados Unidos, além de criar uma rede de computadores em todo o país e *call centers*. Em seis meses, a LG conseguiu atender a especificação de entrega em 48 horas da Home Depot.

Outro bom exemplo de uma parceria de canal ou aliança estratégica pode ser visto no programa da Dell Inc., Parceiro Registrado, que a empresa estabeleceu quando tomou a decisão estratégica de desenho do canal de usar intermediários para ampliar seu canal de distribuição direto em meados da primeira década do século 21.[44] Como recompensa pela venda agressiva de produtos da Dell, que rendeu $ 9 bilhões em vendas anuais, seus Parceiros Registrados poderiam usar sua logo, receber maior apoio no pós-venda, ganhar inúmeras opções de financiamento, utilizar seu website para fazer pedidos on-line e acessar relatórios governamentais sobre a tendência do setor, receber um conjunto abrangente de materiais de marketing e uma variedade de outras formas de suporte fornecidas pela Dell.

O conceito de parcerias (ou alianças estratégicas) em canais de marketing não é algo novo. Na verdade, essas formas de relacionamento existem há algumas décadas em alguns canais de marketing. A Black & Decker, por exemplo, em sua divisão de ferramentas industriais, tem empregado tais abordagens desde meados dos anos 1960. Além disso, mais de três décadas atrás, Webster, em um estudo seminal sobre distribuidores industriais, descreveu a relação entre determinados distribuidores e fabricantes que estudou como exemplos dessa abordagem de parceria.[45] Ele observou que as parcerias não eram exatamente isso, no sentido legal do termo, e sim um modo de delinear uma relação de apoio entre membros do canal baseada em uma minuciosa descrição de seus papéis mútuos no canal, afirmando:

> A ideia de parceria continua essencial; quando o fabricante procura o distribuidor em busca de ajuda adicional, ele não desiste de sua própria responsabilidade sobre efetivas atividades de marketing, nem pode esperar que o distribuidor responda positivamente a todas as suas sugestões. Em vez disso, assume novas responsabilidades para tornar o distribuidor mais eficaz – por meio de programas de desenvolvimento de produtos, cuidado com a precificação, apoio promocional, assistência técnica, manutenção de pedidos e programas de treinamento para sua equipe de vendas e gerência.[46]

Webster aponta três fases básicas no desenvolvimento de um arranjo de "parceria" entre membros do canal. Primeira, caso ainda não haja, o fabricante deve redigir uma declaração explícita de políticas, como disponibilidade do produto, assistência técnica, precificação e outras áreas relevantes. Feito isso, podem-se definir rigorosamente os papéis dos membros do canal em relação ao desempenho de suas tarefas e a compensação que receberão por isso.

A segunda fase avalia se os distribuidores existentes têm capacidade de desempenhar seus papéis. As abordagens sugeridas para determinar as necessidades e os problemas dos membros do canal, já discutidas neste capítulo, podem ser aplicadas com igual eficácia para avaliar os pontos fortes e fracos dos membros do canal. O fabricante deve prestar atenção especial ao ajudar os distribuidores a superar suas fraquezas, desenvolvendo programas específicos nessas áreas. Por exemplo, se um distribuidor tiver treinado inadequadamente sua equipe de vendas, o fabricante pode desenvolver um programa de treinamento destinado a melhorar as habilidades desses vendedores; se um membro específico do canal estiver com problemas em controlar seu estoque, pode oferecer seu conhecimento e experiência nessa área. Em suma, os programas de apoio criados pelo fabricante devem focar claramente nas áreas de maior necessidade do distribuidor.[47]

Terceira, o fabricante deve avaliar continuamente a adequação das políticas que guiam seu relacionamento com os membros do canal. Em uma situação de rápida mudança no ambiente (ver Capítulo 3), nenhum conjunto de políticas de canal pode permanecer estático por muito tempo.[48]

Parcerias ou alianças estratégicas destinadas a formar membros do canal mais motivados têm se tornado cada vez mais comuns em vários setores. No varejo, Procter & Gamble e Walmart construíram o que talvez seja a mais comentada aliança estratégica na indústria de bens de consumo embalados ao tornar mais próximas as relações de trabalho, situando, inclusive, executivos da P&G permanentemente na sede do Walmart, em Bentonville, Arkansas, para manter um contato mais próximo com a alta cúpula da empresa. Um sofisticado sistema de Intercâmbio Eletrônico de Dados (EDI) também fornece meios altamente eficazes para assegurar a disponibilidade de produtos P&G nas 7.500 lojas nacionais e estrangeiras do Walmart, que também desenvolveu uma parceria muito bem-sucedida com a Coca-Cola Company.

Nos últimos anos, as diretrizes básicas de Webster para estabelecer parcerias entre membros do canal foram expandidas e refinadas, de modo que, agora, um conjunto de princípios mais completos – como os desenvolvidos por Sonnenberg,[49] pode ser usado como diretriz para estabelecer parcerias ou alianças estratégicas em canais de marketing.

Ainda mais recentemente, Adobor e McMullen utilizaram o termo *e-alliances* para descrever alianças estratégicas formadas principalmente como parte de uma estratégia de comércio eletrônico.[50] Esses autores argumentaram que, em razão do ambiente dinâmico e volátil das relações de comércio eletrônico, os membros do canal precisam prestar especial atenção a questões como estratégias de saída bem definidas, compromisso de curto prazo, desenvolvimento rápido de confiança e facilidade de administração. Moen, fabricante líder de torneiras de última geração para cozinhas e banheiros, fornece um exemplo dessa estratégia. Essa empresa está estendendo a *e-alliance* que estabeleceu com seus fornecedores a seus atacadistas, por meio dos quais a empresa realiza 50% de suas vendas. Essa extensão permitiu à Moen reduzir o tempo de desenvolvimento de produto de 24 para 16 meses ao utilizar a internet, em vez do fax e do correio convencional, para o projeto e a engenharia em colaboração com várias dúzias de fornecedores. Ao integrar eletronicamente os pedidos, o estoque e os dados de vendas com os varejistas pela internet, esse fabricante almeja o sucesso que alcançou quando abastecia a parte de vendas do canal. A parceria o ajudou a alcançar não apenas maior eficiência e velocidade, mas uma grande redução de erros em pedidos, cujos níveis chegaram a 40% daqueles cometidos por atacadistas que usavam fax.[51]

No setor industrial, a Caterpillar, já mencionada em ocasiões anteriores neste texto, é conhecida há muitas décadas e em todo o mundo pela qualidade dos relacionamentos que constrói com seus revendedores.[52] Essa empresa resume sucintamente a essência de sua filosofia em alguns parágrafos do panfleto intitulado *Código de conduta mundial em negócios e princípios de funcionamento da Caterpillar:*

Relacionamento com revendedores

Os revendedores da Caterpillar são frequentemente descritos como parte de um dos melhores sistemas de distribuição do mundo e a fonte da força de marketing da empresa. É nossa intenção manter os revendedores independentes onde quer que seus resultados satisfatórios sejam – ou possam ser – alcançados. Buscamos um relacionamento próximo e de longa duração com esses revendedores.

Nós os apoiamos com uma rede mundial de instalações corporativas. Fornecemos-lhes uma vasta gama de assistência para ajudar a garantir um suporte de alta qualidade para os produtos da Caterpillar.

Os acordos de concessionária da Caterpillar personificam nosso compromisso em utilizar práticas concorrenciais justas e refletem os costumes e as leis de vários países onde os produtos da Caterpillar são vendidos. Nossas obrigações descritas nos termos desses acordos devem ser escrupulosamente observadas.[53]

A Rust-Oleum Corporation, que vende produtos tanto de consumo quanto industriais, fornece outro exemplo de empresa que enfatiza uma abordagem de parceria ao lidar com seus distribuidores.

A empresa tem se mostrado especialmente apta em desenvolver programas sensíveis às necessidades do distribuidores, aliados ao mote do trabalho em conjunto, presente em todos os seus esforços para motivar seus distribuidores. Seu programa "Parceiros no Lucro" – que oferece pagamentos diferenciados, subsídios especiais de propaganda e outras formas de assistência que ajudam os distribuidores a reduzir seu estoque e aumentar os lucros continuamente – é um bom exemplo desse tipo de abordagem de parceria para apoio dos membros do canal.

Por fim, a Alcoa (Aluminum Company of America) também foi aclamada no mercado industrial por desenvolver parcerias sofisticadas com seus distribuidores – esforços cooperativos que tomam proporções extraordinárias, não apenas ao lidar com princípios gerais para criar parcerias bem-sucedidas, mas também em atentar até mesmo aos menores detalhes da relação.

A situação seguinte, relatada por Ron Kregarise, um funcionário de alto nível da Alcoa, mostra exatamente como a parceria da empresa com seus membros do canal é focada nos detalhes da operação:

Às vezes, quando um distribuidor empilha os *pallets*, não o faz com a etiqueta do lado de fora. Nós só colocamos uma etiqueta em uma extremidade, de modo que o motorista da empilhadeira pode ter dificuldades em isolar e identificar o *pallet* que sua papelada interna determina. Por que não colocar esse número nas duas extremidades? Dessa forma, quando alguém empilhá-lo, não importa de que maneira, sempre enxergará seu número. Isso pode não parecer grande coisa, mas facilita para o consumidor fazer negócios com a Alcoa, em vez de com outros concorrentes, e há vários exemplos semelhantes a esse. Nós os chamamos de *groundball singles* ou *bunts*, em vez de *home runs*.[54]

Portanto, parcerias de canal ou alianças estratégicas podem envolver "*home runs*" – tais como a ligação direta de membros do canal com o fabricante, por meio de Intercâmbio Eletrônico de Dados, como o exemplo da Procter & Gamble e Walmart, Rust-Oleum ou Caterpillar – ou "*groundball singles*", dando atenção à miríade de detalhes presentes nas necessidades e problemas dos membros do canal, como a localização de mais uma etiqueta de identificação nos *pallets* da Alcoa. Assim como no beisebol, o desenvolvimento de parcerias e alianças de canais vencedoras normalmente envolve a combinação de *home runs* e *singles* com muitos outros aspectos do jogo.

Programação da distribuição

A abordagem mais abrangente para alcançar uma equipe de canal altamente motivada é a **programação da distribuição**, que vai além da típica parceria ou aliança estratégica, pois lida com praticamente todos os aspectos dos relacionamentos no canal. McCammon, pioneiro no conceito de programação da distribuição, a define como um "abrangente conjunto de políticas para a promoção de um produto por meio do canal".[55]

A essência dessa abordagem é o desenvolvimento de um canal planejado e gerenciado profissionalmente. O programa é desenvolvido como um esforço conjunto entre o fabricante e os membros do canal a fim de incorporar as necessidades de ambos. Quando bem-feito, deve oferecer a todos os membros as vantagens de um canal vertical integrado e permitir, ao mesmo tempo, que mantenham o status de empresas independentes. O fabricante de automóveis BMW (Bayerische Motorren Werke), por exemplo, desenvolveu uma abordagem de programação da distribuição com seus revendedores independentes para enfrentar o desafio de vender um grande número de carros usados da BMW nos lotes desses.[56] A popularidade do arrendamento de carros de luxo, em vez da compra propriamente dita, cria uma grande quantidade de carros seminovos de modelos antigos quando o financiamento acaba, depois de dois a três anos. Para a BMW e seus revendedores, o desafio era como vender de forma eficiente e rentável o excesso de BMWs arrendados. A resposta da empresa foi a criação de um programa de carros usados, o "Seminovos Certificados", uma abordagem cuidadosa e minuciosamente programada para reciclar referidos carros, de maneira que revendedores e consumidores ficassem felizes com o acordo. Desde os $ 20 milhões que a BMW gasta por ano em propagandas de TV para apoiar o programa até acordos financeiros especiais, meticulosas inspeções mecânicas de cada veículo pelos revendedores de acordo com as especificações do fabricante e disposições de garantia especial que cobrem os consumidores por seis anos ou 160 mil quilômetros rodados, praticamente cada detalhe do programa foi antecipado e incluído no projeto. Dessa forma, os revendedores da BMW literalmente não precisam pensar em como vender os carros arrendados, pois a abordagem de programação da distribuição da BMW já trabalhou toda a estratégia e a tática até o último detalhe.

O primeiro passo para desenvolver uma programação da distribuição abrangente requer uma análise feita pelo fabricante dos objetivos de marketing e dos tipos e níveis de apoio necessitados pelos membros do canal para atingir esses objetivos.[57] Além disso, o fabricante deve verificar as necessidades e áreas problemáticas dos membros do canal (ver as seções anteriores deste capítulo para exemplos de métodos). O Quadro 9.4 descreve algumas das principais áreas que devem ser incluídas na análise, tanto para o fabricante quanto para os membros do canal.

Após completar essa análise, é possível formular as políticas específicas do canal. O fabricante pode utilizar uma miríade de políticas de canal possíveis; essas dependem do tipo de indústria envolvida, da natureza dos membros do canal comprometidos e das práticas utilizadas no canal. Apesar disso, praticamente todas as opções de políticas disponíveis podem ser categorizadas em três grupos principais, que oferecem:

1. Concessões de preço a membros do canal
2. Assistência financeira
3. Algum tipo de proteção aos membros do canal

O Quadro 9.5 lista as opções de políticas com frequência encontradas em cada categoria.

Com uma abrangente lista de possíveis opções de políticas, como as mostradas no quadro, em conjunto com uma análise dos objetivos do fabricante e das necessidades e problemas dos membros do canal, pode ser criado um acordo de *merchandising* programado para os membros do canal. Um esboço de acordos desse tipo é mostrado no Quadro 9.6. Por fim, o Quadro 9.7 compara a relação de canal convencional com a caracterizada por um acordo de programação da distribuição.

Ethan Allen Interiors Inc., fabricante líder em móveis e acessórios para casa, é um bom exemplo de empresa que enfatiza a abordagem de programação da distribuição para apoiar seus membros do canal. Sua rede de varejo consiste em quase 300 lojas nos Estados Unidos e em vários países do mundo. Cerca da metade dessas lojas pertence à empresa, enquanto o resto permanece independente.

▶ **QUADRO 9.4** Quadro de referência para a programação da distribuição

Metas de Marketing do Fabricante
Baseadas em uma análise cuidadosa de:
Capacidade corporativa
Concorrência
Demanda
Relações de custo-benefício
Considerações legais
Capacidade do revendedor, declarada em termos de:
Vendas (valores e unidades)
Participação de mercado
Contribuição para os custos indiretos
Taxa de retorno sobre o investimento
Atitude do consumidor, preferência e índices de «prontidão em compras"

Exigências de Canal do Fabricante
Suporte necessário ao revendedor para alcançar seus objetivos de marketing, declarado em termos de:
Índice de cobertura do mercado
Quantidade de *displays* e sua localização
Nível e composição do investimento em estoque
Padrões e capacidade de serviços
Propaganda, promoção em vendas e assistência pessoal de vendas
Atividades de desenvolvimento de mercado

Exigências do Varejista
Compensação esperada para o apoio necessário, declarado em termos de:
Aspirações gerenciais
Preferências comerciais
Objetivos financeiros
Custo de giro do estoque
Taxa de retorno sobre o investimento
Margem bruta (valor e porcentagem)
Contribuição para os custos indiretos (valor e porcentagem)
Margem bruta e contribuição para os custos indiretos por valor investido em estoque
Margem bruta e contribuição para os custos indiretos por unidade de espaço
Metas não financeiras

Políticas de Distribuição
Concessões de preço
Assistência financeira
Medidas de proteção

Fonte: Extraído de Bucklin, Louis P. *Vertical marketing systems*, ed. Louis P. Bucklin, 1970, p. 33. Copyright © Louis P. Bucklin. Todos os direitos reservados. Reproduzido com permissão.

Mas, com exceção da propriedade, praticamente não há diferenças entre as estratégias e operações dos proprietários da empresa e as dos varejistas independentes. Todas as estratégias e operações de administração e de marketing dos varejistas independentes foram precisamente programadas pela Ethan Allen em conformidade com sua abordagem para a venda de mobiliário doméstico. Seu programa especifica que os varejistas não devem trabalhar com produtos concorrentes de outros fabricantes. O estilo dos móveis, quase todos produzidos pela Ethan Allen, também se mantém estável por anos, com a maioria das peças sempre em estoque para que os consumidores possam comprar adicionais a qualquer momento. A empresa também controla de perto o visual externo e interno das

---

▶ **QUADRO 9.5** Exemplos de opções de políticas de canal

I. Concessões de "preço":	II. Assistência Financeira

A. Estrutura de descontos:
    descontos comerciais (funcionais)
    descontos por quantidade
    descontos por pagamento à vista
    compensação por pagamento antecipado
    mercadorias grátis
    frete pago
    subsídios para novos produtos, *displays* e propagandas
    (sem exigências de desempenho)
    descontos sazonais
    privilégio para carregamento misto
    privilégio para envio direto
    acordos comerciais
B. Substitutos de descontos:
    materiais de *display*
    mercadoria pré-etiquetada
    programas de controle de estoque
    literatura de promoção de vendas e catálogos
    programas de treinamento
    programas de armazenamento em prateleiras
    matrizes de propaganda
    serviços de consultoria gerencial
    programas de *merchandising*
    prêmios em dinheiro sobre as vendas
    assistência técnica
    pagamento do salário de demonstradores e da equipe
    de vendas
    subsídios de propaganda e de promoção (com
    exigências de desempenho)
	A. Acordos de empréstimos convencionais:
	    financiamentos a longo prazo
	    planos de estocagem
	    desconto de promissórias
	    desconto de duplicatas
	    financiamento para pagamento parcelado de instalações e
	    equipamentos
	    programas de empréstimo com nota
	    financiamento de contas a receber
	B. Alongamento de prazos de pagamento:
	    adiamento para o final de cada mês (prazo E.O.M. – *end of month*)
	    com base em sazonalidades
	    contado a da data de recebimento de mercadorias (prazo R.O.G. –
	    receipt of goods)
	    prazo "extra"
	    adiamento de pagamentos

	III. Medidas de proteção

	A. Proteção de preço:
	    mercadoria pré-etiquetada
	    "franquia" de precificação
	    contratos de representação
	B. Proteção de estoque:
	    vendas em consignação
	    vendas em conta de compensação
	    política liberal de devolução
	    programas de descontos
	    garantias de reposição
	    apoio garantido em eventos de vendas
	    manutenção de estoques de "pronta-entrega" ("*spots*") e entrega rápida
	C. Proteção territorial:
	    distribuição seletiva
	    distribuição exclusiva

lojas, da arquitetura ao *layout*, iluminação a *displays*. Ela programa até mesmo o método de venda da mobília, que normalmente consiste em visitas às casas dos consumidores feitas pelos "*designers*" da loja (A Ethan Allen não usa o termo "vendedores"), que os ajudam a selecionar mobílias e acessórios de acordo com um plano de decoração criado por eles mesmos. A maioria das propagandas, eventos especiais, promoções e vendas também é desenvolvida e administrada pela Ethan Allen, em vez de pelos varejistas independentes. A empresa também envia a equipe de vendas dos varejistas (*designers*) para a Ethan Allen College. Nessa "faculdade" – uma série de sessões especiais de treinamento – eles

▶ **QUADRO 9.6** Esboço de acordo de *merchandising* programado

1. Metas de *merchandising*
a. Planejamento de vendas
b. Planejamento do percentual de remarcação (*mark-up*) de preço
c. Planejamento de reduções de preço, incluindo planejamento de remarcações de preço (*markdown*), escassez de produto e descontos
d. Planejamento de margem bruta
e. Planejamento da proporção de despesa (opcional)
f. Planejamento de margem de lucro (opcional)

2. Plano de estocagem
a. Planejamento do giro de estoque
b. Planejamento do sortimento de mercadorias, incluindo planos básicos ou modelos de ação
c. Listas formalizadas de mercadorias imprescindíveis
d. *Mix* idealizado de produtos promocionais, em vez de mercadorias habituais

3. Plano de apresentação de mercadorias
a. Instalações recomendadas para as lojas
b. Plano de alocação de espaço
c. Planejamento de visual de *merchandising*
d. Materiais promocionais necessários, incluindo *displays* nos pontos de venda, panfletos para o consumidor e sinalização de preço

4. Plano da equipe de vendas
a. Apresentações de vendas são recomendadas
b. Plano de treinamento em vendas
c. Acordos especiais de incentivo, incluindo prêmios em dinheiro, concursos entre vendedores e atividades relacionadas

5. Plano de propaganda e promoção de vendas
a. Orçamento para propaganda e promoção de vendas
b. Cronograma de mídia
c. Modelos de temas para grandes campanhas e promoções
d. Eventos especiais de vendas

6. Responsabilidades e deveres
a. Responsabilidades do fornecedor de acordo com o plano
b. Responsabilidades do varejista de acordo com o plano

Fonte: Bucklin, Louis P. *Vertical marketing systems*, Scott, Foresman, 1970, p. 33. Copyright © Louis P. Bucklin. Todos os direitos reservados. Reproduzido com permissão.

Característica	Canal convencional	Sistema programado
Natureza dos contatos	Negociações pedido a pedido	Planejamento prévio em conjunto para um período prolongado de tempo
Informações consideradas	Apresentação de vendas pelo fornecedor	Dados sobre os produtos do varejista
Participantes do fornecedor	Vendedor local do fornecedor	Vendedores e principais executivos regionais ou da matriz
Participantes do varejista	Comprador	Vários executivos, talvez os de cargos mais altos
Metas do varejista	Ganho de vendas e percentual de mark-up	Rentabilidade total programada
Metas do fornecedor	Pedido grande em cada visita	Relacionamento de rentabilidade continuada
Natureza da avaliação de desempenho	Centrado no evento; principalmente relacionado com o volume de vendas e outros critérios de desempenho no curto prazo	Critérios de desempenho específicos descritos no programa

Fonte: Ronald L. Ernst. Distribution channel "détente" benefits suppliers, retailers, and consumers. Reeditado com permissão de *Marketing News*, publicado por American Marketing Association.

aprendem não apenas sobre técnicas de decoração de casas, mas também, e talvez mais importante, sobre a "maneira Ethan Allen de fazer as coisas". O programa é projetado para criar um senso de trabalho em equipe entre a empresa e seus varejistas independentes, no esforço de "transformar consumidores em clientes" e, assim, incentivar relacionamentos de longo prazo com desempenho de vendas repetido, menos sensível às desacelerações econômicas e grandes reduções de preço da concorrência. Essa abordagem programada para apoiar o membro do canal criou um nicho distinto para Ethan Allen no feroz mercado competitivo mobiliário. Em vez de competir em preços, algo comum nesse setor, seus varejistas – graças à abordagem cuidadosamente programada da empresa – conseguem concorrer com base em qualidade de serviço e assistência ao consumidor, alcançando, no processo, margens brutas e lucros líquidos bem maiores do que a média.

Programação da distribuição é também a abordagem usada em muitos canais de franquia, em especial no setor de serviços.[58] McDonald's em *fast-food*, Holiday Inn em hotéis e Century 21 no setor imobiliário, por exemplo, têm esses programas altamente desenvolvidos para motivar seus membros do canal de franquia. De fato, praticamente tudo, desde o menor detalhe operacional, foi programado previamente para os franqueados. O McDonald's, por exemplo, especifica bem como um restaurante da rede deve ser projetado e o que pode ou não conter (máquinas de vendas – *vending machines* – e telefones, por exemplo, são terminantemente proibidos). De forma semelhante, o Holiday Inn tem um conjunto exato de políticas e padrões que cada franqueado deve seguir ao oferecer seus serviços de hospedagem ao público; e a Century 21, um conjunto preciso de serviços e abordagem para vender bens imobiliários, que devem ser seguidos por todas as agências individuais franqueadas. Esses programas rigorosos de distribuição, desenvolvidos num âmbito de contrato de franquia formal, resultam em uma forma altamente controladora da distribuição. Tais acordos vão muito além da abordagem de parceria, para um nível superior de liderança (franqueadores) e seguidores (franqueados). Examinaremos essas questões com mais detalhes no Capítulo 16, *Canais de marketing de franquia*.

FORNECENDO LIDERANÇA PARA MOTIVAR MEMBROS DO CANAL

Mesmo que o gerente de canal tenha desenvolvido um excelente sistema de aprendizado sobre as necessidades e os problemas dos membros do canal, não importando a abordagem utilizada para apoiá-los, ainda deve exercer o controle mediante uma liderança eficaz, em uma base contínua, para atingir uma equipe bem motivada de membros.[59]

É quase impossível a um gerente de canal conseguir atingir controle total, independentemente de quanto poder fique implícito em suas tentativas de liderança.[60] Essa situação seria possível apenas se esse gerente fosse capaz de prever todos os eventos relacionados ao canal com perfeita precisão e alcançasse os resultados desejados em todas as suas tentativas. Na maioria das vezes, essa é uma situação teórica não alcançável na realidade de um sistema interorganizacional como o canal de marketing. Há mais de quatro décadas, Little explicou sucintamente os problemas de atingir altos níveis de controle e liderança no cenário interorganizacional:

> Visto que as empresas estão mal-arranjadas, as vantagens de uma direção central não são alcançadas. A ausência de propriedade única ou de rígidos acordos contratuais significa que não se concretizam os benefícios de uma base de poder formal (superior e subordinado).
>
> O sistema de recompensa e punição não é tão preciso, além de ser de difícil implementação. De maneira semelhante, um planejamento global para todo o sistema é algo não coordenável, e a perspectiva necessária para maximizar o esforço total do sistema é difusa. Menos reconhecimento de metas comuns por várias empresas integrantes do canal, em comparação com uma organização formalmente estruturada, também é algo provável.[61]

Como Little aponta, o cenário interorganizacional do canal de marketing cria um conjunto de condições que torna uma liderança forte mais difícil de ser alcançada. Esse é particularmente o caso em canais que evoluíram a partir de grupos de empresas mal alinhadas. Mas, mesmo em canais projetados para promover um maior grau de controle, tais como os baseados em rígidos compromissos contratuais ou em programação da distribuição, as circunstâncias especiais relacionadas aos sistemas interorganizacionais, discutidas por Little, não desaparecem por completo. Assim, ainda que a base para o controle por meio de forte liderança seja significativamente maior em canais formalmente estruturados ou contratuais, como nos de franquias, muitas vezes ela não é equivalente ao nível alcançado em um cenário intraorganizacional.[62] Isso não sugere que seja impossível ao gerente de canal exercer um alto nível de liderança em seu esforço para motivar os membros independentes do canal.[63] Em vez disso, simplesmente destacamos que, ao tentar fazê-lo, o gerente enfrentará um conjunto mais difícil de problemas. Entretanto, mesmo em um contexto de dificuldade no canal de marketing, a liderança eficaz de membros do canal pode produzir bons resultados.

O premiado programa de gerenciamento de canal utilizado pela Cisco Systems, maior fabricante mundial de produtos de alta tecnologia de rede – como roteadores, *switches* e produtos de integração de voz, vídeos, dados e sistemas de segurança em redes de computador –, ajuda a mostrar o importante papel da liderança na motivação dos membros do canal.[64] Enquanto a Cisco Systems utiliza uma variedade de canais para atingir suas dezenas de milhares de consumidores finais, um de seus canais mais importantes, que representa mais de $ 30 bilhões em vendas, é o que ela chama de seus "revendedores de canal com valor agregado", ou RCVA, ou seja, membros do canal com um papel muito mais importante do que a mera revenda de produtos Cisco. Em vez disso, eles desenvolvem relacionamentos próximos com os consumidores a fim de aprender sobre suas necessidades de rede, de hardware e software integrados e, assim, desenvolver soluções personalizadas para resolver seus problemas. Os RCVA costumam utilizar produtos de terceiros se estes oferecerem mais e melhores alternativas econômicas para os produtos da Cisco, e também podem fornecer assistência no planejamento, projeto, instalação, suporte, monitoramento remoto, além de apoio no gerenciamento de rede.

Apesar de esses parceiros de canal, os RCVA, fornecerem um nível tão extraordinário de serviços de valor agregado aos consumidores finais, os típicos programas de incentivo baseados em volume – nos quais membros do canal são recompensados com base no volume de vendas que produzem – não são exatamente uma elemento eficaz para motivá-los. Por quê? A razão é que um sistema de incentivo baseado em volume, no qual quanto mais produtos do fabricante o membro do canal vender maior desconto recebem os RCVA, não reconhece o esforço extraordinário e a despesa que têm estes últimos ao fornecer uma variedade de serviços de alto nível aos consumidores finais.

A abordagem da Cisco Systems em administrar seu canal de RCVA reconheceu previamente as deficiências do sistema de incentivo baseado em volume. Com o início do século 21, a forte liderança de canal da empresa produziu um sistema de incentivo que fornecia recompensas iguais aos membros do canal com capacidades semelhantes de fornecer serviços de alto valor agregado aos consumidores finais, independentemente da quantidade de produtos Cisco que cada um vendesse. Especificamente, os parceiros de canal seriam recompensados com incentivos relacionados a vários tipos de comportamento de valor agregado por transações, e não com recompensas pelo volume total de produtos da Cisco revendidos pelo parceiro.

Para fazer funcionar esse modelo baseado em valor, a Cisco proporciona uma liderança ampla e intensiva, oferecendo treinamento e um extenso programa de certificação da empresa, além de estabelecer métricas de desempenho que incluem a satisfação do usuário final e o nível de investimento e rentabilidade dos RCVA.

Como mencionado, a excelência em liderança de canal da Cisco angariou várias premiações industriais, incluindo o prêmio do Boletim Anual dos RCVA, por oito anos consecutivos; do Computer Reseller News (CRN), Channel Champions, no mesmo período de oito anos; e, talvez, o mais importante de todos: a adoção de grande parte do modelo de gerenciamento de canal da Cisco pela Microsoft!

Resumo

Mesmo que o canal de marketing tenha sido cuidadosamente projetado para refletir uma alocação otimizada das tarefas de distribuição, a forte cooperação dos membros do canal não pode ser dada como certa. Em vez disso, o gerenciamento de canal – a administração dos canais existentes para garantir a cooperação dos seus membros na conquista dos objetivos de distribuição da empresa – é necessário.

Uma parte fundamental desse gerenciamento é motivar os membros do canal para que desempenhem suas tarefas com eficácia e eficiência. A fim de que essa motivação seja bem-sucedida, o gerente do canal deve lidar com três facetas principais da administração da motivação no canal: (1) aprender sobre as necessidades e os problemas dos membros; (2) desenvolver programas para dar apoio às suas necessidades e ajudá-los a lidar com suas áreas específicas de problemas; e (3) oferecer liderança.

Descobrir as necessidades e os problemas dos membros do canal não é uma questão de casualidade. O gerente não pode confiar apenas nos sistemas de comunicação existentes no canal para dar todas as informações relevantes relativas a essas necessidades e problemas. Em vez disso, às vezes, ele deve reunir os dados necessários usando abordagens como (1) estudos sobre os membros do canal conduzidos pela empresa; (2) pesquisas de terceiros para garantir a objetividade; (3) auditorias periódicas dos canais de marketing; e (4) conselhos consultivos do distribuidor.

Uma vez que o gerente tenha a informação necessária sobre as necessidades e os problemas dos membros do canal, programas de apoio devem ser desenvolvidos para abordá-los. Bons programas exigem um planejamento cuidadoso. Abordagens improvisadas, fragmentadas, ou "consertos rápidos" como apoio estão se tornando cada vez mais inaceitáveis para os membros do canal.

Em geral, abordagens planejadas para esse apoio podem ser agrupadas em uma de três categorias: (1) arranjos cooperativos; (2) parcerias ou alianças estratégicas; e (3) programação da distribuição.

A abordagem cooperativa é a menos sofisticada e abrangente. Basicamente, o fabricante e os membros do canal concordam com uma série de atividades cooperativas, como propaganda cooperada, descontos promocionais ou programas de incentivo. Se o programa cooperativo oferecido pelo fabricante está bem alinhado em termos de ir ao encontro das necessidades e dos problemas dos membros do canal, e se for cuidadosamente planejado e supervisionado, pode ser um meio efetivo de motivar os membros do canal.

O conceito de parceria (ou aliança estratégica) é uma abordagem mais sofisticada e abrangente de motivação dos membros do canal. Essencialmente, parcerias ou alianças estratégicas se baseiam em delineação cuidadosa dos papéis mútuos do fabricante e dos membros do canal – ou seja, o tipo de comprometimento que o fabricante espera dos membros do canal e os tipos de apoio que esses podem esperar daquele. A ideia subjacente a essa relação é o apoio mútuo entre fabricante e membros do canal a fim de criar um esforço de equipe bem organizado na distribuição dos produtos do fabricante. Se bem desenvolvida e executada, a abordagem de parceria ou aliança estratégica pode fornecer uma base excelente para motivar os membros do canal.

Finalmente, a programação da distribuição oferece a abordagem mais sofisticada e compreensiva. Ela envolve o desenvolvimento de um plano abrangente para gerir o canal de marketing. Áreas fundamentais do relacionamento entre fabricantes e membros do canal são estudadas e um plano é desenvolvido para cobrir todas essas áreas. Tipicamente, esses programas têm início e são direcionados pelo fabricante, mas os membros do canal nos níveis de atacado ou varejo também podem começar e orientar os acordos de programação da distribuição.

Independentemente de qual abordagem o gerente de canal use para motivar os membros do canal, a liderança, ainda assim, deve ser exercitada de forma contínua para que os programas de motivação sejam operados de modo eficiente e viável. Ao tentar exercer tal liderança, porém, o gerente deve se lembrar de lidar com vários desafios significativos característicos da configuração interorganizacional do canal de marketing. Entre esses estão: (1) a debilidade da organização em vários sistemas de canal; (2) a tendência por parte dos membros do canal para evitar a direção central; (3) a falta de uma propriedade única; e (4) a ausência de demarcação clara de um relacionamento supersubordinado.

QUESTÕES DE REVISÃO

1. Discuta a diferença entre gerenciamento de canal e desenho de canal.

2. Mesmo que um canal de marketing tenha sido projetado com cautela, de forma que sua estrutura reflita uma alocação quase otimizada das tarefas de distribuição, não se pode esperar que o canal "funcione" por si só. Discuta essa afirmação.

3. Um fluxo de informações eficaz no canal é tudo de que precisa para conhecer o gerente de canal as necessidades e os problemas dos membros do canal. Você concorda com isso? Justifique.

4. Cite algumas das principais fontes de interação presentes em um sistema de comunicação de canal típico?

5. Examine as principais características das quatro abordagens para descobrir as necessidades e os problemas dos membros do canal discutidos aqui.

6. Compare e diferencie as principais características de arranjos cooperativos, parcerias e alianças estratégicas e a programação da distribuição como abordagem para motivar os membros do canal.

7. Comente as diferenças entre um canal convencional e outro baseado em um arranjo de programação da distribuição.

8. Discuta o conceito de liderança e como é usado para motivar membros do canal.

9. Cite alguns dos problemas enfrentados pelo gerente de canal na tentativa de exercer a liderança para motivar membros do canal na configuração interorganizacional do canal de marketing.

10. Que facetas particulares do caso da Cisco Systems indicam a liderança como método eficaz para a motivação de membros do canal da empresa?

1. A Steinway & Sons tem produzido os melhores pianos do mundo por mais de um século. Essa empresa vende pianos nos Estados Unidos por meio de menos de 75 revendedores cuidadosamente selecionados. A qualidade de seus pianos é inquestionavelmente muito alta. Contudo, durante um tempo, o gerenciamento de canal da Steinway não podia declarar tanta qualidade assim. Ela parecia não estar suficientemente a par dos problemas de seus revendedores, incluindo margens de lucro baixas sobre os pianos, estoque que se move lentamente e altos custos associados ao fornecimento de pianos Steinway a músicos (serviço esperado de todo revendedor). Na verdade, o foco da empresa estava em fazer seus revendedores estocar mais produtos, melhorar seus *showrooms* e contratar mais vendedores. Sua resposta para lidar com essa desconexão entre fabricante/revendedor foi mandar seu presidente e CEO para a estrada, durante um ano e meio de visitas pessoais aos revendedores, para saber em primeira mão quais eram suas necessidades e seus problemas.

    O que você acha da abordagem da Steinway para aprender sobre as necessidades e os problemas dos membros de seu canal? Essa é a melhor forma de fazer isso? A abordagem da Steinway seria possível em outras companhias? Explique.

2. Os onipresentes barbeadores, isqueiros e, é claro, canetas esferográficas Bic são vendidos por mais de 100 mil supermercados, farmácias e outros pontos de venda nos Estados Unidos. A Bic Corporation tem, tradicionalmente, confiado em um grande número de parceiros para vender seus produtos.

    Essa empresa pode ser "parceira" de cada um dos 100 mil varejistas que vendem seus produtos? Explique.

3. Harley-Davidson Inc. é uma das companhias mais conhecidas do mundo graças às suas motocicletas, em geral chamadas de "Hogs" pelos aficionados. Durante a maior parte dos anos 1990, essas motocicletas eram escassas, por isso, seus 600 revendedores independentes não tinham problemas para vendê-las assim que chegavam da fábrica – usualmente com preços mais altos do que o de tabela. Mas, em 2001, perto do seu 100º aniversário, os negócios começaram a desacelerar, refletindo a economia estagnada. As motos não estavam mais saindo dos *showrooms* dos revendedores tão depres-

sa, e, de fato, os estoques em todo o país começavam a crescer, embora algumas motos tenham sido oferecidas com descontos substanciais. Mesmo enfrentando uma desaceleração das vendas a consumidores, a Harley-Davidson mostrou um aumento nas vendas anuais de mais de 25%. Como isso foi possível? A empresa estava reservando carregamentos de motos para revendedores como se fosse venda ao consumidor final. Muitos deles estavam infelizes com essa prática, referindo-se a ela como "entupimento de canal" – carregar revendedores com estoques que excedem a demanda do consumidor final para dar a impressão de um crescimento das vendas.

    Os revendedores bancaram os "bebês chorões" ao acusar a Harley-Davidson de "entupimento de canal"? Essa é uma parceria de mão única, com os revendedores sendo amigos para todas as horas? Discuta.

4. Mary Robinson, vice-presidente de marketing de um famoso fabricante de camisas masculinas, passou três meses trabalhando em uma campanha promocional dentro da loja usada para a nova linha de camisas 100% algodão e de fácil manutenção. A campanha enfatizou um dispositivo incomum em pontos de venda: uma figura de papelão em tamanho real vestindo uma camisa verdadeira. Esperava-se que lojas de departamento e as especializadas usassem o *display* para atrair a atenção dos consumidores para a nova linha, apresentando-a com destaque. Robinson teve um papel fundamental na criação dessa promoção, e estava particularmente orgulhosa disso. A campanha já estava em andamento havia seis semanas, e ela aguardava, ansiosa, pelo relatório preparado pelo departamento de pesquisa de mercado da companhia exatamente naquela tarde. Ela soube que o relatório seria elogioso. Na verdade, porém, a maioria dos varejistas achou que a campanha foi um desastre – em especial a figura de papelão em tamanho real, que a maioria não tinha espaço para exibir. E, mesmo que tivessem, eles acharam que seria um fracasso fazer isso.

    Mary pode ter certeza de que o relatório da pesquisa que estará em sua mesa à tarde comunicará completa e perfeitamente as opiniões dos varejistas? Discuta.

5. Durante décadas, o McDonald's foi admirado em quase todo o mundo como o líder da indústria de *fast-food*. Seu sistema de franquias era motivo de inveja de praticamente todas as outras cadeias desse segmento. Mas, no início do novo milênio, problemas que estavam se agravando durante o fim dos anos 1990 passaram não só a minar sua reputação invejável, como também a atingir os resultados iniciais e finais. As vendas de suas lojas caíram cerca de 10%, e os lucros da rede, ainda mais. Ironicamente, uma das principais causas do problema que a empresa estava enfrentando resultou de uma tentativa de aprimorar seus produtos. O McDonald's e muitos de seus franqueados investiram pesado em tecnologia de cozinha a fim de permitir que as lojas customizassem os pedidos individuais dos consumidores; assim, os pratos seriam mais frescos e saborosos do que os produtos pré-preparados mantidos sob luzes aquecedoras. Mas essa nova abordagem, que o McDonald's chamou de "Feito para Você", desacelerou os serviços drasticamente. Isso, por sua vez, criou uma "reação em cadeia" de consumidores insatisfeitos, bem como dos funcionários que se sentiam frustrados por não conseguir atender as demandas dos consumidores por um serviço mais rápido. Além disso, sentiam-se ofendidos quando ouviam reclamação do seu desempenho. O McDonald's alega que os franqueados não aprenderam a usar a nova tecnologia corretamente, enquanto esses afirmam que a nova tecnologia era falha e mal projetada.

O que *você* acha que está acontecendo aqui? O McDonald's entendeu realmente as necessidades e os problemas de seus franqueados? O apoio na forma de tentativa de fornecer um produto melhor ao consumidor foi mal direcionado? Discuta.

6. A Sylvania Lighting, uma divisão da GTE, introduziu o "Parceria de Prestígio", um programa focado em ajudar seus 2.200 distribuidores a fazer um trabalho mais eficiente nas vendas dos seus produtos. Em especial, o programa vai ajudar os distribuidores a localizar os segmentos de mercado para os quais os produtos Sylvania são mais adequados. Por meio de uma base de dados chamada Sylvania Source, informações detalhadas serão oferecidas, como nomes, endereços e números de telefone de comércios, assim como os nomes dos encarregados de fazer os pedidos de produtos de iluminação, os potenciais de vendas anuais dos consumidores e o número de utensílios de iluminação que cada consumidor tem. A Sylvania e seus distribuidores também fazem uma mostra itinerante com um "Lightmobile" criado pela companhia para dar aos consumidores um programa educacional móvel sobre aplicações de iluminação. Tudo isso aumenta seu *kit* de informação "Técnicas de Melhor Iluminação", que os distribuidores disponibilizam aos consumidores finais. Segundo a Sylvania, a parceria foi totalmente adotada pelos distribuidores e os motivou a se tornar melhores vendedores de seus produtos.

Por que você acha que o programa de parceria da Sylvania é eficiente? Discuta isso do ponto de vista das necessidades e dos problemas do distribuidor. Esse programa de parceria sugere uma liderança efetiva por parte da Sylvania? Explique.

7. A FilmDistrict, estúdio de filmagem e distribuidora recém-criado, fechou um acordo com a Netflix, Inc. para fazer o *stream* de novos filmes na internet poucos meses depois de seu lançamento em DVD. Sob os termos acordados, novos filmes da FilmDistrict serão licenciados exclusivamente para a Netflix, em vez de aparecerem em canais "Premium" de TV a cabo. Observadores da indústria acreditam que esse acordo reflete as novas realidades da mudança de comportamento, alterando o consumo de canais de filmes, cinema, vídeo em casa e TV a cabo paga para o *streaming* on-line. A Netflix fez um acordo parecido com a Relativity Media, companhia de cinema que financiou o aclamado filme sobre boxe *O vencedor.*

Dadas as rápidas e drásticas mudanças que ocorrem nos canais de distribuição de filmes, quanto essas parcerias ou alianças, como as feitas entre a Netflix e a FilmDistrict, podem ser úteis para as empresas no gerenciamento de seus canais de distribuição?

8. A Toyota Motor Corporation toma um cuidado extraordinário com o desenvolvimento do seu canal de distribuição e com a seleção de revendedores para seus carros de luxo Lexus. Essa atenção aos detalhes na configuração do canal lembra o tipo de cuidado que a empresa tem na construção de seus carros. De fato, as normas para as concessionárias têm tantos detalhes quanto a especificações de configuração dos projetos de maçaneta e a qualidade do papel de arroz dos *banners* usados para decorar as concessionárias. Dá a impressão de que tudo foi planejado com tanto cuidado que as revendedoras do Lexus poderiam praticamente se administrar sozinhas.

Comente sobre essa situação em termos da necessidade de administração de canais e da motivação dos membros do canal.

▶ REFERÊNCIAS

1. Para uma excelente visão geral e análise dos principais temas que norteiam as gestões de canais, veja: Frazier, Gary L. Organizing and managing channels of distribution, Journal of the Academy of Marketing Science, Spring 1999, p. 226-240.

2. Para uma discussão relacionada, veja: Duarte, Margarida; Davies, Gary. Trust as a mediator of channel power, Journal of Marketing Channels, v. 11, n. 2/3, 2004, p. 77-102; Heide, Jan B. Interorganizational governance in marketing channels, Journal of Marketing, Jan. 1994, p. 71-85.

3. Parker, Melina; Bridson, Kerrie; Evans, Jody. Motivations for developing direct trade relationships, International Journal of Retail & Distribution Management, v. 34, n. 2/3, 2006, p. 121-134; J. Skinner, Steven; Gassenheimer, Julie B.; Kelley, Scott W. Cooperation in supplier–dealer relations, Journal of Retailing, Summer 1992, p. 174-193; Salmond, Deborah; Spekman, Robert. Collaboration as a mode of managing long-term buyer–seller relationships. In: Shimp, Terrence et al. (eds.). Proceedings of the annual educators' conference of the American Marketing Association. Chicago: American Marketing Association, 1986, p. 162-166; e Ross, William T. Managing marketing channel relationships, Working Paper n. 85-106. Cambridge, Mass: Marketing Science Institute, July 1985, p. 1-17.

4. Gassenheimer, Julie G.; Calantone, Roger J.; Scully, Joseph I. Supplier involvement and dealer satisfaction: implications for enhancing channel relationships, Journal of Business and Industrial Marketing 10, n. 2 f, 1995, p. 7-19.

5. Payan, Janice M.; Nevin, John R. Influence strategy efficacy in supplier–distributor relationships, Journal of Business Research, v. 59, 2006, p. 457-467; Miller, Richard Lee; Lewis, William F.; Merenski, L. Paul. A value exchange model for the channel of distribution: implications for management and research, Journal of the Academy of Marketing Science, Fall 1985, p. 2-4.

6. Goodman, Lester E.; Dion, Paul A. The determinants of commitment in the distributor–manufacturer relationship, Industrial Marketing Management 30, 2001, p. 287-300.

7. Para uma discussão relacionada, veja: Eyuboglu, Nermine. Securing marketing support from channel members: insights from an empirical study. In: Sirgy, M. Joseph; Bahn, Kenneth D.; Erem, Tunc. (eds.). Proceedings of the sixth bi-annual world marketing congress. Blacksburg, Va.: Academy of Marketing Science, 1993, p. 140-145; Shipley, David. What british distributors dislike about manufacturers, Industrial Marketing Management, May 1987, p. 153-162; e Shul, Patrick L.; Little Jr., Taylor E.; Pride, William M. Channel climate: its impact on channel members' satisfaction, Journal of Retailing, Summer 1985, p. 9-38.

8. Narus, James A.; Reddy, N. Mohan; Pinchak, George L. Key problems facing industrial distributors, Industrial Marketing Management, Aug. 1984, p. 139-147; e Anderson, James C.; Narus, James A. A model of the distributor's perspective of distributor–manufacturer working relationships, Journal of Marketing 48, Fall 1984, p. 62-74.

9. McVey, Phillip. Are channels of distribution what the textbooks say? Journal of Marketing 24, Jan. 1960, p. 61-65.

10. Bennett, Jeff. Chrysler ads aim to rebuild image, Wall Street Journal, 9 June 2010, p. B1.

11. Stoll, John D. GM plans a return to car leasing, Wall Street Journal, 29 July 2010, p. B1.

12. Para uma discussão relacionada, veja: Siguaw, Judy A.; Simpson, Penny M.; Baker, Thomas L. Effects of supplier market orientation on distributor market orientation and the channel relationship: the distributor perspective, Journal of Marketing, July 1998, p. 99-111.

13. Confira: Hunt, Kenneth A.; Hartman, Cathy. Attribution theory in channels of distribution: extensions and applications. In: Bahn, Kenneth D. (ed.). Developments in marketing science, Proceedings of the annual conference of the Academy of Marketing Science. Academy of Marketing Science, 1988, p. 465-469; e Frazier, Gary L.; Sheth, Jagdish N. An attitude-behavior framework for distribution channel management, Journal of Marketing 49, Summer 1985, p. 38-48.

14. Para uma excelente análise dos fatores sociopsicológicos subjacentes ao canal de relacionamentos, veja: Wrenn, W. Bruce; Withey, John J. Modes of social interaction between organizations: a social-psychological explanation of relationships between channel dyads, Journal of Marketing Channels, v. 11, n. 4, 2004, p. 43-59.

15. Para uma discussão relacionada, veja: Hult, J. Thomas M.; Hult, Ann-Christine M.; Lukas, Bryan A. Creating shared vision in the marketing channel network, Journal of Marketing Channels 5, n. 3/4, 1996, p. 1-18.

16. Meyers, Gerald. Trade buyers are influential but under-researched, Marketing News, 1 Feb. 1988, p. 12.

17. Confira, por exemplo: Kovar, Joseph F. VARs to dell: good start, now here's what we want, AVAYA, 18 May 2007, p. 1-4.

18. Kleinberg, Ellen M. Improving distributor relations: communications solves most problems, Industrial Marketing, Feb. 1981, p. 72.

19. Meyers, Trade buyers are influential but underresearched, p. 120.

20. Cox, Revis; Schutte, Thomas F.; Few, Kendrik S. Toward the analysis of trade channel perception. In: Allvine, Fred C. (ed.). Combined Proceedings 1971 Spring and Fall Conference of the American Marketing Association. Chicago: American Marketing Association, 1972, p. 189-193.

21. Calantone, Roger J.; Gassenheimer, Jule B. Overcoming basic problems between manufacturers and distributors, Industrial Marketing Management 20, 1991, p. 215-221.

22. Para perspectiva de um tipo de auditoria de canal de marketing conhecida como "Relationship Appraisal," veja: Hanmen-Lloyd, Stuart A. Relationship appraisal: a route to improved reseller channel performance, Industrial Marketing Management 25, 1996, p. 173-185.

23. Para uma análise aprofundada das questões que podem surgir, particularmente no contexto de comportamento oportunista dos membros do canal, veja: Wathne, Kenneth H.; Heide, Jan B. Opportunism in interfirm relationships: forms, outcomes, and solutions, Journal of Marketing, Oct. 2000, p. 36-51.

24. Bego, Gene L. Joint benefits of a distributor council. In: Building a sound distributor organization. New York: National Industrial Conference Board, 1964, p. 44-49.

25. Lenderman, Maxim. Mind games: anheuser-busch wants its wholesaler's whole attention, Beverage World, Sept. 1996, p. 70-74.

26. Fites, Donald V. Make your dealers your partners, Harvard Business Review, Mar.-Apr. 1996, p. 84-95.

27. Para um estudo muito interessante envolvendo canal de relacionamentos na indústria cervejeira, consulte: Richardson, Lynne D.; Robicheaux, Robert A. Supplier's desire to influence elated to perceived use of power and performance, Journal of Business Research 25, 1992, p. 243-250.

28. Outros fatores cruciais podem afetar esse resultando, no entanto; veja: Celly, Kirti Sawhney; Frazier, Gary L. Outcome-based and behavior-based coordination effects in channel relationships, Journal of Marketing Research, May 1996, p. 200-210.

29. Freeman, Sholnn. Chrysler's chief takes to the road to rev up dealers, Wall Street Journal, 12 Nov. 2003, p. B2.

30. Confira, por exemplo: Keith, Janet E.; Jackson Jr., Donald W.; Crosby, Lawrence A. Effects of alternative types of influence strategies under different channel dependency structures, Journal of Marketing 54, July 1990, p. 30-41; Anderson, Erin; Lodish, Leonard M.; Weitz, Barton A. Resource allocation behavior in conventional channels, Journal of Marketing Research, Feb. 1987, p.

85-97; Cronin Jr., J. Joseph; Morris, Michael H. Satisfying customer expectations: the effect on conflict and repurchase intentions in industrial marketing channels, Journal of the Academy of Marketing Science, Winter 1989, p. 41-49; e Frazier, Gary L.; Summers, John O. Interfirm influence strategies and their application within distribution channels, Journal of Marketing 48, Summer 1984, p. 43-55.

31. McCammon Jr., Bert C. Perspectives of distribution programming. In: Bucklin, Louis P. (ed.) Vertical Marketing Systems. Glenview, Ill.: Scott, Foresman, 1970, p. 32.

32. Veja, por exemplo: Wuyts, Stefan; Geyskens, Inge. The formation of buyer–supplier relationships: detailed contract drafting and close partners selection, Journal of Marketing, Oct. 2005, p. 103-117; Rodriguez, Ignacio Rodriguez del Bosque; Agudo, Jesus Callado; Gutierrez, Hector San Martin. Determinants of economic and social satisfaction in manufacturer–distributor relationships, Industrial Marketing Management, v. 35, 2006, p. 666-675.

33. Confira, por exemplo: Walker, Bruce J.; Keith, Janet E.; Jackson Jr., Donald W. The channels manager: now, soon, or never? Journal of the Academy of Marketing Science, Summer 1985, p. 82-96; Schmidt, Reinhard H.; Wagner, Gerd. Risk distribution and bonding mechanisms in industrial marketing, Journal of Business Research 13, 1985, p. 421-433; Moore, James R.; Eckrich, Donald W. Marketing channels from a manufacturer's perspective: are they really managed? In: Bernhardt, Kenneth L. (ed.). Marketing: 1776–1976 and beyond. Chicago: American Marketing Association, 1976, p. 248-255; e Schary, Philip B.; Becker, Boris W. Distribution as a decision system. In: Becker, Boris W.; Becker, Helmut. (eds.). Combined Proceedings, 1972 Spring and Fall Conference of the American Marketing Association. Chicago: American Marketing Association, 1973, p. 310-314.

34. Fine, John. Bargain—Rate Buzz, Business Week, 9 Feb. 2009, p. 65-66.

35. Para ler mais sobre os tipos de programas de propaganda cooperada, veja: Edward B. Weiss, How much of a retailers is the manufacturer, Advertising Age 29, 21 jul. 1958, p. 68. Para uma discussão relacionada, veja: Zemanek Jr., James E. Manufacturer influence versus manufacturer salesperson influence over the industrial distributor, Industrial Marketing Management 26, 1997, p. 59-66.

36. Levi Strauss: a touch of fashion—and a dash of humility, Business Week, 24 Oct. 1983, p. 85, 88.

37. Milsap, Cynthia R. Conquering the distributor incentive blues, Business Marketing, Nov. 1985, p. 122-125.4.

38. Veja, por exemplo: Adobor, Henry; McMullen, Ronald S. Strategic partnering in e-commerce: guidelines for managing alliances, Business Horizons, Mar.-Apr. 2002, p. 67-76; Bucklin, Louis P.; Sengupta, Sanjit. Organizing successful co-marketing alliances, Journal of Marketing 57, Apr. 1993, p. 32-46; Dowling, Bill. How to form lasting partnerships, Industrial Distribution, 15 June 1992, p. 75; Rosenbloom, Bert. Motivating your international channel partners, Business Horizons, Mar.-Apr. 1990, p. 53-57; Anderson, James C.; Narus, James A. A model of distributor firm and manufacturer firm working partnerships, Journal of Marketing 54, Jan. 1990, p. 42-58; Sethuraman, Rajagopalan; Anderson, James C.; Narus, James A. Partnership advantage and its determinants in distributor and manufacturer working relationships, Journal of Business Research 17, 1988, p. 327-347; e Reddy, N. Mohan; Marvin, Michael P. Developing a manufacturer–distributor information partnership, Industrial Marketing Management 15, 1986, p. 157-163.

39. Apple's Big Partner: iPhone and Wal-Mart, Business Week, 12 Jan. 2009, p. 6; To boost buying power, Wal-Mart woos partners, Bloomberg Businessweek, 11-17 Oct. 2010, p. 36; Lloyd, Mary Ellen. Radio shack, verizon link up at sam's club, Wall Street Journal, 7 Oct. 2009, p. B5B.

40. Para uma análise criteriosa dos relacionamentos, parcerias e alianças estratégicas, veja: Joshi, Ashwin W. Longterm relationships, partnershps, and strategic alliances: a contingency theory of relationship marketing, Journal of Marketing Channels 4, n. 3, 1995, p. 75-94.

41. Para um excelente e profundo estudo de pesquisa relacionada a este ponto, veja: Anderson, Erin; Weitz, Barton. The use of pledges to build and sustain commitment in distribution channels, Journal of Marketing Research 29, Feb. 1992, p. 18-24; Além disso, para uma excelente discussão de alianças estratégicas como uma vantagem competitiva, veja: Ricks, James E. Benefits of domestic vertical and horizontal strategic alliances, Journal of Business and Industrial Marketing 8, n. 4, 1993, p. 52-57.

42. Johnson, Jean L. Strategic integration in industrial distribution channels: managing the interfirm relationship as a strategic asset, Journal of the Academy of Marketing Science, Winter 1999, p. 5.

43. Ihlwan, Moon; Grow, Brian. Red-hot white goods, Business Week, 30 Oct. 2006, p. 48.

44. Dell announces channel program details, http//www.phonesplusmag.com/ (Posted on: 12/05/2007).

45. Webster Jr., Frederick E. The role of the industrial distributor, Journal of Marketing 40, July 1976, p. 10-16.

46. Webster. The role of the industrial distributor, p. 15.

47. Rosenbloom, Bert. Motivating independent distribution channel members, Industrial Marketing Management, Aug. 1978, p. 275-281.

48. Para um excelente estudo empírico de ambiente como um dos principais fatores que afetam as relações fornecedor/distribuidor, veja: Celly, Kirti Sawhney; Frazier, Gary L. Outcome-based and behavior-based coordination efforts in channel relationships, Journal of Marketing Research, May 1996, p. 200-210.

49. Sonnenberg, Frank K. Partnering: entering the age of cooperation, Journal of Business Strategy, May–June 1992, p. 51-52.

50. Adobor and McMullen, Strategic Partnering in E-Commerce, p. 67.

51. Keenan, Faith. Opening the Spigot, Business Week@biz, 4 June 2001, p. EB17-EB20.

52. Gierke, Martin. Caterpillar dealer identity: customer loyalty and an extraordinary partnership, Design Management Review, Winter 2006, p. 55-61.

53. Caterpillar code of worldwide business conduct and operating principles. Peoria, Ill: Caterpillar Inc. 1992, p. 6.

54. De Yovovich, B. G. Partnering at its best, Business Marketing, Mar. 1992, p. 36-37.

55. McCammon, Perspectives in Distribution Programming, p. 43.

56. White, Joseph B. Certified used cars star in BMW Ads, Wall Street Journal, 12 Feb. 2002, p. B9.

57. Para uma discussão relacionada, veja: Kim, Keysuk. On the effects of customer conditions on distributor commitment and supplier commitment in industrial channels of distribution, Journal of Business Research 51, 2001, p. 87-99.

58. Veja, por exemplo: Burkle, Thomas; Posselt, Thorsten. Franchising as a plural system: a risk-based explanation, Journal of Retailing, v. 84, n. 1, 2008, p. 39-47.

59. Para três excelentes análises de liderança e controle de canais de marketing, veja: Price, Retha A. An investigation of path-goal leadership theory in marketing channels, Journal of Retailing, Fall 1991, p. 339-361; Barnett, Timothy R.; Arnold, Danny R. Justification and application of path-goal contingency leadership theory to marketing channel leadership, Journal of Business Research 19, 1989, p. 283-292; e English, John B.; Arnold, Danny R. An overview of channel control and control antecedents. In: Belk, Russel A. (ed.). Proceedings of the Winter Educators' Conference of the American Marketing Association. Chicago: American Marketing Association, 1987, p. 301-306.

60. El-Ansary, Adel I.; Robicheaux, Robert A. A theory of channel control: revisited, Journal of Marketing 38, Jan. 1974, p. 2.

61. Little, Robert W. The marketing channel: who should lead this extra-corporate organization, Journal of Marketing 34, Jan. 1970, p. 32.

62. Para uma discussão relacionada, veja: Shul, Patrick L. An investigation of path-goal leadership theory and its impact on intrachannel conflict and satisfaction, Journal of the Academy of Marketing Science, Winter 1987, p. 42-52.

63. Para algumas abordagens alternativas para o exercício da liderança no canal, veja: Mehta, Rajiv; Larsen, Trina; Rosenbloom, Bert. The Influence of leadership style on cooperation in channels of distribution, International Journal of Physical Ditribution & Logistics Management 26, n. 6, 1996, p. 32-59.

64. O material relacionado com a Cisco Systems nesta seção é baseado em: Kalyanam, Kirthi; Brar, Surinder. From volume to value: managing the value-add reseller channel at Cisco Systems, California Management Review, Fall 2009, p. 94-119.

10

Questões de produto no gerenciamento de canal

OBJETIVOS DE APRENDIZAGEM

Após a leitura deste capítulo, você será capaz de:

1 Entender o conceito das variáveis do *mix* de marketing como recursos para o gerenciamento de canais.

2 Perceber que há muitas interfaces potenciais entre os gerenciamentos de produtos e de canais.

3 Reconhecer as interfaces mais básicas entre planejamento de novos produtos e gerenciamento de canais.

4 Conhecer as implicações de cada estágio do ciclo de vida do produto para o gerenciamento de canais.

5 Estar consciente da relação entre administração estratégica de produtos e gerenciamento de canais.

6 Estar ciente de como diferenciação do produto, posicionamento do produto, expansão e redução das linhas de produtos, *trading up* e *trading down* e estratégia de marca do produto se relacionam com o gerenciamento de canais.

7 Reconhecer o papel dos canais de marketing na prestação de serviços do produto.

A Amazon.com consegue fazer que fabricantes reduzam a quantidade de plástico que envolve os produtos produzidos?

Embalagens plásticas do tipo "shrink"* tornaram-se uma realidade onipresente para uma enorme variedade de produtos de consumo. Algumas dessas embalagens são mais rígidas, de plástico transparente "à prova de bala" que é literalmente inexpugnável, a menos que se tenha um estilete, uma faca ou tesoura resistente à mão. Mas, mesmo com esses instrumentos, o trabalho de tirar o produto do plástico resistente pode ser difícil e perigoso. Anualmente, mais de 6 mil pessoas vão parar em pronto-socorro com ferimentos sofridos durante a abertura dessas embalagens. Além disso, para agravar a situação, esse tipo de plástico, ao lado do tipo mais mole e flexível, é danoso ao meio ambiente. Cerca de 15% do lixo que os norte-americanos despejam em aterros sanitários é embalagem e o componente plástico dessa massa de lixo (de ambos os tipos) pode levar até 600 anos para se degradar!

A gigante varejista Amazon.com decidiu fazer algo a respeito desse problema usando sua influência sobre os fabricantes dos produtos que vende para estimulá-los a mudar seus hábitos. Essa influência não vem só do seu tamanho, com mais de $ 35 bilhões em vendas anuais, mas também do *feedback* que recebe de seus milhões de consumidores on-line. Muitos queixaram-se, em termos inequívocos, dos problemas que tiveram com a embalagem dos produtos, especialmente as de plástico duro. A Amazon tem compartilhado essas reclamações dos consumidores com grandes fabricantes, como Procter & Gamble e Philips Electronics, e planeja ampliar esse compartilhamento de informações a fim de incluir muitos outros.

Dessa forma, a Amazon.com, com o apoio de seus consumidores, já está influenciando uma parte importante do planejamento de produção e das decisões de desenvolvimento dos fabricantes — de como os produtos são embalados — e pretende continuar a fazê-lo. Para resumir, a empresa sinalizou aos fabricantes que reduzam a quantidade de plástico ou encarem o encolhimento do espaço nas prateleiras da Amazon para os seus produtos!

Fonte: Baseado em Scuttle Shrink-Wrap. *Philadelphia Inquirer*, 11 set. 2010, p. A8.

No capítulo anterior discutimos a motivação dos membros do canal como elemento fundamental do gerenciamento de canais. Mas esse gerenciamento (administração de canais existentes para garantir a cooperação dos seus membros no sentido de atingir objetivos de distribuição da empresa) envolve mais do que apenas administração da motivação. Nem mesmo um programa abrangente e cuidadosamente planejado de motivação não garantirá ao gerente de canal uma equipe de canal altamente cooperativa, que opere em seu nível máximo de eficácia e eficiência. Em vez disso, o gerente que aspira a atingir esse nível de desempenho também deve ser hábil em usar os elementos do *mix* de marketing para facilitar a administração do canal. Como salientamos no Capítulo 5, em nossa discussão sobre estratégia de canal, o gerente precisa usar as variáveis de produto, preço, promoção e logística da empresa para obter o melhor efeito, a fim de assegurar a cooperação dos membros do canal.[1] Nesse contexto, essas variáveis do *mix* de marketing podem ser vistas como *recursos*; e o modo como estes são usados afetará o desempenho dos membros do canal, facilitando-o ou inibindo-o. O gerente de canal gostaria, é claro, sempre que possível, de utilizar o *mix* de marketing para atingir a primeira opção. Para isso, no entanto, ele precisa entender como as outras variáveis do *mix* de marketing interagem com a variável de canal, e quais são as implicações dessas interfaces para o gerenciamento de canais. Dessa forma, estaria em uma posição melhor para coordenar os quatro componentes estratégicos do *mix* de marketing e, assim, criar a sinergia necessária para melhor atender as necessidades dos consumidores. Embora o termo *sinergia* tenha sido usado em demasia nos últimos anos, aplicando-se a muitas

---

* Embalagem de plástico termoencolhível transparente moldada para o tamanho e formato do produto. (N.R.T.)

situações de negócio, no contexto do gerenciamento de canais seu uso é pertinente. Na verdade, deveria administrar de forma eficaz e eficiente Em termos muito práticos, isso significa que o gerente do canal deve sempre se perguntar: *Como posso mesclar os componentes estratégicos do mix de marketing para obter os melhores resultados no gerenciamento do canal de marketing?*

Neste capítulo, discutiremos algumas das interfaces da variável do produto com a de canal do *mix* de marketing e algumas das suas implicações para o gerenciamento de canal. Os Capítulos 11 e 12 lidam com preço e promoção e sua interação com o gerenciamento de canais, enquanto o 13 examina as interfaces entre logística e gerenciamento de canais.

Há muitas interfaces potenciais entre o gerenciamento de produto e o de canais.[2] Apesar de não ser possível lidar com todas neste capítulo, discutiremos um número suficiente de exemplos para dar uma ideia geral de algumas das relações e implicações mais básicas. Nosso objetivo nesta seção não é esgotar o levantamento de interfaces de gerenciamento de produto-canal possíveis, mas desenvolver uma consciência por parte do gerente de canal sobre o impacto das decisões de produto nas decisões de gerenciamento do canal.

A discussão e os exemplos apresentados são organizados em torno de três grandes áreas de gerenciamento de produtos:

1. Planejamento e desenvolvimento de novos produtos.
2. O ciclo de vida do produto.
3. Administração estratégica de produtos.

PLANEJAMENTO DE NOVOS PRODUTOS E GERENCIAMENTO DE CANAIS

Desenvolvimento de novos produtos é um desafio enfrentado por praticamente todos os produtores e fabricantes que atendem tanto o consumidor quanto os mercados industriais. Novas tecnologias, mudanças na preferência dos consumidores e forças competitivas contribuem para a necessidade de introduzir novos produtos.[3] Ainda assim, o nível de sucesso desses é baixo. As empresas de bens de consumo lançam mais de 45 mil novos produtos por ano, mas cerca de 75% deles fracassam em menos de dois anos, mesmo com a pesada propaganda em âmbito nacional. Além disso, muitos dos sobreviventes se tornam malsucedidos antes de completar cinco anos de vida, de modo que taxas de 90% de fracasso para novos produtos não são incomuns. Devido a esses altos índices, os fabricantes precisam fazer um melhor planejamento e desenvolvimento do novo produto se esperam reduzi-los.[4]

Alcançar o sucesso de novos produtos depende de vários fatores, como inovação e qualidade do produto em si, seu preço, como efetivamente é promovido,[5] a natureza da demanda do consumidor, fatores competitivos, *timing* e muitos outros,[6] como o grau de apoio que um novo produto recebe dos membros independentes do canal.[7] Sem um alto nível de cooperação entre os membros do canal, é muito mais difícil obter aceitação no mercado para um novo produto.[8] Portanto, é fundamental para o gerente de canal analisar as implicações do canal no planejamento e desenvolvimento de novos produtos. Essa análise deve focar o que pode ser feito na fase de planejamento e desenvolvimento para promover um maior nível de cooperação entre os membros do canal, a fim de conquistar um mercado bem-sucedido para o produto.[9] Embora possa haver muitos problemas que o gerente de canal tenha de considerar, dependendo do setor industrial e das circunstâncias específicas envolvidas, as cinco questões a seguir costumam ser importantes para uma ampla gama de canais:

1. Que contribuições, se houver alguma, os membros do canal podem dar ao planejamento de novos produtos?
2. O que foi feito para garantir que novos produtos sejam aceitos pelos membros do canal?
3. Os novos produtos encaixam-se no sortimento atual dos membros do canal?
4. Será necessária alguma capacitação ou treinamento específicos a fim de preparar os membros do canal para vender efetivamente os novos produtos?
5. O produto causará aos membros do canal quaisquer problemas especiais?

Incentivando a contribuição de membros do canal para o planejamento de novos produtos

Uma forma de promover o aumento do entusiasmo e a aceitação de novos produtos pelos membros do canal é conseguindo sua colaboração para um novo planejamento. Essa colaboração pode variar da solicitação de ideias durante a fase de geração de ideias do planejamento de novos produtos até o *feedback* de membros selecionados do canal durante os estágios de teste de mercado ou comercialização. A Henkel Consumer Adhesives, maior fabricante de fita adesiva do mundo, é um exemplo perfeito de fabricante que incluiu em um novo produto as contribuições dos membros do canal.[10] No caso, esse membro era o poderoso Walmart, maior varejista do mundo, por meio do qual a Henkel vendeu sua fita adesiva *"plain vanilla"* (prateada) por muitos anos. Aparentemente, o Walmart notou que muitos jovens compravam a fita para seus *skates* e outros equipamentos de esportes radicais, dando-se conta de que eles desejariam que a fita tivesse cores mais divertidas. Esse varejista, conhecido por dar ideias de novos produtos a grandes fabricantes, como a Procter & Gamble, passou a informação para a Henkel. O fabricante não perdeu tempo e desenvolveu uma nova linha de fitas em cores neon, que se tornaram campeãs de vendas e dão muito lucro tanto à Henkel como ao Walmart.

As contribuições de membros do canal para o planejamento de novos produtos não envolvem necessariamente o produto básico propriamente dito ou mesmo suas características menores. Na verdade, sugestões sobre o tamanho do produto ou mudanças de embalagem podem ser exatamente o que é preciso para reforçar a cooperação entre os membros do canal. Muitos fabricantes de bens de consumo embalados, por exemplo, reagiram às sugestões de clubes de compras, como Sam's Club e Costco, para que os produtos fossem embalados em tamanhos especiais maiores e embalagens múltiplas que melhor se adequassem à sua estratégia de comercialização de grandes volumes. Além disso, como destacado no *box* "Foco em canais", no início deste capítulo, o gigante membro de canal Amazon.com expressou claramente seu desejo de que os fabricantes produzissem melhores embalagens, tanto para consumidores quanto para o meio ambiente.

Buscar contribuições de membros do canal para o planejamento de novos produtos, no entanto, pode exigir que o fabricante os mantenha informados sobre seus planos. Muitos fabricantes são sensíveis, por motivos de concorrência, quanto a seus planos de novos produtos, e relutam em divulgá-los a membros do canal até o último momento antes do lançamento. Em alguns casos, esse tipo de comportamento reservado justifica-se. Mas, se a preocupação com a concorrência não exige tal sigilo, o fabricante tem pouco a perder, e muito a ganhar, com a busca de sugestões e o compartilhamento de planos de novos produtos. Membros do canal são mais propensos a apoiar novos produtos que ajudaram a desenvolver.

Promovendo a aceitação de novos produtos por membros do canal

Para que um novo produto seja bem-sucedido, ele deve, é claro, ser aceito pelos usuários finais — consumidores industriais ou consumidores finais. Entretanto, o sucesso também depende da aceitação do novo produto pelos membros do canal, por meio dos quais passa para atingir os consumidores finais.[11]

No entanto, enquanto os usuários finais se preocupam muito mais com a forma como o produto se comportará quando *utilizado*, membros do canal estão bem mais interessados em *como o produto vai vender, se será fácil estocá-lo e divulgá-lo* e, mais importante, se será *rentável*.[12]

Observando primeiro a questão da capacidade de vendas de um novo produto, o fator-chave aqui são as percepções dos membros do canal. Especificamente, eles precisam acreditar que podem vender o produto, ou não ficarão entusiasmados em oferecê-lo. Tomemos, por exemplo, o que tem acontecido recentemente na indústria alimentícia. Os novos produtos de real destaque nesse setor pertencem à categoria de alimentos orgânicos, que vem desfrutando um significativo crescimento.[13] Tudo relativo a essa área — de frutas frescas e vegetais a cereais matinais, e até mesmo *ketchup* feito de tomates cultivados naturalmente e produzidos sem fertilizantes químicos, ingredientes artificiais ou aditivos de qualquer tipo — tem sido muito procurado pelos consumidores. Enquanto a venda de produtos convencionais mal cresce 1% ao ano, a de alimentos orgânicos aumenta em níveis de dois dígitos. No Whole Foods Market Inc., maior varejista de alimentos naturais dos Estados Unidos, os produtos praticamente somem das prateleiras, já que cada vez mais pessoas passam a consumir esse tipo de alimento. Porém, os novos produtos orgânicos que somem tão depressa no Whole Foods, bem como em lojas especializadas de alimentos "naturais" e em hipermercados, como Kroger Co. e Safeway Inc., não são produzidos por grandes fabricantes, como General Mills, Quaker Oats, Kraft Foods Inc. e H.J. Heinz Co. Ao contrário, a maioria desses artigos vem de pequenos produtores, pouco conhecidos, como Eden Foods, Fantastic Foods, Purity Foods, Rising Moon, Small Planet Foods e muitos outros. Essas empresas produzem versões naturais de uma gama enorme de alimentos, de maçãs a abobrinhas orgânicas e todo o resto, incluindo bebidas, pães, cereais, massas, sopas e refeições congeladas. Por que essa preferência pelos pequenos, em vez dos grandes produtores, por parte tanto das redes de comida natural quanto dos supermercados? Uma palavra: *credibilidade*. Os varejistas não acreditam que os grandes fabricantes de alimentos da velha guarda, que colocam ingredientes artificiais e aditivos em abundância em seus produtos, sejam realmente sérios e capazes de produzir bons produtos orgânicos aceitáveis por seus consumidores.[14]

No que diz respeito à aceitação de novos produtos pelos membros do canal, a questão da facilidade de armazenamento e exposição tornou-se mais importante do que nunca, dado que cada vez mais produtos novos competem por espaço nas prateleiras.[15] A Figura 10.1, que mostra as melancias quadradas desenvolvidas por fazendeiros japoneses, é um exemplo notável de produtores que fazem tudo que está a seu alcance para resolver as preocupações com o espaço na prateleira dos varejistas, tornando mais fácil e mais eficiente a estocagem e a exposição dessa fruta popular, mas volumosa. Com o mesmo objetivo em mente, mas com um produto muito diferente, a Procter & Gamble Company redesenhou o frasco de seu xampu Ivory, que tinha o formato de lágrima, para um cilindro comprido, o que fez que varejistas economizassem $ 0,29 por produto em custos de manuseio e estoque. A P&G também reembalou suas batatas Pringles em uma nova lata de tamanho extragrande, para substituir as duas menores embrulhadas em plástico, que ocupavam mais espaço de prateleira. Os varejistas economizaram mais de $ 0,90 por produto. Assim, até grandes fabricantes como Procter & Gamble (que por muitos anos manteve a reputação de empresa arrogante e opressiva com seus membros do canal) estão prestando mais atenção às exigências de armazenamento e exposição.

FIGURA 10.1 ▶ Melancias quadradas facilitam o estoque do varejista e a exposição do produto.
©Associed Press/Ap images

Por fim, a importância do potencial de rentabilidade de novos produtos para os membros do canal não pode ser superestimada. Varejistas têm se sobrecarregado com novos produtos. Nas categorias dos de higiene pessoal e de uso doméstico, 85% das vendas são geradas por menos de 8% de todo o sortimento, de acordo com o Paine Webber Group. Linhas de produtos complicadas e caras também criam enormes dores de cabeça para os varejistas à medida que tentam resolver quanto os itens custam de fato, em meio a promoções, descontos e abatimentos. Um estudo da Anderson Consulting, por exemplo, descobriu que, como resultado dessas complexidades, 38% de todas as faturas de compras de alimentos (nas quais essas promoções são mais comuns) continham erros.[16] Após essas experiências, os varejistas tornaram-se céticos e até mesmo cínicos quanto ao potencial de rentabilidade dessa imensidão de novos produtos que lhes são oferecidos. Assim, a chance de lhes "empurrar alguma coisa" ou deixar que um produto não lucrativo "fique perdido na confusão" se torna cada vez mais difícil aos fabricantes. Varejistas, e cada vez mais também atacadistas, reconhecem que o único bem real que têm para vender é o espaço de prateleira.[17] Sendo assim, eles não vão permitir que esse espaço precioso fique entupido por uma imensidão de produtos não lucrativos.

Encaixando o novo produto no sortimento dos membros do canal

Sortimento é o *mix* especial de produtos apresentado por qualquer membro do canal. Todos os produtos de um supermercado, loja de departamento, *home center*, atacadista de materiais para construção, e assim por diante, constituem as variedades de produtos com os quais lidam e dos quais dependem para gerar o faturamento de vendas. Assim, a variedade de um membro do canal é análoga ao *mix* **de produtos** do fabricante (todos os produtos do fabricante).

Quando o fabricante desenvolve um novo produto, acrescenta-o ao seu *mix* de produtos. Presumivelmente, durante o desenvolvimento do novo produto, levou-se em consideração quão bem ele se encaixaria no *mix* de produtos, tanto do ponto de vista da produção quanto da comercialização. Em suma, o fabricante provavelmente verificou se havia mesmo capacidade para fabricar e comercializar o produto de forma eficiente. Uma consideração importante por parte do marketing nessa avaliação deve ser se os membros de canal existentes verão o novo produto como apropriado para ser acrescentado à *sua* variedade de produtos.

Recentemente, a proliferação de produtos talvez tenha se tornado a questão mais desafiadora para os membros do canal que tentam administrar sua variedade de produtos. Ao longo de várias décadas, os fabricantes se acostumaram não apenas a lançar mais produtos, como também criar variações e melhorias em seus produtos populares já existentes, a fim de manter suas marcas visíveis aos consumidores e garantiu seu espaço nas prateleiras dos membros do canal. Enquanto uma ampla variedade de fabricantes embarcou na estratégia de proliferação de produtos, isso ficou evidenciado especialmente nos setores de alimentos e bens de consumo embalados (na sigla em inglês, CPG — *Consumer Packaged Goods*). Em 2008, havia em torno de 47 mil produtos em uma prateleira típica do varejo de alimentos – um aumento de mais de 50% em relação a 1996. Na categoria mais ampla de CPG, a introdução de novos produtos (incluindo variações de características e tamanho) elevou-se a 47.113 em 2008 — mais do que o dobro da quantidade introduzida uma década antes.[18] Dessa forma, o sortimento do varejista transbordava com uma variedade enorme de produtos. Uma loja Target típica, por exemplo, oferecia 88 tipos de xampus, condicionadores e cremes de cabelo Pantene! No supermercado Jewel, muitas dúzias de cremes dentais dominavam as prateleiras. Só da Colgate, os produtos incluem TarterProtection, Whitening, Sparkling White, Max White, Whitening with Oxygen Bubbles e Total Whitening — com alguns disponíveis, ainda, em vários tamanhos! No corredor de biscoitos da Jewel, mais de uma dúzia de versões de biscoitos Oreo alinha-se nas prateleiras.[19] Mesmo no setor de vestuário, a icônica marca Burberry não escapou da onda de proliferação de produtos. Mais conhecida por seu famoso casaco, a empresa também produz atualmente 6 mil itens diferentes por ano![20]

Essa proliferação criou variedades de produtos ineficientes para um número crescente de varejistas. Aparentemente, seguindo a crença de que, no gerenciamento do sortimento de produtos, "menos é mais", alguns grandes varejistas têm feito um esforço consciente e orquestrado para reduzir a variedade de mercadorias a níveis mais manejáveis, não só para reduzir o estoque e os custos administrativos, mas também simplificar o processo de decisão do consumidor.[21] Por exemplo, a Walgreen Co. reduziu os tipos de supercolas de 25 para 11. A Walmart Stores Inc. reduziu as 24 diferentes fitas métricas que oferecia para 4, e a Kroger Co. está testando a viabilidade de um corte de 30% na variedade de cereais de café da manhã que estoca. Até mesmo a Burberry decidiu reduzir o número de produtos diferentes que oferece anualmente de 6 mil para 4.200 — uma redução de quase um terço.

A resposta negativa dos varejistas à proliferação de produtos parece ser uma importante tendência, e não um fenômeno fugaz, temporário. Grandes e poderosos varejistas, com frequência dominantes no canal, buscam incansavelmente baixar seus custos e melhorar a eficiência.[22] Além disso, como "agentes de compra" que são para seus consumidores, em vez de "agentes de venda" para os fabricantes, são esses mesmos varejistas que recebem as sugestões de seus consumidores, e não os fabricantes. Assim, são eles que decidem quais produtos adicionar e quais excluir em seu sortimento. Em um futuro próximo, é possível que os varejistas orientem sua administração de sortimento mais em termos de exclusão do que de acréscimo de produtos. Fabricantes e outros fornecedores não podem ignorar essa rigorosa postura varejista na administração de sortimento. Novos produtos, em especial variações dos existentes, disfarçados de novos, terão de driblar obstáculos consideravelmente difíceis antes de ser adicionados ao sortimento de produtos dos varejistas.

Educando membros do canal sobre novos produtos

Não é incomum que os membros do canal necessitem de educação especial ou treinamento fornecido pelo fabricante para vender bem novos produtos. O tipo e o nível de educação especial, é claro, variam conforme o tipo de indústria e a complexidade técnica do produto. Uma peça bastante complexa de equipamento industrial, por exemplo, pode exigir muitas horas de instrução do fabricante para treinar os membros do canal sobre o seu uso e as características especiais a serem enfatizadas em apresentações de vendas. Por outro lado, um simples bem de consumo pode exigir não mais do que alguns minutos de aconselhamento sobre sua boa exibição. Entre esses dois extremos há muitas variações nos requisitos educacionais de novos produtos. Mas o esforço dos gerentes de canal para investigar as possíveis necessidades de informação a respeito dos novos produtos, à medida que são desenvolvidos, é importante. Isso lhes permite planejar os programas informativos necessários para os membros do canal, em vez de reuni-los às pressas, quando os produtos já estão nas prateleiras.

Considere, por exemplo, a situação enfrentada pela Hyde Athletic Industries, fabricante do tênis de corrida Saucony Jazz 300. Esse tênis extremamente leve e confortável havia conquistado um público fiel entre mulheres atletas quando começaram a ir trabalhar calçando-os. Entretanto, a Hyde nunca explicara aos varejistas essa vantagem, mantendo o tênis como um artigo "obscuro", oferecido somente por um número limitado de lojas. Então, o Saucony Jazz 300 foi classificado como nº 1 pela *Consumer Reports* em termos de qualidade total e desempenho, superando rivais conhecidos e muito maiores, como Nike, Reebok e Etonic. Além disso, o calçado esportivo produzido nos Estados Unidos custava menos de $ 70, sendo avaliado também como a "melhor compra" pela mesma revista. A publicidade favorável gerada pelo artigo fez que alguns dos varejistas esportivos, que antes desprezavam a marca desconhecida, finalmente a reconhecessem. A súbta demanda aumentou drasticamente à medida que consumidores esclarecidos, com o artigo da revista em mãos, cobravam as lojas, exigindo o Saucony Jazz 300. Infelizmente, o impulso dado ao produto pela reportagem da *Consumer Reports* durou apenas um curto período. Em face da enorme capacidade propagandística da Nike e de outras marcas bem conhecidas, o Saucony Jazz logo seria esquecido. De um programa de educação dos varejistas, construído a partir do impulso criado pela reportagem, é justamente o que experientes analistas de mercado acreditam que a Hyde necessitava para sustentar o sucesso do Saucony Jazz 300 e de seus futuros produtos. Como as declarações da revista não podiam ser usadas em propagandas, os varejistas precisariam ser ensinados a relatar a qualidade da Hyde para os consumidores. Em suma, este é apenas um caso em que um pouco de esclarecimento aos vendedores poderia ter ajudado muito a manter os produtos da Hyde nas prateleiras dos varejistas.

Certificando-se de que os novos produtos estão livres de problemas

Nenhum membro do canal quer assumir um novo produto que vá causar problemas.[23] Isso se aplica a problemas de canal que podem surgir enquanto o produto ainda está no estoque dos membros do canal, bem como àqueles que podem aparecer logo depois de ser vendido a um consumidor. A maioria dos membros do canal já tem problemas suficientes para administrar em seus negócios, e não precisa receber novos produtos que trarão mais problemas. Por exemplo, a Home Depot, maior rede de *home centers* dos Estados Unidos, é muito exigente no que diz respeito aos novos produtos que aceitará dos fabricantes — até mesmo no que se refere ao que parecem ser detalhes triviais. Sendo assim, insistiu para que alguns fabricantes de luminárias e grelhas a gás reescrevessem suas instruções de montagem e uso, pois achou o material difícil de ler. Insistiu, inclusive, para que os fabricantes colocassem etiquetas com códigos de barras em itens volumosos e difíceis de manusear, como folhas de compensado e cavilhas de madeira, para facilitar o estoque e o pagamento pelos consumidores.

Um problema mais substancial que surgiu com um produto novo, que se tornou um exemplo clássico de como novos produtos complicados podem criar problemas para membros do canal, envolveu automóveis da Jaguar, no momento em que o modelo X-Type foi introduzido no mercado dos Estados Unidos em 2001. Na época, a Jaguar Cars Ltd. era de propriedade da Ford Motor Company. Esta última desenvolveu o novo Jaguar X-Type por um preço mais baixo, esperando aumentar drasticamente a penetração da marca Jaguar nos Estados Unidos. Esse carro de luxo, modelo "de entrada", ou "bebê Jag", como era chamado, custava apenas $ 30 mil e tinha como objetivo concorrer com a Mercedes-Benz C-Class e a BMW série 3, posicionadas como carros de luxo de nível básico na mesma faixa de preço. Mas a Ford, esperando que o X-Type aumentasse rapidamente as vendas do Jaguar, produziu-o em grande quantidade (90 mil unidades em 2001), montando-o sobre o chassi do compacto Ford Mondeo, muito mais barato. O resultado dessa estratégia de crescimento excessivamente agressiva levou a dois problemas sérios, não apenas para a Jaguar, mas também para os revendedores independentes. Primeiro, a grande quantidade fabricada e o excesso de oferta do X-Type prejudicaram a imagem de prestígio exclusivo da linha geral de automóveis da Jaguar, gerando graves repercussões para as concessionárias da marca, já que essas dependem fortemente da imagem de alto nível da marca para competir com as outras de carro de luxo. Segundo, na pressa de levar o X-Type ao mercado, a Ford falhou em relação à qualidade. O resultado foi o aumento dos custos de garantia e uma queda de 17 pontos na pesquisa inicial de qualidade da J.D. Power & Associates, Inc., de 2001, fazendo os carros Jaguar caírem para o 19º lugar. O faturamento futuro, não apenas para o X-Type, mas para todos os modelos Jaguar, foi negativamente afetado pela imagem danificada e pelas falhas de qualidade associadas ao Jaguar. Infelizmente, as concessionárias da Jaguar não conseguiram escapar das consequências negativas dessa estratégia descuidada com o novo produto da Ford à época do lançamento do Jaguar X-Type.

Como esses exemplos sugerem, problemas com novos produtos podem ser apenas um incômodo que torna mais difícil para os membros do canal estocá-los e vendê-los, como no caso da Home Depot, mas também podem representar falhas mais graves que prejudicam o valor da marca, no qual os membros de canal, como as concessionárias da Jaguar, confiam para atrair os consumidores.

Por mais que seja impossível evitar todos os problemas com novos produtos, um cuidado especial na fase de planejamento pode ajudar a perceber os defeitos antes que sejam evidenciados no canal e cheguem às mãos dos consumidores. Claramente, evitar esses problemas é crucial para manter um time forte e altamente motivado de membros do canal.[24]

O CICLO DE VIDA DO PRODUTO E O GERENCIAMENTO DE CANAIS

Ciclo de vida do produto (CVP) é um modelo para descrever os estados pelos quais um produto passa que tem sido amplamente discutido na literatura de marketing e quase sempre é apresentado em textos básicos da área,[25] de modo que não precisamos entrar em detalhes neste momento. Vamos, no entanto, rever brevemente os quatro estágios que fornecem um foco mais nítido para nossa futura discussão sobre as implicações do CVP para o gerenciamento de canais.

A Figura 10.2 é um típico retrato do modelo de CVP. Como ela mostra, um produto qualquer segue uma curva típica, que pode ser dividida em quatro etapas básicas: *introdução, crescimento, maturidade* e *declínio*. Em geral, a fase introdutória é de crescimento lento, conforme o produto começa a ganhar uma posição no mercado. Lucros, como se vê na respectiva curva da figura, são inexistentes ou muito baixos durante esse estágio, em razão dos elevados custos de introdução do produto no mercado. A fase de crescimento é marcada pela aceitação rápida do mercado e lucros relativamente altos, como se vê pela inclinação mais íngreme e ascendente das curvas de vendas e de lucro durante essa etapa. A fase de maturidade é caracterizada pela menor taxa de crescimento das vendas (a inclinação da curva é menos íngreme), uma vez que o mercado fica mais saturado. Os lucros tendem a um pico e depois decaem durante essa fase por causa dos pesados custos de venda, necessários para que o produto fique protegido da concorrência. Por fim, a fase de declínio ocorre quando as vendas diminuem totalmente e os lucros despencam de forma rápida para o ponto zero.

Nem todos os produtos passam por esse ciclo de vida; há muitas variações e exceções para cada caso. Além disso, os estágios podem não ser tão distintos quanto os mostrados na Figura 10.2, e o tempo durante o qual um produto completa seu ciclo pode variar bastante, de menos de um ano em alguns casos a muitas décadas em outros.

Apesar dessas variações, o CVP ainda é útil como estrutura para desenvolver estratégias de marketing durante as diferentes etapas. Uma vez que este texto está preocupado com a variável distribuição, nosso foco nessa discussão será as implicações estratégicas de cada uma das etapas do CVP para o gerenciamento de canais. A Figura 10.3 mostra as maiores implicações nesse gerenciamento em cada um dos quatros estágios do CVP, discutidos com mais detalhes de forma individualizada.

A fase introdutória e o gerenciamento de canais

Durante essa fase, são necessários grandes esforços promocionais para lançar o produto, o que muitas vezes implica pesadas despesas com propaganda e outras formas de promoção. Mas tudo isso será inútil se o produto não estiver disponível imediatamente nos pontos de venda. Assim, durante a fase introdutória, é fundamental que o gerente de canal garanta que os membros possam dar cobertura de mercado adequada ao produto.[26] Essa não é uma tarefa simples — um bom trabalho de planejamento e coordenação é necessário para fornecer essa cobertura adequada no ponto de venda ao consumidor. Rupturas no planejamento e na coordenação são comuns. Por exemplo, a Nabisco Foods subestimou significativamente a demanda por um dos seus produtos da linha SnackWell de biscoitos

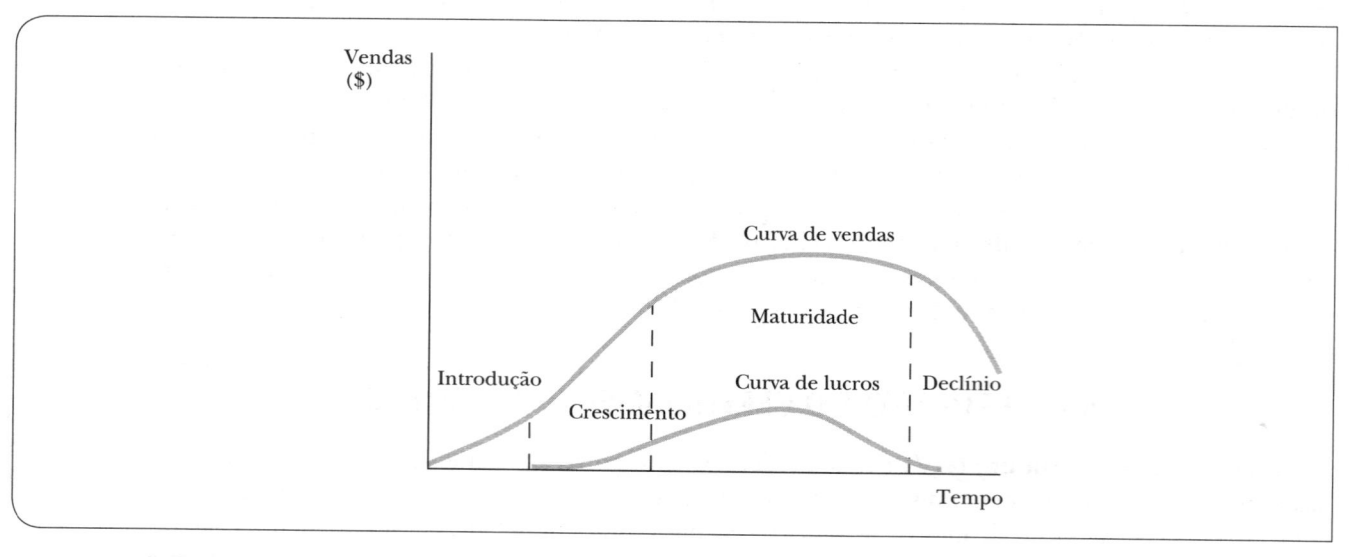

FIGURA 10.2 ▶ O ciclo de vida do produto.
© Cengage Learning 2013

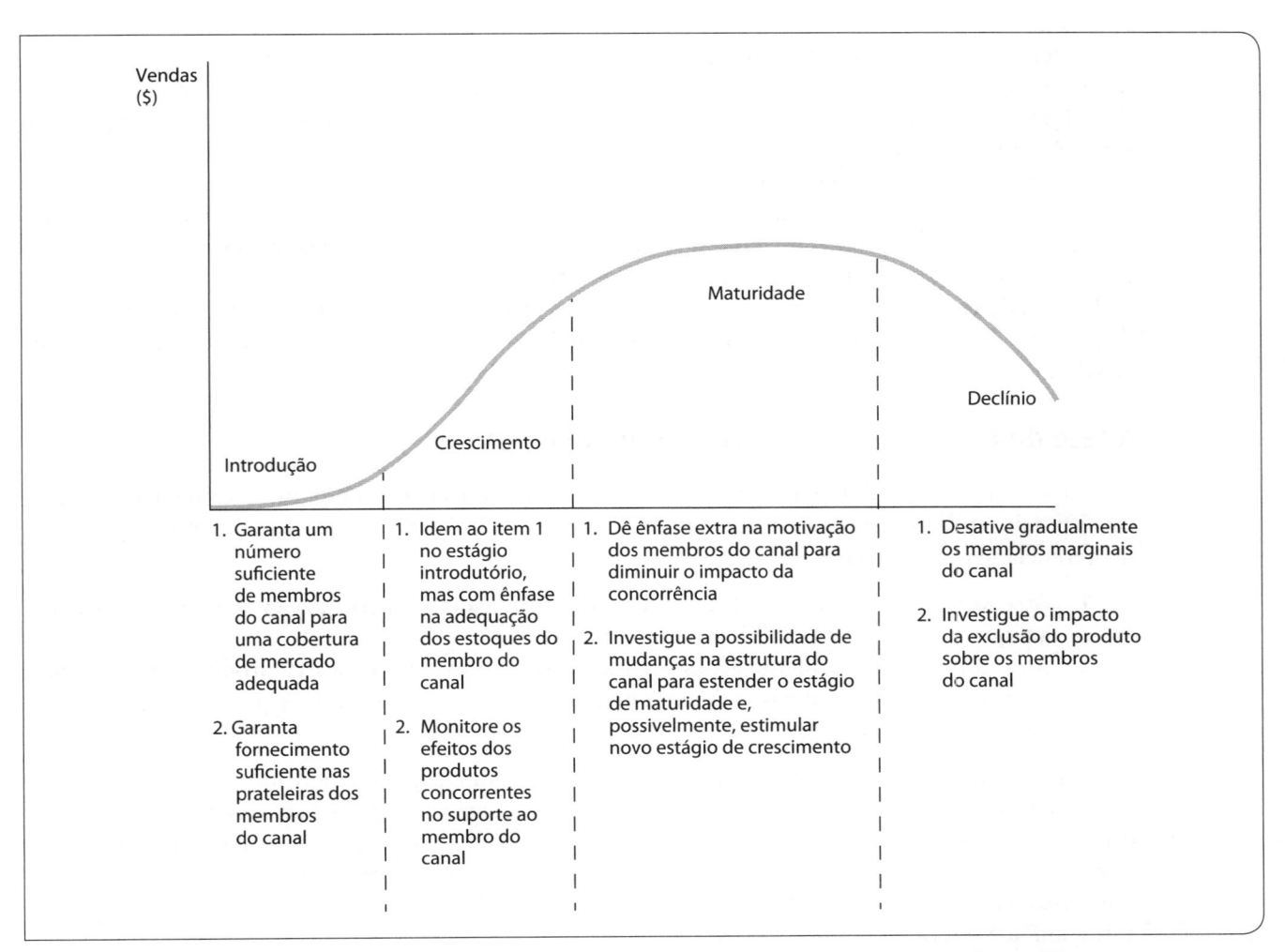

FIGURA 10.3 ▶ Estágios do ciclo de vida do produto e suas implicações para o gerenciamento de canais.
© Cengage Learning 2013

doces e salgados de baixo teor de gordura. Esse produto, Devil's Food Cookie Cakes, foi ofertado em quantidade escassa desde o momento da sua introdução no mercado. Gerentes de supermercado de costa a costa não conseguiam biscoitos suficientes para atender a demanda, de modo que a Nabisco foi forçada a alocar uma oferta muito limitada do produto para a maior quantidade possível de supermercados. Na maioria dos casos, os pequenos lotes esgotaram-se em poucas horas, ou mesmo em minutos, após serem recebidos e conforme compradores se apressavam para adquiri-los.

É possível argumentar que, nesse caso, a Nabisco enfrentou um problema "bom" porque a demanda dos consumidores pelos biscoitos era muito maior do que a oferta; então, tudo o que a empresa tinha de fazer era produzir mais para deixar todos satisfeitos. Infelizmente, a tecnologia envolvida na produção do Devil's Food Cookie Cakes é complexa e requer um tempo significativo para configurar instalações adicionais à produção em maiores quantidades. Enquanto isso, muitos supermercados ficaram irritados com a escassez, já que viam seus consumidores descontentes e o espaço de prateleira dedicado ao produto vazio por um longo tempo. Se não corrigidos em um tempo razoável pelo aumento expressivo da oferta, lançamentos como esse podem prejudicar o futuro de um produto potencialmente bem-sucedido.

No caso de artigos que podem ser digitalizados e entregues eletronicamente on-line, como livros, a certeza de que uma cobertura de mercado suficiente está disponível para satisfazer a demanda do consumidor na fase introdutória do CVP pode ser bastante incrementada. Um exemplo é o último romance do escritor John Grisham, *A confissão*, que foi lançado simultaneamente em versões de capa dura e *e-book* no segundo semestre de 2010. A editora Random House e o autor adoraram os resultados: na primeira semana, as vendas do livro eletrônico chegaram a 70 mil, contra cerca de 200 mil livros de capa dura.[27] Na Amazon.com, a edição do *e-book* para Kindle realmente ultrapassou a venda da edição de capa dura durante a primeira semana. Grisham, que no início se opôs ao lançamento simultâneo de livros eletrônicos e de capa dura, temendo que o canal de *e-books* fosse canibalizar as vendas do físico, agora acredita que a combinação de canais tradicionais e eletrônicos forneceu um nível de cobertura do mercado que realmente aumentou o total de vendas do livro. Se as versões eletrônica e física de um produto, vendidas simultaneamente para oferecer maior cobertura de mercado durante o estágio introdutório do CVP, resultam em vendas totais maiores ou se apenas dividem um dado nível de vendas entre dois canais ainda é algo incerto. Mas, sempre que essa possibilidade estiver disponível, é provável que, pelo menos em um futuro próximo, mais e mais empresas usem ambos os canais ao mesmo tempo a fim de maximizar as vendas.

A fase de crescimento e o gerenciamento de canais

À medida que o produto entra em fase de crescimento, inicia-se um rápido crescimento de mercado. A fim de ajudar a sustentar esse crescimento, o gerente de canal enfrenta dois desafios importantes no gerenciamento de canais:

1. Assegurar que a disponibilidade do produto fornecido ao mercado por membros do canal é adequada, a fim de não inibir seu crescimento.
2. Monitorar cuidadosamente ações dos membros do canal em relação a produtos concorrentes com os quais os membros já lidam e manter-se atento a concorrentes potenciais que tentam "entrar" no canal.

O problema de certificar-se de que o produto está disponível para o mercado torna-se mais difícil conforme ele se desloca da fase introdutória para a de crescimento rápido. Isso é particularmente verdadeiro no caso de produtos vendidos a mercados de massa por numerosos membros de canal atacadistas e varejistas. Lidar com esse problema pode efetivamente significar a diferença entre o sucesso ou o fracasso em manter a aceitação do produto no mercado. A observação feita por Luck, uma geração antes, ainda é relevante nos dias atuais:

"Atacadistas e varejistas desempenham papéis importantes para o sucesso do mercado de produtos que distribuem. Mudanças relativamente pequenas em revestimentos de prateleira, produtos em falta, vitrines e outros apoios aos comerciantes podem gerar tendências favoráveis ou perigosas."[28]

A abordagem para lidar com esse problema se dá por meio do *monitoramento* do fluxo de produto conforme esse se move pelo canal. Mas, ainda assim, procedimentos de notificação formais e sistemáticos são necessários para um controle eficaz. Enquanto alguns fabricantes são capazes de desenvolver seus próprios sistemas de relatórios (baseando-se em dados de análise de vendas, relatórios de sua força de vendas em campo e nas estimativas feitas por seus próprios departamentos de pesquisa), um número crescente procura empresas independentes de pesquisa de mercado, como a ACNielsen, a SymphonyIRIGroup e outras que fornecem esse tipo de informação.[29]

O segundo problema, monitoramento das ações dos membros do canal em relação aos produtos concorrentes, é igualmente importante para o acompanhamento de produtos próprios. As altas vendas desfrutadas por um produto durante sua fase de crescimento tendem a atrair outros concorrentes, ansiosos por conseguir sua "fatia". Em muitos casos, os produtos desses concorrentes encontrarão um lugar nas prateleiras dos membros do canal de determinado fabricante. Em consequência, ele deve combater os concorrentes para que o apoio dos membros do canal sustente o crescimento do seu produto. Em uma análise clássica do CVP, Levitt argumenta que a chave para lidar com esse tipo de competição na fase de crescimento está na antecipação das ações competitivas e no pré-planejamento da estratégia adequada durante o estágio anterior desse ciclo. Ele afirma: "Em cada etapa do ciclo de vida de um produto, toda decisão de gerenciamento deve considerar as exigências da fase seguinte. Assim, a decisão de estabelecer uma forte política de marca durante a fase de crescimento do mercado pode ajudar a isolar mais tarde a marca contra uma feroz concorrência de preço."[30]

Um fabricante conhecido que tem sido especialmente hábil em manter seus produtos nas prateleiras dos varejistas, apesar dos ataques contínuos da concorrência, é a Polo Ralph Lauren Corp.[31] Essa empresa conseguiu manter sua posição dominante fornecendo uma gama de marcas com apelo a diferentes níveis de varejistas. Seus produtos variam das roupas da Polo Ralph Lauren Corp. mais luxuosas e caras, vendidas sob a grife "Black Label", que incluem camisas de $ 250 e jaquetas de camurça de $ 3 mil, até a marca "Chaps", cujas camisas masculinas são vendidas a $ 30, comercializadas em lojas de desconto como a Kohl's Corp. A marca "American Living" oferece opções de roupas com preço ainda menores, vendidas na JCPenney, enquanto os produtos da marca de luxo intermediário "Polo by Ralph Lauren" são vendidos em lojas como Macy's, Bloomingdales e Lord & Taylor. A Polo Ralph Lauren Corp. também oferece várias outras marcas, como "RRL", "RLX", "Polo Sport" e "Rugby" Embora a faixa de preço das marcas "Black Label" e "American Living" seja bem ampla, todas as marcas da empresa desfrutam de uma imagem de luxo à qual varejistas de todos os níveis acham difícil resistir. Então, enquanto concorrentes como Calvin Klein, Jones of New York e uma série de outros, incluindo as mercadorias de marca própria dos varejistas, tentam banir as marcas Polo Ralph Lauren das prateleiras, até agora só obtiveram um sucesso limitado. Os varejistas reservaram uma quantidade significativa de espaço para essa marca em suas prateleiras, não por acharem que o senhor Ralph Lauren é uma figura interessante, mas porque seus produtos, de alto a baixo, transmitem a imagem de luxo e estilo que atrai os consumidores até a loja e os fazem voltar todo ano. Essa atenção constante ao gerenciamento de produtos para ficar sempre um passo à frente da concorrência permitiu à Polo Ralph Lauren Corp. permanecer na fase de crescimento do CVP por mais de quatro décadas!

A fase de maturidade e o gerenciamento de canais

O crescimento lento ou a saturação, característicos da fase de maturidade, sugere duas estratégias para o gerenciamento de canais:

1. Ênfase extra deve ser dada no sentido de certificar-se de que o produto continua desejável para os membros do canal.
2. Ao mesmo tempo, possíveis mudanças na estrutura do canal, especialmente na seleção de diferentes tipos de intermediários, devem ser investigadas para prevenir a fase de declínio e possivelmente criar uma nova de crescimento.

Diante do crescimento lento e da quase saturação, as vendas e o índice de rotatividade do produto declinarão para muitos dos membros do canal. Como forma de reação, eles podem reduzir ou parar totalmente de comprá-lo. Alguns farão vendas especiais ou liquidações para se livrar dele o mais rápido possível, temendo a possibilidade de ficar com um "encalhe" que ninguém quer. A fim de minimizar a gravidade desse padrão comportamental, o gerente do canal deve tomar medidas para tornar o produto mais atraente aos seus membros. As táticas mais diretas para fazer isso são as que aumentam o potencial de lucro do produto e reduzem os riscos associados à forma como se lida com ele; por exemplo, descontos comerciais extras, financiamento de propagandas, abatimentos para lotes especiais e políticas mais liberais de devolução são extremamente apropriados. Deve-se levar em conta, é claro, se tais medidas provisórias são rentáveis e qual o interesse em longo prazo do fabricante.

Uma estratégia de canal mais abrangente e duradoura para o estágio de maturidade é alterar a estrutura de canal por meio da qual o produto é distribuído. Em alguns casos, isso pode levar a uma nova fase de crescimento do produto. Considere, por exemplo, o caso do Woolite. Durante anos, esse detergente líquido para roupas foi vendido apenas em lojas de departamento. Então, a American Home Products, seu fabricante, o introduziu em lojas de alimentos para chegar aos mercados de massa. Nada mais foi alterado. O Woolite continuou sendo o mesmo produto, sem mudar a embalagem nem as características. Mesmo assim, as vendas triplicaram após o primeiro ano! Por quê? Consumidores acharam mais fácil e conveniente comprar Woolite nos novos canais e começaram a usá-lo com muito mais frequência.

Por mais que o gerente de canal não deva necessariamente mudar os canais de um produto no estágio de maturidade, um estudo dessa possibilidade provavelmente valha muito o esforço. Na verdade, dada a ampla aceitação dos canais on-line na atualidade, as decisões de desenho de canal que colocam produtos maduros nesses canais devem oferecer certa longevidade extra ou até estimular uma renovação do crescimento. Foi exatamente isso o que aconteceu com a graxa de sapatos Kiwi Shoe, uma marca de 100 anos de idade "paralisada" no mercado, até que a empresa decidiu disponibilizar seus produtos on-line, tanto em seu site como em vários outros comerciantes on-line, depois do início do novo milênio.[32] Auxiliadas pela exposição adicional oferecida pelo canal on-line, as vendas dos produtos Kiwi, que estavam praticamente estagnadas, aumentaram a uma taxa anual de mais de 4% e chegaram a $ 310 milhões em 2007.

A fase de declínio e o gerenciamento de canais

Salvo uma drástica reviravolta, o que ocasionalmente ocorre, o enfraquecimento rápido pode acontecer quando um produto está em sua fase de declínio.[33] Diante dessa situação, o gerente do canal deve concentrar sua atenção em duas implicações:

1. Lojas marginais podem ser eliminadas rapidamente para evitar mais erosão do lucro?
2. Eliminar o produto causará uma reação adversa por parte dos membros existentes do canal?

Mesmo quando um produto atinge essa fase, um número considerável de membros do canal ainda pode estar oferecendo o artigo em suas lojas. Provavelmente estarão com um baixo volume; no entanto, muitas vezes o produto é encomendado em quantidades pequenas. Os membros de alto volume do canal, na maior parte das vezes, já o terão eliminado. Isso deixa o gerente com um canal de alto custo e baixo volume para produto, o que corrói uma possibilidade de lucro já deteriorada. Sendo assim, o gerente do canal deve refletir se as lojas com volume muito baixo de vendas devem ser extintas. Basicamente, tal medida requer uma análise das receitas produzidas por loja em comparação com o custo de manutenção de cada uma delas. Esse procedimento será discutido com mais detalhes no Capítulo 14 (*Avaliando o desempenho do membro do canal*).

A segunda questão relativa a possíveis reações adversas por parte dos membros do canal, quando um fabricante retira um produto em declínio, foi discutida por Alexander em um artigo clássico:

Produtos estão, com frequência, associados no processo de comercialização. A venda de um é auxiliada pela presença de outro no *mix* de produtos. Quando a eliminação de um produto força um consumidor que compra todos, ou uma grande parte de suas necessidades de um grupo de itens rentáveis da empresa, a recorrer a outro fornecedor para atender às necessidades do produto em declínio, é possível que esse consumidor mude algumas ou todas as suas compras também. Nesse sentido, a administração é sábia em manter em seu *mix* um item não lucrativo, a fim de reter o volume de vendas de produtos altamente rentáveis. Mas isso não deve ser feito às cegas, sem análise.[34]

Infelizmente, o procedimento para fazer esse tipo de análise não é muito claro. No entanto, Alexander esboça as diretrizes básicas que devem ser usadas para tanto:

Quando essa interdependência de marketing existe em um problema de eliminação, o tomador de decisão deve procurar descobrir os consumidores que compram o produto "doente" [na fase de declínio]; que outros itens do *mix* eles adquirem; em que quantidades; e quanto geram de lucros [...]

[...] Pesquisas de mercado podem ser realizadas para descobrir em que medida as compras lucrativas dos consumidores estão na verdade associadas às do produto 0"doente". Embora os resultados não sejam precisos, podem dar uma ideia da ordem de grandeza da situação de compras interligadas.[35]

Exemplos óbvios de produtos que estão na fase de declínio nos últimos anos incluem disquetes, CDs, máquinas de escrever, corretivo líquido, câmeras de 35mm, filmes fotográficos, telefones fixos e serviço de internet discado. Mas, mesmo com o drástico declínio desses produtos, há ainda um número significativo de consumidores que, por uma razão ou outra, querem comprá-los. Dessa forma, gerentes de canal não podem abandonar completamente os canais que oferecem aos consumidores esses produtos em declínio.

A ADMINISTRAÇÃO ESTRATÉGICA DE PRODUTOS E O GERENCIAMENTO DE CANAIS

Essa administração de linha de produtos é um desafio enfrentado por praticamente todos os fabricantes. Nenhuma linha pode ser simplesmente deixada de lado para permanecer fixa no tempo — certamente não se for para manter uma linha de produtos viável e rentável.

Estratégias de produtos bem-sucedidas dependem de uma variedade de fatores, como qualidade, inovação ou sofisticação tecnológica dos próprios produtos, o poder da marca, as aptidões dos gerentes encarregados de supervisionar a linha de produtos, a capacidade financeira e a disponibilidade da empresa para fornecer um apoio promocional muitas vezes necessário à implementação de estratégias de produto, entre vários outros. Um deles, com frequência negligenciado, é o papel desempenhado pelos membros do canal na execução de estratégias do produto.[36] Já que a maioria dos fabricantes não comercializa seus produtos diretamente aos usuários finais, em algum momento terão de utilizar os membros do canal para implementar suas estratégias formuladas. Assim, o sucesso das estratégias de produto do fabricante depende, pelo menos em certa e, por vezes, em grande medida, da eficácia dos membros do canal na realização dessas estratégias. Essa interface entre o gerenciamento de canal e a estratégia de produto será discutida por meio de várias e diferentes estratégias de produto.

Diferenciação de produto e gerenciamento de canal

Diferenciação de produto é provavelmente a estratégia de produto mais amplamente utilizada. Em essência, ela representa a tentativa do fabricante de retratar um produto, ou produtos, como sendo diferente daquele dos concorrentes e, portanto, mais desejado pelo consumidor, mesmo que seu preço seja maior.

Essa estratégia não é necessariamente baseada em diferenças nas características físicas. Também pode ser criada ao colocar nomes distintos nos produtos, embalá-los de forma diferente, usando certos recursos de comunicação, vendê-los em diferentes lojas, ou alguma combinação desses fatores. A verdadeira chave para a criação de um produto diferenciado é conseguir que o consumidor perceba uma diferença significativa. Desde que isso ocorra, faz pouca diferença se o produto é fisicamente idêntico a outro ou não. Por outro lado, se o consumidor não a percebe, o fato de o produto ser fisicamente diferente é irrelevante. Assim, diferenciação não é tanto uma questão de fazer um produto fisicamente diferente, mas de fazer os consumidores *notarem* a diferença.

A tarefa de transmitir essa diferença nem sempre é exclusiva do fabricante. Membros do canal também podem ser solicitados a ajudar a criar um produto diferenciado. Os tipos de lojas em que o produto é vendido, a forma como é exibido e vendido e os serviços prestados podem ser fundamentais na criação de um produto diferenciado.[37] Considere, por exemplo, as panelas *gourmet* do All-Clad Metalcrafters LLC, fabricante de algumas das melhores e mais caras panelas. Feitas em Cannonsburg, na Pensilvânia, uma frigideira de 25cm de diâmetro é vendida por $ 125, e uma panela superior pode custar mais de $ 400.[38] Esses produtos são fabricados segundo um padrão muito elevado, utilizando um processo patenteado que mistura diferentes metais, como alumínio ou cobre, com aço inoxidável para promover distribuição de calor, durabilidade e beleza. Essa marca destina-se a consumidores que querem algo especial em suas panelas, não só no seu desempenho funcional, mas também na imagem e no projeto refinado para exibi-las em suas cozinhas. A All-Clad vende somente por meio de varejistas de alto nível, como Bloomingdale e Williams-Sonoma, que vendem pelo preço integral, e refere-se a essa estratégia de canal como desnatação (*skimming*) — vendendo apenas por meio de revendedores de nível superior especificamente, evitando lojas menos sofisticadas como Kohl's, ou as que dão desconto, como Target ou Walmart. Mesmo que essas redes de lojas de desconto estejam desfrutando de crescimento mais rápido e dominando o mercado, a All-Clad acredita que sua estratégia de diferenciação de produto seria logo prejudicada se seus produtos aparecessem nas prateleiras dos varejistas que não projetam o mesmo senso de qualidade, estilo e prestígio que a empresa tanto tem se esforçado para criar.

Enquanto a All-Clad tem sido muito bem-sucedida no uso de varejistas para implementar sua estratégia de diferenciação de produto para suas panelas, outra marca, Maytag, não se deu tão bem ao fazê-lo para sua máquina de lavar louças. Essa empresa, que gozava de uma imagem de qualidade superior para suas lava-roupas, tentou diferenciar sua lava-louças na mesma base — melhor qualidade que os produtos do competidor. De acordo com testes objetivos realizados pela *Consumer Reports*, essas máquinas da Maytag eram melhores que as marcas concorrentes; o mecanismo exclusivo de lavagem da sua lava-louças, projetado e patenteado pela empresa, posicionou seu produto no topo de uma classificação. A aparência da lava-louças da Maytag, no entanto, não era muito diferente das dos concorrentes, que custavam menos. De fato, elas pareciam piores que as linhas concorrentes. Assim, para a estratégia de diferenciação do produto da Maytag funcionar, os consumidores teriam de aprender sua história da qualidade superior por uma combinação de propaganda e venda especialmente fortes por parte do vendedor no ponto de venda. Infelizmente, a empresa apenas assumiu que a qualidade superior da sua lava-louças seria reconhecida pelos consumidores e, portanto, a máquina "se venderia" no varejo.

Mas isso não aconteceu porque a Maytag não tinha desenvolvido um programa de gerenciamento de canal adequado para apoiar sua estratégia de produto para máquinas de lavar louças. A propaganda não foi suficientemente intensiva para pré-vender o produto usando a criação da mesma imagem de qualidade superior que a Maytag tinha com suas lava-roupas. Mas a maior falha da empresa foi não ter feito nenhum esforço especial para treinar ou induzir os vendedores dos varejistas a comunicar a qualidade das suas lava-louças aos consumidores. Sem esses "líderes de torcida" varejistas, Maytag era apenas mais um "rosto" na multidão de máquinas de lavar louças.

O sucesso da implementação de uma estratégia de diferenciação de produto para All-Clad e a falha da Maytag relacionam-se a duas diferentes abordagens do gerenciamento de canais. A primeira selecionou o tipo de varejistas de qualidade necessários para ajudar a tornar suas panelas especiais. A segunda, por outro lado, deu pouca atenção em providenciar apoio publicitário forte ou treinamento e indução dos vendedores para promover sua qualidade superior.

Duas implicações do gerenciamento de canal para a estratégia de diferenciação de produto podem ser derivadas do que foi mencionado. Primeiro, quando essa estratégia é afetada por *quem* está vendendo o produto, o gerente de canal deve tentar selecionar e ajudar a desenvolver os membros que melhor "se encaixam" na imagem do produto. Segundo, quando a estratégia é influenciada pelo *modo* como o produto é vendido no varejo, o gerente de canal deve fornecer aos varejistas o tipo de apoio e assistência necessários para que estes apresentem corretamente o produto.

Posicionamento de produto e gerenciamento de canal

Posicionamento de produto é outra estratégia de produto amplamente usada. Basicamente, refere-se à tentativa de um fabricante em fazer que os consumidores percebam os produtos de uma forma particular em relação aos dos concorrentes. Se esse objetivo é alcançado, o produto é então "posicionado" nas mentes dos consumidores como uma alternativa a outros que usam atualmente. Por exemplo, Fonte Perrier, fabricante francês da água mineral engarrafada Perrier, foi capaz de posicionar o produto no mercado norte-americano como uma alternativa para bebidas alcoólicas e refrigerantes. Produtores de suco de laranja desenvolveram uma grande campanha promocional para posicioná-lo como uma alternativa aos refrigerantes. A indústria de laticínios conduziu uma campanha semelhante visando fazer do leite uma alternativa para muitos refrigerantes, enquanto 7-Up tentou posicionar seu produto como uma alternativa às bebidas à base de cola. Tal estratégia não está limitada às bebidas; também é empregada em uma ampla gama de outras categorias de produtos, de tabaco para mascar (como uma alternativa aos cigarros) a casas móveis (como alternativa aos imóveis).

Tal como acontece com a diferenciação, o posicionamento do produto também pode estar fortemente focado sobre a marca específica de um produto e, de fato, indissociavelmente ligado à marca. Assim, o posicionamento bem-sucedido da BMW como um automóvel exclusivo, ou do Gatorade para saciar a sede, é, indiscutivelmente, tanto em função do nome das marcas envolvidas quanto dos atributos físicos dos produtos.

Enquanto a estratégia de posicionamento de produto bem-sucedida depende de vários fatores, os tipos de lojas que vendem o produto e o modo como o exibem e promovem podem ser muito importantes. Para a Perrier ser posicionada como alternativa aos refrigerantes, foi necessário vender o produto em supermercados e exibi-lo em massa no mesmo corredor dos refrigerantes. Mas ganhar e manter esse espaço na prateleira dos supermercados não foi, de forma alguma, automático. A Perrier teve de montar um programa de gerenciamento de canal para recrutar os engarrafadores de refrigerante independentes e distribuidores de cerveja nos Estados Unidos para que distribuíssem sua água aos supermercados, configurar monitores e contínua e rapidamente reabastecer os mercados à medida que as prateleiras do produto se esvaziavam. Sem essa abordagem de distribuição em massa para apoiar a estratégia de posicionamento do produto, a água Perrier poderia ter permanecido em sua posição anterior, como uma água mineral menos conhecida, vendida apenas em cantos empoeirados de lojas *gourmet* fora de mão. Em vez disso, a estratégia de canal da Perrier não só estimulou o crescimento enorme das vendas de seu próprio produto, mas também foi fundamental no posicionamento da água engarrafada como uma nova categoria de bilhões de dólares para supermercados nos Estados Unidos.

O tremendo sucesso do Via, café instantâneo do Starbucks Corp., é um exemplo especialmente bom de como a estratégia de canal precisa trabalhar em conjunto com a de produto para implementar uma estratégia de posicionamento de produto com sucesso. Esse produto foi retirado de todas as lojas Starbucks nos Estados Unidos e no Canadá em setembro de 2009.[39] Por muitas décadas, o café instantâneo foi visto por consumidores e apreciadores de café como um produto inferior se comparado ao preparado na hora. O instantâneo era vendido em supermercados aos consumidores não sofisticados que procuravam comodidade e baixo preço, e pouco se importavam com o sabor. Assim, a Starbucks enfrentou um grande desafio quando decidiu posicionar o Via como um produto de alta qualidade que, como mostrado na Figura 10.4, a empresa anunciou como um "café instantâneo que é tão delicioso quanto o nosso preparado na hora". Como a Starbucks esperava realizar essa façanha? Primeiro, ela distribuiu o café Via somente em suas próprias lojas, criando em relação ao produto um imediato "efeito halo". Essa associação forneceu credibilidade instantânea ao Via. Afinal de contas, a Starbucks afirma que vende o melhor café do mundo; então, por que arriscaria sua reputação e o patrimônio de sua marca oferecendo um produto que não se igualasse aos seus padrões de qualidade? Segundo, ela usou suas lojas para oferecer aos consumidores um "desafio de sabor". De 2 a 5 de outubro de 2009, a empresa desafiou seus consumidores a entrar em suas lojas para um teste de sabor e, independentemente da sua opinião, receber de graça uma xícara de café. Com efeito, a Starbucks estava colocando seu café onde estava sua "boca". Por fim, ela treinou todos os seus baristas a elogiar o Via, promovendo-o como um produto que permite aos consumidores desfrutar do café Starbucks mesmo quando não podem ir à loja, reforçando assim o *slogan* do anúncio (ver Figura 10.4) "Nunca fique sem um bom café". As vendas das lojas Starbucks aumentaram de modo significativo pela primeira vez em vários trimestres devido quase inteiramente ao maior volume de vendas gerado pelo Via.

A bem-sucedida estratégia de posicionamento de produto da Starbucks dependeu fortemente de alavancar o poder de seu canal de loja de varejo rápida e efetivamente para criar uma nova percepção para o café instantâneo. Em vez de introduzir seu café Via em canais de supermercado, o canal lógico para café solúvel, a Starbucks escolheu a estratégia muito mais ousada, porém mais arriscada, da venda em suas lojas, ao lado do seu venerado café fresquinho preparado por baristas.

Expansão de linha de produto/Contração e gerenciamento de canal

Uma hora ou outra, a maioria dos fabricantes acha necessário expandir ou contrair suas linhas de produto.[40] Na verdade, muitas vezes eles se envolvem em ambos os processos simultaneamente, adicionando produtos e eliminando outros que estão no final do seu ciclo de vida, ou vendendo muito mal para continuar a ser oferecidos.

Tais **expansões de linha de produto e estratégias de poda** podem criar problemas no trato com membros do canal porque é muito difícil encontrar uma "perfeita" combinação de produtos na linha que satisfaça todos os membros do canal.[41] Quando a linha de produtos é expandida, alguns dos mem-

FIGURA 10.4 ▶ Anúncio de jornal para o café instantâneo Via, da Starbucks.
Cortesia de Susan Van Etten

bros podem se queixar da proliferação de produtos, que aumenta seus custos de estoque e complica seu trabalho de vendas (ver discussão anterior, nas páginas 266-67). Quando produtos são retirados de linha, outros (ou até mesmo aqueles que reclamaram da proliferação de produtos) podem reprovar a perda de produtos para os quais ainda têm muitos consumidores.

No que diz respeito à proliferação de produtos, alguns números são instrutivos:

- A Procter & Gamble Co. chegou a ter 31 variedades de seu xampu Head & Shoulders e 52 versões diferentes do creme dental Crest de uma só vez.
- Empresas de bens de consumo lançam quase 50 mil novos itens anualmente.
- A Nabisco oferece 8 mil opções diferentes de produtos cozidos.
- Cerca de 25% dos 47 mil itens de um supermercado comum vendem menos de um item por mês.

Estudos têm mostrado que essa proliferação de produtos não resulta em maiores vendas, mas, sim, em *redução*, por confundir os consumidores,[42] tornando mais difícil aos membros do canal manter prateleiras abastecidas de tantos itens.

Então, do ponto de vista do gerenciamento de canal, a expansão da linha de produtos e as estratégias de poda apresentam ao fabricante um delicado ato de equilíbrio durante a tentativa de ganhar apoio de membros do canal para linhas de produto reformuladas. Além disso, com a crescente ênfase, por membros do canal (especialmente gigantes varejistas), no **gerenciamento de categorias** — isto é, das categorias de produto como unidades de negócio, personalizando-as em uma base de loja a loja para melhor atender as necessidades do consumidor –, as exigências feitas aos fabricantes por membros do canal para que tenham a combinação certa de produtos estão se tornando mais intensas do que nunca.[43] Embora não haja abordagem simples e clara que garanta a manutenção de uma combinação certa de produtos para satisfazer os membros do canal cada vez mais exigentes, vale a pena considerar alguns pontos quando se lida com a interface entre expansão ou contração de linha de produto e estratégia de canal. Primeiro, ainda que um fabricante obviamente deva ser o mestre de sua própria linha de produtos e livre para alterá-la conforme seus interesses, faz sentido incorporar a opinião de membros do canal sempre que possível. Muitas vezes, essa decisão pode exigir pouco mais do que buscar a opinião de algumas contas importantes (*key accounts*) sobre potenciais adições e exclusões da linha de produto. Segundo, o fabricante deve tentar explicar aos membros do canal a lógica subjacente às estratégias de expansão ou contração de linha de produto. Enquanto esses não estiverem completamente satisfeitos com a explicação, pode demorar para aclarar a confusão e o mistério que circundam tais ações. Por fim, o fabricante deve comunicar com antecedência adequada todas as mudanças significativas nas linhas de produto a fim de que os membros do canal tenham tempo suficiente para se preparar para tais mudanças.

TRADING DOWN, TRADING UP E GERENCIAMENTO DO CANAL

Intimamente relacionadas às estratégias de expansão e contração das linhas de produto estão as de **trading down** e **trading up**. A primeira refere-se à adição de produtos de baixo preço ou uma linha de produto diferente a um *mix* que era oferecido no passado. A segunda é o oposto — adicionar produtos ou uma linha de produtos que são substancialmente mais caros do que outros da atual linha ou *mix*. *Trading down* é a tentativa do fabricante de usar a estratégia de produto para alcançar os segmentos de menor renda, enquanto *trading up* é o uso da mesma estratégia para atrair os segmentos de maior renda. Nesse sentido, ambas também são muitas vezes referidas como "indo mercado abaixo" ou "indo mercado acima", respectivamente.

Trading down e *trading up* podem ser estratégias de alto risco, pois são capazes de refletir profundo distanciamento da base normal de operações da empresa. Diante delas, o fabricante pode enfrentar (1) novos mercados pouco conhecidos; (2) novos concorrentes ainda não enfrentados; e (3) possivelmente novos membros do canal e/ou problemas novos com os existentes. Em razão de o foco deste capítulo estar nas implicações das estratégias de produto no gerenciamento de canal, examinaremos a terceira questão — os problemas de gerenciamento de canal associados com *trading up* e *trading down*. Basicamente, há dois a considerar.

O primeiro, e mais básico, é se membros existentes do canal fornecem cobertura adequada dos segmentos do mercado de baixa e de alta rendas aos quais se destina o produto *trade-up* ou *trade-down*. Se não, novos membros de canal deverão ser adicionados e/ou o desenho básico do canal ser mudado. Foi exatamente isso que a Levi Strauss & Co. enfrentou em sua estratégia *trade-down* quando apresentou sua nova marca Levi Strauss Signature, de *jeans* baratos.[44] Para conseguir o tipo de cobertura de mercado de massa necessária visando manter essa nova linha, a Levi's decidiu usar a grande cadeia varejista de desconto Walmart como seu principal canal de distribuição, que lhe permitiria atingir o grande número de consumidores que buscava uma versão barata do famoso *jeans*. A Levi's acreditou que sua estratégia de canal era absolutamente essencial para atingir grande penetração de mercado dessa nova linha de preço baixo. O conjunto de membros do canal existentes nos quais a Levi's confiava para vender seu clássico *jeans* de etiqueta vermelha, lojas de departamento tradicionais e especializadas, simplesmente não tinha a cobertura necessária para atingir os segmentos de menor renda para implementar com êxito sua estratégia de produto *trade-down*.

O segundo problema de gerenciamento de canal enfrentado por fabricantes na implementação de ações de *trading up* ou *down* é mais sutil e, talvez, mais difícil, e pode ser assim declarado: os membros do canal terão confiança na habilidade do fabricante de comercializar com sucesso o produto *trade-up* ou *trade-down*? Os membros do canal, de atacado ou varejo, desenvolvem certas percepções sobre os tipos de produto com os quais determinados fabricantes estão associados. Quando certo fabricante, percebido como um fornecedor de "produtos bons, sólidos e de preço médio", de repente apresenta um produto muito mais caro ou muito mais barato, dúvidas podem aparecer entre os membros do canal sobre se ele está "fora de si" ou realmente "sabe o que está fazendo" com sua estratégia *trade-up* ou *trade-down*. Grandes varejistas, como o Walmart, por exemplo, refletiram essa visão quando a Royal Appliance Manufacturing Company tentou uma estratégia *trade-up* com o aspirador de pó Dirt Devil. O produto original, um aspirador portátil leve com uma escova rotativa, tinha sido extremamente bem-sucedido. Vendido por cerca de $ 40, o pequeno e poderoso aspirador de pó vermelho praticamente sumiu das prateleiras dos varejistas. Mas, depois de menos de dois anos, a Royal decidiu adicionar uma versão vertical e cara do Dirt Devil, vendida por $ 139. Esse agora concorreria de igual para igual com outros modelos verticais, incluindo os já estabelecidos pela Hoover Company, que dominava esse mercado. Era compreensível o ceticismo dos varejistas sobre as possibilidades de a Royal competir com a Hoover. De início, a forte propaganda da Royal ajudou seu caro Dirt Devil a ganhar o que parecia ser um pontapé inicial. Mas, antes desse, vendido a $ 139, ter se estabelecido como um produto viável, a Royal introduziu outro modelo vertical por $ 99, canibalizando as vendas dos aspiradores mais caros e prejudicando as margens dos lojistas. Isso convenceu os já céticos varejistas de que a Royal estava além da compreensão, e sua falta de confiança na estratégia de produto *trade-up* contribuiu para as vendas pífias do Dirt Devil vertical mais caro, que nunca se aproximou do sucesso de vendas do produto original.

Estratégia de marca de produto e gerenciamento de canal

A maioria dos fabricantes tem várias opções quando considera **estratégias de marca de produtos**. Eles podem vender todos os seus produtos sob (1) uma marca nacional; (2) várias marcas nacionais ("família" de marcas); (3) marcas próprias (privadas); ou (4) marcas nacionais e próprias; e ainda têm opções adicionais dentro dessas quatro. Por exemplo, um fabricante de marca nacional pode decidir vender apenas determinadas linhas de produtos ou modelos de suas marcas por meio de tipos específicos de membros do canal. A Goodyear, por exemplo, usa designações de modelos diferentes para os pneus que vende em hipermercados e distribuidores independentes menores para que esses membros do canal não pareçam estar em concorrência direta uns com os outros.

Qualquer uma dessas opções pode, em certos momentos, representar problemas no gerenciamento de canal.[45] Mas é a quarta, vender sob marcas nacionais e próprias, que apresenta os maiores problemas, porque seu emprego pode resultar na concorrência direta entre os membros do canal. Em outras palavras, os usuários finais do produto têm a opção de comprar a marca do fabricante (nacional) ou do membro canal (própria), ambos produzidos pelo mesmo fabricante. A Whirlpool, por exemplo, vende sob sua marca nacional por meio de distribuidores e revendedores e serve, também, como um grande fornecedor para a marca própria da Sears, a Kenmore. Borden, uma das maiores fabricantes de café descafeinado de marca nacional (Cremora), Scott Paper, segunda maior marca nacional de papel toalha (Viva), e Union Carbide, com sua marca líder nacional Glad Bags, todas fabricam outras versões desses produtos para particulares ou as chamadas vendas da marca genérica sem nome. Uma série de outros fabricantes de bens de consumo, em um amplo espectro de indústrias, também se envolve em estratégias de marca semelhantes. De fato, tais estratégias de distribuição dual estão se tornando cada vez mais comuns, a fim de buscar fabricantes de marca nacional para fazer uso de sua capacidade ociosa de produção e competir com os produtos da marca própria, produzidos para grandes redes varejistas por fabricantes de marca não nacional.

Mas tal competição entre fabricantes e membros do canal, promovida por essa estratégia de marca de produto dual (entre marcas nacionais e próprias), pode causar sérios problemas entre o fabricante e seus membros de canal se essa competição se tornar muito direta. Considere, por exemplo, o caso de um conhecido fabricante de bebidas alcoólicas que vendeu seus produtos tanto sob sua própria marca nacional quanto sob muitas marcas próprias. Um dos seus principais membros do canal, uma grande cadeia de lojas de bebidas em Nova York, vendia produtos desse fabricante sob a marca nacional e sob a sua própria (marca própria). Embora as marcas nacional e própria tivessem origem no mesmo barril, a bebida de marca própria era comercializada por um valor consideravelmente inferior ao da nacional. Conforme cada vez mais consumidores da loja foram percebendo que os produtos eram os mesmos, passaram a comprar mais o produto da marca própria e menos da nacional. De fato, somente em torno da época do Natal, quando os consumidores estavam comprando bebidas como presentes, é que as vendas da marca nacional apresentavam melhores resultados. O fabricante estava agora na posição nada invejável de ter criado um "monstro", sob a forma de uma bebida de marca própria amplamente aceita que poderia ter graves consequências negativas para a viabilidade de longo prazo do próprio produto de marca nacional.[46]

Quando um fabricante adota uma estratégia de marca baseada em marcas nacionais e próprias, deve esperar, em algum momento, o confronto com o problema de demasiada concorrência direta entre as versões de marca nacional e própria de seus produtos. Portanto, as implicações desse tipo de estratégia de marca precisam ser abordadas pelo gerenciamento de canal. O fabricante deve pelo menos tentar delinear alguns dos cenários possíveis de distribuição associados à venda tanto de marcas nacionais quanto de próprias. Por exemplo, haverá casos em que os mesmos distribuidores ou revendedores venderão ambas as versões de marca nacional e própria do produto? Os que vendem a marca nacional do produto competirão nos mesmos mercados geográficos que os que vendem a marca própria? Como os distribuidores ou revendedores serão suscetíveis a reagir no caso de surgirem esses tipos de situações?

Alguma atenção dada a tais questões de canal *antes* de embarcar em uma estratégia dual de marcas nacional e própria ajudará a alertar o fabricante para a necessidade de definição clara de políticas de gerenciamento de canais para orientar essa.[47] Exemplos de tais políticas são: (1) não vender ambas as versões de marcas nacional e própria aos mesmos membros do canal; (2) vender as versões da marca nacional e própria do produto em diferentes regiões geográficos, para que esses membros sejam menos propensos a disputar as mesmas áreas de mercado; e (3) tornar os produtos fisicamente diferentes o bastante entre si, de modo que, ainda que as duas primeiras políticas não sejam viáveis, a concorrência direta entre as versões de marca nacional e própria do produto seja minimizada.[48]

Estratégia de serviço de produto e gerenciamento de canal

Muitos produtos, tanto na esfera dos consumidores quanto na industrial, exigem serviço após a venda. Assim, seus fabricantes devem fazer algumas provisões para o serviço de pós-venda, oferecendo-os diretamente na fábrica, pela sua própria rede de centros de serviços, usando membros do canal, centros de serviço autorizados independentes ou alguma combinação dessas organizações.[49] Infelizmente, com algumas exceções notáveis, como a STIHL Inc., fabricante líder mundial de ferramentas portáteis amplamente discutido no Capítulo 1, a prestação de serviço de produto tem sido muitas vezes negligenciada pelos fabricantes como uma questão estratégica no gerenciamento de produto, sobretudo entre os fabricantes de bens de consumo. O serviço tem sido relegado a uma posição secundária no planejamento da estratégia do produto, ou, pior ainda, considerado uma reflexão tardia ou mero detalhe no gerenciamento de produtos. Não é de admirar, portanto, que os consumidores muitas vezes expressem grande insatisfação com a disponibilidade e qualidade de serviço pós-venda para uma ampla gama de produtos de consumo.

Tal serviço insatisfatório reflete uma lacuna não só no gerenciamento de produto, mas também no de canal de marketing, porque cabe a este último disponibilizar, junto com o produto, os serviços necessários para o usuário final. Um canal de comercialização que prevê a entrega eficaz e eficiente do produto ainda não é totalmente eficaz ou eficiente se não fornecer serviço de produto.

Se um bom serviço de produto é fornecido pelo canal, no entanto, o fabricante deve vê-lo como uma questão estratégica básica no gerenciamento de produto *e* de canais. De fato, o apelo do produto pode ser significativamente intensificado por uma imagem forte de serviço se o fabricante desenvolveu uma também forte capacidade de serviço no canal. A Lexus, por exemplo, cuja estratégia de canal foi bastante discutida no Capítulo 5, desenvolveu e criou uma reputação excepcional de prestação de serviço para os proprietários de seus carros de luxo. Os consumidores não só obtêm rápido e fácil agendamento de serviços nas concessionárias autorizadas Lexus, mas também recebem carros reservas, sem custos adicionais. Ainda mais importante são a atenção e a sensibilidade à satisfação do consumidor fornecidas pelos departamentos de serviço das concessionárias. Se um consumidor está preocupado com o que pode parecer um arranhão minúsculo, praticamente imperceptível em um painel interior, o revendedor, muito provavelmente, será autorizado pela Lexus a substituir todo o painel. Se um rangido quase inaudível incomoda um consumidor, um mecânico do revendedor será direcionado para gastar o tempo necessário para se livrar dele. Essa ênfase na excelência no atendimento pela rede de concessionárias da Lexus está indissoluvelmente ligada ao produto. Assim, o patrimônio da marca conquistado pela empresa é apoiado não só pela qualidade superior de seu produto em si, mas também pelo extraordinário serviço fornecido pelos seus revendedores.

Alcançar tal apoio dos membros do canal não é uma questão de sorte. O fabricante que espera forte colaboração deles na prestação de serviço deve tornar claro aos seus membros que o serviço é uma parte importante da estratégia de produto global e fornecer-lhes incentivos para que colaborarem com o programa de serviços.

Resumo

O gerenciamento de canais eficaz requer que o gerente do canal esteja ciente de como esse gerenciamento interage com as outras variáveis do *mix* de marketing: produto, preço, promoção e logística. O gerente deve ver as estratégias da empresa em cada uma dessas áreas do *mix* de marketing como recursos que podem ser empregados para melhorar as estratégias de gerenciamento de canais da empresa.

Neste capítulo, a primeira dessas interfaces estratégicas — gerenciamento de produto e de canais — foi discutida. Três áreas básicas do gerenciamento de produtos, que interagem com o gerenciamento de canais, foram consideradas: (1) planejamento e desenvolvimento de novos produtos; (2) ciclo de vida do produto; e (3) administração estratégica de produtos.

Em relação ao planejamento e desenvolvimento de novos produtos, o gerente de canal deve estar preocupado com questões básicas de gerenciamento de canal de produto, como: (1) obter a contribuição de membros do canal nessa fase de planejamento; (2) promover a aceitação de novos produtos pelos membros do canal; (3) encaixar novos produtos no sortimento desses membros; (4) capacitá-los sobre os novos produtos; e (5) certificar-se de que os novos produtos estejam o mais livre possível de problemas. Cuidado e atenção dados a esses problemas podem ser o caminho para melhorar a probabilidade de sucesso de novos produtos.

As implicações do CVP para o gerenciamento de canais também devem ser entendidas pelo gerente de canal se o gerenciamento for usado eficazmente para melhorar o ciclo de vida de um produto. Durante a fase introdutória do ciclo de vida, o gerente do canal deve garantir que um número suficiente de membros esteja disponível para a cobertura adequada de mercado. Conforme o produto caminha para a fase de crescimento, a adequação da cobertura de membros do canal deve ser reforçada e os efeitos de produtos concorrentes devem ser cuidadosamente monitorados, com o apoio dos membros do canal. Conforme o produto vai da fase de crescimento para a de maturidade, ênfase extra deve ser colocada na motivação dos membros para que auxiliem a atenuar o impacto de produtos concorrentes; a possibilidade de mudar a estrutura do canal para estender essa fase ou ajudar a criar uma nova fase de crescimento deve ser investigada. Por fim, conforme o produto entra em estágio de declínio, membros marginais do canal devem ser extintos, e o impacto da exclusão do produto da linha do fabricante deve ser analisada.

Administração estratégica da linha de produtos é uma tarefa enfrentada por praticamente todos os fabricantes se uma linha permanecer viável e rentável. Muitas estratégias básicas podem ser buscadas na administração estratégica do produto. Entre as mais importantes estratégias para uma grande variedade de fabricantes estão: (1) de diferenciação de produto; (2) de posicionamento de produto; (3) de expansão de linha de produto e de contração; (4) de *trading-up* e *trading-dow*; (5) de marca de produto; e (6) de serviço de produto. O gerente de canal deve entender as inter-relações dessas estratégias com as de gerenciamento de canal e tentar usar este último para apoiar a implementação bem-sucedida dessas estratégias de produto.

1. As variáveis produto, preço, promoção e logística podem ser vistas pelo gerente de canal como recursos para ajudar a garantir um maior nível de cooperação de membros do canal. Discuta essa afirmação.

2. Discuta a importância de ganhar apoio dos membros do canal na construção de aceitação do mercado para um novo produto.

3. É prático incluir a contribuição de membros do canal no processo de planejamento e desenvolvimento de produtos? Que problemas isso pode criar?

4. Encaixar novos produtos no sortimento de membros do canal pode, às vezes, ser um problema. Quando isso acontece?

5. Discuta as fases do CVP e as implicações básicas de cada fase para o gerenciamento de canais.

6. Em que condições uma decisão aparentemente simples de exclusão de um produto pode criar reações adversas por parte dos membros do canal?

7. Discuta a relação entre a administração estratégica de produto e o gerenciamento de canal. Uma dessas áreas é mais importante do que a outra? Explique.

8. Explique o papel desempenhado pelo gerenciamento de canal na implementação de estratégias de diferenciação e de posicionamento de produto.

9. Que problemas de gerenciamento de canal podem surgir quando se buscam expansão de linha de produto, estratégias de contração, de *trading-up* e *trading-down*, e de marca de produto que usa tanto marcas nacionais quanto próprias?

10. Discuta o papel do canal de marketing em fornecer serviços pós-venda.

QUESTÕES DE CANAL PARA DISCUSSÃO

1. Com o uso generalizado de livros eletrônicos (e-books), como o Kindle da Amazon.com, editores de livro são confrontados com uma difícil decisão de canal: devem introduzir as versões convencionais de capa dura e e-book simultaneamente, ou atrasar o lançamento do canal e-book até depois que o livro de capa dura tenha tido a chance de gerar vendas por meio de canais convencionais? Harper Collins, a editora do livro da ex-candidata à vice-presidência Sarah Palin, *Going rogue: an American life*, optou pela estratégia de atraso. Escolheu esperar mais de um mês depois do lançamento do livro de capa dura antes de deixá-lo disponível em e-book. A editora produziu 1,5 milhão de cópias da versão de capa dura, que estavam disponíveis para venda em livrarias e on-line em meados de novembro. Mas a versão eletrônica não se tornou disponível até 26 de dezembro, um dia depois do Natal. Aparentemente, a Harper Collins estava preocupada que o e-book canibalizasse as vendas da versão de capa dura.

   Você acha que a editora tomou a decisão de canal certa? Explique sua resposta

2. A RadioShack, com mais de 6.500 lojas em todo o mundo, há anos vem sofrendo com a imagem de ser "antiquada" ou "fora da realidade" das novas tecnologias. Essa empresa foi vista por consumidores tecnológicos como um local para comprar quinquilharias elétricas, como adaptadores e cabos, mas não o local para comprar smartphones. Mas, no final da primeira década do século 21, a Radio-Shack, que começou a referir-se a si mesma em propagandas como "The Shack", começou a vender o que é, sem dúvida, o exemplo mais icônico da alta tecnologia na moda — o iPhone da Apple. A Apple Inc., conhecida por ser muito seletiva sobre quem se qualifica para vender seus produtos, deixou, no entanto, a RadioShack vender o iPhone.

   Em sua opinião por que a Apple decidiu usar a RadioShack como um membro de canal para vender iPhones? Você acha que o CVP desempenhou algum papel nessa decisão?

3. Toddler University Inc. é o nome de uma empresa que produz calçados infantis. Ela cresceu do zero, atingindo vendas superiores a $ 25 milhões. O segredo desse sucesso, de acordo com alguns observadores da indústria, é um projeto de produto único que pode reduzir drasticamente os volumes de estoque dos varejistas. Calçados regulares para crianças existem em 11 tamanhos diferentes, cada

um com cinco variações de larguras. Assim, para ter uma seleção completa, os varejistas teriam de estocar 55 pares de sapato para cada modelo específico. Mas a Toddler University Inc. patenteou um calçado de largura única que permite o uso de cinco palmilhas de larguras variáveis, reduzindo muito o tamanho dos estoques do varejista.

Comente sobre esse desenvolvimento levando em conta o que você acredita ser a interface relevante entre uma estratégia de produto e uma estratégia de gerenciamento de canal.

4. A Procter & Gamble ficou tão preocupada com a proliferação de produtos de marca própria que decidiu dar o passo especial de processar um dos seus próprios membros de canal que vendia marcas próprias, bem como produtos P&G. A empresa em questão, F&M Distributors Inc., opera em mais de 100 farmácias. A P&G afirma que os produtos de marca própria da F&M são concebidos e empacotados para ficar quase idênticos aos das marcas famosas da P&G, como Pantene Pro-V, Head & Shoulders, Secret, Sure e Noxema. A P&G não quer somente que a F&M interrompa a venda de tais imitações (os de marca própria), mas também exige indenização por danos. A P&G já tinha ingressado antes com processos semelhantes contra imitadores de marca própria, mas o alvo de tais processos tinham sido os fabricantes de produtos de marca própria, e não distribuidores de produtos P&G. Observadores da indústria acham que a P&G está correndo um grande risco ao processar seus próprios membros de canal, por ser pouco provável que se tornem vendedores entusiastas de seus produtos após os processos judiciais.

O que parece estar acontecendo aqui em termos de concorrência entre marca própria e marca nacional e o papel dos distribuidores independentes? Você acredita que a P&G está sendo sensata ao processar um de seus próprios membros do canal? Justifique sua resposta.

5. Óculos de sol caros, variando entre $ 50 e $ 200, ou até mais em alguns casos, tornaram-se moda. A Ray-Ban, uma das líderes do fenômeno desses produtos caros, foi acompanhada por vários fabricantes, como a Oakley Inc., que se especializou em óculos de sol caros para esquiadores, motociclistas, participantes de esportes aquáticos e jogadores de basquete e óculos de alta *performance* tipo Gargoyles, criando uma vasta gama desses óculos com preços entre $ 85 e $ 190. Tal variedade e elevados preços refletem uma estratégia de posicionamento de um produto que se transformou de essencialmente utilitário a um item de moda importante associado a estilos de vida sofisticados, esportistas e glamourosos.

Que papel os varejistas representam em relação a essa estratégia de posicionamento de novos produtos especificamente quanto aos óculos de sol? Discuta.

6. Até as famosas e icônicas companhias listadas na *Fortune 100* às vezes fazem produtos defeituosos que chegam às prateleiras de milhares de varejistas. Isso foi o que aconteceu com a Johnson & Johnson, um dos fabricantes líderes mundiais de medicamentos patenteados. Em 2009, a empresa retirou das prateleiras dos varejistas quantidades expressivas de alguns de seus produtos mais conhecidos e bem-sucedidos, como Motrin, Tylenol, Benadryl, Rolaids, aspirina St. Joseph, entre outros. Consumidores reclamaram do odor de mofo, que provocava náusea, dor de estômago ou diarreia.

Dado que até as empresas maiores e mais respeitadas como a J&J podem, às vezes, produzir produtos defeituosos que conseguem passar pelos canais de varejo e chegar até o consumidor, os membros do canal devem entender tais incidentes como inevitáveis? Discuta.

7. É frequente que produtos de marca própria sejam vendidos em supermercados por cerca de 10% a 20% mais baratos do que as marcas nacionais, ainda que as margens praticadas pelos supermercados sejam, em geral, de 10% a 15% mais altas do que a das marcas nacionais — ou seja, supermercados apreciam os rótulos de marcas próprias. Mas, recentemente, houve uma tendência de os supermercados aumentarem suas marcas próprias, de forma a competir mais diretamente em qualidade com marcas nacionais caras de qualidade *premium*. Muitos supermercados, por exemplo, desenvolveram suas próprias versões do requisitado sabonete Dove *superpremium*. Alguns observadores acreditam que tal prática de *trading-up* em produtos de marca própria pode minar seu apelo de mercado.

Você concorda com essa afirmação? Justifique.

REFERÊNCIAS

1. Para uma discussão relacionada, veja: Yoo, Boonghee; Donthu, Naveen; Lee, Sungho. An examination of selected marketing mix elements and brand equity, *Journal of the Academy of Marketing Science*, Spring 2000, p. 195-211.

2. Confira, por exemplo: Villas-Boas, J. Miguel. Product line design for a distribution channel, *Marketing Science* 17, n. 2, 1998, p. 156-169.

3. Para um excelente artigo sobre esta questão, veja: Udell, Gerald G.; Pettijohn, Linda S. A retailer's view of industrial innovation: an interview with David Glass, CEO of Wal-Mart Stores Inc., *Journal of Product Innovation Management* 8, 1991, p. 231-239.

4. Para uma discussão relacionada, veja: Berman, Barry. Products, products everywhere, *MIT Sloan Management Review*, Aug. 2010, p. 1-3.

5. Chu, Wujin. Demand signaling and screening in channels of distribution, *Marketing Science*, Fall 1992, p. 327-347.

6. Confira, por exemplo: Gerlich, R. Nicholas; Walters, Rockney G.; Heil, Oliver P. Factors affecting retailer acceptance of new packaged goods, *Journal of Food Products Marketing*, Sept. 1994, p. 65-92.

7. Luo, Lan; Kannan, P.K.; Ratchford, Brian T. New product development under channel acceptance, *Marketing Science*, Mar.-Apr. 2007, p. 149-163.

8. Para uma análise sobre produtos já estabelecidos *versus* produtos novos, veja: Alpert, Frank H.; Kamins, Michael A.; Graham, John L. An examination of reseller buyer attitudes toward order of brand entry, *Journal of Marketing*, July 1992, p. 25-37.

9. Zimmerman, Eilene. Getting your product onto retail shelves, *New York Times*, 21 Oct. 2010, p. B8; Wilson, Elizabeth J.; Woodside, Arch G. Marketing new products with distributors, *Industrial Marketing Management* 21, 1992, p. 15-21.

10. Neuborne, Ellen. The world's largest focus group, *Business 2.0*, Oct. 2002, p. 58-59.

11. Para uma análise criteriosa relacionada a este ponto, veja: Webster Jr., Frederick E. Understanding the relationships among brands, consumers and resellers, *Journal of the Academy of Marketing Science*, Winter 2000, p. 17-23.

12. Para uma discussão relacionada, veja: Rao, Vithala R.; McLaughlin, Edward W. Modeling the decision to add new products by channel intermediaries, *Journal of Marketing* 53, Jan. 1989, p. 80-88.

13. Craig, Tom. Health food is no longer a 4-letter word, *Retailing Today*, 7 Oct. 2002, p. 15.

14. Helliker, Kevin. In natural foods, a big name's no big help, *Wall Street Journal*, 7 June 2002, p. B1, B4.

15. McKay, Betsy. Thinking inside the box helps soda makers boost sales, *Wall Street Journal*, 2 Aug. 2002, p. B1, B3.

16. Schiller, Zachary; Burns, Greg; Miller, Karen Lowry. Make It simple, *Wall Street Journal*, 9 Sept. 1996, p. 98.

17. Harper, Simon; Kapoor, Amit; Potter, John; Thompson, Laura. The missing metric: measuring shelf space profitability, Booz Allen Hamilton, *Perspective Report* 2007, p. 1-5.

18. Brat, Ilan; Byron, Ellen; Zimmerman, Ann. Retailers cut back on variety, once the spice of marketing, *Wall Street Journal*, 26 June 2009, p. A1, A12.

19. Brat, Byron and Zimmerman, Retailers cut back on variety, p. A12.

20. Rohwedder, Cecilie. Burberry CEO retrenches: fewer items, faster delivery, *Wall Street Journal*, 24 May 2007, p. B1, B3.

21. Para um excelente estudo de como as decisões do setor varejista afetam os consumidores, veja: Boyd, D. Eric; Baha, Kenneth D. When do large product assortments benefit consumers? An information processing perspective, *Journal of Retailing* co. 85, n. 3, 2009, p. 288-297.

22. Musso, Fabio. Innovation in marketing channels, *SYMPHONYA*, v. 1, 2010, p. 4-7.

23. Veja, por exemplo: Terlep, Sharon; Sanchanta, Mariko. Focus now turns to Toyota's fix, *Wall Street Journal*, 2 Feb. 2010, p. B1, B2.

24. Para dois excelentes artigos sobre responsabilidade do produto e como isso afeta os membros do canal, veja: Griffith, David; Kenderdine, James; Morgan, Fred. Intermediate sellers: wholesalers liability for defective products, *Journal of Marketing Channels* 3, 1993, p. 47-71; e Boedecker, Karl A.; Morgan, Fred W. The channel implications of product liability developments, *Journal of Retailing*, Winter 1980, p. 59-72.

25. Veja, por exemplo: Boone, Louis E.; Kurtz, David L. *Contemporary marketing*, 14 ed. Cengage Learning, 2009.

26. Veja, por exemplo: Nickolaus, Nickolas. Marketing new products with industrial distributors, *Industrial Marketing Management* 19, 1990, p. 287-299.

27. Trachtenberg, Jeffrey A. Same day e-book sales propel grisham's thriller, *Wall Street Journal*, 9 Nov. 2010, p. B10.

28. Luck, David J. Interfaces of a product manager, *Journal of Marketing* 33, Oct. 1969, p. 33.

29. The Nielsen Co., *Marketing News*, 15 Aug. 2008, p. H6–H9; para algumas alternativas de controle de procedimentos, veja: Prasad, V. Kanti; Casper, Wayne R.; Schiefter, Robert J. Alternatives to the traditional retail

stores audit: a field study, *Journal of Marketing* 48, Winter 1984, p. 54-61.

30. Levitt, Theodore. Exploit the product life cycle, *Harvard Business Review*, Nov.-Dec. 1965, p. 91.

31. Agins, Teri. Polo's high-stakes balancing act, *Wall Street Journal*, 31 May 2007, p. B1, B5.

32. Jargon, Julie. Kiwi goes beyond shine in effort to step up sales, *Wall Street Journal*, 20 Dec. 2007, p. B1, B2.

33. Para uma excelente discussão sobre o processo de eliminação de produtos, veja: Avlontis, George J. Product elimination decision making: does formality matter? *Journal of Marketing* 49, Winter 1985, p. 41-52.

34. Alexander, R. S. The death and burial of 'sick' products, *Journal of Marketing* 28, Apr. 1964, p. 5. Confira também: Guiltinan, Joseph P. Risk-aversive pricing policies: problems and alternatives, *Journal of Marketing* 40, Jan. 1976, p. 11.

35. Alexander, Death and burial of 'sick' products, p. 5-6.

36. Rosenbloom, Bert. Better product strategy through alert channel management, *Journal of Consumer Marketing*, Fall 1984, p. 71-80.

37. Para uma discussão relacionada, veja: Quelch, John A. Marketing the premium product, *Business Horizons*, May-June 1987, p. 38-45.

38. Aeppel, Timothy. Cookware heavyweights, *Wall Street Journal*, 21 June 2002, p. B1, B4.

39. Jargon, Julie. Starbucks growth revives, perked by via, *Wall Street Journal*, 21 Jan. 2010, p. B7.

40. Confira: Avlonitis. Product elimination decision making, p. 41-45.

41. Para uma discussão relacionada, veja: Gogoi, Pallavi. Why Avon is going Hollywood, *Business Week*, 28 July 2008, p. 58.

42. Confira, por exemplo: Boatwright, Peter; Nunes, Joseph C. Reducing assortment: an attribute-based approach, *Journal of Marketing*, July 2001, p. 50-63.

43. Basuroy, Suman; Mantrala, Murali K.; Walters, Rockney G. The impact of category management on retail prices and performance: theory and evidence, *Journal of Marketing*, Oct. 2001, p. 16-32.

44. Scardino, Emily. Wal-Mart tapped to host Levi's coming out party, *Retailing Today*, 11 Nov. 2002, p. 1, 11.

45. Veja, por exemplo: Parker, Phillip. Befriending the private label, *Harvard Business Review*, Feb. 2006, p. 61-62; Hamm, Steve. Rivals say HP is using hardball tactics, *Business Week*, 19 Feb. 2007, p. 48-49.

46. Weigand, Robert E. Fit products and channels to your market, *Harvard Business Review*, Jan.-Feb. 1977, p. 104.

47. Suarez, Monica Gomez. Shelf space assigned to store and national brands, *International Journal of Retail & Distribution Management*, v. 33, n. 1, 2005, p. 858-878.

48. Para uma análise relacionada, veja: Oubina, Javier; Rubio, Natalia; Yague, Maria Jesus. Strategic management of store brands: an analysis from the manufacturer's perspective, *International Journal of Retail & Distribution Management*, v. 34, n. 10, 2006, p. 742-760.

49. Para uma discussão detalhada sobre a abordagem adotada pelos fabricantes para lidar com a questão do serviço do produto, veja: Feitzinger, Edward; Lee, Hau L. Mass customization at Hewlett-Packard: the power of postponement, *Harvard Business Review*, Jan.-Feb. 1997, p. 116-121.

11

Questões de precificação no gerenciamento de canal

OBJETIVOS DE APRENDIZAGEM

Após a leitura deste capítulo, você será capaz de:

1 Estar ciente da importância das questões de precificação no gerenciamento do canal de marketing.

2 Entender a "anatomia" da estrutura de precificação no canal e a penetração de sua influência nessa respectiva estratégia.

3 Reconhecer o papel do gerente de canal para influenciar a estratégia de precificação da empresa.

4 Conhecer as diretrizes básicas para desenvolver uma estratégia eficaz de precificação no canal.

5 Perceber que essas diretrizes não são simples prescrições para a estratégia de precificação no canal.

6 Tomar conhecimento de algumas das questões mais básicas e recorrentes das políticas de precificação no canal.

Os consumidores proprietários de smartphones equipados com poderosos aplicativos controlarão a estratégia de precificação no canal?

Quem controlará a estratégia de preços no canal enquanto avançamos na segunda década do século 21? Serão os renomados fabricantes, os distribuidores atacadistas globais ou os gigantes e poderosos varejistas? Na verdade, nenhum deles. Parece que o consumidor é o protagonista, especialmente aqueles "armados" com smartphones e aplicativos que lhes proporcionam uma transparência de preços praticamente perfeita em qualquer momento e qualquer lugar. Um desses consumidores é Tri Tang, de 25 anos, que entrou em ação com seu smartphone Android equipado com o aplicativo TheFind enquanto fazia compras em uma loja da Best Buy. Após localizar o presente perfeito para sua namorada, um GPS da Garmin, que custava $ 184,85, em vez de tirar uma unidade da prateleira e colocar no seu carrinho de compras, pegou seu celular, acessou o aplicativo TheFind, digitou o número do modelo e comparou na hora o preço da Best Buy com os oferecidos por outros varejistas. Em questão de segundos, Tang descobriu que a Amazon.com oferecia o mesmo modelo por $ 106,75, sem taxas e com frete gratuito. Imediatamente usou seu Android para pedir o GPS da Garmin na Amazon.com enquanto ainda estava no corredor da Best Buy, bem ao lado do mostruário da Garmin!

O uso do TheFind por Tang não é muito incomum. Na verdade, o aplicativo já foi baixado mais de 400 mil vezes, mesmo tendo sido lançado há apenas quatro semanas. Outro semelhante, chamado RedLaser, que permite que os compradores usem as câmeras de seus celulares para escanear códigos de barras e fazer comparações de preço, foi baixado mais de 6 milhões de vezes depois de ser lançado, há pouco mais de um ano.

Assim, como cada vez mais consumidores usam esses aplicativos para examinar preços enquanto estão nas lojas, "ponto de venda" pode se tornar um nome inadequado, porque não haverá mais tantas vendas nesse local. Em vez disso, se assim também equipados, os "pontos de venda" podem evoluir para o lugar para onde os consumidores irão para conferir o melhor preço!

Fonte: Baseado no texto de Miguel Bustillo e Ann Zimmerman. Phone-Wielding shoppers strike fear into retailers. *Wall Street Journal*, 16 dez 2010, p. A1, A19.

Estudos de executivos de marketing de alto nível descobriram que as decisões de precificação lhes causam mais preocupação do que qualquer outra decisão estratégica da sua área, incluindo introdução de novos produtos, promoção e alteração dos padrões de distribuição. Esse tipo de preocupação dos altos executivos com a estratégia de precificação não é surpreendente, pois essa, talvez mais do que qualquer outra variável do *mix* de marketing, é vista como a mais relacionada aos lucros da empresa.[1]

Estranhamente, no entanto, a precificação tem recebido menos atenção na literatura especializada do que a maioria das outras questões de marketing. Além disso, entre os textos de marketing que tratam da precificação, a maior parte foca mais na estratégia no que se refere aos mercados-alvo finais da empresa, enquanto menos atenção é dada ao *gerenciamento* em relação a essa estratégia.[2] Ainda assim, há muitas possíveis interfaces entre a estratégia de precificação e o gerenciamento de canal,[3] uma série das quais discutiremos no decorrer deste capítulo. Antes de entrar nos detalhes dessas interfaces, é importante estar familiarizado com a estrutura base, ou anatomia, da precificação no canal, já que praticamente todas as questões sobre a precificação no canal discutidas neste capítulo estão, de uma forma ou de outra, relacionadas a essa estrutura.

ANATOMIA DA ESTRUTURA DE PRECIFICAÇÃO NO CANAL

A precificação no canal de marketing pode ser pensada como algo parecido com "quem recebe qual fatia do bolo". Ou seja, cada membro dos vários níveis do canal quer uma parte do preço total (o preço pago pelo consumidor final) que seja suficiente para cobrir seus custos e fornecer um nível desejado de lucro. Para ilustrar, considere o diagrama na Figura 11.1, que mostra a estrutura de precificação no canal para um conjunto de cordas de guitarra com preço de tabela de $ 10,00, evidenciando os custos, os preços cobrados e a margem bruta recebida por participante do canal. A estrutura é baseada em um desconto de 25% sobre o preço de tabela para o consumidor, um desconto comercial de 50% sobre o preço de tabela para o varejista e de 66% para o atacadista. Assim, o consumidor pode comprar as cordas por $ 7,50, o varejista, por $ 5,00, enquanto o atacadista paga $ 3,40. Presume-se que o fabricante tenha sido capaz de produzir as cordas por $ 2,50. O preço final de $ 7,50 pago pelo consumidor, que representa um desconto de 25% sobre o preço de tabela das cordas, é baseado no pressuposto de que o varejista provavelmente venderá o produto com desconto a fim de enfrentar a situação competitiva no mercado local.

As margens brutas em dólares mostradas no lado direito da Figura 11.1 representam, efetivamente, o pagamento por serviços prestados por cada participante do canal. Os $ 2,50 recebidos pelo varejista, por exemplo, são uma compensação por executar todas as tarefas de distribuição necessárias para disponibilizar convenientemente as cordas da guitarra para músicos profissionais e amadores. A margem bruta de $ 1,60 recebida pelo atacadista é, presume-se, o pagamento pelo desempenho das tarefas de distribuição envolvidas no ato de disponibilizar as cordas aos varejistas nas quantidades relativamente pequenas que desejam. Por fim, os $ 0,90 recebido pelo fabricante deve remunerá-lo pelas tarefas de distribuição envolvidas em disponibilizar as cordas em grandes quantidades para os atacadistas. A Figura 11.2 fornece um resumo dos dados financeiros mostrados na Figura 11.1, junto com a porcentagem de margem bruta para os diversos participantes do canal.

Os descontos comerciais e as margens brutas mostrados nas Figuras 11.1 e 11.2 são típicos dessa indústria e categoria específica de produtos. Em outras indústrias e categorias de produtos, esses

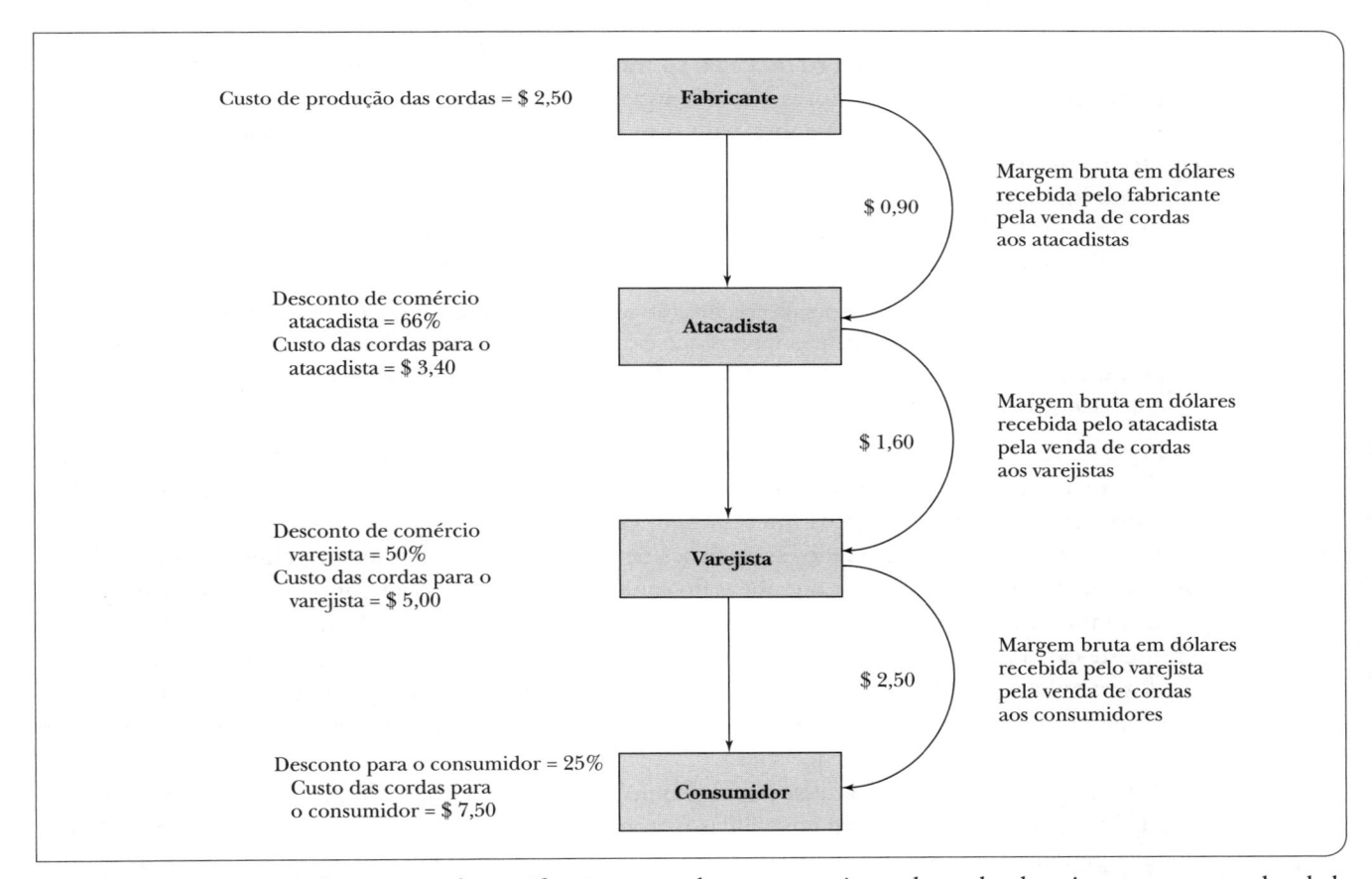

FIGURA 11.1 ▶ Anatomia da estrutura de precificação no canal para um conjunto de cordas de guitarra com preço de tabela de $ 10,00.
© Cengage Learning 2013

Participante do canal	Desconto comercial	Dados de precificação			
		Custo	Markup em dólar	Margem bruta sobre o preço de venda	Margem bruta sobre o custo
Fabricante		$ 2,50	$ 0,90	(1) 26,5%	(2) 36,0%
Atacadista	66%	$ 3,40	$ 1,60	(3) 32,0%	(4) 47,1%
Varejista	50%	$ 5,00	$ 2,50	(5) 33,3%	(6) 50,0%
Consumidor	25%	$ 7,50			

Desconto no varejo oferecido pelo revendedor com base nas condições de competitividade. (Em termos estritos, não é oficialmente um desconto comercial.)

Notas: (1) Markup em dólar/preço de venda para o atacadista (custo do atacadista) = 0,90/3,40 = 26,5%

(2) Markup em dólar/custo de produção do fabricante = 0,90/2,50 = 36,0%

(3) Markup em dólar/ preço de venda para o varejista (custo do varejista) = 1,60/5,00 = 32,0%

(4) Markup em dólar/custo do atacadista = 1,60/3,40 = 47,1%

(5) Markup em dólar/preço de venda para o consumidor (custo do consumidor) = 2,50/7,50 = 33,3%

(6) Markup em dólar/custo do varejista = 2,50/5,00 = 50,0%

FIGURA 11.2 ▶ Estrutura de precificação no canal para um conjunto de cordas de guitarra com preço de tabela de $ 10,00.
© Cengage Learning 2013

números vão, é claro, variar amplamente. Mas o conceito fundamental é o mesmo – *cada participante do canal quer um preço que ofereça uma margem bruta suficiente para cobrir seus gastos e dar uma contribuição ao lucro*. Assim, um membro do canal só irá transportar um produto – independentemente se cordas de guitarra ou computadores – se a margem oferecida for suficiente para cobrir os custos de estocar e vendê-lo, com alguma sobra para o lucro. Ainda que essa generalização possa não valer para todos os produtos o tempo todo, vale para a *maioria* deles na *maior parte* do tempo, especialmente no longo prazo.

O gerente de canal de uma empresa fabricante deve estar sempre ciente da "regra de ouro" da precificação no canal ao desenvolver a respectiva estratégia. Podemos declará-la como:

Não é suficiente basear as decisões de precificação somente no mercado, em considerações de custo e fatores competitivos. Em vez disso, para empresas que usam membros independentes de canal, uma consideração precisa sobre como as decisões de precificação afetam o comportamento dos membros do canal é uma parte importante dessa estratégia.

Por essa razão, as decisões de precificação têm um impacto substancial no desempenho do membro do canal. Especificamente, se esses membros percebem que a estratégia de precificação do fabricante está em harmonia com seus interesses, tornam-se mais suscetíveis a fornecer um nível maior de cooperação.[4] Se, por outro lado, as decisões de precificação do fabricante refletirem uma falta de consciência das necessidades dos membros do canal ou parecerem atuar contra eles, um nível de cooperação muito menor ou até conflitos são os resultados mais prováveis. Assim, o principal desafio do gerente de canal nessa área é ajudar a estimular estratégias de precificação que promovam a cooperação dos membros do canal e minimizem os conflitos. Os responsáveis pelo gerenciamento do canal devem desempenhar um papel nas decisões de precificação do fabricante, focando nas considerações do canal que acompanham essas decisões.

A Figura 11.3 ajuda a ilustrar esse papel. Como mostrado, a atenção do gerente de canal deve estar voltada às considerações do canal envolvidas na tomada de decisões sobre preços. Em outras palavras, ele deve pensar sobre as implicações das decisões de precificação no canal, analisando-as. Tomemos como exemplo a decisão de um fabricante de reduzir o preço de um produto. Os membros do canal podem ter muitas reações possíveis a essa decisão – algumas podem ser positivas, enquanto outras podem revelar-se contrárias ao ponto de vista do fabricante.

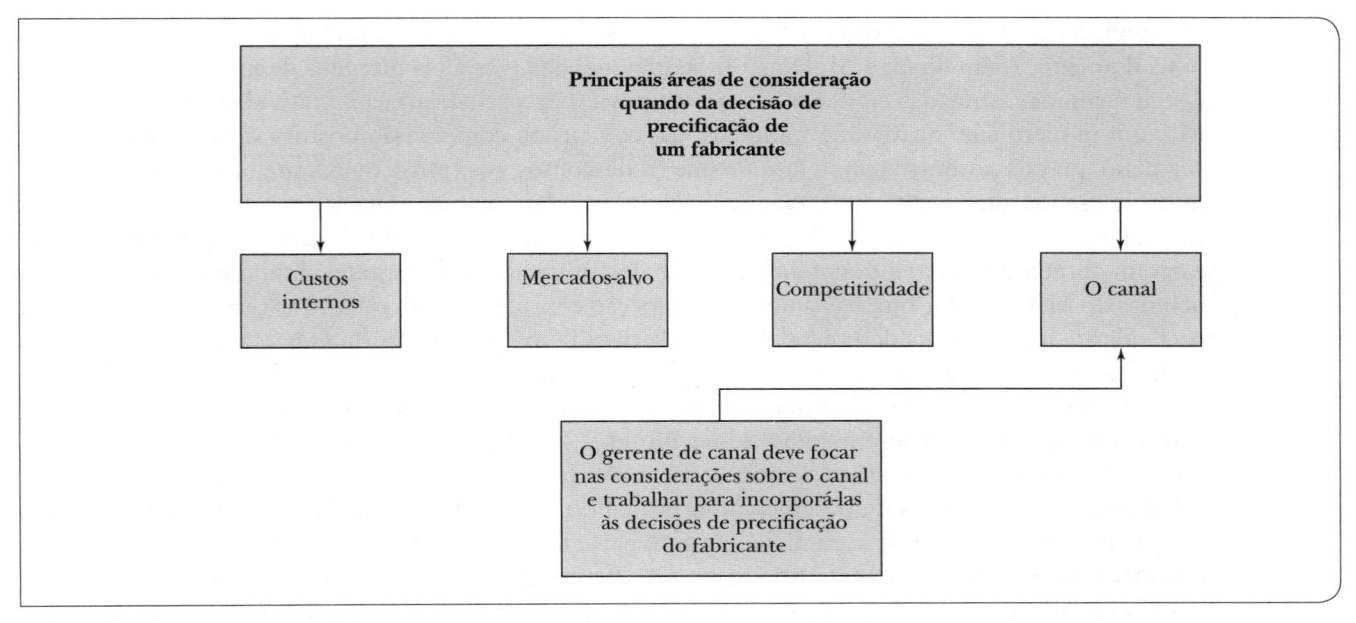

FIGURA 11.3 ▶ Papel do gerente de canal nas decisões de precificação do fabricante.
© Cengage Learning 2013

▶ **QUADRO 11.1** Possíveis reações dos membros do canal a um corte de preços sugerido pelo fabricante

1. Podem esperar que esse corte aumente seu volume de vendas e a lucratividade.
2. Podem relutar para lidar com o produto em razão do possível efeito desse corte na imagem de qualidade do produto.
3. Podem ficar preocupados com o impacto do corte sobre a imagem de suas próprias empresas, pois os consumidores podem associá-los a mercadorias baratas e frágeis.
4. Podem se ofender pela redução de suas margens, que talvez seja o resultado do corte de preços.
5. Podem ficar preocupados com a perda do valor de seus estoques do produto já existentes depois do corte.
6. Podem se sentir ameaçados pela possível proliferação de um corte de preços nos produtos de seus concorrentes.
7. Podem sentir a perda da estabilidade produzida pelo corte.
8. Podem desconfiar de que esse corte seja o prenúncio de políticas de precificação futuras desse fabricante.

Fonte: Alfred R. Oxenfeldt, *Pricing strategies*. Nova York: Amacom, 1975, p. 227. © 1975 por Amacom, uma divisão da American Management Association. Reproduzido com permissão da editora.

O Quadro 11.1 lista algumas das possíveis reações mais comuns de membros do canal à decisão de um fabricante de reduzir preços ao consumidor final. E, como indicado, eles podem ter várias e diferentes reações.

Considere, por exemplo, quando o McDonald's Corp. testou uma estratégia que estabelecia o preço de $ 1,00 para todos os refrigerantes de máquina, independentemente do seu tamanho, vendidos nas suas lojas. Isso representou uma redução substancial dos $ 1,39 que as franquias do McDonald's normalmente cobravam pelas bebidas maiores.[5] O McDonald's acreditava que essa estratégia de corte de preços, se implementada por suas franquias, produziria um resultado bem positivo, pois uma pesquisa havia sugerido que a estratégia de "$ 1,00 independentemente do tamanho do refrigerante" atrairia muitos novos consumidores, não só de outros restaurantes *fast-food* concorrentes, mas também daqueles que frequentavam lojas de conveniência, como a 7-Eleven. A rede também acreditava que a estratégia aumentaria o tráfego nas lojas, que, por sua vez, levaria a um aumento nas vendas de outros itens do menu. Além disso, o McDonald's sentia que, dadas as altas margens de lucro em refrigerantes de máquina, estimadas em 90%, o corte de preço não prejudicaria a lucratividade do franqueado. Mas um número significativo de franquias não concordou com a visão positiva do franqueador. Em vez disso, preocupavam-se com o fato de que os descontos nos refrigerantes prejudicariam sua estratégia de usar as altas margens sem eles obtida para ajudar a compensar os itens de baixa margem de lucro, como os no cardápio de "Pequenos Preços", vendidos por $ 1,00. Alguns franqueados também estavam apreensivos com a possibilidade de os descontos nos refrigerantes diminuírem as vendas de bebidas do McCafe. Por fim, havia uma preocupação considerável em relação às reações competitivas, particularmente se cortes de preços similares seriam feitos pelas redes de *fast-food* concorrentes, que poderiam baixar as margens de refrigerantes de forma permanente.

É tarefa do gerente de canal obter informações sobre os pontos de vista dos membros do canal e avaliar seus efeitos no desempenho destes últimos. Na prática, esse tipo de avaliação não costuma ser conduzido como um projeto distinto e separado. Isto é, uma avaliação sobre como as estratégias existentes ou as propostas de precificação no canal do fabricante influenciam o comportamento dos seus membros normalmente seria incluída como parte da avaliação geral das necessidades e problemas dos membros do canal, discutida no Capítulo 9. Estratégias de precificação conflitantes com as necessidades dos membros do canal podem ser levantadas em reuniões do conselho consultivo de distribuição, podem surgir como parte dos resultados de uma pesquisa de membros do canal ou auditoria de canal de marketing, ou possivelmente ser comunicadas como *feedback* no fluxo normal das comunicações do canal. Mas, graças à importância da estratégia de precificação na influência da cooperação dos membros do canal, o gerente de canal deve ser ainda mais sensível e prestar atenção especial às opiniões desses membros sobre essa estratégia. Sempre que possível, o gerente deve tentar fazer que os pontos de vista dos membros do canal sobre questões de preço sejam integrados ao processo de decisão de preços do fabricante.[6] Se isso for feito com sucesso, muitos dos problemas que podem ocorrer depois que as decisões de preço fizerem efeito podem ser antecipados e, com sorte, evitados.[7] Com esse pano de fundo como interface das estratégias de precificação e gerenciamento de canais em mente, voltemos agora nossa atenção a algumas diretrizes específicas para lidar com questões de precificação e suas implicações no gerenciamento do canal.

DIRETRIZES PARA O DESENVOLVIMENTO DE ESTRATÉGIAS EFICAZES DE PRECIFICAÇÃO NO CANAL

As diretrizes aqui apresentadas oferecem algumas recomendações gerais sobre como formular estratégias de precificação que ajudarão a promover a cooperação dos membros do canal e minimizar os conflitos.[8] Obviamente, não há qualquer garantia de que mesmo uma adesão consciente a essas diretrizes assegure tal resultado. Na verdade, o que existe é a certeza de muitas circunstâncias particulares e situações em que algumas delas não se aplicarão ou serão irrelevantes. No entanto, essas diretrizes – descritas a seguir – são dignas de estudo porque oferecem uma estrutura básica e um ponto de referência para as decisões de precificação que incorporam as considerações de canal.

1. Todo revendedor eficiente deve obter margens de lucro por unidade que excedam os custos operacionais unitários.
2. Cada classe de margem do revendedor deve variar em proporção aproximada ao custo das funções que ele executa.
3. Em todos os pontos da cadeia vertical (níveis do canal), os preços cobrados devem estar alinhados àqueles cobrados pelas marcas rivais comparáveis.
4. Arranjos especiais de distribuição (variações nas funções executadas ou em partidas do fluxo comum de mercadorias) devem ser acompanhados por variações correspondentes nos acordos financeiros.

5. As margens permitidas para qualquer tipo de revendedor devem corresponder às normas de porcentagem convencionais, a não ser que um caso muito significativo possa ser realizado a partir das normas.

6. Variações nas margens de modelos e estilos individuais de uma linha são permitidas e esperadas. Elas devem, no entanto, variar em torno da margem convencional para o comércio.

7. Uma estrutura de preços deve prever ofertas para os diversos níveis de preço esperado sempre que tais níveis existirem.

8. A estrutura de preços de um fabricante deve refletir variações na atratividade das ofertas de produtos individuais.

Cada uma dessas orientações será discutida em detalhes.

Margens de lucro

Claramente, os membros do canal precisam de margens que sejam mais do que adequadas para cobrir os custos associados com a manipulação de determinado produto. As Tabelas 11.1 e 11.2 fornecem exemplos de margens de varejistas e atacadistas, além de outros dados operacionais. Ainda que essa diretriz possa, às vezes, ser afrouxada, como no caso de produtos necessários para completar sortimentos ou usados em promoções especiais como **chamarizes** (produtos com elevados descontos), essa é a exceção, e não a regra. Como já observamos (ver Figuras 11.1 e 11.2), em geral os membros do canal não manterão em estoque, muito menos apoiarão com entusiasmo, produtos cujas margens sejam insuficientes para cobrir seus custos e deixar espaço para o lucro. Isso se aplica em especial no longo prazo. De fato, até aqueles fabricantes com uma franquia consumidora excepcionalmente forte que podem praticamente impor fatores aos membros dos seus canais, eventualmente, perderão esse apoio. Com o tempo, é possível que os membros do canal, sentindo que o fabricante não lhes permite ter margens suficientes, procurem outros fornecedores ou estabeleçam e promovam suas próprias marcas.[9]

▶ **TABELA 11.1** Margens e outros dados operacionais de varejistas selecionados

Tipo de varejista	Margem bruta	Gastos operacionais	Lucro líquido antes dos impostos
Lojas de departamento	39,6 %	36,6 %	1,3 %
Farmácias	25,8	23,8	1,3
Óleo combustível	16,5	14,2	2,1
Móveis	46,0	45,5	0,7
Postos de gasolina	9,5	8,3	1,2
Alimentos e carnes	37,9	33,5	3,2
Eletrodomésticos	33,5	30,8	2,9
Bebidas alcoólicas	24,9	20,6	3,6
Habitações móveis	30,3	32,5	1,9
Artigos esportivos	36,5	33,6	0,7
Máquinas de venda automáticas	47,0	44,7	1,6

Nota: Todos os valores são mostrados como porcentagem de vendas.

Fonte: Compilado de *Annual statement studies*. Robert Morris Associates, 2010.

Tipo de atacadista	Margem bruta	Gastos operacionais	Lucro líquido antes dos impostos
Químicos	20,6 %	16,4 %	9,2 %
Laticínios	18,2	15,1	2,7
Medicamentos	33,9	26,4	5,5
Comida congelada	15,3	12,8	1,7
Móveis	28,2	27,6	−0,2
Grãos	9,4	6,5	3,0
Gêneros alimentícios	18,3	16,1	2,5
Joias	29,3	28,4	−0,3
Derivados de petróleo	6,8	5,2	1,4
Artigos esportivos	28,9	25,0	1,7
Tabaco e derivados	11,2	6,8	3,7
Vinho, cerveja e outras bebidas alcoólicas	25,6	20,6	4,6

Nota: Todos os valores são mostrados como porcentagem de vendas.

Fonte: Compilado de *Annual statement studies.* Robert Morris Associates, 2010.

Em uma análise clássica da precificação nos canais de marketing, Warshaw ressalta essa afirmação com o argumento de que os fabricantes estão, na verdade, "comprando" serviços de distribuição por meio das margens que oferecem. Se essas margens não forem iguais aos preços procurados pelos intermediários, no longo prazo o fabricante não conseguirá comprar seus serviços em um ambiente competitivo. O autor assim expressa esse ponto de vista:

> Ver o problema como uma compra de distribuição pode ser útil para desenvolver políticas de precificação eficazes... O conceito de compra de distribuição enfatiza o fato de que o preço pago para obter apoio do canal deve refletir não só o trabalho de marketing executado pelo canal, mas também o ambiente competitivo em que ele opera.[10]

Assim, o gerente de canal deve estar envolvido em uma revisão contínua das estruturas de margem dos membros do canal para determinar se são adequadas. Uma atenção especial deve ser dedicada às alterações no ambiente competitivo que possam influenciar as percepções dos membros do canal a respeito dessas estruturas existentes.

Diferentes classes de revendedores

Em condições ideais, o gerente de canal gostaria de definir as margens de modo que possam variar em proporção direta às funções executadas por diferentes classes de membros do canal.[11] Na verdade, no entanto, poucos fabricantes têm o poder ou os dados contábeis para configurar as margens de acordo com essa diretriz. As margens nos níveis de atacado e varejo e para vários tipos de agentes intermediários são tipicamente regidas por fortes tradições que permeiam a indústria. Desvios acentuados e descendentes desses modelos são factíveis apenas para os fabricantes mais poderosos. No entanto, devem ser feitas revisões periódicas das estruturas de margens disponíveis para diferentes classes de membros do canal com uma visão voltada para mudanças graduais, se forem necessárias. Oxenfeldt sugere que questões como as abaixo sejam colocadas nessas revisões:

1. Os membros do canal mantêm estoques?
2. Fazem compras em pequenas ou grandes quantidades?
3. Fornecem serviços de reparo?
4. Oferecem crédito aos consumidores?
5. Entregam?
6. Ajudam a treinar a força de vendas dos consumidores?

É claro que muitas outras questões também podem ser propostas. Mas o principal objetivo de rever periodicamente os serviços de membros do canal em relação às margens a eles concedidas é descobrir se há grandes injustiças criando problemas nos níveis de classes específicas desses membros. Gigantes varejistas do setor de artigos para o lar, como Home Depot e Lowe's, por exemplo, demandam e esperam ter dos fabricantes preços tão ou mais baixos do que os recebidos pelos atacadistas que compram dos mesmos fabricantes. Assim, apesar de a Home Depot, a Lowe's e outras gigantes cadeias varejistas similares serem tecnicamente chamadas de "varejistas", eles compram quantidades tão grandes e executam tantas funções de atacadistas, incluindo armazenamento, processamento de pedidos e envio a suas lojas individuais, que, exceto pelo nome, são, na verdade, gigantes atacadistas, além de varejistas. Por isso, esses "varejistas" sentem que são mais do que merecedores dos preços mais baixos disponíveis para atacadistas. De fato, se esses níveis de desconto não se tornarem disponíveis, esses varejistas podem reduzir os produtos dos respectivos fabricantes e até deixá-los em definitivo.

Marcas rivais

Diferenças nas margens disponibilizadas aos membros do canal que mantêm em estoque marcas concorrentes devem ser mantidas dentro de limites toleráveis. Se uma marca de determinado fabricante está em clara desvantagem devido à margem que um membro do canal pode dela obter em relação a outra (e isso não pode ser compensado com volumes elevados), esse membro não vai dedicar muito esforço para promovê-la.

A questão prática que o gerente de canal enfrenta ao tentar aplicar essa diretriz é: que níveis de variação de margem estão dentro de limites toleráveis? Infelizmente, não há resposta direta para essa questão. Variações significativas nas margens podem ser bem toleráveis em alguns casos, mas não em outros. Um fabricante que está bem estabelecido em muitos produtos eletrônicos de consumo, como os da Sony, pode depender da sua propaganda de massa e de promoções de vendas para atrair uma forte preferência dos consumidores capaz de empurrar seus produtos ao longo do canal. No nível de varejo, a promoção desenvolvida pelo varejista sob a forma de propaganda local e fortes vendas pessoais são fatores relativamente menores para alcançar um alto número de vendas dos produtos Sony. Como consequência, margens relativamente baixas podem ser garantidas ao varejista. Por outro lado, um fabricante menor e menos especializado, como a Magnavox, deve concentrar sua distribuição em menos varejistas, mas mais agressivos e selecionados com cuidado, que consigam atrair os consumidores com fortes propaganda local e vendas pessoais. Um fabricante nessa posição precisará oferecer margens maiores a seus varejistas para cobrir os altos custos associados ao esforço de vendas mais agressivo.

Os gerentes de canal devem, portanto, tentar avaliar quaisquer diferenças de margem entre suas marcas e as dos concorrentes, em termos do tipo de suporte que suas empresas oferecem e o nível desse suporte que os membros do canal esperam. Se essa relação diferir significativamente da concorrência, as diferenças nas margens devem ser examinadas quanto a tais variações.

Acordos de precificação especial

Esse tipo de acordo oferecido por um fabricante aos membros do canal pode assumir várias formas, incluindo descontos mais altos, abatimentos, mercadorias gratuitas, descontos para maiores quantidades, entre outras. O propósito por trás de tais ofertas de preços especiais é, claramente, estimular as vendas dos produtos desse fabricante durante o período de promoção com preços especiais. Nos últimos anos, no entanto, essas promoções tornaram-se a regra quando se trata das expectativas dos membros do canal. Assim, estes últimos passaram a ver esse tipo de acordo não como "especial" ou temporário, mas, antes, como o padrão normal das transações. E, portanto, eles esperam que o fabricante ofereça de forma regular e contínua acordos de precificação especial.

Do ponto de vista do fabricante, essas expectativas dos membros do canal podem não só criar problemas de precificação no canal, mas também prejudicar o valor da marca se cortes de preços contínuos a ela forem associados. Foi exatamente esse tipo de situação que a Diageo PLC, maior destiladora do mundo, enfrentou quando insistiu em acordos de preços mais agressivos para algumas de suas marcas de bebidas mais famosas.[12] Para um de seus produtos mais populares, Captain Morgan Parrot Bay Rum, a Diageo ofereceu uma promoção de preços e descontos que aumentou o volume de vendas dos distribuidores e varejistas e diminuiu significativamente os preços aos consumidores desse popular rum. Mas, como observou John McDonell, CEO da destiladora concorrente, Patron Spirits International, fabricante da tequila Patron, que evitou esse tipo de acordo de corte de preço: "Os principais fornecedores condicionaram os consumidores e varejistas de que haveria grandes acordos.[13]"

Assim, o gerente de canal é confrontado com um ato de difícil equilíbrio quando se trata de oferecer acordos de precificação especial. Preços agressivos podem, por vezes, ser necessários, por exemplo, durante desacelerações econômicas, que foi o que motivou os acordos de precificação agressivos da Diageo PLC. Mas, se oferecidos com muita frequência, os membros do canal podem passar a esperar tais acordos como regra. Além disso, como lembrado aqui, cortes frequentes de preço podem dilapidar o valor da marca de produtos famosos, e até mesmo dos populares, como o rum Captain Morgan.

Regras convencionais para margens

Oxenfeldt aponta a tendência quase universal de membros do canal esperarem que as margens sejam adequadas às regras geralmente aceitas:

> Na maioria dos comércios, os revendedores passaram a considerar determinada porcentagem de margem como normal, justa e adequada. Eles podem não obtê-la na maioria dos produtos que vendem; mesmo quando é, de fato, uma margem típica, podem não recebê-la o tempo todo... Mas, embora a margem convencional possa não ser uma realidade econômica no mercado, pode, no entanto, influenciar fortemente a reação dos revendedores às linhas que estão oferecendo. A incapacidade de o revendedor "obter" a margem convencional pode criar um grande ressentimento que resulta nos revendedores dando suporte de vendas limitado à marca.[14]

Esse forte compromisso entre os membros do canal ao que consideram ser margens normais, justas e adequadas torna muito difícil para o fabricante se desviar das estruturas de margem convencionais. Isso não quer dizer, no entanto, que o fabricante deve aderir às normas de forma submissa. Como apontamos nas seções anteriores, as exceções são possíveis se puderem ser justificadas aos olhos dos membros do canal. O que pode ser visto como bastante razoável pelo fabricante, no entanto, pode não sê-lo para os membros do canal.[15] É trabalho do gerente de canal tentar explicar a esses membros quaisquer alterações de margem que se desviem para baixo da regra. Ainda que isso não possa, é claro, garantir que os membros do canal apoiarão a alteração, a iniciativa vai, pelo menos, lhes transmitir as razões para os fabricantes tomarem essa atitude. A Goodyear Tire & Rubber Co., por exemplo, decidiu aumentar os preços para alguns de seus maiores distribuidores depois de saber que estavam subcotando os preços que ela cobrava de pequenos distribuidores. Os preços que a Goodyear cobrava de seus grandes distribuidores eram tão baixos que eles podiam comprar pneus em grandes quantidades e revendê-los a distribuidores menores externos às suas áreas. Mesmo com os custos de transporte, os valores oferecidos aos pequenos distribuidores eram menores que aqueles que a Goodyear estava cobrando. Muitos dos grandes distribuidores mostraram seu descontentamento com o aumento do preço cortando os pedidos, mas a Goodyear se manteve firme. Ao eliminar a lacuna entre os preços cobrados de distribuidores grandes e pequenos, as receitas por pneu, na verdade, aumentaram. A Goodyear não tentou disfarçar sua nova política de preços. Os distribuidores foram informados de que o aumento de preços era necessário para desencorajar os grandes distribuidores a subcotar as vendas da Goodyear para distribuidores pequenos.[16]

Variações nas margens de modelos

As variações nas margens de modelos e estilos individuais em uma linha de produtos são comuns. Com frequência, os fabricantes incluem na sua linha de produtos itens cujo principal propósito é gerar tráfego nas lojas dos varejistas ou servir como "abridores de portas" para a força de vendas dos atacadistas. Esses produtos (muitas vezes chamados **produtos promocionais**) são, em geral, os mais baratos da linha e rendem margens relativamente baixas, tanto para o fabricante quanto para o membro do canal. Felizmente, os membros do canal são sempre receptivos a aceitar as margens mais baixas associadas a esses produtos, desde que sejam convencidos do valor promocional deles na construção de sua carteira de clientes. Por exemplo, fabricantes de automóvel com frequência oferecem versões "peladas" de vários modelos a preços mais baixos. A estratégia por trás disso é gerar tráfego na concessionária do revendedor. Com o tráfego elevado, os revendedores têm maiores oportunidades de elevar o padrão dos produtos dos potenciais compradores a um modelo mais caro ou vender equipamentos opcionais para o modelo promocional "pelado". As margens de modelos mais caros e sobre as opções adicionadas ao carro promocional "pelado" são significativamente maiores.

As margens de produtos em linha que estão bem abaixo da regra e não têm a intenção de ser produtos promocionais são muito mais difíceis de ser justificadas aos olhos dos membros do canal. Em consequência, estes se tornam muito menos propensos a promover esses produtos com entusiasmo. Na verdade, entre os chamados itens supérfluos de uma linha de produtos, uma alta proporção pode ser a que oferece baixas margens aos membros do canal e carece de apelo promocional. Como regra geral, então, o gerente de canal deve tentar influenciar os preços da linha de produto, visando que seus membros usem, sempre que possível, produtos de baixa margem em propósitos promocionais.

Níveis de preço

Preços específicos que os consumidores esperam encontrar para os produtos, em geral praticados no nível de varejo. Em alguns casos, certos níveis de preço podem se tornar arraigados, de forma que os consumidores quase sempre esperam encontrá-los pelo mesmo valor. Níveis de preço podem existir para itens com valor unitário muito baixo, como o *cheeseburger* McDouble, por $ 1,00, do cardápio "Pequenos Preços" do McDonald's, e seus concorrentes equivalentes, como o Whopper Jr, oferecido pelo Burger King, até produtos luxuosos com valor unitário muito alto, como a Mercedes Benz Classe S, de mais de $ 75 mil, a BMW série 7, o Jaguar XJ e muitos outros. Entre esses dois extremos estão os níveis de preço de produtos como um *notebook*, de menos de $ 500,[17] os livros eletrônicos mais populares para *download*, por menos de $ 10,00, ou uma TV de tela plana de 46 polegadas por menos de $ 1 mil. Os níveis de preço podem aumentar ou diminuir com o tempo, como resultado da inflação e de mudanças na tecnologia. Assim, embora a inflação tenha aumentado muito o nível de preço de uma xícara de café, os avanços na área eletrônica diminuíram consideravelmente os níveis de preço de computadores, das TVs de tela plana e da maioria dos outros produtos eletrônicos de consumo.

O gerente de canal precisa estar ciente dos níveis de preço que os membros do canal esperam oferecer pelos produtos e ajudar a garantir que esses produtos lhes estejam disponíveis. Não ter produtos para vender a preços populares pode privar os membros do canal de vendas significativas simplesmente pela falta de produtos que se enquadrem nesses níveis de preço. Isso ocorre se o produto em questão for um *cheeseburger* de $ 1,00 em um restaurante *fast-food* ou um sedan de luxo de $ 80 mil em uma concessionária de prestígio. Na verdade, um dos fabricantes de carros de luxo, a BMW, implantou uma estratégia para garantir que seus revendedores tenham carros em praticamente todos os níveis de preço, dos carros quase de luxo das Séries 100 e 300 até os ultraluxuosos da Série 800, de seis dígitos.

Variações de produto

Quando um fabricante atribui preços aos vários modelos dentro de determinada linha de produtos, deve ter o cuidado de associar as diferenças de preço às diferenças nas características dos produtos.[18] Se as diferenças de preço não forem fortemente associadas às características visíveis ou identificáveis dos produtos, os membros do canal terão mais dificuldades no trabalho de vendas. Por exemplo, um varejista de artigos esportivos lidando com uma linha de cinco modelos de raquetes de tênis gostaria de ter uma "pegada" facilitadora como característica específica do produto que o vendedor possa usar para explicar a diferença de preço aos consumidores. Se, por exemplo, as diferenças entre o produto dos modelos de $ 100 e $ 150 não forem explícitas, o varejista pode seguir o curso de menor resistência – vendendo principalmente o modelo mais barato ou o produto da linha que for de venda mais fácil. Um pouco de cuidado do fabricante ao pensar sobre a precificação da linha de produto *pela perspectiva do membro do canal* pode atenuar esse tipo de problema de preços.

OUTRAS QUESTÕES SOBRE A PRECIFICAÇÃO NO CANAL

As diretrizes para a precificação no canal discutidas até aqui lidam com uma variedade de questões específicas para essa atribuição. Mesmo assim, o gerente de canal pode enfrentar outras, que exijam atenção mais específica e detalhada. Seis das mais importantes serão discutidas no restante deste capítulo.

Exercendo o controle da precificação no canal

Como já afirmamos neste capítulo, as estratégias de precificação do fabricante normalmente exigem apoio e cooperação dos membros do canal se se espera que sejam implementadas de forma eficaz. Mas, como também já assinalamos ao longo deste texto, os membros do canal têm ideias bem definidas e, em geral, querem fazer as coisas do seu jeito. Isso é especialmente verdade quando falamos sobre preço. De todos os elementos do *mix* de marketing, os membros do canal tipicamente veem a precificação como a área que está mais em seu domínio.[19] Eles podem acatar as exigências dos fabricantes sobre como o produto deve ser fabricado, promovido e até mesmo distribuído; mas, quando se trata do preço, acreditam que sabem mais e, portanto, devem ser livres para seguir suas próprias estratégias de preço.[20] Desde que as políticas de preço dos fabricantes não prejudiquem a liberdade de precificação dos membros do canal, não há problema. Mas, assim que os fabricantes tentam exercer algum controle sobre as estratégias dos membros do canal, estes sentem como se aqueles tivessem invadido sua propriedade.

Mesmo assim, do ponto de vista do fabricante, algumas das estratégias de preço mais importantes podem exigir certo grau de controle sobre as políticas de precificação dos membros do canal.[21] Por exemplo, um fabricante pode querer usar a estratégia de precificação para ajudar a manter a imagem de qualidade de seus produtos e, por consequência, não querer que um membro do canal corte preços significativamente. Ou o fabricante pode acreditar, como muitos, que preços "estáveis" são a melhor vantagem no longo prazo para a empresa e seus membros do canal, pois os cortes de preço podem levar a violentas guerras de preço que trazem caos ao fabricante e aos membros do canal. Embora ordens impostas pelo fabricante sobre o preço de venda que os membros do canal podem cobrar de seus consumidores possam violar a legislação antitruste, muitos fabricantes ainda tentam influenciar os membros do canal a se adequar às suas políticas de preço. Em uma tentativa de fazer isso, no entanto, o fabricante enfrenta a difícil e delicada tarefa de reforçar políticas de preço sem perder membros do canal, mantendo-se dentro dos limites da legislação antitruste. Não é necessário dizer que isso não é algo fácil de fazer – como a Stride Rite Corporation percebeu, da maneira mais dura, quando foi condenada a pagar mais de $ 7 milhões em um processo antitruste. O caso derivou da tentativa de a Stride Rite forçar os varejistas a vender seis tipos dos seus sapatos femininos atléticos Keds pelo preço sugerido ao varejo especificado por ela. Os carregamentos eram reduzidos ou cortados se os varejistas não cumprissem sua política de preços.

Apesar de não haver uma maneira infalível de evitar o problema que a Stride Rite encontrou quando tentou exercer o controle dos preços em seus canais de marketing, diversas diretrizes podem ser oferecidas.

Primeira, qualquer tipo de abordagem coerciva para controlar as políticas de precificação dos membros do canal deve, provavelmente, ser descartada. Elas não só podem aumentar a probabilidade de perder os membros do canal, como também ser ilegais.

Segunda, a invasão do fabricante no domínio das políticas de precificação dos membros do canal deve ser realizada somente se aquele acreditar que isso faz parte de seu interesse vital e de longo prazo. Esse tipo de estratégia de precificação nunca deve ser tratado superficialmente ou aplicado em circunstâncias que não sejam de crucial importância.

Por fim, se o fabricante sentir que é necessário exercer algum controle sobre as políticas de precificação de um membro do canal, deve tentar fazê-lo por meio do que pode ser chamado de "persuasão amigável". A estratégia da ScottsMirical-Gro Company para influenciar as políticas de precificação de membros do canal é o modelo para esse tipo de abordagem. Fabricante líder de produtos para manutenção de gramados, a empresa tem uma política antiga segundo a qual os revendedores mantêm os preços "sugeridos" pelo fabricante. A Scotts espera que todos os seus revendedores lhe obedeçam. Mas, em vez de tentar usar a coerção, a empresa conseguiu conquistar seus objetivos de precificação convencendo os revendedores de que os preços sugeridos faziam parte de seus próprios interesses. A Scotts argumenta que os preços de varejo sugeridos pela empresa são necessários para fornecer aos revendedores as margens adequadas para cobrir os altos níveis de serviços que devem oferecer, como amplos estoques e variedade dos seus produtos, segurança adequada de estoque e alto grau de atenção pessoal e aconselhamento aos clientes de artigos para gramados. Dessa forma, a abordagem da Scotts é construir um forte argumento para sua estratégia de preços e deixar os revendedores decidirem se querem aderir à sua política. A empresa também evitou outros possíveis problemas de precificação ao vender apenas determinadas linhas de produtos a atacadistas que oferecem descontos, enquanto reservava outras para vender apenas por meio de varejistas independentes orientados à prestação de serviços.

Mudando políticas de precificação

Outra importante questão a respeito da precificação no canal que o fabricante sem dúvida enfrentará, mais cedo ou mais tarde, é lidar com as reações dos membros do canal a grandes alterações nas suas políticas de precificação e nos respectivos termos de venda. É quase certo que em algum momento o fabricante sentirá que é necessário fazer grandes mudanças nessas duas áreas. A necessidade pode surgir de pressões de custos, de fatores competitivos ou de uma variedade de outros acontecimentos externos, fora do controle do fabricante.[22] Mas, independentemente da causa, as grandes alterações nas políticas de precificação dos fabricantes obrigatoriamente afetarão os membros do canal.

Normalmente, os membros do canal ficam muito desconfortáveis quando ouvem falar sobre mudanças significativas nas políticas de precificação ou nos termos de venda do fabricante, até porque se acostumaram a lidar com o fabricante com base em um conjunto específico de políticas de preços que pode ter existido praticamente com a mesma forma por um longo período de tempo. Na verdade, suas próprias políticas de preço podem ser muito ligadas às já existentes do fabricante.[23] Portanto, qualquer mudança no *status quo* torna-se motivo de preocupação, especialmente quando as alterações nas políticas de preço do fabricante parecem ser focadas no endurecimento de políticas ou dos respectivos termos de venda.

A famosa mudança na estratégia de precificação executada pela Procter & Gamble é um caso a se analisar. A P&G decidiu oferecer menos acordos de descontos "especiais" na venda de seus produtos a varejistas e, em vez disso, ter preços consistentemente mais baixos para os atacadistas. Assim, os varejistas poderiam oferecer diariamente preços baixos nos produtos da P&G aos consumidores em vez de promoções que vão e voltam e tendem a minar a lealdade do consumidor à marca e encorajá-lo a "pular" de prateleira em prateleira buscando qualquer marca que esteja em promoção ou que ofereça o cupom de desconto mais alto. Além disso, a P&G esperava suavizar as flutuações da demanda associadas à antiga estratégia de preços, que geravam confusão na agenda de produção e distribuição. Porém, as reações dos varejistas a essa estratégia de preços modificada não foram uniformes. Alguns acharam que era bem-vinda, mas muitos outros sentiram que a estratégia de preços limitava sua flexibilidade promocional e de mercadorias e até podia limitar seus lucros. Estudos realizados pela Universidade de Chicago sugerem que as preocupações dos varejistas podem ser bem fundamentadas, já que seus resultados mostram que varejistas do setor de alimentos que oferecem preços baixos diários não têm quanto aqueles que usam estratégias de preço promocional tradicionais. Se a pesquisa continuar a refletir esse padrão e as experiências do varejo confirmarem o efeito de lucros menores associados à estratégia de preço baixo diário, a P&G e outros fabricantes que estão pressionando esses membros do canal a seguir essa estratégia podem ter de enfrentar muitos varejistas desapontados, mais do que ansiosos para promover produtos dos concorrentes que são precificados à moda antiga.[24]

No que diz respeito às alterações nos termos de venda, um crescimento na indústria de vestuário ressalta como elas podem aumentar as tensões no canal. As condições de venda em questão aqui são o que costumamos chamar na indústria de **valor de remarcação**. Essencialmente, é o pagamento feito por um fabricante de roupas ao varejista, em geral uma loja de departamento, para ajudar a compensar o montante financeiro que os varejistas perdem quando os itens não são vendidos pelo preço integral. Os termos específicos de qual valor de remarcação o fabricante pagará ao varejista para compensar as reduções de preço no período envolvido são negociados entre o fabricante e a loja de departamentos. Às vezes, esses acordos são verbais, e não escritos em contrato formal. Mas o conceito básico do valor de remarcação é sempre o mesmo: os varejistas esperam que os fabricantes absorvam uma parcela significativa das remarcações feitas pelos varejistas nos seus produtos. Essa prática existe há décadas nessa indústria. Mas, nos últimos anos, alguns fabricantes, como Nicole Miller Ltd., se recusaram a pagar os valores de remarcação. Outro, Michael Kors, entrou com um processo multimilionário contra a Saks Fifth Avenue, focando em pontos que alega serem práticas injustas envolvendo o valor de remarcação.[25] Esse tipo de contestação a essa antiga prática tumultuou a indústria. Outros fabricantes de vestuário, como Jones Apparel Group, Liz Claiborne Inc., Tommy Hilfiger Corp. e Polo Ralph Lauren Corp., ficaram confusos sobre como proceder em suas relações com as lojas de departamentos graças ao futuro incerto do valor de remarcação. Por um lado, todos esses fabricantes querem ter a quantidade que for possível de seus novos produtos nos principais varejistas. Ao oferecer generosas quantias de valor de remarcação, o risco do varejista é reduzido, e, portanto, eles estocarão uma quantidade maior de produtos daquele fabricante. No entanto, como um fabricante concorrente, como Nicole Miller, se recusou a pagar o valor de remarcação, e outro, Michael Kors, abriu um processo, a viabilidade futura do valor de remarcação pode estar em risco.

Da perspectiva do gerenciamento do canal, essa incerteza sobre o futuro dos termos de venda que estiveram em vigor por décadas pode ser preocupante. No meio de tais mudanças em termos de acordos de vendas com valores de remarcação ou outros, como privilégios de devolução, acordos financeiros ou provisões de entrega, o gerente de canal precisa determinar se a forma antiga de fazer negócios pode continuar ou se novas condições podem e devem ser colocadas em prática.

Repassando aumentos de preço pelo canal

Aumentos de preços definidos pelos fabricantes são praticamente inevitáveis e, durante períodos inflacionários da economia, tornam-se excessivos e mais frequentes. Desde que cada membro do canal seja capaz de repassar o aumento de preços disparado pelo fabricante ao próximo membro e, no fim, ao usuário final, a questão do aumento de preços não é tão preocupante. Mas, quando o aumento de preços não pode ser totalmente passado pelo canal e seus membros precisam começar a absorver todo ou parte desse aumento, reduzindo *suas* margens, o aumento se torna uma questão crítica. Veja, por exemplo, o caso dos fabricantes de carro japoneses. No fim da primeira década do século 21, o valor do dólar estava caindo significativamente em relação ao iene japonês. Revendedores de carros japoneses foram forçados a absorver os custos de atacado mais elevados ou aumentar seus preços, o que poderia afetar de forma negativa suas vendas no mercado de automóveis altamente competitivo dos Estados Unidos. O mesmo dilema foi enfrentado por muitas redes de supermercado durante esse mesmo período, como resultado do aumento rápido de *commodities*, que resultaram em maiores preços de atacado na maioria dos produtos alimentícios.[26] Aqui, novamente, os supermercados teriam de aumentar preços ou absorver pelo menos uma parte dos custos. Devido ao mercado ultracompetitivo do varejo de alimentos, muitos supermercados sentiram que tinham poucas opções, a não ser incorporar, em vez de passar aos clientes, uma parcela substancial de seus altos custos, mesmo que isso afetasse de forma adversa seus resultados. Não é preciso dizer que os supermercados não ficaram contentes com os produtores de alimentos que não compartilharam, mas apenas repassaram aos varejistas o fardo de absorver os custos mais altos.

Além das dificuldades monetárias diretas decorrentes de aumentos de preço não transferíveis, outro possível problema é a má vontade que eles podem criar à medida que cada membro culpe o próximo pelos aumentos de preços. Infelizmente, esse tipo de aumento de preços, com frequência, é simplesmente passado adiante de forma automática pelo fabricante (e outros membros do canal) antes de outras possíveis alternativas ou estratégias que pudessem ajudar a diminuir os efeitos desse aumento serem considerados. Essas alternativas e estratégias incluem:

Primeiro, antes de repassar um aumento de preços, os fabricantes devem pensar melhor nas implicações de longo e curto prazos de seguir com esse aumento *versus* tentar resistir pelo maior tempo possível. Pode haver casos em que os efeitos negativos no curto prazo sobre os lucros dos fabricantes, por segurar os preços, sejam mais do que compensados pelos benefícios no longo prazo, como uma equipe mais leal e viável de membros do canal. A maior parte dos principais fabricantes de automóveis japoneses, por exemplo, tentou segurar os preços, absorvendo alguns dos custos aumentados associados com o valor crescente do iene. Mas isso se tornou cada vez mais difícil de ser feito sem desgastar drasticamente seus lucros no longo prazo.

Segundo, se repassar o aumento de preços é inevitável, o fabricante deve fazer o que for possível para diminuir os efeitos negativos desse aumento sobre os membros do canal. Isto foi o que a gigante cervejaria Anheuser-Busch InBev fez logo depois de aumentar seus preços nos Estados Unidos em 2009, depois da "Grande Recessão de 2008". O aumento de mais de 4% em um momento em que os preços ao consumidor nos Estados Unidos estavam abaixo de 2,1% irritou os varejistas, que acreditavam que, se repassassem o aumento de preços ao consumidor final, seu volume de vendas sofreria. Para ajudar a compensar o aumento de preços e apoiar suas vendas de varejo, a Anheuser-Bush Inbev passou a oferecer abatimentos em uma série de produtos e introduziu mais promoções especiais em suas marcas mais baratas.[27]

Além de abatimentos e outras estratégias relacionadas ao preço para diminuir os efeitos de aumentos de preço aos membros do canal, outras soluções incluem oferecer assistência financeira, prazos de pagamento mais liberais e ofertas especiais, como permitir que os membros do canal comprem antes de o aumento entrar em vigor.

Finalmente, o fabricante pode mudar suas estratégias em outras áreas do *mix* de marketing, particularmente a estratégia de produto, para ajudar a compensar os efeitos do aumento de preços. Por exemplo, o produto pode ser aprimorado para que pelo menos os membros do canal possam ter algo que justifique esse aumento ante os clientes com base em mais valor do produto. Outra alternativa é desvalorizar o produto, não necessariamente do ponto de vista de qualidade, mas em termos de redução de certas características e acessórios que podem não ser vitais para o apelo e a performance do produto.[28] Esse tipo de versão "pelada" do produto vendida a um preço mais baixo pode ser mais interessante do que a versão "especial", que custa significativamente mais. Ainda que seja bastante controversa, uma estratégia de produto para compensar os altos custos é reduzir o tamanho da embalagem. Em vez de conter um quilo, ela pode ser reduzida para 800 gramas. Muitos alimentos e bens manufaturados empacotados seguiram essa estratégia nos últimos anos como uma alternativa ao aumento de preços.

Precificação em canal duplo

Se o fabricante utiliza uma estrutura dupla de canal, que fornece vendas diretas do fabricante ao consumidor final, bem como por meio de membros do canal independentes, deve ser dada especial atenção à estratégia de precificação.[29]

Ainda que fabricantes que vendem seus produtos diretamente aos consumidores em uma aparente concorrência com seus membros do canal independentes certamente não seja um fenômeno novo, o enorme crescimento de canais on-line nos últimos anos criou uma alternativa para os fabricantes alcançarem os consumidores diretamente.[30] Bem antes do surgimento desses canais, a estratégia de preços apropriada para os fabricantes venderem seus produtos diretamente aos consumidores e também aos revendedores independentes era nunca vender a preços mais baixos do que os cobrados por esses membros. Isso é ainda melhor se o fabricante cobra um preço mais alto do que os membros independentes do canal quando o consumidor final tenta comprar pelo seu canal direto. Ao colocar preços mais altos para o canal direto, o fabricante, e não o varejista, estará em uma desvantagem competitiva. Essa recomendação de precificação no canal está tão forte hoje, uma época de canais de alta tecnologia, como o on-line e o *móbile*, como há várias décadas, quando os únicos canais diretos ao consumidor para os fabricantes eram por encomenda pelo correio ou vendas porta a porta.[31] Mas, assim como antes, os fabricantes que impõem preços inferiores àqueles cobrados por seus membros do canal não só prejudicam a relação do canal como também abrem espaço para um colapso completo. Os membros do canal, normalmente, já sentem raiva quando os fabricantes vendem diretamente a preços iguais ou superiores aos que eles oferecem. Se os fabricantes se tornarem tão audaciosos a ponto de vender a *preços mais baixos*, os membros do canal provavelmente ficarão muito irritados e eliminarão os produtos dos fabricantes ofensivos o mais rapidamente possível.

Então, o gerente de canal precisa prestar muita atenção e certificar-se de que as estratégias de precificação em canais múltiplos seguidas por sua empresa não prejudiquem as vendas e o potencial lucro do membro do canal.

Usando incentivos de preço no canal

Com frequência, a estratégia de precificação é usada por fabricantes como uma ferramenta promocional. Uma ampla variedade de dispositivos de precificação é usada para executar esse tipo de estratégia, incluindo ofertas especiais, descontos sazonais, abatimentos,[32] reduções de preços, cupons, "dois pelo preço de um", e várias outras. O propósito dessa precificação especial é, obviamente, aumentar as vendas e a fatia de mercado do produto do fabricante que está oferecendo preços especiais.[33] Entre os fabricantes de bens de consumo embalados, as promoções, particularmente os cupons, se tornaram tão comuns e difundidas que muitos consumidores os consideram um direito que lhes foi conferido no momento da compra. O grande conjunto de cupons disponíveis on-line também aumentou as expectativas dos clientes de que eles fossem oferecidos em praticamente quase todos os produtos comprados.

Tanto entusiasmo com estratégias de preços promocionais demonstrado pelos consumidores nem sempre é compartilhado pelos membros do canal. Os varejistas, especialmente supermercados, redes de drogarias e hipermercados, em geral reclamam das dores de cabeça e chateações envolvidas na manipulação de milhões de cupons, por de terem de se certificar de que os produtos que devem ter reduções especiais realmente evidenciem isso quando colocados nas prateleiras da loja e de acompanhar os muitos detalhes envolvidos em tirar proveito dos acordos de precificação especial oferecidos pelos diversos fabricantes. Assim, do ponto de vista do fabricante, ganhar aceitação do varejista e continuar com as promoções pode ser um problema.

Parte do problema pode ser resolvida facilmente por meio de promoções da forma mais simples e direta possível; assim, os membros do canal podem participar com o mínimo de tempo e esforços.[34] O problema mais significativo que sustenta algumas promoções, no entanto, deriva da *diferença de elasticidade de preço entre consumidores e varejistas* (ou atacadistas) – isto é, as respostas dos consumidores às reduções de preços podem diferir expressivamente das dos varejistas.[35] O que os consumidores podem entender como uma redução atrativa de preços pode ser percebido pelos varejistas como insignificante e sem valor, pelo esforço e riscos adicionais envolvidos (por exemplo, se estoques extras tiverem de ser comprados). Descontos de cinco ou seis centavos em uma barra de sabonete podem ser suficientes para aumentar a demanda do consumidor pelo produto, mas o incentivo de preço correspondente oferecido aos varejistas para participar da promoção talvez não baste para estimular *seu* desejo de se envolver completamente no acordo. Os poucos centavos adicionais na margem bruta disponíveis para o fabricante por participar podem não compensar o suficiente em virtude do estoque e dos custos de manipulação maiores envolvidos, bem como o *display* ou espaço de prateleiras extra que em geral é exigido nessas promoções. Como consequência, as lojas geralmente participam de promoções apenas seguindo, sem entusiasmo, os aspectos-chave do acordo promocional, como fornecer um espaço de exposição extra, estocar o produto em prateleiras mais destacadas e apresentar o produto em suas propagandas. Quando isso acontece, o fabricante não consegue ter o impacto total de sua estratégia de preços promocionais porque a baixa aceitação e acompanhamento do varejo prejudica os efeitos estimulantes da estratégia. Além disso, muitos atacadistas e varejistas vão tirar vantagem das produções dos fabricantes usando **compras antecipadas.** Nesse caso, os membros do canal se abastecem com os produtos com desconto apresentados na promoção, mas repassam aos consumidores esse preço mais baixo apenas para determinada porção da quantidade disponível para compra. O restante é mantido no seu estoque para ser vendido pelo preço comum depois que a promoção tiver acabado. Essa prática destrói o propósito da promoção do fabricante, que supõe que os membros do canal repassariam toda a mercadoria com desconto para construir vendas e fatia de mercado para os produtos em questão.

A solução para o problema de obter o máximo de cobertura das promoções implantadas por fabricantes começa com o reconhecimento, pelo fabricante, das diferentes elasticidades de preço entre consumidores e varejistas. As estratégias de promoção de preços devem ser projetadas para ser *pelo menos tão atraentes aos varejistas quanto o são para consumidores*. Os fabricantes podem refletir sobre a quantidade de incentivos de preço que precisam oferecer para estimular a demanda do consumidor por meio de uma promoção. Mas, se os fabricantes esperam um forte apoio do varejista para suas promoções, também precisarão fazer um esforço similar para determinar a quantidade de incentivos que precisam oferecer aos varejistas (ou atacadistas) para garantir isso.[36] Mesmo com esses esforços, no entanto, em mercados altamente competitivos, como os de mercadorias de consumo embaladas, com frequência os varejistas e atacadistas irão se beneficiar de promoções a fim de maximizar *seus* potenciais lucros, assim ajudando ou não o fabricante ou consumidor final.

Lidando com o mercado cinza e o efeito carona

Duas das mais preocupantes manifestações que afetam as políticas e estratégias de precificação de muitos fabricantes de produtos de marca são o mercado cinza e o fenômeno do efeito carona (*free riding*).

Mercado cinza refere-se à venda, normalmente a preços mais baixos, de produtos de marca por distribuidores ou revendedores não autorizados.[37] Algumas vezes, os produtos são produzidos por fabricantes de origem estrangeira, como do Japão, da Europa ou da China. Em outras, podem ser produzidos por um fabricante doméstico nos Estados Unidos, aparentemente para vendas no exterior, ou por um subsidiário norte-americano fora do país. Em qualquer um dos casos, se esses produtos domésticos ou importados são vendidos nos Estados Unidos por distribuidores ou revendedores que não são oficialmente autorizados pelo fabricante a vendê-los, tais mercadorias se tornam parte do mercado cinza.[38] A diversidade de produtos vendidos no mercado cinza é muito ampla, incluindo automóveis, como BMW, roupas e acessórios de luxo, computadores, câmeras Nikon, pilhas Duracell e até Opium, o perfume mais vendido do mundo.[39]

Efeito carona é um termo usado para descrever o comportamento de distribuidores e revendedores que oferecem preços baixos mas pouco, ou nenhum, atendimento aos clientes. Ao praticar preços mais baixos daqueles cobrados por distribuidores ou revendedores que contam com uma seleção completa de produtos e fornecem informações, assistência de vendas e serviços pós-venda, os revendedores de baixo preço "pegam carona" nos serviços fornecidos pelos distribuidores e revendedores com preços mais altos e serviço completo. Assim, por exemplo, um cliente procurando por uma câmera digital Nikon Coolpix P7000 pode ir a um revendedor de serviços completos da Nikon, ver uma ampla seleção de modelos e lentes, ter uma explicação sobre o funcionamento da câmera dada de um vendedor receber especialista, manusear e experimentar o produto; mas, então, quando se tratar da compra de fato do produto, o consumidor pode fazê-la por um preço bem menor em um varejista on-line. Nesse caso, o revendedor com o serviço completo fez tudo, menos a venda, que foi para o vendedor on-line com preço mais baixo que "pegou carona" nos esforços do revendedor completo.

O mercado cinza e o efeito carona são fenômenos relacionados porque, em geral, os produtos vendidos por caroneiros são provenientes do mercado cinza, embora esse não seja sempre o caso.

Ambos os fenômenos podem trazer grande preocupação aos fabricantes dos produtos envolvidos se essas práticas forem difundidas o suficiente para perturbar sua capacidade de gerenciar seus canais de marketing. Especificamente, os membros do canal autorizados que estiverem fornecendo o nível de serviço que o fabricante busca na venda de seus produtos ficarão muito infelizes se forem prejudicados pelos preços inferiores de distribuidores não autorizados, revendedores de produtos do mercado cinza ou até mesmo membros autorizados do canal que estiverem "dando os produtos". Alguns desses membros infelizes podem abandonar o produto e procurar outros fabricantes que tenham sido menos afetados pelo mercado cinza e caroneiros. Outros podem revidar "agredindo" os produtos – fazendo comentários depreciativos sobre um produto a fim de vender o do concorrente. Outros, ainda, podem seguir a abordagem "Se não pode vencê-los, junte-se a eles" e se tornar vendedores do mercado cinza e/ou caroneiros.

Qualquer uma dessas respostas dos membros do canal ao mercado cinza e ao efeito carona pode não ser do interesse de longo prazo do fabricante e, na verdade, ser altamente prejudicial. Infelizmente, não há uma solução óbvia ou fácil para os problemas associados com o mercado cinza e o efeito carona. Quanto à estratégia de precificação dos fabricantes, pode ser uma violação da lei antitruste se estes usarem a coerção para ditar os preços cobrados pelos membros do canal (ver Capítulo 3) e, claro, eles podem exercer ainda menos controle sobre as práticas de precificação de distribuidores e revendedores não autorizados. Para manter os produtos fora do mercado cinza, o fabricante pode parar de vender a membros do canal que revendam os produtos a distribuidores ou revendedores não autorizados. Mas, com tantas potenciais fontes para os produtos que são fabricados e distribuídos em tantos países ao redor do mundo, e graças à proliferação de revendedores on-line do mercado cinza, mesmo as medidas mais severas podem ter apenas um efeito limitado.[40] Assim, no curto prazo, os fabricantes que tentam manter o preço de seus produtos apesar da existência do mercado cinza e do efeito carona, provavelmente experimentarão um sucesso limitado. Mas, no longo prazo, as decisões de desenho do canal que resultam em canais controlados mais rigorosamente e com distribuição seletiva (ver Capítulos 5, 6 e 7), bem como as mudanças das preferências dos compradores (como desejo por mais assistência), podem ajudar a limitar o crescimento do mercado cinza e do efeito carona.[41]

Resumo

A estratégia de precificação deveria incorporar não só custos internos, mercado-alvo e considerações quanto à concorrência, mas também aspectos do canal. As considerações sobre o canal, porém, em geral recebem atenção mínima na estratégia de precificação do fabricante e, por vezes, são completamente ignoradas. Isso é ruim, pois essa estratégia pode ter um impacto substancial sobre o comportamento dos membros do canal. Especificamente, se esses membros percebem a estratégia de precificação do fabricante como congruente com seus próprios interesses, terão mais probabilidade de oferecer um alto nível de cooperação. Se, por outro lado, a abordagem do fabricante nesse aspecto reflete falta de atenção às necessidades dos membros do canal ou parece trabalhar contra eles, um nível muito mais baixo de cooperação, ou até de conflito, é o resultado mais provável. Dessa forma, o desafio principal que o gerente de canal enfrenta na área de precificação é estimular estratégias de precificação que promovam a cooperação dos membros do canal e minimizem o conflito.

Esse gerente precisa estar familiarizado com a anatomia da precificação, a fim de compreender que cada membro do canal precisa ser adequadamente compensado pela parte que desempenha nas tarefas de distribuição. Assim, o gerente do canal está comprando distribuição quando os serviços dos membros são desejados.

Ao desenvolver estratégias de precificação, o fabricante deveria dar atenção em particular às seguintes oito diretrizes: (1) as margens de lucro disponibilizadas aos membros do canal devem ser adequadas para cobrir custos e garantir lucros razoáveis; (2) as margens oferecidas a diferentes classes de membros do canal devem variar em proporção adequada às funções que desempenham; (3) as margens disponíveis aos membros do canal no que diz respeito aos produtos do fabricante devem ser competitivas com as das marcas rivais; (4) acordos especiais entre o fabricante e os membros do canal que resultam em aumento ou queda nos serviços oferecidos devem ser refletidos nas margens disponíveis para estes últimos; (5) sempre que possível, o fabricante deve agir segundo os padrões de margem do mercado; (6) variações nas margens de modelos ou estilos diferentes dos produtos do fabricante devem ser lógicas e, no geral, não muito distantes da margem convencional do mercado; (7) se há níveis de preço no atacado e/ou varejo, devem ser reconhecidos, e os produtos ser estabelecidos de forma que atendam a esses níveis; e (8) variações de preços de produtos diferentes na linha de um fabricante devem, sempre que possível, ser associadas a diferenças visíveis ou identificáveis nas características dos produtos para ajudar os membros do canal a fazer um trabalho de vendas mais efetivo.

Este capítulo também discutiu seis questões principais de preços que o fabricante tende a enfrentar em um momento ou outro.

A primeira delas lidou com o controle de precificação no canal. Em geral, se um fabricante busca exercer controle sobre as políticas de precificação do membro do canal, deve evitar usar a coerção e passar a fazer uso de abordagens de "persuasão amigável" que permitam aos membros do canal decidir por si mesmos se querem se adaptar a essas políticas do fabricante.

A segunda trabalhou com o impacto das mudanças das principais políticas de precificação sobre o comportamento do membro do canal. Sempre que possível, o gerente do canal deve tentar predizer as reações deste último diante dessas mudanças antes que elas aconteçam.

A terceira disse respeito ao repasse dos aumentos de preços pelo canal. Quando os membros do canal não conseguem repassar os aumentos de preço, devem absorvê-los por si mesmos. Isso resulta não só em dificuldades financeiras severas em alguns casos, mas também em uma grande dose de má vontade. Por conta disso, com frequência os fabricantes devem fazer um esforço redobrado para considerar outras opções ou estratégias a fim de diminuir os efeitos negativos desses aumentos de preços sobre os membros do canal.

A quarta abordou a precificação no canal relacionada com o uso de incentivos de preços. Enquanto alguns incentivos produzem fortes efeitos estimuladores sobre a demanda do consumidor para produtos do fabricante, a elasticidade de preços subjacente à reação do consumidor pode não ser a mesma para os membros do canal. Então, esses podem reagir com muito menos entusiasmo à promoção de preço. Assim, os fabricantes deveriam tentar criar incentivos de preço pelo menos tão atraentes aos membros do canal quanto são para consumidores se esperam conseguir um apoio forte dos primeiros.

A quinta examinou a precificação em canais duplos. O fabricante deve precificar produtos vendidos diretamente com preços iguais ou mais altos do que aqueles vendidos por meio de membros do canal independentes.

A sexta disse respeito aos problemas criados para as estratégias e políticas de precificação do fabricante pelo mercado cinza e pelo efeito carona. Enquanto não há respostas fáceis ou de curto prazo para esses problemas, no longo prazo, canais controlados mais de perto apresentando distribuição seletiva ao lado de mudanças nas preferências do comprador em relação a mais assistência podem limitar o crescimento tanto do mercado cinza como do efeito carona.

QUESTÕES DE REVISÃO

1. Os fatores básicos a se considerar no desenvolvimento de estratégias de precificação são: variáveis de mercado, custo interno e forças competitivas. Você concorda? Explique.

2. Qual deveria ser o papel do gerente de canal na formulação das políticas e estratégias de precificação do fabricante?

3. Explique o conceito de "comprar serviços de distribuição" em relação à estratégia de precificação no canal.

4. Como diferentes classes de membros do canal, marcas concorrentes e acordos especiais entre o fabricante e os membros do canal podem afetar as estratégias de precificação?

5. O que significa o conceito de normas convencionais em margens? Como ele afeta a política de precificação no canal?

6. Discuta as questões envolvidas na precificação no canal para explicar as variações de margem sobre modelos diferentes em uma linha de produto, níveis de preço e variações de produto.

7. Discuta os problemas associados à tentativa do fabricante de exercer controle dos preços no canal. Como ele deveria lidar com esses problemas?

8. Por que mudanças importantes nas políticas de precificação ou nos termos de venda do fabricante poderiam criar problemas aos membros do canal? Como o fabricante pode diminuir os efeitos negativos dessas mudanças?

9. Discuta algumas estratégias alternativas disponíveis para o fabricante em relação ao repasse de aumentos de preços pelo canal.

10. Qual é o fator subjacente responsável pelas possíveis diversas reações entre consumidores e membros do canal quanto a incentivos de preços iniciados pelo fabricante? Explique.

11. Por que a participação no mercado cinza é atraente para muitos distribuidores e revendedores? Discuta.

12. O efeito carona, apesar de lucrativo para alguns tipos de revendedores, pode ser prejudicial para os fabricantes, revendedores com elevados níveis de serviços e até clientes. Você concorda? Explique.

QUESTÕES DE CANAL PARA DISCUSSÃO

1. O CEO da Apple, Steve Jobs, foi citado como tendo dito: "Não sabemos como construir um computador de menos de $ 500 que não seja uma porcaria". O desprezo de Jobs por níveis de preço inferiores ao citado $ para um computador pessoal reflete sua crença de que o preço não deveria ser o foco do desenvolvimento de um produto. Ao longo de boa parte de sua história, a Apple defendeu uma estratégia de precificação *premium* para complementar sua reputação de produzir produtos superiores e mais inovadores. Assim, mesmo que seus revendedores fizessem barulho para que a empresa oferecesse computadores (assim como outros produtos) de baixo custo para concorrer em níveis de preço que a Apple não estaria atingindo, a resposta provavelmente seria não.

   Discuta a estratégia de preços da Apple em termos de implicações futuras para a estratégia de canais da empresa.

2. Um representante de vendas de um atacadista de equipamentos esportivos visitou um varejista no meio do verão. Esse representante gostava especialmente de uma nova linha de equipamentos de exercícios de um grande fabricante que sua empresa agora estava representando. Ele fez sua apresentação mostrando imagens, folhetos e catálogos por cerca de 20 minutos. Finalmente, o dono da loja levantou a mão, como se dissesse "Espere um minuto", e completou: "Qual é a moral da história? Quanto posso ganhar com esse negócio? Normalmente, eu consigo 50% de desconto nesses produtos e vejo por seu catálogo que a maioria das mercadorias oferece isso. Mas o mercado por aí é muito competitivo. Preciso de uma margem bruta de 35% para pagar minhas despesas e ter lucro. Como posso ter certeza de que essa mercadoria vai compensar?"

   Qual seria sua resposta para o dono da loja? Apresente um argumento que atenda as preocupações dele quanto a margens brutas.

3. A Amazon.com se tornou a maior vendedora de livros eletrônicos do mundo ao oferecer *best-sellers* em lançamento pelo preço fixo de $ 9,99, independentemente da fama e popularidade do autor ou do prestígio da editora. Mas alguns editores impediram essa estratégia da Amazon. Eles acreditam que, ao longo do tempo, essa quantia de $ 9,99 vai criar um teto para a percepção de preços do consumidor sobre o valor de novos livros. Se os consumidores acreditarem que livros novos de autores famosos e grandes editoras não valem mais do que $ 9,99, a capacidade dos editores de precificar seus produtos no que acreditam que valham será minada ou destruída completamente. No início de 2010, cinco editoras, incluindo a Macmillan, uma das maiores e mais influentes, recusaram-se a oferecer seus livros pelo meio eletrônico Kindle da Amazon e, em vez disso, decidiram distribuir sua lista de livros eletrônicos pelo iPad da Apple, que permite que a editora estabeleça o preço. Alguns dos livros eletrônicos distribuídos pela Apple custarão $ 14,99.

   Quem você acha que deve controlar a precificação dos *best-sellers* eletrônicos no canal de marketing? Por quê?

4. Tina Anderson conversou com um vendedor experiente sobre os prós e os contras de várias câme-

ras, discutiu as várias características e as manuseou para ver como funcionavam enquanto estava na Camera Store, loja especializada em câmeras em um *shopping* regional. Ela decidiu comprar uma Konica Minolta DiMAGE X50, mas não comprou na Camera Store. Em vez disso, agradeceu ao vendedor e saiu da loja. Foi até a Starbucks do outro lado da rua, pediu um *frapuccino* grande e, enquanto o tomava, pesquisou a Konica Minolta DiMAGE X50, usando seu iPhone da Apple para encontrar o menor preço de vendedores on-line. Três dias depois, a câmera foi entregue pela UPS na sua casa. Tina ficou encantada – havia economizado $ 60, e a câmera era exatamente a mesma que tinha manuseado na Camera Store. Tina não deu a menor importância para o fato de o vendedor on-line ser autorizado ou não a vender câmeras Konica Minolta.

Discuta a situação dos pontos de vista de Tina Anderson, da Camera Store, do vendedor on-line e do fabricante.

5. Anheuser-Busch InBev e MillerCoors LLC controlam cerca de 80% do mercado de cervejas norte-americano. A maioria da cerveja distribuída por ambas as empresas é vendida por meio de distribuidores independentes que, por sua vez, vendem a varejistas, restaurantes e bares. A Anheuser-Busch InBev, adquirida pela cervejaria belga InBev em meados de 2008, logo embarcou em um programa de corte de custos, cujo foco eram as margens do distribuidor: os distribuidores da Anheuser-Busch recebiam cerca de $ 1 por caixa de Budweiser distribuída a membros do canal de varejo, em comparação aos $ 0,85 pagos pela MillerCoors. Ao eliminar esses $ 0,15 de diferença na margem, a Anheuser-Busch InBev estimou que poderia economizar cerca de $ 200 milhões por ano! Mas seus distribuidores, muitos dos quais mantinham um relacionamento de décadas com a cervejaria, não ficariam felizes com as margens mais baixas.

A Anheuser-Busch deveria continuar com o corte de margem? Por quê?

REFERÊNCIAS

1. Confira: Shipley, David; Bourdon, Elizabeth. Distributor pricing in very competitive markets, *Industrial Marketing Management*, 1990, p. 215-224; e Wagner, William B. Changing industrial buyer-seller pricing concerns, *Industrial Marketing Management*, 1981, p. 109-117.

2. Algumas exceções notáveis incluem: Kocas, Cenk; Bohlman, Jonathan D.; Segmented switches and retailer pricing strategies, *Journal of Marketing*, May 2008, p. 124-142; Tyagi, Rajeev K. Do strategic conclusions depend on how price is defined in models of distribution channels? *Journal of Marketing Research*, May 2005, p. 228-232; Iyer, Garesh. Coordinating channels under price and nonprice competition, *Marketing Science* 17, n. 4, 1998, p. 338-355; Choi, S. Chan. Price competition in a duopoly common retailer channel, *Journal of Retailing* 72, n. 2, 1996, p. 117-134; Ingene, Charles A.; Parry, Mark E. Coordination and manufacturer profit maximization: the multiple retailer channel, *Journal of Retailing* 71, n. 2, 1995, p. 129-151; e Walters, Rockney G.; MacKenzie, Scott B. A structural equations analysis of the impact of price promotions on store performance, *Journal of Marketing Research*, Feb. 1988, p. 51-63.

3. Veja, por exemplo: Gupta, Sudheer; Loulou, Richard. Process innovation, product differentiation and channel structure: strategic incentives in a duopoly, *Marketing Science* 17, n. 4, 1998, p. 301-316; e Smith, Gerald E.; Venkatraman, Meera P.; Wortzel, Lawrence H. Strategic marketing fit in manufacturer-retailer relationships: price leaders versus merchandise differentiators, *Journal of Retailing* 71, n. 3, 1995, p. 297-315.

4. Para uma discussão relacionada, veja: Chu, Wujin; Desai, Preyas S. Channel coordination mechanisms for customer satisfaction, *Marketing Science* 14, n. 4, 1995, p. 343-359.

5. Ziobro, Paul. McDonald's bets pricing at $ 1 will heat up summer sales, *Wall Street Journal*, 18 Mar. 2010, p. B6.

6. Para uma outra abordagem em que a força de vendas pode ser utilizada para esse fim, veja: Stephenson, P. Ronald; Cron, William L.; Frazier, Gary L. Delegating pricing authority to sales force: the effects on sales and profit performance, *Journal of Marketing*, Spring 1979, p. 21-28.

7. Para uma discussão relacionada, veja: Farrell, Christopher; Schiller, Zachary. Stuck, how companies cope when they can't raise prices, *BusinessWeek*, 15 Nov. 1993, p. 146-155.

8. Oxenfeldt, Alfred R. *Pricing strategies*. New York: AMACOM, uma divisão da American Management Association, 1975, p. 140.

9. Para uma discussão relacionada, confira: Berner, Robert; Anderson, Stephanie. Wal-Mart is Eating Everybody's lunch, *BusinessWeek*, 15 Apr. 2002, p. 43.

10. Warshaw, Martin R. Pricing to gain wholesalers' selling support, *Journal of Marketing*, July 1962, p. 50-51.

11. Choi, Sumee; Mattila, Anna S. Perceived fairness of price differences across channels: the moderating role of price frame and norm perceptions, *Journal of Marketing Theory and Practice*, Winter 2009, p. 27-47; Guiltinan, Joseph P. The price bundling of services: a normative framework, *Journal of Marketing*, Apr. 1987, p. 74-85.

12. Kesmodel, David. Liquor discounts become bad habit for spirit makers, *Wall Street Journal*, 25 Feb. 2010, p. B1.

13. Kesmodel. Liquor discounts become bad habit, p. B1.

14. Oxenfeldt. *Pricing strategies*, p. 144.

15. Rosenbloom, Bert; Warshaw, Paul R. Perceptions of wholesaler functional role prescriptions in marketing channels, *European Journal of Marketing*, n. 2, 1989, p. 31-46.

16. Aeppel, Timothy. After cost cutting companies turn toward price rises, *Wall Street Journal*, 18 Sep. 2002, p. A1, A12.

17. Para uma discussão relacionada, veja: Wildstrom, Stephan. The stubborn luxury of apple, *BusinessWeek*, 23 Nov. 2009, p. 82.

18. Oxenfeldt. *Pricing strategies*, p. 145.

19. Veja a discussão no Capítulo 4 sobre divergências do domínio de decisão como causa de conflito.

20. Para um artigo criterioso relacionado à questão sobre qual membro do canal deve tomar decisões de preço, veja: Kamen, Jospeh. Price filtering: restricting price deals to those least likely to buy without them, *Journal of Consumer Marketing*, Summer 1989, p. 37-43.

21. Para uma discussão relacionada, veja: Sinha, Rajiv K.; Machado, Fernando S.; Sellman, Collin. Don't think twice, it's all right: music of piracy and pricing in a DRM-free environment, *Journal of Marketing*, Mar. 2010, p. 40-54.

22. Confira, por exemplo: Monroe, Kent B.; Zoltners, Adris A. Pricing the product line during periods of scarcity, *Journal of Marketing*, Summer 1979, p. 49-49.

23. Para uma discussão relacionada, veja: Shipley, David; Davies, Leslie. The role and burden allocation of credit in distribution channels, *Journal of Marketing Channels*, 1991, p. 3-22.

24. Para um excelente e aprofundado estudo sobre esta questão, veja: Ailawadi, Kusum L.; Lehmann, Donald R.; Neslin, Scott A. Market response to a major policy change in the marketing mix: learning from Procter & Gamble's value pricing strategy, *Journal of Marketing*, Jan. 2001, p. 44-61.

25. Byron, Ellen; Agins, Teri. Probing price tags, *Wall Street Journal*, 13 May 2005, p. B1, B2.

26. Rohwedder, Cecillie; Patrick, Aaron O.; Martin, Timothy W. Big grocer pulls Unilever items over pricing, *Wall Street Journal*, 11 Feb. 2009, p. B1, B5.

27. Foust, Dean. Looks like a beer brawl, *BusinessWeek*, 28 July 2008, p. 52; Kesmodel, David. Beer makes plain more price boosts, *Wall Street Journal*, 26 Aug. 2009, p. B1.

28. Veja, por exemplo: Microsoft's aggressive new pricing strategy, *BusinessWeek*, 27 July 2009, p. 51.

29. Para uma análise aprofundada desta estratégia de preços, veja: Yan, Ruiliang. Pricing strategy for companies with mixed online and traditional retailing distribution markets, *Journal of Product and Brand Management*, v. 17, n. 1, 2008, p. 48-56.

30. Rosenbloom, Bert. Multi-channel strategy in business-to-business markets: prospects and problems, *Industrial Marketing Management*, Jan. 2007, p. 4-9.

31. Cattani, Kyle; Sebastian, Hans. When manufacturers go retail, *Sloan Management Review*, Winter 2006, p. 8-10.

32. Confira, por exemplo: Freeman, Sholnn; White, Joseph B. GM to roll out cash-rebate sales drive, *Wall Street Journal*, 3 Jan. 2002, p. A3.

33. Para um excelente estudo de como tais ofertas especiais de preço operam para aumentar as compras dos consumidores, veja: Blattberg, Robert C.; Eppen, Gary D.; Lieberman, Joshua. A theoretical and empirical evaluation of price deals for consumer non-durables, *Journal of Marketing*, Winter 1981, p. 116-129.

34. Para uma discussão relacionada, veja: Merrick, Amy. Retailers try to get leg up on markdowns with new software, *Wall Street Journal*, 7 Aug. 2001, p. A1, A6.

35. Para um artigo relacionado à elasticidade dos preços, confira: Tellis, Gerard J. The price elasticity of selective demand: a meta-analysis of econometric models of sales, *Journal of Marketing Research*, Nov. 1988, p. 331-341.

36. Veja, por exemplo: Scheck, Justin. H-P wields clout to undercut PC rivals, *Wall Street Journal*, 24 Sept. 2009, p. B1.

37. Pra um artigo a respeito do Mercado cinza, veja: Cross, James; Stephans; Benjamin, Robert E. Gray markets: a legal review and public policy perspective, *Journal of Public Policy and Marketing*, 1990, p. 183-194.

38. Confira: Lowe, Larry S.; McCrohan, Kevin. Gray markets in the United States, *Journal of Consumer Marketing*, Winter 1988, p. 41-45.

39. Duhan, Dale F.; Sheffet, Mary Jane. Gray markets and the legal status of parallel importation, *Journal of Marketing*, July 1988, p. 75-83; e Maskulka, James M.; O'Neal, Melissa. Gray market consumers: new channel captains? In: Belk, Russel et al. (eds.). *Proceedings of the Winter Educators' Conference of the American Marketing Association*. Chicago: American Marketing Association, 1987, p. 1-4.

40. Para mais informações sobre as perspectivas do mercado cinza, veja: Lowe, Larry S.; McCrohan, Kevin F. Minimize the impact of the gray market, *Journal of Business Strategy*, Nov.-Dec. 1989, p. 47-50.

41. Sheffet, Mary Jane; Scammon, Debra L. Resale price maintenance: is it safe to suggest retail prices? *Journal of Marketing*, Fall 1985, p. 89-90.

12

Promoção por meio do canal de marketing

OBJETIVOS DE APRENDIZAGEM

Após a leitura deste capítulo, você será capaz de:

1 Reconhecer que o apoio ao revendedor (membro do canal) é uma das ferramentas principais do *mix* promocional do fabricante.

2 Entender a distinção entre estratégias promocionais *pull* e *push*.

3 Perceber que estratégias promocionais *push* estão sendo usadas com frequência crescente e representam mais dólares do que as *pull*.

4 Visualizar a promoção através de membros do canal como forma principal de estratégia de canal, em vez de meras ações táticas para fazer que esses membros vendam mais produtos.

5 Conhecer os principais achados de pesquisas sobre promoções *push*.

6 Familiarizar-se com os tipos básicos de promoções *push* que exigem apoio a membros do canal.

7 Conhecer os quatro tipos de estratégias promocionais *push* "gentis e agradáveis."

8 Ter uma ideia dos prós e dos contras das várias estratégias promocionais no contexto da obtenção de apoio do membro do canal.

Para a Max Factor, a chave para o crescimento é menos espaço na prateleira dos varejistas norte-americanos

É isso mesmo, a Max Factor, lendário nome dos cosméticos, decidiu deixar as prateleiras dos varejistas norte-americanos em busca de espaços "mais verdes" nas prateleiras do exterior, especialmente Inglaterra e Rússia. A empresa, de propriedade da Procter & Gamble Company desde 1991, já tem a maior parte de suas vendas anuais de $ 1,2 bilhão geradas por varejistas estrangeiros.

Por mais que seus produtos ainda possam ser encontrados nas prateleiras de cerca de 8 mil varejistas nos Estados Unidos, o espaço de prateleira da marca é ofuscado por outra linha famosa de cosméticos da P&G, Cover Girl, que é vendida em 50 mil lojas nos Estados Unidos. Porém, depois de 2010, a Max Factor vai desaparecer rapidamente das lojas norte-americanas. Por quê? Basicamente, o espaço de prateleira dos varejistas dos Estados Unidos não é grande o suficiente para as duas marcas da P&G. Os gigantes varejistas norte-americanos, dispostos a reduzir custos e a controlar a proliferação de produtos de beleza em corredores já entulhados, não estão dispostos a dar mais espaço aos produtos da Max Factor, a menos que recebam grandes incentivos promocionais da

P&G para isso. Mas a P&G não está disposta a injetar dinheiro de promoção de vendas em hipermercados, supermercados e redes de farmácias, a fim de promover a marca Max Factor, e fez disso uma política recente para evitar esse tipo de promoção de vendas em favor de propaganda nacional forte para a construção de marca e valor de longo prazo. A empresa argumentou que fazia sentido estratégico focar a marca Max Factor em mercados estrangeiros nos quais o poder e as imposições dos varejistas em geral são menos intensos. A P&G poderia se concentrar na construção de marca privilegiando uma forte relação entre os consumidores de cosméticos da Max Factor, em vez de sofrer constante pressão para oferecer descontos especiais e campanhas de promoção para os principais varejistas dos Estados Unidos.

Então, às vezes, menos é mais, se isso envolve usar menos cosméticos para tornar um rosto mais bonito, ou menos promoção de vendas para tornar um produto mais desejável.

Fonte: Baseado em Ellen Byron, Max Factor kisses America goodbye. *Wall Street Journal*, 5 jun. 2009, p. B1.

Os capítulos anteriores abordaram os dois primeiros componentes do *mix* de marketing, estratégia de produto e estratégia de precificação, e sua interface com o gerenciamento do canal. Neste, voltamos nossa atenção para o terceiro componente principal do *mix* de marketing, a estratégia de promoção, e como interage com o gerenciamento do canal.

O termo **promoção** tem sido usado como abreviação para se referir a todas as atividades de comunicação persuasivas empregadas por empresas e outras organizações. Isso inclui propaganda, vendas pessoais, publicidade, promoção de vendas, patrocínio, comunicações no ponto de venda e, mais recentemente, o uso de redes sociais, como Facebook e Twitter, para promover produtos e serviços. Cada vez mais, profissionais de marketing utilizam o termo **comunicação integrada de marketing**, em vez de "promoção", para referir ao uso sistemático de várias ou de todas essas ferramentas, em um esforço coordenado para obter o melhor impacto promocional possível.[1] Por exemplo, a vodca Absolut não apenas veicula muitos anúncios em revistas, mas também no Facebook, onde o *rapper* e empresário *superstar* Jay-Z atua como porta-voz da marca. Um minidocumentário sobre Jay-Z no YouTube e elegantes materiais promocionais de ponto de venda em lojas de bebidas completam o programa de promoção integrado.

Como a maioria dos produtos e serviços não é vendida diretamente aos consumidores finais, os programas de promoção adotados por produtores, fabricantes, franqueadores e criadores de serviços precisam de assistência e apoio dos membros do canal para ser bem-sucedidos.[2] Até os mais sofisticados programas promocionais que integram propaganda, vendas pessoais, promoção de vendas e publicidade não cumprirão seu papel a menos que recebam forte cooperação e continuidade desses membros.[3] No entanto, como enfatizamos ao longo deste livro, como os membros do canal são negócios independentes, o nível de controle que o fabricante pode exercer na maneira como os produtos são vendidos, já que estão nas mãos desses membros, é limitado. Assim, a efetividade da estratégia promocional geral depende de *quão bem-sucedido o fabricante é em assegurar a cooperação de membros independentes do canal na implementação da estratégia promocional.*[4]

Alguns fabricantes confiam quase unicamente na promoção sob a forma de propaganda para seus mercados-alvo para "puxar" (*pull*) seus produtos por meio do canal e, assim, indiretamente garantir a cooperação dos seus membros. A crença subjacente à chamada estratégia *pull* é que, ao construir forte demanda do consumidor (ou do usuário corporativo) para um produto, o fabricante força os membros do canal a promover automaticamente seu produto porque isso obviamente é do interesse deles.[5]

Embora haja uma boa dose de mérito na estratégia *pull*, em longo prazo ela costuma ser insuficiente por si só para garantir um apoio promocional forte dos membros do canal. Em vez disso, o fabricante também precisa trabalhar diretamente com os membros do canal para desenvolver um apoio promocional que lhes seja viável.[6] A abordagem chamada **estratégia *push*** (empurrar) exige mais envolvimento direto do fabricante com membros do canal no uso de estratégias promocionais.[7] Apesar de esse termo (*push*) ser hoje um termo bem-aceito, essa designação é errônea, já que implica que o fabricante força programas de promoção aos membros do canal. Na verdade, o conceito real subjacente à estratégia *push* deveria ser o de *esforço mútuo e cooperação* entre o fabricante e os membros do canal no desenvolvimento e na implementação de estratégias promocionais.[8] Nesse sentido, então, o fabricante não força (*push*) os membros do canal a promover seu produto; em vez disso, busca sua participação e cooperação para oferecer estratégias promocionais efetivas que sejam mutuamente benéficas a ambos.[9] A Figura 12.1 ilustra as abordagens *pull* e *push* da estratégia promocional.

Não existe nenhum conflito inerente às duas abordagens; na verdade, elas são com frequência usadas em conjunto com bastante sucesso. Muitas empresas, como Kellogg, Coca-Cola, Kraft e sopas Campbell's, investem pesado em ambos os tipos de promoção.[10]

Apesar de algumas exceções notáveis — como o esforço amplamente discutido da Procter & Gamble em reduzir drasticamente sua ênfase em promoções *push* (ver Foco em canais, no início do capítulo)[11] —, a tendência geral na ênfase promocional tem sido em favor da promoção *push*, em vez da *pull*. Graças ao crescente tamanho e poder dos varejistas e atacadistas (ver Capítulo 2), esse padrão não surpreende.

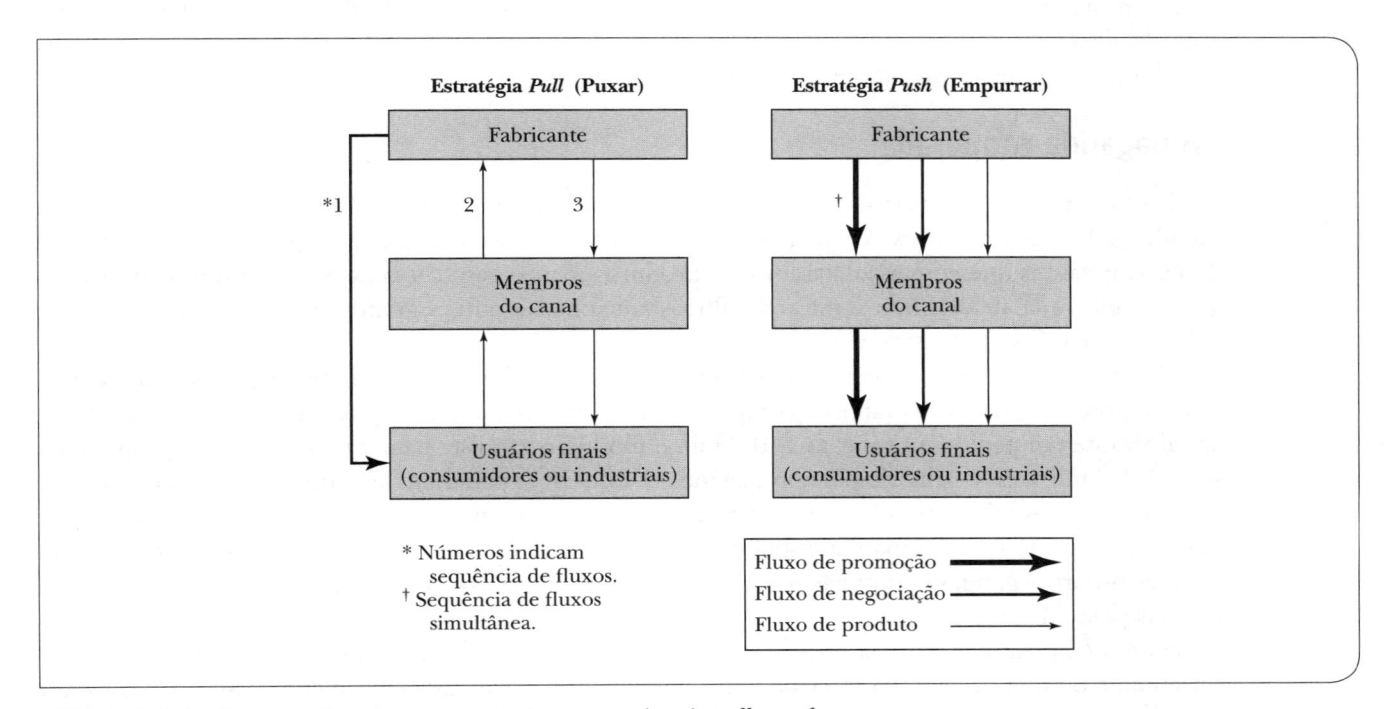

FIGURA 12.1 ▶ Comparação entre as estratégias promocionais *pull* e *push*.
© Cengage Learning 2013

De fato, estudos mostram que cerca de 50% de cada dólar gasto em ações promocionais vai para promoções do tipo *push*.[12] Além disso, a cada ano, apenas no segmento de alimentos, 15 mil novos produtos competem por espaço de prateleira — ainda que só haja espaço para 5% desse número. Para aumentar as chances de sucesso, os fabricantes são forçados a gastar enormes montantes em várias promoções *push* para tornar seus produtos atraentes aos varejistas. Obviamente, varejistas (e cada vez mais também os atacadistas) não ficam satisfeitos em ser meros intermediários, por meio dos quais gigantescos fabricantes, que usam o propaganda nacional massiva, direcionam tranquilamente seus produtos ao consumidor final.

Neste capítulo, discutimos uma variedade de estratégias promocionais que enfatizam a abordagem *push* na promoção e, portanto, clamam por uma participação substancial dos membros do canal. O sucesso dessas estratégias de promoção é muito influenciado pelo grau de cooperação que o gerente de canal pode garantir dos seus membros na sua implementação.[13]

ESTRATÉGIAS BÁSICAS DE PROMOÇÃO *PUSH* EM CANAIS DE MARKETING

Uma ampla variedade de estratégias promocionais *push* requer o envolvimento dos membros do canal na promoção de produtos do fabricante. Antes de discuti-las, entretanto, devemos realçar um ponto importante abordados no Capítulo 9 (*Motivando os membros do canal*). No geral, qualquer estratégia do *mix* de marketing que precise da cooperação dos membros de canal não pode ser casual ou limitar-se apenas a uma abordagem rápida, do tipo "quebra-galho". Ao contrário, estratégias que envolvem esses membros têm uma grande probabilidade de ser bem recebidas por eles quando são *parte de um programa global de apoio do fabricante às suas necessidades*.[14] A programação da distribuição e as alianças estratégicas/ parcerias, já discutidas neste livro (consultar o Capítulo 9), podem ser valiosas. Essencialmente, o fabricante precisa estabelecer uma abordagem que seja abrangente em fornecer apoio aos membros, caso a cooperação destes na promoção dos produtos seja esperada. Um grande número de pesquisas sobre a promoção *push*, conduzidas por muitas décadas, oferece suporte empírico a essa proposição.[15]

As estratégias promocionais que enfatizam a abordagem *push* iniciadas pelo fabricante, mas requerem apoio e finalização dos membros do canal, podem assumir várias formas. A maior parte, entretanto, encaixa-se em uma de sete categorias: propaganda cooperada, subsídios promocionais, taxas de entrada, *displays* e materiais de apoio às vendas, eventos de promoção em lojas, concursos e incentivos, acordos promocionais especiais e campanhas de *merchandising*.

Propaganda cooperada

Essa é uma das formas mais difundidas de assistência promocional oferecidas pelo fabricante aos membros do canal.[16] Por exemplo, a revista *Advertising Age* estima que, em apenas um trimestre de 2009, fabricantes que comercializaram seus produtos forneceram cerca de $ 100 milhões em propaganda cooperada ao Walmart e muitos milhões adicionais a outros grandes varejistas, como Target, Walgreens e CVS, no mesmo período.[17]

Embora haja muitas variações, a mais comum estipula a divisão meio a meio dos custos até determinada porcentagem que o varejista compra do fabricante. Se, por exemplo, um membro do canal faz ao fabricante um pedido no valor de $ 100 mil, o fundo do varejista para investimento em propaganda seria de $ 3 mil, caso o subsídio para propaganda tivesse como parâmetro 3% do valor total de compras.

Em geral, os fabricantes querem exercitar ao menos algum nível de controle sobre toda — ou pelo menos parte — a campanha publicitária. É frequente que sugestões em termos de formato ou até mesmo propagandas completas para jornais, revistas ou outros meios de comunicação sejam fornecidas pelo fabricante.

Para o fabricante, a eficácia da propaganda cooperada como uma estratégia promocional depende fortemente do nível de apoio oferecido pelos membros do canal. Especificamente, esses membros devem: (1) ter estoque suficiente do produto anunciado; (2) oferecer *displays* adequados no ponto de venda; e (3) fornecer equipe de apoio de vendas, caso seja solicitado. Conseguir esse suporte, no entanto, requer uma cuidadosa administração do programa de cooperação pelo fabricante.[18] Falta de cuidado na administração pode resultar em um acompanhamento falho do produto pelos membros do canal, ou até mesmo em abusos, algo comum nessa prática. Uma tática corriqueira tem sido usada há anos. Um varejista compra espaço de anúncio no jornal a preços locais mais baixos, mas cobra do fabricante o valor mais caro, praticado em outras regiões, embolsando a diferença. De fato, alguns varejistas (especialmente lojas de departamento) são conhecidos por financiar suas despesas de propaganda para lojas em particular cobrando de seus fornecedores de acordo com a taxa mais alta.

Abusos também são comuns entre varejistas de alimentos, nos quais a verba para a propaganda cooperada (chamados com frequência "subsídios de caso") às vezes não é toda usada para fazer propaganda dos produtos patrocinados pelo fabricante, mas também é adicionada diretamente aos lucros da loja ou até mesmo utilizada para fazer propaganda de produtos da marca própria da loja. Para evitar esses abusos, alguns fabricantes desenvolveram programas formais de propaganda cooperada administrados de forma cuidadosa que exigem uma prova clara de que a verba destinada para tal propaganda foi efetiva e propriamente gasta.

Enquanto uma administração eficaz do fabricante é necessária para evitar abusos e ajudar a garantir uma cooperação segura por parte dos membros do canal, em um programa de propaganda cooperada o gerente de canal também deve ser sensível à preocupação primária desses membros a respeito desse tipo de assistência promocional. Especificamente, não é raro que os membros do canal sintam que os anúncios desejados pelos fabricantes colocam ênfase desproporcional em um produto em particular, mas não o suficiente para agradar à clientela. Se esse é o caso, provavelmente esses membros permanecerão relutantes em apoiar o programa, além de poderem acreditar justificados eventuais abusos que pratiquem.

Subsídios promocionais

A estratégia mais típica utilizada para subsídios promocionais é oferecer ao membro do canal um pagamento direto ou certa porcentagem do valor da compra de determinados produtos. Subsídios são oferecidos para: encorajar varejistas a comprar mais produtos do fabricante, destacar o produto nas prateleiras ou exibi-lo em locais especiais ou *displays* de corredor, ou ainda ajudar em outra atividade promocional similar.

Os subsídios promocionais oferecidos pelos fabricantes aos varejistas aumentaram recentemente, não apenas porque estes últimos se tornaram cada vez maiores e mais exigentes, mas também porque os varejistas gigantes, em especial os de bens de consumo embalados e comida (em inglês, *consumer packaged goods* – CPG), reconhecem que os consumidores atingidos pela "Grande Recessão" de 2007-2008 estão ávidos por encontrar bons negócios. Dessa forma, os varejistas esperam que os fabricantes forneçam muitos incentivos promocionais para que possam repassá-los aos clientes. Isso, é claro, pode ser algo dispendioso. A McKinsey & Company estima que os subsídios promocionais podem facilmente representar 5% do total de vendas.[19] Dado o alto custo desses subsídios, cada vez mais fabricantes conduzem pesquisas, às vezes de dentro de suas empresas, mas com mais frequência contratando empresas de consultoria, como a SymphonyIRIGroup, a fim de determinar se de fato recebem o retorno financeiro justo em termos de cooperação e acompanhamento dos varejistas. Consultorias como essa citada desenvolveram métodos extensivos e sofisticados para medir os efeitos de todos os tipos de programas promocionais.[20] Entretanto, tais métodos ainda são colocados em prática apenas após a ocorrência dos fatos. Se um fabricante quer tomar uma atitude para melhorar o apoio e acompanhamento dos membros do canal, o passo mais aconselhável a seguir é ter certeza de que o programa de subsídios promocionais é consistente com as necessidades deles.[21]

Esta tem sido a filosofia, por exemplo, da Curtice-Burns Foods, Inc., empresa de processamento de alimentos que tem conseguido competir com gigantes da indústria alimentícia enfatizando subsídios promocionais, em vez das dispendiosas propagandas nacionais. Essa empresa sempre garantiu que seus programas promocionais funcionassem para benefício dos membros do canal. Por exemplo, quando fez uma promoção em supermercados para seu recheio de torta, não apenas generosamente ofereceu os subsídios promocionais aos supermercados, mas foi além, ao criar *displays* internos que exibiam não só o recheio de torta, mas também ingredientes de marca própria do supermercado complementares aos recheios. Dessa forma, ela deu aos varejistas uma oportunidade de aumentar vendas e lucros. Essas medidas de esforço e cuidado na utilização dos subsídios promocionais podem ter efeitos muito duradouros em assegurar o apoio dos membros do canal à promoção. De fato, em um cenário geralmente apático e estagnado, cheio de clichês promocionais, aqueles que utilizam um pouco de imaginação costumam ser extraordinariamente bem-sucedidos.

Taxas de entrada

Taxas de entrada, ou **subsídios de entrada,** são pagamentos (em dinheiro ou mercadorias) fornecidos pelo fabricante para persuadir membros do canal, especialmente varejistas, a estocar, exibir em *displays* e apoiar seus novos produtos.[22]

Apesar de a taxa de entrada ser apenas mais uma forma de subsídio promocional, vamos discuti-la como uma categoria separada, já que essa prática se tornou uma importante e controversa forma de promoção em canais de marketing. Na indústria dos supermercados, a taxa de entrada é comumente utilizada; fabricantes gastam algo em torno de $ 9 bilhões por ano com esse tipo de promoção. A prática também se tornou muito popular em outras categorias de produtos, como medicamentos, acessórios para reforma de casas, peças automotivas, livros, revistas, cigarros, vestuário e outros.[23]

A taxa de entrada é uma das formas mais controversas de promoção *push*, já que os fabricantes e varejistas a veem de maneiras diferentes. Em geral, fabricantes a veem como um modo de aumentar o poder do varejista no mercado, ao forçá-los a pagar grandes somas de dinheiro para colocar seus produtos nas prateleiras dos varejistas. Além disso, alguns fabricantes acreditam que a taxa de entrada acaba por discriminar alguns tipos de fabricantes, especialmente os pequenos, que não têm recursos financeiros para desembolsar os elevados valores que ela exige. Varejistas, por outro lado, a veem como uma compensação pelos riscos que assumem ao adquirir produtos que podem ficar encalhados, além de uma justa forma de valorizar os esforços que fazem em promover e vender esses novos produtos. E, mais, argumentam que a taxa de entrada serve como um dispositivo de avaliação, pois fornece um sinal prévio de quais produtos devem apresentar melhor desempenho, já que os fabricantes não pagariam uma grande soma de dinheiro para promover produtos passíveis de encalhe ("abacaxis", segundo a Matriz BCG). Entretanto, uma pesquisa conduzida por Bloom, Gundlach e Cannon, que envolveu mais de 800 gerentes de supermercados, varejistas e atacadistas, descobriu que nem fabricantes nem varejistas viam a taxa de entrada como um eficaz prognóstico do sucesso comercial dos produtos.[24]

A controvérsia em torno da taxa de entrada cresceu tanto, que atraiu a atenção de alguns membros do Congresso americano, a Comissão Federal de Comércio (FTC) e o General Accounting Office (GAO), que investigaram se essa agressiva prática promocional viola as leis antitruste e em alguns casos pode exercer o papel de propina, o que normalmente é ilegal. Alguns críticos também declararam que a taxa de entrada resulta em preços mais altos para os consumidores, já que os fabricantes, ao determinar o preço do produto, consideram os custos da taxa de entrada que esperam pagar.[25] Apoiadores dessa taxa têm opinião contrária e argumentam que, na verdade, ela abaixa os preços aos consumidores, já que é frequente que o fabricante a pague por meio de desconto no produto, que é repassado pelo varejista ao consumidor[26]. Mas, de acordo com o estudo já citado de Bloom, Gundlach e Cannon, as descobertas mostram que nem varejistas nem fabricantes acreditam que a taxa de entrada resulta em preços menores no varejo.

De acordo com o ponto de vista do gerente de canal, sobretudo de supermercados ou de uma empresa que fabrica bens afins, a taxa de entrada deve ser vista como uma realidade que possivelmente permanecerá por muito tempo.[27] E, mais, conforme já mencionado nesta seção, a taxa de entrada já se espalhou para outras categorias de produto, e é possível que a tendência de crescimento apenas aumente, conforme os varejistas se tornam mais fortes e influentes. Essa taxa pode muito bem se tornar a forma mais dominante de subsídio promocional demandada por varejistas de grande escala em muitas linhas de negócios. O que o gerente de canal pode fazer em vista do poder do varejista em demandar altas taxas de entrada para vender novos produtos dos varejistas? Bloom, Gundlach e Cannon admitem, em seus estudos, que, apesar de haver conflitos entre fabricantes e varejistas referentes às taxas de entrada, ainda se pode ser otimista com essa situação. Os autores oferecem sugestões concretas para promover a cooperação ao utilizar as taxas de entrada:

> O conflito (sobre as taxas de entrada) pode ser trabalhado por meio de copatrocínio (entre fabricantes e varejistas) de pesquisas sobre o efeito das taxas na(s) (1) relações entre fabricantes e varejistas; (2) sortimento do varejista; (3) alocação dos orçamentos de marketing do fabricante; (4) decisões de distribuição do fabricante; e (5) habilidade dos produtos de chegar ao mercado... Interações sobre esses tópicos pode fornecer a cada lado uma oportunidade de compreender melhor a perspectiva do outro.[28]

Em essência, em vez de apenas desejar que as taxas de entrada sumam do mercado ou de enxergá-las como um mal necessário, o gerente de canal deve, trabalhando ao lado dos varejistas, descobrir novas áreas de associação que permitam às taxas de entrada tornar ambos os lados vitoriosos.[29]

Displays e materiais de apoio às vendas

Incluem todos os tipos de prateleiras especiais, plataformas, sinalizações, *kits* promocionais, pequenos e grandes *displays* internos de loja especialmente projetados, além de dispositivos eletrônicos interativos utilizados pelos varejistas para promover a venda dos produtos aos clientes enquanto estão na loja física. É frequente que esses *displays* e materiais de apoio às vendas sejam chamados no comércio de *displays* de **PDV** (ponto de venda). Bilhões de dólares são gastos todos os anos nesses *displays*. Muitos são desenvolvidos pelos fabricantes e entregues aos varejistas no esforço de fazê-los utilizar os materiais para promover os produtos.

Displays e materiais de apoio às vendas podem ser altamente eficazes,[30] mas, com frequência, os fabricantes têm alguma dificuldade em fazer os varejistas utilizá-los de fato.[31] Em consequência, conforme já discutimos, incentivos especiais, como subsídios promocionais, são sempre necessários para encorajar o uso desses materiais. Isso porque, em geral, os membros do canal recebem tanto material promocional no ponto de venda que por vezes simplesmente jogam fora ou nem mesmo o abrem. Por exemplo, um supermercado médio recebe mil itens oferecidos em promoção, mas tem capacidade para alojar apenas 50 *displays* de corredor a cada semana. Além desse problema de superabundância de materiais de apoio, há também, às vezes, uma falha por parte do fabricante em gastar seu tempo explicando a utilidade desse material ao membro do canal. Uma grande disparidade a respeito da utilidade desses recursos sempre existiu entre o fabricante e o membro do canal. Sendo assim, o gerente de canal deve se esforçar para verificar se os *displays* e materiais de apoio às vendas da empresa têm um propósito útil ou são mais um estorvo do que uma ajuda.

A Figura 12.2 mostra um cuidadoso e bem projetado *display* da linha de velas da Evergreen & Ivy oferecido pela Hannas, fabricante de velas. O *display* destina-se a lojas de departamento e especializadas, supermercados e redes de farmácias. O expositor apresenta várias características que agradam aos membros do canal, o que aumenta a possibilidade de ser efetivamente usado. Primeiro, pode ser usado com literalmente qualquer tipo de varejista que comercialize velas. Segundo, permite que produtos de diferentes tamanhos sejam organizados de forma efetiva, o que não ocorria com as prateleiras regulares dos varejistas, tornando-se assim um *display* atraente aos consumidores. Terceiro, esse espaço vazio para velas, que precisava sempre de renovação do estoque, pode ser facilmente encontrado. Quarto, ele ocupa um espaço mínimo no chão de loja, mantendo-se mesmo assim chamativo e interessante. Por fim, esse *display* encoraja o membro do canal a estocar a linha inteira das velas Evergreen & Ivy, já que foi projetado para criar a impressão de que é, por si só, uma loja inteira de velas — na verdade, uma loja de velas dentro de outra imensa loja.

Mesmo os mais eficazes *displays* internos de loja devem levar em conta as transformações no padrão de comportamento dos consumidores que pode ser influenciado por mudanças no panorama econômico. Por exemplo, durante e após a "Grande Recessão" de 2007-2008, estudos conduzidos pela Envirosell, conceituada empresa de consultoria especializada em *displays* internos de loja, revelaram várias mudanças no comportamento dos consumidores no momento em que entravam em contato com os *displays*:[32]

FIGURA 12.2 ▶ Exemplo de *display* interno de loja bem projetado.

Fonte: Cortesia de Hanna's Candle Co.

- O tempo médio que os clientes gastaram em corredores de loja aumentou em torno de 20%.
- Os clientes passaram a gastar mais tempo lendo rótulos e parecem estudá-los mais cuidadosamente.
- Com frequência os clientes descartaram itens em outros lugares da loja, em vez de levá-los até a área do *checkout*.
- Os clientes parecem se importar mais com a escolha do produto, parando em frente aos *displays* de loja, principalmente quando está envolvida a escolha de um item mais caro.

O CEO e fundador da Envirosell, Paco Underhill, acredita que *displays* para varejo e materiais de apoio precisam, de alguma forma, levar em consideração a mudança nas demandas dos clientes para serem de fato efetivos. Exemplo de bom trabalho em deixar *displays* em sintonia com os clientes foi o que fez a Whole Foods, segundo Underhill, ao criar um *display* que "dialogava com o cliente". Por exemplo, um *display* eletrônico na seção de hortaliças mostra um repolho roxo e uma acelga, da marca Rainbow, no qual se lê: "Por que consumir alimentos orgânicos?" O *display*, então, passa a explicar os benefícios do peixe orgânico. Na seção de hortifrúti, outro *display* eletrônico mostra batatas de alevinos, da marca Russian Banana, no qual se lê: "Não são fofas?" Underhill explica a lógica por trás desse tipo de *display* da Whole Foods:[33]

> Isso (o *display* sobre peixe orgânico) tem o objetivo de fazer que o cliente sinta que está adquirindo um item valioso e possivelmente tendo uma atitude correta ao comprá-lo. Estas (as batatas de alevinos, da marca Russian Banana) são mais caras que as de Idaho; dessa forma, eles tentam encontrar maneiras criativas de fazer o cliente pagar mais por algo novo.

Ou seja, em uma época em que as vendas pessoais, efetuadas por gente de verdade, praticamente desapareceram de muitas lojas de varejo, *displays* e materiais de apoio às vendas que se conectam ao cliente, mesmo em face das mudanças significativas no seu comportamento, tornaram-se mais importantes do que nunca. Fabricantes e outros fornecedores, desejosos de que os varejistas promovam vigorosamente seus produtos, terão de prestar mais atenção ao desenvolvimento de *displays* e materiais de apoio às vendas mais eficazes.

Eventos de promoção em lojas

A maioria das promoções em loja são eventos de curta duração, projetados para despertar o interesse e excitação dos clientes pelos produtos do fabricante. Lojas visitadas por grandes *chefs*, como a Emeril Lagasse, com sua linha de equipamentos culinários para demonstrações *gourmet*, feitos pela All-Clad, e a presença de Derek Jeter promovendo produtos Nike são exemplos de populares promoções em loja.[34]

Algumas promoções tentam parecer mais incomuns e teatrais. A Coca-Cola Company, por exemplo, no que se tornou um famoso caso de promoção inventiva e excitante no varejo, "enterrou" um famoso DJ de Kansas City em uma montanha de fardos de Coca-Cola num supermercado, fazendo-o transmitir um apelo nas rádios: "Comprem para que eu possa sair!" Poucas horas mais tarde, a loja estava uma bagunça, mas o DJ havia sido libertado e todas as Coca-Colas vendidas, em uma das mais espetaculares promoções da empresa já criadas.

Uma forma mais sutil e elegante de promoção em loja — que tem recentemente conquistado crescente popularidade — é o ***trunk show*** (*show* do baú), utilizado principalmente pela indústria da alta moda, fabricantes de joias e sapatos. Como o nome sugere, o fabricante visita a loja de varejo carregando um "baú" com alguns dos seus melhores e mais recentes produtos. Geralmente, uma festa ou evento de gala é organizado para essas promoções a fim de colocar o cliente no "clima" para consumir. Esse formato funcionou muito bem, por exemplo, para a Barney's, situada em Nova York, e para um dos maiores varejistas de roupas do mundo, que vivenciou um *trunk show* oferecido pela Oxford Clothes, prestigiado fabricante de ternos masculinos.

Outra forma de promoção "em loja" (*in loco*) que tem se tornado incrivelmente popular é a distribuição de amostras, uma indústria de $ 1,2 bilhão que vem crescendo rapidamente.[35] Contudo, em vez de apenas deixar as amostras nas lojas, elas são distribuídas diretamente ao consumidores em situações que maximizam os atrativos do produto. Por exemplo, várias unidades do *body wash*, desodorante e lenços de limpeza facial da Dove foram distribuídas nas academias de ginástica Bally's Fitness Club; a Dr. Scholl ofereceu amostras do seu protetor almofadado para tratamento de bolhas aos corredores da Maratona de Chicago; e a Starbucks Corp. ofertou Frappucinos congelados na Union Square, em Nova York, num dia especialmente quente, em que a temperatura alcançou quase 40°. Analistas de negócios predizem que a prática de distribuir amostras contextuais ou situacionais se tornará cada vez mais popular, já que é mais focada em seu objetivo, ou seja, causar maior impacto. Assim, não basta simplesmente colocar uma mesa em supermercados e distribuir amostras. Steve Sickinger, vice-presidente sênior de vendas na Sunflow Group, Inc., empresa de serviços promocionais, argumenta que os profissionais de marketing precisam ser mais criativos hoje em dia:

Os tradicionais veículos de distribuição (de amostras) está se tornando ultrapassado. Quanto mais você deseja alcançar um público específico, mais esperto deve se tornar.[36]

Independentemente da forma da promoção em loja (ou externamente), se muito óbvia e grosseira, ou sofisticada e sutil, a questão-chave para o gerente de canal é fazer os varejistas *perceberem os benefícios que recebem com ela*. Poucos ficarão entusiasmados em cooperar com um evento promocional interno criado pelo fabricante, a menos que vise a benefícios específicos, como vendas efetivas, aumento de lucros e/ou maior reconhecimento para suas lojas. Logo, o planejamento de uma bem-sucedida promoção em loja deve sempre incluir considerações sobre os potenciais benefícios para os varejistas envolvidos.

Enquanto fabricantes continuam a competir cada vez mais intensamente entre si a fim de distribuir seus produtos aos varejistas e mantê-los lá, o papel das promoções em loja tende apenas a aumentar. Um sinal dessa tendência é o surgimento de empresas especializadas em organizar a distribuição de amostras e demonstrações em lojas.

Concursos e incentivos

Outra forma popular de promoção diz respeito aos concursos e às promoções patrocinados pelos fabricantes para estimular o esforço de vendas dos membros do canal. Novamente, assim como é o caso dos vários tipos de promoções *push*, esse pode ser ilimitado e apresentar vários formatos. Um concurso de venda de romances, patrocinado pela Apple Computer, por exemplo, ofereceu à melhor e mais lucrativa equipe de vendas o uso de um Porshe perolado por um ano, mais $ 3 mil em dinheiro para cobrir as despesas com gasolina e outros custos. Esse concurso da Apple utilizou carro e dinheiro como incentivos, mas a gama de estímulos possíveis pode ser muito extensa para promoções como essa, incluindo a oferta de vários tipos de mercadorias, viagens, ou até mesmo filés *gourmet*, com o mostrado na Figura 12.3.

Às vezes, o impacto de um concurso ou incentivo de promoção pode crescer ainda mais se associado a grandes eventos em nível local, estadual, nacional ou até mesmo internacional. Foi exatamente o que a 3M fez em uma campanha de incentivo envolvendo distribuidores industriais que comercializavam seus produtos de saúde ocupacional e proteção (que variavam de um respirador descartável de $ 0,12 a equipamentos de segurança no valor de $ 500). A empresa utilizou as Olimpíadas como foco para um concurso de vendas entre distribuidores que envolvia prêmios variados, de um moletom com o logo dos Jogos Olímpicos até grandes viagens. Aproveitar eventos significativos como esses pode aumentar a empolgação dos membros do canal por concursos e incentivos. Esses eventos adicionam *glamour* e impacto emocional à situação; por exemplo, patriotismo e o espírito de equipe associados aos jogos olímpicos.

Entretanto, concursos e incentivos não devem ser desenvolvidos às pressas, já que estão entre as formas mais difíceis de promoção para se administrar sem criar má vontade nem conflito entre os membros de canal. Isso porque alguns desses tipos de evento desenvolvidos pelo fabricante podem estimular o comportamento da equipe de vendas de um membro do canal em detrimento da de outro. Por exemplo, um fabricante pode oferecer uma série de viagens a lugares exóticos aos vendedores com maior volume de vendas do atacadista ou varejista, ou simplesmente **prêmios em dinheiro (*push money* – PM)** diretamente às equipes de vendas do membro do canal como recompensa por seu esforço em vender determinados produtos. Do ponto de vista do membro do canal, no entanto, esses ou programas similares podem ser vistos como conflituosos com seus próprios objetivos. Especificamente, um atacadista ou varejista com uma reputação já estabelecida, que oferece aos seus clientes apenas produtos que desejam de fato, não quer que seus vendedores os pressionem para adquirir artigos de que não precisam e só vão ajudar a equipe de vendas a ganhar um concurso.

Assim, para desenvolver um concurso ou um programa de incentivo, o fabricante precisa considerar o ponto de vista dos membros do canal. A eliminação de um potencial conflito que pode ser evitado com essa atitude certamente valerá o esforço.

FIGURA 12.3 ▶ Exemplo de ideia usada para promoção de incentivo de produto.

Fonte: Cortesia de Omaha Steaks International. Foto de Jim Krantz.

Acordos promocionais especiais e campanhas de merchandising

Compreendem uma categoria que abrange praticamente tudo, incluindo uma variedade de promoções *push*, como descontos para os membros do canal a fim de encorajá-los a comprar mais produtos, propostas atrativas aos consumidores como incentivo a comprar mais (por exemplo, compre um e leve dois) ofertas de porcentagem, rebates, cupons, prêmios e ofertas premium. Esses tipos de promoção comercial são especialmente populares em supermercados e farmácias, mas também são comuns no mercado de eletrônicos, *home centers* e vestuário.

Os acordos promocionais e as campanhas de merchandising podem se sobrepor a uma ou mais estratégias promocionais aqui já discutidas. Por exemplo, um acordo promocional para determinado tipo de cereal requer do varejista um *display* especial que lhe dê destaque de forma proeminente nas lojas em troca de subsídios promocionais.

Essas promoções foram bastante usadas nos últimos anos. Por exemplo, estima-se que 60% das vendas de supermercados envolvam itens em oferta, e que 90% dos refrigerantes tenham sido assim vendidos.

Mesmo que os acordos comerciais e as campanhas de merchandising sejam muito difundidos, isso não quer dizer que os fabricantes estejam necessariamente satisfeitos com eles. Pelo contrário, há muita preocupação a respeito do seu valor como ferramenta promocional.[37] De fato, pesquisas mostraram que esses tipos de acordo comercial podem (1) desgastar a lealdade do consumidor à marca; (2) fomentar acordos compra-a-compra pelos membros do canal; (3) falhar em repassar o desconto para os consumidores; e (4) encorajar o desvio de mercadorias para outros varejistas e atacadistas, em vez de vendê-las com desconto aos clientes. Ainda mais preocupante para o fabricante, os acordos especiais têm aumentado a já acirrada concorrência pelo espaço nas prateleiras entre os membros do canal. Dessa forma, os fabricantes viram-se tendo de oferecer mais e mais incentivos nos acordos para continuar competindo e manter seus produtos nas prateleiras das lojas.[38] Por fim, e talvez o mais preocupante de tudo, foi o aumento de custos desses acordos especiais e campanhas de merchandising. Assim como as "exigências" continuam aumentando de acordo com as demandas dos membros do canal, da mesma forma crescem os custos do fabricante em atender a essas demandas.

No entanto, toda essa "cultura" construída em cima de acordos promocionais e campanhas de merchandising se tornou a regra nos canais de bens de consumo. Essa cultura, na qual os fabricantes induzem os varejistas e atacadistas a comprar mais produtos do que conseguem vender em um período razoável de tempo, é geralmente chamada de **compra para estoque**, **compra para entrega futura**, ou **entupimento de canal**. O resultado disso é que, em algum momento, de $ 75 a $ 100 bilhões de mercadorias que estão no canal vão ficar parados nos depósitos dos varejistas e atacadistas, assim como em seus caminhões e vagões de transporte. Esse impasse de excesso de estoque diminui o ritmo do processo de distribuição, que pode levar uma média de 84 dias para um produto "viajar" do chão de fábrica a uma prateleira do varejo. Estima-se que apenas 30% dos descontos oferecidos em promoções comerciais pelos fabricantes são repassados ao consumidor em forma de preços mais baixos. Dos 70% restantes, 35% são perdidos por ineficiência das partes envolvidas, enquanto os outros 35% vão diretamente para os bolsos dos varejistas e atacadistas.[39]

A Figura 12.4 ilustra o que geralmente acontece com acordos comerciais que envolvem compra para estoque.

Infelizmente, não há uma solução simples para resolver os problemas gerados pelos acordos comerciais. Como já apontado neste capítulo, os varejistas estão crescendo muito e ficando cada vez mais poderosos. Por essa razão, conseguem ser bem agressivos e exigentes com os acordos comerciais e às campanhas de merchandising, esperando — e em geral conseguindo o que desejam — termos bastante favoráveis nesses acordos. Fabricantes como a Procter & Gamble, que tentam fugir desse padrão de negociação destacando o desenvolvimento da marca do seu produto por meio da renovação de propagandas, a fim de construir no consumidor uma lealdade à marca, de fato enfrentam um grande desafio. No entanto, a recente disponibilidade das redes sociais, em particular Facebook e Twitter, que permitem ao fabricante se comunicar mais diretamente com os consumidores, pode ajudar a deslocar as constantes demandas dos varejistas para acordos comerciais mais especiais. A Kraft Foods, por exemplo, desenvolveu especificamente para o Facebook campanhas de propaganda dos seus três produtos mais populares: as bolachas de água e sal Wheat Thins, o biscoito doce Oreo e a bebida saborizada Crystal Light.[40] A Pepsi Co. seguiu uma trajetória semelhante ao desenvolver campanhas de propaganda no Facebook para seu refrigerante Mountain Dew,[41] assim como a Procter & Gamble, que formulou campanhas no YouTube, Twitter e Facebook para seus produtos Olay Skincare, detergente Tide e sabonete Ivory.[42] Todos esses fabricantes acreditam que a conexão direta com seus consumidores por meio das redes sociais ajuda a reforçar o valor de suas marcas e inspirar lealdade à marca. A intensa fidelidade do cliente à marca pode servir como antídoto às abundantes promoções de preço demandadas pelo varejista que buscam fazê-lo comprar qualquer marca que esteja em promoção naquele momento.

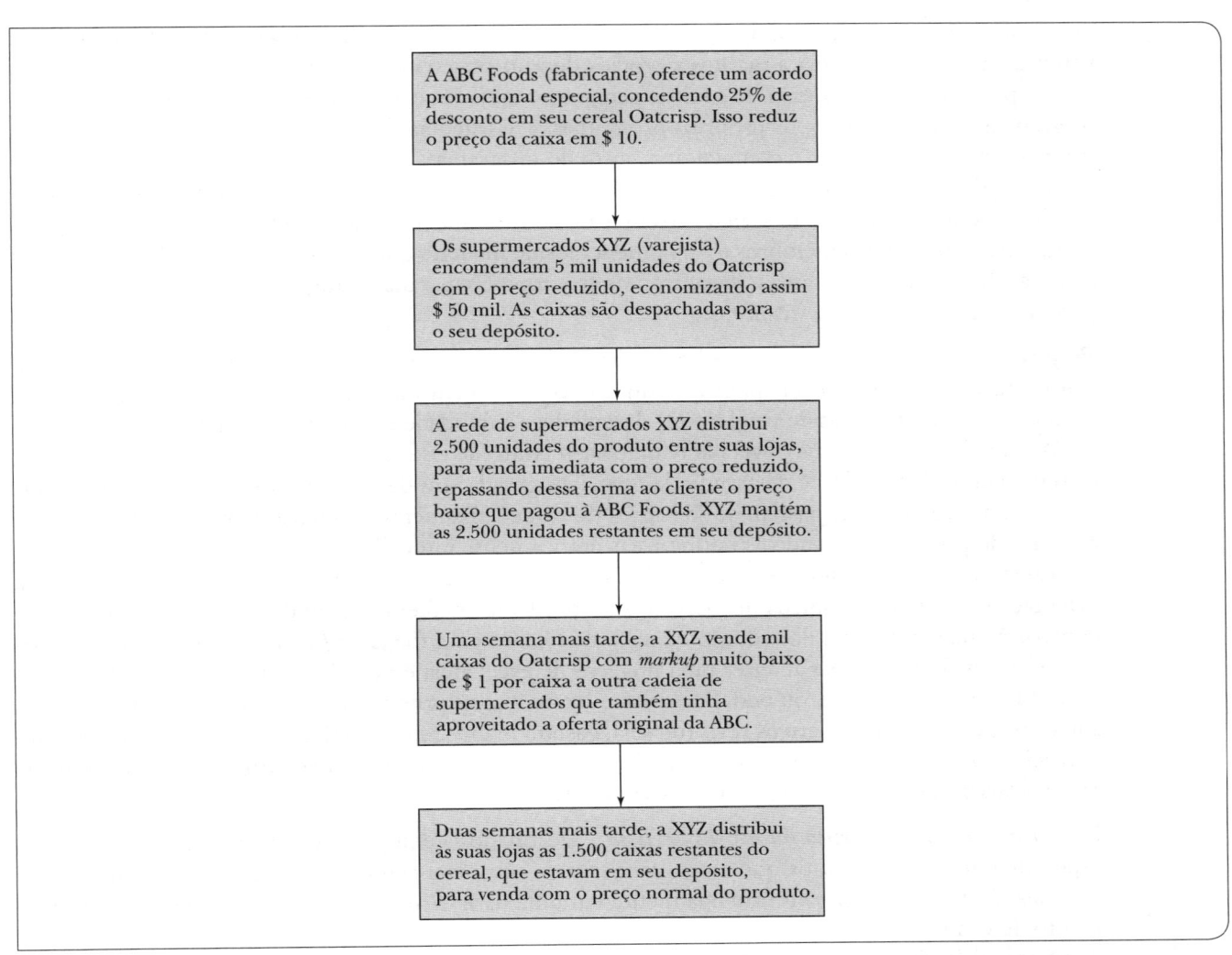

FIGURA 12.4 ▶ Comportamento dos membros do canal resultante dos acordos promocionais envolvendo compras para estoque.

© Cengage Learning 2013

ESTRATÉGIAS PROMOCIONAIS *PUSH* "GENTIS E AGRADÁVEIS" NOS CANAIS DE MARKETING

As sete estratégias promocionais discutidas na seção anterior são promoções diretas e eficazes, descaradamente planejadas para "empurrar" (*push*) produtos de determinado fabricante a fim de evitar artigos da concorrência. Nada nessas estratégias é ambíguo ou sutil.

Outras estratégias promocionais, cujo objetivo final também é convencer um membro do canal a empurrar determinados produtos do fabricante, enfatizam sutileza, requinte, e pedem um caminho mais tortuoso. Referimo-nos a elas como promoções *push* "gentis e agradáveis". Entre as quais, as mais importantes são: programas de treinamento, especificação de cotas, vendas missionárias e feiras e eventos.

Programas de treinamento

Destinados a melhorar o desempenho da equipe de vendas dos membros do canal, esses programas podem ser uma das mais efetivas estratégias para alavancar a cooperação promocional desses membros. Eles podem demonstrar claramente o compromisso do fabricante em ajudar os membros do canal em uma área na qual muitos deles têm certa dificuldade. Em ambos os níveis, atacadista e varejista, as pressões do dia a dia nos negócios deixam pouco espaço para o treinamento de vendas. Esse é particularmente o caso de muitos pequenos varejistas e atacadistas. Entretanto, mesmo para os grandes, que possuem seus próprios programas, a assistência do fabricante nessa área fornece um valioso suplemento e ajuda a compensar o custo do programa.

Para atingir eficácia, no entanto, os programas de treinamento patrocinados pelo fabricante e destinados à equipe de vendas dos membros do canal devem ser planejados de forma alinhada às necessidades particulares dos membros e implementados de maneira que lhes seja aceitável. Como existem algumas diferenças importantes, discutiremos esse tópico separadamente para os membros do canal e para os níveis atacadistas e varejistas.

Programas de treinamento no nível atacadista   Devem se destinar a ajudar a equipe de vendas do atacadista em três áreas principais: (1) adquirir conhecimento a respeito de determinado produto; (2) melhorar suas técnicas de venda; e (3) desenvolver habilidade em orientar o cliente.

A primeira área é a mais óbvia para enfatizar o ponto de vista do fabricante. No entanto, às vezes, o treinamento de produto é destacado de forma exagerada, em detrimento das outras duas áreas. De fato, muitas organizações gastam de 75% a 100% do seu orçamento de educação na difusão de conhecimento do produto, deixando as outras áreas praticamente intocadas.

Logo, mais atenção deve ser dispensada à segunda área, técnicas de vendas, e ainda mais à terceira, orientação ao cliente. Tópicos que devem ser abordados incluem a habilidade de ouvir, técnicas de construção da confiança e de redução de tensões, técnica para fornecer *feedbacks*, habilidade de venda para clientes difíceis, saber manter uma imagem de excelência e perceber como e o momento certo de vender características e/ou benefícios. Isso sugere que os programas de treinamento que são mais sutis a respeito de seus objetivos reais (ou seja, gastam menos tempo exaltando as virtudes do produto patrocinado pelo fabricante) podem, paradoxalmente, ser mais efetivos em atingir seus objetivos de tratamento preferencial por parte dos distribuidores.

Programas de treinamento no nível varejista   Destinados à equipe de vendas do varejista, são úteis especialmente para produtos que ainda precisam de um nível significativo de assistência de vendas pessoais. As lojas que operam principalmente em uma base *self-service* quase não precisam de treinamento de vendas.

A área de treinamento de vendas necessária no nível varejista faz basicamente um paralelo com as duas primeiras no nível atacadista: (1) conhecimento de produto; e (2) técnica de vendas. A terceira área, orientação, também existe, mas em menor escala. O tipo de orientação que a equipe de vendas do varejista oferece aos clientes cobriria apenas a utilização do produto em si, e não, é claro, questões como assistência gerencial ou promoção do produto.

A existência de fracas equipes de vendas pessoais no varejo é algo notório. Muitos motivos justificam essa afirmação, mas são numerosos demais para ser abordados aqui. Certamente, não se podem culpar os programas de treinamento, fornecidos pelo fabricante, independentemente de sua extensão ou adequação, pela pouca qualidade nas vendas de varejo — os varejistas são muito mais culpados nesse ponto. De qualquer maneira, o fabricante pode ajudar a melhorar o desempenho da equipe de vendas do varejista ao fornecer apoio para treinamentos de vendas destinados a objetivos específicos e limitados. Considere, por exemplo, estudos conduzidos pela McKinsey & Company a respeito das equipes de vendas do varejo de eletrônicos. Os consultores descobriram que, em 86% do seu tempo, os vendedores falharam em concretizar as vendas, e que poucos estavam familiarizados com os quatro clássicos estágios do processo de vendas: (1) fazer contato; (2) perguntar pelas necessidades; (3) demonstrar o produto; e (4) fechar a venda.[43] A McKinsey acredita que é possível e extremamente lucrativo fornecer treinamento às equipes de vendas dos varejistas, sejam do ramo de eletrônicos ou de outras categorias, para que aprendam os fundamentos do processo de vendas. Por quê? Porque suas pesquisas mostraram que 40% dos clientes que entram nas lojas ainda estão indecisos sobre o que comprar. Por isso, esses consumidores podem ser persuadidos pelos vendedores varejistas. Uma equipe de vendas bem treinada pode ajudar a assegurar que o cliente se tornará um comprador, tem mais chances de direcioná-lo às mercadorias mais lucrativas e de preço mais alto e ainda é mais capaz de efetuar vendas cruzadas com outros produtos relacionados ou seus acessórios. Portanto, fabricantes que desejam comercializar seus produtos por meio de vendedores eficientes e capazes devem considerar seriamente a possibilidade de lhes oferecer assistência e apoio para programas de treinamento de vendas.

Especificação de cotas

O volume de vendas que os fabricantes especificam para os membros do canal durante determinado período de tempo é chamado **cotas de vendas**. Elas são vistas como uma estratégia promocional, já que os fabricantes as estabelecem acreditando que isso os estimulará a se esforçar em troca de recompensas por tê-las atingido ou excedido.

Cotas de vendas têm sido usadas extensivamente na indústria automotiva para fomentar vendas agressivas por parte dos revendedores. Descontos ou **vantagens acumuladas**, computados como uma porcentagem das vendas totais, são entregues àqueles que atingem as cotas estabelecidas pelo fabricante, o que pode gerar uma quantia significativa e fazer grande diferença no quadro geral de lucros dos revendedores para o período.

Se utilizadas corretamente, as cotas de vendas podem ser uma estratégia promocional muito eficaz para melhorar o apoio promocional dos membros do canal. A chave para usá-las com eficiência, no entanto, está na forma como são apresentadas aos membros. Se de forma coerciva, podem gerar conflitos e descontentamento, em vez de apoio (como aconteceria, por exemplo, se o fabricante estabelecesse uma cota sem consultar os membros do canal e então a mantivesse como algo a ser atingido). Além disso, se a linha do fabricante não compõe uma parte importante do *mix* de produto do membro do canal, este pode simplesmente ignorá-la. Por outro lado, se as cotas forem desenvolvidas em conjunto com os membros do canal e apresentadas para *mostrar o potencial de vendas* nos seus territórios, certamente podem ser uma grande ajuda para estimular o apoio dos membros.

A abordagem estabelecida pela Black & Decker em sua divisão de bens de consumo é um exemplo dessa prática. No começo de 2013, cotas de vendas – intimamente relacionadas às metas de penetração de mercado que seu departamento de marketing estabelece para territórios específicos – são designadas para atacadistas importantes e, depois, submetidas à aprovação dos distribuidores. Quaisquer divergências são resolvidas entre os distribuidores e a gerência de vendas local da empresa.

Vendas missionárias

Esse termo foi usado a princípio para descrever as atividades da equipe de vendas do fabricante que era enviada especificamente para convencer os distribuidores de que deveriam trabalhar os novos produtos do fabricante. Já que tentavam "converter" os distribuidores a deixar de lado os produtos concorrentes em benefício dos seus, foram chamados de "vendedores missionários". Hoje em dia, esse termo é geralmente aplicado a qualquer vendedor do fabricante designado expressamente para complementar a atividade de vendas dos membros de canal.

Na indústria de bens de consumo, os vendedores missionários (às vezes chamados vendedores detalhistas) podem ser chamados a desempenhar as seguintes atividades:

- Checar os níveis de estoque do atacadista e do varejista.
- Visitar os varejistas para informá-los a respeito de produtos.
- Ajudar a instalar/arrumar *displays* internos e vitrine da loja.
- Responder às dúvidas dos varejistas e atacadistas e lhes oferecer conselhos e treinamento.
- Tentar promover a boa vontade dos membros do canal.
- Conseguir pedidos da mercadoria.

Além dessas tarefas, os vendedores missionários também efetuam vendas regulares. Durante muitos anos, os vendedores missionários da indústria de cosméticos e fragrâncias trabalharam diretamente no chão de loja para complementar a equipe de vendas dos varejistas. Recentemente, essa prática também chegou ao campo do vestuário. Fabricantes como Liz Claiborne Inc., Evan Picone Inc. e J.H. Collectibles são muito ágeis em fornecer seus próprios vendedores para ajudar os varejistas a vender. Liz Claiborne, por exemplo, utiliza sua própria equipe de vendas em determinadas lojas de departamento, e Evan Picone faz uso extensivo de "rotativos" — vendedores missionários que visitam as lojas varejistas. Esses fabricantes reportaram um aumento nas vendas de 20% a 40% das lojas onde seus próprios vendedores se posicionaram.

No mercado B2B, vendedores missionários são uma ferramenta valiosa. Entre outras coisas, estão sempre envolvidos nas seguintes atividades:

- Treinar a equipe de vendas do distribuidor.
- Acompanhar os vendedores do distribuidor no processo de vendas a fim de observar seus esforços.
- Conseguir as vendas iniciais de novos produtos para o usuário final.
- Fornecer assistência técnica.
- Ajudar os vendedores do distribuidor a fechar as vendas, especialmente as que precisam de conhecimento técnico além do seu domínio.

O uso de vendedores missionários para conquistar apoio promocional do membro do canal é uma faca de dois gumes. Pelo lado positivo, esse tipo de venda é uma estratégia promocional muito útil quando falta capacidade aos membros do canal em lidar com tarefas que lhes são atribuídas pelos fabricantes, ou quando *desejam* esse tipo de assistência.

Pelo lado negativo, no entanto, há vários problemas. Primeiro, utilizar vendedores missionários é algo caro, em especial no mercado B2B, já que isso requer uma equipe altamente treinada e esclarecida, de preferência com diploma universitário, sem mencionar o fato de que, em geral, eles são os vendedores mais bem pagos. Mesmo no setor varejista, as vendas missionárias podem aumentar os custos. Segundo, esse tipo de venda pode gerar conflitos no canal, que ocorrem quando os vendedores missionários começam a desempenhar várias tarefas atribuídas a outros membros do canal. Um membro, por exemplo, pode ter a impressão de que o fabricante está tentando descartá-lo completamente; como resultado, isso pode reduzir seu nível de apoio promocional ao fabricante. Terceiro, alguns membros de canal podem ver os vendedores missionários como um incômodo, já que tomam muito tempo da sua própria equipe de vendas. Esse é particularmente o caso quando os produtos de um fabricante que usa vendedores missionários representam apenas uma pequena parte do *mix* de produto do membro do canal.

Portanto, tendo em mente os problemas potenciais, o gerente de canal precisa prestar atenção especial às atitudes dos membros quanto ao uso de vendedores missionários. Estes podem ser um dispendioso erro caso sua utilização fomente conflitos, em vez de aumentar a cooperação promocional dos membros do canal.

Feiras e eventos

Em geral, feiras e eventos são encontros anuais organizados por associações, em particular indústrias que fabricam de brinquedos a maquinário industrial. Enquanto algumas dessas feiras incluem apenas fabricantes, varejistas e atacadistas, a maioria delas reúne representantes de todos os níveis do canal mais uma variedade de representantes de fabricantes, como agentes, corretores e agentes facilitadores. Para qualquer fabricante, varejista ou atacadista, o principal foco dessas feiras e eventos é ter um espaço privilegiado no qual *displays* com seus produtos ficam expostos, e onde se possa apresentar a mensagem promocional aos participantes do evento, assim como aos representantes dos meios de comunicação que sempre frequentam esses eventos.

O principal objetivo ao participar de feiras e eventos (além de realizar vendas) é causar o máximo de impacto e ganhar amplo reconhecimento dos produtos da empresa — especialmente se novos —, ou seja, aumentar o reconhecimento e o respeito para com a empresa entre o público relevante. Por exemplo, um fabricante de instrumentos musicais que comercializa seus produtos por meio de atacadistas e varejistas se interessaria em impressionar não apenas os participantes que representam atacadistas e varejistas, que já vendem seu produto, mas também àqueles que ainda não o vendem e podem ser convencidos a fazê-lo num futuro próximo.

Do ponto de vista do fabricante, utilizar feiras e eventos como estratégias promocionais de motivação dos membros de canal pode valer muito a pena. Primeiro, porque fornecem uma oportunidade de vender a novos e já existentes membros do canal (sempre em grande número no evento) quantidades substanciais de produtos que poderiam não ter comprado na ausência da excitação e novidades características dessas feiras e eventos. Segundo, oferecem a oportunidade de mostrar aos membros do canal, cara a cara, novos produtos, estratégias e programas promocionais. Terceiro, disponibilizam a chance de socializar com outros membros do canal de forma impossível por outras vias no curso regular do relacionamento de negócios. Por exemplo, é possível que muitos dos principais executivos do fabricante estejam presentes no evento para falar com os varejistas e atacadistas que vendem seus produtos. Por fim, e talvez o mais importante do ponto de vista da estratégia promocional no longo prazo, a forte presença e o impacto causado pelo fabricante — especialmente se parecer "brilhar" mais no evento do que outros competidores — podem provocar um sentimento de orgulho e pertencimento nos membros do canal que comercializam esse produto. Dessa forma, o membro do canal vê a si mesmo como parte de um time vencedor que lidera a indústria. Por consequência, o fabricante tem a oportunidade de fortalecer sua base de poder referente (ver Capítulo 4) se tiver bom desempenho nas feiras e eventos. O resultado desse desenlace pode lhe fornecer uma vantagem diferencial a longo prazo ao criar um grupo de membros do canal mais orgulhoso e comprometido.

Resumo

Uma das maiores ferramentas que o fabricante utiliza para implementar um programa promocional integrado é o apoio de vendas que oferece aos membros do canal. Enquanto alguns sentem que podem confiar essencialmente nas promoções que montam para seus mercados-alvo para impulsionar (*pull*) seus produtos por meio do canal, na maioria dos casos isso não é suficiente. O envolvimento direto, ou "*pushing*", feito pelo fabricante numa abordagem conjunta de promoção com os membros do canal, também é geralmente necessário para desenvolver um programa promocional viável e efetivo. Entretanto, já que os membros de canal administram negócios independentes, o grau de controle que o fabricante pode exercer sobre eles é significativamente reduzido, uma vez que este último está "nas mãos" dos primeiros. Assim, o fabricante deve administrar com cuidado estratégias promocionais que envolvam membros do canal a fim de assegurar alto grau de cooperação entre os membros.

Pesquisas mostram que apenas oferecer mais incentivos monetários para um fim específico não é suficiente para garantir a cooperação promocional dos membros do canal. Ao contrário, o fabricante precisa avaliar com cuidado as necessidades dos membros do canal e tentar incorporá-las em sua promoção *push* como parte de uma abrangente estratégia promocional de canal.

As estratégias promocionais *push* que envolvem os membros do canal podem ser agrupadas em sete categorias gerais: (1) propaganda cooperada; (2) subsídios promocionais; (3) taxas de entrada; (4) *displays* e materiais de apoio às vendas; (5) eventos de promoção em lojas; (6) concursos e incentivos; e (7) acordos promocionais e campanhas de merchandising.

Além dessas estratégias diretas de promoção *push*, há outras quatro mais sutis, que discutimos neste capítulo e foram encabeçadas pelos exemplos de promoção *push* "gentis e agradáveis", que são: (1) programas de treinamento; (2) especificação de cotas; (3) vendas missionárias; (4) feiras e eventos.

Os programas de treinamento são mais comuns para os membros do canal atacadista do que para os do varejista. Em todo caso, esses programas não devem se limitar estritamente a usar o "papo de vendedor" para os novos produtos do fabricante. Pelo contrário, programas de treinamento dignos desse nome devem ajudar os membros do canal a não apenas comercializar mais de determinado produto do fabricante, mas também a melhorar globalmente sua área de negócio. Com frequência, os fabricantes utilizam as cotas como uma forma de aumentar o esforço de vendas dos vendedores. A chave para utilizá-las com êxito é apresentá-las de maneira construtiva e informativa, em vez de coercitiva.

Vendedores missionários são empregados do fabricante para ajudar os membros do canal a focar seus produtos e auxiliá-los em seus esforços de vendas. A utilização desse tipo de vendedor pode ser muito efetiva se o membro do canal deseja a ajuda oferecida, e se o vendedor missionário não toma muito tempo dos membros do canal, desviando a atenção de outros produtos.

Feiras e eventos, nos quais os fabricantes têm a chance de exibir seus produtos e mostrar o calibre de sua organização, também fornecem uma excelente oportunidade de interagir com os membros do canal, além de fomentar excitação e um sentimento de orgulho que estes últimos têm pelos produtos do fabricante.

QUESTÕES DE REVISÃO

1. Explique a lógica de incluir um suporte de vendas para revendedores em um canal de distribuição como ferramenta principal na implementação de uma estratégia promocional.

2. Por que o sucesso da estratégia promocional geral de um fabricante depende de uma significativa cooperação dos membros do canal?

3. Independentemente das estratégias promocionais específicas que um fabricante utiliza, é mais possível alcançar um alto nível de cooperação dos membros do canal caso integrem um programa geral de apoio aos membros. Discuta essa afirmação.

4. Discuta os prós e os contras das estratégias promocionais que seguem do ponto de vista do fabricante e dos membros de canal: (a) propaganda cooperada; (b) subsídios promocionais; (c) taxas de entradas; (d) *displays* e materiais de apoio às vendas; (e) eventos de promoção em lojas; (f) concursos e incentivos; e (g) acordos promocionais e campanhas de merchandising.

5. Como o maior objetivo do fabricante, quando da instituição de um programa de treinamento para a equipe de vendas dos membros do canal, é fazê-la dar tratamento preferencial a seus produtos, ele precisa projetar programas de treinamento "comerciais" para seus produtos. Discuta a veracidade desta afirmação.

6. O poder coercitivo deve ser a base para o desenvolvimento de um programa de cotas para os membros do canal?

7. Qual o potencial do vendedor missionário em fomentar conflitos, em vez de cooperação no canal?

8. Discuta a lógica de usar as feiras e os eventos como base para obter apoio promocional dos membros de canal.

QUESTÕES DE CANAL PARA DISCUSSÃO

1. Em novembro de 2010, a Lowe's, segunda maior varejista de materiais de construção dos Estados Unidos, lançou uma promoção de Black Friday pelo Facebook um dia após a Ação de Graças. A empresa separou vários itens do seu estoque com preços incrivelmente baixos (em geral, 90% de desconto). Depois, os ofereceu com o superdesconto aos seus fãs da rede social, limitando as ofertas aos 100 primeiros clientes que fechassem a venda no site Lowes.com. A empresa acreditou que, ao oferecer esse novo "prêmio" pelo Facebook, criaria um alvoroço que poderia acelerar o crescimento do número de fãs da loja na rede social. E, mais, esperava que estes já estivessem fidelizados, uma vez que a interação regular e contínua pelo Facebook desenvolveria uma relação real entre a Lowe's e seus fãs da rede social, em vez de apenas contatos comerciais por meio de suas lojas.

Se você fosse o fabricante de um desses itens que fizeram parte da promoção da Lowe's no Facebook, se preocuparia com a estratégia promocional da empresa? Seria uma preocupação justificada? Explique.

2. "Simplesmente não consigo fazer esses caras destacar da maneira certa nossa nova massa fresca", comentou Alice DeMarco, gerente de produto de um grande fabricante que havia se aventurado na recente área de comida fresca congelada. Massa fresca era um dos produtos principais da empresa em seu esforço de construir essa categoria. Os "caras" a quem DeMarco se referia eram gerentes de uma cadeia regional de supermercados. Eles não colocaram em prática o *display* cuidadosamente planejado com sinais indicando o frescor da pasta. Ao contrário, na maioria das lojas, simplesmente organizaram os pacotes de macarrão nas prateleiras do refrigerador, próximos a ovos e leite. Mais de cinco semanas haviam se passado, e a nova linha de massa fresca ainda não estava dando resultados de venda. DeMarco culpou a falta de apoio promocional do varejista pelos péssimos resultados de venda.

Discuta a situação, levando em conta a necessidade de conseguir apoio e acompanhamento das promoções *push* dos membros do canal.

3. As vendas geradas por lojas de departamento representam cerca de um terço dos $ 170 bilhões do mercado mundial de cosméticos. Uma das principais razões, e talvez a mais importante, para a habilidade das lojas de departamento em manter o domínio das vendas de cosmético, a despeito da competição acirrada entre mercados de massa, supermercados e redes de farmácias, é a utilização de uma equipe de vendas treinada (esteticistas), capaz de fornecer um atendimento personalizado e conselhos adequados ao cliente.

Será que essa abordagem funcionaria para uma ampla gama de produtos, mesmo com a tendência em longo prazo da venda por meio do autoatendimento, em vez de personalizado, no varejo? Justifique sua resposta.

4. Promoções do tipo *push* não se limitam a supermercados ou ao revendedor da Chevrolet. Alguns fabricantes de produtos "intelectualizados" também têm sua parcela dessas promoções. Por exemplo, a Steinway & Sons, fabricante dos refinados pianos profissionais, com quase 150 anos no mercado, manteve por muitos anos a política de fornecer gratuitamente seus pianos a casas de concerto, escolas de música e estúdios de gravação a fim de promover o produto. Não muito tempo atrás, a Yamaha, seu concorrente japonês, desenvolveu uma promoção similar. Isso incomodou muito a Steinway, cuja reação não foi nem de longe "intelectualizada". A empresa pediu a seus revendedores para não participar da promoção da Yamaha. Então, quando um dos seus principais membros se recusou, ela cortou relações com ele para que servisse de exemplo aos outros revendedores.

Discuta essa situação de acordo com a noção de promoções "gentis e agradáveis". Dada a natureza geral da promoção e o que ela pretende realizar, pode de fato existir algo como promoções "gentis e agradáveis"?

5. Revendedores de carpete no varejo fazem parte de um mercado inundado por promoções *push* criadas pelos fabricantes que acontecem quase diariamente, tornando muito difícil para qualquer fabricante em particular atrair a atenção de um varejista para seus programas promocionais. Dessa forma, quando a Mohawk Industries, um dos maiores fabricantes de carpetes dos Estados Unidos, lançou um programa de incentivo de vendas para impulsionar seus carpetes DuPont Stainmaster, resolveu focar diretamente as equipes de vendas dos varejistas. A princípio, para atrair a atenção deles, a Mohawk desenvolveu um CD customizado com o título *Mohawk rocks* (*A Mohawk arrasa*) e um pôster que explicava em detalhes seus programas. Os prêmios por alcançar níveis de venda específicos eram mercadorias e viagens com todas as despesas pagas — regalias típicas desses programas. No final, a resposta a essa campanha de incentivo foi extremamente alta. A Mohawk acredita que o CD e o pôster deram um toque especial que ajudou a chamar a atenção dos vendedores para sua campanha de incentivos promocionais entre as outras tantas. Muitos vendedores, depois de olhar o pôster, não resistiam e ouviam o CD. Então, imediatamente passavam a ter a promoção da Mohawk em seus "radares".

Discorra sobre o desafio de projetar concursos de vendas e campanhas de incentivo interessantes o suficiente para fazer os membros do canal atingirem um alto nível de participação.

6. Aris Isotoner, uma divisão da Sara Lee Corporation, é um dos maiores fabricantes de luvas do mercado norte-americano. Além de ser a primeira empresa a encaixotar luvas, sua técnica de utilizar quatro tiras de *stretch* para formar um tamanho único, que se ajusta a qualquer cliente, tornou-a

uma referência na área. No entanto, o que fez a Aris se tornar ainda mais incomparável foi o fato de concentrar 75% de suas vendas anuais em apenas cinco semanas — entre Ação de Graças e o Natal. A empresa descobriu que os *displays* em pontos de venda são a principal forma de capitalizar uma grande oportunidade de vendas nessa breve janela de tempo, que é justamente o período em que as lojas estão mais cheias e a compra por impulso atinge seu auge. Assim, Aris Isotoner colocou sua ênfase promocional principalmente em projetar e convencer os varejistas a utilizar os *displays* de PDV. Por exemplo, um de seus modelos mais recentes de *display*, que custava em torno $ 200 a unidade, tinha uma cor neutra que combinava com qualquer decoração da loja do varejista.

Por que a Aris Isotoner se tornou tão bem-sucedida em utilizar o *display* de PDV como ferramenta principal em um ambiente varejista tradicionalmente hostil a esse expositor? Justifique.

7. A Gillette, agora uma divisão da Procter & Gamble, desenvolveu seu próprio aplicativo para iPad, chamado "uArt", que permite ao consumidor baixar uma foto de si mesmo usando a lâmina Gillette Fusion (seu dedo aparece como a lâmina Fusion na tela do IPhone) para, literalmente, raspar e criar diversos estilos faciais, vendo depois na tela do iPhone o resultado da simulação dos vários *looks*. A Gillette acredita que alcançar os clientes e possíveis consumidores por meio desse aplicativo, um entretenimento potencialmente útil, é não apenas algo divertido para lhes oferecer, mas também uma parte necessária no seu *mix* promocional para se manter conectada com sua base de clientes, especialmente os mais jovens.

Você concorda com o posicionamento da Gillette? Como essa estratégia promocional da empresa afeta os varejistas que vendem seus produtos? Justifique sua resposta.

REFERÊNCIAS

1. Shimp, Terence A. *Advertising promotion and other aspects of integrated marketing communications*, 7th ed. Mason, Ohio: South-Western/Cengage Learning, 2010.

2. Confira, por exemplo: Gu, Flora F.; Kim, Namwoon; Tse, David K.; Wang, Danny T. Managing distributors' changing motivations over the course of a joint program, *Journal of Marketing*, Sept. 2010, p. 32-47.

3. Kim, Sang Yong; Staelin, Richard. Manufacturer allowances and retailer pass-through rates in a competitive environment, *Marketing Science* 18, n. 1, 1999, p. 59-76.

4. Para um estudo relacionado, veja: Bruce, Norris; Desai, Preyas S.; Staelin, Richard. The better they are, the more they give: trade promotions of consumer durables, *Journal of Marketing Research*, Feb. 2005, p. 54-66.

5. Para uma análise que modela os aspectos da estratégia promocional de "empurrar" (push), veja: Gerstner, Eitan; Hess, James D. Pull promotions and channels coordination, *Marketing Science*, Winter 1995, p. 43-60.

6. Ailawadi, Kasum; Farris, Paul W.; Shames, Ervin. Trade promotion: essential to selling through resellers, *Sloan Management Review*, n. 1, 1999, p. 83-92.

7. Levy, Michael; Webster, John; Kerin, Roger A. Formulating push marketing strategies: a method and application, *Journal of Marketing*, Winter 1983, p. 25-34; e Levy, Michael; Jones, George W. The effect on sales of changes in a push marketing strategy in a marketing channel context, *Journal of the Academy of Marketing Science*, Winter 1984, p. 85-88.

8. Para uma discussão relacionada, confira: Brown, James R.; Timmins, Sherman A. Substructural dimensions of interorganizational relations in marketing channels, *Journal of the Academy of Marketing Science*, Summer 1981, p. 168-169.

9. Para mais detalhes sobre esses relacionamentos, veja: Glover, Donald R. Distributor attitudes toward manufacturer-sponsored promotions, *Industrial Marketing Management*, 1991, p. 241-249.

10. Berner, Robert. Can Procter & Gamble clean up its act? *Business Week*, 12 Mar. 2000, p. 80-83.

11. Para uma discussão relacionada, veja: Kesmodel, David. To trump small brewers, beer makers get crafty, *Wall Street Journal*, 26 Oct. 2007, p. B1, B3.

12. *Cox Direct 20th Annual Survey of Promotional Practices*. Largo, Florida: Cox Direct, 2000, p. 40.

13. Para um excelente artigo que trata das dimensões psicológicas fundamentais subjacentes a essa relação, veja: Eyuboglu, Nermin; Buja, Andreas. Dynamics of channel negotiations: contention and reciprocity, *Psychology and Marketing*, Feb. 1993, p. 47-65.

14. Gomez, Miguel I.; Rao, Vithala R.; McLaughlin, Edward W. Empirical analysis of budget and allocation of trade promotions in the U.S. supermarket industry, *Journal of Marketing Research*, Aug. 2007, p. 410-424.

15. Dreze, Xavier; Bell, David R. Creating win-win trade promotions: theory and empirical analysis of scan-back trade deals, *Marketing Science*, Winter 2003, p. 16-39; Ailawadi, Kasum L. The retail power-performance conundrum: what have we learned? *Journal of Retailing*, Autumn 2001, p. 299-318; Kasulis, Jack J.; Morgan, Fred W.; Griffiths, David E.; Kenderdine, James M. Managing trade promotions in the context of market power, *Journal of the Academy of Marketing Science*, Summer 1999, p. 320-332; Nerrillo, Phillip; Iocobucci, Dawn. Trade promotions, a call for a more rational approach, *Business Horizons*, July-Aug. 1995, p. 75-76; Bhasin, Ajay; Dickinson, Roger; Hauri, Christine G.; Robinson, William A. Promotion investments that keep paying off, *Journal of Consumer Marketing*, Winter 1989, p. 31-36; Curhan, Ronald C.; Kopp, Robert J. Obtaining retailer support for trade deals: key success factors, *Journal of Advertising Research*, Dec. 1987-Jan. 1988, p. 51-60.

16. Para um excelente artigo sobre questões-chave sobre propaganda cooperada, veja: Roslow, Sydney; Laskey, Henry A.; Nicholls, J. A. F. Enigma of cooperative advertising, *Journal of Business and Industrial Marketing* 8, n. 2, 1993, p. 70-79.

17. Neff, Jack. Wal-Mart ups the ante with Brand Co-op Ads—In more ways than one, *Advertising Age*, 30 Nov. 2009, p. 1-3.

18. Para uma discussão relacionada, veja: Howell Debbie. Popularity of ethnic cuisine improves positioning at mass, *DSN Retailing Today*, 7 July 2002, p. 21.

19. Randery, Tanja; Caesar, Bill; Longman, Mike. Achieving channel excellence, *McKinsey & Company Marketing Practice Report*, June 2002, p. 3.

20. Confira, por exemplo: The next generation of shopper marketing, *Time and Trend Report*. SymphonyIRIGroup 2010.

21. Walters, Rockney G. An empirical investigation into retailer response to manufacturer trade promotions, *Journal of Retailing*, Summer 1989, p. 253-272.

22. Para mais informações sobre espaço de exposição na prateleira, veja: Gundlach, Gregory T. Slotting fees – fees charged by grocery retailers for shelf space: are they stifling competition? Declaração feita perante o Senate Standing Committee on Business, Professions and Economic Development do Estado da Califórnia, 9 Feb. 2005, p. 1-12.

23. Bloom, Paul N.; Gundlach, Gregory T.; Cannon, Joseph P. Slotting allowances and fees: schools of thought and views of practicing managers, *Journal of Marketing*, Apr. 2000, p. 92.

24. Bloom, Gundlach, e Cannon. Slotting fees, p. 92-108.

25. Stanton, John L. Slotting allowances: short term gains and long-term negative effects on retailers and consumers, *International Journal of Retail & Distribution Management*, v. 34, n. 3, 2006, p. 187-197.

26. Para uma análise relacionada ao pagamento de espaço de exposição, veja: Richards, Timothy J.; Patterson, Paul M. Slotting allowances as real options: an alternative explanation, *Journal of Business*, v. 77, n. 2, 2004, p. 675-696.

27. Para uma análise criteriosa do papel das taxas de alocação, veja: White, J. Chris; Troy, Lisa C.; Gerlich, R. Nicholas. The role of slotting fees and introductory allowances in retail buyers' new product acceptance decisions, *Journal of the Academy of Marketing Science*, Spring 2000, p. 291-298.

28. Bloom, Gundlach, e Cannon. Slotting allowances and fees, p. 106.

29. Richards e Patterson. Slotting allowances as real options, p. 691-693.

30. De fato, a pesquisa mostrou que mesmo na ausência de preços promocionais ao consumidor, eventos promocionais nas lojas podem ser eficaz; veja: Unman, J. Jeffrey; McAllister, Leigh. A retailer promotion policy model considering promotion signal sensitivity, *Marketing Science*, Fall 1993, p. 339-356.

31. Confira, por exemplo: Ouwarkerk, Coy; Verbeke, William; Hovingh, Heinz; Peelen, Ed. Retailers' and manufacturers' perceptions of the temporary display, *Journal of Marketing Channels* 6, n. 1, 1997, p. 1-16.

32. Berfield, Susan. Getting the most out of every shopper, *Business Week*, 9 Jan. 2000, p. 45-46.

33. Berfield. Getting the most out of every shopper, p. 46.

34. Holmes, Stanley; Tierney, Christine. How Nike got its game back, *Business Week*, 4 Nov. 2002, p. 129-131.

35. Fowler, Geoffrey A. When free samples became saviors, *Wall Street Journal*, 14 Aug. 2001, p. B1, B4.

36. Fowler. When free samples became saviors, p. B1.

37. Kasulis, Jack J.; Morgan, Fred W.; Griffith, David E.; Kenderdine, James M. Managing trade promotions in the context of market power, *Journal of the Academy of Marketing Science*, Summer 1999, p. 320-332.

38. Veja, por exemplo: Zimmerman, Ann; Raghavan, Anita. Special deals for distributors draw scrutiny, *Wall Street Journal*, 7 Nov. 2003, p. B1, B5.

39. Foust, Dean. Coke: the cost of babying bottlers, *Business Week*, 9 Dec. 2002, p. 93-94.

40. Calderon, Sara Ines. Kraft foods focuses messaging on Facebook, *Inside Facebook*, 5 July 2010, p. 1-6.

41. Heine, Christopher. Mountain Dew, J.C. Penney run display ads with Facebook, *Click Z*, 15 Oct. 2010, p. 1.

42. Sewell, Dan. Procter & Gamble embraces social media for promotion, *Greenbay Press* Gazatte.com, 17 Dec. 2010, p. 1-2, http://www/greenbaypressgazatte.com/fdcp/?.

43. Leibowotz, Josh. Rediscovering the art of selling, *McKinsey Quarterly*, Oct. 2010, p. 117-119.

13

Logística e gerenciamento do canal

OBJETIVOS DE APRENDIZAGEM

Após a leitura deste capítulo, você será capaz de:

1 Estar familiarizado com a definição de logística ou distribuição física.

2 Ter consciência da recente ênfase no gerenciamento da cadeia de suprimentos de logística.

3 Estar ciente do papel da logística em uma empresa.

4 Entender o conceito de sistemas e a abordagem de custo total e suas aplicações em logística.

5 Conhecer os principais componentes de um sistema de logística.

6 Reconhecer que o resultado de um sistema de logística é um bom serviço ao cliente.

7 Saber a distinção entre o gerenciamento da logística e o do canal.

8 Ter uma visão geral das quatro interfaces-chave entre o gerenciamento do canal e o da logística.

Quem disse que logística não pode estar na moda?

Não é a Zara, rede especializada em vestuário, que pode, em breve, tirar da Gap o título de maior varejista de roupas do mundo. A Zara acredita que logística está *muito* ligada à moda, pois, sem seu sistema logístico inovador e de alta potência, a capacidade de ter roupas da moda em sua rede de lojas em todo o mundo não seria possível. Na verdade, o controle de logística da Zara é tão bom que os projetos podem ir de esboços a produtos acabados em todo o mundo em apenas duas semanas! Esse sistema *"fast fashion"* causa inveja a quase todas as outras redes de roupas. A varejista global sempre parece ter as últimas tendências da moda em suas lojas antes dos concorrentes, e poucas vezes fica com grandes lotes de mercadoria "fora de moda" encalhados, que precisam ter altos descontos.

Como a Zara faz isso? A resposta pode ser dada em três palavras: logística, logística e logística! Como seu modelo de negócio gira em torno da disponibilização da última moda em sua rede global de lojas nas quantidades e tamanhos exatos, sua cadeia de suprimentos deve ser ultrarrápida e superflexível para fazer que isso aconteça. Por isso, um foco intenso em logística permeia a cultura corporativa da empresa. Gerentes de lojas são treinados para acompanhar o que está sendo vendido, identificar novas tendências de moda dia a dia e transmitir essa informação imediatamente à sede. Mais da metade das mercadorias da Zara é produzida na Espanha, em Portugal e no México, que são relativamente de alto custo, e não em fábricas asiáticas, de custos muito menores. Contudo, ao fazer isso, a Zara economiza muito tempo e tem custos de transporte menores. Suas fábricas operam com um sistema de estoque JIT (*just-in-time*), desenvolvido com a cooperação da Toyota Motors, líder mundial nesse sistema. Assim, os custos de estoque são minimizados. Toda a armazenagem é centralizada na Espanha, por isso não é necessária nenhuma coordenação complexa de armazéns em países diferentes. Qual a duração do ciclo de pedidos da Zara a partir de seus armazéns na Espanha? Apenas 24 horas para lojas na Europa, e nada mais do que 48 horas para as das Américas e Ásia. Essa entrega rápida é possível graças ao transporte aéreo. É mais caro, mas os custos de carregamento de estoque são menores, e há menos risco de ficar preso com grandes quantidades de mercadoria "fora da estação".

Por isso, ainda que a Zara seja sempre um *hit* nas passarelas da moda, são as passarelas que unem seu sistema de logística as responsáveis por tornar suas roupas um sucesso ainda maior nas lojas.

Fonte: Baseado em Kerry Capell. Zara thrives by breaking all the rules. *BusinessWeek*, 20 out. 2008, p. 66.

Neste capítulo, voltaremos nossa atenção ao quarto principal elemento necessário para estimular uma equipe cooperativa de membros do canal – um sistema de logística eficaz e eficiente. **Logística**, também chamada **distribuição física** (*physical distribution* – PD), tem muitos significados, mas a maioria divide o mesmo tema base expresso nas palavras clássicas de Kotler, que assim define logística: "Planejar, implementar e controlar os fluxos físicos de materiais e produtos acabados dos pontos de origem aos de uso para suprir as necessidades dos consumidores de forma lucrativa".[1] Nos últimos anos, com a crescente ênfase em canais de marketing cooperando por meio de parcerias e alianças estratégicas (ver Capítulo 9), o termo **gerenciamento da cadeia de suprimentos** (*supply chain management* – SCM) tornou-se comum para descrever os sistemas logísticos que enfatizam a cooperação estreita e uma administração interorganizacional abrangente para integrar as operações logísticas das diferentes empresas dentro do canal.[2] Embora uma discussão detalhada sobre as diferenças entre o que pode ser considerada uma abordagem "tradicional" de logística e de gerenciamento da cadeia de suprimentos esteja além do escopo deste capítulo, o Quadro 13.1 fornece uma visão geral de suas principais distinções. Em todo caso, se alguém escolhe usar os termos *distribuição física*, *logística*, *gerenciamento da cadeia de suprimentos* ou até mesmo um mais recente, empregado por alguns autores, *planejamento de cadeia de demanda*,[3] o princípio base enfatizado ao longo deste texto é a construção de uma forte cooperação entre os membros do canal por meio de uma administração interorganizacional eficiente.[4]

Elemento	Abordagem	
	Tradicional	**De cadeia de suprimentos**
Abordagem de gerenciamento de estoques	Esforços independentes	Redução conjunta de estoques do canal
Abordagem do custo total	Minimizar os custos da empresa	Ampla eficiência de custo no canal
Horizonte temporal	Curto prazo	Longo prazo
Quantidade de compartilhamento e monitoramento de informações	Limitada às necessidades da transação atual	Como prevista para os processos de planejamento e monitoramento
Quantidade de coordenação de múltiplos níveis no canal	Contato único para a transação entre pares do canal	Contatos múltiplos entre níveis em empresas e no canal
Planejamento conjunto	Baseado em transação	Contínuo
Compatibilidade de filosofias corporativas	Irrelevante	Compatível pelo menos em relações-chave
Amplitude da base de fornecedores	Grande para aumentar a competição e distribuir o risco	Pequena para aumentar a coordenação
Liderança no canal	Desnecessária	Necessária para foco em coordenação
Quantidade de riscos e recompensas compartilhada	Cada um com o seu	Riscos e recompensas compartilhados em longo prazo
Velocidade dos fluxos de operação, informação e estoques	Orientação de "armazém" (armazenamento, estoque de segurança) interrompida por barreiras aos fluxos; localizada para pares do canal	Orientação de "centro de distribuição" (velocidade de estoque) interconectando fluxos; resposta rápida JIT por meio do canal

Fonte: Martha C. Cooper e Lisa M. Ellram, Characteristics of supply chain management and implication for purchasing and logistics strategy. *The International Journal of Logistics Management* 4, n. 2 (1993), p. 16. Copyright © 1993 por Emerald Group Publishing Limited. Todos os direitos reservados. Reprodução permitida.

Visões gerais sobre logística aparecem em muitos livros básicos sobre marketing,[5] e excelentes e abrangentes tratamentos sobre o assunto podem ser encontrados em textos que lidam exclusivamente com o gerenciamento da logística.[6] Aqui nos preocuparemos principalmente com as diversas interfaces importantes entre o gerenciamento da logística e o do canal. Ter consciência dessas interfaces é necessário se o gerente de canal tem um papel na formação da estratégia de logística da empresa a fim de que seja mais propensa a incentivar a cooperação dos membros do canal, em vez de conflitos.[7] Primeiro, no entanto, faremos uma breve revisão de vários aspectos básicos da logística: seu papel no gerenciamento do canal, seus sistemas, custos e componentes, assim como o serviço ao cliente como resultado do sistema de logística.

O PAPEL DA LOGÍSTICA

Até os canais de marketing mais bem projetados e gerenciados devem confiar na logística para realmente tornar os produtos disponíveis ao consumidor. A movimentação da quantidade certa de produtos certos no local e momento certos – uma descrição comum do que a logística deve fazer – é mais do que uma frase cativante. Ela é, na verdade, a essência do papel da logística no canal de marketing.

Ter a quantidade certa de produtos certos no local e momento certos, sobretudo em um ambiente global, obviamente não é trabalho simples ou barato. Pelo contrário, os mercados globais, com sua diversidade de segmentos de consumidores espalhados por amplas áreas geográficas, podem tornar a tarefa da logística complexa e cara.[8] Na verdade, o campo se tornou tão complexo e sofisticado que uma indústria multibilionária de **fornecedores terceirizados de serviços de logística** (às vezes chamada *third-party logistics providers* – **3PLs**) surgiu durante as últimas duas décadas.[9] Essas empresas são especializadas em fornecer a maior parte ou todas as tarefas logísticas que os fabricantes ou outros membros do canal teriam de executar.

Como especialistas em logística, empresas como a Strategic Distribution Inc. (SDI), que foca a manutenção, reparo e operação de suprimentos (*maintenance, repair and operating supplies* – MRS), são capazes de fornecer um serviço superior por um custo menor do que as que as contratam. Abaixo mostramos como a SDI descreve os serviços de logística que oferece aos seus clientes em seu website:

Nosso objetivo final é ajudá-lo a cortar custos em toda sua cadeia de suprimentos (a montante e a jusante). No entanto, nossa abordagem foca soluções, não produtos. Fornecemos a tecnologia e os processos que dão a você o poder de gerenciar. Nós cavamos fundo os detalhes mundanos da MRS – por meio de pilhas de pedidos de trabalho, centenas de fornecedores e milhares de SKUs – e descobrimos oportunidades para ajudá-lo a economizar.[10]

Ainda que somem menos de 8% dos aproximadamente $ 1 trilhão gastos em logística por todas as empresas dos Estados Unidos, os 3PLs cresceram rapidamente (ver Figura 13.1), e também se tornaram uma grande força numa escala global. Os rendimentos totais em 2009 em todos os países em que operaram passaram de $ 507 bilhões. Além disso, a quantia total de gastos em logística por todas as empresas e organizações do mundo é estimada em mais de $ 6,6 trilhões para 2009![11]

Assim, logística é uma indústria gigantesca que atravessa praticamente todas as empresas ao redor do globo. Não é de admirar, portanto, que esse importante componente do marketing tem recebido atenção crescente que levou a significativas inovações na área. A indústria alimentícia, por exemplo, lançou um grande esforço para aprimorar a logística da distribuição de alimentos da fazenda ao consumidor. A iniciativa, chamada na indústria de **Resposta Eficiente ao Consumidor (*Efficient Consumer Response* – ECR)**, busca fornecer aos clientes o melhor serviço e maior valor por meio

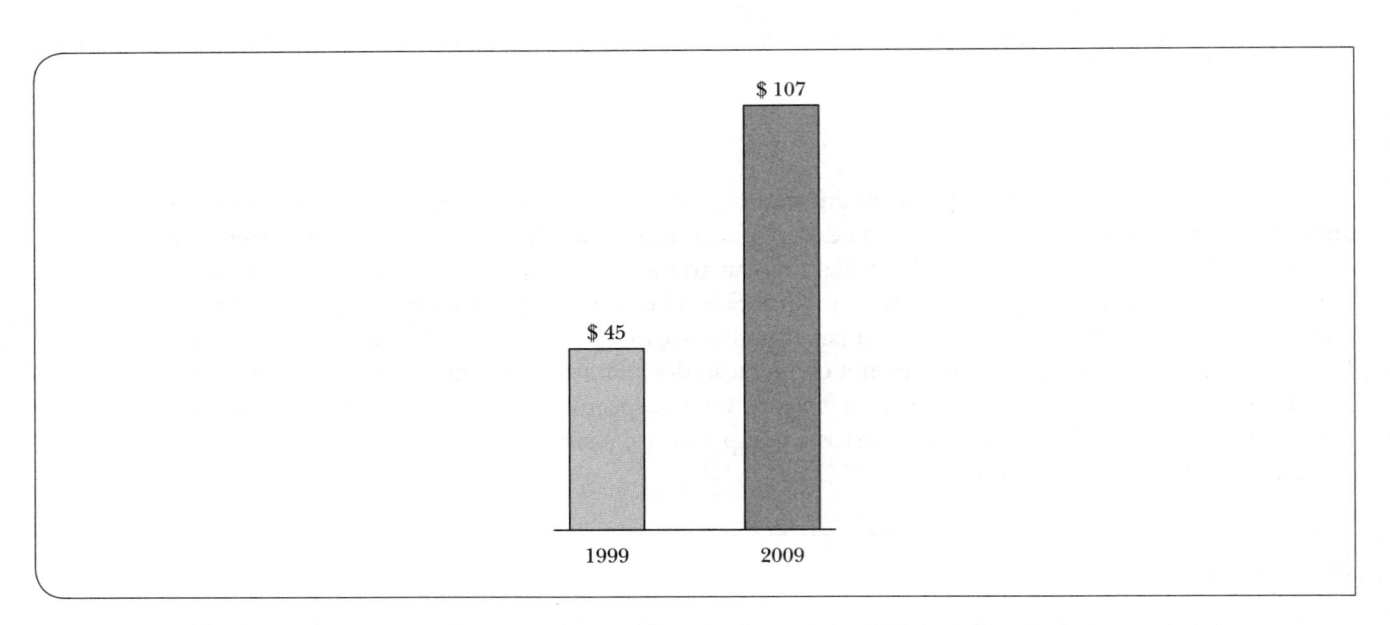

FIGURA 13.1 ▶ Crescimento de rendimentos brutos de fornecedores terceirizados de serviços de logística (3PLs) de 1999 a 2009 nos Estados Unidos (bilhões de dólares).

Fonte: Armstrong Associates, Inc.: True partnership working with your 3PL, Modern Materials Handling, ago. 2002, p. L4. Disponível em: <http://www.3plogistics.com/3plmarketglobal.htm.>. Acesso em: 7 out. 2014.

da cooperação entre todas as empresas na cadeia de suprimentos. Nesse processo, a indústria espera economizar mais de $ 30 bilhões anualmente em custos de logística, criando uma situação vantajosa de preços mais baixos para os consumidores e lucros mais sólidos para todos os membros do canal da indústria alimentícia. Esse foi um progresso substancial rumo à implementação da ECR na indústria de alimentos, mas talvez ainda mais impressionante seja o fato de esse conceito estar sendo disseminado a diversas outras indústrias.[12]

Assim, a logística – ter a quantidade certa de produtos certos no local e momento certos ao menor preço possível para o consumidor (cativado pelos novos e talvez mais excitantes termos, como "gerenciamento da cadeia de suprimentos" e "Resposta Eficiente ao Consumidor", ou pelo tradicional "logística") – inquestionavelmente executa um papel crucial no gerenciamento do canal.

SISTEMAS DE LOGÍSTICA, COMPONENTES E CUSTOS

Antes da Segunda Guerra Mundial, logística era associada principalmente ao transporte. Portanto, o campo estava estreitamente definido em termos de atividades envolvidas com o envio e o recebimento de produtos, recebendo relativamente pouca atenção da administração. No entanto, durante a guerra propriamente dita, os avanços na logística necessários para mover grandes quantidades de suprimentos aos campos de guerra da Europa e do Pacífico demonstraram sua importância para vencer a guerra. Destaca-se a emergência do **conceito de sistemas** para lidar com problemas logísticos; isto é, mais atenção foi dada aos vários fatores envolvidos no processo logístico e suas inter-relações. Em vez de serem pensados como atividades separadas e distintas, fatores como transporte, manuseio de materiais, controle de estoques, armazenamento e empacotamento de mercadorias eram vistos como componentes inter-relacionados de um sistema. Assim, as decisões ou ações que afetassem um componente poderiam ter implicações em outros do sistema de logística. Por exemplo, uma forma de transporte mais rápida para mover uma quantidade de suprimentos do ponto A ao B pode resultar em um nível mais baixo de estoque necessário nesse último ponto, que, por sua vez, pode resultar na necessidade de um armazém menor. Ou, de modo inverso, uma forma de transporte mais lenta para enviar produtos do ponto A ao B pode significar que estoques e armazém maiores sejam necessários nesse último ponto devido à taxa de reabastecimento mais lenta.

Esse conceito de logística como sistema serviu como base para sua moderna administração.[13] Em essência, os encarregados pelo gerenciamento da logística buscam a combinação perfeita dos seus componentes básicos (transporte, manuseio de materiais, processamento de pedidos, controle de estoques, armazenamento e empacotamento) para suprir as demandas de serviço do consumidor.

Em um contexto comercial ou lucrativo – que, é claro, envolve a maioria das situações de negócios –, o gerente de logística também tenta alcançar o nível desejado de serviço ao consumidor com o menor custo aplicando a **abordagem de custo total**. Esse conceito é uma extensão lógica do de sistemas, pois aborda *todos* os custos de logística juntos, em vez de separados em componentes individuais, e busca minimizar o custo total. Em consequência, ao projetar um sistema de logística, uma empresa deve examinar o custo de cada componente e o modo como ele afeta os outros. Por exemplo, uma forma mais rápida de transporte do ponto A ao B pode aumentar os custos de transporte. Como, porém, os níveis de estoque e armazenamento necessários no ponto B podem ser mais baixos (já que a forma de transporte mais rápida permite um reabastecimento ágil), os custos de carregamento de estoque e armazenagem serão menores. Essas reduções de custo podem ser mais do que suficientes para compensar os altos custos de transporte. Por isso, do ponto de vista do *custo total do sistema de logística*, o aumento em custos de transporte, graças à forma mais rápida, pode resultar em um *custo total mais baixo* para a logística.

O uso do conceito de sistemas e da abordagem de custo total para gerenciar a logística é mostrado na Figura 13.2, que sugere que todos os componentes básicos do sistema são relacionados, e o conceito de sistemas e a abordagem de custo total fornecem os princípios-guia para combiná-los e oferecer os tipos e níveis de serviço desejados pelos clientes pelo custo total mais baixo para o sistema de logística como um todo.[14]

Cada um dos componentes do sistema de logística será considerado, a seguir, de forma resumida.

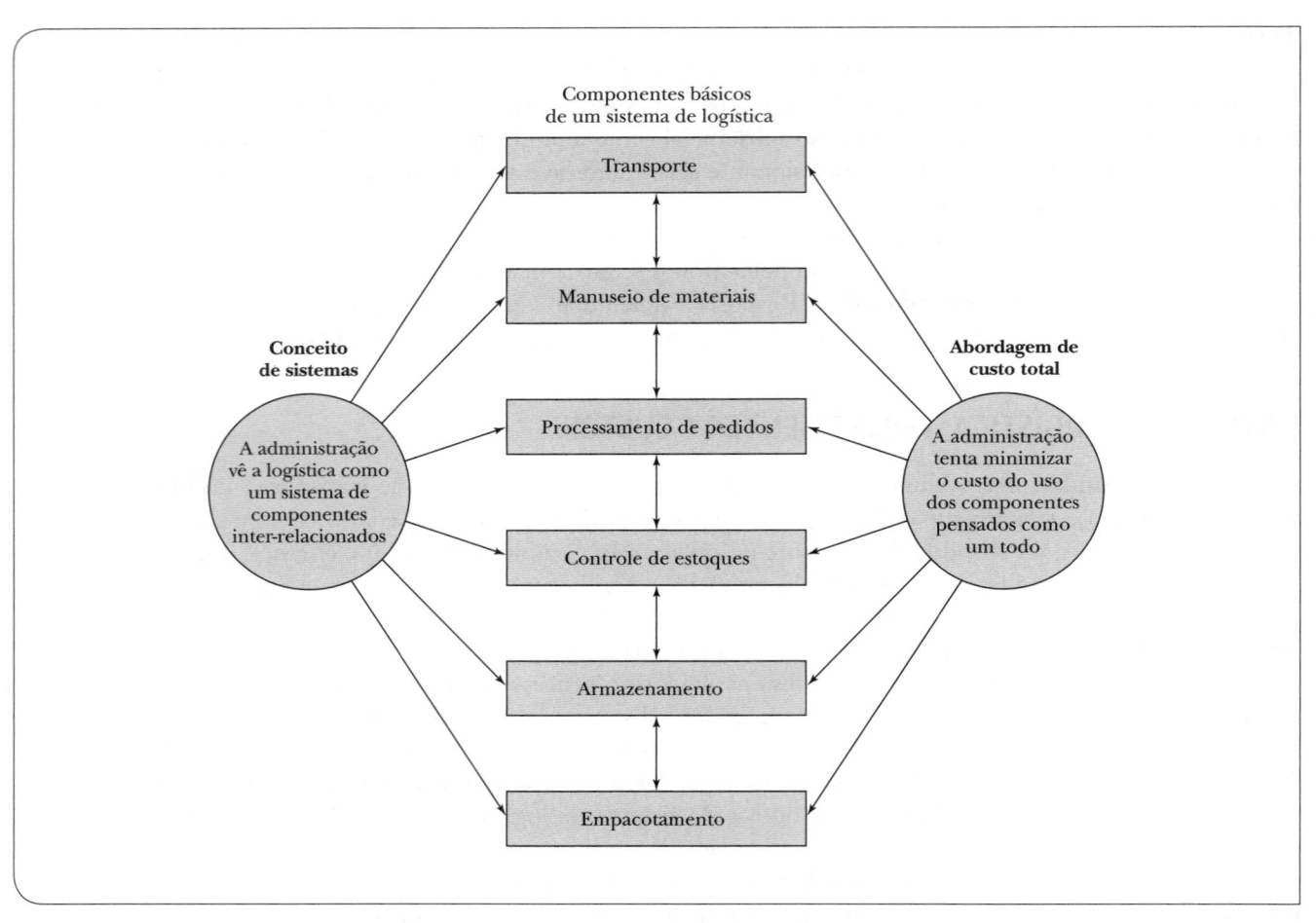

FIGURA 13.2 ▶ Visão da administração logística baseada no conceito de sistemas e na abordagem de custo total
© Cengage Learning 2013

Transporte

Esse é o componente mais importante e, é claro, necessário de qualquer sistema de logística. Obviamente, no caso de produtos físicos que precisam ser movidos de um local a outro, uma transação não pode ser completada até que o transporte tenha ocorrido. Transporte também é, com frequência, o componente que representa a porcentagem mais alta do custo total da logística. Por isso, controlar ou, melhor ainda, reduzir seus custos tornou-se uma grande prioridade da indústria de logística. De fato, em um esforço meticuloso para reduzir esses custos, a maior empresa de transporte de cargas do mundo, UPS, estudou literalmente cada passo do processo de transporte. Entre as inúmeras medidas de redução de custos que a UPS implantou com base nos resultados dos estudos estava instruir os motoristas de seus caminhões sobre evitar curvas à esquerda sempre que possível, pois elas levam mais tempo do que as curvas à direita![15]

Do ponto de vista do gerenciamento da logística, a questão prioritária que a empresa enfrenta é escolher o modo de transporte mais adequado para suprir as demandas de serviço dos clientes. Essa pode ser uma tarefa bastante complexa e técnica, pois envolve muitas considerações, como:

1. A empresa deve usar transportadoras próprias ou coletivas?[16]
2. Quais são as diferentes taxas disponíveis?
3. Quais serviços de transporte específicos são oferecidos?
4. Quão confiáveis são as várias transportadoras coletivas?
5. Que modelo de transporte os concorrentes estão usando?

Além disso, se o conceito de sistemas e a abordagem de custo total são aplicados, o gerente de logística deve pensar em como o componente de transporte interage e afeta o custo total de logística.[17] Essas decisões exigem um conhecimento especializado e qualificações, não só de sistemas de logística, mas também das necessidades específicas da indústria envolvida e da tecnologia disponível mais recente.[18] Por exemplo, Rand McNally oferece uma variedade de software chamada *MileMaker®*, assim descrita:

a solução padrão para classificação e roteamento de indústrias para o mercado comercial de caminhões. O software MileMaker® contém a única versão eletrônica dos dados do Household Goods Carriers' Bureau (HHG) Mileage Guide. As milhas e rotas do HHG dão às transportadoras e aos carregadores a milhagem precisa que simplifica as negociações de preço, facilitam e aceleram a análise das taxas de frete, reduzem custos associados à classificação eletrônica e simplificam o processo de auditoria. O software MileMaker® também inclui o Practical Miles, um cálculo da rota mais rápida entre dois pontos, o que permite uma estimativa do tempo de chegada.[19]

Gerentes de logística devem se manter em dia com tais avanços no transporte e ter habilidade para tirar vantagem deles e aprimorar seu desempenho de transporte.

Manuseio de materiais

Esse componente inclui a variedade de atividades e equipamentos envolvidos na disposição e movimentação de produtos nas áreas de estoque. Questões que devem ser abordadas quando se estiver projetando sistemas de manuseio de materiais incluem formas de minimizar as distâncias percorridas pelos produtos dentro do armazém durante o processo de recebimento, armazenamento e envio; que tipos de equipamentos mecânicos (como esteira transportadora, gruas e empilhadeiras) devem ser usados; e como fazer o melhor emprego da mão de obra quando estiver recebendo, manipulando e enviando produtos. Por exemplo, o uso crescente do ***cross-docking*** (às vezes chamado *distribuição em fluxo contínuo*) tem aprimorado significativamente a eficiência do manuseio de materiais. Nesse processo, os produtos que chegam em um caminhão não são estocados em um armazém e depois selecionados para atender aos pedidos. Em vez disso, a mercadoria é logo movida pela plataforma de recebimento até outros caminhões, para ser entregue imediatamente nas lojas. Isso elimina a necessidade de selecionar os produtos armazenados em um momento posterior. Resumindo, os produtos são movidos diretamente do recebimento para o envio.

No entanto, projetar processos de manuseio de materiais eficientes como o *cross-docking* pode envolver análises técnicas e sofisticadas de engenharia. Isso, é claro, exige conhecimento e habilidades especiais que vão muito além do escopo deste livro, e é realmente um trabalho para especialistas em projeto de sistemas de manuseio de materiais. Vale mencionar, no entanto, que o manuseio de materiais pode ser uma parte muito importante de um sistema de logística. A Procter & Gamble, por exemplo, desenvolveu pesquisas que mostram que o *cross-docking* pode reduzir os custos de manuseio do distribuidor em até dois terços por evento, abatendo $ 0,35 a $ 0,45 de um custo médio de $ 0,60 a $ 0,70 por evento para o distribuidor entregar produtos em uma loja.[20]

Processamento de pedidos

A tarefa de atender aos pedidos de clientes pode parecer, a princípio, uma parte menor da logística e uma atividade um tanto rotineira que não exige muito estudo. Na verdade, porém, o processamento de pedidos é, com frequência, um componente-chave da logística, e desenvolver um sistema eficiente pode estar longe da rotina.

A importância do processamento de pedidos para a logística reside na sua relação com a **duração do ciclo de pedidos**, que é o tempo entre a realização de um pedido e o recebimento do produto pelo consumidor. Se esse processamento for malfeito e ineficiente, pode reduzir a velocidade do ciclo de pedidos consideravelmente. Ele pode, ainda, aumentar os custos com transporte se uma forma mais rápida tiver de ser usada para compensar a lentidão do processamento de pedidos.

O processamento "rotineiro" de pedidos pode, na verdade, ser resultado de um grande trabalho de planejamento, investimento de capital e treinamento de pessoas. Quando milhares de pedidos são recebidos diariamente, cumpri-los de forma rápida e precisa pode ser uma tarefa desafiadora. Esse é o caso de muitas grandes empresas; por exemplo, a W. W. Grainger Inc., um dos líderes mundiais em distribuição do mercado B2B de equipamentos, componentes e suprimentos, com mais de 1,8 milhão de clientes comerciais, industriais, fornecedores e institucionais em 153 países. A Grainger tem mais de 600 centros de distribuição e transporta mais de 900 mil produtos diferentes, todos vendidos por meio de seu catálogo físico ou on-line. Ela recebe mais de 115 mil pedidos individuais por dia, pelo telefone, fax ou on-line.[21] Para processar diariamente essa grande quantidade de pedidos de forma precisa e eficiente, a empresa desenvolveu um moderno sistema de comunicação via satélite, que liga todos os seus distribuidores, permite que os clientes se conectem ao seu website e fornece acesso instantâneo à localização mais próxima de um dos seus distribuidores. Em muitos casos, o processamento de pedidos é tão eficiente que um pedido pode ser feito e entregue no mesmo dia. Esse processamento rápido e eficiente ao longo de toda a rede de distribuidores da Grainger é absolutamente essencial para a missão da empresa, que é promover a disponibilidade de produtos de forma rápida e confiável a seus milhões de consumidores nos Estados Unidos e no exterior.

O planejamento, projeto e gerenciamento de sistemas sofisticados de processamento de pedidos como esse dificilmente são rotineiros. De fato, na indústria de suprimentos hospitalares, em que equipamentos médicos e cirúrgicos somam cerca de 750 mil produtos diferentes, desenvolver um moderno sistema de processamento de pedidos é um desafio horripilante, pois não há uma nomenclatura padrão para todos esses produtos. Confusões e enganos caros causaram um grande número de erros e centenas de milhares de devoluções a crédito.[22]

Controle de estoque

Refere-se à tentativa de uma empresa manter o nível mais baixo de estoque que, ainda assim, permita-lhe atender à demanda do consumidor. Essa é uma batalha interminável, e muito importante, que todas as empresas enfrentam. Os custos de carregamento de estoque – incluindo os de financiamento, seguro, armazenamento e mercadorias perdidas, danificadas ou roubadas –, em média, podem chegar a aproximadamente 25% do valor do estoque por ano. Para alguns tipos de mercadoria, como bens perecíveis e artigos de moda, esses custos podem ser bem maiores. Mesmo assim, se não houver estoque para atender à demanda dos consumidores em uma base regular e em tempo hábil, a empresa não se mantém no negócio por muito tempo.

Em um mundo ideal, toda empresa desejaria manter o estoque com o nível mais baixo possível e, ao mesmo tempo, fazer pedidos de mercadorias em grandes quantidades porque ter o menor número de pedidos possível lhe permitiria minimizar os custos de processamento.[23] Infelizmente, há um conflito entre esses dois objetivos. Os custos médios de carregamento aumentam em proporção direta ao nível de estoque, enquanto os custos médios de pedidos diminuem em proporção aproximada ao tamanho do pedido. Assim, uma ponderação entre esses dois custos deve ser feita para encontrar os níveis ideais de ambos. Esse ponto, normalmente chamado **lote econômico de compras (LEC; ou, em inglês, *economic order quantity* – EOQ)**, ocorre quando os custos totais (de carregamento de estoque mais os de pedidos) são os mais baixos, como ilustrado na Figura 13.3, evidenciando que o gerente de logística deve, constantemente, tentar alcançar o menor custo total, equilibrando os custos de carregamento de estoque e de processamento de pedidos.

Uma empresa que fez um bom trabalho de controle de estoque foi a Corning Consumer Products Co., unidade da Corning Inc. Ter as quantidades e os padrões de *design* corretos do aparelho de jantar Corelle tornou-se um problema enorme porque era difícil prever os padrões de compra dos consumidores, especialmente na época do Natal. Para resolver esse problema, a empresa desenvolveu um sofisticado sistema de controle de estoque cuja característica-chave é a exigência de manter grande parte de seus aparelhos de jantar sem decoração até receber os dados atualizados de vendas de seus varejistas. Logo depois de instalado, o sistema salvou a empresa de um erro desastroso. Uma semana após uma gigante rede varejista ter lançado uma promoção especial para um aparelho de jantar de

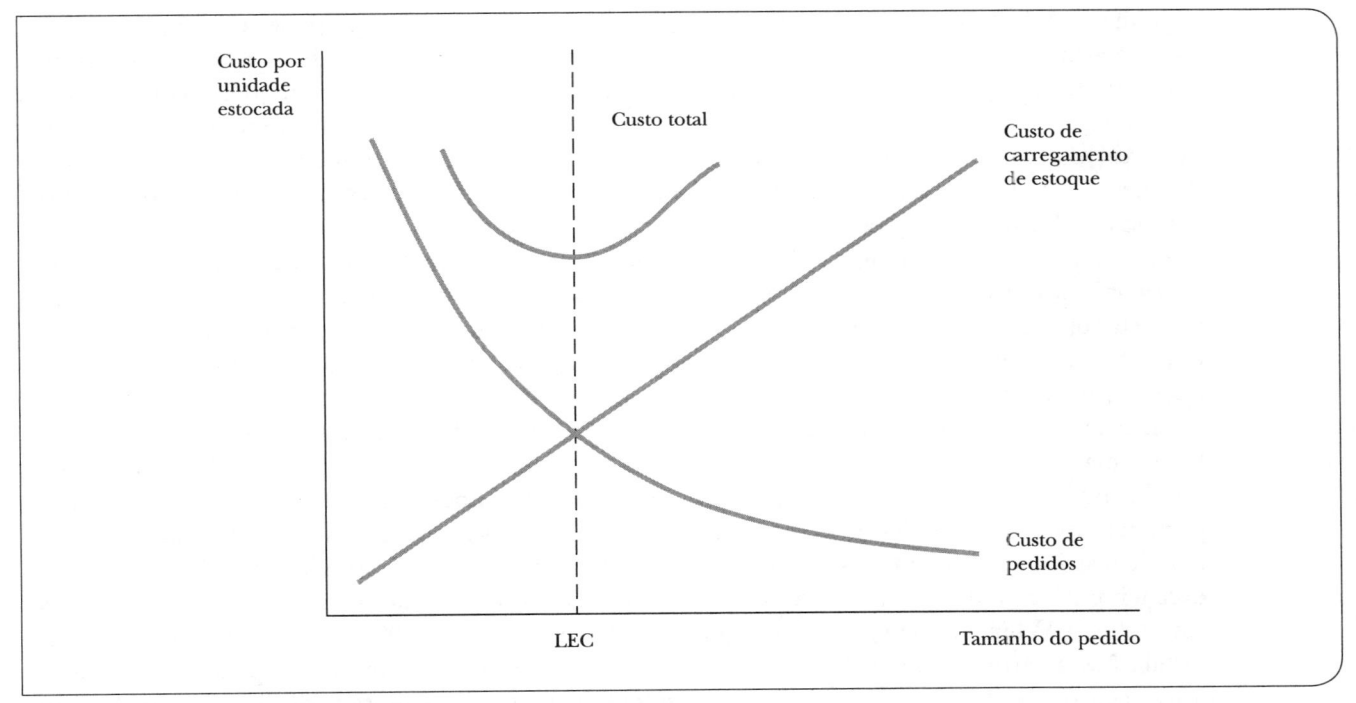

FIGURA 13.3 ▶ Modelo de lote econômico de compras (LEC).
© Cengage Learning 2013

12 peças, o modelo computadorizado de prognósticos (parte crucial do sistema de controle de estoque) previu que a campanha seria um fracasso. A Corning rapidamente alertou outro varejista para que cancelasse seu pedido de 160 mil unidades desse mesmo conjunto. Então, os pratos inacabados foram decorados com outras estampas mais populares e enviados – todos em menos de duas semanas. A empresa espera que esse sistema de controle mais flexível reduza pela metade a quantidade de tempo que o estoque fica parado no armazém, aumentando assim seu giro.

A batalha para controlar os custos de estoque é uma das que as empresas – até algumas das maiores e mais sofisticadas – parecem nunca superar. Um caso que merece análise é do Walmart Stores Inc. Respeitado quase universalmente como líder em gestão rigorosa e tecnológica de estoque, o Walmart passou por esse tipo de problema de controle quando o estoque do 4º trimestre de 2010 cresceu inesperadamente 11% acima do ano anterior. O que causou esse inchaço no estoque? Os analistas acreditam que o Walmart foi muito otimista ao prever um aumento de vendas em lojas naquele trimestre. Na realidade, essas vendas *diminuíram* 1,8%, deixando a empresa com um excesso considerável de estoque.[24]

Armazenamento

O componente armazenamento, ou estocagem, de um sistema de logística preocupa-se com a guarda de produtos até que estejam prontos para ser vendidos. Ele pode, na verdade, ser um dos mais complexos de um sistema de logística, pois frequentemente as opções de armazenamento envolvem várias decisões-chave, cada uma das quais podendo ser difícil e complexa de lidar. As mais básicas entre essas decisões são: (1) localização das instalações de armazenamento; (2) número de unidades de armazenagem; (3) tamanho dessas unidades; (4) projeto das unidades, incluindo *layout* e sistemas internos; e (5) questões de propriedade.

A discussão de cada uma dessas áreas extrapola o escopo deste livro. Além disso, decisões bem-sucedidas em cada uma das áreas requerem planejamento e análises cuidadosos, podendo exigir informações de especialistas em áreas como análise de localização, imobiliária, pesquisa de operações e engenharia industrial, bem como gerenciamento da logística. O que aqui pode ser dito, no entanto, é que o armazenamento pode ser um componente importante do sistema de logística, pois está intimamente ligado à capacidade das empresas em oferecer um alto nível de serviço aos consumidores. Por exemplo, com o crescimento da internet como um importante canal de compras para os consumidores, muito mais carregamentos unitários – pedidos compostos de uma só unidade como o oposto de lotes de produtos – criaram um enorme número de transações únicas, nas quais um só produto é comprado. Além do mais, os consumidores esperam que esses itens unitários sejam entregues com rapidez. Especialistas da indústria de armazenamento acreditam que esse tipo de demanda de compradores on-line *aumenta*, em vez de diminuir a necessidade de armazenamento. Por quê? Porque muitos varejistas operando on-line são apenas "fachadas" e não têm nenhum estoque à mão. Eles confiam em inúmeros armazéns bem localizados e eficientes – próprios ou terceirizados – para fornecer o nível de disponibilidade do produto demandado pelos compradores da internet.

Entretanto, mesmo quando se trata da distribuição convencional "terrestre", a importância de ter bons armazéns para criar um sistema de logística eficiente não pode ser ignorada. A Whirlpool Corp., um dos líderes mundiais em fabricação de eletrodomésticos, finalmente passou a acreditar nessa importância após lutar por décadas com uma confusão de velhos armazéns, estações de transporte, centros de distribuição em fábricas e vários edifícios temporários usados para lidar com eletrodomésticos excedentes. De modo geral, os varejistas tinham de esperar cinco a dez dias para receber um pedido. Em 2006, a Whirlpool lançou um programa de quatro anos e $ 600 milhões para aprimorar suas instalações de armazenagem. Em vez dos 41 antigos armazéns existentes, a empresa implantou dez novos centros de distribuição regionais. O resultado? Os varejistas agora podem receber pedidos em 48-72 horas, embora a Whirlpool tenha *reduzido* seu nível médio de estoque em $ 250 milhões por ano, enquanto o aumento de eficiência lhe trouxe uma economia de $ 100 milhões em gastos anuais com armazéns![25]

Empacotamento

Ao lado dos custos associados à embalagem de produtos, esse componente é relevante no sistema de logística porque pode afetar os outros e vice-versa. Por exemplo, o tipo de transporte usado pode afetar o empacotamento e seus custos. No caso de frete aéreo, os custos de embalagem em geral são reduzidos, pois os riscos de dano são menores do que se trens ou caminhões fossem usados. Procedimentos e custos de manuseio de materiais e processamento de pedidos também podem ser afetados por ele, pois uma embalagem bem projetada pode aumentar a eficiência desses componentes do sistema de logística. O empacotamento eficiente também pode ajudar a controlar os custos de carregamento de estoque, reduzindo os danos em produtos. O espaço de armazenamento e, por consequência, seus custos ainda podem ser reduzidos se a embalagem for projetada para ter bom aproveitamento de espaço.

Aqui, novamente, uma discussão detalhada está muito além do escopo deste capítulo. O projeto de embalagens é uma área altamente especializada dentro do campo do desenho industrial. Por exemplo, a Whirlpool Corp., em um esforço para reduzir milhões de dólares de perdas anuais com amassados e batidas em eletrodomésticos que ocorriam durante o manuseio e o transporte, lançou uma grande iniciativa de replanejamento de embalagens. A empresa montou uma equipe de engenheiros nos Estados Unidos e na Índia e lhes deu um supercomputador de $ 400 mil para que buscassem saber se era possível projetar embalagens para os principais eletrodomésticos que reduzissem significativamente os danos relacionados ao manuseio e ao envio. A Whirlpool espera que o programa resulte em uma economia de $ 3 para cada dólar gasto.[26]

Então, o ponto de destaque aqui é que a embalagem é mais do que um dispositivo promocional para estimular a diferenciação do produto e atrair a atenção do consumidor. O empacotamento tem uma importante dimensão logística que pode fazer grande diferença na efetividade e eficiência do sistema de logística.[27] Na verdade, um produto em uma embalagem diferente e eficaz será ainda mais atraente se for fácil de manusear, empilhado sem problemas e ocupar um espaço mínimo nas prateleiras dos membros do canal.

O RESULTADO DO SISTEMA DE LOGÍSTICA: SERVIÇO AO CLIENTE E VANTAGEM COMPETITIVA

Johnson et al. capturam de forma sucinta o significado e a importância do serviço ao cliente no contexto de logística:

Serviço ao cliente é a coleção de atividades executadas para atender aos pedidos e manter os clientes felizes ou o conjunto criar em suas mentes a percepção de uma organização com a qual é fácil fazer negócios.[28]

Ao longo dos anos, pesquisadores e profissionais da área de logística refletiram muito sobre os tipos de serviços que podem ser oferecidos por um sistema de logística.[29] Inúmeras tentativas foram feitas para definir e enumerar esses serviços e medir o desempenho com base no que os especialistas em logística chamam de **padrões de serviço**. Heskett, Galskowsky e Ivie, por exemplo, ressaltam, a seguir, as nove categorias de padrões de serviços de logística:

1. Tempo entre o recebimento e o envio do pedido
2. Tamanho do pedido e restrições de variedade
3. Porcentagem de itens fora de estoque
4. Porcentagem de pedidos atendidos com perfeição
5. Porcentagem de pedidos atendidos dentro de determinado número de dias a partir do recebimento
6. Porcentagem de pedidos atendidos
7. Porcentagem de pedidos de consumidores que chegaram em boas condições
8. Duração do ciclo de pedidos (tempo entre a realização e a entrega do pedido)
9. Facilidade e flexibilidade da colocação de pedidos[30]

Esses padrões de serviços de logística normalmente são quantificados de alguma forma e, em seguida, o desempenho real da empresa é medido em relação a eles. Por exemplo, o primeiro padrão – tempo entre o recebimento e o envio do pedido – pode ser definido como 24 horas para 90% do total de pedidos recebidos. Assim, a cada 100 pedidos recebidos, a empresa deve ter 90 processados e enviados em 24 horas para estar dentro do padrão. A segunda categoria da lista pode ser definida em termos de uma quantidade mínima de produtos, por exemplo, aos quais podem ser feitas certas restrições à mistura de vários produtos, a não ser que as exigências mínimas de pedido específicas de cada um deles sejam cumpridas. Um produtor de aço, por exemplo, deve definir o pedido mínimo para várias medidas de lâminas de metal, como duas toneladas, por exemplo; assim, para um cliente pedir várias medidas em um único pedido, um mínimo determinado de tonelagem combinada deve ser atendido. O terceiro padrão – porcentagem de itens fora do estoque, ou com **estoque esgotado** – é quase sempre definido em termos de porcentagem de itens pedidos durante certo período que não puderam ser atendidos pelo estoque. Assim, se um fabricante deseja atender a 95% dos itens pedidos, sua porcentagem de falta de estoque não pode ultrapassar 5% para se enquadrar no padrão. As categorias restantes podem ser quantificadas e usadas de modo similar.

LaLonde descreve o serviço ao cliente com base em seis elementos-chave:[31]

1. Disponibilidade do produto
2. Duração do ciclo de pedidos
3. Flexibilidade do sistema de distribuição
4. Informação do sistema de distribuição
5. Mau funcionamento do sistema de distribuição
6. Suporte pós-venda do produto

Mentzer, Gomes e Krapfel listam 26 diferentes medidas do serviço ao cliente baseadas em uma extensa revisão da literatura,[32] mostradas no Quadro 13.2.

Por fim, Bowersox e Closs descrevem o que chamam de "Capacidade Básica de Serviço" em três categorias: (1) disponibilidade; (2) desempenho operacional; e (3) confiabilidade. Cada uma dessas categorias é definida no Quadro 13.3.

▶ **QUADRO 13.2** Inventário de logística de serviço ao cliente

1. Tempo de processamento de pedidos	14. Resposta às reclamações
2. Tempo de preparação de pedidos	15. Procedimentos de cobrança
3. Tempo de entrega	16. Tempo médio do ciclo de pedidos
4. Confiabilidade do estoque	17. Variação da duração do ciclo de pedidos
5. Restrições de tamanho do pedido	18. Serviços urgentes
6. Consolidação permitida	19. Disponibilidade
7. Regularidade	20. Representantes técnicos competentes
8. Frequência de visitas de vendas	21. Demonstrações de equipamentos
9. Conveniência na colocação de pedidos	22. Disponibilidade de materiais impressos
10. Informação sobre o progresso de pedidos	23. Precisão de atendimento a pedidos
11. Estoque de reserva durante promoções	24. Termos de venda
12. Formato da fatura	25. Embalagem protetora
13. Condições físicas das mercadorias	26. Cooperação

Fonte: Reproduzido com a permissão de The Free Press, uma divisão da Simon & Schuster, Inc., de *The distribution handbook*, editado por James F. Robeson e Robert G. House, Editor Associado. Copyright 1985 by The Free Press. Todos os direitos reservados.

▶ **QUADRO 13.3** Padrões de serviços de logística incluindo a capacidade básica de serviço

Capacidade básica de serviço	Descrição	Medidas
Disponibilidade	Capacidade de ter estoque quando desejado pelos clientes	Frequência de esgotamento de estoques Taxa de atendimento
Desempenho operacional	Desempenho esperado resultante do sistema de logística	Pedidos enviados completos Velocidade Regularidade
Confiabilidade	Habilidade para cumprir os níveis planejados de disponibilidade e desempenho de estoque	Flexibilidade Recuperação de mau funcionamento Variáveis de medição[1] Unidades de medição[2] Base de medição[3]

[1] As especificadas no programa de serviços logísticos.

[2] Medidas de unidade física que possam ser rastreadas, como caixas, unidades, peso etc.

[3] Nível de agrupamento, como sistema geral, linha de produto, segmentos de consumidor etc.

Fonte: Com a gentil permissão de Springer Science+Business Media: *Journal of the Academy of Marketing Science*, trecho extraído de: Physical distribution service: a fundamental marketing concept?, inverno de 1989, p. 55, John T. Mentzer, Roger Gomes e Robert F. Krapfel Jr.

Sem levar em conta os serviços específicos fornecidos pelo sistema de logística, a questão-chave não é quanto ou qual empresa oferece mais, mas se os serviços oferecidos são voltados às *necessidades reais dos clientes*.[33] Se o resultado do sistema de logística da empresa for um simples conjunto de serviços de alto custo que os clientes não reconhecem como significativamente valiosos, então o resultado real não é o serviço ao cliente, e sim um caro movimento perdido.

Recentemente, Ketchen et al. argumentaram que o resultado de um sistema de logística ou cadeia de suprimentos de uma empresa não deve concentrar-se apenas em fornecer um excelente serviço ao cliente, mas também ser visto como uma dimensão da sua estratégia competitiva. Em resumo, o gerenciamento da logística ou da cadeia de suprimentos deve servir como uma dimensão-chave para criar vantagem diferencial para a empresa. Esses autores referem-se a essa visão mais estratégica do gerenciamento da cadeia de suprimentos como "cadeias de suprimentos com melhor valor".[34] Eles continuam e comparam esse seu conceito com o que chamam "cadeias de suprimentos típicas", em relação às oito questões-chave associadas ao gerenciamento da cadeia de suprimentos. Isso é mostrado no Quadro 13.4, que também inclui sugestões para trocar uma cadeia de suprimentos típica por outra com melhor valor, bem como exemplos de empresas que, na opinião de Ketchen et al., já adotaram esse conceito.

Embora basear a vantagem estratégica competitiva de uma empresa principalmente no gerenciamento de cadeia de suprimentos superior possa não ser adequado para todas as empresas, o conceito de cadeia de suprimentos com melhor valor serve para destacar a importância da logística. E, pelo menos para *algumas* empresas, sugere que o resultado do sistema de logística pode ser medido não apenas em termos de um excelente serviço ao cliente, mas também em termos de efetividade da sua estratégia competitiva.

QUATRO ÁREAS PRINCIPAIS DE INTERFACE ENTRE GERENCIAMENTO DA LOGÍSTICA E DE CANAL

No Capítulo 1, discutimos a relação entre estratégia, gerenciamento de canal e gerenciamento da logística. Ressaltamos que este último é *auxiliar* da maior área de gerenciamento do canal. Em outras palavras, esse gerenciamento é um elemento mais amplo e abrangente da estratégia de distribuição do que o da logística. O gerenciamento do canal está envolvido com a administração de *todos* os principais fluxos do canal (produto, negociação, propriedade, informação e promoção), enquanto a logística preocupa-se sobretudo com o fluxo do produto. Também apontamos naquele capítulo que o gerenciamento da logística e o do canal são intimamente ligados e interdependentes[35] porque um canal de marketing bem projetado e administrado não pode existir sem o fluxo eficiente de produtos aos membros do canal e aos mercados finais nas quantidades, momentos e locais certos. Em resumo, o gerenciamento do canal e o da logística trabalham juntos para fornecer uma distribuição eficaz. Entretanto, esse entrosamento requer uma boa coordenação. Isso se aplica especialmente às quatro principais interfaces entre esses dois gerenciamentos:

1. Definir os tipos de padrão de serviço de logística que os membros do canal desejam.
2. Certificar-se de que o programa de logística proposto, projetado pelo fabricante, atenda aos padrões de serviço do membro do canal.
3. Vender o programa de logística ao membro do canal.
4. Monitorar os resultados do programa de logística quando já tiver sido instituído.

Essas interfaces estão retratadas em um formato sequencial na Figura 13.4. O restante deste capítulo discute cada uma dessas áreas de logística na interface com o gerenciamento do canal.

Definindo os padrões de serviço de logística

Em geral, quanto maiores os padrões de serviço oferecidos pelo fabricante, maiores os custos. Embora os sistemas de logística bem projetados e a tecnologia moderna possam manter esses custos sob controle, normalmente não é possível escapar completamente dessa realidade.

Um fabricante ou outro membro do canal deve cobrir os custos indiretamente no preço que cobra pelos produtos, ou repassá-los aos membros do canal na forma de taxas de serviço. Em todo caso, faz pouco sentido oferecer serviços de logística que os membros do canal não querem, ou níveis mais altos de serviços do que desejam. Tipos ou níveis de serviços de logística que vão além das demandas

Questão	Cadeias de suprimentos típicas	Cadeias de suprimentos com melhor valor	Chaves para fazer a transição para uma abordagem de melhor valor	Exemplos de empresas
Abordagem para gerenciamento da cadeia de suprimentos	Estratégia de *apoio* à cadeia de suprimentos por meio da garantia do fluxo necessário de bens e serviços	Empresas deveriam alavancar a administração estratégica da cadeia de suprimentos, agilidade, adaptabilidade e cooperação para *criar* vantagens competitivas	Os executivos devem ver as cadeias de suprimentos como armas estratégicas, em vez de centros de custos	A *Zara* acompanha e cria modismos transitórios na indústria da moda por meio do desenvolvimento e da distribuição muito rápidos de produtos
Agilidade	Capacidade moderada de reagir a mudanças	Boa capacidade de antecipar mudanças e reagir a elas	Os executivos devem desenvolver uma abordagem específica da empresa para gerenciar os custos de proteção	A *Raytheon Technical Services Company* localiza um escritório executivo perto de consumidores-chave
Adaptabilidade	Foco em eficiência por meio do uso de cadeias de suprimentos distintas	Manter cadeias de suprimentos que se sobrepõem para garantir o serviço ao cliente	Os executivos devem estar dispostos a aceitar os gastos adicionais de duplicação	Com base nas necessidades do consumidor, a *Computer Science Corporation* posiciona alguns estoques perto dos consumidores, enquanto outros itens são armazenados de maneira central
Alinhamento	Os membros da cadeia de suprimentos às vezes são forçados a escolher entre seu próprio interesse e o da cadeia	Uma maré crescente levanta todos os barcos – os interesses dos membros da cadeia de suprimentos são consistentes com cada um deles	Os executivos devem ver os problemas pela análise do nível da cadeia de suprimentos, em vez do da empresa	Quando a sugestão de um fornecedor economiza o dinheiro da *R.R. Donnelly,* a empresa divide com ele as economias
Fornecimento estratégico	Envolve os fornecedores no fim do processo de desenvolvimento do produto	Envolve os fornecedores no início do desenvolvimento do produto e ao longo do processo	Os gerentes de fornecimento devem adotar uma visão holística e global do seu papel na empresa	Empresas do setor aeroespacial, como a *Northrup Grumman,* criam alianças de desenvolvimento de produtos anos antes das propostas do governo por novas aeronaves
Gerenciamento da logística	Trata a logística como um mecanismo de transporte	Trata a logística como um mecanismo estratégico de estoque	Encontrar o equilíbrio ideal entre velocidade, qualidade, custos e flexibilidade dentro dos sistemas de distribuição	A *Dell Computers* revolucionou o negócio de computadores pessoais ao ignorar varejistas e distribuir diretamente aos consumidores
Sistemas de informação de cadeias de suprimentos	Os participantes recebem dados ao mesmo tempo ou depois da movimentação do produto	Os participantes recebem dados antes da movimentação do produto	Sistemas de informação devem ser criados para permitir o compartilhamento de dados, protegendo o sigilo de informações das empresas quando for o caso	O *Wal-Mart* usa tecnologia via satélite, identificação por radiofrequência (RFID) e GPS para rastrear o estoque em tempo real
Administração de relacionamentos	Sucesso moderado na combinação da natureza dos relacionamentos com as tarefas	Combinação eficiente da natureza dos relacionamentos com as tarefas	Reconhecer que a maioria dos relacionamentos da cadeia de suprimentos deve ser gerenciada por meio de contratos, e não parcerias ricas	A *Wendy's* examinou cuidadosamente seus 225 fornecedores para identificar menos de 40 candidatos à colaboração

Fonte: Reproduzido de *Business Horizons*, v. 51, David J. Ketchen Jr., William Rebarick, G. Thomas, M. Hult e David Meyer, Best value supply chains: a key competitive weapon for the 2st century, p. 239, Copyright 2008, com permissão da Elsevier.

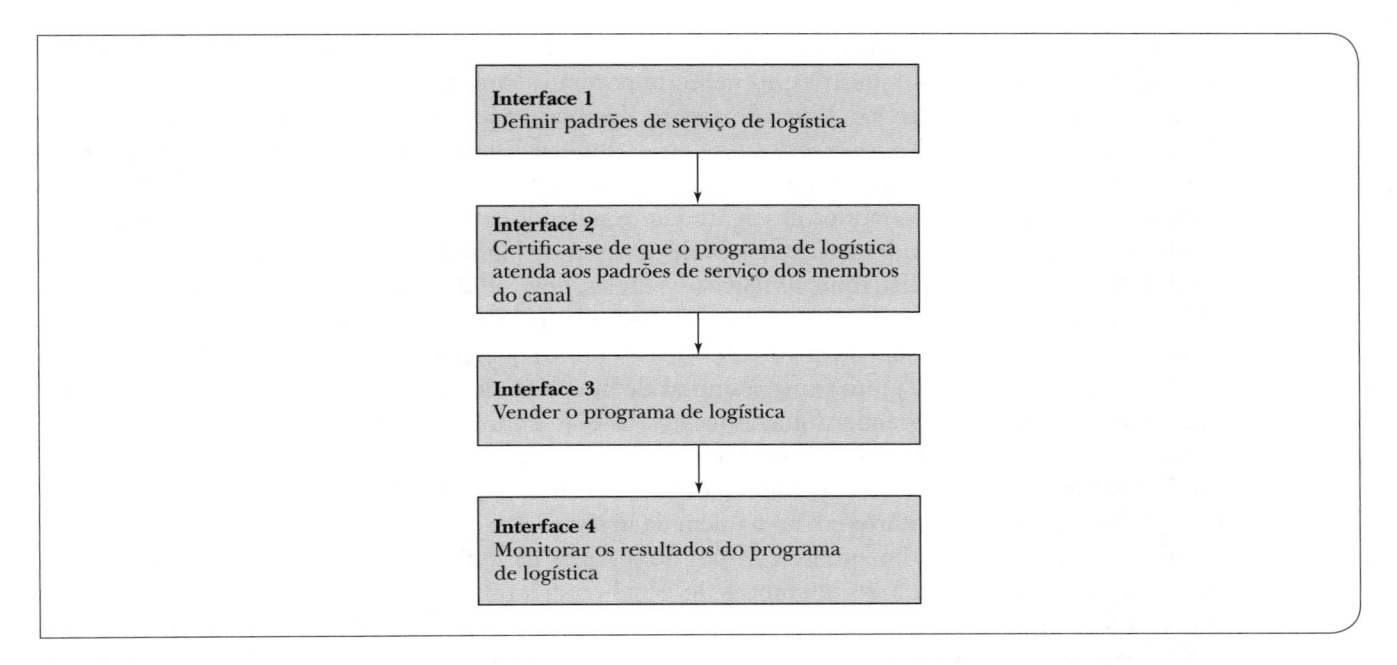

FIGURA 13.4 ▶ Interfaces entre o gerenciamento da logística e o do canal vistas de forma sequencial.

Fonte: Com a gentil permissão de Springer Science+Business Media: *Journal of the Academy of Marketing Science*, Measuring physical distribution service quality, 25:1, 1997, p. 41, Beinstock et al.

dos verdadeiros membros do canal simplesmente aumentam o custo para estes últimos sem fornecer nenhum benefício desejado. Assim, a questão-chave enfrentada pelo gerente no que diz respeito à definição dos padrões de serviço de logística é *determinar precisamente os tipos e níveis de serviço de logística desejados pelos membros do canal.* Para lidar com essa questão de forma efetiva, o gerente de canal precisa conhecer os pontos de vista dos membros do canal sobre os tipos de padrão de serviço que eles querem *antes* que o fabricante desenvolva um programa de logística.

Infelizmente, muitas vezes os gerentes não sabem realmente o que os consumidores querem de forma objetiva a respeito de padrões de serviço, mas em geral *pensam* que sabem. Como Bowersox aponta:

"Todos os principais gerentes 'acreditam' que sabem o que os consumidores desejam. Contudo, menos de uma em cada cinco empresas estabelece padrões rígidos de serviço ao cliente ou compreendem sistematicamente o *feedback* para aprimorar as operações."[36]

No entanto, como esse comentário sugere, menos de 20% das empresas fazem uma tentativa sistemática de descobrir as necessidades de padrões de serviço de seus consumidores. Abordagens e métodos para fazer isso têm sido discutidos na literatura há muitos anos.

Há mais de quatro décadas, Hutchinson e Stolle sugeriram o uso de pesquisas para descobrir os tipos de padrão de serviço que os membros do canal buscam[37] – se, por exemplo, querem uma duração menor de ciclo de pedidos, sistemas EDI para pedidos de computador para computador, altos graus de flexibilidade nos procedimentos de pedidos, ou outros serviços de logística específicos. Essas pesquisas, sob a forma de levantamentos, podem ajudar o gerente de canal a descobrir se os membros estariam dispostos a pagar (por exemplo, por meio de grandes pedidos ou altos preços) por serviços de logística aprimorados. No final, as pesquisas podem oferecer informações dos membros do canal sobre os níveis de serviço concorrentes. Esse tipo de dado será útil para apontar as áreas em que a logística pode ser usada a fim de obter uma vantagem competitiva.

Mais recentemente, um progresso substancial foi feito em métodos baseados em pesquisa para aprender sobre os padrões de serviço que são importantes para os consumidores. Exemplo famoso desse tipo de progresso é a abordagem desenvolvida por Bienstock, Mentzer e Bird, que oferece à administração um instrumento de medida válido, confiável e prático para avaliar as percepções da qualidade do serviço de logística.[38] A pesquisa, baseada em uma ampla amostra de clientes industriais, incluindo fabricantes, agências do governo, fornecedores de planos de saúde, atacadistas, uma empresa de teleco-municações e várias outras indústrias, forneceu importantes *insights* sobre como os clientes industriais percebem a qualidade do serviço. Especificamente, descobriu que três importantes fatores – *pontualidade* das entregas, *disponibilidade* e *condição* dos produtos – influenciavam de forma significativa as percepções dos gerentes de compras a respeito da qualidade do serviço de logística, com a pontualidade sendo o principal dos três. Assim, os fabricantes agora têm resultados com fundamentos empíricos sobre o que os clientes industriais estão buscando acerca de serviços de logística, ou o que os autores chamam de **qualidade do serviço de distribuição física** (em inglês, ***physical distribution service quality*** – **PDSQ**). Além disso, o questionário usado no estudo – apresentado na Figura 13.5 – fornece um valioso guia para empresas individuais que estão desenvolvendo seus próprios questionários para avaliar a PDSQ.

Por fim, em vez de (ou junto com) pesquisas de membros do canal ou possíveis ofertas de programas, as abordagens para aprender sobre as necessidades e os problemas desses membros, discutidos no Capítulo 9, podem ser usadas. Nesse caso, os desejos dos membros do canal a respeito dos padrões de serviço de logística poderiam ser incluídos como parte do esforço geral para descobrir as necessidades e os problemas desses membros em áreas além da logística.

Em suma, o desenvolvimento de padrões de serviços de logística não deve ser baseado somente nas visões dos fabricantes; a dos membros do canal também deve ser incorporada. Se isso for feito, o conjunto de padrões de serviços de logística desenvolvido pelo fabricante provavelmente refletirá melhor os tipos e níveis de serviço que os membros do canal *desejam de fato*, em vez do que o fabricante possa *pensar* que eles querem. Como esses membros, de uma forma ou de outra, pagam pelos serviços de logística oferecidos pelos fabricantes, deveriam pelo menos dar sua opinião sobre o que estão recebendo em troca do seu dinheiro.

Avaliando o programa de logística

Um programa de logística pode ser oferecido aos membros do canal como uma entidade separada, ou ser incluído como um importante componente da abordagem global do fabricante para apoiar as necessidades desses membros. Neste último caso, esse programa pode, por exemplo, ser a característica-chave de uma "parceria" ou aliança estratégica,[39] ou ter um papel importante em um acordo abrangente de programação de distribuição (ver Capítulo 9).

Na prática, o projeto real deveria ser elaborado por especialistas na área de logística, por uma equipe interna formada pelo quadro de pessoal do fabricante ou por consultores externos, como os da Garr Consulting Group. Esse tipo de organização tem experiência longa o suficiente para projetar sistemas de logística complexos e modernos. Entretanto, o gerente de canal, ainda assim, deve ter o papel de garantir que o programa realmente atenda às exigências de serviço dos membros do canal. Felizmente, isso não requer um alto nível de especialização em aspectos técnicos do projeto de logística. Mas vai *exigir*, no entanto, que o gerente de canal tenha um bom entendimento dos *objetivos* do programa de logística. Em resumo, é tarefa desse gerente assegurar que o programa que os especialistas prepararam é realmente o que os membros do canal desejam, pois é possível ter um programa de logística sofisticado que incorpore os últimos avanços técnicos e, mesmo assim, ainda esteja longe do objetivo de atender às necessidades desses membros – uma situação como essa faz pouco para estimular o apoio do membro do canal.

Considere o que aconteceu com a Gillette Company, fabricante das lâminas e aparelhos de barbear mais vendidos do mundo. A empresa enfrentou um atordoante conjunto de mudanças em suas operações. Entre elas, estava a diversificação para uma ampla oferta de produtos de higiene pessoal, uma mudança de seus principais canais de distribuição de redes de drogarias e uma concorrência mais intensa. A Gillette procurou se destacar ao fornecer serviço de logística aos seus milhares de membros do canal, enfatizando a entrega rápida de suas novas lâminas. O programa de logística projetado para essa execução dependia de formas mais rápidas de transporte – frete aéreo. Porém, percebeu-se que o custo de serviços de logística com base em frete aéreo era muito alto. A Gillette e muitos dos membros do seu canal estavam insatisfeitos com esses altos custos, que resultavam em margens de lucro baixas. A empresa, então, rapidamente abandonou esse programa e desenvolveu um baseado no uso de transporte de superfície com custo mais baixo.

Questionário de serviço de logística

Este questionário traz algumas questões sobre o serviço de distribuição física que você recebe de seus fornecedores. Aqui, distribuição física é definida como todas as atividades envolvidas na entrega física de produtos de um fornecedor à sua empresa. Ao responder a todas as questões, por favor, pense sobre o produto que você adquire com mais frequência.

Itens de qualidade geral

Q1. A qualidade do serviço de distribuição física do fornecedor é

1	2	3	4	5	6	7
Muito fraca						Excelente

Q2. Classifique a qualidade geral do serviço de distribuição física que você recebe desse fornecedor circulando um dos números abaixo, de 1 a 7, com 1 para a classificação mais baixa e 7 para a mais alta.

1	2	3	4	5	6	7
Muito baixa						Mais alta

Itens de intenção de compra

B1. A probabilidade de a minha empresa comprar novamente desse fornecedor é

1	2	3	4	5	6	7
Muito baixa						Muito alta

B2. Minha empresa não tem planos de comprar novamente desse fornecedor no futuro.

1	2	3	4	5	6	7
Discordo totalmente						Concordo totalmente

Qual é o valor das vendas anuais (em dólares) da sua empresa? _____.

Quais são os recursos totais (em dólares) da sua empresa? _____.

Quantos funcionários sua empresa tem? _____.

Sua empresa é basicamente um(a)

___ fabricante
___ atacadista
___ instituto de pesquisa de mercado
___ agência de propaganda
___ empresa de cuidados de saúde
___ agência do governo
___ empresa mineradora
___ instituição financeira
___ editora
___ varejista
___ empresa de telecomunicações
___ outros (favor especificar) _____

Expectativas

Insira um número à direita de cada componente do serviço de distribuição física, indicando se você acha que os fornecedores devem, em geral, oferecê-los; isto é, se você acredita razoável esperar que um fornecedor ofereça tal componente. (Os valores variam de 1, discordo totalmente, a 7, concordo totalmente).

Itens de pontualidade

O material informativo sobre procedimentos de entrega deve estar disponível.
O material informativo sobre opções de entrega deve estar disponível.
Os fornecedores devem respeitar a escolha de transporte ou portador do consumidor.
Os procedimentos para realização de pedidos devem ser flexíveis.
Os procedimentos para realização de pedidos devem ser convenientes.
O tempo de comunicação de pedidos deve ser curto.

A resposta a pedidos pendentes deve ser regular.
O tempo de atendimento a pedidos pendentes deve ser curto.
Os fornecedores devem ser capazes de atender a pedidos urgentes.
O período de transporte deve ser regular.
Os produtos encomendados devem ser entregues pontualmente.
Todos os pedidos devem ser entregues pontualmente.
O tempo entre a realização e o recebimento de um pedido deve ser curto.
A entrega deve ser rápida.
O tempo entre a realização e o recebimento de um pedido deve ser regular.
O tempo que meu fornecedor leva para preparar meu pedido deve ser regular.
O tempo entre meu fornecedor receber e enviar meu pedido deve ser curto.
O tempo que meu fornecedor leva para preparar meu pedido deve ser curto.

Itens de disponibilidade

As faturas devem ser fáceis de entender.
Os fornecedores devem desembalar e estocar meu pedido em meu armazém.
Os fornecedores devem demonstrar os equipamentos ou produtos antes da realização do pedido.
O material informativo sobre o sortimento de produtos deve estar disponível.
Os fornecedores não devem impor restrições de tamanho máximo de pedidos.
Restrições de tamanho mínimo de pedidos não devem ser impostas.
Os fornecedores não devem impor restrições de sortimento de pedidos.
Informações sobre o *status* do pedido devem estar prontamente disponíveis.
As faturas devem corresponder às ordens de compra.
Deve haver estoques em várias localizações.
Os procedimentos de devolução devem ser convenientes.
Os procedimentos de faturamento devem ser precisos.
O estoque deve ser regular.
Um amplo sortimento de produtos deve estar disponível.
Os pedidos devem estar disponíveis em estoque quando pedidos.
Os fornecedores devem ter estoque disponível perto de minhas instalações.
Se os fornecedores forem avisados de possíveis aumentos em pedidos futuros, devem manter um estoque extra.
Os produtos pedidos devem estar disponíveis em estoque.
Os produtos devem estar disponíveis em estoque sistematicamente.

Itens de condição

Os fornecedores devem ser responsáveis pelo descarte da embalagem ou recipientes de envio.
Suporte técnico competente deve ser fornecido.
Os pedidos devem ser embalados de forma protetora.
Todos os pedidos devem ser entregues sem danos.
Todos os pedidos devem ser exatos (por exemplo, itens pedidos devem chegar conforme o pedido, sem itens não solicitados).
Todos os produtos devem ser entregues sem danos.
Os pedidos devem ser embalados de forma conveniente.

FIGURA 13.5 ▶ Questionário usado para medir a qualidade do serviço de logística. *(Continua)*

Continuação

Desempenho percebido

Essa questão relaciona-se ao desempenho do serviço de distribuição física de um fornecedor específico. Para responder, por favor, pense a respeito do primeiro, segundo e terceiro fornecedores usados com mais frequência para o produto que você mais compra e indique até que ponto concorda ou discorda que o desempenho que recebe desse fornecedor tem cada característica abaixo.

Itens de pontualidade

O material informativo sobre os procedimentos de entrega está disponível.
O material informativo sobre as opções de entrega está disponível.
Esse fornecedor respeita a escolha da forma de transporte ou portador feita pelo cliente.
Os procedimentos para a realização de pedidos são flexíveis.
Os procedimentos para a realização de pedidos são convenientes.
O tempo de atendimento a pedidos pendentes é curto.
O tempo de comunicação de um pedido é curto.
O tempo de comunicação de um pedido é regular.
A resposta a atrasos é regular.
O fornecedor consegue atender pedidos urgentes.
O tempo de transporte é regular.
Os produtos pedidos são entregues pontualmente.
Todos os pedidos são entregues pontualmente.
O tempo entre fazer e receber um pedido é curto.
A entrega é rápida.
O tempo entre fazer e receber um pedido é regular.

O tempo que meu fornecedor leva para preparar meu pedido é regular

O tempo entre meu fornecedor receber e enviar meu pedido é curto.
O tempo que meu fornecedor leva para preparar meu pedido é curto.

Itens de disponibilidade

As faturas são fáceis de entender.

Esse fornecedor desembala e estoca meu pedido no meu armazém.
Esse fornecedor demonstra os equipamentos ou produtos antes de o pedido ser feito.
O material informativo a respeito do sortimento de produtos está disponível.
Esse fornecedor não impõe restrições de tamanho máximo de pedido.
Não são impostas restrições de tamanho mínimo de pedido.
Esse fornecedor não impõe restrições de variedade de pedidos.
As informações sobre o *status* do pedido estão prontamente disponíveis.
As faturas desse fornecedor correspondem às ordens de compra.
O estoque está presente em várias localizações.
Os procedimentos de devolução são convenientes.
Os procedimentos de faturamento são precisos.
O estoque é regular.
Um amplo sortimento de produtos está disponível.
Os pedidos estão disponíveis em estoque quando encomendados.
Esse fornecedor tem estoque disponível perto de minhas instalações.
Se esse fornecedor for avisado de possíveis aumentos em pedidos futuros, terá um estoque extra.
Os produtos encomendados estão disponíveis em estoque.
Os produtos estão disponíveis em estoque de forma regular.

Itens de condição

Esse fornecedor dispõe de embalagens ou recipientes para envio.
Esse fornecedor oferece apoio técnico competente.
Os pedidos são embalados de forma protetora.
Todos os pedidos são entregues sem danos.
Todos os pedidos são exatos (por exemplo, itens pedidos devem chegar conforme o pedido, sem itens não solicitados).
Todos os produtos são entregues sem danos.
Os pedidos são bem embalados.

Qual é o seu cargo? _____.

Em qual estado seu escritório está localizado? _____.

FIGURA 13.5 ▶ Questionário usado para medir a qualidade do serviço de logística.

Fonte: Com a gentil permissão de Springer Science+Business Media: *Journal of the Academy of Marketing Science*, adaptado de Measuring physical distribution service quality, 25:1, 1997, p. 41-43, Beinstock et al.

A avaliação inadequada de um sistema de logística também pode levar a terríveis problemas nos mercados B2B. Esse é especialmente o caso em que os "aplicativos matadores" (softwares de alta tecnologia para sincronizar a cadeia de suprimentos) não correspondem às superestimadas expectativas. A experiência da Solectron Corp., maior fabricante de eletrônicos do mundo, recém-adquirida pela Flextronics International Ltd., é um caso que merece análise[40]. No começo do novo milênio, a maioria dos grandes consumidores da Solectron, incluindo a Cisco, a Ericsson e a Lucent, previa um enorme crescimento na demanda por telefones sem fio e equipamentos de rede. A Solectron não acreditou realmente nessas previsões, mas foi adiante e produziu em capacidade máxima, com base nas promessas de seus grandes clientes, a quem via como parceiros estratégicos de canal, de que pagariam por todo o estoque excedente na cadeia de suprimentos. Contudo, logo ficou claro que o grande crescimento de vendas era um engano, e os clientes cortaram seus pedidos drasticamente. Nesse ponto, porém já era tarde demais para a Solectron cancelar os pedidos que havia feito de materiais e componentes para seus 4 mil fornecedores. O resultado? A empresa estava com quase $ 5 bilhões de estoque em excesso. A confusa cadeia de suprimentos que utilizava os softwares mais modernos para ligar os computadores da Solectron a seus fornecedores e clientes provou ter pouca utilidade no caso de uma má previsão. Na verdade, a cadeia de suprimentos ligada computador a computador criou um efeito dominó que agravou o problema de acúmulo de estoque, já que a previsão imprecisa original se alastrou por toda a cadeia de suprimentos.

Por isso, não importa quão tecnológico e empolgante um sistema de logística possa parecer, o gerente de canal ainda precisa avaliar o que pode ser esperado de forma realista, bem como o que pode acontecer se algo der errado.

Vendendo o programa de logística aos membros do canal

Independentemente de quão bom um fabricante perceba que seu programa de logística possa ser, ele ainda precisa convencer os membros do canal de seu valor.[41] Stewart defende sua opinião de forma sucinta na discussão seminal sobre esse tópico:

Uma palavra de cautela! Mudanças na distribuição [física] devem ser palatáveis aos consumidores da empresa [membros do canal]. Mudanças que proporcionam benefícios de custo somente ao fabricante, sem os correspondentes aos consumidores, podem ser mais difíceis de implementar do que aquelas que oferecem incentivos para que os consumidores mudem.[42]

Stewart foi além para sugerir diversos tipos de recursos que, se enfatizados pelo fabricante na tentativa de vender programas de logística, podem ajudá-lo a ser mais convincente. Eles são tão relevantes hoje como sempre foram. Os fabricantes devem enfatizar que um novo programa de logística pode estimular:[43]

1. Menos ocorrências de produtos fora de estoque.
2. Estoques reduzidos nos membros do canal.
3. Maior apoio do fabricante aos membros do canal.

Minimizando ocorrências de produtos fora de estoque Ao minimizar essas ocorrências por meio de um programa de logística aprimorado, as vendas perdidas pelos membros do canal serão reduzidas. O Walmart tornou-se lendário por seu empenho quase religioso em reduzir o número de estoques esgotados; na verdade, seu êxito nesse ponto teve um papel fundamental no sucesso espetacular da empresa. Os fabricantes que buscam vender seus produtos no Walmart sabem que devem atender aos seus rigorosos padrões para manter as prateleiras do gigante varejista estocadas de forma consistente. Além disso, se um fabricante puder convencer os membros do canal de que o novo sistema de logística vai de fato ajudá-los a alcançar esse resultado, terá um argumento muito forte para conseguir uma recepção entusiasmada para o programa. Na verdade, reduzir o problema de falta de estoque é provavelmente o recurso mais forte que pode ser apresentado aos membros do canal, pois trata-se de um fator de resultado. A questão da falta de estoque, por exemplo, é o que a Garr Consulting Group, uma empresa líder de consultoria logística, já mencionada, usou em propagandas em revistas de comércio para atrair a atenção de clientes e promover seu valor para reestruturar sistemas de logística e reduzir a falta de estoques (ver Figura 13.6).

É claro, esse deve ser realmente o caso. O novo programa de logística deve ser capaz de atingir esse resultado. Se promessas falsas, enganosas ou exageradas feitas a respeito de um novo programa de logística não forem confirmadas quando o sistema for colocado em operação, pode haver conflitos, em vez do aumento da cooperação do membro do canal. Não importa quão empolgado o gerente de canal possa estar em relação aos benefícios de um sistema de logística reestruturado, deve-se evitar sua promoção exagerada aos membros do canal.

Sistemas de pedidos computador a computador e Transferência Eletrônica de Dados (EDI) são bons exemplos que *realmente* parecem estar cumprindo os benefícios prometidos. Esses sistemas, de amplo uso, revolucionaram as práticas tradicionais de realização de pedidos e reduziram drasticamente as ocorrências de falta de estoque. Em vez de precisar anotar um pedido, telefonar e aguardar por uma confirmação, um membro do canal simplesmente insere o pedido em um terminal de computador, que o transfere eletronicamente ao sistema de computadores do fabricante de forma quase instantânea. O pedido também pode passar por uma terceira parte (agentes facilitadores) com recursos de compartilhamento de tempo. Esse tipo de "sistema de correio eletrônico" permite que os pedidos

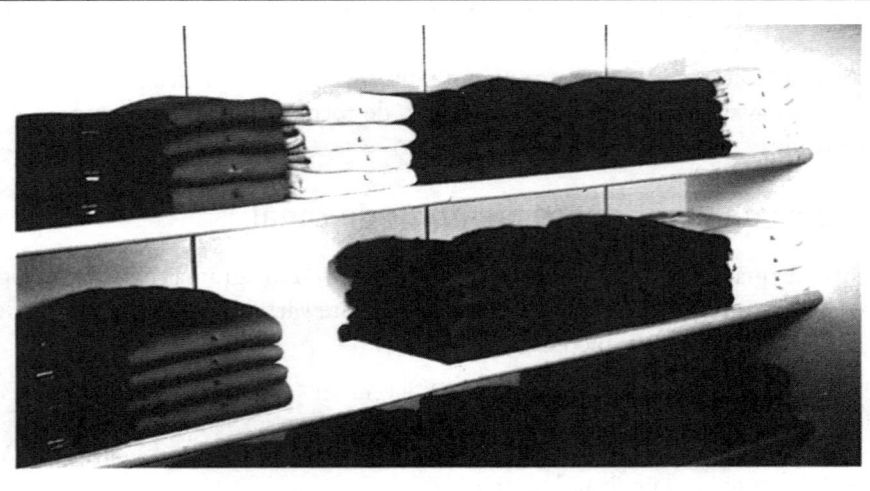

Out-of-Stock is Out of the Question.

An out-of stock position in today's retail market is unacceptable. Likewise, an over-stock position is equally unacceptable. Both problems represent significant challenges in the supply chain. It's how well you get the product to your customer that distinguishes your position in the marketplace today

In the current atmosphere of shrinking margins, retailers must reexamine the way in which they manage their inventory and bring goods from vendors to their stores *just in time*. The Garr Consulting Group's "total system perspective" has helped organizations use innovative logistics management

techniques to rethink how they manage inventory flow: through the integration of merchandising, logistics and store operations. This may involve implementing a new technology or reengineering a current operational system. But ultimately, the goal is the same: to satisfy the customer's highest demands at the lowest possible cost.

This is why Garr works with you every step of the way ... to provide comprehensive planning and implementation that will sustain improved performance and hold down operating costs. So that you being less than the best is out of the question.

Garr—using innovative solutions to solve business problems

— THE —
GARR
CONSULTING
GROUP

404-955-6142
1240 Powers Ferry Road, Marietta, GA 30067

a division of
Deloitte & Touche
TRADE
Retail & Distribution
Services Group

Merchandising Planning • Inventory Management • Long-Range Planning • Facility Design
Transportation Modeling • Staff Scheduling • Store Operations • Performance Incentives

FIGURA 13.6 ▶ Anúncio em revista de comércio de uma empresa de consultoria que ressalta o valor de reduzir a falta de estoque.
Fonte: Cortesia de Garr Consulting Group, Marrietta, Geórgia.

sejam armazenados até que o computador do fabricante esteja pronto para aceitá-los. Assim que o pedido é recebido pelo fabricante, os produtos são selecionados no estoque, os documentos de entrega são preparados, uma transportadora é notificada para recolher o pedido e a fatura e o conhecimento de embarque são emitidos. A maioria dos sistemas também ajusta as faturas, confirma pedidos, fornece avisos de envio e apresenta informações sobre novos produtos, alterações de preços e programas promocionais. Nos sistemas de processamento de pedidos computador a computador mais avançados, o computador do fornecedor não espera os pedidos chegarem dos consumidores, mas toma a iniciativa ao pedir que o computador do cliente confira seus níveis de estoque. Se o consumidor está com o nível baixo em algum item, o computador do fornecedor automaticamente faz um pedido em seu nome.

Nos últimos anos, a disponibilidade da internet e os computadores pessoais ligados à rede diminuíram substancialmente o custo de sistemas de processamento de pedidos de computador a computador. Em vez de ter de investir em grandes servidores (computadores *mainframe*), programas especializados e treinamentos geralmente necessários para os sistemas EDI mais antigos, as pequenas empresas agora podem usar seus PCs e a internet para obter resultados que no passado exigiam uma infraestrutura de EDI muito mais cara e especializada.

Reduzindo a exigência de estoque dos membros do canal   Um programa de logística bem projetado e receptivo pode significar redução dos ciclos de pedidos dos membros do canal, o que, por sua vez, pode significar que esses membros podem carregar estoques mais baixos. À medida que um fabricante consiga desenvolver um programa de logística em um grau mais alto do que o de seus concorrentes, há possibilidade de os membros do canal obterem uma vantagem econômica ao fazer mais negócios com esse fabricante em particular. O sistema de gestão de estoque ***kanban***, ou ***just-in-time*** (**JIT**), desenvolvido pela indústria automotiva japonesa, talvez seja o exemplo mais discutido de inovação logística com efeitos espetaculares em termos de redução da exigência de estoque. O princípio do JIT é manter um volume de estoque suficiente apenas para atender às necessidades de produção imediata, sem reserva de estoque. Dessa forma, os fabricantes recebem partes e materiais "bem a tempo" ("*just in time*") de atender à sua cota diária de fabricação com praticamente nenhuma sobra.[44] Entretanto, a abordagem JIT depende de uma excelente cooperação entre o fabricante e seus fornecedores, bem como um sistema de logística muito bem projetado e executado.[45] Se essa tarefa for bem realizada, contudo, o resultado pode ser surpreendente, pois os custos de estoque podem sofrer drásticas reduções, às vezes superiores a 50%.

Embora o sistema *just-in-time* tenha sido associado principalmente aos fabricantes, e em particular à indústria automotiva, ele tem um potencial de aplicação muito mais amplo. Na verdade, especialistas acreditam que ele pode ser aplicado a praticamente qualquer indústria e em todos os tipos e níveis de relações de canal.[46] Além disso, o sistema pode estabelecer um ritmo, ou até se tornar a regra, para o que é esperado de sistemas de logística eficientes – perfeição no fluxo de qualquer tipo de mercadoria do vendedor ao comprador. Portanto, empresas que são incapazes de acompanhar esse ritmo podem se encontrar em uma séria desvantagem competitiva.

A Zara, varejista global de roupas da moda, discutida no quadro "Foco em canais" no início deste capítulo, é um excelente exemplo de empresa empregando o JIT para colocar seus concorrentes em desvantagem. Como assinalamos, as tendências de moda superatualizadas que aparecem nas lojas de varejo da Zara ao redor do mundo não seriam possíveis sem o uso de um programa de logística baseado nessa abordagem. Além disso, como um bônus adicional, os níveis de estoque das lojas da Zara e os custos associados ao seu carregamento são substancialmente menores do que os de seus concorrentes que não executam sistemas de logística baseados no JIT.

Fortalecendo a relação entre o fabricante e o membro do canal   Um programa de logística projetado cuidadosamente e focado na melhoria do serviço para os membros do canal pode servir como um dos sinais mais tangíveis de preocupação e comprometimento do fabricante com o sucesso desses membros. Ao apresentar um programa de logística sugerido aos membros, o gerente de canal deve enfatizar que o programa foi concebido para ajudá-los a ser mais bem-sucedidos. Quando apresentado nesse contexto, o novo programa de logística proposto pode ser uma forte ferramenta de marketing para criar apoio dos membros do canal. Na verdade, o papel de uma melhor gestão de logística no fortalecimento dos esforços gerais de marketing dos membros do canal é cada vez mais importante. Essa gestão oferece aos fabricantes, que dela podem fazer uso para esse propósito, uma ferramenta cada vez mais poderosa para criar apoio e lealdade dos membros do canal, por meio de parcerias ou alianças estratégicas focadas em um desempenho logístico superior. Como Bowersox aponta:

> Para empresas satisfeitas com parcerias de logística, um fator comum se sobrepõe aos outros em um reconhecimento de que essa atividade empresarial é uma parte importante da estratégia de marketing. Produto,

promoção e preço são os ingredientes competitivos tradicionais, enquanto as competências de tempo e local foram deixadas em segundo plano. Essa relativa negligência está mudando. Essas empresas que formam alianças estão buscando explorar suas competências – e não suas fraquezas – de logística.[47]

Como esse comentário sugere, o gerenciamento da logística aprimorado oferece um maior potencial como ferramenta estratégica de marketing. Contudo, oferecerá ainda mais potencial aos fabricantes que conseguirem estender seus recursos superiores de logística para ajudar os membros do canal a melhorar também *seus* recursos de logística e de marketing.

Monitorando o sistema de logística

Há mais de três décadas, ao referir-se à necessidade de monitorar continuamente um sistema de logística, Weeks criou uma regra, chamada por ele de *Great Physical Distribution Management Paradox* – GPDMP (Grande Paradoxo do Gerenciamento de Distribuição Física). Essa regra se aplica hoje mais do que nunca: "Qualquer estratégia de distribuição física cuidadosamente pensada, sinceramente aceita, honestamente implementada, completamente depurada e mantida de forma escrupulosa será irremediavelmente inapropriada depois de cinco anos."[48]

Essa regra aponta a dificuldade de manter os sistemas de logística – até mesmo os bem projetados e atualizados – em consonância com as necessidades dos membros do canal. Sistemas de logística, quando implantados, não podem ser simplesmente deixados sob a expectativa de que continuarão trabalhando bem e atendendo às necessidades dos membros do canal indefinidamente. Pelo contrário, os sistemas de logística precisam ser monitorados continuamente, em termos do nível de sucesso que estão apresentando ao fabricante e, tão importante quanto, do bom atendimento às necessidades mutáveis dos membros do canal.[49] Assim, como parte de uma tentativa global de aprender sobre as necessidades e os problemas dos membros do canal (ver Capítulo 9), o gerente deve monitorar continuamente a reação destes aos programas de logística. Os principais objetivos desse monitoramento são avaliar as respostas dos membros do canal ao programa e descobrir se alterações são necessárias.

A forma mais efetiva de monitorar as reações dos membros do canal é conduzir uma pesquisa com uma amostra deles. Se o número de membros for pequeno, pode ser possível incluir todos. A pesquisa sobre o programa de logística deve ser conduzida como parte de uma auditoria geral do canal de marketing (ver Capítulos 9 e 14) ou separadamente. Em qualquer um dos casos, as principais áreas do serviço ao cliente nas quais o programa de logística está focado devem ser examinadas. No entanto, o fabricante deve ter o cuidado de acompanhar e realmente fazer melhorias nas áreas do serviço de logística que os membros do canal considerem deficientes. De acordo com um estudo seminal sobre as respostas dos membros do canal a essas pesquisas logísticas, a satisfação destes com o programa de logística do fabricante tende a *diminuir* quando os que apontaram deficiências não percebem tentativas subsequentes de corrigi-las.[50]

De certo modo, portanto, as pesquisas logísticas podem abrir uma caixa de Pandora ao focar a atenção dos membros do canal no programa de logística do fabricante e torná-los mais sensíveis às suas deficiências. Para fechar essa caixa com sucesso, o fabricante precisa deixar claro aos membros do canal que pretende tomar ações imediatas e efetivas para superar quaisquer falhas de seu programa de logística. O fabricante é mais propenso a ter esse tipo de atitude se enxergar o programa logístico como *parte integral* do programa de marketing global.

Logística, ou o termo sinônimo *distribuição física*, envolve planejamento, implementação e controle de fluxos físicos de materiais e bens finais de pontos de origem para pontos de uso visando ir ao encontro das necessidades dos consumidores de forma lucrativa. Em anos recentes, o termo *gerenciamento da cadeia de suprimentos* tem sido usado para descrever sistemas de logística caracterizados por forte cooperação entre membros do canal em parcerias e alianças estratégicas para ganhar eficiência e, assim, reduzir o custo total de logística, enquanto aumenta o serviço ao consumidor.

O papel básico da logística é conseguir a quantidade certa de produtos certos no lugar e momento certos. Logística é também uma grande área em termos de penetração e nível de gastos, o que equivale a mais de $ 6,4 trilhões envolvendo todas as empresas e organizações do mundo.

Qualquer sistema de logística consiste em seis componentes básicos: (1) transporte; (2) manuseio de materiais; (3) processamento de pedidos; (4) controle de estoque; (5) armazenamento; e (6) empacotamento. A visão moderna de gerenciamento da logística baseia-se no conceito de sistemas e na abordagem de custo total, que enfatiza as inter-relações entre cada um dos componentes e os custos totais de todos eles reunidos. O resultado de um sistema de logística deveria ser um serviço efetivo e eficiente, acuradamente direcionado para as necessidades do consumidor e, em alguns casos, um componente importante para obter vantagem competitiva.

O gerenciamento do canal faz interface com o da logística em pelo menos quatro áreas: (1) definição dos padrões de serviço dos membros do canal; (2) garantia de que o programa de logística atende a esses padrões; (3) venda do programa aos membros do canal; e (4) monitoramento do programa uma vez instituído para determinar se continua a corresponder às necessidades de serviço dos membros do canal.

Em relação à primeira interface, a questão-chave enfrentada pelo gerente de canal é determinar precisamente que tipos e níveis de serviço de logística são desejados pelos membros do canal. Pesquisas separadas com membros do canal ou conduzidas como parte de um esforço geral para aprender sobre as necessidades e os problemas desses membros (Capítulo 9) oferecem uma abordagem efetiva para lidar com essa questão.

A segunda interface exige uma análise cuidadosa do programa de serviço de logística da perspectiva do *membro do canal* para saber se realmente atende às necessidades para as quais foi projetado. Muitos sistemas de logística, apesar de modernos e sofisticados do ponto de vista do fabricante, podem, mesmo assim, ser inadequados da perspectiva desses membros.

A principal tarefa colocada pela terceira interface é o fabricante convencer os membros do canal do valor do sistema e, assim, garantir sua cooperação e apoio na implementação do programa. Independentemente de quão bom um fabricante acha que o programa de logística é, não deveria assumir que se venderá por si mesmo. Os membros do canal devem ser convencidos do seu valor. Se o fabricante puder convencê-los de que o programa de logística vai ajudar a (1) minimizar as ocorrências de falta de estoque; (2) reduzir as exigências de estoque do membro do canal; e (3) fortalecer o relacionamento entre fabricante e membros do canal de uma forma que beneficie estes últimos, terá um forte conjunto de argumentos para vender a eles o programa de logística. Claro, o sistema de logística deve, de fato, ser capaz de entregar o que promete.

Finalmente, a quarta interface foca a necessidade de monitorar o programa de logística implementado. Independentemente de quão bem projetado e implantado tenha sido, ao longo do tempo as necessidades e os problemas em constante mudança dos membros do canal certamente criarão deficiências no sistema de logística. O monitoramento cuidadoso do sistema deveria ajudar a apontar essas deficiências antes que se tornem severas o suficiente para colocar em risco significativo sua efetividade e eficiência, e, ainda mais importante, antes que minem a relação entre o fabricante e os membros do canal.

1. Logística é muito mais do que simplesmente despachar produtos aos clientes. Explique.
2. Discuta as diferenças básicas entre a abordagem "tradicional" à logística e a ênfase mais recente de gerenciamento da cadeia de suprimentos.
3. Qual é o papel essencial da logística no canal? Explique.
4. Discuta o conceito de sistemas e a abordagem de custo total conforme se aplicam ao gerenciamento da logística.
5. Descreva brevemente os componentes básicos de qualquer sistema de logística.
6. Qual é a questão-chave envolvida na medição do resultado do sistema de logística? Como isso se relaciona aos padrões de serviço de logística e em obter vantagem competitiva?
7. Discuta a relação entre gerenciamento do canal e gerenciamento da logística. Uma dessas áreas é mais importante do que a outra? Por quê?
8. Identifique e discuta as quatro grandes áreas de interface entre gerenciamento do canal e gerenciamento da logística.
9. Por que a tarefa de definir padrões de serviço de logística para membros do canal é uma questão tanto de gerenciamento do canal quanto da logística?

10. Que papel deveria ser desempenhado pelo gerente de canal no projeto de um programa de logística para os membros do canal?
11. Por que poderia ser necessário vender aos membros do canal um programa de logística proposto? Que tipos de apelos poderiam ser usados?
12. Sistemas de pedidos de computador a computador e EDI melhoraram bastante a eficiência de pedidos. Qual poderia ser o perigo em aceitar sem críticas essa afirmação? Discuta.
13. Discuta como o sistema de estoque *just-in-time* funciona. Por que esse desenvolvimento teve um efeito tão profundo na logística e no gerenciamento do canal?
14. Programas de logística em anos recentes incorporaram muitas inovações sofisticadas associadas intimamente a tecnologias de informática. Alguns desses programas foram descritos na literatura em termos muito otimistas, para dizer o mínimo. Discuta as implicações dessa afirmação em termos de expectativas do membro do canal para programas de logística propostos e como essas expectativas poderiam afetar suas avaliações dos programas depois de instituídos.

QUESTÕES DE CANAL PARA DISCUSSÃO

1. A Barnes & Noble apresentou seu leitor eletrônico de livros, o Nook, em meados de outubro de 2009. Em poucos dias, ele se tornou o produto com venda mais rápida da empresa. Na verdade, as vendas foram tão boas que a Barnes & Noble anunciou, em meados do mês seguinte, que os clientes que pedissem o Nook não o receberiam até a primeira semana de janeiro, no mínimo. Por isso, um excessivo número de clientes loucos para receber ou dar o Nook de presente de Natal ficou desapontado. A explicação para a falta do produto foi que a empresa havia subestimado a demanda e não poderia aumentar a produção a tempo de atender à demanda do feriado.

   A falha da Barnes & Noble no sentido de ter um estoque insuficiente para atender à demanda é um problema de cadeia de suprimento? Por quê? Justifique.

2. Timberland Company é um dos fabricantes mais conhecidos de sapatos informais e botas esportivas. Por muitos anos, o sistema logístico da empresa era dirigido a grandes pedidos. Assim, a prioridade era dada a grandes lojas de departamento e cadeias varejistas que compravam em grandes quantidades. Relatórios de mercado indicavam, porém que os consumidores cada vez mais passavam a comprar em pequenos varejistas independentes e butiques os tipos de sapato e bota vendidos pela Timberland. Então, o problema enfrentado pela empresa era como atender ao grande número de pequenos varejistas com seus pequenos pedidos e manter altos níveis de eficiência e baixo custo de processamento de pedidos. Para enfrentar esse desafio, a Timberland reformulou seu sistema de logística usando um moderno equipamento de escanea-

mento para controlar o estoque, rastreamento de mercadoria e manuseio da papelada automático.

Esta situação representa uma interface entre o gerenciamento do canal e o gerenciamento da logística? Explique.

3. Os revendedores da Jaguar nos Estados Unidos costumavam esperar pelo menos uma semana para receber peças da Inglaterra. As peças eram despachadas em massa pela Jaguar para o armazém dos Estados Unidos, onde eram divididas, reembaladas e então enviadas a cada revendedor. Trabalhando em parceria com a Federal Express, a Jaguar deu início a um novo sistema de logística que encurtou o tempo em quatro dias. Sob esse novo sistema, os revendedores pediam a peça diretamente da Jaguar na Inglaterra e a encomenda então era enviada por avião pela Federal Express. O tempo entre a colocação do pedido e o recebimento na revenda não passa de três dias.

Comente a mudança no sistema de logística da Jaguar em termos de sua relevância ao fornecer um serviço ao consumidor e os possíveis *trade-offs* em termos de custos.

4. A East Coast Auto Supply, distribuidora de autopeças localizado na região da Nova Inglaterra, recebia boa parte de seu estoque de autopeças reconstruídas de um atacadista de Los Angeles que importa peças remanufaturadas de vários países asiáticos onde o custo de mão de obra é baixo. A East Coast Auto Supply recebia a maioria de seus carregamentos de caminhão, o que, em geral, levava de uma semana a dez dias para chegar. Certo dia, uma empresa de representação de vendas de frete aéreo foi à empresa para tentar vender o uso de frete aéreo. José Menedez, proprietário da East Coast, não esperou pelo discurso de vendas. Em vez disso, preferiu ir "direto ao assunto", perguntando ao vendedor pelo custo por tonelada para despachar bens via aérea. Após saber o preço, Menedez riu e disse ao representante para "sair do escritório". Era mais do que o dobro do que a East Cost pagava pelo transporte de caminhão.

Será que Menedez se precipitou em expulsar o representante de vendas do escritório? Explique.

5. Farouk Systems Inc. é um fabricante de equipamentos para cuidados capilares de alta qualidade, como secadores de cabelo, chapinhas, xampus e colorações de cabelo para uso profissional. A empresa tem um volume de vendas anual de mais de $ 1 bilhão e vende seus produtos em mais de 100

países. No entanto, o que é incomum a seu respeito é que, apesar de sua base ampla e diversificada de consumidores atravessar grande parte do globo, toda a fabricação da Farouk Systems é feita nos Estados Unidos, em uma grande fábrica em Houston, Texas. A empresa fabricou por um tempo na China, mas decidiu desativar a fabricação estrangeira para consolidar todo o processo em Houston. A Farouk Systems acredita que não só a qualidade do produto será aumentada pela não externalização da produção, como os custos de estoque também serão substancialmente menores em comparação a se os produtos fossem produzidos em muitas localizações estrangeiras.

Você concorda com a estratégia da Farouk Systems? Você consegue justificar o confinamento da produção em apenas uma planta, mesmo que os produtos precisem ser fornecidos a consumidores em mais de 100 países ao redor do mundo?

6. *Cross-docking*, ou *distribuição em fluxo contínuo*, que elimina a estocagem em armazéns e a subsequente necessidade de seleção no estoque para atender a pedidos, pode reduzir drasticamente os custos de mão de obra e carregamento de estoque. O conceito parece simples o bastante: em vez de descarregar mercadorias e colocá-las no armazém, basta movê-las pelas plataformas de carregamento até outros caminhões e enviá-las para seu destino final programado. Nada além disso.

O *cross-docking* é realmente tão simples? Cite alguns dos fatores complicadores que podem transformar a implementação desse conceito aparentemente simples em um desafio.

7. O Walmart está contatando todos os fabricantes que fornecem produtos a suas mais de 4 mil lojas nos Estados Unidos com uma proposta logística: o maior varejista do mundo quer usar sua própria frota de caminhões para recolher os produtos diretamente dos fabricantes e entregá-los nas suas lojas. Em resumo, a frota de caminhões do Walmart substituiria os caminhões do fabricante ou de transportadoras. Ao fazer isso, o Walmart acredita que terá uma economia de custos substancial, ao mesmo tempo que permitirá que os fabricantes se concentrem no que fazem melhor – fabricar produtos, em vez de gerenciar sistemas de logística. O Walmart, com cerca de 6.500 caminhões e mais de 50 mil *trailers*, acredita que tem capacidade de implementar esse novo programa de logística.

Você acha que a iniciativa logística do Walmart é uma boa ideia? Por quê? Justifique.

8. A OfficeMax, com cerca de 900 lojas e vendas anuais pouco abaixo de $ 10 bilhões, é a número dois no canal de superlojas de artigos de escritório. Em primeiro e terceiro lugares estão a Staples e a Office Depot. Embora a OfficeMax tenha localizações tão boas ou melhores do que as de seus rivais, ofereça as mesmas ou melhores mercadorias e preços e reúna uma equipe igualmente simpática e competente, ficou para trás em eficiência logística, especialmente na área de gerenciamento de estoque. Durante a maior parte de seus mais de 20 anos de história, a OfficeMax teve os fornecedores enviando produtos diretamente às suas lojas individuais. Isso resultou em níveis ineficientes de tamanho de pedido, altos custos de envio e de processamento de pedidos e, o pior de tudo, falta de estoque frequente, pois, em geral, as encomendas vinham de fabricantes distantes. A resposta da OfficeMax foi construir três centros de distribuição gigantes para os quais praticamente todos os seus fornecedores enviariam seus produtos. Os três centros de distribuição iriam, então, redistribuir os produtos para todas as suas 900 lojas. O resultado é que 95% de toda a mercadoria flui pelos três gigantes centros de distribuição antes de ir para as lojas.

Discuta o raciocínio logístico para esse fluxo de mercadoria de duas etapas: do fabricante aos centros de distribuição e, em seguida, às lojas. Não parece pouco intuitivo que um passo extra na cadeia de distribuição possa aumentar a eficiência? Explique.

REFERÊNCIAS

1. Kotler, Philip. *Marketing management analysis, planning, implementation, and control*, 9th ed. Upper Saddle River, N.J.: Prentice-Hall, 1997, p. 591.

2. Veja, por exemplo: Mentzer, John T.; Stark, Theodore P.; Esper, Terry L. Supply chain management and its relationship to logistics, marketing, production, and operations management, *Journal of Business Logistics* 29, n. 1, 2008, p. 31–46; Niraj, Rakesh; Gupta, Mahendra; Narasimhan, Chakravarthi. Customer profitability in a supply chain, *Journal of Marketing* (July 2001), p. 1-16; Balabanis, George. Antecedents of cooperation, conflict, and relationship longevity in an international trade intermediary's supply chain, *Journal of Global Marketing*, 12, n. 2, 1998: p. 25-46; Davis, Tom. Effective supply chain management. *Sloan Management Review*. Summer, 1993, p. 35-46; e Carter, Joseph R. e Ferrin, Bruce G. The impact of transportation costs on supply chain management, *Journal of Business Logistics*, 16, n. 1. 1995, p. 189-212.

3. Kotler, Philip. Marketing management, 11th ed. Upper Saddle River, N.J.: Prentice-Hall, 2003, p. 551.

4. Gestão da cadeia de suprimentos é um termo frequentemente usado para descrever todo o processo de distribuição de matérias-primas para o cliente final. Aqui, o termo é usado no sentido literal de distribuição de produtos acabados do fabricante para o consumidor final, mas com uma ênfase em cooperação interempresas, eficiência e redução de custos. Cavinato, Joseph L. A total cost/value model for supply chain competitiveness, *Journal of Business Logistics*, 13, n. 2, 1992, p. 285-301.

5. Veja, por exemplo: E. Boone, Louis; Kurtz, David L. Contemporary marketing, 14th ed. Chapter 13. South-Western, 2010.

6. Veja, por exemplo, Coyle, John J.; Langley, John; Gibson, Brian; Novak, Robert A.; Bardi, Edward J. *Supply chain management: a logistics perspective*, 8th ed. South-Western, 2009.

7. Para uma discussão relacionada, veja: Hingley, Martin. Relationship development in the UK fresh product supply chain, *Journal of Marketing Channels*, 12, n. 1, 2004, p. 27-50.

8. Neureuther, Brian D.; Kenyon, George. Mitigating supply chain vulnerability, *Journal of Marketing Channels*, July-September 2009, p. 245-263; Stecke, Kathryn E., Kumar, Sanjay. Sources of supply chain disruptions, factors that breed vulnerability and mitigating strategies, *Journal of Marketing Channels* July-September 2009, p. 193-226.

9. A true partnership: working with your 3PL, *Modern Materials Handling*, August 2002, p. L3-L12.

10. SDI: The Power to Cut Costs Up and Down Your MRO Supply Chain. http://www.sdi.com/company/company_index.html. Acesso em: set. 2013.

11. Armstrong Associates Inc. Web site, "Global 3PL Market Size Estimates," Armstrong Associates Inc.: http://www.3plogistics.com/3PLmarketGlobal.htm. Acesso em: out. 2014.

12. Veja, por exemplo: Lohtia, Ritu. Xie, "Frank" Tian; Subramaniam, Ramesh. Efficient consumer response in japan industry concerns, current status, benefits, and

barriers to implementation, *Journal of Business Research*, 57, 2004, p. 306-311.

13. Papavassiliou, Nikolaos; Archontoulis, Emilios; Sharma, Dheeraj; Liu, Annie. Total system integration and distribution channels: an exploratory investigation of a market setting in Greece, *Journal of Marketing Channels*, 13, n. 2, 2005, p. 29-50.

14. Para um exemplo de implementação desses conceitos, veja: Burbridge Jr., John J. The implementation of a distribution plan: a case study, *International Journal of Physical Distribution and Materials Management*, 1, 1987, p. 28-38.

15. Credeur, Mary Jane. Squeezing more green out of brown, *Bloomburg Business Week*, September 20-26, 2010, p. 43.

16. Burrett, Chris; Wolf, Carol; Boyle, Mathew. Why Walmart wants to take the driver's seat, *Bloomburg Business Week*, May 31-June 6, 2010, p. 17-18.

17. Veja, por exemplo: Brooks, Rick. Package carriers deliver bad news to shippers: heap of higher fees, *Wall Street Journal*, January 3, 2002, p. B1, B3.

18. Veja, por exemplo: *Transportation upgrade boots productivity,Grocery Distribution*, September/October 1997, p. 28-32.

19. Rand McNally Software, http://trucking.randmcnally.com/rmc/tdm/products/MileMaker/tdmMMIndex.jsp?BV_Ses. Acesso: nov. 2014.

20. Casper, Carol. Flow-through: mirage or reality? *Food Logistics*, October/November 1997, p. 44-58.

21. http://pressroom.graomger.com/phoenix.zhtml?c=194987?+p=irol-factsheet. Acesso em fev. 2011.

22. Rundle, Rhonda L. Hospital cost cutters push use of scanners to track inventories, *Wall Street Journal*, 10 June 1997, p. A1, A8.

23. Para uma discussão relacionada, veja: Dong, Yan; Shankar, Venkatesh; Dresner, Martin. Efficient replenishment in the distribution channel, *Journal of Retailing* 83, n. 3, 2007, p. 253-278.

24. Bustillo, Miguel. Walmart's slump persists, *Wall Street Journal*, 23 Feb. 2011, p. B3.

25. Barrett, Joe. Whirlpool cleans up its delivery act, *Wall Street Journal*, 23 Sept. 2009, p. B1, B2.

26. Brat, Ilan. As costs rise, whirlpool makes a dent in dings, *Wall Street Journal*, 30 July 2007, p. B1, B2.

27. Confira, por exemplo: Twede, Diana; Clark, Robb. Supply chain issues in reusable packaging, *Journal of Marketing Channels* 12, n. 1, 2004, p. 7-26.

28. Johnson, James C.; Wood, Donald F.; Wardlow, Daniel L.; Murphy Jr., Paul R. *Contemporary logistics*, 7th ed. Upper Saddle River, N.J.: Prentice-Hall, 1998, p. 108.

29. Confira, por exemplo: Malz, Arnold; Malz, Elliot. Customer service in the distributor channel—empirical findings, *Journal of Business Logistics* 19, n. 2, 1998, p. 103-129; e Daugherty, Patricia J.; Stank, Theodore P.; Ellinger, Alexander E. Leveraging logistics service on market share, *Journal of Business Logistics* 19, n. 2, 1998, p. 35-49.

30. Heskett, James L.; Galskowsky, Nicholas A.; Ivie, Robert M. Business Logistics, 2nd ed. New York: Ronald Press, 1973, p. 250-251. Para uma discussão mais abrangente e aprofundada de serviços de logística, veja: Christopher, Martin; Schary, Philip; Skjott-Larsen, Tage. *Customer Service and Distribution Strategy*. New York: Wiley, 1979.

31. LaLonde, Bernard J. *The Distribution Handbook*. New York: Free Press, 1985, p. 244.

32. Mentzer, John T.; Gomes, Roger; Krapfel Jr., Robert E. Physical distribution service: a fundamental marketing concept? *Journal of the Academy of Marketing Science*, Winter 1989, p. 53-62.

33. Para uma discussão relacionada, veja: Bienstock, Carol C.; Mentzer, John T.; Bird, Monroe Murphy. Measuring physical distribution service quality, *Journal of the Academy of Marketing Science*, Winter 1997, p. 31-44.

34. Ketchen Jr., David J.; Rebarick, William; Hult, G. Thomas; Meyer, David. Best value supply chains: a key competitive weapon for the 21st century, *Business Horizons* 51, 2008, p. 235-243.

35. Ellinger, Alexander E.; Keller, Scott B.; Hensen, John P. Bridging the divide between logistics and marketing: facilitating collaborative behavior, *Journal of Business Logistics* 27, n. 2, 2006, p. 1-27.

36. Bowersox, Donald J. The strategic benefit of logistics alliances, *Harvard Business Review*, July-Aug. 1990, p. 40.

37. Hutchinson, William M.; Stolle, John F. How to manage customer service, *Harvard Business Review*, Nov.-Dec. 1968, p. 85-96.

38. Beinstock, Mentzer, e Bird. Measuring physical distribution service quality, p. 31-44.

39. Para um artigo criterioso relacionado a este tópico, veja: Lassar, Walfried; Zinn, Walter. Informal channel relationships in logistics, *Journal of Business Logistics* 16, n. 1, 1995, p. 81-106.

40. Engardio, Pete. Why the supply chain broke down, *BusinessWeek*, 19 Mar. 2000, p. 41.

41. Para uma discussão relacionada, veja: Bello, Daniel C.; Lohtia, Ritu; Sangtani, Vanita. An institutional analysis of supply chain innovations in global marketing channels, *Industrial Marketing Management* 33, 2004, p. 57-64.

42. Stewart, Wendell M. Physical distribution: key to improved volume and profits, *Journal of Marketing*, Jan. 1965, p. 70.

43. Stewart. Physical Distribution, p. 68.

44. Gilbert, Faye W.; Young Joyce A.; O'Neal, Charles R. Buyer-seller relationships in just-in-time purchasing environments, *Journal of Business Research* 29, 1994, p. 111-120.

45. McDaniel, Steve; Ornsby, Joseph G.; Gresham, Alicia B. The effects of JIT on distribution, *Industrial Marketing Management*, 1992, p. 145-149.

46. Rosenberg, L. Joseph; Campbell, David P. Just-in-time inventory control: a subset of channel management, *Journal of the Academy of Marketing Science*, Summer 1985, p. 124-133.

47. Bowersox. The Strategic Benefits of Logistics Alliances, p. 40.

48. Weeks, Jonathan. Planning for physical distribution, *Long Range Planning*, June 1977, p. 65.

49. Para uma discussão relacionada, veja: Brooks, Rick. Air shippers hurt by penny-pinchers, better ground service, *Wall Street Journal*, 15 July 2002, p. B1, B6

50. Perreault Jr., William D.; Russ, Frederick A. Physical distribution service in industrial purchase decision, *Journal of Marketing*, Apr. 1976, p. 10.

14

Avaliando o desempenho do membro do canal

OBJETIVOS DE APRENDIZAGEM

Após a leitura deste capítulo, você será capaz de:

1 Reconhecer a importância da avaliação do desempenho dos membros do canal.

2 Estar familiarizado com os fatores que limitam o escopo e a frequência de avaliações.

3 Entender a diferença entre avaliação de desempenho e monitoramento diário.

4 Conhecer o formato básico de uma auditoria de desempenho dos membros do canal.

5 Estar ciente dos critérios-chave usados em uma auditoria de desempenho dos membros do canal.

6 Conhecer as três abordagens básicas para aplicar critérios de desempenho.

7 Perceber que ações corretivas, às vezes, são necessárias para aprimorar o desempenho dos membros do canal, sendo preferíveis à eliminação do membro.

Se os revendedores não cumprirem os padrões, receberão cartas de Dear John, em vez de tratores John Deere*

Os tratores e equipamentos agrícolas John Deere são famosos no mundo todo. A Deere & Co., fabricante dos icônicos tratores verdes, data de 1837, quando John Deere a fundou ao inventar um novo tipo de arado que ajudou a revolucionar a agricultura norte-americana. Hoje, a empresa é um gigante corporativo com vendas anuais de mais de $ 26 bilhões.

A Deere & Co. vende seus tratores e equipamentos agrícolas por meio de quase 3 mil revendedores independentes. Estes variam amplamente em tamanho dos grandes grupos com múltiplas localizações, gerando vendas de mais de $ 100 milhões, aos "pequenos", com localização única e vendas anuais de cerca de $ 5 milhões. Muitos destes vendem os produtos Deere há décadas ou até gerações e têm muito orgulho de ter ajudado a fazer da empresa a potência que se tornou. Na verdade, não era incomum os revendedores se referirem ao seu relacionamento com a Deere como algo familiar.

Bem, o CEO Robert Lane, antigo banqueiro, via essa relação de canais de marketing sob uma perspectiva muito diferente. Ele afirma:

Durante anos falamos sobre a Deere como uma família. O fato é que não somos uma família. O que somos é uma equipe de alto desempenho... Se alguém [um revendedor] não estiver dando o seu melhor, não estará mais na equipe de alto desempenho.

Para se manter nessa equipe, os revendedores não só precisam alcançar os níveis determinados de vendas em seus territórios, como também ser capazes de fornecer um excelente serviço técnico aos seus clientes, a fim de manter seus equipamentos Deere em funcionamento e ter o tipo sofisticado de programa de logística que garanta que as peças estejam prontamente disponíveis quando os consumidores precisarem.

Infelizmente, nem todos são capazes de atender a esses padrões. Por conta disso, não receberão mais tratores John Deere para vender em suas lojas; em vez disso, receberão cartas de "Caro John".

Fonte: Baseado em Ilan Brat e Timothy Aeppel, Why Deere is weeding out dealers even as farms boom. *Wall Street Journal*, 14 ago. 2007, p. A1, A10.

Nenhuma empresa bem gerenciada pode operar com sucesso no longo prazo sem avaliar periodicamente seus funcionários. O mesmo vale para os membros do canal porque o sucesso da empresa na realização de seus objetivos também depende de quão bem esses membros independentes atuam.[1] Assim, a avaliação do desempenho dos membros do canal é tão importante quanto a dos funcionários da empresa. As únicas diferenças são que, ao avaliar os membros do canal, o gerente está lidando com empresas independentes, em vez de funcionários, e a configuração do processo de avaliação é interorganizacional, não intraorganizacional.

Neste capítulo, discutiremos a avaliação do desempenho do membro do canal na configuração interorganizacional do canal de marketing. Nossa ênfase será em apontar critérios apropriados para essa avaliação e em sua aplicação para medir o desempenho dos membros do canal.

Antes de prosseguir, no entanto, discutiremos brevemente duas importantes questões de fundo relacionadas à avaliação de desempenho dos membros do canal: (1) fatores que afetam o escopo e a frequência das avaliações; e (2) a diferença entre monitorar o desempenho do membro do canal e uma abrangente avaliação de desempenho.

---

* Trocadilho em inglês entre a palavra *dear*, que significa "estimado/caro", e o nome da marca, Deere. (N.T.)

FATORES QUE AFETAM O ESCOPO E A FREQUÊNCIA DAS AVALIAÇÕES

Quatro fatores afetam o escopo e a frequência das avaliações de membros do canal: (1) grau de controle do fabricante sobre os membros do canal; (2) importância relativa dos membros do canal; (3) natureza do produto; e (4) número de membros do canal envolvidos.[2]

Grau de controle

O grau de controle de um produtor, fabricante ou franqueador sobre seus membros do canal ocupa um papel fundamental para determinar o escopo e a frequência de suas avaliações. Se o controle é baseado em acordos contratuais fortes com os membros do canal,[3] o gerente está em posição de demandar uma grande quantidade de informações sobre o desempenho de cada um deles em praticamente todos os aspectos de suas operações (às vezes, até dados sobre finanças pessoais). Além disso, os fabricantes que gozam de ampla aceitação de seus produtos ou de uma posição de mercado dominante têm um alto grau de influência sobre os membros do canal. Isso torna muito fácil para os gerentes de canal solicitar – e obter – dados extensivos sobre o desempenho desses membros, que lhes permitem conduzir avaliações mais abrangentes.

Por outro lado, o fabricante que não tem produtos de grande aceitação no mercado nem forte controle de canal baseado em compromissos contratuais pode exercer muito menos controle sobre os membros do canal. Além disso, muitos desses membros não verão a marca específica daquele fabricante como algo de grande importância para si mesmos, pois os produtos em questão podem somar apenas uma pequena porcentagem das suas vendas. Por consequência, serão menos propensos a despender tempo e esforço necessários para fornecer ao fabricante dados abrangentes sobre seu desempenho para uma sua avaliação completa.

Importância dos membros do canal

Para os fabricantes que vendem todos os seus produtos usando intermediários, a avaliação dos membros do canal tende a ser muito mais abrangente do que a daqueles com menor dependência. Isso ocorre porque o sucesso da empresa no mercado é diretamente relacionado ao desempenho dos membros do canal.[4] Um fabricante de eletrodomésticos que comercializa todos os seus produtos por meio de distribuidores e revendedores, por exemplo, tende a realizar uma avaliação cuidadosa e completa desses membros, pois eles fornecem o único acesso aos mercados finais da empresa. Por outro lado, um fabricante de pneus que usa suas próprias lojas de varejo para vender a maior parte de seus produtos, contando com lojas automotivas independentes, a apenas uma pequena porcentagem de suas vendas pode muito bem realizar só uma avaliação superficial desses revendedores.

Natureza do produto

Em geral, quanto mais complexo for o produto mais amplo será o escopo da avaliação, e vice--versa. Por exemplo, um fabricante de alto volume de produtos com baixo valor unitário que exigem pouco serviço pós-vendas pode estabelecer os dados de vendas rotineiros como a base para uma avaliação dos membros do canal. Por outro lado, um membro que movimenta uma máquina-ferramenta cara e complexa que exige um alto grau de serviço pós-venda tende a ser examinado pelo fabricante sob uma variedade muito mais ampla de critérios relacionados à satisfação do mercado final. Além disso, para produtos com valor unitário muito alto, o ganho ou perda de um simples pedido é importante para o fabricante. Nesses casos, o gerente de canal provavelmente avaliará o desempenho do membro do canal de forma muito cuidadosa, em particular se um pedido for perdido.

Número de membros do canal

Para o fabricante que está usando uma distribuição intensiva, a avaliação do membro do canal pode ser mais como uma olhada rápida e superficial nos números atuais de vendas.[5] Alguns fabricantes acreditam ser necessário usar um processo de "avaliação por exceção" no qual uma apreciação mais completa é reservada apenas àqueles membros que mostrarem números de venda extraordinariamente desproporcionais.

No outro extremo, fabricantes que usam uma distribuição altamente seletiva descobrem que suas relações de trabalho próximas com os membros do canal lhes dão acesso a uma ampla variedade de dados, permitindo-lhes conduzir avaliações de desempenho muito abrangentes.[6]

AVALIAÇÃO DE DESEMPENHO *VERSUS* MONITORAMENTO DIÁRIO

Em um estudo seminal sobre avaliações dos membros do canal feitas por fabricantes, Pegram identificou dois tipos básicos de abordagem:

> Embora nem sempre claramente separados na prática, dois diferentes tipos de avaliação de distribuidores estão em evidência nos procedimentos de fabricantes participantes: (a) avaliações projetadas para ajudar a administração a manter o controle operacional atual dos esforços dos distribuidores na medida em que as vendas dos produtos da empresa são relacionadas; e (b) revisões gerais de desempenho projetadas para dar à administração uma análise completa e, espera-se, objetiva das operações de cada distribuidor.[7]

O primeiro tipo é basicamente um monitoramento diário e rotineiro do desempenho dos membros do canal, com base quase exclusivamente nos critérios de venda. O faturamento de vendas dos membros do canal, refletido em relatórios padrão de análise de vendas (como dados de vendas das frentes de caixa), pode fornecer a informação básica necessária para esse tipo de avaliação.

Pegram assim descreve o outro tipo de avaliação dos membros do canal:

> O segundo tipo de avaliação preocupa-se menos com as diretrizes de curto prazo da porção do programa de vendas da empresa realizada pelos distribuidores e mais com uma avaliação geral da adaptação de cada distribuidor ao ideal ou padrão estabelecido pelo fabricante para as lojas que o representam.[8]

Essa segunda abordagem é um procedimento de avaliação muito amplo, que em geral envolve inúmeros critérios além das vendas.[9] Como exemplo dessa abordagem, considere o caso da Glidden, famosa fabricante de tintas. Essa empresa vende grande parte de suas tintas por meio do gigante *home center* Home Depot. Recentemente, porém, suas vendas e participação de mercado caíram substancialmente. Um executivo sênior de marketing da Glidden comentou que a empresa estava "de fato apenas existindo".[10] Em um grande esforço para mudar esse cenário, a empresa lançou uma ampla revisão de suas estratégias de marketing, incluindo uma avaliação aprofundada de seu canal Home Depot. Neste processo de avaliação, descobriu-se uma falha sutil, mas crítica, na forma como os produtos estavam sendo vendidos nesse canal. Os consumidores, que passeiam pelos corredores da Home Depot seguindo o esquema "faça você mesmo", ficavam intimidados quando tinham de escolher as tintas para suas casas a partir das pequenas amostras de cores fornecidas pela Home Depot nos pontos de venda. Muitos deles simplesmente iam embora. A solução da Glidden para o problema? Reprojetar seu website para permitir que os consumidores pintassem eletronicamente simulações de ambientes, possibilitando-lhes assim tomar decisões assertivas sobre as cores antes de ir às lojas. Então, em vez de a Home Depot ter de tentar vender as tintas com pequenas amostras de cores no ponto de venda, a Glidden assumiu grande parte da tarefa de vendas com o uso de seu website, obtendo uma pré-venda dos clientes antes mesmo que entrassem nas lojas do *home center*. Os resultados foram impressionantes. As vendas de tintas da Glidden na Home Depot aumentaram 50% ano após ano![11]

Essa avaliação abrangente e profunda, que permitiu à Glidden descobrir um problema aparentemente pequeno, mas crítico, em seu canal de *home centers*, é o tipo de processo avaliativo que examinaremos neste capítulo. Para distinguir claramente essa abordagem do monitoramento diário do desempenho de vendas dos membros do canal, a segunda e mais abrangente abordagem será chamada de *auditoria de desempenho do membro do canal*.

AUDITORIA DE DESEMPENHO DO MEMBRO DO CANAL

Revisão periódica e abrangente do desempenho do membro do canal[12], a auditoria pode ser feita em um, vários ou todos os membros do canal nos níveis atacadistas e/ou varejistas. Sua frequência varia, mas raramente é feita mais de uma vez por ano em relação a cada membro do canal.

Esta auditoria apresenta três fases: (1) desenvolver critérios para medir o desempenho do membro do canal; (2) avaliar periodicamente o desempenho do membro do canal quanto aos critérios definidos; e (3) recomendar ações corretivas para reduzir o número de desempenhos inadequados. A Figura 14.1 fornece uma visão esquemática de uma auditoria de desempenho do membro do canal, cujo processo é discutido no restante deste capítulo.

Desenvolvendo critérios

Muitos possíveis critérios para medir o desempenho dos membros do canal podem ser usados. Um estudo conduzido por Spriggs na indústria de veículos pesados, por exemplo, usou 34 critérios para avaliar o desempenho dos revendedores,[13] mostrados no Quadro 14.1. No entanto, a maioria dos fabricantes usa uma combinação dos seguintes critérios em relação aos membros do canal: (1) desempenho de vendas; (2) manutenção de estoque; (3) capacidade de vendas; (4) serviços ao cliente e suporte técnico; (5) atitudes dos membros do canal; (6) concorrência enfrentada; e (7) previsão de crescimento geral.[14]

Desempenho de vendas Esse é inquestionavelmente o critério mais importante e mais usado para avaliar o desempenho do membro do canal. Na verdade, se esse desempenho não for adequado, pouca coisa vai importar.

Ao examinar esse quesito, o gerente de canal deve ser cuidadoso ao diferenciar (1) as vendas do fabricante ao membro do canal; e (2) as vendas dos produtos do fabricante feitas pelos membros do canal aos consumidores. Elas podem ser substancialmente diferentes durante determinado período. Somente quando o giro for muito rápido, como no caso de produtos perecíveis, as vendas do fabricante ao membro do canal oferecem uma medida confiável do atual volume de vendas deste último. Sempre que possível, o gerente de canal deve tentar obter, dos membros do canal, dados sobre as vendas dos produtos dos fabricantes aos *seus* consumidores. A habilidade do fabricante em obter esta informação, no entanto, depende do grau de controle exercido sobre os membros do canal. Em um canal contratual, cujos membros são franqueados, o fabricante pode ter o direito legal a essas informações em virtude do contrato de franquias. Por exemplo, a Southland Corporation, que franqueia as lojas da 7-11, demanda e obtém informações detalhadas de vendas de cada uma de suas lojas franqueadas sempre que as solicita.[15]

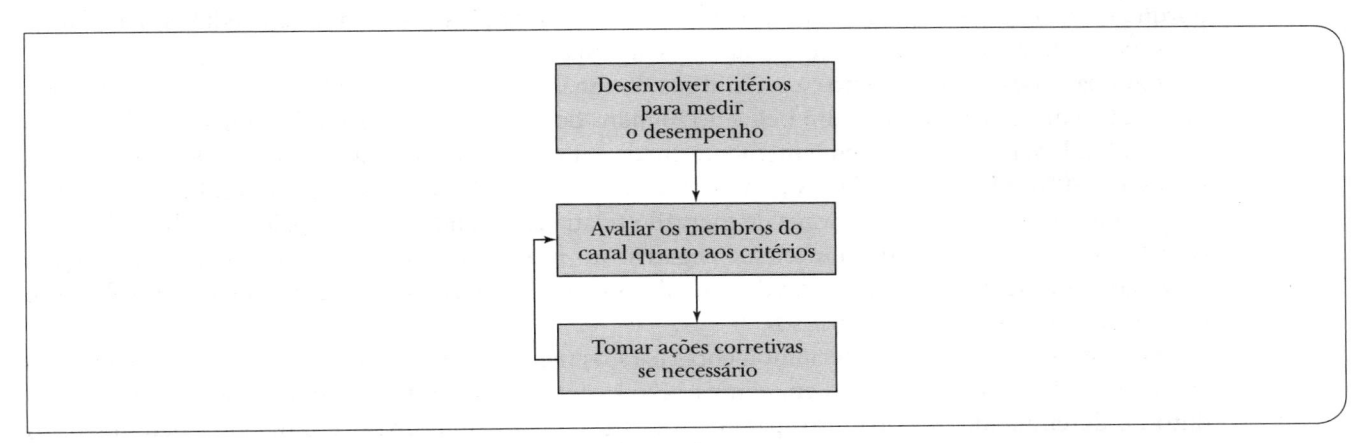

FIGURA 14.1 ▶ Auditoria de desempenho do membro do canal.
© Cengage Learning 2013

Medidas baseadas em resultados	Medidas baseadas em comportamento
1. Volume ($), revenda total	17. Departamento de serviço
2. Lucro, revenda total	18. Processamento de pedidos de garantia
3. Margens de vendas	19. Edifícios/instalações
4. Giro de estoque	20. Sistemas de escritório
5. Participação de mercado	21. Planos de incentivo aos funcionários
6. Satisfação do cliente	22. Cobertura da área comercial
7. Despesas de vendas	23. Conhecimento do produto/vendedores
8. Retorno sobre o investimento	24. Habilidade de vendas/vendedores
9. Custo de estoque	25. Plano financeiro do revendedor
10. Nível geral de serviço ao cliente	26. Plano de negócios do revendedor
11. Volume (unidades) por tipo de produto	27. Programa promocional/de propaganda
12. Volume ($) por vendedor	28. Número de reclamações de clientes
13. Volume ($) para cota	29. Gestão de crédito do comprador
14. Lucro por fornecedor	30. Prognóstico de vendas – precisão
15. Volume ($) por tipo de produto	31. Visitas a clientes – número total
16. Lucro por tipo de produto	32. Visitas – clientes atuais
	33. Visitas – não clientes
	34. Número de demonstrações de produtos

Fonte: Adaptado de Mark T. Spriggs, A framework for more valid measures of channel member performance, *Journal of Retailing* 70, n. 4, 1994, p. 335.

Por outro lado, em canais tradicionais e frouxamente alinhados, a capacidade do fabricante em obter dados de vendas pode ser bem limitada. Nesses casos, os fabricantes precisam se contentar com dados sobre as vendas aos membros do canal como aproximações das vendas efetivas deles.

Independentemente de qual desses dois tipos de dados de vendas seja utilizado, o gerente de canal deve avaliar os dados de vendas em relação a: (1) comparação entre as vendas atuais e o histórico de vendas dos membros do canal; (2) comparações cruzadas de vendas entre os membros do canal; e (3) comparação das vendas dos membros do canal com cotas predeterminadas (se tiverem sido fixadas).

No caso de comparações históricas, o gerente de canal deve observar, se estiverem disponíveis, os números totais e específicos por linha de produto. Quanto maior o grau de detalhamento, melhor, porque os altos níveis de detalhes fornecidos em discriminações por linhas de produtos o ajudam a identificar alterações de padrão de vendas em sua linha de produtos.

Comparações de vendas entre os membros do canal também são medidores críticos de desempenho, pois é muito comum que um pequeno número de membros corresponda a uma grande porção das vendas. Uma proporção frequentemente citada é que cerca de 20% dos membros do canal correspondem a 80%, 85% das vendas. A Figura 14.2 ilustra esse padrão. Em geral, ele resulta em um nível desproporcionalmente alto de custos de mercado relativos às vendas geradas pelos membros do canal com baixo desempenho, com um efeito negativo no retrato do lucro do fabricante. Comparações cruzadas dos desempenhos de vendas dos membros do canal feitas regularmente ajudam a revelar com mais facilidade esses padrões adversos.[16]

Por fim, se o fabricante determinou cotas para os membros do canal, deve avaliar o desempenho atual de vendas de cada membro em comparação às cotas. Se ela foi discriminada por linhas de produtos, o desempenho dos membros para cada categoria também deve ser examinado. Além disso, ao comparar o desempenho de vendas de cada membro em relação à cota, o gerente de canal não deve apenas observar a proporção por si só, mas também considerá-la à luz do desempenho de outros membros do canal em relação ao alcance das cotas. Se a proporção de alcance geralmente é baixa para a maioria dos membros, é mais provável que o problema seja uma cota alta e fora da realidade, e não o desempenho insatisfatório dos membros do canal.

Manutenção de estoque A manutenção de um nível adequado de estoque é outro grande indicador do desempenho do membro do canal. Essencialmente, o fabricante deseja que seus membros cumpram as exigências de armazenamento de estoque especificadas no acordo original entre ambos.[17] Alguns desses acordos são bem formais e se manifestam em um contrato de revendas ou distribuição. Uma agenda individual de exigências de estoque normalmente é trabalhada, entre o fabricante e o membro do canal, com base no potencial de vendas estimado para o território. Espera-se, então, que esses membros obedeçam a esse acordo, e por ele sejam avaliados. O fracasso de um membro em cumprir o acordo muitas vezes é visto como uma questão séria pelo fabricante.

Mesmo que os acordos de estoque não tenham sido originalmente formalizados em um contrato, a manutenção de estoque ainda é um importante critério de avaliação. No entanto, na ausência de um contrato formal, o fabricante tem menos recursos para tomar medidas contra os membros do canal que tiverem um desempenho inadequado nessa área. Assim, se o fabricante coloca um grande peso na manutenção de estoque como critério de desempenho, deve tentar incluir isso em um acordo formal com o futuro membro do canal durante a fase de seleção do desenho do canal. É claro, muitos fabricantes pequenos e com menor poder de mercado não têm poder para fazer que os potenciais membros do canal concordem com exigências rígidas de armazenamento.

Na verdade, checar o nível de estoque mantido pelo membro do canal pode variar de algo simples a muito difícil. Quando os fabricantes lidam com um menor número de membros do canal no nível atacadista, em geral essa checagem pode ser feita pela força de vendas em campo como parte das visitas de vendas regulares. Para os fabricantes que vendem por meio de um grande número de membros do canal, atacadistas ou varejistas, como no caso de bens de consumo embalados, o trabalho pode ser muito mais impiedoso e até exigir o uso de empresas de pesquisa de mercado externas que oferecem um serviço especializado de monitoramento de estoque, como a A.C. Nielsen Company. No entanto, independentemente de os fabricantes verificarem os estoques dos membros do canal em pessoa ou por meio de empresas externas, eles devem, no mínimo, considerar algumas questões relacionadas com o estoque, como as mostradas no Quadro 14.2.

Capacidade de vendas Ainda que o desempenho total de vendas dos membros do canal ofereça uma ideia geral de sua capacidade de venda, muitos fabricantes também acreditam que vale a pena avaliar essa capacidade mais diretamente, analisando seus vendedores. Esse é particularmente o caso de mem-

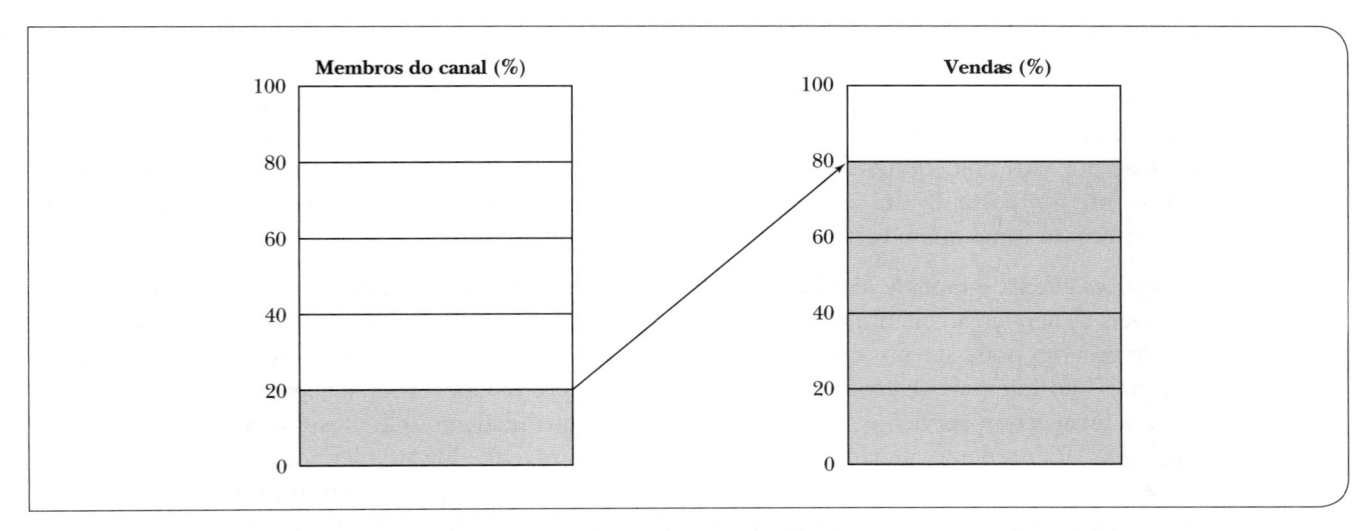

FIGURA 14.2 ▶ Pequena porcentagem de membros do canal correspondendo à maior parte das vendas.
© Cengage Learning 2013

1. Qual é o nível total de estoque do membro do canal?
2. Quanto espaço em prateleiras ou no chão é dedicado ao estoque?
3. Quanto espaço em prateleiras ou no chão está sendo fornecido em relação ao estoque do concorrente?
4. Qual o detalhamento por produtos específicos em unidades e em dólares?
5. Como esses números se comparam com as compras estimadas de linhas afins e concorrentes dos membros do canal?
6. Qual é a condição do estoque e de suas instalações?
7. Quanto estoque antigo está à mão e quais esforços têm sido feitos para eliminá-lo?
8. Quão adequados são o controle de estoque e a manutenção de registros do membro do canal?

© Cengage Learning 2013

bros do canal no nível atacadista. Se registros individuais de vendas dos vendedores dos membros do canal puderem ser obtidos, o fabricante terá uma excelente fonte de informações, que lhe permitirá compreender padrões de desempenho de vendas e desenvolver uma classificação da capacidade geral de vendas para cada membro do canal que, depois, pode ser usada para comparações cruzadas entre eles. Obter esse tipo de informação, no entanto, em geral é um problema porque muitos membros do canal não querem revelar ou se dar ao trabalho de fornecer essas informações ao fabricante.[18]

Supondo que os membros do canal estejam dispostos a fornecê-la, o fabricante deve prestar especial atenção em fatores como: (1) o número de vendedores que o membro do canal designa à sua linha de produto; (2) o conhecimento técnico e a competência desses vendedores; e (3) o interesse do vendedor nos seus produtos.

O número de vendedores que o membro do canal se dispõe a designar à linha do fabricante dá uma ideia da exposição e da cobertura de mercado que os produtos do fabricante vão receber.

O conhecimento técnico e a competência, no geral, são avaliados em uma base que varia de excelente a insatisfatório. Alguns fabricantes, no entanto, desenvolveram uma classificação quantitativa usando a quantidade de tempo extra de vendas solicitado por um membro do canal como uma medida mandatária de conhecimento técnico e competência. A relação é vista como inversa – quanto mais ajuda é solicitada, mais baixo é o nível de competência, e vice-versa. Qualquer que seja o método utilizado, os dados mais úteis resultam da avaliação do padrão ao longo do tempo. Se a equipe de vendas do membro do canal parece estar ficando mais fraca em *expertise* técnica, isso pode se refletir negativamente nos dados futuros de desempenho de vendas.

No que diz respeito ao interesse dos vendedores, as medidas que o fabricante pode usar incluem: (1) presença em cursos, seminários e *workshop* pelo fabricante; (2) relatórios dos clientes do membro do canal; e (3) opiniões da equipe de venda do fabricante em campo. Um nível decrescente de interesse por parte da equipe de vendas do membro do canal pode ser reflexo do interesse também decrescente por parte da alta administração desse membro. Se esse for o caso, o futuro desempenho do membro do canal quase certamente será baixo.

Serviços ao cliente e suporte técnico Para membros do canal cujos consumidores exigem níveis consideráveis de serviço ao cliente e/ou suporte técnico, a capacidade desses membros em promover esse tipo de recurso pode ser um critério de avaliação muito importante. Como mencionado em "Foco em canais" no início deste capítulo, por exemplo, a Deere & Co. tornou a capacidade de seus revendedores fornecerem serviço e suporte técnico de alta qualidade aos clientes um critério crucial para avaliá-los.[19] Tanto é que, de fato, a incapacidade de um revendedor atender aos padrões da Deere foi motivo para sua exclusão. Essa empresa está sendo racional ao colocar tanto peso nos recursos de serviço e suporte técnico de um revendedor? Os clientes finais da Deere, a maioria dos quais está no setor agrícola, contam com seus tratores e outros equipamentos para se manter sobrevivendo ininterruptamente nesse mercado de intensa competitividade. Somente revendedores comprometidos em controlar novas tecnologias, bem como em manter eficientes cadeias de suprimentos e ter recursos para fornecer respostas rápidas às necessidades dos clientes, serão capazes de atender às expectativas de alto desempenho da Deere.

Atitudes dos membros do canal A importância de atitudes positivas dos membros do canal para com o fabricante e sua linha de produtos não deve ser subestimada como critério que pode, com o passar do tempo, afetar o desempenho de vendas.[20] Infelizmente, na prática, as atitudes dos membros do canal normalmente não são avaliadas, a não ser que o desempenho de vendas seja insatisfatório. Como Pegram ressaltou em seu estudo pioneiro sobre a avaliação do desempenho do membro do canal:

> Enquanto as vendas de um distribuidor estão indo bem, as atitudes podem não ser examinadas de perto, sob a suposição de que o interesse e a cooperação estão provavelmente em níveis aceitáveis. Só quando o desempenho do distribuidor fica aquém do esperado pelo fornecedor é que este se torna apto a começar a olhar para fatores das atitudes que podem estar por trás do fraco desempenho.[21]

O problema com essa abordagem para a avaliação das atitudes dos membros do canal é que, obviamente, questões a elas relacionadas só são tratadas *depois* de terem contribuído para um desempenho insatisfatório, conforme refletido nos dados de vendas. Para identificar atitudes negativas dos membros do canal *antes* que afetem o desempenho, todas as atitudes devem ser avaliadas independentemente dos dados de vendas. Todas as abordagens para aprender sobre as necessidades e problemas dos membros do canal discutidas no Capítulo 9, como estudos de pesquisas formais feitas pelo fabricante, auditorias de canal e conselhos consultivos de distribuidores, podem ser úteis para avaliar as atitudes dos membros do canal. Por fim, apesar de ser menos satisfatório do que as abordagens mais tradicionais, o gerente de canal pode usar o *feedback* informal e os comentários da força de vendas para fazer esse acompanhamento.

Concorrência O gerente de canal precisa considerar dois tipos de concorrência ao avaliar o desempenho do membro do canal: (1) de outros intermediários; e (2) de outras linhas de produtos gerenciadas pelos próprios membros do canal do fabricante.

A avaliação do desempenho do membro do canal em relação à concorrência com outros intermediários no mesmo território ou área comercial tem dois objetivos. Primeiro, ajuda a relativizar o desempenho do membro do canal; isto é, ao ver como determinado membro enfrenta a concorrência, os outros critérios de desempenho se tornam mais significativos. Por exemplo, um membro específico pode ter sido avaliado com baixo volume de vendas. No entanto, se for descoberto que o território é caracterizado por um nível extraordinário de concorrência, seu desempenho pode ser visto sob uma perspectiva bem diferente. Na verdade, pode ser visto como excelente sob tais circunstâncias. Alguns fabricantes, de fato, terão uma atuação fora do normal para fornecer um suporte extra a esses membros que enfrentam uma concorrência extraordinária.

Segundo, a informação comparativa pode ser muito útil no caso de um fabricante decidir expandir a cobertura acrescentando novos membros do canal ou, se for necessário, substituir os existentes. Ainda que números precisos e detalhados sobre o desempenho dos concorrentes sejam difíceis de obter, informações gerais e dados classificatórios em geral podem ser fornecidos pelos vendedores e gerência de vendas dos fabricantes. Normalmente, isso exige apenas um pedido aos vendedores, ao gerente distrital de vendas, ou a outros funcionários da gerência de vendas do fabricante, para listar, em ordem de importância, os concorrentes dos seus membros do canal em determinados mercados.

O segundo tipo de concorrência, de linhas concorrentes gerenciadas pelos próprios membros do canal do fabricante, também precisa ser avaliado de forma muito cuidadosa. A questão principal aqui, é claro, é o apoio relativo oferecido pelo membro do canal ao produto do fabricante em relação ao da concorrência. Se ele dá muito apoio à concorrência e pouco aos produtos do fabricante, isso em geral se refletirá em outros critérios de desempenho avaliados – especialmente os de vendas. No entanto, com frequência há um atraso entre a preferência do membro do canal aos produtos concorrentes e os resultantes números de vendas mais baixos dos do fabricante. Ao identificar essa mudança de ênfase precocemente, o gerente do canal estará em melhor posição para tomar as medidas apropriadas *antes* que as ações dos membros do canal sejam refletidas em números de vendas.

Previsão de crescimento geral Esse critério final foca as previsões para o desempenho do membro do canal. As questões básicas a que o fabricante deve procurar responder nessa avaliação estão listadas no Quadro 14.3. Ao avaliar periodicamente a maioria dos (ou todos os) membros quanto às questões a seguir apresentadas, o gerente do canal obterá uma visão geral valiosa do sistema total do canal. Isso lhe fornecerá informações úteis para formular objetivos realistas para os anos seguintes e, particularmente, para delinear o papel dos membros nas futuras estratégias de marketing da empresa.

Outros critérios Embora os sete critérios discutidos até aqui sejam os mais comumente usados e forneçam grande parte da informação de avaliação necessária aos fabricantes, outros também são usados em alguns casos (ver Quadro 14.1). Os mais importantes são: (1) situação financeira dos membros do canal;[22] (2) seu caráter e reputação; (3) a qualidade do serviço oferecido aos *seus* clientes; (4) suas instalações físicas e, por fim, (5) sua satisfação.

A situação financeira dos membros do canal normalmente é levada em conta, de forma cuidadosa, quando do processo de seleção. Se eles estiverem pagando suas contas com assiduidade, normalmente há pouca necessidade de uma avaliação futura. Diante de mudanças na economia e condições de concorrência, no entanto, a situação financeira de um membro pode mudar muito. Alguns fabricantes tentam fazer revisões regulares da posição financeira dos seus membros para obter informações antecipadas sobre qualquer possível deterioração financeira que possa afetar negativamente o fabricante no futuro.

Em geral, o caráter e a reputação dos membros do canal também são considerados cuidadosamente antes da seleção.[23] Podem ocorrer alterações com o tempo, no entanto, em especial diante de mudança na propriedade ou grandes reviravoltas nas políticas operacionais de algum membro. Se essas evoluções ocorrerem em determinados membros do canal, talvez seja prudente o fabricante investigar se houve alguma alteração substancial na reputação destes. Isso normalmente pode ser feito com mais efetividade por meio de conversas com alguns dos clientes desses membros.

A qualidade do serviço oferecido pelos membros do canal é essencialmente refletida em seu desempenho de vendas.[24] Se o nível de serviço é inadequado, seus clientes acabarão, no decorrer do tempo, procurando outros fornecedores. Contudo, no curto prazo, quedas nos níveis de serviço dos membros do canal podem não aparecer nos dados de desempenho de vendas porque seus clientes podem ainda não ter encontrado fontes alternativas de fornecimento. Assim, se houver suspeita de que determinados membros possam estar falhando ao fornecer serviço aos seus clientes, o fabricante deve investigar esse problema antes que apareça na forma de queda do seu desempenho de vendas.

▶ **QUADRO 14.3** Questões-chave para avaliação das previsões de crescimento do membro do canal

1. Seu desempenho anterior indica que as vendas dos produtos do fabricante são propensas a acompanhar o que foi projetado para sua região, distrito ou área comercial?
2. Seu desempenho global está de acordo com o nível geral de atividades econômicas da região?
3. Sua organização está expandindo, ou mostrando sinais de aprimoramento nas instalações, capitalização, manutenção de estoque e qualidade das linhas representadas?
4. Sua equipe está crescendo apenas em número ou se tornando mais altamente qualificada?
5. O membro do canal, e sua respectiva representação do fabricante na região, pode em algum momento estar em risco devido aos arranjos da sua gestão, à idade, saúde ou sucessão?
6. O membro do canal tem a adaptabilidade e a capacidade geral para atender às expansões de mercado que podem ocorrer na região?
7. Quais são as estimativas do membro do canal para seu panorama em médio e longo prazos?

Fonte: Compilado de Roger Pegram, Selecting and evaluating distributors, *Business Policy Study* n. 116. Nova York: National Industrial Conference Board, 1965, p. 127-28.

Para certas categorias de produtos, especificamente mercadorias de luxo vendidas por membros do canal no nível varejista, a qualidade das suas instalações físicas pode ser um critério de avaliação muito importante. Em geral, fabricantes de produtos de luxo esperam que seus membros do canal forneçam o clima e o ambiente com um nível proporcional à qualidade do produto. Por exemplo, a divisão Lincoln da Ford Motor Company deseja que seus revendedores aprimorem significativamente seus *showrooms* e instalações de serviço para projetar uma imagem à altura das concessionárias Lexus, BMW e Mercedes. A Ford acredita que ter um alto nível de instalações de concessionárias é absolutamente essencial para apoiar a nova linha de carros de luxo Lincoln que será introduzida. Os revendedores que não podem ou não farão o investimento substancial exigido para atender ao novo padrão do Lincoln têm grande probabilidade de ser abandonados pela empresa.[25]

Por fim, outro, talvez mais sutil, critério de avaliação considerado nos últimos anos, pelo menos nos estudos mais acadêmicos da avaliação dos membros do canal, é a satisfação destes. Esse critério tem sido classificado como algo pertencente à esfera da "satisfação social", em vez da "satisfação econômica", que os membros desejam da relação no canal. No entanto, como Geyskens e Steenkamp apontam, as satisfações econômica e social dos membros do canal podem estar relacionadas: "Entender essa distinção entre 'satisfação econômica' e 'satisfação social' é importante porque podem levar à satisfação econômica da sua contraparte (o fabricante), mas, ao mesmo tempo, abalam a satisfação social deste último, ou vice-versa."[26]

Os contrastes entre avaliar a satisfação social dos membros do canal, que lida com contatos pessoais e interações entre estes, e as questões mais diretas e financeiras associadas à satisfação econômica são ilustrados no Quadro 14.4.

Aplicando critérios de desempenho

Depois de desenvolver um conjunto de critérios para a avaliação do desempenho dos membros do canal, o gerente precisa avaliá-los quanto a esses critérios. Existem basicamente três abordagens que podem ser usadas: (1) avaliações separadas do desempenho em um ou mais critérios; (2) múltiplos critérios combinados informalmente para avaliar em termos qualitativos o desempenho global; e (3) múltiplos critérios combinados formalmente para chegar a um índice quantitativo do desempenho global.

▶ **QUADRO 14.4** Questões associadas à satisfação econômica em comparação à satisfação social dos membros do canal

Satisfação econômica	Satisfação social
1. Minha relação com esse fornecedor proporcionou-me uma posição de mercado dominante e lucrativa na minha área de vendas.	1. A relação de trabalho da minha empresa com esse fornecedor é caracterizada por sentimentos de hostilidade.
2. Minha relação com esse fornecedor é muito atrativa no que diz respeito a descontos.	2. Esse fornecedor expressa críticas de forma educada.
3. Estou muito contente com a minha decisão de distribuir os produtos desse fornecedor, visto que sua alta qualidade aumenta o tráfego de clientes.	3. Interações entre minha empresa e esse fornecedor são caracterizadas pelo respeito mútuo.
4. A política de marketing desse fornecedor me ajuda a executar meu trabalho de forma efetiva.	4. Esse fornecedor me deixa mal informado sobre coisas que preciso saber.
5. Esse fornecedor proporciona suporte de vendas e de marketing de alta qualidade.	5. Esse fornecedor se recusa a explicar as razões para suas políticas.

Fonte: Adaptado de Inge Geyskens e Jan-Benedict E. M. Steenkamp, economic and social satisfaction: measurement and relevance to marketing channel relationships, *Journal of Retailing* 76, n. 1, 2000, p. 21.

Avaliações separadas de desempenho Medem o desempenho dos membros do canal em relação a um ou mais critérios discutidos na seção anterior. No entanto, não é feita nenhuma tentativa de combinar essas medições de desempenho, formal ou informalmente, para chegar a um retrato geral.

Essa abordagem, retratada no Quadro 14.5, é mais comumente usada quando o número de membros do canal é muito grande (em geral quando o fabricante usa uma distribuição intensiva) e o critério empregado é limitado a nada mais do que desempenho de vendas, manutenção de estoque e, possivelmente, capacidade de vendas.

Como mostrado no quadro, as medidas operacionais usadas para avaliar o desempenho são aplicadas separadamente. Por consequência, quando essa abordagem é usada, a avaliação vai além de uma revisão do desempenho de cada membro do canal nos critérios relevantes. Sua principal vantagem é que, uma vez que os dados necessários sobre o desempenho dos membros do canal já tenham sido reunidos, é simples e rápida.

Uma desvantagem significativa, no entanto, é que essa abordagem separada oferece pouca percepção do desempenho global. Isso é especialmente verdade quando o desempenho de um membro do canal é irregular entre os critérios. Por exemplo, é bem possível que um membro mostre bom desempenho de vendas mas, ao mesmo tempo, um baixo índice entre o nível de estoque e o volume de vendas, o que pode significar que ele conseguiu manter um nível relativamente baixo de estoque para alcançar um alto volume de vendas. Na prática, o membro do canal pode estar usando o fabricante como "armazém", portando o mínimo de estoque possível e fazendo muitos pedidos pequenos. Embora essa situação possa ser aceitável no curto prazo, no longo prazo esse comportamento certamente mostrará vendas mais baixas, com aumento das atividades da concorrência no território ou custos exageradamente altos ao fabricante para dar assistência a essa conta.

Múltiplos critérios combinados informalmente Essa abordagem representa um passo a mais em relação às avaliações separadas dos critérios de desempenho; por meio dela, tenta-se combinar os vários critérios em um julgamento global do desempenho dos membros do canal. No entanto, as diversas medidas de desempenho dentro e entre cada uma das categorias são combinadas apenas de forma qualitativa e informal; isto é, a importância relativa ou peso atribuído a cada uma das medidas de desempenho não são explicitados, e nenhum índice quantitativo formal de desempenho global é computado. Essa abordagem, que alguns podem chamar de "caixa-preta", é retratada na Figura 14.3.

Suas principais vantagens para a avaliação do desempenho do membro do canal são simplicidade e flexibilidade. Ela é simples no sentido de que nenhum procedimento formal adicional é necessário para combinar as medidas de desempenho específicas nos vários critérios, claro, desde que já tenham sido obtidos. O gerente de canal pode designar pesos e "adicioná-los" com base no julgamento subje-

▶ **QUADRO 14.5** Avaliação de desempenho do membro do canal usando critérios separadamente

Critério	Medidas de desempenho operacional usadas frequentemente	Procedimento para combinar medidas
Desempenho de vendas	Vendas brutas Crescimento de vendas ao longo do tempo Participação de mercado Vendas efetuadas/cota de vendas	Nenhuma tentativa de combinar as medidas de desempenho dentro ou entre as categorias de critérios é feita.
Manutenção de estoque	Média de estoque mantido Estoque/vendas Giro de estoque	
Capacidade de vendas	Número total de vendedores Vendedores designados aos produtos do fabricante	

© Cengage Learning 2013

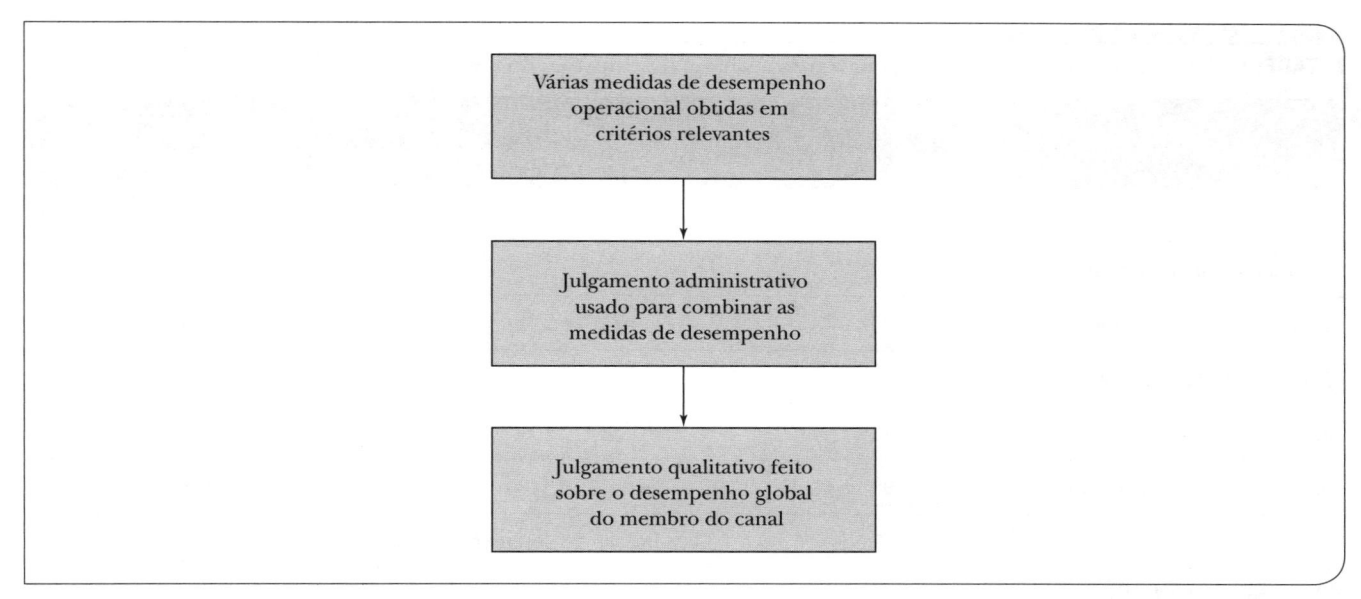

FIGURA 14.3 ▶ Avaliação do desempenho do membro do canal usando múltiplos critérios combinados informalmente.
© Cengage Learning 2013

tivo derivado da experiência. A flexibilidade diz respeito ao fato de que os pesos designados para cada critério podem refletir sua mutável importância relativa.

No entanto, três grandes problemas são associados a essa abordagem. O primeiro envolve as compensações em classificações de desempenho. Quando um membro do canal foi bem em alguns critérios, mas não em outros, a ausência de procedimentos formais de ponderação para cada critério pode levar a classificações altamente arbitrárias de desempenho geral. O segundo, intimamente relacionado, é fazer comparações de desempenho entre os membros do canal. Se os pesos relativos designados para cada critério não são os mesmos para cada membro, então a comparação das classificações de desempenho entre eles não é válida. Por fim, essa abordagem também não oferece um índice quantitativo único que reflita o desempenho global.

Múltiplos critérios combinados formalmente Um sistema formal de classificação usando múltiplos critérios permite que o gerente do canal chegue a uma classificação quantitativa do desempenho global para cada membro. Os membros do canal podem, então, ser avaliados em relação a essa classificação.[27] Essa abordagem consiste nos seguintes passos:

1. Critérios e medidas operacionais associadas são estabelecidos.
2. São designados pesos para cada um dos critérios a fim de refletir sua importância relativa.
3. Cada membro do canal a ser avaliado é classificado em cada um dos critérios em uma escala de 0 a 10.
4. A pontuação em cada critério é multiplicada pelo seu peso, produzindo assim as classificações ponderadas dos critérios.
5. Essas classificações ponderadas são somadas, gerando a classificação de desempenho global (índice) para cada membro do canal.

Esse método é ilustrado na Tabela 14.1.

Se mais de uma medida operacional for usada para representar cada categoria de critérios, os pesos devem ser designados para cada uma delas, assim como a pontuação. A pontuação total para cada critério é então somada para chegar à pontuação de desempenho global. Isso é mostrado na Tabela 14.2, no caso do critério de vendas. Quatro medidas operacionais usadas junto com o critério de vendas receberam o peso 50.

Critério	(A) Peso do critério	(B) Pontuação do critério	(A × B) Pontuação ponderada
		0 1 2 3 4 5 6 7 8 9 10	
1. Desempenho de vendas	,50	✓ (7)	3,50
2. Manutenção de estoque	,20	✓ (5)	1,00
3. Capacidade de vendas	,15	✓ (6)	0,90
4. Atitudes	,10	✓ (4)	0,40
5. Previsões de crescimento	,05	✓ (3)	0,15
	1,00	Classificação de desempenho global	5,95

© Cengage Learning 2013

▶ **TABELA 14.2** Método de critérios ponderados para avaliar o desempenho do membro do canal usando diversas medidas por critério

Critério e medidas operacionais associadas	(A) Pesos	(B) Pontuação	(A × B) Pontuação ponderada
1. Desempenho de vendas		0 1 2 3 4 5 6 7 8 9 10	
a. Vendas brutas	,20	✓ (6)	1,20
b. Crescimento de vendas	,15	✓ (7)	1,05
c. Vendas efetuadas/cota de vendas	,10	✓ (4)	0,40
d. Participação de mercado	,05	✓ (8)	0,40
Pontuação total para o critério de vendas			3,05
Pontuação total para cada um dos outros critérios adicionados			XX
Classificação de desempenho global			XX

© Cengage Learning 2013

As grandes vantagens dessa abordagem são de os pesos serem designados aos critérios, as medidas de desempenho operacional associadas ser explicitadas e o índice quantitativo de desempenho global obtido. Dessa forma, as principais desvantagens associadas à abordagem informal de combinação de critérios são resolvidas. Por outro lado, se várias categorias de critérios forem usadas com inúmeras medidas operacionais por critério, o método pode se tornar trabalhoso. Todavia, o índice de desempenho global produzido por esse método permite que o gerente de canal analise o desempenho global dos membros do canal de muitas e úteis formas. Por exemplo, a pontuação de desempenho global de cada membro do canal pode ser classificada como mostra a Tabela 14.3, ou talvez organizada em uma distribuição de frequência, como ilustra a Tabela 14.4.

Há ainda muitas outras formas de resumir as pontuações globais, a depender da informação de que o gerente de canal necessite. Por exemplo, ele pode estar interessado: (1) na pontuação média, mediana ou modal; (2) em várias faixas e/ou tabulações cruzadas da pontuação global por tamanho do membro do canal; (3) no tipo de loja (no nível atacadista ou varejista); ou (4) em territórios geográficos.[28]

▶ TABELA 14.3 Classificação hipotética de dez membros do canal usando o método de critério ponderado

Membro do canal	Pontuação de desempenho global	Classificação
A	6,72	1
B	6,31	2
C	6,00	3
D	5,95	4
E	5,20	5
F	4,97	6
G	4.25	7
H	3,87	8
I	3,01	9
J	2,56	10

© Cengage Learning 2013

▶ TABELA 14.4 Distribuição hipotética de frequência das classificações de desempenho global de 500 membros de canal

Faixas de classificação de desempenho global	Número de membros do canal
8-10[a]	40
De 6 a 7,99	63
De 4 a 5,99	234
De 2 a 3,99	111
Abaixo de 2	52
Total	500

[a] Classificação global mais alta possível

© Cengage Learning 2013

Recomendando ações corretivas

Em geral, os fabricantes deveriam tentar recomendar ações corretivas para melhorar o desempenho dos membros do canal que não estão atendendo aos padrões mínimos definidos. A exclusão desses membros deveria ser usada apenas como um último recurso.[29]

Se ações corretivas que focam a reabilitação forem contempladas, em vez da eliminação, o gerente de canal deverá tentar perceber por que esses membros do canal atuaram de forma insatisfatória.[30] Para isso, no entanto, deve ser feito um esforço especial em aprender sobre as necessidades e problemas dos membros do canal que tiveram fraco desempenho, apontando as razões das falhas, que podem variar de incapacidades básicas de administração do membro do canal a um suporte insuficiente do fabricante aos membros. Na verdade, ambos os problemas podem existir.[31] Para descobrir, o gerente de canal deve analisar cuidadosamente as necessidades e os problemas dos seus membros. Como já discutimos isso no Capítulo 9, só recapitularemos os principais pontos brevemente. Primeiro, o gerente de canal não pode supor que obterá as informações adequadas sobre as necessidades do membro do canal e ficar esperando passivamente pelo seu recebimento. Em vez disso, ele precisa desenvolver abordagens concretas e práticas focadas em buscar ativamente por informações sobre essas necessidades e problemas.[32] Exemplos dessas abordagens incluem: (1) construir uma rede formal de comunicação no canal; (2) conduzir auditorias de canais de marketing; (3) formar conselhos consultivos de distribuidores; e (4) utilizar pesquisas conduzidas por empresas terceirizadas (todas discutidas no Capítulo 9).[33] Segundo, programas de suporte aos membros do canal precisam estar em harmonia com as necessidades e problemas destes. Por exemplo, o desempenho fraco de determinado membro do canal pode ter origem em uma força de vendas mal treinada. Se esse for o caso, a característica-chave de qualquer programa de reabilitação desenvolvido pelo fabricante deve ressaltar o treinamento da equipe de vendas dos seus membros. Terceiro, o fabricante precisa exercer a liderança por meio do uso habilidoso do poder (ver Capítulos 4 e 9). No contexto de um programa corretivo para aprimorar a efetividade de um membro do canal com fraco desempenho, o uso de poder coercivo tem de ser evitado cuidadosamente, mesmo que pareça oferecer resultados rápidos e em curto prazo. Por fim, as restrições impostas pela configuração interorganizacional do canal de marketing (ver Capítulo 9) devem ser compreendidas se o gerente de canal espera alcançar uma resposta positiva dos membros ao programa de reabilitação. Se os princípios precedentes forem seguidos, a probabilidade de ter um programa corretivo bem-sucedido para membros com fraco desempenho é alta.

Resumo

O sucesso de uma empresa usando membros independentes de canal para servir seus mercados-alvo depende do desempenho eficaz e eficiente de seus membros. Sua avaliação do desempenho é, portanto, uma parte importante do gerenciamento do canal.

O escopo e a frequência das avaliações de desempenho são afetados (1) pelo grau de controle do fabricante sobre os membros do canal; (2) pela importância relativa destes; (3) pela natureza do produto; e (4) pelo número de membros do canal envolvidos.

A avaliação dos membros do canal pode ser feita de forma diária e rotineira, consistindo essencialmente no monitoramento das suas vendas. Mas, para avaliá-los de forma completa e efetiva, o gerente de canal precisa não apenas monitorar o desempenho diário, mas também conduzir periodicamente uma auditoria de desempenho. Esse tipo de auditoria apresenta três fases básicas: (1) desenvolver critérios apropriados para essa avaliação; (2) aplicá-los para medir o desempenho; e (3) recomendar ações corretivas para reduzir o número de membros do canal com desempenho fraco.

Embora muitos critérios possam ser usados para avaliar o desempenho do membro do canal, os mais básicos e importantes são: (1) desempenho de vendas dos membros aos *seus* consumidores; (2) manutenção de estoque pelos membros; (3) capacidade de vendas do membro do canal; (4) serviços ao cliente e suporte técnico por eles oferecidos; (5) atitudes dos membros do canal; (6) a forma como lidam com linhas de produtos rivais e com a concorrência; e (7) as previsões de crescimento geral dos membros do canal. Outros critérios, incluindo as instalações físicas e a satisfação social dos membros do canal, também podem ser considerados.

A aplicação desses critérios para avaliar o desempenho do membro do canal pode ser feita basicamente por três formas: (1) avaliações de desempenho separadas em um ou mais critérios; (2) múltiplos critérios combinados informalmente; e (3) múltiplos critérios combinados formalmente para chegar a um índice quantitativo. Com avaliações de desempenho separadas, o desempenho dos membros do canal é medido em relação a um ou mais critérios, mas não é feita nenhuma tentativa de combinar essas medidas de desempenho, formal ou informalmente, a fim de chegar a uma medida de desempenho global. A abordagem de múltiplos critérios representa um passo a mais das avaliações separadas, na qual se tenta combinar os vários critérios em um julgamento global a respeito do desempenho do membro do canal. A combinação das diversas medidas de desempenho é feita, no entanto, apenas de forma informal e qualitativa. Por fim, os múltiplos critérios são combinados formalmente por meio de um procedimento de ponderação, e um índice quantitativo global do desempenho do membro do canal é produzido. Essa é a abordagem mais sofisticada para avaliar o desempenho do membro do canal.

Devem ser tomadas ações corretivas para os membros do canal que não atendem aos padrões mínimos de desempenho. Com o objetivo de desenvolver os tipos certos de ações corretivas, o gerente de canal deve tentar descobrir os problemas dos membros do canal que podem estar subjacentes aos de desempenho e tentar ajudá-los a resolvê-los.

1. Explique por que a avaliação do desempenho do membro do canal é (ou não) tão importante quanto a avaliação dos funcionários que trabalham em empresas.

2. Discuta os principais fatores que afetam o escopo e a frequência das avaliações do desempenho dos membros do canal.

3. Discuta a diferença entre avaliação do desempenho do membro do canal e monitoramento diário desse desempenho. Essa diferença é sempre nítida na prática? Explique por quê.

4. As vendas *ao* membro do canal durante determinado período são tipicamente uma boa medida das vendas feitas *pelo* membro do canal nesse período? Discuta.

5. Que tipos de dados de vendas o gerente de canal deve tentar obter para avaliar o desempenho de vendas? Que tipo de informação é fornecido por esses dados?

6. Por que o gerente de canal deve se preocupar com o fracasso dos membros do canal em cumprir os acordos de armazenamento de estoque?

7. A única medida real das capacidades de venda de um membro do canal são as vendas alcançadas em relação ao produto do fabricante. Você concorda? Justifique.

8. Discuta a razão para incluir os serviços ao cliente e o suporte técnico como um critério de desempenho dos membros do canal.

9. A que tipo de questões o gerente de canal deve tentar responder durante a avaliação das previsões de crescimento geral dos membros do canal?

10. Discuta os prós e os contras das três principais abordagens para aplicar os critérios de avaliação de desempenho dos membros do canal.

1. As lojas 7-11 da Southland são formadas principalmente por franquias independentes. Embora sejam negócios independentes, a Southland consegue dados detalhados sobre o desempenho em todas as fases de suas operações diariamente. Os franqueados que não estiverem à altura dos padrões estabelecidos podem ser eliminados por meio de uma notificação com 72 horas de antecedência.

   Em sua opinião, por que a Southland é capaz de exercer um controle tão poderoso sobre a coleta de informações de suas franquias 7-11?

2. A divisão de produtos industriais da empresa Black & Decker exige que seus distribuidores mantenham um estoque adequado por meio do armazenamento de ferramentas e acessórios em uma variedade proporcional aos mercados servidos, bem como padrões mais altos de serviço ao cliente. A quantidade e variedade exatas de produtos gerenciados por cada distribuidor são baseadas em um acordo apropriado feito entre estes e o representante de vendas da Black & Decker.

   Discuta a abordagem dessa empresa para o armazenamento de estoque. Que problemas você vê em garantir a obediência dos membros do canal?

3. Aplicar critérios de desempenho pode ser difícil porque muitos fatores podem estar envolvidos e mudar ao longo do tempo. Além disso, alguns critérios de desempenho podem ser aplicados de forma diferenciada a determinados membros do canal em circunstâncias variadas.

   Dadas essas dificuldades, é possível ter critérios de desempenho verdadeiramente justos e corretos para avaliar o desempenho dos membros do canal?

4. Midas Inc., mais conhecida no setor de consertos de silenciadores de automóveis, fornece seus produtos e serviços por meio de centenas de revendedores franqueados distribuídos em todo o território dos Estados Unidos. Embora essa empresa ofereça outros serviços automotivos, como substituição de freio e reparo do sistema de suspensão, os silenciadores ainda correspondem à maior parte das suas vendas. Talvez a razão mais importante para isso seja a famosa garantia vitalícia dos seus silenciadores. Os clientes que tiveram os silenciadores trocados em um revendedor Midas têm direito à substituição gratuita se houver qualquer problema, ou até mesmo se houver desgaste durante o período que o cliente tiver o carro. A Midas, tradicional-

mente, baseou seu trabalho na confiança; a palavra do revendedor era suficiente para obter crédito para a substituição de silenciadores na garantia. No entanto, a empresa deseja trocar esse sistema por outro mais rigoroso, que exija que os revendedores devolvam os silenciadores substituídos para que seja possível verificar se estavam defeituosos ou gastos. Os revendedores estão revoltados com essa nova política, pois acreditam que isso limitará sua flexibilidade para lidar com *seus* consumidores e, assim, minar a tradição da marca.

O que você acha que pode ter desencadeado a nova política da Midas? Você acredita que ela afetará o comportamento do revendedor? Se sim, como?

5. O Holiday Inn, uma divisão do Inter Continental Hotels Group PLC, recentemente eliminou 700 franquias de membros do seu canal. De acordo com o Holiday Inn, esses membros não conseguiram atender aos padrões mínimos da empresa. Ao longo dos anos, eles não fizeram renovações regulares nem se mostraram dispostos a fazer os investimentos necessários em atualizações, como novas camas, utensílios de banheiro e outras melhorias, que ajudariam a posicionar o Holiday Inn como uma cadeia de hotéis mais luxuosa. Muitos desses membros foram surpreendidos pelo que viam como exigências severas e fiscalização rigorosa do franqueador. Algumas das franquias eram associadas ao Holiday Inn há décadas e sentiam-se membros leais e produtivos. Eles questionaram a imparcialidade da avaliação negativa do Holiday Inn a respeito de seu desempenho.

Você acha que a eliminação de tantos membros do canal do Holiday Inn foi "justa"? Discuta do ponto de vista do franqueador (Holiday Inn) e dos franqueados (membros do canal).

REFERÊNCIAS

1. Spriggs, Mark T. A Framework for more valid measures of channel member performance, *Journal of Retailing*, v. 70, n. 4, 1994, p. 327-343; Corey, E. Raymond; Cespedes, Frank V.; Rangan, V. Kasturi. *Going to market*. Boston: Harvard Business School Press, 1989, p. 94-96.

2. Pegram, Roger. *Selecting and evaluating distributors*. New York: Industrial Conference Board, 1965, p. 103-104.

3. Para uma discussão relacionada, veja: Antia, Kersi D.; Frazier, Gary L. The severity of contract enforcement in interfirm channel relationships, *Journal of Marketing*, Oct. 2001, p. 67-88.

4. Para um excelente estudo de tal dependência em relação ao desempenho em canais franqueados, veja: Lewis, M. Christine; Lambert, Douglas M. A model of channel member performance, dependence, and satisfaction, *Journal of Retailing*, Summer 1991, p. 202-225.

5. Cronin Jr., J. Joseph; Kelley, Scott. An investigation of the impact of marketing strategies in determining retail profit performance. In: Klein, D. M.; Smith, A. E. (eds.) *Marketing:* the next decade, *Proceedings of the Southern Marketing Association*, 1985, p. 251-254.

6. Confira: Kalwani, Manohar U.; Narayandas, Narakesari. Long-term manufacturer-supplier relationships: do they pay off for supplier firms? *Journal of Marketing*, Jan. 1995, p. 1-16.

7. Pegram. *Selecting and evaluating distributors*, p. 109.

8. Pegram. *Selecting and evaluating distributors*.

9. Para uma discussão relacionada, veja: Bughin, Jacques; Guggenheim, Amy; Singer, Marc. How poor metrics undermine digital marketing, *McKinsey Quarterly*, v. 1, 2009, p. 106-107.

10. Oswald, Hilary Masell. Brand remodel, *Marketing News*, 30 Mar. 2011, p. 8.

11. Oswald. Brand remodel, p. 8.

12. Para uma discussão relacionada, veja: Mayo, Michael C. A framework for evaluating performance in channels of distribution. In: King, Robert L. (ed.). *Marketing in an environment of change*, *Proceedings of the Southern Marketing Association*, 1986, p. 207-210. Veja também: Brown, William G.; Reiten, E. D. Auditing distribution channels, *Journal of Marketing*, July 1978, p. 38-41; e Dickson, Peter R. Distributor Portfolio Analysis and the Channel Dependence Matrix: New Techniques for Understanding and Managing the Channel, *Journal of Marketing*, Summer 1983, p. 35-44.

13. Spriggs. A framework for more valid measures of channel member performance, p. 327-340.

14. Pegram. *Selecting and evaluating distributors*, p. 109-125.

15. Shirouzu, Norihike; Bognell, John. 7-Eleven operators resist systems to monitor managers, *Wall Street Journal*, 16 June 1997, p. B1, B3.

16. Para uma discussão relacionada, veja: Young, Tim. How to cook up a successful sales channel, *X-Sells*, 17 Feb. 2005, http://www.techmor.com/ManagingthePartner Relationship.htm: 1-3.

17. Para uma visão do relacionamento sob a perspectiva do membro do canal, veja: Dreyfuss, Joel. Shaping up your suppliers, *Fortune*, 10 Apr. 1989, p. 116-122.

18. Veja, por exemplo: Haverty, James L. The information flow and its impact upon channel performance in the food industry. In: Malholtra, N. (ed.). *Developments in marketing science*. Miami, Fla.: Academy of Marketing Science, 1986, p. 6-11.

19. Brat, Ilan; Aeppel, Timothy. Why deere is weeding out dealers even as farms boom, *Wall Street Journal*, 14 Aug. 2007, p. A1, A10.

20. Para uma discussão relacionada, veja: Ping Jr., Robert A. Does satisfaction moderate the association between alternative attractiveness and exit intention in a marketing channel? *Journal of the Academy of Marketing Science* 22, n. 4, 1994, 364-371.

21. Pegram. *Selecting and evaluating distributors*, p. 123.

22. Moran, Gwen. When Money is Due, *Entrepreneur*, Mar. 2011, p. 68.

23. Veja, por exemplo: Miller, Cyndee. Nordstrom is tops in survey, *Marketing News*, 15 Feb. 1993, p. 12.

24. Empire Builders, *Businessweek.com*, 14 May 2001, p. EB28.

25. Dolan, Matthew; Bennett, Jeff. Lincoln dealers will shrink, *Wall Street Journal*, 6 Oct. 2010, p. B3.

26. Geyskens, Inge; Steenkamp, Jan-Benedict E. M. Economic and social satisfaction: measurement and relevance to marketing channel relationships, *Journal of Retailing* 76, n. 1, 2000, p. 11-12.

27. Esta abordagem é uma adaptação do Método de critérios ponderados. Veja: Kotler, Philip. *Marketing decision making*: a model building approach. New York: Hold, Rinehart & Winston, 1968, p. 293-294.

28. Para mais informações sobre o método de critérios ponderados para avaliar o desempenho do membro do canal, veja: Cebrowski, John W. Managing expectations to enhance distribution program success, *Journal of Business and Industrial Marketing* 9, n. 1, 1994, p. 17-23.

29. Para um ponto de vista um pouco contrário a esta recomendação, veja: Ping Jr., Robert A. Unexplored antecedents of exiting in a marketing channel, *Journal of Retailing* 75, n. 2, 1999, p. 218-241.

30. Confira, por exemplo: Ping Jr., Robert A. Exploring antecedents of exiting a marketing channel, *Journal of Retailing*, Summer 1999, p. 218-241; Ping, Robert; Dwyer, F. Robert. Relationship termination in marketing channels. In: Frazier, Gary et al. (eds.). *Proceedings of the Educators' Conference of the American Marketing Association*. Chicago: American Marketing Association, 1988, p. 245-250.

31. Ellis, Paul D. Factors affecting the termination propensity of inter-firm relationships, *European Journal of Marketing*, v. 40, n. 11/12, 2006, p. 1169-1177.

32. Para um exemplo ilustrativo, veja: Retailers rank supplier services, *Lawn and Garden Marketing*, Jan. 1987, p. 8-11.

33. Moody, Patricia E. Customer supplier integration: why being an excellent customer counts, *Business Horizons*, July-Aug. 1992, p. 52-57.

PARTE 4

Perspectivas adicionais sobre os canais de marketing

15

Canais eletrônicos de marketing

OBJETIVOS DE APRENDIZAGEM

Após a leitura deste capítulo, você será capaz de:

1 Reconhecer que os canais eletrônicos de marketing se tornaram uma realidade cotidiana.

2 Entender e estar apto a definir o que exatamente significam canais eletrônicos de marketing.

3 Avaliar a diferença entre o uso da internet para coleta de informação e sua utilização como canal interativo de compras.

4 Perceber que os canais eletrônicos de marketing podem resultar tanto em "desintermediação" quanto em "reintermediação" na estrutura do canal.

5 Conhecer as limitações da internet em termos de fluxo de produto e atendimento de pedidos.

6 Estar familiarizado com o desenvolvimento e tendências dos canais eletrônicos de marketing.

7 Ter consciência das implicações-chave dos canais eletrônicos de marketing para as seis principais áreas de decisão sobre as estratégias de canais de marketing.

Na L.L. Bean, os canais eletrônicos encontram os tradicionais

A L.L. Bean é, por excelência, exemplo de um varejista mergulhado na tradição. De produtos simples e triviais, como roupas 100% algodão e sapatos impermeáveis tipo "*duck shoes*", até catálogos de papel e o foco no atendimento personalizado, a empresa, com 98 anos de mercado, permanece um estandarte de varejo à moda antiga nesse mar de mudanças tecnológicas.

Bem, nem sempre as coisas são o que parecem. Com efeito, a L.L. Bean se tornou um varejista altamente tecnológico que não apenas abraçou o comércio eletrônico para venda de produtos on-line, mas também administrou a integração dessa nova tecnologia com o que havia de melhor em seus canais varejistas tradicionais. Embora seu vice-presidente, Terry Sutton, especialista em satisfação do cliente, provavelmente ficasse corado se ouvisse a palavra "sinergia" ser usada para descrever esse casamento entre canais tecnológicos e de varejo tradicionais, o termo é certamente adequado para a situação. O website da L.L. Bean é tão intuitivo na colocação de pedidos quanto o da Amazon, já que possui rastreamento extremamente tecnológico e um site que permite aos consumidores classificar e dar nota a todos os produtos da empresa. Entretanto, esse sofisticado canal de comércio eletrônico é muito acentuado pela excelência que a empresa valoriza no contato direto com os clientes. Todos os clientes on-line podem conversar com um hábil agente de *call center* por meio de mensagens pessoais ou e-mails. Ou, se preferirem, podem solicitar qualquer tipo de ajuda ou informação por meio de apenas "um clique e uma ligação" a um empregado da empresa, que o atenderá prontamente, em até dois minutos.

Não é de admirar então que, em 2010, pela primeira vez, as vendas on-line da L.L. Bean tenham superado em muito as por catálogo. Realizando o pedido on-line, os clientes têm o melhor dos dois mundos — a rapidez e a eficiência do comércio eletrônico, e o suporte de um atendimento personalizado, feito pela competente e simpática equipe da L.L. Bean.

Dessa forma, os canais eletrônicos e tradicionais da empresa parecem combinar tanto quanto uma das camisas abotoadas e um par de calças 100% algodão da L.L. Bean.

Fonte: Baseado em Michael Arndt, L.L. Bean follows its shoppers to the web. *Bloomberg Business Week*, 1º mar. 2010, p. 43.

Ao longo dos capítulos anteriores, abordamos de que forma a tecnologia afeta os canais de marketing em várias instâncias. Sem dúvida, a tecnologia relacionada à internet, aos computadores pessoais e smartphones teve grande impacto no desenho e na administração dos canais de marketing. Mas, conforme nos dirigimos à segunda década do século 21, é provável que o papel das tecnologias de internet nos canais de marketing cresça ainda mais.[1] Embora a maioria das previsões radicais do século 20 — que previam que o comércio eletrônico baseado em internet mudaria tudo e que a compra on-line praticamente substituiria as lojas físicas — não tenha se concretizado (e provavelmente nunca se concretizará),[2] a compra on-line se tornou uma realidade do cotidiano para centenas de milhões de clientes de todo o mundo. Atualmente, comprar pela internet é o principal canal de marketing que, enquanto não substitui os pedidos em lojas físicas ou por catálogo, permanece ao lado deles como outra grande opção para os consumidores.[3]

Além disso, comprar via smartphones e outros aparelhos portáteis, enquanto se está em movimento, tornou-se algo cada vez mais comum nos últimos anos.[4] O **comércio móvel**, ou *m-commerce*, como em geral esse canal eletrônico é conhecido, ainda é incipiente, mas espera-se que cresça rapidamente conforme os consumidores se sintam mais confortáveis com essa forma de compra. Outra forma de canal eletrônico começa a surgir em sites de mídias sociais, como Facebook, Twitter, MySpace, LinkedIn e várias outras. Embora o uso da rede social como outra forma de canal eletrônico de marketing seja, até agora, apenas um "pontinho no radar", alguns produtos e serviços já começaram a ser comprados e vendidos por meio dessas redes, e muitos outros certamente seguirão esse caminho.[5]

Neste capítulo, examinamos o tópico ainda emergente do canal eletrônico de marketing. Especificamente, discutiremos o sentido desses canais, sua estrutura, desenvolvimento e padrão, assim como suas vantagens e desvantagens. Por fim, consideraremos as implicações dos canais eletrônicos de marketing para a estratégia e o gerenciamento do canal.

DEFINIÇÃO DE CANAIS ELETRÔNICOS DE MARKETING

Como normalmente acontece quando tecnologias modernas entram em cena, muitos termos novos e relacionados a elas podem surgir, com o desenvolvimento de uma nova série de jargões. Além disso, os vários termos usados podem não ter significados precisos e, em alguns casos, com frequência são interpretados de forma diferente por distintos segmentos.[6]

Esse é o caso do termo que usamos como título do capítulo, "canais eletrônicos de marketing". Outros similares surgiram na literatura de marketing, na imprensa popular de negócios, e na prática incluem comércio eletrônico (e-commerce), fazer negócio na World Wide Web (rede mundial de computadores), comércio ou compra pela internet, no ciberespaço, na web, compra virtual, distribuição eletrônica ou, simplesmente, compra on-line. Além disso, com o recente surgimento dos canais eletrônicos móveis e a extensão dos canais eletrônicos nas redes sociais, apareceram mais termos relacionados a canais eletrônicos de marketing, tais como comércio eletrônico móvel (ou apenas *m-commerce*), *social commerce*, *s-commerce*, *social referral marketing* e *F-commerce* (atalho para *Facebook commerce*). Essa lista, apesar de extensa, de maneira alguma é abrangente. Termos adicionais, variações ou combinações também poderiam ser adicionados à lista. Não é necessário dizer que tantos termos e usos levam à confusão. Por isso, tentaremos definir da forma mais clara possível o que significa canais eletrônicos de marketing, embora não haja qualquer reivindicação de uma definição precisa ou exata. Os **canais eletrônicos de marketing**, como o próprio termo diz, podem ser definidos como: "Utilização da internet para tornar produtos e serviços disponíveis ao público-alvo com acesso a computador ou outros dispositivos viabilizadores a fim de que possam realizar a compra e concluir a transação mediante meios eletrônicos interativos."

Vários tópicos precisam ser apontados para esclarecer essa definição. Primeiro, o termo *disponíveis*, como nela utilizado, não implica necessariamente a disponibilidade física do produto na internet. É verdade que produtos e serviços, tais como material impresso, música e filmes, podem ser digitalizados[7] para entrega eletrônica. Por outro lado, produtos e serviços físicos não podem ser transportados por meio da internet.[8] Como veremos mais à frente neste capítulo, esse fato óbvio, mas frequentemente esquecido, tem importantes implicações para o papel da internet no canal de marketing.

Segundo, o termo *outros dispositivos viabilizadores* abrange as outras tecnologias que fornecem acesso à internet, além de desktops e laptops, incluindo smartphones, palmtops (em inglês, *personal digital assistants* – PDAs), canais de televisão pela internet e *e-readers*, como o Kindle, da Amazon; o Nook, da Barnes & Nobles; e o iPad, da Apple.

Por fim, a conclusão da transação por meios eletrônicos interativos transmite a ideia de "cruzar a linha", mais do que simplesmente utilizar a internet como um tipo de catálogo eletrônico de encomenda on-line. Assim, se os clientes que procuram produtos no site ou na página do Facebook da empresa ainda têm de utilizar o telefone ou ir até uma loja física para comprá-los, tudo o que de fato mudou nos canais convencionais é que os produtos do vendedor aparecem mais nas telas de um computador ou de smartphones do que na forma impressa ou nas telas da televisão.

ESTRUTURA DOS CANAIS ELETRÔNICOS DE MARKETING

Esses canais foram protagonistas de diversos artigos cujo assunto era um paradigma inteiramente novo para os canais de distribuição, um tipo de "animal" diferente, que remodelaria a fundo a estrutura do canal de marketing.[9] Alguns os viram como o anúncio da morte dos "intermediários". Afinal, argumentaram, quem precisaria de tantos varejistas, atacadistas, corretores e outros membros similares do canal, quando fabricantes e clientes de todo o mundo poderiam se contatar diretamente via internet?[10]

Quanto da previsão de tal radical transformação da estrutura do canal é especulação e quanto é baseado na realidade? Para aprofundar a análise dessa questão, é necessário avaliar em detalhes a estrutura de canal em relação a três principais fenômenos:

- Desintermediação *versus* reintermediação
- Fluxo de informação *versus* fluxo de produto
- Estrutura de canal virtual *versus* estrutura de canal físico

Desintermediação *versus* reintermediação

Lembre-se de que no Capítulo 1 estrutura de canal foi definida como "O grupo de membros do canal ao qual um conjunto de tarefas de distribuição é alocado". É frequente que a designação de tarefas de distribuição inclua no canal de marketing varejistas e/ou atacadistas, assim como outros intermediários que vão auxiliar os fabricantes e usuários finais a desempenhar todas as tarefas de distribuição necessárias para tornar convenientemente disponíveis os serviços e produtos.

Como já observado, visto que a internet é capaz de conectar diretamente fabricantes e usuários finais por meios eletrônicos, tem havido muita discussão a respeito do fim dos intermediários no canal. De fato, surgiu um importante jargão para descrever esse processo — **desintermediação**.[11] De acordo com seu conceito, os intermediários se tornaram supérfluos, já que os fabricantes ganharam exposição a inúmeros consumidores no ciberespaço. E só precisam ter um website. Dessa forma, milhões de consumidores com acesso à internet podem procurar e contatar diretamente os fabricantes para comprar usando meios eletrônicos. Em um cenário como esse, quem precisa de intermediários? Então, é inexorável que ocorra esse processo de desintermediação.

Entretanto, a realidade não está alinhada à teoria. Com efeito, alguns dos mais populares e frequentemente mencionados exemplos de empresas da internet que por suposição mostram o processo de desintermediação são, na verdade, exemplos de **reintermediação** — mudando, alterando ou adicionando intermediários ao canal.[12]

A Amazon.com, por exemplo, a maior e mais conhecida empresa de comércio eletrônico no mundo, é um intermediário padrão. É, de fato, um varejista que utiliza a internet em vez de lojas físicas ou vendas por e-mail ou catálogo. Entretanto, a Amazon.com ainda compra a maior parte dos seus produtos de diversos fabricantes (e, às vezes, de atacadistas) e então revende a mercadoria, que estoca em seus próprios depósitos, diretamente ao consumidor final pela internet. Esse canal é retratado na Figura 15.1, que mostra que a desintermediação — no sentido de que o varejista é removido do canal e o fabricante vende diretamente ao consumidor — não ocorreu. Ao contrário, o que de fato aconteceu foi a reintermediação na forma de um varejista on-line (Amazon.com) que aumentou e, em alguns casos, substituiu as lojas convencionais e/ou venda por catálogo dos varejistas por outro tipo de intermediário no canal de marketing.

Considere outra empresa de comércio eletrônico, Autobytel, Inc., sem dúvida alguma a mais conhecida empresa que "comercializa" automóveis na internet.[13] Será que os consumidores de fato compram carros pela internet? Na verdade, eles ainda os compram das revendedoras de automóveis comuns; no entanto, a Autobytel, Inc., e outras similares servem como corretoras entre essas revendedoras e os clientes. Isso é ilustrado na Figura 15.2. Apesar de a corretora não ser proprietária do carro nem lidar com ele fisicamente, ainda assim faz parte do canal, já que facilita a transferência de propriedade e o desenlace da transação entre revendedora de carros (vendedor) e comprador (consumidor).

Quando visitam seu website (Autobytel.com) para reunir informações sobre os carros e suas revendedoras, os clientes não pagam diretamente pelos serviços da empresa. Ao contrário, são os revendedores que pagam taxas mensais à Autobytel pelo encaminhamento de clientes que visitam seu site. Após os acessos, os revendedores entram em contato com esses clientes por e-mail, telefone, fax ou correspondência tradicional, a fim de oferecer suas melhores ofertas. Os clientes e os revendedores que utilizam esse canal apreciam o arranjo. Os compradores de carros têm acesso a uma vasta gama de informações e podem escolher os revendedores pela internet; por outro lado, os revendedores têm acesso a uma base de clientes bem mais ampla e com menor custo, reduzindo assim suas despesas com propaganda e comissões de vendas.

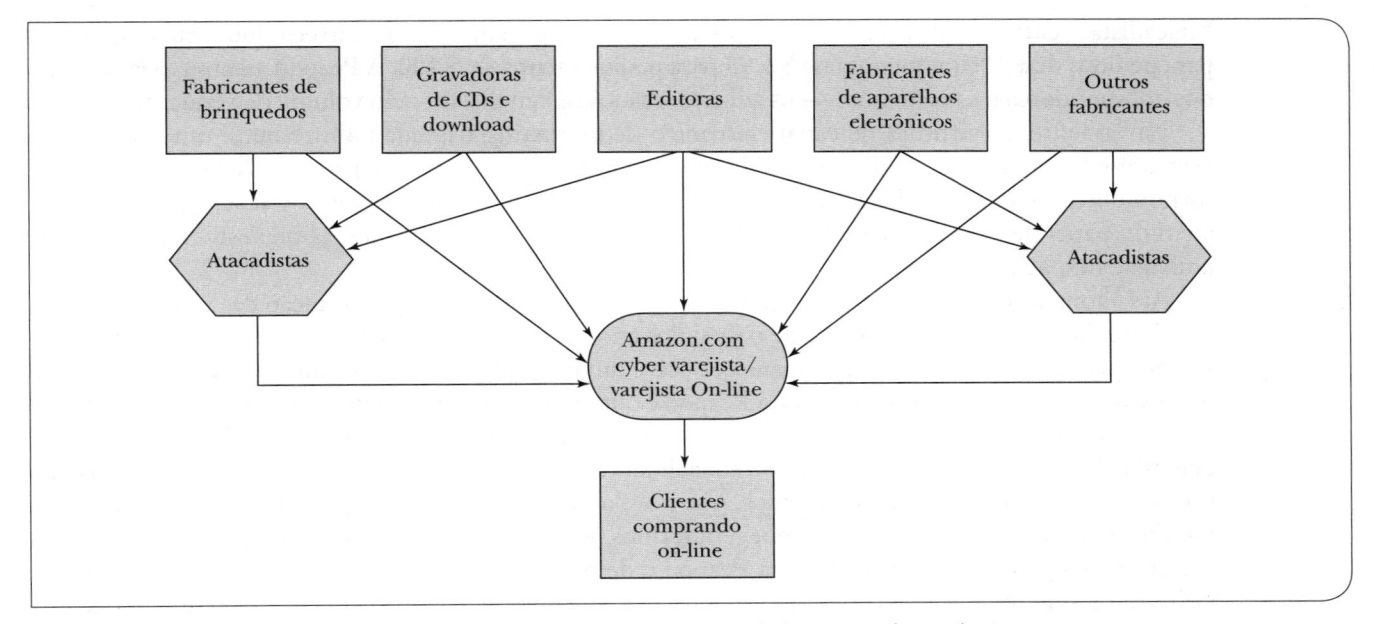

FIGURA 15.1 ▶ Amazon.com como um cyber intermediário no canal eletrônico de marketing.

© Cengage Learning 2013

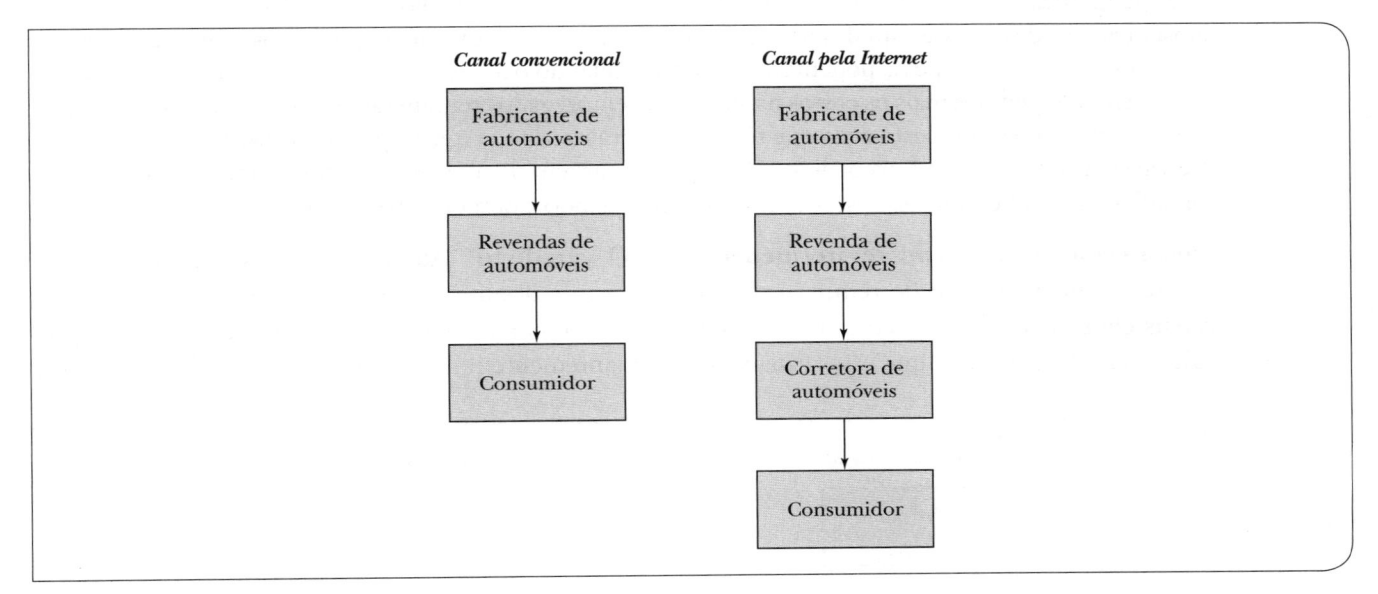

FIGURA 15.2 ▶ Estrutura convencional de canal e pela internet para automóveis.

© Cengage Learning 2013

Novamente, o surgimento da Autobytel no canal de marketing é um exemplo de reintermediação, ao contrário de desintermediação. Na verdade, nesse caso, a reintermediação envolve o *alongamento* dos canais de automóveis, ao invés do encurtamento, já que a Autobytel foi "adicionada" à estrutura de canal como um nível extra.

Por fim, considere o caso da Peapod, Inc., empresa pioneira em compras de alimentos on-line.[14] Compradores on-line visitam seu website e podem encomendar gêneros alimentícios de uma lista com mais de 8 mil produtos. Depois de receberem a encomenda on-line, os próprios empregados da Peapod, nos depósitos da empresa, escolhem, embalam e despacham os pedidos para as residências dos consumidores. A Peapod não obtém os produtos que comercializa diretamente dos fabricantes. Ao contrário, a empresa os compra e os armazena em seus depósitos, das cadeias de supermercados Stop & Shop e Giant com os quais desenvolveu uma aliança estratégica. Então, na verdade, esses supermercados servem de "atacadistas" entre os fabricantes e a Peapod. Os clientes pagam taxas de entrega que variam de $ 9,95 para pedidos de $ 100 ou menos, até $ 6,95 para pedidos acima de $ 100. A Peapod assume todas as taxas dos consumidores e as comissões — os supermercados se beneficiam pelo volume de vendas maior.

Novamente, a estrutura de canal eletrônico de marketing baseada na internet é um exemplo de reintermediação, em vez de desintermediação. A Figura 15.3 mostra esse padrão. De fato, a Peapod se tornou outro nível de varejista no canal entre supermercados e consumidores. Ou seja, a empresa vai além do papel de corretor desempenhado pela Autobytel, que discutimos, já que estoca fisicamente, embala e despacha a mercadoria.

Até agora, a compra de alimentos pela internet representa uma pequena fração das vendas de gêneros alimentícios. A Peapod, ativa desde o final dos anos 1980, opera em comunidades limitadas, populosas em apenas 12 estados norte-americanos, e serve um total de 350 mil consumidores. Embora ainda se desenvolvam e cresçam, é provável que a Peapod e outras empresas que comercializam alimentos on-line nunca superem em vendas os canais de lojas físicas. A realidade dos canais eletrônicos de marketing para gêneros alimentícios, como configurado inicialmente, cria mais um degrau na estrutura do canal que prejudica a eficiência dos supermercados, que por sua vez danificaram a viabilidade das mercearias de esquina à moda antiga. Por quê? Porque, em termos de alocação das tarefas de distribuição, o pequeno merceeiro reapareceu na forma de uma Peapod e de outras empresas similares que, em contrapartida, utilizam os supermercados do mesmo modo que a pequena mercearia costumava usar o atacadista. A Peapod oferece até mesmo entrega do pedido — da mesma forma que as mercearias faziam. Isso pode resultar em altos custos de distribuição, especialmente quando os clientes estão espalhados por grandes áreas geográficas, como acontece com muitas comunidades suburbanas dos Estados Unidos. Podem ser substanciais as despesas assumidas para entregas de pedidos relativamente pequenos a clientes dispersos em amplas áreas. As despesas podem ser proibitivas quando o alto custo de entrega é adicionado ao processamento de pedidos mais os custos na seleção de empregados remunerados para escolher e empacotar cada pedido, em vez do custo zero que têm os supermercados, já que os próprios clientes escolhem suas mercadorias e processam seus pedidos. A pequena margem de muitos produtos de mercearia pode não ser suficiente para compensar esses custos, mesmo quando a taxa de entrega é adicionada.

Desintermediação *versus* reintermediação — O veredicto Apesar de os três exemplos citados ilustrarem uma situação de reintermediação, em vez de desintermediação, desde o surgimento dos canais eletrônicos de marketing baseados na internet isso não significa que a reintermediação prevaleça em definitivo ou que esses canais predominantemente fomentarão a reintermediação, em vez

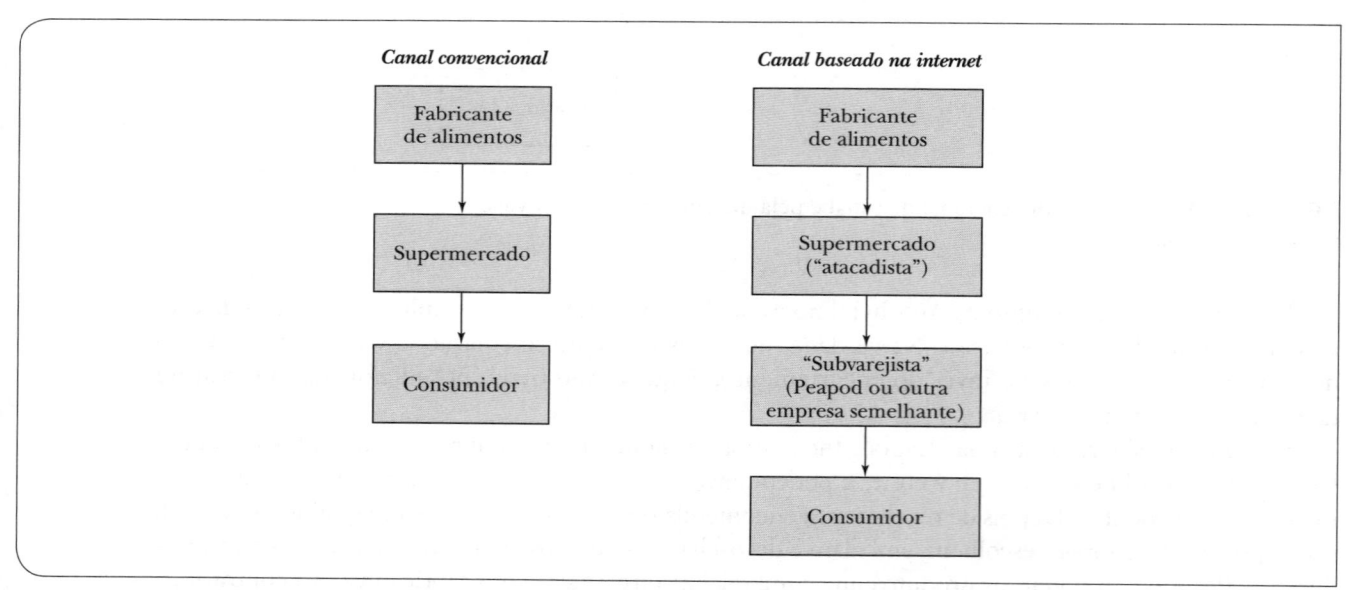

FIGURA 15.3 ▶ Canais convencionais *versus* canais baseados na internet para alimentos.

da desintermediação. Afinal, importantes casos de desintermediação também podem ser citados. Na indústria de turismo, por exemplo, uma grande quantidade de agentes de viagem convencionais sofreu desintermediação do seu respectivo canal. Entretanto, mesmo nesse caso, tal desintermediação foi acompanhada de reintermediação, com o surgimento de agentes de viagem on-line, como Priceline. com, Hotwire, Orbitz, Travelocity, Expedia e muitos outros.

Se a internet promove mais desintermediação do que reintermediação, ou vice-versa, é algo a ser definido no longo prazo.[15] O que se pode afirmar neste ponto, no entanto, é que não importa quão tecnologicamente sofisticada ou moderna a internet seja, o fato é que ela não anula as leis econômicas relacionadas com a estrutura do canal. A eficiência no desempenho das tarefas de distribuição é o que realmente determina que forma a estrutura de canal assumirá. A próxima seção aborda esse ponto com mais detalhes.

Fluxo de informação *versus* fluxo de produto

No primeiro capítulo deste livro, discutimos cinco fluxos que ocorrem nos canais de marketing: (1) de produto; (2) de negociação; (3) de propriedade; (4) de informação; e (5) de promoção. É importante tê-los em mente ao examinar os efeitos da internet na estrutura dos canais de marketing. Especificamente, ela pode ser muito eficiente ao lidar com os últimos quatro fluxos, mas incapaz em relação ao primeiro. Por quê? Porque os fluxos 2, 3, 4 e 5 consistem em elétrons de informação que podem ser digitalizados rapidamente e movimentados pela internet na velocidade da luz. Entretanto, o fluxo do produto físico (que também inclui vários outros serviços, como consertos automotivos) não pode ser digitalizado; assim, é processado bem mais devagar, em geral por humanos, e se movimenta dos vendedores aos compradores com uma velocidade não muito maior que a de um avião. Talvez isso seja uma das mais usuais e esquecidas limitações da internet quando utilizada como um canal eletrônico de marketing: *o fluxo do produto físico não pode ser transportado pela internet*. Portanto, as tarefas de distribuição que requerem tempo e utilidade, como transporte, armazenamento e processamento de pedido, precisam ser realizadas por outros meios. É bastante frequente que esses outros meios envolvam pessoal, depósitos, carrinhos de transporte, pallets, caminhões, trens ou aviões.[16] Em resumo, apesar da incrível velocidade e do fluxo de informação da internet, o efetivo *cumprimento* das transações entre vendedores e compradores ainda acontece da "forma tradicional". Por exemplo, para a Amazon.com, já citada, a internet transmite de modo eficaz todas as informações e promoções a respeito dos seus produtos. As negociações, no momento em que os consumidores concordam com o preço listado, podem ser conduzidas pela internet mesmo, com a transferência de propriedade ocorrendo pelo mesmo meio no ato da formalização do pedido, já que os títulos das mercadorias são eletronicamente transferidos. Mas, para de fato entregar os produtos nas mãos dos clientes por meio do fluxo de produto, a Amazon precisa desempenhar a tarefa de distribuição relacionada a armazenagem, manuseio, remessa e transporte do produto.[17] De fato, essa empresa tem mais de 31 mil funcionários, a maioria envolvida na execução das tarefas de distribuição necessárias para os produtos físicos. Durante o período do Natal, ela contratou mais de 15 mil funcionários temporários, a maior parte para trabalhar na retaguarda, ou seja, separar, embalar e despachar os itens que faziam parte do fluxo de produtos de clientes de todo o mundo.[18]

O que podemos concluir desta discussão é que os canais eletrônicos de marketing baseados na internet não são "completos" para o canal de marketing, pois não podem lidar com algo crucial: o fluxo do produto físico. No entanto, é no fluxo de produto que todos os outros estão baseados. É certo que haveria pouca necessidade dos outros fluxos caso o de produto não existisse.

A limitação inerente à internet, quando utilizada como um canal de marketing, significa que também há limites a respeito do papel que ela irá desempenhar na distribuição de bens e serviços.

Estrutura de canal virtual *versus* estrutura de canal convencional

Quais são os limites dos canais de marketing em relação ao fornecimento de uma estrutura necessária para satisfazer as demandas do cliente? Especificamente, será que a estrutura de canal virtual criada na internet fornece um substituto para a física, representada por lojas e shopping centers, exemplos tão típicos da estrutura de canal convencional?

Talvez a resposta seja "sim" para alguns segmentos de clientes e "não" para outros. Ou pode ser "sim" ou "não" aos mesmos segmentos, só que para produtos e serviços diferentes. Por exemplo, muitos revendedores de automóveis que utilizam a Autobytel ou empresas de corretagem on-line semelhantes acreditam que a maioria dos clientes ainda deseja visitar as revendedoras de automóveis para realizar um *test drive* e sentir o cheiro do couro no interior do veículo. Vários clientes, entre eles os que compram livros on-line pela Amazon.com, ainda gostam de visitar as grandes livrarias do varejo, como a Barnes & Noble, a fim de verificar as novidades nos *displays*, aproveitar o ambiente e saborear um cappuccino. Mesmos os ardentes defensores do site de compras da Peapod ainda apreciam visitar supermercados, selecionar e levar imediatamente para casa os produtos escolhidos. Além disso, muitas necessidades diárias dos clientes não podem ser satisfeitas pela estrutura virtual dos canais eletrônicos de marketing; por exemplo, fazer um corte de cabelo, abastecer o carro, levar roupas à lavanderia, saborear rapidamente um hambúrguer ou experimentar um terno ou vestido antes de comprá-lo.

Desse modo, é seguro dizer que, provavelmente, num futuro próximo, as demandas dos clientes por lojas físicas, no lugar de virtuais, como shoppings e estabelecimentos de serviços, vão garantir a maior fatia da estrutura de canal às lojas físicas de fato, e não aos websites do ciberespaço. Entretanto, também é evidente, como apontamos em várias ocasiões neste livro, que os clientes desejam o máximo de opções de escolha nos canais de marketing. Não é uma questão de "substituir", mas, antes de "adicionar" estruturas que cada vez mais consumidores demandam.[19] Assim, os gerentes de canal precisam fornecer múltiplas estruturas de canal baseadas em uma mistura do real e do virtual.[20] Além disso, como já salientamos, mesmo dentro de um canal on-line ou virtual, mais clientes esperam uma opção adicional, na forma de disponibilidade de compra pelo smartphone ou m-commerce,[21] e outros estão exigindo uma alternativa de canal eletrônico em redes sociais, como Facebook, MySpace e Twitter.

Desenvolvimentos e tendências em canais eletrônicos de marketing

A compra on-line através de canais eletrônicos de marketing cresceu drasticamente, de $ 25 bilhões de vendas anuais, no começo do século 21, para mais de $ 175 bilhões em 2010.[22] Além disso, como ilustrado pela Tabela 15.1, espera-se que as vendas on-line continuem crescendo substancialmente nos próximos anos, até atingir o patamar de $ 279 bilhões em 2015. Embora espere-se que o ritmo de crescimento nas vendas on-line, durante este período, caia dos 12,1% em 2010 para 7,7% de crescimento anual, em 2015, essa taxa de crescimento em vendas ainda é três vezes maior do que os 2,5% de crescimento anual previstos para vendas efetuadas nos canais de varejo convencionais. Essa taxa maior de crescimento nas vendas de varejo através dos canais eletrônicos, comparada à de vendas através de canais convencionais, vai aumentar o percentual de vendas on-line em relação ao total de vendas no varejo como um todo. Este padrão é retratado na Tabela 15.2, que mostra um aumento nas vendas on-line como percentual, de acordo com as vendas totais do varejo, de 8% em 2009 para 11% em 2015. Isto representa uma projeção aumentada de 24% acima dos seis anos que compreendem o período de tempo.

A variedade de produtos que os consumidores compram através dos canais on-line é bastante diversificada. A Tabela 15.3, por exemplo, mostra as categorias dos mais populares comercializadas recentemente através de canais on-line. Como ilustrado, o maior volume de vendas concentrava-se na categoria de vestuário, acessórios, calçados e joalheria, seguido de perto por hardware e software. Vendas de dois dígitos de bilhões de dólares também ocorreram, e continuam sendo esperadas nas seguintes categorias: livros, músicas e filmes; equipamentos eletrônicos; e alimentos e comida para animais.

Outra maneira de capturar a amplitude e abrangência das compras on-line é analisar os números e percentuais por domicílio. Isto é abordado na Tabela 15.4. Em 2009, quase 53 milhões de domicílios envolveram-se com compras on-line, o que representou mais de dois terços da capacidade de alcance de residências da Internet. Espera-se que esse grande nível de penetração cresça modestamente para 55,3 milhões de domicílios em 2012, representando 67,8% de residências com acesso à Internet.

Canais de marketing on-line são utilizados por consumidores de todas as idades e níveis de renda, como expõem as Tabelas 15.5 e 15.6. Entretanto, há algumas diferenças significativas nos gastos associados à idade e nível de renda. Como a Tabela 15.5 mostra, o maior percentual de clientes on-line (30%) tem entre 18 e 32 anos, enquanto o menor, 73 anos ou mais; além disso, sugere uma correlação inversa entre idade e compra on-line, já que conforme a idade do cliente aumenta, seu percentual dessas compras diminui. Este padrão parece apoiar a ideia de que consumidores jovens têm mais experiência com tecnologia, e, portanto, estão mais propensos a utilizar canais eletrônicos de marketing altamente tecnológicos, ao contrário dos mais velhos.

No que se refere ao nível de renda, a Tabela 15.6 mostra que o maior percentual de clientes on-line possui uma renda entre $ 50.000 e $ 99.999, enquanto o menor apresenta rendas abaixo de $ 50.000. Ao contrário da relação que pode ser feita entre idade e padrão de compra on-line, não há uma correlação evidente entre renda e este tipo de compra. Embora pareça haver uma correlação positiva sobre o nível de renda abaixo de $ 50.000 e o valor de $ 99.999, quando a renda ultrapassa $ 100.000, o percentual de clientes on-line *decai* significativamente. Então, a partir do que parece ser um teto no valor de $ 100.000, a relação entre renda e compra on-line se inverte. Não há uma explicação óbvia para este padrão. Pode ser que o custo do tempo torne os clientes de alta renda menos inclinados a utilizar seus valiosos momentos livres para explorar os canais de compras on-line. Para o grupo de renda mais baixa (abaixo de $ 50.000), o pequeno percentual de compras on-line pode ser explicado da seguinte maneira: este perfil de cliente possui poucos ou apenas um computador em casa, menor acesso à Internet de banda larga e menor rendimento disponível para compras.

▶ **TABELA 15.1** Total de vendas do varejo on-line de 2009–2015

Ano	Vendas on-line (bilhões de dólares)	Aumento percentual
2009	157	
2010	176	12,1
2011	*197	11,9
2012	*218	10,7
2013	*240	10,1
2014	*259	7,9
2015	*279	7,7

*projeção.

Fonte: Compilado de dados da Forrester Research.

▶ **TABELA 15.2** Vendas on-line como um percentual das vendas totais do varejo de 2009–2012

Ano	Vendas on-line como um percentual das vendas totais
2009	8,0
2010	8,0
2011	*9,0
2012	*10,0
2013	*10,0
2014	*11,0
2015	*11,0

*projeção.

Fonte: Compilado de dados da Forrester Research.

▶ **TABELA 15.3** Vendas on-line do varejo para categorias selecionadas de produtos (2009–2012)

Categoria de produto	Vendas totais (bilhões de dólares)			
	2009	2010	*2011	*2012
Hardware e software de computadores	28,9	30,8	32,6	34,1
Equipamentos eletrônicos	11,5	12,8	14,2	15,5
Livros, músicas e vídeos	12,3	13,4	14,4	15,3
Tickets	7,2	7,7	8,1	8,6
Produtos de saúde, beleza e medicamentos	6,3	7,2	8,2	9,1
Vestuário, acessórios, calçados e joalheria	31,1	34,4	37,6	40,7
Alimentos e comida para animais	10,9	12,8	14,8	16,8
Brinquedos e jogos eletrônicos	6,5	6,8	7,0	7,9
Artigos esportivos	3,1	3,4	3,7	3,9
Flores e presentes	5,4	5,9	6,4	6,8
Material para escritório	5,7	6,3	6,6	7,1

*projeção.

Fonte: Compilado de dados da Forrester Research.

▶ **TABELA 15.4** Utilização de compra on-line por domicílio de 2009–2012

Anos	Domicílios que possuem internet (milhões)	Número de domicílios que compram on-line (milhões)	Percentual de domicílios que compram on-line pela internet
2009	78,0	52,7	67,6
2010	79,1	53,6	67,8
2011	80,5	54,6	67,8
2012	81,6	55,3	67,8

*projeção.

Fonte: Compilado de *DMA 2010 Statistical Fact Book*. Nova York: Direct Marketing Association, 2009.

▶ **TABELA 15.5** Faixa etária dos consumidores on-line 2009

Faixa etária	Percentual
18–32	30
33–44	23
45–54	22
55–63	13
64–72	7
73 e acima	5
Total	100

Fonte: Compilado de dados de 2010 do Pew Research Center.

Faixa etária	Percentual
Abaixo de $ 50 mil	23
$ 50 mil – $ 99.999	42
Acima de $ 100 mil	35
Total	100

Fonte: Compilado do relatório State of the U.S. Online Retail Economy in Q4 2010. ComScore Inc., fev. 2011, p. 11.

Em suma, mesmo que as vendas pelos canais on-line atinjam centenas de bilhões de dólares atualmente, ainda é esperado para o futuro um grande aumento dos lucros, com clientes de todas as idades e faixas de renda utilizando esses canais. Não restam dúvidas de que as vendas on-line através de canais eletrônicos baseados na Internet vão se tornar uma maior e mais viável opção de canal para dezenas de milhões de consumidores.[23]

Canais eletrônicos móveis

O comércio móvel, ou *m-commerce*, já citado várias vezes aqui, faz referência aos canais eletrônicos de marketing que permitem ao cliente comprar on-line de praticamente qualquer lugar ou mesmo enquanto estiver em movimento. Esse recurso já existe há quase duas décadas, por meio do laptop, que, pelo menos em teoria, fornece a portabilidade de que o cliente necessita para efetuar o *m-commerce*. Entretanto, foi o surgimento dos smartphones, há menos de uma década, que aumentou de fato o interesse no *m-commerce*, um canal de marketing de potencial importância. A grande portabilidade, conveniência e multifuncionalidade dos smartphones fornecem uma plataforma ideal para os consumidores, que conseguem realizar compras de praticamente qualquer lugar, ou enquanto correm. Ao mesmo tempo, do ponto de vista dos vendedores, que buscam satisfazer o desejo do consumidor de escolher a forma de adquirir os produtos e serviços escolhidos, os smartphones oferecem uma tecnologia que viabiliza essa satisfação, estejam os consumidores parados ou em movimento.[24] Além disso, um crescente número de consumidores reconhece e usa seu smartphone como ferramenta para pesquisa de produtos, encontrar cupons e comparar preços. Vários aplicativos de smartphone (apps) que surgiram, e continuam a surgir, realçaram o potencial do *m-commerce* para se tornar o principal canal de marketing.

Embora as vendas de *m-commerce* por meio de smartphones tenham alcançado aproximadamente $2 bilhões em 2010, elas contabilizaram apenas 1% das vendas totais daquele ano. De qualquer maneira, o crescimento nesse setor tem sido muito forte. As vendas de 2010 atingiram duas vezes o nível de 2009 e cinco vezes as vendas de *m-commerce* de 2008. Espera-se para o futuro a continuação desse crescimento, mas não no ritmo vertiginoso de 2008-2010.

Conforme ilustrado na Tabela 15.7, os tipos de produtos comprados por meio de canais de *m-commerce* concentraram-se apenas em poucas categorias principais, sendo a maior delas a de conteúdo digital para celulares. Mas, assim que os clientes se sentirem mais confortáveis utilizando seus smartphones para compras, é provável que aumente de forma substancial a gama de produtos que adquirem.

De acordo com estudos realizados pela A.C. Nielsen em 2009, em torno de 7% dos proprietários de smartphones usaram seus aparelhos para procurar produtos. Esse baixo nível de penetração pode ser visto como positivo para o crescimento do *m-commerce*, já que sugere que ainda há muito espaço para se desenvolver. Por outro lado, pode sinalizar alguns problemas e obstáculos no estágio inicial de desenvolvimento do *m-commerce* que precisam ser solucionados antes que esse canal eletrônico para smartphones atinja seu pleno potencial. A Tabela 15.8, que lista as razões dos clientes para não utilizar seus smartphones em compras on-line, sugere que algumas barreiras ainda estão no caminho desse canal.

Produto	Percentual de clientes com *smartphones* comprando produtos
Conteúdos digitais para celular	58
Equipamentos eletrônicos	51
Computadores e equipamentos relacionados	37
Livros	36
Roupas	31
Joias e relógios	20
Outros	6

Fonte: Compilado de DMA 2010 Statistical Fact Book. Nova York: Dink Marketing Association, 2010, p. 101.

▶ **TABELA 15.8** Razões dos consumidores para não comprar por meio de smartphones

Razões	Percentual
Processo de compra muito demorado	38
Transações difíceis de completar	28
Produtos difíceis de achar	17
Preocupação a respeito da segurança para pagamentos com cartão de crédito	15
Outras	24

Fonte: Compilado de DMA 2010 Statistical Fact Book. Nova York: Direct Marketing Association, 2010, p. 101.

Em suma, o componente de *m-commerce* para smartphones já é um canal de marketing estabelecido. Embora ainda seja pequeno em relação a seu volume de vendas e limitado em algumas categorias de produtos, ele tem um potencial muito grande. Conforme o nível de penetração dos smartphones aumenta e cada vez mais usuários superam os obstáculos para utilizá-lo nas compras, o *m-commerce* pode vir a se tornar o principal canal de distribuição em um futuro não muito distante.

Canais eletrônicos nas redes sociais

Redes sociais, um fenômeno que já discutimos neste texto (ver Capítulo 3), tornaram-se a maior e mais penetrante força nos Estados Unidos e em muitos países ao redor do mundo.[25] Em 2009, quase metade dos norte-americanos tinha uma conta no Facebook ou no MySpace. E, entre os jovens de 18 a 33 anos de idade quase três quartos estavam registrados no Facebook ou MySpace (ver Tabela 15.9).

Até agora, a maior parte dos consumidores tem utilizado sites como Facebook, MySpace, Twitter e muitos outros como meio de comunicação de alta tecnologia para compartilhar suas ideias, opiniões e atividades com amigos e uma ampla gama de aplicações, como as mostradas na Tabela 15.10. Entretanto, como podemos ver, 18% das pessoas entre 18 e 24 anos alegam ter usado a rede social também para compras. Isso sugere que as empresas que já têm uma presença substancial nas redes sociais para se comunicar com os clientes precisarão considerar seriamente a capacidade do comércio eletrônico para esses sites da rede social. Algumas já fizeram isso. A Delta, por exemplo, permite que os visitantes da sua página no Facebook comprem passagens aéreas na respectiva "janela" sem ao mesmo passar pelo website da empresa. Até agora, essa empresa é a única companhia aérea a oferecer um canal eletrônico no Facebook, mas é provável que outras sigam seu caminho. De fato, com quase todas as empresas, grandes e pequenas, utilizando as redes sociais para se comunicar com seus clientes, o próximo passo seria, é evidente, fornecer os canais eletrônicos de marketing necessários para vender seus produtos e serviços diretamente nesses sites.[26] Assim, a disponibilidade desses canais nos sites de redes sociais pode muito bem, em um futuro próximo, se tornar uma característica essencial dessas páginas.

▶ **TABELA 15.9** Demografia dos usuários de redes sociais

Demografia	Possui uma conta no Facebook ou Myspace (percentual)
18-33	74
34-44	47
45-54	41
55 ou mais	24
Gênero	
Masculino	45
Feminino	52
Escolaridade	
Ensino médio ou menos	40
Superior incompleto	55
Superior completo ou mais	52
Todos os americanos	48

Fonte: Compilado de *DMA 2010 Statistical Fact Book*. Nova York: Direct Marketing Association, 2010.

▶ **TABELA 15.10** Aplicativos utilizados por usuários entre 18 e 24 anos nas redes sociais

Aplicativos	Percentual
Fotos	89
Games	53
Entretenimento	51
Notícias	32
Clima	29
Viagem	27
Esportes	22
Compras	18
Alimentação	14
Outros	53

Fonte: Natalie Zmuda, An app for that, too: how mobile is changing shopping. *Advertising Age*, 1º mar. 2010. Copyright © 2010 por Crain Communications. Reproduzido com permissão.

VANTAGENS E DESVANTAGENS DOS CANAIS ELETRÔNICOS DE MARKETING

O dado apresentado na seção anterior mostra que esses canais se tornaram a principal opção de canal para milhões de consumidores e áreas do mercado para comprar e vender bilhões de dólares em bens e serviços on-line. Mostra também, que a versão móvel dos canais eletrônicos, em geral chamada *m-commerce*, se tornou uma opção de canal estabelecido e em rápido crescimento. Por fim, embora ainda estejam apenas no começo, os canais eletrônicos envolvidos com as redes sociais se tornaram uma realidade que pode experimentar um incrível crescimento nos próximos anos. Nessa seção, examinamos várias vantagens e desvantagens importantes dos canais eletrônicos de marketing.

Vantagens dos canais eletrônicos de marketing

Cinco vantagens são frequentemente mencionadas para compras on-line usando esses canais:

- Alcance e escopo globais
- Processamento de transações de forma rápida e conveniente
- Processamento de informações de forma eficaz e flexível
- Capacidades de gerenciamento e relacionamento com base em dados
- Menores custos de venda e de distribuição

Alcance e escopo globais Os canais eletrônicos de marketing na internet permitem que compradores e vendedores com acesso à internet se conectem em uma escala global. Empresas, muito grandes ou muito pequenas, podem criar um website ou uma página na rede social com recursos de comércio eletrônico e, literalmente, negociar com um cliente que está a meio mundo de distância ou do outro lado da cidade. Além disso, mesmo que o vendedor não possua um website ou uma página nas redes sociais, pode usar um leilão on-line, como o eBay, para fazer negócios com os clientes.

Dessa forma, olhando tanto pelo lado da oferta quanto da demanda no mercado global, os canais eletrônicos de marketing, incluindo os que são associados ao *m-commerce* ou que utilizam páginas nas redes sociais, fornecem uma plataforma ao comércio global (assim como para o local) com um nível de eficácia, conveniência e pontualidade que não se equipara aos canais convencionais.[27]

Processamento de transações de forma rápida e conveniente De acordo com uma pesquisa conduzida sobre compra on-line, conveniência é o principal motivo dos consumidores para realizá-la.[28] Comparado às compras feitas em lojas de varejo – o que normalmente implica o deslocamento do consumidor, estacionamento, andar pela loja, busca por ajuda do vendedor e espera nas filas dos caixas para completar a transação –, os canais eletrônicos oferecem mais conveniência. Esse é especialmente o caso agora que a compra e o *m-commerce* sem deixar a página da rede social foram adicionados ao *mix* do canal eletrônico. Obviamente, os recursos fornecidos pelos smartphones e outros dispositivos eletrônicos portáteis, que permitem ao consumidor comprar de qualquer lugar ou durante uma viagem, adicionaram muita conveniência para os consumidores.[29] Mesmo respeitáveis e antigas empresas, como Brooks Brothers, Avon e a já mencionada Delta, já reconheceram o potencial de compra na popular rede social Facebook, oferecendo aos consumidores a conveniência dos canais eletrônicos de marketing nessa rede.

Processamento de informações de forma eficaz e flexível Para as perspectivas de ambos, clientes e vendedores, os canais eletrônicos de marketing fornecem o potencial para a eficácia e a flexibilidade. A vantagem mais óbvia que os vendedores usam como argumento para convencer os clientes é o vasto conteúdo disponível na internet. Estes, por sua vez, podem visitar centenas de milhares de websites, os quais fornecem montantes substanciais de informações em um formato atraente e útil. Clientes on-line podem ter a vantagem de uma série de ferramentas e sites especializados para comparar preços, juntar informações especializadas, obter cupons de desconto e procurar por ofertas especiais (ver Tabela 15.11).

O potencial dos vendedores para criar sofisticados recursos de rastreio e de seleções, e o dos consumidores em utilizá-los, fornece grande flexibilidade no uso da informação sobre o produto.[30]

Ferramentas on-line e websites	Percentual utilizado
Ferramentas de busca	59
Websites de cupons	29
Websites de comparação de preços	27
Newsletters por e-mail	25
Propaganda	24
Rastreamento de promoções em websites	14
Redes sociais com temas de compras	5
Blogues	5
Websites com proteção de preços*	4
Widgets ou alertas de queda de preços	2
Outros	11
Qualquer um dos acima	86

* São sites que cobrem as ofertas, mesmo que o produto já tenha sido comprado, mediante a entrega de um vale-compras no valor da diferença. (N.R.T.)

Fonte: Compilado de *DMA 2010 Statistical Fact Book*. Nova York: Direct Marketing Association, 2010.

Consumidores interessados em comprar, por exemplo, sopas com baixo teor de sal, pneus com certas características de desempenho e durabilidade, ou passagens aéreas para Paris por menos de $ 500, podem obter tais informações de imediato, já que vendedores on-line ou prestadores de serviços antecipadamente as disponibilizam.

Em um nível mais avançado, é possível conseguir alto grau de customização e de interatividade com os canais eletrônicos de marketing.[31] Por exemplo, a Land's End oferece um programa em seu website chamado My Virtual Model™ (Meu Modelo Virtual). Com essa tecnologia, o consumidor pode criar um modelo 3-D customizado fornecendo suas medidas corporais que são, então, aplicadas a um modelo virtual personalizado. O resultado, de acordo com a Land's End, é praticamente um "espelho" do cliente. Uma vez que seu modelo virtual tenha sido criado, o cliente pode utilizá-lo para "experimentar" artigos e roupas, verificando como se adaptam a seu corpo. Essas imagens podem ser armazenadas e reutilizadas para uma referência posterior. Uma vez criado, o modelo virtual do cliente também pode ser utilizado para experimentar roupas de outros websites na rede do Meu Modelo Virtual e ser enviado por e-mail a amigos ou familiares.[32]

Capacidades de gerenciamento e relacionamento com base em dados A tecnologia implícita nos canais eletrônicos de marketing permite às empresas selecionar consumidores de forma eficaz em grande ou pequena escala, incluindo nichos ou microssegmentos de um grupo muito pequeno de clientes com exigências semelhantes.[33] Mesmo o **marketing de customização (one-to-one)**, no qual o vendedor adapta sua oferta para atender às necessidades de um único consumidor, é viável por meio da compra on-line pela internet.[34] Uma vantagem em potencial da internet é sua habilidade em rastrear os consumidores que visitam os Websites e páginas das redes sociais de empresas a fim de desenvolver um diálogo contínuo e uma relação de longo prazo com esse consumidor. O tagging eletrônico de visitas do consumidor, conhecido como *cookies*, pode ser uma poderosa ferramenta de marketing se relacionado com os dados demográficos e psicográficos que os próprios clientes forneceram em compras anteriores, registros e pesquisas on-line.[35] Utilizando endereços de e-mail para alcançar os clientes-alvo que expressaram interesse em produtos e serviços da empresa, um contínuo diálogo eletrônico, ou mesmo um relacionamento, pode ser construído. Claro, esse cliente-alvo e a construção do relacionamento precisam ser conquistados em uma base bem seletiva a fim de evitar o equivalente da internet a "lixo eletrônico" ao bombardear os clientes com e-mails não solicitados, ou **spams**, utilizando o jargão da internet.[36]

Menores custos de venda e de distribuição Em teoria, a utilização dos canais eletrônicos de marketing pode reduzir custos de vendas e de distribuição ao possibilitar um melhor desempenho das tarefas de distribuição em comparação aos canais convencionais. Por exemplo, se a internet consegue fornecer as informações de que os clientes precisam mais eficazmente do que a televisão, uma propaganda de revista ou a comunicação cara a cara dos vendedores, isso pode ajudar a reduzir os custos. Se o uso da internet como um canal de marketing permite à empresa centralizar seu estoque em um único local, do qual possa processar e despachar os pedidos com um custo bem menor, distribuindo seu estoque a várias lojas de varejo em locais diferentes, então, de fato, os canais eletrônicos de marketing podem reduzir tais custos.

Devemos salientar que de novo a potencial economia advinda do uso desses canais poderia não ter vindo, necessariamente, da "eliminação dos intermediários" no canal pela desintermediação. Como já discutimos neste capítulo, em alguns casos é mais provável que os canais eletrônicos de marketing contenham *mais* ao invés de menos intermediários na estrutura do canal. A grande questão é: *que combinação de organizações que compõem a estrutura do canal, seja convencional ou eletrônica, pode desempenhar as tarefas de distribuição solicitadas pelos consumidores ao menor custo?*

Embora a superioridade dos canais eletrônicos de marketing sobre os convencionais, como forma de reduzir custos de venda e de distribuição, ainda não tenha sido provada, seu potencial para redução de custos pode ser vislumbrado na evidência empírica de algumas empresas que conseguiram realizar substanciais reduções de custos. Por exemplo, revendedores de automóveis que já utilizaram a internet para "vender" carros economizaram em propaganda e comissão de vendas.[37] Varejistas on-line, como a Wine.com, que comercializa vinhos pela internet (ver Figura 15.4), têm ajudado pequenos vinhedos a reduzir seus custos de venda e de distribuição ao assumir por completo essas funções e usar a internet exclusivamente para comercializar a bebida pelo mundo. Talvez a melhor história de sucesso a respeito da internet e de corte de custos para vendas e distribuição seja a da Dell Computer Corporation, que vende on-line mais de $ 50 milhões por dia e administrou sua empresa de forma bem menos dispendiosa do que seus rivais de canais convencionais.

Desvantagens dos canais eletrônicos de marketing

Voltamos nossa atenção a quatro desvantagens em utilizar esses canais:

- Pouco contato com os produtos físicos e demora no recebimento
- Execução da logística não tão eficiente e rápida quanto a internet
- Confusão para vendedores e clientes
- Motivos para desistência de compras não especificados

Pouco contato com os produtos e demora no recebimento Em teoria, quase qualquer produto ou serviço pode ser vendido on-line. Mas, na realidade, essa afirmação está sujeita à discussão. A despeito da natureza altamente tecnológica dos canais eletrônicos de marketing, essas mesmas limitações se aplicam aos canais de vendas por catálogo, de baixa tecnologia. Ou seja, os consumidores não têm contato direto com os produtos — não podem ver, tocar, sentir, cheirar ou experimentar os artigos comercializados pela internet.[38] Além disso, alguns produtos não podem ser demonstrados, o que é muito importante no caso de automóveis, aparelhos de som, artigos esportivos e várias outras categorias de produto que requerem um nível relativamente alto de contato com o consumidor. Além disso, a atmosfera das lojas é considerada uma parte fundamental da experiência de compra, algo que falta no ciberespaço. Por fim, a satisfação instantânea de comprar um produto e possuí-lo imediatamente também não existe nesses canais.

Essas mesmas desvantagens têm atormentado os canais de vendas por catálogo por mais de um século e foram, em grande parte, responsáveis pelas poucas vendas efetuadas por esse meio, representa-

FIGURA 15.4 ▶ Home page da Wine.com.

Fonte: Cortesia de Susan Van Etten

das como apenas 5% do total das vendas varejistas dos Estados Unidos. Embora os canais eletrônicos de marketing ofereçam uma nova tecnologia de compra, esta não supera os problemas inerentes à falta de contato com o produto e posse não imediata.

Atraso na logística e execução do pedido   Neste capítulo, já discutimos os atrasos na logística e na execução do pedido e, portanto, não precisamos entrar em muitos detalhes. Essencialmente, o que precisamos lembrar é que a internet *processa e transporta elétrons, e não produtos físicos*. Ou seja, a execução do pedido e a logística devem ser desempenhadas de forma eficaz. A necessidade de depósitos, estoque, seleção de produtos, processamento de encomenda, embalagem e despacho do pedido não desaparece só porque os clientes escolheram a internet, em vez de outros canais, para comprar um produto. Além disso, o processamento e o despacho de vários pedidos pequenos, uma unidade por vez, são muito dispendiosos do ponto de vista do processamento e transporte do pedido. No caso de um produto com baixo valor unitário, tais custos podem encarecer seu preço no varejo.

Assim, com exceção dos produtos que não podem ser entregues eletronicamente — em especial música, materiais de leitura, ingressos, reservas e investimentos financeiros —, a maioria dos produtos e serviços exige capacidade logística e de execução do pedido que a internet não pode fornecer. Tedlow aborda esse ponto sucintamente, ao fazer referência à dimensão logística dos canais eletrônicos de marketing e à pouca atenção dada a eles: "Os problemas da logística são, com frequência, enfrentados por entusiastas domésticos das compras interativas. Os consumidores precisam ter de fato a posse dos itens que compram. Como isso deve ser feito?"[39]

De fato, como resolver essa questão? Se os canais eletrônicos de marketing estão prestes a alcançar seu potencial pleno, seja ele qual for, mais atenção deve ser dispensada aos "antiquados" aspectos práticos dos desafios logísticos.

Confusão na internet   Literalmente, milhões de vendedores em todos os níveis de canal, de fabricantes a varejistas, estabeleceram websites e páginas nas redes sociais, fazendo dessa grande confusão da internet (em inglês, *Web clutter*) um verdadeiro problema no ciberespaço.

Vendo pelo lado do consumidor, mesmo com excelentes mecanismos de buscas, como Google, Yahoo, Bing e Ask, assim como mecanismos especializados de compras, como Shopping.com, TheFind, PriceGrabber, Shopzilla, bizrate e outros, os consumidores on-line ainda enfrentam uma desconcertante coleção de possíveis escolhas. Navegar nesse "mar" de opções que brotam na tela do computador ou dos smartphones pode ser desafiador para todos, até mesmo para os consumidores on-line mais experientes em tecnologia.

Por outro lado, manter-se em pé, diante de uma vasta gama de outros vendedores com websites e páginas nas redes sociais, é um grande problema para praticamente todos os vendedores, exceto para os grandes e famosos, que têm dinheiro o suficiente para pagar pelas propagandas on e off-line a fim de evitar se perder na confusão.[40] Além disso, grandes vendedores tendem a conseguir pagar pela **otimização dos mecanismos de buscas** que resultam na conquista de um lugar proeminente nas principais ferramentas de pesquisas. Dessa forma, mesmo os pequenos vendedores podem configurar seus próprios websites ou páginas nas redes sociais com canais eletrônicos capazes de alcançar consumidores de todo o mundo com relativa facilidade e baixo custo; afinal, o sucesso para atingir potenciais clientes na web é mais uma questão de promoção bem divulgada do que de alta tecnologia.

Ignora motivos pessoais e sociais para a compra   Em um artigo clássico intitulado "Why do people shop?" (Por que as pessoas compram?), Tauber forneceu algumas observações bem contundentes.[41] Ele descobriu que as pessoas não compram simplesmente por comprar. Pelo contrário, o desejo de comprar é apenas parte de um complexo conjunto de motivos pessoais e sociais que motivam esse ato. Motivos pessoais para comprar incluem a necessidade de desempenhar o papel de consumidor, desejo de mudança na rotina cotidiana, autogratificação, aprendizado de novos padrões, atividade física e estimulação sensorial. Motivos sociais para compra incluem o acúmulo de experiência social fora de casa, comunicação com pessoas que têm interesses similares, atração por grupos iguais ou semelhantes, status e autoridade, e, para alguns consumidores, apenas o prazer da barganha.

Evidências de estudos recentes e a experiência acumulada por décadas acabaram por corroborar as descobertas de Tauber. O impacto dessas descobertas para novos métodos e tecnologias, que alegavam oferecer melhor conveniência ao consumidor, mas, ao mesmo tempo, não satisfaziam os motivos pessoais e sociais, é muito importante. De fato, as palavras de Tauber, de quase quatro décadas atrás, ainda podem ser proféticas ao definir os limites da compra on-line: "Se o processo de compra oferece benefícios, além da exposição dos produtos, então as inovações varejistas que tentam reduzir o 'esforço de compra' (máquinas de vendas, vendas por catálogo e entrega em casa) podem ter um futuro complicado para essas categorias de produto."[42]

Tauber, é claro, não mencionou a internet como uma "inovação do varejo", até porque ela nem mesmo existia nessa época. Mas, caso existisse, ele certamente a teria mencionado, já que a mesma análise que empregou em a outras abordagens de compra baseadas em conveniências também se aplicaria à compra on-line: falha em satisfazer à maioria dos motivos dos consumidores para comprar.

IMPLICAÇÕES PARA A ESTRATÉGIA E O GERENCIAMENTO DOS CANAIS DE MARKETING

No Capítulo 5, discutimos seis estratégias de distribuição que muitas empresas, e praticamente todos os fabricantes, precisam considerar para alcançar seus objetivos de distribuição. Os canais eletrônicos de marketing, mesmo trazendo uma excitante dimensão tecnológica aos canais de marketing, não alteram fundamentalmente essas seis áreas de decisão. De qualquer maneira, o gerente de canal ainda precisa considerar cada uma delas, da mesma forma que fez antes do advento desses canais na internet. Entretanto, agora há mais ainda a se considerar, já que o gerente precisa incluir os canais eletrônicos de marketing entre a miríade de outras questões já consideradas.

Nas seções que seguem, analisamos brevemente algumas implicações que os canais eletrônicos de marketing levantam para cada uma das seis áreas de decisão. Nosso objetivo não é fornecer um inventário de considerações relevantes, já que, dada a relativa novidade desses canais, muitas delas ainda não foram identificadas. Dessa forma, nossa discussão se limita a apontar apenas alguns fatores que parecem relevantes em cada uma dessas áreas de decisão.

Objetivos e estratégias da empresa nos canais eletrônicos de marketing

Ao decidir qual o papel da distribuição nos objetivos e estratégias globais, as empresas sem sombra de dúvida precisariam ter uma ampla gama de opções com os canais eletrônicos de marketing adicionados ao *mix*. Mas essa nova opção de canal fez também o processo de planejamento e decisão se tornar ainda mais complexo, já que novos "truques" surgiram no mercado.

Provavelmente, a questão mais básica que o gerente de canal precisará considerar é se os canais de internet fundamentalmente afetam a decisão da empresa sobre a prioridade da estratégia de distribuição. Se, por exemplo, a empresa acredita que pode ser bem-sucedida tornando-se um vendedor só da internet, utilizando a web como seu principal canal, obviamente precisará priorizar ao máximo a estratégia de distribuição. A Amazon.com, mencionada várias vezes neste capítulo, é um bom exemplo, já que a base primária da sua busca por vantagem competitiva sustentável é por meio do uso exclusivo da internet como um canal para atingir os consumidores.

Se a estratégia de distribuição em geral, e nos canais eletrônicos de marketing em particular, precisa desempenhar um papel importante nos objetivos e estratégias globais da empresa, então, é claro, essa é uma questão que deve ser tratada apenas pela gerência da empresa. Para algumas, a estratégia de distribuição dos canais eletrônicos de marketing não parece desempenhar um papel principal. Entretanto, é certo que poucas empresas que ignoram essa questão consigam ser obter sucesso.

Papel dos canais eletrônicos de marketing no *mix* de marketing

A necessidade de combinar os quatro Ps ao *mix* de marketing — produto, preço, promoção e praça — para satisfazer as exigências do público-alvo ainda é um paradigma fundamental da administração de marketing moderna, com ou sem canais eletrônicos de marketing, incluindo suas versões portáteis e de redes sociais. Esses canais, viabilizados pela internet, entretanto, podem mudar a composição do *mix* de marketing. Especificamente, o quarto P, praça (distribuição), pode assumir maior papel em relação às outras três variáveis cada vez mais nas empresas. Por quê? Porque a internet, com sua vasta capacidade de transmitir informações, pode reduzir o potencial dos três primeiros Ps como uma base para ganhar uma vantagem competitiva sustentável. Se as ferramentas de busca da internet, cada vez mais potentes, e a intensa comunicação entre consumidores pelas redes sociais puderem fornecer um nível de fluxo de informação que aborde as teorias referidas pelos economistas como "informação perfeita", será mais difícil para as empresas diferenciar seus produtos por conta do desconhecimento do cliente sobre esses itens. Se as informações de precificação estiverem amplamente disponíveis na internet, com sites que fazem comparação de preços e comentários de vários consumidores a este respeito no Facebook e Twitter, então, nenhuma empresa terá vantagem de preço, já que os clientes saberão de antemão os valores que prevaleçem.[43] Além disso, no que se refere à variável promoção no *mix* de marketing, o amplo compartilhamento de informação entre consumidores nas redes sociais pode diluir o poder das mensagens promocionais apresentadas pelas empresas. Por quê? Porque a informação compartilhada de consumidor a consumidor (às vezes chamada "entre pares") tem um fator de credibilidade maior do que as mensagens promocionais patrocinadas pelas empresas. Em suma, a informação compartilhada de consumidor a consumidor a respeito de produtos e serviços é mais crível do que as mensagens promocionais oferecidas pela empresa ao cliente.

Desenho de canal e canais eletrônicos de marketing

Os paradigmas de desenho de canal com sete fases, apresentados no Capítulo 6 como uma estrutura para a criação de novos canais e a modificação dos já existentes, não mudam em nenhum sentido fundamental com o surgimento dos canais eletrônicos de marketing. Essa relativamente nova tecnologia deveria, no entanto, alertar o gerente de canal a sobre as opções adicionais de estrutura do canal disponíveis na internet.[44] Isso é especialmente relevante nas Fases 1, reconhecer a necessidade de decisão de desenho de canal; 4, desenvolver possíveis estruturas de canal alternativas; e 6, escolher a "melhor" estrutura de canal. Por exemplo, o gerente de canal pode descobrir que grandes segmentos de clientes que compram produtos da sua empresa são ativos nas principais redes sociais, como Facebook, MySpace, Twitter e Linkedin. Dada essa informação, ele provavelmente precisará questionar seriamente se os canais eletrônicos de marketing devem ser desenvolvidos para disponibilizar os produtos aos clientes pelas redes sociais. Caso a empresa seja uma corporação gigante como a IBM, que decidiu imitar a Dell Computers no uso bem-sucedido de vendas pela internet, ou uma pequena empresa startup, as decisões de desenho do canal precisam considerar agora esses canais no *mix* do canal. De fato, como apontamos em numerosas ocasiões neste livro, os clientes de hoje *exigem* mais opções de canal, pois não têm um comportamento de compra unidimensional. Eles querem opções que se harmonizem com suas necessidades particulares, circunstâncias e situações.[45] Um consumidor que geralmente prefere lojas onde possa ver, tocar e experimentar a mercadoria pode, no entanto, comprar on-line se estiver com muita pressa. Por outro lado, um consumidor que se deleita em comprar on-line pode abandonar temporariamente seu computador, à época do Natal, para entrar no espírito natalino com a ajuda de lojas físicas e shoppings,[46] enquanto utiliza seu smartphone para encontrar as melhores ofertas ao circular pelas lojas. Outro consumidor, relaxando no final de semana com seu ente querido e um drinque na mão, em frente à lareira, pode folhear calmamente um catálogo e encomendar o produto que deseja pelo seu celular; afinal, já foi obrigado a olhar para a tela do computador durante a semana no trabalho. Outro, ainda, pode estar na praia desejando óculos de sol melhores. Então, usando seu smartphone para verificar algumas informações sobre esse produto na página da Ray-Ban no Facebook, ele fica deliciado em saber que pode comprar os óculos de sol que quiser naquela página. Após enviar uma mensagem a alguns amigos perguntando suas opiniões sobre os óculos de sol daquela marca, faz seu pedido na página do Facebook da empresa.

Então, o desafio para o gerente de canal é fornecer aos clientes que "surfam" pela internet quaisquer canais de que necessitem, ou até mesmo uma combinação deles. Por consequência, desenvolver uma estratégia efetiva de multicanais de marketing pode se tornar um objetivo crucial para o desenho de canal.

Esse mesmo argumento também se mantém nos mercados industriais ou B2B, nos quais cada vez mais empresas exigem que seus fornecedores forneçam canais de internet como opção.

Seleção dos membros do canal e canais eletrônicos de marketing

É necessário reconhecer que, apesar da internet, a seleção dos membros do canal permanece como uma decisão importante para a maioria dos produtores e fabricantes. Uma discussão anterior neste capítulo, sobre desintermediação *versus* reintermediação, mostra que os canais eletrônicos de marketing não resultam necessariamente numa redução do número de intermediários do canal. De fato, às vezes o oposto acontece — mais intermediários surgem nesses canais. Sendo assim, a necessidade de selecionar cuidadosamente os futuros membros do canal continua uma parte importante da tomada de decisões no canal. Além disso, no novo ambiente multicanal aqui discutido, canais de marketing convencionais continuarão a existir ao lado dos eletrônicos. Logo, o gerente de canal ainda enfrentará a decisão de selecionar os membros de canal. Mas essa decisão pode ser complicada ainda mais pela necessidade de evitar conflitos com os membros do canal convencional, pois estes podem sentir que estão tendo seu espaço no mercado roubado pelos canais eletrônicos. Portanto, essa questão precisa ser abordada com cautela durante a fase de seleção do desenho de canal.

Gerenciamento do canal e canais eletrônicos de marketing

O que é mais importante ter em mente a respeito das implicações desses canais para as decisões de gerenciamento do canal é que provavelmente este será muito mais desafiador e complexo, e não um mero resultado dessa tecnologia. O fato de a tecnologia da internet estar implícita nos canais eletrônicos de marketing não significa que o gerenciamento do canal deva ligar seu "piloto automático". As questões principais para motivação dos membros do canal, como conseguir cooperação, administrar conflitos e coordenar elementos do *mix* de marketing, a fim de atingir os objetivos de distribuição da empresa, ainda exigem plena atenção do gerente de canal. Na verdade, é preciso mais do que atenção, pois, como temos salientado muitas vezes, na maioria dos casos os canais eletrônicos de marketing serão apenas uma entre muitas diferentes estruturas de canal. Portanto, dado esse desafio multicanal, o gerente de canal não terá de lidar apenas com o gerenciamento de canais convencionais, nos quais o território "familiar" pode lhe conferir um bom nível de conforto, mas também com os novos e menos conhecidos canais eletrônicos de marketing, nos quais o nível de conforto provavelmente talvez seja menor.[47]

Avaliação e canais eletrônicos de marketing

Mesmo com a ampla aceitação dos canais eletrônicos de marketing, incluindo *m-commerce* e *s-commerce* (vendas por meio de páginas das redes sociais), os princípios da avaliação de desempenho dos membros do canal, e mesmo o critério essencial discutido no Capítulo 14, ainda são relevantes. Em relação às vendas desses membros, medidas como crescimento de vendas, nível de estoque, capacidade de prestação de serviço, atitudes, margens de lucro[48] e muitos outros são sempre necessárias para avaliar seus desempenhos. O precoce exagero sobre a internet "mudar tudo", a ponto de que as métricas de avaliação das "lojas físicas", "convencionais", com um "legado" se tornarem obsoletas, sendo substituídas por novas métricas do ciberespaço da internet ou do comércio eletrônico, tais como "cliques no site", "visitas únicas" e "*bounce rates*" (índice de internautas que saem rapidamente do site), logo perdeu credibilidade. Embora se possa afirmar que novas métricas são necessárias para captar melhor os padrões de compra associados com os canais eletrônicos de marketing, isso não significa que a métrica "antiga" não mais seja relevante. Por exemplo, a de tráfego em loja — que mensura o volume de clientes que entram em lojas de varejo convencionais —, usada pelo fabricante nos varejistas que comercializam seu produto, deve ser complementada pela quantidade de *hits* (acessos) nos websites daqueles que também vendem o artigo no ciberespaço. Mas o principal conceito implícito na métrica de tráfego em loja e em *hits* é essencialmente o mesmo: determinar a quantidade de clientes que visitam a loja física ou o website.

Ainda que uma discussão detalhada sobre a possibilidade de novas métricas para avaliar membros do canal operantes no ciberespaço esteja além do escopo deste capítulo, a Figura 15.5 fornece um breve panorama de dez das principais métricas amplamente utilizadas no *e-commerce*.

Um importante ponto a se lembrar no que se refere à avaliação dos membros do canal é que, independentemente das tecnologias implícitas a determinado tipo de canal, o gerente precisa atentar às métricas relevantes para cada canal ou *mix* de canal que precisa utilizar para atingir seus objetivos de distribuição. Se isso envolve a métrica eletrônica (e-métrica) e **Carrinho de compras/Taxa de abandono** (ver Figura 15.5) e/ou a métrica de lojas físicas de **manutenção de estoque** (ver Capítulo 14), significa que elas devem ser usadas, independentemente se uma é vista como "nova era" e a outra como "notícia ultrapassada".

1. **Taxa de conversão de novo visitante:** a maior parte dos varejistas raramente consegue enxergar a diferença entre um novo visitante e o habitual. Isolando a taxa de conversão do novo visitante, é possível ver com clareza o que acontece quando um novo cliente acessa o website pela primeira vez procurando ferramentas de busca ou campanhas.
2. **Taxa de conversão de visitante que retorna:** infelizmente, nem todo cliente concretiza a compra na primeira visita. O melhor que pode acontecer, no entanto, é quando esse cliente retorna ao website. Analisando a taxa de conversão de visitante que retorna, é possível verificar quais as chances de esse cliente voltar. É provável que você descubra que a taxa de conversão de visitante que retorna é a maior das duas.
3. **Pageviews/Visitante:** o número de pageviews (visitas ao site) por visitante pode refletir a audiência do website. Um aumento no número de pageviews por visitante pode indicar que o conteúdo do site é interessante, e, por isso, visitantes passam mais tempo nele. No entanto, muitas pageviews por visitante também podem indicar complicações no processo de fechar a compra ou "navegar" em busca de produtos.
4. **Produtos/pedido:** se seu site possui um recurso de produto sugerido para encorajar a adição de produtos no carrinho, seria útil rastrear quantos itens são vendidos por pedido.
5. **Valor médio de pedido:** embora o valor médio de pedido por público-alvo varie bastante de acordo com o mercado, é interessante supervisionar como essa medida muda de acordo com o tempo. O ideal é verificar um aumento de valor médio de pedido ano após ano.
6. **Landing Page Bounce Rates:** um "salto" (bounce) ocorre quando um visitante entra em um website e imediatamente clica para sair, não permanecendo lá para inspecioná-lo. Elevadas taxas de bounce podem ser causadas por vários fatores, como demora em carregar a página, conteúdo irrelevante, o desenho do site não atraente etc. É preciso supervisionar as taxas de bounce em todas as partes importantes do website, incluindo a home page e qualquer landing page de Search Engine Optimization (SEO) ou Pay Per Click (PPC).
7. **Landing Page Load Times:** como mencionado acima, a demora no carregamento da página pode causar vários estragos nas taxas de bounce. Verifique o tempo de carregamento da página, em várias velocidades de conexão de internet, com a ferramenta gratuita da WebSiteOptimization.com.
8. **Fontes de tráfego (Traffic Sources):** o Google Analytics divide a fonte da visita em três categorias: visita direta (ao digitar seu URL diretamente), ferramentas de busca (ambas SEO e PPC) e sites referentes (qualquer outro site que se conecta diretamente ao seu). Obviamente, o percentual de visitantes de cada uma dessas fontes varia de site para site. No entanto, conforme aumenta o poder de influência de sua marca, é possível ver mais visitantes vindos diretamente da entrada URL, que tende a promover mais conversões.
9. **Pedidos anuais por cliente:** é útil saber quantos pedidos faz um cliente em certo período de tempo. Isso serve como uma boa ferramenta para determinar o quanto de esforço deve-se dedicar ao marketing ou re-marketing.
10. **Taxa de Carrinho de compras/Abandono no checkout:** mede o percentual de visitantes que abandonam o processo de compra em cada passo da finalização do pedido. Por exemplo, quantos clientes abandonam o carrinho após adicionar um item, clicar na opção de transporte e taxa de entrega, ou chegar até a parte em que precisa digitar as informações do seu cartão? Uma taxa muito alta de abandono pode significar um sério problema de finalização de pedido.

FIGURA 15.5 ▶ Dez métricas que todo site de comércio eletrônico deve monitorar.

Fonte: Justin Palmer, 10 Metrics every ecommerce site should monitor. *Palmer Web Marketing*, 2010. Copyright© 2010 por Palmer Web Marketing. Reproduzida com permissão.

Resumo

Canais eletrônicos de marketing (incluindo os portáteis e as versões para redes sociais) tornaram-se as principais tendências para opção de canal de consumidores e uma importante opção para várias empresas. Enquanto as drásticas previsões de quase uma década atrás de que "A internet mudaria tudo" ao eliminar as lojas físicas e shopping centers não se realizaram, a compra on-line definiu seu espaço de opção viável de canal de marketing ao lado dos canais convencionais "reais".

Para se qualificar como um canal eletrônico de marketing, o consumidor e o vendedor devem estar aptos a utilizar a internet para interagir e completar a transação. Embora muitos especialistas tenham previsto que os canais eletrônicos de marketing eliminariam a maior parte dos intermediários da estrutura de canal (desintermediação), já que a necessidade de intermediários se tornaria supérflua em comparação com os recursos da internet, até agora isso não se realizou. Na verdade, existem vários exemplos de reintermediação, nos quais novos tipos de intermediários surgem no canal, com frequência adicionados aos níveis na estrutura de canal. Esse padrão parece ser mais comum do que a desintermediação nesses canais. Por que isso ocorreu? Porque, a despeito do poder da tecnologia da internet, as leis econômicas não foram revogadas. Os números e tipos de intermediários que surgem no canal ainda são determinados pelas combinações que um membro do canal pode desempenhar para realizar as tarefas de distribuição de forma mais eficaz.

A opção dos consumidores pelas compras on-line cresceu de quase nada, em meados de 1990, para mais de \$ 175 bilhões em 2010, somando aproximadamente 8% das vendas totais do varejo. Milhões de pessoas optaram por esse tipo de compra visando ter acesso a uma gama mais ampla de produtos. Espera-se que o crescimento das vendas on-line supere o das vendas convencionais do varejo nos próximos anos, nos quais o *m-commerce* e o *s-commerce* tendem a crescer ainda mais rápido.

Vantagens associadas aos canais eletrônicos de marketing incluem: (1) escopo e alcance globais; (2) processamento de transações de forma rápida e conveniente; (3) processamento de informações de forma eficaz e flexível; (4) capacidades de gerenciamento e relacionamento com base em dados; e (5) menores custos de venda e de distribuição.

Desvantagens no uso da internet como canal incluem: (1) pouco contato com os produtos físicos e demora no recebimento; (2) atendimento e logística sem a velocidade e a eficiência da internet; (3) confusão na internet; e (4) motivos para desistência da compras não especificados.

O surgimento do comércio eletrônico tem implicações para as mais importantes decisões de estratégia e gerenciamento do canal de marketing, mas não altera fundamentalmente as próprias áreas de decisão. No entanto, a existência de canais on-line viáveis e dos convencionais significa que o gerente de canal deve lidar com a crescente complexidade e os desafios adicionais que surgem desse novo ambiente multicanal.

QUESTÕES DE REVISÃO

1. O que se quer dizer com a afirmação "A internet muda tudo"?

2. Identifique o sentido e os principais pontos na definição de "canais eletrônicos de marketing" e discuta-os.

3. O fato de um cliente utilizar a internet para comprar um produto ou serviço significa que está usando um canal eletrônico de marketing? Explique.

4. Explique os conceitos de desintermediação e reintermediação.

5. O aumento do emprego de canais eletrônicos de marketing vai resultar necessariamente em mais desintermediação? Explique.

6. Por que o uso da internet como um canal de marketing resultou em reintermediação na estrutura de canal para algumas conhecidas empresas?

7. Discuta os cinco fluxos nos canais de marketing e explique como se relacionam ao uso da internet como canal eletrônico de marketing.

8. Do ponto de vista da demanda do cliente, pode a estrutura de canal virtual substituir a de canal física? Justifique sua resposta.

9. Com base nos dados das pesquisas discutidas neste capítulo, quais foram os principais desenvolvimentos e tendências nos canais eletrônicos de marketing à medida que estes afetam os clientes?

10. Quais são as principais vantagens dos canais eletrônicos de marketing?

11. Quais são as principais desvantagens desses canais?

12. Discuta algumas implicações dos canais eletrônicos de marketing para as principais áreas na tomada de decisão no canal.

13. Os canais eletrônicos de marketing mudaram fundamentalmente a estratégia e o gerenciamento dos canais de marketing? Discuta.

1. A internet conecta eletronicamente milhares de fabricantes a milhões de consumidores, eliminando assim a necessidade de intermediários no século 21. Quem precisa de intermediários se praticamente todos os fabricantes têm um website que pode ser visitado por consumidores de todos os lugares do mundo, bastando apenas ficar on-line? Os shopping centers e as lojas físicas da atual estrutura de canal irão acabar se tornar obsoletos — uma relíquia de séculos passados.

    Você concorda com esse cenário? Discuta.

2. Maytag Corp. é famosa pela reputação de suas máquinas de lavar roupas e louças serem as melhores do mundo. Os níveis de reconhecimento e valor da marca dos produtos dessa empresa entre os consumidores estão entre os mais altos do mercado. A cada mês, cerca de 400 mil consumidores visitam o website da Maytag. Mas, surpreendentemente, a empresa não comercializa seus produtos diretamente ao consumidor final por meio do seu website. Ao contrário, ela utiliza em torno de 10 mil lojas físicas varejistas. No seu site, o visitante pode examinar uma ampla gama de eletrodomésticos da empresa e ter mais detalhes sobre os produtos. Os visitantes podem até mesmo selecionar os itens que desejam e colocá-los eletronicamente em um carrinho de compra. Entretanto, não completam a compra diretamente. Em vez disso, o site pede seus endereços e CEPs, e, a partir daí, os softwares especializados da Maytag os direcionam até a loja varejista mais próxima de sua casa. Eles podem completar a compra no revendedor on-line e solicitar entrega, ou visitar a loja física pessoalmente. A Maytag aprecia bastante esse arranjo, pois mantém seus varejistas independentes felizes e diminui seus custos de distribuição.

    O que você acha da estratégia de canal eletrônico de marketing da Maytag? A empresa está "comendo bola" em não vender diretamente ao grande número de consumidores que visita seu website a cada mês? Discuta.

3. A Office Depot possui quase mil superlojas e um imenso catálogo de material de escritório que envia aos consumidores pelo correio. A empresa ainda permite que seus clientes comprem pela internet. Seu website oferece virtualmente todos os produtos que são vendidos nas lojas físicas, além de garantir a entrega no dia seguinte à maior parte do território dos Estados Unidos sem custo de en-

trega nos pedidos acima de $ 50. É disponibilizado o rastreamento do pedido, e os pedidos customizados, que levam em conta os padrões e históricos de compra de cada consumidor em particular, também são uma característica do canal de internet da Office Depot.

    Quais são as vantagens e desvantagens da estratégia multicanal da Office Depot? Explique.

4. Canais on-line fornecem ao consumidor acesso ininterrupto 24 horas por dia a uma vasta gama de produtos e serviços que podem ser adquiridos a qualquer momento, de acordo com a vontade do consumidor on-line. Entretanto, esses canais também podem ser utilizados para criar um senso de urgência nos consumidores e fazê-los comprar imediatamente ou perder as maravilhosas ofertas que não verão de novo. Esse senso de urgência de "Compre agora ou perca a oferta" é o mesmo que está por trás do conceito on-line de "ofertas relâmpagos", no qual a mercadoria é oferecida com altos descontos, mas fica disponível apenas por um curto período de tempo. Ofertas relâmpagos parecem ser especialmente eficazes para vender on-line produtos de luxo e alta moda que quase nunca são comercializados com desconto nas lojas varejistas convencionais. Tais ofertas são o sustentáculo dos varejistas de moda on-line, como HauteLook Inc., Gilt Groupe e RueLaLa; entretanto, esse modelo também se espalhou por divisões on-line de varejistas de luxo e moda como Saks Inc., Neiman Marcus Group e Nordstrom, que comprou recentemente a HauteLook.

    Você acha que o canal de ofertas relâmpagos é apenas um "fogo de palha" ou um canal viável em longo prazo? Justifique sua resposta.

5. Uma das maiores vantagens do *m-commerces* é a habilidade dos vendedores em direcionar ofertas a cada tipo de consumidor de acordo com sua proximidade geográfica. Isso é possível graças a uma tecnologia para smartphone que rastreia a exata localização do seu usuário. Por exemplo, se um consumidor está próximo de uma filial da loja de materiais para escritório Staples Office, uma mensagem de texto pode ser enviada automaticamente a seu smartphone com uma oferta especial de, digamos, cartuchos para impressora e papel. A tecnologia que tornou possível tal *m-commerce* baseado na proximidade foi desenvolvida por em-

presas startups, como ShopKick, Where e Loopt, assim como por gigantes, como AT&T's ShopAlerts. Embora disponível a qualquer pessoa que tenha um smartphone, o alerta de proximidade é enviado apenas aos clientes que se registraram e solicitaram tal procedimento.

Você acha que esse tipo de *m-commerce* é uma boa opção de canal para consumidores e vendedores? Explique.

6. A 1-800 Flowers.com surgiu no Facebook quase no mesmo dia em que a rede social estreou ao público. A varejista de flores on-line utiliza o Facebook para se manter em contato com seus clientes e estabelecer fóruns de discussão contínuos com possíveis e já existentes consumidores. Entretanto, em meados de 2009, a 1-800 Flowers.com adicionou um aplicativo de compras em sua página do Facebook que permitia aos visitantes procurar e comprar flores sem ter de deixar a página da rede social. A empresa acredita que a incorporação de um canal eletrônico de marketing na sua página do Facebook agrega valor à experiência de compra do consumidor, tornando mais conveniente para ele comprar as flores on-line.

Você vê desvantagem em adicionar canais eletrônicos de marketing às páginas das redes sociais? Discuta.

REFERÊNCIAS

1. Schonfeld, Erick. Forrester: online retail sales will grow to $ 250 billion by 2014. http://www.cptechinc.com/forrester-forecast-online-retail-sales-will-grow-to-250-billion-by-2014/. Acesso em: agosto de 2014.

2. Para aprofundamento desse tema, veja: Williams, David E. The evolution of e-tailing, *International Review of Retail Distribution and Consumer Research*, July 2009, p. 219-249.

3. Johnson, Devon S. Beyond trail: consumer assimilation of electronic channels, *Journal of Interactive Marketing*, Spring 2008, p. 28-44.

4. Kharif, Olga. M-commerce's big moment, *Bloomberg Business Week*, 11 October 2009, p. 101-102.

5. Confira, por exemplo: Andruss, Paula. Social shopping, *Marketing News*, 2 Jan. 2011, p. 11, 21.

6. Paul, Pallab. Marketing on the internet, *Journal of Consumer Marketing* 13, n. 4, 1996. p. 27-39.

7. Kung, Michelle; Fowler, Geoffrey A. Warner likes Facebook rentals, *Wall Street Journal*, 9 Mar. 2011, p. B4.

8. Para uma excelente discussão relacionada a este ponto, veja: Salkin, Steven E. Debunking the myths of the internet, *Warehousing Management*, Oct. 1997, p. 29-32.

9. Confira, por exemplo: Oliver, Richard W. The seven laws of e-commerce strategy, *Journal of Business Strategy*, Sept.-Oct. 2000, p. 8-10.

10. Libresco, Joshua D. Internet commerce threatens intermediaries, *Marketing News*, 24 Nov. 1997, p. 11; Benjamin, Robert; Wigand, Rolf. Electronic markets and virtual value chains on the information superhighway, *Sloan Management Review*, Winter 1995, p. 62-72; Spar, Debra; Bussgang, Jeffrey J. The net, *Harvard Business Review*, May–June 1996, p. 125-133.

11. Veja, por exemplo: Bank, David. Middlemen find ways to survive cyberspace shopping, *Wall Street Journal*, 12 Dec. 1996, p. B6.

12. Anderson, Philip; Anderson, Erin. The new e-commerce intermediaries, *MIT Sloan Management Review*, Summer 2002, p. 53-62.

13. Autobytel/.com:http://www.autobytal.com/.

14. PEAPOD LLC Corporate Fact Sheet, http://www.peapod.com/corpiafo/companyFachSheet.jhtm/.

15. Confira, por exemplo: Byrnes, Nanette. More chicks at the bricks, *Business Week*, 17 Dec. 2007, p. 50-52.

16. Salkin. Debunking the Myths, p. 30.

17. Hof, Robert D. Amazon: we've never said we had to do it all, *Business Week*, 15 Oct. 2001, p. 53.

18. Fredrix, Emily. Amazon.com to hire thousands to fill orders, http:finance.yahoo.com/news/Amazon-to-hire-thousands-apf-407345135.html?x=0 (11/13/2010).

19. Para uma discussão relacionada, veja: Basu, Amit; Muylle, Steve. How to plan e-business initiatives in established companies, *MIT Sloan Management Review*, Fall 2007, p. 28-36.

20. Hsieh, Tony. Getting a foothold online, *Wall Street Journal*, 7 June 2010, p. A17.

21. Zmuda, Natalie. An app for that, too: how mobile is changing shopping, *Advertising Age*, 1 Mar. 2010, p. 1-4.

22. Morrison, Scott; Fowler, Geoffrey A. EBay pushes into amazon turf, *Wall Street Journal*, 29 Apr. 2011, p. B1.

23. Para uma análise aprofundada relacionada a este tópico, veja: Kumar, V.; Venkatesan, Rajkumar. Who are the multichannel shoppers and how do they perform? correlates of multichannel shopping behavior, *Journal of Interactive Marketing*, Spring 2005, p. 44-62.

the multichannel shoppers and how do they perform? correlates of multichannel shopping behavior, *Journal of Interactive Marketing*, Spring 2005, p. 44-62.

24. Stone, Brad. The retailer's clever little helper, *Bloomberg Business Week*, 30 Aug. 2010, p. 31-32.

25. Kaplan, Andreas M.; Haenlein, Michael. Users of the world unite! the challenges and opportunities of social media, *Business Horizons*, v. 53, 2010, p. 59-68.

26. Confira, por exemplo: Stone, Brad. Sell your friends, *Bloomberg Business Week*, 3 Oct. 2010, p. 64-68.

27. Grosso, Christopher. What's working online, *McKinsey Quarterly Issue* 3, 2005, p. 18-20.

28. The consumer online, *Stores*, Jan. 1998, Sec. 2, p. 8.

29. Shannon, Sarah; Kharif, Olga. Flipping friends into customers, *Bloomberg Business Week*, 21 Feb. 2010, p. 22-23.

30. Alba, Joseph; Lynch, John; Weitz, Barton; Janiszewski, Chris; Lutz, Richard; Sawyer, Alan; Wood, Stacy. Interactive home shopping: consumer, retailer, and manufacturer incentives to participate in electronic marketplaces, *Journal of Marketing*, July 1997, p. 38-53.

31. Kroll, Karen M. E-Shoppers make a memory with customization feature, *Stores*, Dec. 2002, p. 62-63.

32. Para outra versão desse tipo de customização on-line, veja: Brooks brothers body scan, *Business 2.0*, 23 Jan. 2001, p. 24.

33. Confira, por exemplo: Porter, Jane. Bargain bin luxe online, *Business Week*, 3 Nov. 2008, p. 55.

34. Grossman, Aaron. One-to-One: net marketing opportunities can heighten customer loyalty, satisfaction, *Marketing News*, 19 Jan. 1998, p. 13.

35. Vascellaro, Jessica E. Online retailers are watching you, *Wall Street Journal*, 28 Nov. 2006, p. D1, D3.

36. Leung, Kenneth. Marketing with electronic mail without spam, *Marketing News*, 18 Jan. 1998, p. 11.

37. Helliker, Kevin. Americans renew their love for cars – online, *Wall Street Journal*, 27 Aug. 2009, p. D1, D6.

38. Para uma excelente e aprofundada análise relacionada a esta questão, veja: Rajamma, Rajasree K.; Paswan, Audhesh K.; Hossain, Muhammed M. Why do shoppers abandon shopping carts? Perceived waiting time, risk, and transaction inconvenience, *Journal of Product and Brand Management*, v. 18, n. 3, 2009, p.188-197.

39. Tedlow, Richard S. Roadkill on the information superhighway, *Harvard Business Review*, Nov.-Dec. 1996, p. 165.

40. Para uma discussão relacionada, veja: Sullivan, Elisabeth A. Virtually satisfied easily navigable web sites that deliver the sought-after info win with consumers, *Marketing News*, 15 Oct. 2008, p. 8.

41. Tauber, Edward M. Why do people shop? *Journal of Marketing*, Oct. 1972, p. 46-49.

42. Tauber, Why do people shop, p. 49.

43. Para uma aprofundada discussão relacionada a esta questão, veja: Grewal, Dhruv; Janakiraman, Ramkumar; Kallyanam, Kirthi; Kannam, P. K.; Ratchford, Brian; Song, Reo; Tolerico, Stephen. Strategic online and offline retail pricing: a review and research agenda, *Journal of Interactive Marketing*, v. 24, 2010, p. 138-154.

44. Para uma excelente análise sobre incluir a opção do canal internet agrega valor à empresa, veja: Geyskens, Inge; Gielens, Katrijin; Dekimpe, Marnik G. The market valuation of internet channel additions, *Journal of Marketing*, Apr. 2002, p. 102-119.

45. Ireland, Linda C. Channel integration strategies, *Target Marketing*, Sept. 2002, p. 34-43.

46. Para uma visão diferente, confira: Zimmerman, Ann. Gift shoppers flocked to the web, *Wall Street Journal*, 24 Dec. 2010, p. B1, B2.

47. Para uma discussão relacionada, veja: Fram, Eugene H. E-Commerce survivors: finding value amid broken dreams, *Business Horizons*, July-Aug. 2003, p. 15-20.

48. Angwin, Julia. Latest dot-com fad is a bit old-fashioned: it's called profitability, *Wall Street Journal*, 14 Aug. 2001, p. A1, A6.

CAPÍTULO

16

Canais de marketing de franquia

OBJETIVOS DE APRENDIZAGEM

Após a leitura deste capítulo, você será capaz de:

1 Perceber que os canais de franquia são um tipo particular de canais de marketing.

2 Familiarizar-se com os principais jargões em franquia.

3 Reconhecer o escopo e a importância dos canais de franquia.

4 Entender o raciocínio implícito nos canais de franquia.

5 Conhecer os aspectos negativos associados aos canais de marketing.

6 Avaliar as diferentes perspectivas entre franqueador e franqueado relativamente ao raciocínio e aos aspectos negativos dos canais de franquia.

7 Tomar conhecimento das implicações da administração de um canal dos canais de franquia.

Produtos chamariz são uma boa coisa, diz o franqueador.
Não, é algo ruim, diz o franqueado.

Franqueadores e seus membros de canal franqueados devem, supostamente, trabalhar juntos para angariar resultados positivos para ambos. A maior parte do rendimento do franqueador vem de *royalties* — um percentual das vendas dos franqueados que estes pagam àqueles. Quanto mais altas as vendas dos franqueados, maiores os pagamentos de *royalties* ao franqueador. Dessa forma, não deveriam ambos, franqueadores e franqueados, ficar felizes com esse resultado? O franqueador fornece incentivos para ajudar os franqueados a aumentar suas vendas, já que isso vai resultar maiores *royalties*, e os franqueados repassarão maior pagamento em *royalties* apenas se suas vendas aumentarem.

Bem, o mundo da franquia não é tão fácil. Os franqueados se preocupam com a maneira como os franqueadores irão ajudá-los a alcançar maiores vendas. Mas, se a estratégia dos franqueadores envolver ações que os franqueados acreditem que irão prejudicar seus lucros, estes podem ficar muito aborrecidos. Foi exatamente o que aconteceu quando o franqueador Burger King instruiu seus franqueados a reduzir o preço do seu Double Cheeseburger para apenas $ 1,00 dólar, durante a Grande Recessão de 2008. O Burger King acreditou que esse cheeseburger duplo de um dólar seria exatamente o que o "médico tinha receitado" para estimular as vendas durante o difícil período econômico. O Burger King argumentou que o sanduíche em oferta atrairia os consu-midores, que acabariam comprando outros itens, como batatas fritas e refrigerantes, que tinham margens maiores. Muitos dos franqueados não viam a coisa dessa maneira. Eles acreditavam que o Double Cheeseburger de $ 1,00 dólar **não era um produto chamariz** para gerar vendas adicionais de outros itens do menu, mas simplesmente um grande problema que minaria os lucros.

Agindo em nome de muitos franqueados descontentes, a Associação Nacional de Franqueados Burger King dos Estados Unidos lançou uma ação judicial em novembro de 2009. Entretanto, um tribunal distrital indeferiu o processo, constatando que o franqueador – Burger King – tinha de ter amplos poderes para desenvolver estratégias de marketing competitivas, mesmo aquelas que os franqueados acreditavam ser-lhes prejudiciais. Nem é preciso dizer que os franqueados do Burger King não ficaram nada felizes com essa decisão e apresentaram um recurso, pedindo à Corte que reconsiderasse. O caso ainda está pendente.

Independentemente do desfecho desse caso, o Double Cheeseburger de $ 1,00 dólar, que a maioria dos consumidores acha delicioso, deixou um gosto amargo na boca de muitos franqueados do Burger King.

Fonte: Baseado em Richard Gibson, Franchisee v. Franchisor, *Wall Street Journal* (14 fev. 2011): R3. 446 Part 4: Additional Perspectives on Marketing Channels..

CANAIS DE MARKETING DE FRANQUIA

Nos capítulos anteriores, examinamos uma ampla variedade de questões associadas a estratégia do canal, *design*, gerenciamento e avaliação. Também discutimos conceitos centrais dos canais de marketing, o ambiente no qual esses canais operam e seus processos comportamentais. No Capítulo 15, abordamos o surgimento e rápido crescimento dos canais de marketing eletrônico.

Neste capítulo, voltamos a atenção a outro importante tipo de canal que está em desenvolvimento no imenso campo dos canais de marketing: os **canais de marketing de franquia**. Embora não sejam tão novos como os canais de marketing eletrônico, eles desempenharam e continuam desempenhando um grande e crescente papel na área, tornando produtos e serviços convenientemente disponíveis a dezenas de milhões de consumidores.[1] Apesar de um canal de franquia ser apenas um tipo particular de canal de marketing, ele apresenta peculiaridades e desafios que diferem significativamente dos canais convencionais em termos da natureza da relação entre os membros do canal e sua operação,[2] variações essas que virão à tona à medida que avançamos neste capítulo. O capítulo é organizado ao redor dos seguintes tópicos:

- Conceitos e terminologia dos canais de franquia
- Escopo e importância dos canais de franquia
- Lógica dos canais de franquia
- Aspectos negativos dos canais de franquia
- Implicações do gerenciamento do canal nos canais de franquia

CONCEITOS E TERMINOLOGIA DOS CANAIS DE FRANQUIA

Como mencionado, apesar de o canal de distribuição de franquias ser apenas um tipo especial de canal de marketing, vários conceitos e termos emergiram para identificar e descrever os diversos aspectos dos canais de franquia.[3] É muito importante que esses conceitos e termos sejam bem compreendidos, já que eles, de fato, são a linguagem da franquia. Discutiremos esses conceitos a seguir.

Franquia

De modo geral, uma **franquia** representa um contrato legal entre duas partes independentes, por meio do qual uma das partes concede à outra parte uma licença, autorizando-a a comercializar um produto ou serviço com marca registrada. À parte que possui o produto ou serviço de marca registrada dá-se o nome de franqueador, enquanto à parte que recebe o direito de vender o produto ou serviço, dá-se o nome de franqueado. Há dois tipos diferentes de franquias: **franquia de distribuição de produto** e **franquia de negócios formatados.**[4]

Franquia de distribuição de produto   Representa o conceito original de franquia descrito antes. Ou seja, o franqueador licencia seus produtos ou serviços com marca registrada aos franqueados que, então, passam a possuir o direito de vendê-los. Nesse tipo de franquia, o franqueador fornece relativamente pouca assistência mercadológica e admini strativa aos seus franqueados. Essencialmente, como o termo "franquia de distribuição de produto" sugere, os franqueados recebem apenas o direito de vender legalmente o produto ou o serviço do franqueador, e praticamente nada além disso. Franquias de distribuição de produto predominam em canais de automóveis, petróleo e refrigerantes. Empresas como General Motors, Ford, Chrysler e a maior parte dos fabricantes de automóveis estrangeiros, por exemplo, utilizam franquias de distribuição de produto, concedendo a revendedores independentes o direito de vender suas marcas. Também utilizam esse sistema de franquia a ExxonMobile e principais empresas do ramo de óleo lubrificante, assim como a Coca-Cola e a Pepsi, no ramo de refrigerantes, para vender seus produtos por meio de estações independentes de serviço e engarrafamento.

Franquia de negócios formatados   Nesse tipo de franquia, o franqueador não apenas licencia o franqueado a vender o produto ou serviço de sua marca registrada, mas também lhe fornece o sistema completo ou o formato para operar no mercado. Esse típico treinamento inclui estratégia de marketing, logos, sistemas de gerenciamento promocional, procedimentos de controle financeiro, padrões de controle de qualidade e qualquer outro tópico necessário para definir e gerenciar o negócio do franqueado. Muitas vezes, os componentes dos negócios formatados são elaborados em detalhes e fornecidos ao franqueado como um manual de operações com centenas de páginas. A estreita relação de trabalho e a frequente comunicação entre franqueador e franqueado também costumam fazer parte de uma franquia de negócios formatados,[5] modalidade comum em uma variedade de canais de distribuição de franquia, como se vê na Figura 16.1.

Nos últimos anos, tornou-se corriqueiro referir-se a essa modalidade de franquia – de negócios formatados – simplesmente como "franquia", já que é o tipo mais comum. Então, neste texto, a menos que se especifique de outra forma, o termo "franquia" será utilizado para referir-se à "franquia de negócios formatados".

Serviços automotivos	AAMCO Transmission
	Meineke Discount Mufflers
	Midas International
Lojas de conveniência	APlus
	Family Mart
	7-Eleven
Saúde e beleza	Cost Cutters Family Hair Care
	Jenny Craig International
	The Zoo Health Club
Hotelaria	Aloha Hotels
	Budget Hotels
	Marriot Hotels
Limpeza e manutenção	Furniture Medic
	Merry Maids
	Service Master
Mercado imobiliário	Century 21
	Caldwell Banker
	RE/MAX International
Restaurantes	McDonalds
	Pizza Hut
	Taco Bell
Varejista	Athlete's Foot
	GNC Radio Shack

FIGURA 16.1 ▶ Exemplos de empresas que operam com franquia de negócios formatados de canais de marketing de franquia em várias indústrias.
© Cengage Learning 2013

Estrutura de canal de franquia

Em geral, os arranjos entre franqueador e franqueado são estruturados de duas maneiras: **franquia unitária** e **franquia múltipla**.

Franquia unitária   O franqueador concede ao franqueado o direito de possuir e operar uma unidade física da sua marca registrada. Essa é a forma mais comum e simples de estrutura de canal de franquia. Se o franqueado for bem-sucedido com uma unidade só e decidir comprar uma ou mais unidades, ainda assim será considerado uma estrutura de canal unitária, apenas com mais unidades adicionadas.

Franquia múltipla   O franqueador concede ao franqueado o direito de possuir e operar mais de uma unidade no início dessa relação. A estrutura da franquia múltipla pode ser alcançada por meio de uma franquia de desenvolvimento de área ou de um acordo de franquia máster.[6] Na franquia de desenvolvimento de área, o franqueado recebe o direito de abrir mais de uma unidade durante certo período e em determinada área geográfica. Por exemplo, um franqueado de negócios da área de serviços pode concordar em abrir seis unidades em três anos, a partir da data do acordo, na cidade de Los Angeles.

Na estrutura de franquia múltipla, que se baseia em um acordo de franquia máster, o franqueado tem mais direitos e flexibilidade do que na franquia de desenvolvimento de área.[7] Além do direito de abrir um número determinado de unidades em um território específico, do franqueado máster é permitido vender franquias a possíveis e futuros franqueados nesse mesmo território, que serão, no caso, os subfranqueados. Às vezes, o franqueado máster pode assumir várias das tarefas que costumam ser fornecidas pelo franqueador, como proporcionar treinamento e assistência administrativa, mas, em contrapartida, ele pode receber taxas e *royalties* dessas subfranquias.

Franquia

Franquia, embora muitas vezes referida como indústria ou tipo de negócio, é, na verdade, um método de distribuição que se vale de canais de marketing de franquia para tornar disponíveis aos clientes produtos e serviços especiais. Como já foi dito, em um canal de marketing que se baseia em um formato de negócios do tipo franquia, franqueador e franqueado estão conectados legalmente em uma relação que vai além do simples direito de vender um produto ou serviço. Dessa forma, os canais de marketing de franquia estão mais intimamente ligados que os canais convencionais; além disso, sua relação entre os membros do canal é mais ampla e abrangente.[8] Como veremos adiante neste capítulo, isso pode ser tanto uma vantagem quanto uma desvantagem para franqueadores e franqueados. Além disso, quanto mais abrangentes forem as relações dos canais de marketing de franquia, mais desafios poderão se apresentar ao gerente de canal, diferentes dos que ele estava acostumado a encontrar em canais convencionais e mal alinhados.[9]

Taxa da franquia

A taxa da franquia, que se constitui de uma única parcela, é o valor pago pelo franqueado ao franqueador em geral por ocasião da assinatura do contrato. Dependendo do tipo de franquia envolvida, esse pagamento pode variar de alguns milhares de dólares a milhões de dólares ou mais. A taxa não necessariamente paga pelos recursos físicos necessários para operar a franquia. Muitas vezes, essa taxa, ou parte substancial dela, representa algo como a compra de um tíquete para o franqueado "entrar no jogo", enquanto para o franqueador é como uma compensação por permitir que o franqueado "jogue o jogo que ele criou", ou seja, que ele tenha o direito de utilizar o seu modelo de negócios.

Taxa de *royalties*

A maioria dos franqueados é obrigada a pagar ao franqueador uma taxa de *royalties* regular e contínua por todo o tempo em que mantiver a franquia.[10] Em geral, essa taxa é estabelecida pelo franqueador com base em um percentual bruto das vendas do franqueado, mesmo que não seja sempre esse o caso. Em algumas instâncias, a taxa pode ser uma quantia fixa de dinheiro que o franqueado paga ao franqueador, independentemente das vendas. Quando a taxa de *royalties* se baseia em vendas, o valor que o franqueador recebe varia em uma relação direta com as vendas dos franqueados. Embora a taxa de *royalties* definida por um percentual a ser aplicado sobre o montante das vendas tenha a vantagem de ajustar-se automaticamente à receita do franqueado, o método fixo fornece a ambos, franqueador e franqueado, mais certeza a respeito do valor que um deve pagar e o outro, receber.

ESCOPO E IMPORTÂNCIA DOS CANAIS DE FRANQUIAS

Os canais de marketing de franquia desempenham um enorme papel no sistema de distribuição dos Estados Unidos. Na metade da primeira década do século 21, o total de lucros produzido pelos canais de franquia chegou a quase $ 881 bilhões de dólares por ano, representando 4,4% dos lucros do setor privado do país. O sistema de distribuição de franquia é composto por mais de 900 mil estabelecimentos de negócios no formato de franquia que geram mais de 11 milhões de empregos, o que representa 8,1% da mão de obra empregada pelo setor privado. A folha de pagamento produzida pelos canais de franquia atinge quase $ 279 bilhões de dólares, ou 5,3% de todas as folhas de pagamento do setor privado norte-americano.[11] A Tabela 16.1 fornece métricas adicionais aos canais de franquia segmentadas por franquias de distribuição de produtos e de negócios formatados.

	Franquias de distribuição de produto	Franquias de negócios formatados	Total
Vendas	215,6 bilhões (24,5%)	665,3 bilhões (75,5%)	880,9 bilhões
Estabelecimentos	135.817 (14,9%)	773.436 (85,1%)	909.253
Empregos	2.011.938 (18,2%)	9.017.267 (81,8%)	11.029.205
Folha de pagamento	71,7 bilhões (25,7%)	206,9 bilhões (74,3%)	278,6 bilhões

Fonte: Compilado de: The economic impact of franchised businesses, International Franchise Association Educational Foundation: White Paper (31 jan. 2008) ,p. 3.

Os canais de distribuição de franquia são os que mais prevalecem em uma ampla gama de negócios. A Tabela 16.2, por exemplo, apresenta as vendas e o número de estabelecimentos para franquias de negócios formatados para dez segmentos industriais diferentes.

▶ **TABELA 16.2** Vendas de franquias de negócios formatados e estabelecimentos para dez indústrias em 2005

Indústrias	Vendas (bilhões de dólares)	Estabelecimentos
Automotivas	25,3	35,616
Administração de serviços de negócios	151,0	193,063
Serviços comerciais e residenciais	32,9	54,495
Alimentos (varejo)	47,0	61,039
Hotelaria	48,0	30,014
Serviços pessoais	96,1	76,824
Restaurantes *fast-food*	152,1	167,578
Mercado imobiliário	26,2	33,900
Produtos e serviços de varejo	36,5	78,621
Restaurantes de serviço completo	50,4	42,285
Total	665,6	773,435

Fonte: Compilado de: The economic impact of franchised businesses, International Franchise Association Educational Foundation: *White Paper* (31 jan. 2008), p. 4–6.

Outra maneira de avaliar o escopo e a importância das franquias é comparando-se o número de empregos gerados pelo negócio de franquias com o de outros grandes setores da economia. A Figura 16.2 faz exatamente isso, mostrando que o total de empregos gerados pelo negócio de franquias (11.029.000) é significativamente maior que o gerado pela segundo maior setor econômico, o de fabricação de bens duráveis (8.995.000), e bem acima do número de empregos gerados por muitos outros grandes setores econômicos.

As franquias e, em consequência, os canais de franquia, continuam a crescer drasticamente. Em 2010, o Departamento de Comércio dos Estados Unidos estimou que um em cada dois negócios

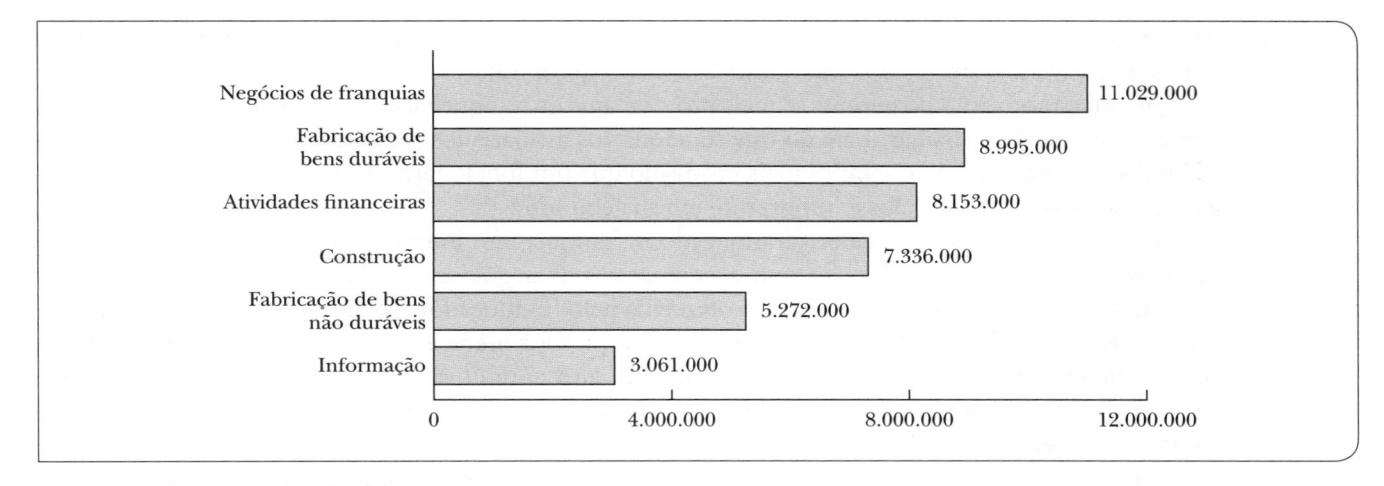

FIGURA 16.2 ▶ Número de empregos gerados pelos principais setores econômicos em 2005.

Fonte: Compilado de: Matthew Shay, Economic impact of franchised businesses. Volume 2. IFA Franchising (mar. 12, 2008), p. 2. www.buildingopportunities.com.

naquele país opera sob um tipo de sistema de franquia. Além disso, a amplitude dos tipos de franquia continuou a aumentar, com mais de 300 tipos de negócios diferentes envolvidos. Espera-se que o mesmo grau de crescimento, em tamanho e escopo, continue a ocorrer no futuro. Na verdade, no começo da segunda década do século 21, uma nova loja franqueada era aberta a cada cinco minutos dos dias úteis!

As franquias e seus canais de franquia não se limitam aos Estados Unidos. Mais de 400 empresas baseadas em franquias operam em nível internacional, e mais de 100 empresas de franquia estrangeiras operam nesse país. Por fim, as franquias e os canais de franquia existem e crescem cada vez mais em cada nação desenvolvida do mundo.[12]

LÓGICA DOS CANAIS DE MARKETING DE FRANQUIA

Do ponto de vista do franqueador, três principais razões podem ser elencadas para justificar o uso de canais de distribuição de franquia: (1) vantagens financeiras; (2) potencial de redução dos custos de distribuição; e (3) elevada motivação gerencial fomentada pelas franquias.[13]

Vantagens financeiras são sempre citadas como as razões mais importantes para adotar uma distribuição franqueada. A aquisição de recursos financeiros por meio de franquias não dilui a propriedade do negócio, tal como ocorre com a venda de ações ao público. Além do mais, não cria dívidas de empréstimos para o franqueador, o que pode ser bastante custoso para a empresa. Para muitas empresas de franquia, utilizar as taxas iniciais pagas pelos franqueados é a principal fonte de lucro. Obter rendimento por meio da venda de franquias também oferece ao franqueador um alto grau de flexibilidade no uso do capital, que pode ser aumentado rapidamente.[14] O franqueador pode, por exemplo, utilizar os valores recebidos de seus novos franqueados para propaganda em rede nacional, treinamento de franqueados e outras operações. Por outro lado, se tiver optado pela obtenção de capital mediante empréstimo ou venda de ações, seus critérios de gestão dos fundos podem ser limitados em razão de certas estipulações.

O potencial da franquia em reduzir custos de distribuição é particularmente importante para uma empresa cujo principal canal alternativo consiste em estabelecer sua própria rede de filiais. Se a empresa contar com a distribuição por meio de lojas ou unidades próprias, poderá ver-se sobrecarregada com uma elevada estrutura de custos fixos que terão de ser pagos independentemente do volume de vendas alcançado. Os altos custos de manutenção das operações de filiais em muitas localizações diferentes também terão de ser assumidos exclusivamente pela empresa. No entanto, se utilizarem um canal de franquia, os franqueados assumirão grande parte desses custos indiretos e também pagarão para ter o direito de comercializar os produtos e serviços do franqueador. Os *royalties* devem ser pagos por meio das vendas brutas dos franqueados, mesmo que a franquia não esteja tendo lucro.[15]

Quanto à motivação do gerente, é mais provável que os franqueados, como negociadores independentes, tenham de trabalhar mais do que funcionários assalariados para desenvolver seus mercados. Além disso, o franqueado é sempre mais motivado que um funcionário da empresa, já que a sua imagem como pessoa de negócios é importante em sua comunidade.

Da perspectiva de um potencial franqueado, a franquia tem inúmeros atrativos importantes. Em primeiro lugar, a incerteza que se tem ao começar nos negócios é reduzida com a franquia, pois presume-se que a abordagem de negócios oferecida pelo franqueador tenha sido testada de forma com sucesso. Em segundo lugar, em muitos casos, o franqueador oferece um produto ou serviço de marca conhecida, ou seja, é provável que este já tenha um alto grau de aceitação no mercado consumidor. Em terceiro lugar, como mostrado na Figura 16.3, muitos franqueadores oferecem assistência inicial e contínua a seus franqueados, inclusive para escolha de local, pesquisas de mercado, assistência de merchandising, manuais de operação, propaganda, contabilidade e várias outras — de fato, os extensivos serviços oferecidos pelo franqueador costumam ser citados como a principal razão pela qual um franqueado tem disposição de adquirir uma franquia.[16] Em quarto lugar, em muitos casos, a franquia fornece o apoio para que uma pessoa comum participe dos negócios, algo de valor proibitivo para tentar por conta própria. Ser membro de uma franquia, em especial se for uma franquia respeitável, significa ter a assistência direta do franqueador, o que pode colocar essa pessoa em melhor posição para garantir fundos provenientes de outras fontes. Por fim, possíveis franqueados decidem juntar-se a uma organização de franquia porque o potencial de retorno adequado, em um período de tempo relativamente curto, é sempre melhor que o de negócios independentes.[17]

As vantagens das franquias a tornaram uma interessante opção para empreendedores que desejam administrar o próprio negócio; fazer parte de um sistema estruturado aumenta as chances de sucesso. Isso tornou a franquia particularmente atrativa para executivos e gerentes que perderam o emprego em processos de demissão em massa.

ASPECTOS NEGATIVOS DOS CANAIS DE FRANQUIA

Apesar de o canal de franquia oferecer a franqueadores e franqueados mais benefícios que os canais convencionais, ele possui aspectos negativos associados aos canais de marketing de franquia que serão discutidos a seguir, de acordo com o ponto de vista de cada uma das partes envolvidas.

Assistência inicial	Assistência contínua
Layout e projeto do estabelecimento	Propaganda
Treinamento dos funcionários do franqueado	Auditoria e manutenção de registros
Financiamento da taxa de franqueamento	Centralização de compras
Negociação de locação	Supervisão de campo
Treinamento de administração	Treinamento dos funcionários do franqueado
Pesquisas de mercado e seleção de local	Planos de seguro em grupo
Manuais de operação	Pesquisa de mercado Materiais de *merchandising* e materiais promocionais Inspeções de controle de qualidade

FIGURA 16.3 ▶ Assistência inicial e contínua tipicamente oferecidas pelo franqueador ao franqueado.
© Cengage Learning 2013

Aspectos negativos para o franqueador

Um franqueador que busca desenvolver e operar um canal de marketing de franquia enfrenta pelo menos três potenciais situações negativas em comparação a canais convencionais.

Em primeiro lugar, o canal de franquia pode limitar a flexibilidade do franqueador. Como já discutimos, a essência do negócio moderno em formato de franquia é o seu modelo programado que aborda todas as áreas de negócios, da propaganda aos sistemas de administração, treinamento e o que for necessário para criar e sustentar o "pacote completo" que constitui a franquia. Embora se saiba que o formato de franquia reduz drasticamente a flexibilidade do franqueado, poucos sabem que ele também reduz a flexibilidade do franqueador. O franqueador que desenvolve um formato de negócios comercializável cria uma série de expectativas nos franqueados, os quais esperam que elas sejam cumpridas com o tempo.[18] Em outras palavras, os franqueados compram o conceito e o modo de operação do franqueador, pagando por eles taxa da franquia e *royalties* contínuos, e esperam que este se mantenha fiel ao modelo pelo qual eles pagaram. Se o franqueador fizer uma mudança que possa prejudicar o franqueado, este acredita ter o direito de saber disso previamente e de vetar a ideia. Por exemplo, como mencionado no início deste capítulo, quando o franqueador Burger King lançou o Double Cheeseburger de $ 1,00 dólar, muitos franqueados da rede sentiram que a empresa se desviava do modelo original de negócio que permitia aos franqueados, e não aos franqueadores, estabelecer os preços.[19] Consequentemente, vários franqueados do Burger King (apoiados pela Associação Nacional de Franqueados)[20], acreditando que perdiam dinheiro com o *cheeseburger* de $ 1,00 dólar, criaram uma lei que impedia o franqueador Burger King de se desviar dos termos originais do contrato. Do ponto de vista do franqueador, tais conflitos espelham a flexibilidade estratégica necessária para lidar com um mercado em mudanças ou circunstâncias competitivas, mas podem ser vistos pelos franqueados como desvios injustificados do acordo firmado com o franqueador.

Um segundo aspecto negativo dos canais de franquia, sob o ponto de vista do franqueador, é corresponder às altas expectativas dos franqueados. Comparados com potenciais membros de canais convencionais, os membros de canal de franquia tendem a ter altas expectativas em relação à assistência e ao suporte que receberão do franqueador.[21] Altas expectativas dos franqueados a respeito do que receberão dos franqueadores fazem parte do negócio em formato de franquia; afinal, o franqueador desenvolveu um modelo de negócio que, presumivelmente, é valioso o suficiente para cobrir uma taxa substancial ou coletar *royalties* dos franqueados. Dessa forma, é normal que franqueados esperem um retorno significativo dos franqueadores,[22] mas, não raro, eles esperam ainda muito mais, em especial em termos da garantia de o sucesso. Mesmo que pouquíssimos franqueadores ofereçam explicitamente tal garantia, isso não impede que franqueados desenvolvam expectativas irreais. Prova disso são os vários processos legais movidos contra franqueadores por conta de "mal-entendidos" sobre as expectativas dos franqueados.[23]

Por fim, outro potencial aspecto negativo dos canais de marketing, do ponto de vista do franqueador, é o escrutínio regulamentar a que fica exposto. Franqueadores são regulamentados por leis federais e estaduais que exigem que eles forneçam aos potenciais franqueados informações que delimitem em detalhes a natureza da relação que irão manter.[24] Um dos principais documentos que a Comissão Federal de Comércio dos Estados Unidos exige que o franqueador forneça ao franqueado é a **Circular de Oferta de Franquia — COF** (em inglês, **Uniform Franchise Offering Circular — UFOC**). Esse documento fornece informações detalhadas aos franqueados, tais como:

- Declarações financeiras
- Qualificação pessoal
- Experiência gerencial em franquias
- Taxas e *royalties*
- Direitos territoriais
- Responsabilidade do franqueador para com o franqueado
- Contato de outros franqueados do sistema
- Cópia do atual contrato de franquia

Também nos Estados Unidos, 14 estados exigiram que o franqueador registrasse suas COFs no estado antes de poderem exercer qualquer atividade de franquia no local. Além disso, as COFs estão sujeitas à chamada "regra dos dez dias", ou seja, após receber o documento, o franqueado ainda tem direito a dez dias úteis antes de assinar o contrato.

Em adição à COF, todos os franqueados estão legalmente conectados ao franqueador, conforme um acordo em geral chamado de **contrato de franquia**. Em geral, esse documento inclui as provisões a seguir:

- Uso de marcas
- Território
- Direitos e obrigações
- Marcas, procedimentos, treinamento, assistência, propaganda etc.
- Duração da franquia
- Pagamentos feitos pelo franqueado ao franqueador
- Encerramento e transferência dos direitos

Dessa forma, em comparação com os desalinhados canais convencionais, o ambiente de regulamentação dos canais de franquia é mais intenso. Para empresas que buscam o máximo de liberdade para desenvolver e gerenciar seus canais de marketing, os canais de franquia podem não corresponder às suas necessidades.

Aspectos negativos para os franqueados

Do ponto de vista dos franqueados, três potenciais situações negativas são frequentemente associadas aos canais de franquia.

A primeira delas é a limitada independência do franqueado. Muitos franqueadores gostam de dizer que "as franquias oferecem oportunidade de se lançar nos negócios por iniciativa própria, mas não sozinho". Embora essa declaração capte bem a essência das principais justificativas para um franqueado participar de uma canal de franquia, também deixa implícita a principal desvantagem dessa situação — a falta de independência do franqueado. A natureza programada e previamente combinada do formato de negócio de franquia, em geral, fornece pouco espaço para desvio do programa preestabelecido pelo franqueador. Se o franqueado quiser fazer as coisas do seu jeito, terá pouco espaço para isso em um típico canal de franquia. Dessa forma, para um potencial associado com talento empresarial, criativo e independente, tornar-se um franqueado em um modelo de franquia moderno pode causar mais frustração que satisfação.[25]

Um segundo ponto negativo para os franqueados participarem de um canal de franquia é a obrigação de fornecer ao franqueador um percentual do seu lucro bruto a título de *royalties*. Essa obrigação mantém-se enquanto for válido o contrato de franquia, quer o canal produza lucros ou não. Franqueados com pouco ou nenhum lucro podem se ressentir com as demandas implacáveis do franqueador para que paguem constantemente os *royalties*, mesmo quando o mercado está em baixa. De fato, alguns franqueados acreditam que não conseguem produzir lucros por causa dos altos *royalties* que precisam pagar aos franqueadores. E, para complicar ainda mais a situação, é comum que franqueadores cobrem dos franqueados um percentual de suas receitas a fim de pagar despesas de propaganda,[26] criando um ressentimento ainda maior contra o franqueador. Assim, para membros de canal que desejem controlar suas receitas e a forma como são gastas, a distribuição de franquia pode não ser um formato apropriado.

Um terceiro problema potencial para o franqueado, em relação aos canais de distribuição de franquia, é o que pode ser descrito como "efeito halo" negativo. Um franqueado é parte de um sistema maior que pode conter dúzias, centenas ou mesmo milhares de outros franqueados. A imagem e a reputação da franquia se acumulam em cada um deles. Se alguns desses membros, ou até mesmo apenas um, gerar publicidade negativa, todos os franqueados no sistema podem sofrer as consequências disso. Se, por exemplo, um consumidor de uma franquia de *fast-food* tiver um problema de intoxicação alimentar, gravar um depoimento e colocar no YouTube, a publicidade negativa que isso trará à franquia pode destruir a reputação e o trabalho de todas as outras franquias da rede. Além disso, às vezes o franqueador pode ser alvo de uma publicidade negativa que prejudica seus franqueados, como aconteceu com a Taco Bell — a empresa sofreu uma ação de direitos do consumidor por causa da propaganda enganosa sobre a quantidade de pura carne dos recheios de seus tacos. Apesar de as alegações se provarem falsas, a Taco Bell se sentiu obrigada a gastar milhões de dólares em propaganda e relações públicas para tentar neutralizar a publicidade negativa gerada pelo processo legal, que acabou sendo abandonado depois de pouco tempo, mas nunca se saberá quais efeitos negativos essa campanha difamatória produziu nas franquias da empresa.

IMPLICAÇÕES DO GERENCIAMENTO DE CANAL NOS CANAIS DE FRANQUIA

Como apontamos no início deste capítulo, canais de franquia são apenas um tipo específico de canal de marketing nos quais os participantes se conectam por meio de um contrato legal, com tudo programado pelo franqueador: estratégia, operações e atividades dos membros de franquias. Essa direção tática e estratégica dos franqueados pode afetar a relação entre participantes dos canais de franquia de maneiras diferentes do que ocorre em canais convencionais. Tal diferença pode ter implicações para a administração dos canais de franquia. A seguir, examinaremos algumas dessas implicações.

Desenho de canal e canais de franquia

Durante o processo de criação de um canal de marketing, o gerente de canal procura desenvolver um que ofereça alto nível de controle, ou seja, é quase certo que considerará um modelo de canal de franquia como alternativa. Essa proposição assume, obviamente, que um canal de negócios em formato de franquia é uma opção razoável, de acordo com a indústria envolvida e/ou os produtos e serviços oferecidos. Se, por exemplo, uma empresa vende maquinário industrial pesado a um mercado-alvo que consiste basicamente fabricantes, o modelo de negócios em formato de franquia não se mostra uma opção de canal realista ou possível. Ou, na outra extremidade, a Procter & Gamble, um fabricante de produtos embalados, não parece tentada a utilizar um canal de franquia, em vez da vasta rede de supermercados, hipermercados e farmácias que tornam suas muitas marcas disponíveis a milhões de consumidores por todo o mundo. No entanto, a empresa decidiu usar canais de franquia para estabelecer diversos serviços ligados a duas de suas marcas mais famosas: Mr. Clean e Tide. A marca Mr. Clean é utilizada para a franquia Mr. Clean Car Wash; e Tide, para a franquia Tide Dry Cleaners (ver Figuras 16.4). Procter & Gamble, por meio de sua própria subsidiária, a Agile Pursuits Franchising, Inc., decidiu usar o modelo de canal de franquia para esses novos serviços a fim de manter um alto nível de controle sobre os membros do canal. Já que os franqueadores forneceriam lavagem de carros e serviço de limpeza a seco, com o aval das mundialmente famosas marcas da Procter & Gamble (Mr. Clean e Tide), a empresa precisou se certificar de que o equilíbrio das marcas fosse preservado e reforçado; dessa forma, manteve um alto nível de controle da qualidade dos serviços fornecidos.

Assim, mesmo que a empresa seja uma corporação global, como a Procter & Gamble, ou um pequeno fabricante ou fornecedor, deve levar em conta a relação entre a forma do canal e o controle de seus membros. Embora um maior nível de controle possa ser alcançado ao se projetar um canal verticalmente integrado, em que todas as lojas e pontos de venda sejam de propriedade da empresa, em muitos casos isso não é viável econômica e operacionalmente, pois o custo para desenvolver uma grande rede doméstica ou de alcance global de propriedade total da empresa pode ser proibitivo. Além disso, como destacado antes, neste capítulo, lojas de empresas seriam gerenciadas por funcionários, os quais podem não ter a motivação necessária para sustentar um negócio, ao contrário do que acontece com lojas independentes, que são gerenciadas por empreendedores. Desse modo, o gerente de canal que busca uma estratégia para insuflar um alto nível de controle no canal, mas ainda precisa confiar em membros independentes altamente motivados, deve sempre considerar a opção de canal de franquia.

Seleção de membros de canal de franquia

Em um canal de distribuição de franquia, a seleção dos membros do canal traz um peculiar e paradoxal desafio ao franqueador. Especificamente, ele deseja potenciais franqueados altamente mo-

FIGURA 16.4 ▶ Propaganda da Procter & Gamble em busca de franqueados para o Mr. Clean Car Wash.

Fonte: Cortesia de Procter e gamble. Usado com permissão.

tivados e empreendedores, mas não quer que sejam tão criativos e independentes a ponto de bater de frente com ele. Independência e criatividade, tipicamente vistas como traços desejáveis e positivos em empreendedores, podem, na verdade, destruir o modelo de negócios de franquia. Por quê? Porque o sucesso dos canais de franquia se baseia na conformidade do franqueado a um rígido programa e formato de negócio desenvolvido pelo franqueador. Se o franqueado se desviar do formato preestabelecido, o mais provável é que o resultado da sua franquia seja negativo, ao invés de positivo. Mesmo que o modelo do franqueador não seja exatamente perfeito, em geral levou muito tempo e precisou de experiência para ser planejado e desenvolvido. Alterações no modelo feitas por franqueados de maneira espontânea e bem-intencionada, ainda que tenham mérito, devem ser cuidadosamente vetadas pelo franqueador, que terá de encontrar uma maneira de encaixar essas ideias novas e consistentes no modelo já existente. Entretanto, franqueados independentes e criativos podem ficar frustrados e até mesmo irritados com o que chamam de um comportamento burocrático e lento do franqueador caso este não responda rápida ou favoravelmente às suas novas ideias.

Franqueadores, consequentemente, precisam selecionar os franqueados com equilíbrio: independência e criatividade de um lado, e capacidade de aceitar ser direcionados de outro. Felizmente, há muitos potenciais franqueados com esse perfil, e seu sentido de independência é satisfeito pelo simples fato de agora possuírem seu próprio negócio e de sua criatividade poder ser expressa, ainda que dentro dos limites impostos pelo formato de negócio prescrito pelo franqueador. Mas encontrar e recrutar potenciais franqueados com essas características toma considerável tempo e esforço. Alguns franqueadores têm suas próprias equipes e desenvolveram seus perfis psicológicos para encontrar possíveis franqueados. Outros contam com consultores externos para ajudá-los no processo de seleção.[27]

Em suma, a seleção de potenciais membros de canal de franquia capazes de se tornar bem-sucedidos vai muito além dos critérios comuns de seleção, como solidez financeira e experiência de incluir traços psicológicos e de personalidade no modelo de franquia.

Motivação de franqueados

A motivação dos membros do canal de franquia difere de certa forma da motivação dos membros de canais convencionais. Como ressaltamos no Capítulo 9, a motivação dos membros do canal consiste em três fases básicas: (1) descobrir as necessidades e os problemas dos membros do canal; (2) oferecer apoio e assistência coerentes com essas necessidades e problemas e (3) oferecer liderança continuamente. Embora essa estrutura básica ainda funcione para motivar membros do canal de franquia, a ênfase e o foco mudam por causa da abordagem programada usada no formato de negócio de franquias. Em especial, as abordagens cooperativa e de parceria, comumente utilizadas para dar apoio e assistência aos membros de canais convencionais (ver Capítulo 9), têm pouca importância nos canais de franquia. Em vez disso, a abordagem programada para oferecer apoio e assistência é a opção usada na maioria das franquias modernas. Além disso, o papel da liderança nos canais de franquia, definitivamente, não reside apenas no franqueador, embora a intensidade da liderança tenda a ser maior nos canais de franquia do que nos convencionais.[28] Resumindo, o programa do franqueador (formato de negócio) fornece a base para motivar os franqueados, pois especifica o conceito geral, a estratégia e os procedimentos operacionais que, se forem rigorosamente seguidos, devem aumentar as chances de sucesso da franquia; assim, muito do papel do franqueador no estabelecimento da liderança envolve convencer os franqueados a aderir ao plano e supervisionar sua implementação.[29]

Esse aparente fluxo de mão única do franqueador ao franqueado não quer dizer que franqueadores devem ser insensíveis às necessidades e aos problemas dos franqueados nem que não devem se esforçar para descobrir quais são esses problemas. Pelo contrário, conhecer as questões e os desafios que os franqueados enfrentam ainda é importante, mas o franqueador não pode responder a esse *feedback* que recebe de seus franqueados de maneira tão flexível e abrangente como faria no caso de canais convencionais. Isso ocorre porque as respostas do franqueador são condicionadas pelo formato programado do seu negócio e pelo acordo de franquia, que define a natureza da franquia e da relação entre as partes. Dessa forma, o grau de liberdade que os franqueadores têm para ajustar suas políticas e alinhar-se melhor às necessidades e aos problemas dos franqueados provavelmente será menor em canais de franquia do que em canais de marketing convencionais. Diante da tarefa de motivar membros do canal de franquia, o gerente precisa estar ciente dessa restrição sistêmica em sua capacidade de reagir a necessidades e problemas dos franqueados. Por exemplo, um franqueado pode reclamar de certas questões do modelo (formato) programado do negócio, como da exigência de seguir determinados procedimentos de contabilidade ou da obrigação contratual de pagar a taxa de *royalties*. É pouco provável que o franqueador, ao saber disso, mude rapidamente políticas, estratégias e obrigações contratuais para atender às demandas de franqueados insatisfeitos. Se essas demandas forem inconsistentes ou violarem o modelo de negócio e/ou o acordo contratual, o franqueador, mesmo aparentando insensibilidade tem poucas opções, a não ser apontar honestamente as limitações impostas pelo formato de negócio e pelo contrato de franquia. Os franqueados podem ficar infelizes com isso, mas é provável que fiquem ainda mais descontentes se os franqueadores fizerem promessas impossíveis de ser cumpridas enquanto ainda estiverem dentro dos parâmetros do modelo de negócio e do acordo de franquia.

Gerenciando o *mix* de marketing em canais de franquia

Dos Capítulos 10 ao 13, examinamos diversas interfaces entre o gerenciamento do canal e as outras variáveis estratégicas do *mix* de marketing: estratégia de produto, estratégia de precificação, estratégia de promoção e estratégia de logística. O tema subjacente da nossa discussão era que o gerente de canal deveria tentar gerenciar os canais de marketing da empresa de forma que as outras variáveis do *mix* de marketing ajudassem a apoiar e aprimorar a estratégia do canal, e não enfraquecê-la.

Esse mesmo tema vale para o gerenciamento de canal em canais de franquia. No entanto, graças à natureza da franquia moderna que, efetivamente, pré-embala o *mix* de marketing em um formato programado que os franqueados são obrigados por lei a seguir, a implementação do gerenciamento do *mix* de marketing em canais de franquia difere, pelo menos em grau, dos canais convencionais. Especificamente, a natureza da franquia tende a ser menos fluida e flexível. As estratégias de produto, precificação, promoção e logística em canais de franquia podem, é claro, ser alteradas com o tempo, mas não tão fácil nem rapidamente como nos convencionais. Considere, por exemplo, o caso de Thomas Sergio, um franqueado de uma sofisticada rede de bistrôs de vinho chamada Grape que quis oferecer aos seus consumidores vinhos com preços mais baixos do que os $ 15 dólares por taça, especificados pelo franqueador. Este não aceitava essa situação porque as estratégias de produto e de precificação usadas no modelo de negócios da Grape eram baseadas em vinhos e preços *premium*.[30] Embora fosse plausível que, se muitos franqueados da rede estivessem passando pelo mesmo problema que Thomas Sergio, o franqueador se mostrasse disposto a adaptar suas estratégias de produto e de precificação, tais mudanças não poderiam ser feitas de forma rápida ou fácil. No caso da Grape, o franqueador acreditou, talvez justificadamente, que a introdução de vinhos baratos poderia enfraquecer a imagem *premium* da franquia.

Considere também o caso da Quiznos, uma rede de franquias de lanchonetes cujo formato de negócios é focado em posicionar a empresa um grau acima da maior e mais famosa franquia do Subway. Para apoiar tal estratégia de posicionamento, a Quiznos determinou o preço de seus sanduíches como mais altos que os do Subway. Porém, quando a Grande Recessão de 2008 chegou, os consumidores queriam preços mais baixos. A Quiznos respondeu com um Toastly Torpedo de $ 4 dólares e um Toasty Bullet de $ 3 dólares, bem como um combo de sanduíche, sopa ou salada por $ 5 dólares, mas não a tempo de recuperar centenas de franqueados que, por muito tempo, não receberam os produtos a preços necessários para sobreviver em um ambiente de recessão.[31] A reprogramação do *mix* de marketing da Quiznos ocorreu, mas não com a velocidade necessária para atender os franqueados que saíram do mercado e os 4 mil restantes cujos lucros foram afetados pelo que eles consideravam, justa ou injustamente, como alterações tardias da Quiznos em suas estratégias de produto e de precificação para melhor apoiar os franqueados.

Em suma, gerenciar o *mix* de marketing em canais de franquia traz um dilema ao gerente de canal. Por um lado, ele gostaria de adaptar rapidamente as estratégias de produto, preço, promoção e logística, de forma a ajudar os franqueados. Por outro lado, porém, ele fica limitado nas ações que podem ser tomadas pela estrutura estratégica relativamente fixa, prescrita pelo formato de negócio de franquia.[32] Enquanto ainda não há resposta para esse dilema, uma abordagem sensível é a que faz o gerente de canal ir além na gerenciamento do *mix* de marketing para ajudar os franqueados, desde que tal ação não enfraqueça os elementos centrais do formato de negócio.

Avaliando o desempenho dos franqueados

No Capítulo 14, no qual examinamos a avaliação do desempenho do membro do canal em detalhes notamos que quatro fatores alteram o escopo e a frequência das avaliações:

- Grau de controle
- Importância dos membros do canal
- Natureza do produto
- Número de membros do canal

Em canais de franquia, os dois primeiros fatores são de especial relevância.

Em relação ao primeiro fator, o comumente alto grau de controle que o franqueador tem sobre o franqueado permite-lhe solicitar e receber com regularidade um grande volume de dados sobre o desempenho dos franqueados. Às vezes, como no caso das lojas de conveniência da 7-11, dados detalhados sobre os franqueados precisam ser fornecidos ao franqueador diariamente.[33] Com frequência, franqueadores também exigem a permissão dos franqueados para observar *in loco* o desempenho destes em critérios como limpeza das instalações, manutenção, adequação de pessoal, aderência ao horário de funcionamento indicado, procedimento de treinamento de funcionários e outros critérios.

Na maioria dos casos, o direito de o franqueador obter dados de desempenho do franqueado e a autoridade para conduzir avaliações no local são especificados no contrato de franquia. O acesso do franqueador às informações sobre o desempenho do franqueado, garantido por meio de contrato, contrasta duramente com os canais convencionais, em que os membros do canal não têm nenhuma obrigação contratual quanto ao fornecimento de dados de desempenho e à permissão de visitas.

Se for gerenciado de forma apropriada, esse alto grau de controle do franqueador, que proporciona um fluxo garantido, detalhado e regular de informações sobre o desempenho do franqueado ao franqueador, pode ser benéfico para ambas as partes. Para o franqueador, a transparência e a atualidade trazidas pelo fluxo rápido e regular de informações sobre o desempenho do franqueado podem dar um alerta antecipado a respeito de possíveis problemas e oferecer *insights* para a tomada de ações corretivas em tempo hábil. Para os franqueados, saber que o franqueador tem acesso a uma vasta gama de informações sobre seu desempenho pode motivá-los a aderir aos padrões do negócio, o que poderia não ocorrer no mesmo grau na ausência de uma exigência contratual. Para que esse feliz resultado aconteça, no entanto, o processo de avaliação de desempenho precisa ser conduzido de forma não ameaçadora e não obstrusiva.[34] Por isso, em vez de os franqueadores enfatizarem sanções caso as expectativas de desempenho não sejam atendidas, eles podem ressaltar o valor de abundantes informações para promover melhorias positivas no desempenho.

Voltemos agora ao segundo fator que afeta o escopo e a frequência das avaliações, que é a importância dos membros do canal em canais de franquia. A relação aqui é direta: como os franqueados são a única fonte de receita do franqueador e proporcionam todos os pontos de contato com os consumidores, toda franquia é importante. Embora, obviamente, aqueles muito grandes possam ser vistos como mais importantes em termos de geração de receita do que franqueados muito pequenos no sistema, isso não muda o fato de *todos* contribuírem com o fluxo de receita do franqueador por meio dos *royalties* que pagam. Além disso, cada franqueado, independentemente de seu tamanho, "carrega a bandeira" do franqueador.[35] Isto é, são os franqueados que apresentam aos consumidores o que o franqueador tem a oferecer. Se algum franqueado não atender às expectativas de desempenho, a imagem ou a equidade da marca da franquia pode ser seriamente enfraquecida. Em longo prazo, isso pode ser ainda mais relevante que a receita gerada pelos franqueados, pois uma marca de franquia danificada certamente se refletirá em oportunidades de crescimento menores, bem como em receita e lucro reduzidos no futuro.[36] Por isso a importância crítica dos franqueados, exigindo que o franqueador preste muita atenção à avaliação do desempenho destes.

Resumo

Canais de marketing de franquia, embora sejam apenas um tipo específico de canal de marketing, podem apresentar questões e desafios que diferem dos canais convencionais. Esse é particularmente o caso de canais com o formato de negócio de franquia, que vai muito além do conceito original de franquia, que se resumia a ter uma licença para vender determinada marca de produto ou serviço. Em franquias de negócios formatados, o franqueador não apenas concede ao franqueado o direito de vender o produto ou serviço, mas ainda especifica o programa completo de desenvolvimento e operação dos negócios. Isso pode incluir componentes como projeto do espaço físico de comércio, estratégia de marketing, administração de processos, treinamento, sistemas de contabilidade e vários outros.

O franqueamento tem sua própria "línguagem", incluindo termos como franquia, franquia de distribuição de produtos, franquia de negócios formatados, franquia unitária, franquia múltipla, taxa de franquia, *royalties*, contrato de franquia e Circular de Oferta de Franquia (COF). Para evitar confusão, é importante que o gerente de canal esteja familiarizado com esses conceitos e termos básicos.

Canais de marketing de franquia têm um enorme papel no sistema de distribuição dos Estados Unidos e de muitos outros países ao redor do mundo. Lá, as vendas por meio de canais de franquia se aproximaram de 900 bilhões de dólares, e mais de 900 mil estabelecimentos franqueados fazem parte do sistema. Os canais de franquia também correspondem a mais de 11 milhões de empregos.

Argumentos ou justificativas fortes podem ser dados para a existência de canais de marketing de franquia com base em diversos fatores fundamentais. Da perspectiva do franqueador, temos: vantagens financeiras, potencial para reduzir os custos de distribuição e elevada motivação gerencial dos franqueados. Do ponto de vista dos franqueados, o franqueamento oferece: redução da incerteza, um produto ou serviço com marca bem conhecida, assistência e serviço prestados pelo franqueador, custos de entrada mais baixos e oportunidade de obter lucro mais rapidamente.

Também há pontos negativos nos canais de franquia. Para o franqueador, eles incluem: flexibilidade limitada, altas expectativas do franqueado e maior análise regulatória. Para o franqueado, por sua vez, temos: independência limitada, pagamentos contínuos de *royalties* ao franqueador e um possível efeito halo negativo.

A natureza especial dos canais de franquia pode ter implicações importantes para o gerenciamento do canal. No estágio de formatação, os canais de franquia oferecem ao gerente a oportunidade de "construir" um alto nível de controle. No processo de seleção, ele enfrenta o paradoxo de escolher franqueados que estão altamente motivados, mas que farão as coisas à sua própria maneira. No caso da motivação dos membros do canal, o gerente é confrontado com restrições na hora de reagir às suas necessidades e problemas em razão da natureza relativamente fixa do formato de negócio da franquia. Na gestão do *mix* de marketing, a natureza pré-embalada desse *mix* limita a capacidade de o gerente reagir rapidamente às condições variáveis enfrentadas pelo franqueado. Por fim, no que diz respeito à avaliação do desempenho do franqueado, o alto grau de controle do franqueador sobre seus franqueados, garantido pelo contrato de franquia, e a importância de cada franqueado no sistema permitem ao gerente de canal exercer uma considerável influência para reunir informações sobre o desempenho do franqueado.

QUESTÕES DE REVISÃO

1. Canais de franquia são apenas um tipo específico de canal de marketing. Discuta essa afirmação.

2. Qual é a diferença entre uma franquia de distribuição de produtos e uma franquia de negócios formatados?

3. Discuta a estrutura de canal de uma franquia unitária em relação a franquias múltiplas.

4. A taxa de franquia e a taxa de *royalties* são a mesma coisa? Discuta.

5. Qual a importância dos canais de franquia em termos de vendas, empregos e folha de pagamento gerados?

6. Discuta a perspectiva de crescimento dos canais de franquia nos Estados Unidos.

7. Discuta a lógica implícita ao franqueamento do ponto de vista do franqueador e do franqueado.

8. Existem pontos negativos nos canais de franquia? Quais são pela perspectiva do franqueador e do franqueado?

9. Em quais implicações-chave o gerente de canal deve pensar em relação aos canais de franquia quando estiver elaborando os canais de marketing?

10. Discuta o paradoxo que o gerente de canal enfrenta quando seleciona possíveis membros de canal para canais de franquia.

11. Como a motivação dos membros de canais de franquia difere em comparação à de membros de canais convencionais?

12. Das três abordagens básicas para motivar os membros do canal, qual é a mais apropriada para usar em canais de franquia? Por quê?

13. Discuta como o gerente de canal fica "de mãos atadas" quando gerencia o *mix* de marketing em canais de franquia.

14. Que fatores-chave afetam a avaliação do desempenho dos membros do canal?

15. De qual ressalva o gerente de canal deve estar ciente quando avaliar o desempenho dos membros de canais de franquia?

■ QUESTÕES DE CANAL PARA DISCUSSÃO ■

1. A Snap-on Tools é o franqueador de uma original franquia de negócios formatados que usa franqueados em *vans* móveis para vender ferramentas e equipamentos de alta qualidade a mecânicos profissionais. Os franqueados levam as ferramentas e os equipamentos aos mecânicos em seus locais de trabalho para evitar que eles percam o tempo que seria gasto com a ida até uma loja para comprar as ferramentas. Um dos recursos de seu formato de negócio é que a Snap-on indica o nível e a variedade do estoque a ser carregado pelos franqueados. A empresa alega reunir conhecimento e experiência suficientes para garantir que cada franqueado tenha o *mix* de estoque ideal. Muitos franqueados, no entanto, afirmam que os territórios que atendem são diversificados e que os consumidores têm necessidades diferentes, por isso acabam se sobrecarregando com estoques que não podem vender se dependerem da Snap-on para especificá-los. Essa disputa pelo controle de estoque do franqueado criou um conflito que resultou em alguns deles abrindo processos contra o franqueador.

Discuta a questão da determinação do estoque do ponto de vista do franqueador e do franqueado. Você acha que especificar o *mix* de estoque do franqueado é um componente crucial ao formato desse negócio?

2. A 7-Eleven, Inc., opera a maior franquia de lojas de conveniência de varejo. No mercado por mais de oito décadas, a 7-Eleven possui centenas de lojas em todo o mundo e se gaba de ter uma marca reconhecida na hora e famosa mundialmente. Ainda assim, a 7-Eleven diz que pode oferecer aos possíveis franqueados a oportunidade de serem donos de um verdadeiro negócio de bairro. A 7-Eleven acredita que seu sistema de pedidos, de escaneamento POS e outras tecnologias permitem ao franqueado ter variedades customizadas de produtos que reflitam as necessidades e preferências dos consumidores locais. Assim, os franqueados sempre terão os produtos que os consumidores desejam cada vez que eles entrarem em uma loja local. A 7-Eleven também promete preparar seus franqueados para o sucesso, fornecendo treinamento inicial e contínuo, assistência financeira, serviços de pagamento, serviços de consultoria duas vezes por semana e outros tipos de suporte.

O modelo da 7-Eleven está de acordo com a afirmação que se costuma ouvir nos círculos de franquias, qual seja: "A franquia permite que você inicie um negócio para você, mas não por conta própria?" Discuta.

3. A Comissão Federal do Comércio (CFC) dos Estados Unidos publicou um panfleto intitulado *Buying a Franchise — A Consumer Guide* (Comprando uma franquia – um guia para o consumidor), no qual destaca que, quando as pessoas compram uma franquia, em geral elas recebem o direito de vender mercadorias e serviços com nome de imediata identificação. A CFC também diz que futuros franqueados deveriam esperar receber treinamento e suporte para ajudá-los a alcançar o sucesso. Porém, a agência acrescenta a seguinte advertência: "Comprar uma franquia é como qualquer outro investimento: não há garantia de sucesso".

Embora o sucesso não seja garantido, que vantagens o franqueamento oferece a possíveis franqueados em oposição a um negócio convencional?

4. Jose Fernandez tornou-se recentemente um franqueado na Cartridge World. A empresa é especialista na venda de cartuchos de reposição para impressoras e máquinas de fax. Jose estava satisfeito em ser um dos 1.700 franqueados da empresa. Mesmo pagando uma taxa de franquia de $ 30 mil dólares e investindo quase $ 140 mil dólares para iniciar sua franquia, ele estava confiante em bons resultados no futuro. A Cartridge World já estava no mercado por quase 15 anos, e o fato de tantos franqueados permanecerem estáveis durante esses anos fez Jose se sentir parte de uma grande e forte organização. Além disso, ele acreditou que sempre haveria a necessidade de cartuchos de impressão, já que as impressoras comumente ficam sem tinta e precisam ser recarregadas ou substituídas. A única coisa que realmente incomodava Jose eram os *royalties* de 6% de todas as vendas que ele precisava repassar à Cartridge World. Competidores de outras franquias de cartuchos de impressão, Cartridge Depot e Rapid Refill, cresciam rapidamente, e a famosa Hewlett Packard, um nome importante na fabricação de cartuchos, ficava cada vez mais agressiva. Jose se perguntava se poderia pagar os *royalties* de 6% em longo prazo caso a crescente competição apertasse suas margens.

Como a Cartridge World poderia abordar as preocupações de Jose Fernandez? Existem limitações na capacidade de resposta da empresa? Explique.

5. H&R Block é, de longe, o maior franqueador em serviços de preparação de declaração de impostos, com mais de 4.500 franqueados. Os custos de abertura variam de $ 35 mil a $ 100 mil dólares e não há nenhuma taxa de franquia a ser paga. Entretanto, os *royalties* sobre os lucros gerados pelos franqueados são de 30%, umas das maiores taxas para franquias, de modo geral. Não se permite aos franqueados da H&R Block operar de casa ou mesmo em quiosques em lojas ou *shoppings*. Ao contrário, precisam operar em uma loja ou escritório padrão. Os franqueados recebem um treinamento substancial da H&R Block baseado nos sistemas e conhecimentos desenvolvidos pela empresa por quase meio século.

A taxa de *royalties* da empresa é muito alta? Justifique. Discuta levando em conta o suporte que o franqueador oferece ao franqueado, a natureza do serviço fornecido pelo franqueado e as obrigações do franqueado para com o franqueador.

REFERÊNCIAS

1. Bennett, Julie. By the numbers, *Entrepreneur*, Jan. 2001, p. 114.

2. Para uma discussão relacionada, veja: Boulay, Jacques. The role of contract, information systems and norms in the governance of franchise systems, *International Journal of Retail and Distribution Management*, v. 38, n. 9, 2010, p. 662-676.

3. Confira, por exemplo: Frequently asked questions about franchising, International Franchise Association Report: http://www.franchise.org/faq.aspx. Acesso em: nov. 2010, p. 19.

4. Beshel, Barbara. An introduction to franchising, Pepsico. Foundation; The Money Institute. http://www.franchise.org/files/intro2franchising.pdf., p. 1-5. Acesso: nov. 2014.

5. Watson, Anna; Johnson, Richard. Managing the franchisor-franchisee relationship: a relationship marketing perspective, *Journal of Marketing Channels*, Jan.-Mar. 2010, p. 51-68.

6. Doherty, Anne Marie; Alexander, Nicholas. Power and control in international retail franchising, *European Journal of Marketing*, v. 40, n. 11/12, 2006, p. 1292-1316.

7. Hussain, Dildar; Windspanger, Josef. Multi-unit ownership strategy in franchising: development of an integrated model, *Journal of Marketing Channels*, Jan.-Mar. 2010, p. 3-32; Kaufmann, Patrick J.; Donthu, Naveen; Brooks, Charles M. An illustrative application of multi-unit franchise expansion in a local retail market, *Journal of Marketing Channels*, v. 14, n. 4, 2007, p. 85-106.

8. Gibson, Richard. The franchise decision, *Wall Street Journal*, 11 May 2009, p. R9.

9. Tikoo, Surinder. Franchisor use of influence and conflict in a business format franchise system, *International Journal of Retail & Distribution Management*, v. 33, n .5, 2005, p. 329-342.

10. Para uma excelente análise de fracasso de franqueado, veja: Holmberg, Steven R.; Morgan, Kathryn Boe. Retail marketing channel franchise failure: a strategic management perspective and longitudinal analysis, *Journal of Marketing Channels*, v. 11, n. 2/3, 2004, p. 55-76.

11. The economic impact of franchised businesses, v. II. White Paper preparado pela Price Waterhouse Coopers para a International Franchise Association Education Foundation, 31 Jan. 2008, p. 1-6.

12. Para uma discussão relacionada, veja: Preble, John F.; Hoffman, Richard C. Strategies for business format franchisors to expand into global markets, *Journal of Marketing Channels*, v. 13, n. 3, 2006, p. 29-50; Doherty, Anne Marie. Support mechanisms in international retail franchise networks, *International Journal of Retail & Distribution Management*, v. 35, n. 10, 2007, p. 781-802.

13. McGuire, Patrick. Franchise Distribution report n. 523, New York: The Conference Board, 1971, p. 2-3.

14. Watson, Anna. Small business growth through franchising: a qualitative investigation, *Journal of Marketing Channels*, v. 15, n. 1, 2008, p. 3-20.

15. Para uma discussão relacionada, veja: Grunhagen, Marko; Flight, Richard L.; Boggs, David J. Franchising during times of economic recession: a longitudinal analysis of automotive service franchises, *Journal of Marketing Channels*, Jan.-Mar. 2011, p. 57-77.

16. Hossain, Tarique. Franchisor's cumulative franchising experience and its impact on franchising management strategies, *Journal of Marketing Channels*, v. 15, n. 1, 2008, p. 43-69.

17. Para um estudo relacionado, veja: Clarkin, John E. Channel changes: an examination of ownership changes in franchise firms, *Journal of Marketing Channels*, v. 15, n. 1, 2008, p. 23-42; Bracker Jeffrey S.; Pearson, John N. The input of franchising on the financial performance of small firms, *Journal of the Academy of Marketing Science*, Winter 1986, p. 10-17.

18. Yu-An; Phau, Ian; Chen, Raymond W.K. Conceptualizing the franchise System Quality (SSQ) matrix: an exploratory study, *Journal of Marketing Channels*, v. 14, n. 4, 2007, p. 41-64.

19. Gibson, Richard. Have it whose way? *Wall Street Journal*, 17 May 2010, p. R6, R7.

20. Para uma excelente análise das associações de franqueados, veja: Lawrence, Benjamin; Kaufmann, Patrick J. Franchisee associations: strategic focus or response to franchisor opportunism, *Journal of Marketing Channels*, Apr.-June 2010, p. 137-156.

21. Bennett, Stephen; Frazer, Lorelle; Weaven, Scott. What prospective franchisees are seeking, *Journal of Marketing Channels*, Jan.-Mar. 2010, p. 69-87.

22. Sullivan, Elisabeth A. Going the distance, *Marketing News*, 30 July 2009, p. 8.

23. Para uma discussão relacionada, veja: Bordonaba-Juste, Victoria; Polo-Redondo, Yolanda. The effect of relationship marketing strategy on franchise channels: evidence from spanish franchisees, *Journal of Marketing Channels*, v. 15, n. 1, 2008, p. 71-91.

24. Confira, por exemplo: Wadsworth, F.ank H.; Cox, K. Chris. Identifying risky franchises, *Journal of Marketing Channels*, Jan.-Mar. 2011, p. 43-55.

25. Veja, por exemplo: Maltby, Emily. Want to buy a franchise? The requirements went up, *Wall Street Journal*, 15 Nov. 2010, p. R9.

26. Gibson, Richard. Curves closes clubs as stamina runs out, *Wall Street Journal*, 7 July 2007, p. B1, B2.

27. Testing Psyches of Future Franchisees, *Wall Street Journal*, 20 May 1988, p. 27.

28. Para outra perspectiva sobre esta questão, veja: White, Darin W. The impact of marketing strategy creation style on the formation of a climate of trust in a retail franchise setting, *European Journal of Marketing*, v. 44, n. 1/2, 2010, p. 162-179.

29. Confira, por exemplo: Gibson, Richard. Package deal, *Wall Street Journal*, 8 May 2008, p. R13.

30. Johnson, Rob. Dreams come true or not, *Wall Street Journal*, 16 May 2011, p. R6.

31. Arndt, Michael. Damn! torpedoes get quiznos back on track, *Bloomberg Business Week*, 25 Jan. 2010, p. 54-55.

32. Para uma discussão relacionada, veja: Flandez, Raymond. A look at high-performance franchisees, *Wall Street Journal*, 12 Feb. 2008, p. B5.

33. Shirouzu, Norrihiko; Bognell, John. 7-Eleven operators resist system to monitor managers, *Wall Street Journal*, 16 June 1997, p. B3.

34. Ishida, Chiharu; Brown, James R. The crowding out effects of monitoring in franchise relationships: the mediating role of relational solidarity, *Journal of Marketing Channels*, Jan.-Mar. 2011, p.: 19-41.

35. Jackson, Anna-Louise. Chicago franchise systems, *Marketing News*, 28 Feb. 2009, p.: 8.

36. Para uma discussão relacionada, veja: Cheng, Julian Ming-Sung; Lin, Julia Ying-Chao; Tu, Hill H-J; Wu, Nina S-H. Toward a stage model of international franchise system development: the experience of firms from Taiwan, *Journal of Marketing Channels*, v. 14, n. 4, 2007, p. 65-83.

CAPÍTULO 17

Canais de marketing para serviços

OBJETIVOS DE APRENDIZAGEM

Após a leitura deste capítulo, você será capaz de:

1 Reconhecer o valor dos serviços como um setor importante e crescente da economia.

2 Perceber que os objetivos básicos do marketing de produtos e de serviços são os mesmos.

3 Compreender as cinco características de serviços que os distinguem de produtos.

4 Saber como os canais de marketing podem ser úteis para tornar os serviços tangíveis.

5 Estar ciente dos problemas apresentados pela inseparabilidade dos serviços e pelas dificuldades de padronizar serviços para o desenho e o gerenciamento de canal.

6 Levar em conta a necessidade de envolvimento do consumidor em muitos serviços.

7 Ter consciência de como a perecibilidade de um serviço afeta a estratégia, o formato e o gerenciamento de canal.

8 Estar familiarizado com algumas perspectivas adicionais sobre os canais de marketing para serviços a fim de reconhecer as possíveis relações entre serviços e canais de marketing.

Serviços odontológicos em supermercados?

Por mais de meio século, os supermercados têm se constituído no principal canal de marketing para tornar os alimentos disponíveis aos consumidores em países desenvolvidos em todo o mundo. Ao longo dos anos, porém, esses estabelecimentos foram acrescentando mais e mais itens e mercadorias gerais, como panelas, lâmpadas, revistas, cartões comemorativos e muitos outros para ajudar a compensar as baixas margens de lucro da maioria dos produtos alimentícios e fazer uso mais eficiente do espaço. Alguns deles também acrescentaram serviços, como agências bancárias, ao seu *mix*. No entanto, determinada cadeia de supermercados, a gigante britânica Sainsbury's, decidiu ir além dos limites da diversificação quando começou a fornecer serviços odontológicos em um de seus supermercados em Manchester. Embora a novidade ainda esteja em fase de testes, se esse canal para fornecer serviços odontológicos decolar, a Sainsbury's planeja abrir pelo menos mais 50 consultórios dentários em supermercados por toda a Inglaterra.

O consultório protótipo do supermercado de Manchester será gerenciado por um dentista local e estará aberto para atender os clientes no horário de funcionamento da loja, incluindo período noturno e fins de semana. Os valores cobrados serão parecidos com os dos consultórios convencionais ou menores do que eles. Um *check-up* dental, por exemplo, custará o equivalente a $ 29 dólares.

A Sainsbury's não acredita que oferecer serviços odontológicos em supermercados tornará a ida ao dentista divertida, mas, certamente, a tornará mais prática. Entretanto, o fato de existir um consultório dentário na mesma loja que tem um corredor de doces poderia levar os consumidores a colocar menos itens açucarados em seus carrinhos de compras? É pouco provável. Os britânicos são famosos por sua paixão por doces. Então, se os consumidores de doces tiverem que encontrar um dentista, eles não terão que ir muito longe para encontrar um.

Fonte: Baseado em Ali McConnon, "Root canal? Try aisle five", *Business Week* (13 out. 2008), p. 16.

A gama de serviços usados por consumidores é extraordinariamente diversa, variando de uma cirurgia cerebral a uma engraxada de sapatos.[1] No meio desses extremos estão os serviços prestados por hotéis, oficinas mecânicas, barbearias, pintores de residências, banqueiros, artistas, agências de seguros e milhares de outros.

Nos últimos anos, muita atenção tem sido dada aos serviços, pois correspondem a uma grande parte da economia.[2] Nos Estados Unidos, a economia do setor de serviços é bem maior que a do setor de manufatura — mais que o dobro! —, e suas empresas correspondem a dois terços da produção doméstica bruta e empregam mais de quatro de cada cinco funcionários do setor privado.[3]

Dada a gigante e crescente importância dos serviços, não surpreende a atenção que é dedicada à sua comercialização.[4] Qualquer organização ou indivíduo que ofereça um serviço tem mais chances de ser bem-sucedido se os serviços oferecidos forem focados em atender a demanda dos consumidores e dos apresentados a eles de modo que maximize seu apelo. No que diz respeito a atender esses dois objetivos básicos — estar em sintonia com a demanda e aumentar o apelo ao consumidor —, a comercialização de serviços é a mesma que a de produtos. No entanto, como serviços diferem de produtos em inúmeras formas significativas, a *abordagem* e a *ênfase* utilizadas em sua comercialização costumam ser diferentes.[5] A diferença pode aplicar-se à estratégia de quatro dos componentes básicos do *mix* de marketing: produtos, preços, promoção e distribuição.[6]

Ao longo desse texto, nossa ênfase tem sido, é claro, no componente de distribuição do *mix* de marketing. Então, neste capítulo, nossa discussão vai focar especificamente no papel da distribuição na comercialização de serviços. Depois de discutir as características-chave dos serviços, aquelas que os diferenciam dos produtos, examinaremos como a estratégia, o formato e o gerenciamento do canal de marketing se relacionam com cada uma dessas características especiais dos serviços e discutiremos também algumas perspectivas adicionais da relação entre serviços e canais de marketing.

CARACTERÍSTICAS ESPECIAIS DOS SERVIÇOS

Cinco características que diferenciam serviços de produtos têm sido enfatizadas na literatura desse mercado: (1) intangibilidade, (2) inseparabilidade entre serviços e seus provedores, (3) dificuldade de padronização, (4) alto grau de envolvimento do consumidor e (5) perecibilidade.

Intangibilidade

Em geral, serviços são muito menos tangíveis que produtos físicos. Um automóvel é um produto visível no qual o consumidor pode tocar, sentar e dirigir. Serviços, como um seguro de automóveis ou um ajuste de motor, ainda que não sejam imperceptíveis ao consumidor, não têm o mesmo grau de tangibilidade. Os consumidores tendem a ter impressões e preferências muito mais claras sobre determinados automóveis do que demonstram sobre seguros e ajustes. Além disso, do ponto de vista do produtor, provavelmente é mais fácil diferenciar uma marca de automóvel de outra por meio dos recursos do produto, como estilo ou características de desempenho, do que diferenciar seguros automotivos ou serviços de revisão. Estilo, recursos visíveis e características de desempenho não estão disponíveis ao produtor de serviços no mesmo grau em que estão ao produtor de produtos.

Inseparabilidade entre serviços e seus provedores

Quando um produto é fabricado, seja um avião ou um palito de dente, cria-se uma entidade física que existe separadamente dele. No verdadeiro sentido da palavra, o produto tem uma "vida" ou uma "personalidade" que permite ao potencial consumidor julgá-lo independentemente da empresa que o produziu. A maioria dos serviços, por outro lado, mantém-se intimamente ligada aos seus provedores, inexistindo como entidade física independente. Assim, o serviço fornecido por um dentista é o resultado direto do treinamento e das habilidades daquele determinado profissional que só existe a partir dele, ou seja: o dentista e o seu serviço são inseparáveis. A mesma inseparabilidade se constata entre um pintor de casas, um piloto de aviões, um advogado ou um conselheiro matrimonial e o serviço prestado por eles. Embora o serviço de alguns desses profissionais possa ter certo grau de tangibilidade — o preenchimento de um dente, a pintura de uma casa, o voo completado, e assim por diante —, em todos esses casos os serviços estão muito mais ligados aos seus prestadores do que os produtos em geral estão ligados aos trabalhadores que os fabricam.[7]

Dificuldade de padronização

Uma característica primária dos produtos fabricados por uma sociedade industrial avançada é o alto grau de padronização. O consumidor que compra um produto de determinado fabricante espera que ele seja igual a milhares, ou até milhões, de outros do mesmo modelo daquele mesmo fabricante.

Na produção de serviços, no entanto, alcançar os níveis de padronização tão comuns em produtos feitos em massa é muito mais difícil. Como serviços costumam envolver várias pessoas e, como já ressaltado são intimamente ligados às pessoas que os fornecem, é provável que a variabilidade associada ao elemento humano seja mais evidente aí do que na produção de produtos. Na verdade, até o serviço fornecido por uma mesma pessoa pode variar substancialmente de uma *performance* a outra durante um período tão curto quanto uma hora. Um cabeleireiro, por exemplo, pode oferecer três ou quatro cortes de cabelo em uma hora, os quais podem variar em qualidade, dependendo do seu humor ou de sua concentração. Enquanto um grau razoavelmente alto de padronização pode ser possível em serviços simples ou rotineiros, como as trocas rápidas de óleo em veículos automotores, cuja pioneira foi a Jiffy Lube, ou lavagens de carro automáticas, que contam principalmente com máquinas em vez de pessoas, serviços de alto nível, como atendimento médico, aconselhamento legal, desenvolvimento e manutenção de sistemas de informática e todos os outros que dependem de uma grande dose de habilidade humana são difíceis, se não impossíveis, de ser padronizados em um mesmo grau que os produtos.

Alto grau de envolvimento do consumidor

Exceto no caso de produtos feitos sob medida, os consumidores não desempenham um grande papel na determinação da natureza dos produtos fabricados para eles. Um consumidor que compra uma lata de sopa de macarrão com frango da marca Campbell não especificou as características do produto. Essencialmente, ele está envolvido apenas com o consumo, e não com a criação do produto.

Já o envolvimento do consumidor na produção de um serviço costuma ser maior. Por exemplo, uma empresa de contabilidade geralmente faz um grande uso dos dados do cliente sobre o que ele procura no serviço. Até os serviços fornecidos por restaurantes *fast-food* podem permitir escolhas, como, por exemplo, se o consumidor quer seu hambúrguer com ou sem cebola, mostarda, alface, tomate e picles.

Perecibilidade

Serviços não podem ser produzidos antes, isto é, antecipando as necessidades dos consumidores, e depois ser armazenados em estoque até a sua compra. Um concerto de *rock* em um estádio com 60 mil assentos que vendeu apenas 50 mil ingressos não pode guardar os 10 mil restantes para vender em outro momento — os 10 mil assentos não vendidos foram perdidos para sempre.[8] Da mesma forma, poltronas em voos, estadias em hotéis e tempo de propaganda na TV ou no rádio não vendidos são ainda mais perecíveis do que produtos delicados. Vegetais, frutas ou moda de vanguarda, por exemplo, são produtos que podem ser estocados por um curto período, desde que isso seja feito de forma cuidadosa, e ainda podem ter algum valor residual, mesmo que não preservem sua condição plena ou seu estilo atualizado. Os serviços não vendidos, porém, não podem ser estocados nem por alguns minutos, e o valor residual de um serviço não vendido é zero.

IMPLICAÇÕES DAS CARACTERÍSTICAS DE SERVIÇOS NO GERENCIAMENTO DE CANAL

As características especiais de serviços aqui discutidas não são apenas distinções acadêmicas que podem ser pontuadas e depois esquecidas. Pelo contrário, em muitos casos, elas têm implicações significativas em todas as áreas da administração de marketing, incluindo o gerenciamento de canal, sobretudo na formulação da estratégia e do formato do canal e de seu gerenciamento e, em alguns casos, na avaliação de desempenho de seus membros.[9] A Tabela 17.1, por exemplo, relaciona as inúmeras implicações em serviços oferecidos em nível varejista.

Nessa seção, discutiremos algumas das principais implicações de cada uma das cinco características especiais de serviços para o gerenciamento de canal. Nosso objetivo não é ser exaustivo, mas fornecer alguns exemplos para estimular um grau de sensibilidade às possíveis relações entre as características dos serviços e o gerenciamento dos canais de marketing.[10]

Intangibilidade e gerenciamento de canal

A intangibilidade dos serviços, que, como ressaltamos anteriormente, os torna mais difíceis de ser diferenciados do que os produtos, exige que os comerciantes sejam mais criativos a fim de estabelecer uma distinção entre os seus serviços e aqueles prestados pela concorrência. Do ponto de vista do *mix* de marketing, o produtor de serviços pode tentar usar uma estratégia de produto para tornar o serviço mais tangível, isto é, pode tentar associá-lo a alguma imagem ou objeto, de modo que o serviço torne-se mais concreto. O par de mãos usado pela Allstate Insurance, com o lema "Você está em boas mãos com a Allstate", é uma tentativa de materializar o conceito de segurança fornecido por seus serviços

Serviços em comparação a bens	Mudanças gerenciais necessárias para o varejo de serviços
A. Medidas de desempenho	
As despesas financeiras variam amplamente para diferentes serviços.	A rentabilidade pode não ser a medida mais importante do valor de um serviço ao varejista.
Pouco ou nenhum estoque é necessário para oferecer serviços.	Rotatividade, controle de remarcações e outros controles relacionados à mercadoria não são apropriados.
Os custos de mão de obra são maiores.	O lucro após as despesas de mão de obra substitui a margem de venda no varejo de produtos.
Alguns serviços apoiam a venda de mercadorias.	Serviços de apoio à venda devem ser avaliados de forma diferente dos serviços geradores de receita.
A contabilidade de custos é mais importante.	Serão exigidos registros das especificidades do cargo para avaliar a lucratividade de cada venda.
B. Organização da loja	
A supervisão é mais especializada.	Será necessária uma administração distinta para áreas de serviço.
A busca por funcionários de serviços é mais específica.	Devem ser utilizadas fontes não tradicionais de identificação dos empregados.
A rotatividade dos funcionários é mais baixa.	Devem ser realizadas revisões frequentes de salários e desempenhos.
A remuneração é mais alta para artesãos habilidosos do que para o pessoal de vendas.	Níveis de remuneração precisam ser ajustados para cima periodicamente em razão do "tempo de casa" dos funcionários de serviços.
C. Produção de serviço	
O envolvimento na fabricação do serviço é maior.	Habilidades de produção precisam ser obtidas por supervisores.
A ênfase no controle de qualidade é maior.	Supervisores devem ser capazes de avaliar a qualidade de um serviço entregue a um consumidor.
A necessidade de monitorar a satisfação do consumidor é maior.	Pesquisas com clientes antigos são necessárias para avaliar sua satisfação com o serviço.
A necessidade de refinar o planejamento dos funcionários é maior.	Maximizar o tempo de serviços dos funcionários exige a conciliação das compras dos consumidores com a capacidade de produzir o serviço.
A qualidade deve ser consistente em todas as lojas.	Padrões para a consistência do serviço precisam ser estabelecidos e avaliados continuamente; treinamento central pode ser necessário para trabalhadores artesanais em operações de múltiplos ramos.
D. Precificação	
Serviços variam em custos; portanto, sua precificação é mais difícil.	Preços podem ser cotados dentro de um intervalo em vez de um valor exato antes da compra.
Há mais dificuldades na competição de preços ou em promoções baseadas em preços.	Serviços deveriam ser promovidos com base em critérios que vão além de preços.
E. Promoção de vendas	
É mais difícil para os consumidores determinar o valor.	Os consumidores precisam ser convencidos do valor por meio de vendas pessoais.
A disponibilidade do serviço é difícil de ser demonstrada dentro da loja.	Sinalização dentro da loja ou centros de serviços são necessários para notificar os consumidores da disponibilidade do serviço.
A apresentação visual é mais importante.	Fotografias de "antes e depois" podem funcionar em alguns serviços. Depoimentos podem ser possíveis em outros.
Vendas cruzadas com mercadorias são importantes.	Uma cota ou bônus para bons vendedores de mercadorias que sugerem serviços pode levar a um aumento das vendas do serviço.
A propaganda em catálogo é mais difícil.	Condições para venda e desempenho fora da loja devem ser especificadas.
F. Reclamações	
Devolver um serviço é mais difícil.	Devem ser estabelecidas políticas para ajustar o serviço comprado quando o consumidor se diz insatisfeito.
O consumidor é mais sensível a respeito de serviços que envolvem a pessoa.	Garantias específicas e políticas sobre ajustes devem ser estabelecidas; novos tipos de seguro devem ser adicionados para cobrir responsabilidades.
G. Controle	
Oportunidades de "roubar" clientes são maiores.	A garantia de lealdade do funcionário deve ser estabelecida. Deve ser obtida uma proteção da lealdade da loja.

Fonte: Adaptado de J. Patrick Kelly e William R. George, Strategic management issues for the retailing of services, *Journal of Retailing*. Junho de 1982, p. 40-3. Copyright © 1982 por Elsevier. Reproduzido sob permissão.

de seguro. Itens como sabonete, xampu e panos de engraxar oferecidos por hotéis aos seus clientes são uma tentativa de usar objetos como uma manifestação tangível da atenção cuidadosa dada às suas necessidades. Preços e promoções também podem ser usados para representar o serviço de forma mais material. O preço elevado de um serviço pode demonstrar qualidade, e uma propaganda pode ajudar os possíveis consumidores a visualizar o serviço de maneira mais tangível. Por exemplo, as propagandas usadas por cirurgiões plásticos mostrando mulheres ou homens com corpos perfeitos sugerem que o serviço fará o mesmo a novos clientes.

A forma como um serviço é, de fato, oferecido aos consumidores, isto é, os canais de marketing por meio dos quais ele é vendido, pode fornecer a base mais direta e potente para tangibilizá-lo e, em consequência, criar uma base mais forte de diferenciação entre os serviços concorrentes,[11] pois o consumidor estará diretamente exposto e experimentando o serviço fornecido pelo canal. Considere o caso dos hotéis Residence Inn, uma divisão da Marriott Corporation especializada em oferecer acomodações por longos prazos, isto é, de cinco dias a seis meses ou mais. A chave para vender esse serviço, de acordo com funcionários da empresa, é fornecer um tipo de serviço hoteleiro diferente do que é fornecido por hotéis, acostumados a oferecer acomodações para estadas de dois ou três dias. Uma atmosfera particularmente "caseira" dá aos consumidores a sensação de estar *vivendo* nos Residence Inn, e não de estar apenas hospedados ali. Para alcançar isso, a divisão projetou uma variedade de recursos de entrega de serviços a fim de estimular a sensação de "estar em casa". Por exemplo, todas as acomodações são suítes com vários cômodos, com mobília que incluem sofás e cadeiras, em vez dos quartos simples ou duplos com camas. Essas suítes são cerca de 20% mais espaçosas que os quartos oferecidos até mesmo por hotéis de luxo, e todas têm cozinhas equipadas com panelas, frigideiras e pratos, para que os residentes possam preparar uma refeição como se estivessem em casa. Os Residence Inn também oferecem um serviço de compra de alimentos, em que os residentes podem deixar uma lista de compras na recepção pela manhã e encontrar a despensa e o refrigerador cheios na hora que voltarem, à noite. Para completar o ambiente caseiro, muitas das suítes têm lareiras. Mesmo com todas essas características "caseiras", o Residence Inn da Marriott ainda tem todos os recursos necessários para conduzir negócios, incluindo serviço de internet de alta velocidade em todas as suítes e um *business center* em todas as unidades.

Obviamente, a divisão do Residence Inn reconhece a importância de criar benefícios tangíveis aos consumidores por meio de uma atenção cuidadosa à forma como o serviço é apresentado aos consumidores no ponto final do canal de marketing.

Inseparabilidade e gerenciamento de canal

Como serviços não existem isolados de seus prestadores, o serviço e o canal que o fornece são praticamente inseparáveis. Quando os consumidores vão a um posto de serviço automotivo para fazer uma troca de óleo, a um banco efetuar um depósito ou a uma lavanderia para lavar camisas, os canais com os quais eles interagem são as manifestações do serviço prestado.

Diante disso, cabe dizer que todos os aspectos do canal de marketing com os quais o consumidor entra em contato são, de certa forma, um reflexo da qualidade do serviço. Isso pode incluir um conjunto de fatores, como aspectos importantes da estrutura física necessária à prestação do serviço, da qual fazem parte o acesso, o estacionamento, a sinalização externa, a aparência do edifício e a decoração interna (iluminação, controle de temperatura, instalações e limpeza). Considere, por exemplo, uma academia de ginástica que tenha acesso fácil, estacionamento cômodo, gramado externo bem cuidado, equipamentos atualizados e bem conservados, tapetes de qualidade, iluminação indireta e seja impecavelmente limpa. Compare isso a outra academia à qual seja difícil de chegar e que ofereça poucas vagas de estacionamento, tenha um aspecto exterior desagradável, seus equipamentos pareçam antigos e mal conservados, a iluminação seja fraca e o espaço pareça encardido. Obviamente, a percepção do consumidor sobre a qualidade do serviço oferecido pelas duas academias provavelmente será diferente.

Talvez mais importante que as instalações físicas sejam as pessoas que entram em contato direto com o consumidor. Se a equipe da academia mais sofisticada não tiver conhecimento e aparentar certo distanciamento e insensibilidade em relação às solicitações dos clientes, as impressões iniciais favoráveis dadas pelas boas instalações físicas poderão ser facilmente abaladas. Por sua vez, a academia mais simples, com instalações físicas inferiores, pode ser compensada, pelo menos em algum grau, por uma equipe bem informada, simpática e disponível, que não meça esforços para ajudar os clientes. É claro que a situação ideal é aquela em que instalações e equipe se equiparem em um grau de qualidade que se refletirá mais positivamente nos serviços.

A importância desses fatores físicos e humanos não pode ser excessivamente enfatizada. No ponto de contato entre consumidor e fornecedor do serviço, o serviço e o canal *são a mesma coisa* na percepção do cliente.[12] Quando um cliente de uma companhia aérea precisa enfrentar uma longa fila para fazer o *check-in*, entra em um avião sujo e é maltratado pelos comissários de bordo, nenhuma propaganda sobre a qualidade do serviço da empresa, por mais habilidosa que seja, será capaz de neutralizar a experiência negativa desse cliente.[13]

Então, ao tornar serviços disponíveis a consumidores por meio de canais de marketing, a inseparabilidade entre o serviço e o seu provedor significa que este não tem a "rede de segurança" disponível ao fabricante do produto, pela qual o produto pode, por si só, compensar a distribuição pobre. Se o canal não fizer bem seu trabalho, o serviço não será bem recebido pelo consumidor.[14]

Dificuldade de padronização e gerenciamento de canal

Qualquer provedor de serviços que, em uma de suas unidades, alcance um desempenho capaz de satisfazer seus consumidores-alvo gostaria de conseguir repetir esse mesmo desempenho em todas suas unidades a qualquer momento, bem como repeti-lo ao longo do tempo. A Holiday Inns Inc. captou esse conceito perfeitamente com seu famoso *slogan*: "A melhor surpresa é não ter surpresas". Isso significa que sua meta é fornecer um nível consistente de serviços em todos os seus hotéis, em qualquer lugar do mundo, de modo que os consumidores nunca se surpreendam com variações nos serviços de uma ou outra unidade da rede. A Holiday Inns define seu serviço com base em um conjunto de padrões a que todas as suas unidades devem atender.

Embora alcançar a absoluta perfeição na padronização de serviços seja uma utopia no mundo real, as organizações podem continuar tentando alcançar o máximo de consistência possível para, pelo menos, se aproximar desse ideal. Para organizações com múltiplas unidades, quando estas são propriedades independentes, como em uma organização de franquias, é por meio de um gerenciamento de canal eficiente que se persegue o ideal de padronização perfeita de serviços. No entanto, pretender que cada unidade independente entregue um nível consistente de serviços equivale ao fabricante de um produto tentar obter esforço e suporte de vendas completos para seus produtos de todos os membros de seu canal. Esse desafio, que é imenso no caso da comercialização de produtos, é maior ainda no contexto da comercialização de serviços, por conta da importância do elemento humano envolvido no fornecimento de serviços. Assim, mesmo que um franqueador faça seus franqueados construírem lojas praticamente idênticas em todo o país, ou até em todo o mundo, fazê-los *agir* da mesma forma em todas as lojas é muito mais difícil. Alguns podem ser mais capazes do que outros, podendo ser mais ou menos motivados, e outros terão opiniões diferentes das do franqueador sobre como seus negócios deverão ser gerenciados. Essas divergências podem ser uma ajuda ou um obstáculo ao fornecimento de serviços aos consumidores, dependendo da confiança dos franqueados nos padrões do franqueador para proporcionar serviços melhores ou piores.

Envolvimento do consumidor e gerenciamento de canal

Ainda que não seja verdadeiro para todos os serviços, muitos deles exigem um bom grau de envolvimento do consumidor. Exemplos óbvios incluem os serviços de barbeiros, academias, contadores, decoradores e corretores de planos de saúde. Esses serviços, em geral, exigem a participação do consumidor para que sejam executados com sucesso.

Um canal formatado para fornecer esses e outros serviços que exigem participação do consumidor deve tentar facilitar tal envolvimento. Por exemplo, salões de beleza perspicazes proporcionam muitos espelhos para que os clientes vejam o que está acontecendo enquanto seu cabelo está sendo cortado, e os cabeleireiros fazem um esforço especial para buscar as opiniões dos clientes sobre como querem seu corte de cabelo. Academias modernas costumam avaliar a condição física geral de seus clientes e, depois, fornecer programas computadorizados de exercícios de aprimoramento de seu nível físico adequados a cada um. Na área da saúde, empresas como a Healthpoint Tecnologies, Inc. desenvolveram equipamentos para oferecer serviços básicos de saúde aos consumidores enquanto eles estão fazendo compras, exercitando-se ou trabalhando. Um desses aparelhos é o Vita-Stat (ver Figura 17.1), que determina informações precisas sobre pressão sanguínea, peso e outros dados, como frequência cardíaca e a média da pressão sanguínea lida em 30 dias. Esse e outros modelos podem ser implantados em muitos locais diferentes, incluindo ambientes de trabalho, academias, repartições públicas, supermercados e drogarias. As máquinas não exigem a assistência de profissionais da saúde para executar os testes de diagnóstico e dar aos usuários outros dados sobre sua saúde. Esse canal eletromecânico para apresentar serviços básicos de saúde ao público depende totalmente da capacidade do usuário interagir com a máquina.[15] As instruções fáceis de seguir e o excelente projeto do Vita-Stat fazem desse tipo de canal "faça você mesmo" de diagnósticos médicos um possível sistema de entrega de serviços de saúde para, pelo menos, algumas medidas básicas. As máquinas não pretendem substituir o trabalho de profissionais da saúde treinados, mas sua crescente aceitação sugere que as pessoas podem e desejam estar envolvidas no fornecimento de serviços a si mesmas. O gerente de canal que está formatando um canal para a entrega de determinado serviço não deve negligenciar essas opções baseadas em tecnologia.

Perecibilidade dos serviços e gerenciamento de canal

A principal implicação da perecibilidade dos serviços no gerenciamento de canal é direta: o canal deveria ser desenhado para maximizar a venda de um serviço durante sua exposição limitada ao mercado-alvo. A razão, como já mencionamos, é que serviços não vendidos não podem ser embalados

---

Modelo 90555
O Modelo 90555 da Vita-Stat é um centro de informações de pressão sanguínea, peso e saúde.

Acompanhamento da saúde...

- Capacidade de retenção de dados permite o acompanhamento computadorizado das leituras.
- Armazena até 20 leituras usando identificação confidencial e senha.
- Impressora integrada opcional fornece um registro impresso.

Informativo...

- Mede pressão sanguínea, frequência cardíaca e peso.
- Calcula a média da pressão sanguínea em 30 dias.
- Biblioteca de tópicos sobre saúde cobre assuntos como pressão alta, dieta, peso e exercícios.

Fácil de usar...

- Monitor colorido e interativo indica o grau de hipertensão em um formato gráfico.
- Assento móvel para facilitar o acesso a cadeirantes.
- Todas as medidas são tomadas na posição sentada.

Os monitores de pressão Vita-Stat são projetados para atender às necessidades especiais de ambientes com ruídos em alto volume. São amplamente utilizados em ambientes de trabalho, centros de saúde, clínicas, programas de divulgação de hospitais, centros recreativos e repartições públicas.

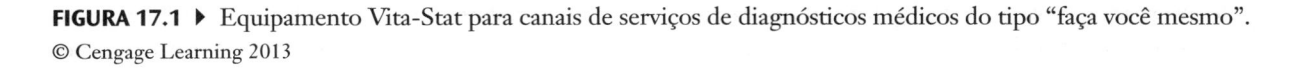

FIGURA 17.1 ▶ Equipamento Vita-Stat para canais de serviços de diagnósticos médicos do tipo "faça você mesmo".
© Cengage Learning 2013

e guardados para ser vendidos em outra ocasião, como é o caso da maioria dos produtos. Assim, a exposição máxima, até exagerada, é o lema do desenvolvimento de canais para serviços, quer estes envolvam assentos em uma aeronave, camas em um hospital, ingressos para um *show* ou horários marcados com dentista ou esteticista. Resumindo, o canal precisa ser projetado para ligar da forma mais eficiente possível aqueles que fornecem o serviço aos que desejam obtê-lo. A estrutura específica do canal deve atender a esse desejo, que, é claro, varia dependendo da natureza do serviço que estiver sendo oferecido. Por exemplo, mesmo com o enorme aumento de vendas de passagens pela internet, as companhias aéreas ainda se valem de agências de viagem independentes em suas estruturas de canal para maximizar a exposição de seus serviços ao público viajante. Mesmo com a grande ênfase das companhias aéreas e da indústria hoteleira na venda de passagens e acomodações diretamente aos consumidores pela internet, os canais indiretos ainda são usados para maximizar as vendas; assim, as agências de viagem on-line são usadas para alcançar mais consumidores, mas as agências de viagem à moda antiga, ou seja, as fisicamente estabelecidas, ainda têm um importante papel nos canais usados por essas companhias.[16] No setor mais amplo das viagens de lazer, incluindo companhias aéreas, hotéis, cruzeiros e operadores de passeios, múltiplos canais, agentes de viagem on-line e convencionais ainda são amplamente empregados. Mesmo para viagens de negócios, ambas as modalidades de agenciamento de viagem participam profundamente dos canais *business-to-business* (B2B). Na verdade, nos últimos anos, muitos departamentos de viagem corporativos internos foram substituídos por agências de viagem on-line. Por exemplo, a Orbitz for Business, uma divisão da agência de viagens on-line Orbitz, oferece uma vasta gama de serviços para o mercado de viagens de negócios por meio de seus canais on-line.

PERSPECTIVAS ADICIONAIS DOS CANAIS DE MARKETING PARA SERVIÇOS

A discussão anterior foi focada no que geralmente reconhecemos como as principais características que diferenciam os serviços e em algumas implicações básicas dessas distinções no gerenciamento de canal.

Agora, voltaremos a atenção às características adicionais da comercialização de serviços que, embora talvez não sejam tão reconhecidas como as que acabamos de discutir, são importantes para o desenvolvimento e a operação de canais de marketing para serviços.

Canais mais curtos

Como regra geral, canais de marketing para serviços tendem a ser mais curtos que os canais para produtos. Em muitos casos, o canal de serviços é direto do fornecedor ao usuário, como mostrado na Figura 17.2. Na verdade, essa estrutura é típica da maioria dos prestadores de serviço pequenos e independentes de um amplo espectro de serviços — médicos, dentistas, advogados, contadores, barbeiros, mecânicos, arquitetos, sapateiros, tintureiros e muitos outros profissionais independentes e empresários usam a estrutura de canal mostrada na figura.

Dada a ausência de intermediários nessas estruturas diretas, não se aplicam a elas as questões de gerenciamento de canal associadas à administração interorganizacional discutidas ao longo deste texto.[17] Assim, a estrutura direta elimina o desafio de formatar uma estrutura de canal apropriada em termos de extensão, intensidade e tipo de intermediários em cada nível (ver Capítulo 6), a seleção de intermediários (ver Capítulo 7) e a necessidade de motivá-los a fazer um trabalho eficiente de venda do produto (ver Capítulo 9). No entanto, restam a ser enfrentadas todas as questões de mercado-alvo associadas ao formato do canal (ver Capítulo 8), tais como: onde localizar as instalações de serviços (geografia do mercado), o tamanho requerido para que essas instalações atendam à demanda (tamanho do mercado) e se um número suficiente de consumidores estará dentro do alcance do serviço (densidade do mercado), bem como quando, onde, como e quem usará os serviços (comportamento do mercado). Os fabricantes formatam canais que usam intermediários em níveis atacadistas e/ou varejistas. Os produtores de serviços, que são, na prática, fabricantes e varejistas ao mesmo tempo,

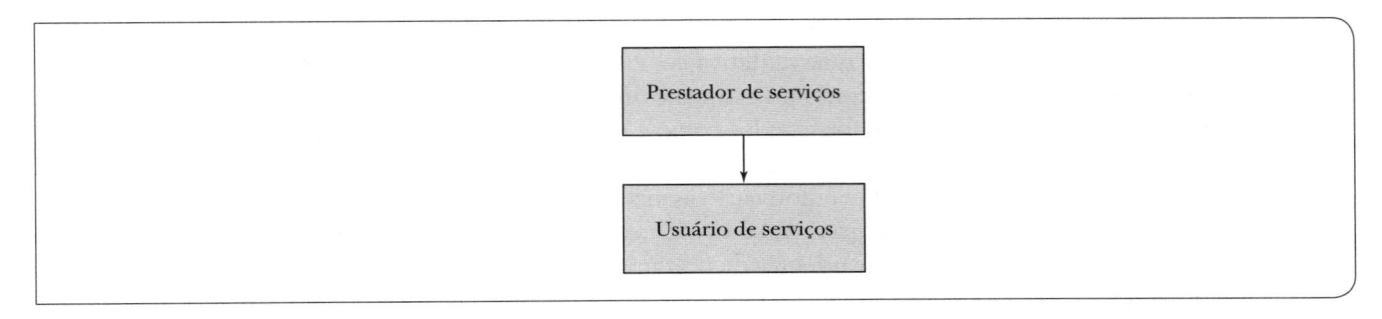

precisam responder a essas questões pessoalmente.[18] Dessa forma, fornecedores independentes de serviços ainda precisam formatar canais em nível varejista que tornem seus serviços convenientemente disponíveis aos seus mercados-alvo.[19]

Provedores de serviços em grande escala que oferecem uma ampla variedade de serviços podem ter estruturas de canal curtas, mesmo que tenham muitas lojas, como no caso de unidades que são propriedade da empresa, e não negócios independentes. Aqui, novamente, as questões associadas à administração interorganizacional de intermediários independentes não são uma preocupação. Considere, por exemplo, o caso da Charles Schwab & Company, a maior e mais conhecida corretora de descontos dos Estados Unidos, que tem mais de 300 escritórios varejistas de corretagem próprios, localizados nos principais mercados ao redor dos Estados Unidos, bem como filiais em Porto Rico e Londres. Todas as pessoas que trabalham nesses escritórios são funcionárias da Schwab, sujeitas à autoridade e ao controle diretos da sede. A administração interorganizacional não é necessária. Como pequenos fornecedores independentes de serviços, no entanto, as grandes organizações de serviços com várias unidades ainda enfrentam todas as questões associadas ao formato do canal para atender às necessidades dos mercados-alvo.[20] Em uma organização de grande escala que serve muitas localizações de mercado diferentes, isso, naturalmente, é uma tarefa bem mais complicada do que seria no caso de um fornecedor de serviços com apenas uma unidade, o que não é diferente em seu conceito. No caso da Schwab, mesmo que todas as filiais sejam de propriedade da empresa, ainda assim é preciso encarar o desafio de certificar-se de que elas estejam fornecendo serviços de alto nível aos clientes, além de ser necessário coordenar os diferentes canais usados pela empresa para alcançar seus consumidores. Os clientes podem entrar em uma das filiais da Schwab, falar com um representante da empresa pelo telefone, logar no website da empresa ou utilizar o seu mais novo canal, por meio de iPhones ou smartphones com sistema Android.[21] Independentemente de qual seja o canal escolhido por ele, garantir-lhe uma boa experiência naquele canal em particular e uma experiência "sem emendas" ao longo de todos os canais ainda exige um gerenciamento de canal eficiente, mesmo que os canais da Schwab não tenham intermediários independentes.

Canais de franquia

Quando canais que envolvem o uso de intermediários independentes são usados para fornecer serviços, eles geralmente são canais de franquia enfatizando a abordagem da franquia de **negócios formatados** (ver Capítulo 16). Como discutimos no Capítulo 16, essa forma de franqueamento é caracterizada por uma estreita relação de negócios entre o franqueador e o franqueado que inclui não apenas o produto, o serviço e a marca registrada, mas o formato completo do negócio, abrangendo estratégia de marketing, treinamento, gerenciamento de *merchandising*, manuais e padrões de operação, controle de qualidade e comunicação bidirecional contínua. Tais canais de franquia existem para uma ampla variedade de serviços, incluindo venda de imóveis, reparos automotivos, acomodações, recreações, aluguéis, serviços educacionais, restaurantes, lavanderias, serviços empresariais e até hospitais.[22]

O uso difundido de franquias de negócios formatados em muitos canais de marketing de serviços não causa surpresa, pois representa uma tentativa de lidar com um dos principais problemas característicos do fornecimento de serviços, como mencionado anteriormente, que é a dificuldade de padronização. Ao usar franquias de negócios formatados como a base para a relação de canal, um provedor de serviços tem potencial para obter os benefícios das economias em escala de uma grande organização, bem como a dinâmica empresarial e a motivação associados aos negócios de propriedades independentes, enquanto consegue manter o grau de controle necessário para estimular a padronização de serviços oferecida pelas unidades independentes de franquia.[23] Na verdade, a essência da franquia de negócios formatados moderna é uma estrutura completa e um conjunto de especificações que o franqueador determina para operar o negócio. Consequentemente, quando os franqueados se unem a um franqueador, eles não devem fornecer um serviço à sua maneira, mas à maneira do franqueador, isto é, da forma como foi previsto no contrato formal de franquia e sob forte supervisão do franqueador.

Em suma, o franqueamento proporciona uma ferramenta poderosa para superar o problema da padronização do serviço em organizações grandes e com muitas unidades de serviço de propriedades independentes,[24] embora, como assinalamos antes, o ideal de uma perfeita padronização dos serviços entre todas as unidades não seja totalmente atingível na prática. Mesmo com os acordos de franqueamento mais protegidos e com intensa supervisão, o franqueador não consegue controlar totalmente as inconsistências baseadas em diferenças humanas e circunstanciais.[25] No entanto, para uma empresa que busca oferecer quase todo tipo de serviço em um alto (apesar de não perfeito) nível de consistência em grande escala, as franquias podem ser a melhor oportunidade para isso.

Customização de serviços

Produtos feitos para se adequar às necessidades individuais dos consumidores são relativamente raros nos mercados de consumo, e mesmo nos industriais. Embora existam inúmeras exceções, a maioria dos produtos não é feita sob medida; em vez disso, é produzida em massa para atender às necessidades de segmentos de mercado relativamente grandes. Mesmo quando há uma escolha envolvida, como na seleção de cores e opções de um automóvel, a gama de opções é variada em um conjunto de alternativas já estabelecido e que ainda é relativamente restrito.

Entre os serviços, no entanto, muitos deles abrangem um alto grau de customização. Alguns deles, mais altamente customizados, estão relacionados na Tabela 17.2. Na verdade, em muitos deles é possível que o consumidor receba um serviço exclusivo.

A necessidade de ter um alto grau de customização em alguns serviços dificulta a tarefa de formatar e operar canais que normalmente dependem de processos padronizados, rotineiros e repetitivos para operar de forma eficiente. As principais alterações ou até nuances exigidas para fornecer serviços personalizados demandam planejamento individual, esforços especiais e mudanças frequentes, que desaceleram o sistema e, em alguns casos, enfraquecem seu modelo de negócio principal (*core business*). Isso foi o que aconteceu com a Hyatt Legal Services, uma empresa que tentou criar um canal radicalmente diferente para fornecer serviços legais ao público. Usando o modelo de franquia de negócios formatados, a Hyatt recrutou franqueados e abriu mais de 200 escritórios em *shoppings centers* em todo o país que se concentraram em assuntos legais rotineiros, como testamentos simples e divórcios consensuais, e cobravam taxas padronizadas baixas. Contudo, depois de alguns anos, a empresa foi forçada a fechar a maioria desses escritórios franqueados e a limitar-se a uma rede de associação de advogados chamada de Hyatt Legal Plans.[26] Por que a estratégia de canal da Hyatt Legal Services para fornecer serviços legais ao mercado de massa falhou? O rígido modelo de franquia de negócio formatado não funciona para serviços legais que se desviam das questões padronizadas e rotineiras para as quais o canal foi projetado. Então, quando questões legais mais complexas chegavam, as franquias da Hyatt Legal Services não eram capazes de lidar com elas, mesmo que as taxas fossem potencialmente muito mais altas. A nova organização, que foi comprada e se tornou uma subsidiária da Metlife Company, usa uma estrutura de associação menos formal que se vale de escritórios de advocacia independentes

Serviços legais
Saúde/Cirurgia
Arquitetura
Recrutamento de executivos
Negócios imobiliários
Serviço de táxi
Cabeleireiros
Encanamento/ar-condicionado
Educação (tutoriais)
Telefonia
Hotelaria
Banco de varejo
Serviço de restaurantes finos

Fonte: Baseado em Christopher H. Lovelock, *Services marketing* (Englewood Cliffs, N.J.: Prentice-Hall, 1984), p. 56.

por todo o país, permitindo que os da Hyatt Legal Plans ofereçam um alto grau de flexibilidade no fornecimento de serviços legais aos clientes com custos gerais mais baixos.

Por isso, para serviços que exigem um alto grau de customização, canais em pequena escala com provedores de serviços locais e independentes provavelmente continuarão a ter um papel importante.

Fluxos de canal

Canais de marketing para produtos englobam uma série de fluxos, conforme apontamos no Capítulo 1, sendo o fluxo físico de produtos o mais evidente. Contudo em relação à maioria dos serviços, não existe esse fluxo ao longo do canal. Os fluxos que "transportam" o serviço ao longo do canal são os de informação, negociação e promoção. Assim, as variáveis relacionadas ao fluxo do produto no formato e no gerenciamento de um canal, tais como volume e tamanho, valor unitário e grau de tecnicidade (ver Capítulo 6), não precisam ser tratadas no caso de serviços. Isso pode simplificar expressivamente o formato e o gerenciamento dos canais de marketing, pois, em muitos casos, os fluxos de informação, negociação e promoção podem ser manipulados eletronicamente. No entanto, o gerente de canal ainda precisa lembrar-se de que o fato de um serviço *poder* ser entregue por meio de canais eletrônicos não significa que ele *deve* ser entregue por esses canais. Embora qualquer coisa que possa ser digitalizada possa ser entregue no computador, *notebook*, *tablet* ou smartphone do consumidor, o gerente de canal não deve perder de vista o fato de que, no fim das contas, são as *preferências do consumidor no mercado* que determinam o tipo de estrutura de canal que surge. Vale lembrar que *downloads* de música, de livros eletrônicos, *streaming* e vídeos sob demanda (*on demand*), bancos on-line e diversas outras inovações recentes baseadas em tecnologia só estão em vigor — e em enorme crescimento — porque os consumidores *escolheram* usar esses canais eletrônicos. Portanto, o fato de a maioria dos serviços não envolver um fluxo físico de produtos não significa que o gerente de canal deva automaticamente usar canais eletrônicos para tornar disponíveis todos ou a maioria dos serviços aos consumidores, pois muita gente ainda pode preferir os canais antiquados e com grande participação de pessoas para certos tipos de serviço.[27] Por exemplo, um estudo recente conduzido pela American Express descobriu que 90% dos consumidores preferem falar com pessoas reais ao telefone quando acessam o serviço de atendimento ao cliente.[28]

Uma imensa e diversificada gama de serviços é fornecida pelas principais economias do mundo. Nos Estados Unidos, hoje, o setor de serviços é mais de duas vezes maior que o de manufatura. Em outras palavras, cada vez mais do que é produzido pela economia está na forma de serviços, e não de mercadorias.

Nos últimos anos, a disciplina de marketing deu uma crescente atenção à comercialização de serviços, pois, assim como os produtos, eles precisam estar em sintonia com a demanda do consumidor e ser apresentados de forma a maximizar seu apelo. A abordagem e a ênfase adotadas na comercialização de serviços, no entanto, costumam ser diferentes das usadas em produtos. Essas diferenças derivam de diversas características geralmente reconhecíveis, que diferenciam serviços de produtos, quais sejam: (1) intangibilidade; (2) inseparabilidade entre serviços e seus provedores; (3) dificuldade de padronização; (4) alto grau de envolvimento dos consumidores necessário em muitos serviços; e (5) perecibilidade.

Do ponto de vista da administração de marketing geral, todas essas características especiais dos serviços têm implicações na administração de quatro dos principais componentes estratégicos do *mix* de marketing. Na verdade, as implicações na estratégia e no gerenciamento de canal costumam ser mais importantes para a distribuição do que para os outros componentes do *mix* de marketing, pois os serviços são conectados diretamente aos seus fornecedores no ponto final do canal. Portanto, do ponto de vista do consumidor, o serviço e seu fornecedor são, normalmente, a mesma coisa. Então, tornar os serviços amplamente disponíveis aos consumidores quando e onde eles desejam e por meio de canais de marketing bem formatados e bem gerenciados é especialmente importante a comerciantes de serviços.

Ao lado das cinco características distintivas dos serviços, geralmente reconhecidas, o gerente de canal também deve familiarizar-se com várias outras importantes perspectivas de serviços, incluindo as implicações do gerenciamento de canais menores, o frequente uso de franquias, o relativamente alto grau de customização em muitos serviços e a falta de um fluxo de produtos nos serviços.

1. Por que tem se dado tanta atenção à comercialização de serviços nos últimos anos?

2. Dos objetivos básicos de marketing, quais são os mesmos para produtos e serviços?

3. Discuta brevemente as cinco características distintivas dos serviços geralmente reconhecidas em termos das diferenças entre serviços e produtos.

4. Qual é o papel dos canais de marketing para ajudar o fornecedor a tangibilizar o serviço? Como isso se relaciona aos outros componentes estratégicos do *mix* de marketing?

5. Comparativamente a produtos, a inseparabilidade entre os serviços e seus provedores dificulta ou facilita a comercialização de serviços?

6. Discuta o problema da padronização de serviços no que se refere ao formato e ao gerenciamento de canal.

7. O envolvimento do consumidor no fornecimento de serviços deve ser evitado sempre que possível no formato e no gerenciamento de canal que fará a entrega do serviço? Discuta.

8. Qual é a implicação-chave da perecibilidade dos serviços para o formato do canal? Explique.

9. Os canais mais curtos, em geral usados para distribuir serviços, costumam tornar mais ou menos complicado o formato de canais de marketing? Por quê?

10. Discuta o papel da franquia de negócios formatados no fornecimento de serviços de modo consistente ou padronizado.

11. Como a necessidade de customização em muitos serviços tende a reduzir a eficiência e as vantagens de custo de canais em grande escala?

12. A falta de um fluxo de produtos altera o formato e o gerenciamento dos canais de marketing de serviços quando comparados aos canais de marketing formatados por fabricantes? Explique.

1. Empresas de todos os tamanhos desenvolveram muitos tipos de ferramentas de redes sociais, programas de mensagens instantâneas e sistemas de mensagem de texto para lidar com os questionamentos do atendimento ao cliente. No entanto, uma recente pesquisa desenvolvida pela American Express Co. descobriu que quase 90% dos que responderam preferem ter suas dúvidas tratadas por representantes reais do serviço ao consumidor em tempo real por meio do convencional telefone.

   À luz de todas as novas tecnologias disponíveis para o consumidor, por que você acha que eles ainda preferem o tradicional canal de serviços com base no telefone? Discuta.

2. Visitas médicas em domicílio é um tipo de serviço de saúde que praticamente desapareceu, mas pode estar voltando. Uma empresa médica de Seattle, Estados Unidos, chamada Carewa, começou a mandar médicos à casa dos funcionários da Microsoft que eram cobertos pelo programa de seguro de saúde da empresa. A Microsoft decidiu que o programa de atendimento em domicílio faz sentido economicamente, pois o custo de $ 150 dólares de uma viagem do médico representa um décimo do custo de $ 1.500 dólares de uma visita ao pronto-socorro. E como a maioria das visitas a prontos--socorros não ocorre por verdadeiras emergências médicas, mas para tratar de problemas que não oferecem risco de vida, como infecções de ouvido e gripes, as visitas médicas em domicílio podem seguramente substituí-las. Além disso, elas permitem que os médicos examinem pacientes em seu próprio ambiente, o que deve fornecer pistas valiosas sobre a condição do paciente. E, ainda, por não ter de sair de casa, os pacientes não contaminaram os prontos-socorros.

   Você acha que os canais para serviços médicos que proporcionam "entrega em domicílio" se tornarão uma tendência importante? Justifique.

3. A OpenTable Inc., com mais de 13 mil restaurantes participantes, é a líder do mercado de provedores de reservas on-line de restaurantes. Os restaurantes pagam uma tarifa mensal, além de $ 1,00 dólar por cabeça em cada reserva feita por meio da OpenTable.com. Entretanto, a OpenTable também cobra $ 25 centavos por cabeça, mesmo que os clientes façam reservas por meio do website do próprio restaurante. Ao fazer as reservas pelo OpenTable, os clientes também ganham pontos que podem ser trocados por cupons de desconto. Mas pode haver um problema com o acordo aparentemente direto entre a OpenTable e os restaurantes que usam seus serviços: alguns clientes alegam que, se fizerem suas reservas por meio da OpenTable, os restaurantes compensam os custos extras envolvidos, acomodando-os em mesas em locais inferiores e fornecendo-lhes um serviço fraco. A OpenTable nega.

   Por que os restaurantes insatisfeitos com o acordo oferecido pela OpenTable descontam sua frustração nos clientes? Discuta.

4. No final da tarde de uma quinta-feira, George Mitchell foi ao balcão de atendimento de uma grande companhia aérea que recentemente lançou uma campanha desafiando os consumidores a "descobrir quão bons nós somos". Mitchell precisava reagendar seu voo para encontrar um cliente às 9 horas da sexta-feira. Ele não apenas teve de esperar 20 minutos em uma longa fila, como o atendente não foi muito simpático. Depois de muita negociação, ele foi remarcado para um voo mais cedo, e quando chegou ao portão de embarque descobriu que seu voo estava mais de uma hora atrasado. Por fim, Mitchell entrou no avião e sentou-se em seu lugar na classe econômica, pronto para relaxar. Contudo, ele não conseguiu, porque várias crianças pequenas que viajavam com seus pais na primeira classe estavam chorando. (Eles estavam viajando de graça pelos bônus de viajantes frequentes, Mitchell supôs.) Além disso tudo, os comissários de bordo da classe executiva eram escassos. Entredentes, Mitchell comentou que, na verdade, ele não tinha conseguido descobrir quão boa era a companhia aérea.

   Comente a experiência de Mitchell em relação ao papel do fornecedor na entrega do serviço no ponto final do canal de marketing.

5. Caixas eletrônicos (ATMs) e, mais recentemente, canais de internet *banking* foram criados para fornecer um tipo de serviço valioso como alternativa para que os consumidores tivessem muito menos serviços bancários a resolver pessoalmente em caixas convencionais, mas as coisas não funcionaram dessa forma. Entre 1995 e 2005, o número de agências bancárias cresceu de 50 mil para 70 mil — um aumento de 40% —, e o número

de funcionários das agências também aumentou praticamente na mesma proporção durante essa década. E isso aconteceu a despeito de o número de empresas bancárias ter caído drasticamente no mesmo período: de 10 mil para menos de 8 mil.

Em sua opinião, o que está acontecendo aqui? Por que você acha que muitos consumidores ainda buscam por agências bancárias tradicionais e funcionários do caixa apesar das novas alternativas tecnológicas? Discuta.

REFERÊNCIAS

1. Veja, por exemplo: Plank, Willa. One-way car rentals, *Wall Street Journal*, 14 Oct. 2010, p. D4.

2. Berry, Leonard L. *On great service:* a framework for action. New York: The Free Press, 1995; e Lovelock, Christopher H. *Service marketing, text, cases and readings*, 2nd ed. Englewood Cliffs, N.J.: Prentice-Hall, 1993.

3. Lahart, Justin. Service sector expand, *Wall Street Journal*, 6 Oct. 2010, p. A4.

4. Confira: Fisk, Raymond P.; Brown, Stephen W.; Bitner, Mary Jo. Tracking the evolution of the services marketing literature, *Journal of Retailing*, Spring 1993, p. 61-103; Onkvisit, Sak; Shaw, John J. Service marketing: image, branding, and competition, *Business Horizons*, Jan.-Feb. 1989, p. 13-18; Gelb, Betsy D.; Smith, Samuel V.; Gelb, Gabriel M. Service marketing lessons from the professionals, *Business Horizons*, Sept.-Oct. 1988, p. 29-34; e Kelly, J. Patrick; George, William R. Strategic management issues for the retailing of services, *Journal of Retailing*, Summer 1982, p. 26-43.

5. Berry, Leonard L. Services marketing is different. In: Lovelock, Christopher H. *Services marketing*. Englewood Cliffs, N.J.: Prentice-Hall, 1984, p. 29-37.

6. Para uma discussão relacionada, veja: Wiertz, Caroline; Ruyter, Ko de; Keen, Cherie; Streukens, Sandra. Cooperating for service excellence in multichannel service systems: an empirical assessment, *Journal of Business Research*, v. 57, 2004, p. 424-436.

7. Para uma discussão relacionada, veja: Andeleeb, Syed Saad; Basu, Amiya K. Technical complexity and consumer knowledge as moderators of service quality evaluation in the automobile service industry, *Journal of Retailing*, v. 70, n. 4, 1994, p. 367-381.

8. Smith, Ethan. Promoter crowds ticketmaster, *Wall Street Journal*, 3 Feb. 2011, p. B1.

9. Confira, por exemplo: Light, Donald H. A guide for new distribution channel strategies for service firms, *Journal of Business Strategy*, Summer 1986, p. 56-64; Gould, Stephen J. Macrodynamic trends in health care: a distribution and retailing perspective, *Health Care Management Review*, Spring 1988, p. 15-22; e Lamb Jr., Charles W.; Crompton, John L. Distribution decisions for public services, *Journal of the Academy of Marketing Science*, Summer 1985, p. 107-122.

10. Para um excelente estudo relacionado a este assunto, veja: Dant, Rajiv P.; Lumpkin, James R.; Rawwas, Mohammed Y.A. Sources of generalized versus issue-specific dis/satisfaction in service channels of distribution: a review and comparative investigation, *Journal of Business Research*, v. 42, May 1998, p. 7-23.

11. Para uma discussão relacionada, veja: Grove, Ronald. Hulu's tough choices *Business Week*, 7 Dec. 2009, p. 28.

12. Para uma excelente discussão relacionada a este assunto, veja: Wang, Zhi; Horsburgh, Stuart. Linking network coherence to service performance: modeling airline strategic alliances, *Journal of Marketing Channels*, v. 14, n. 3, 2009, p. 51-79.

13. Jenkins Jr., Holman W. The airlines discover content, *Wall Street Journal*, 21 Jan. 2011, p. A11.

14. Confira, por exemplo: Schoenfeld, Bruce. A different kind of connection, *Entrepreneur*, June 2011, p. 24.

15. http://www.medscreening.com/vitastat.html, 25 May 2011.

16. Belden, Tom. A return trip to travel agents, *Philadelphia Enquirer*, 10 July 2007, p. D1, D6.

17. Para uma análise muito interessante de um novo canal de atendimento que faz uso de intermediários, veja: Young, Joyce A. The indycar series: a marketing channels perspective, *International Journal of Sport Management and Marketing*, v. 8, n. 1/2, 2010, p. 57-72.

18. Para uma discussão relacionada, veja: Upah, Gregory D. Mass marketing in service retailing: a review and synthesis of major methods, *Journal of Retailing*, Fall 1980, p. 59-76.

19. Morrison, Pamela D.; Roberts, John H. Matching electronic distribution channels to product characteristics: the role of congruence in consideration set formation, *Journal of Business Research*, v. 41, n. 3, 1998, p. 223-229.

20. Confira: Rajamma, Rajasree K. Services purchased at brick and mortar versus online stores, and shopping motivation, *Journal of Services Marketing*, v. 21, n. 3, 2007, p. 200-212.

21. Para uma discussão relacionada, veja: Feldman, Amy. Buddy, can you e-mail me 100 bucks? *Business Week*, 23 Nov. 2009, p. 68.

22. Bennett, Julie. Dry cleaning to dog walking: franchises help people transform their lives, *Wall Street Journal*, 11 Feb. 2002, p. B7.

23. Para uma excelente discussão relacionada a este assunto, veja: Cross, James C.; Walker, Bruce J. Service marketing and franchising: a practical business marriage, *Business Horizons*, Nov.-Dec. 1987, p. 50-58.

24. Padrões de propriedade tendem a mudar ao longo do tempo, no entanto. Confira: Lafontaine, Francine; Kaufmann, Patrick J. The evolution of ownership patterns in franchise systems, *Journal of Retailing*, v. 70, n. 2, 1994, p. 97-113.

25. Doney, Patricia M.; Barry, James M.; Abratt, Russell. Trust determinants and outcomes in global B2B services, *European Journal of Marketing*, v. 41, n. 9/10, 2007, p. 1096-1116.

26. http://www.legalplans.com/brisk.html, 27 May 2011.

27. Ng, Irene C.L. Establishing a service channel: a transaction cost analysis of a channel contract between a cruise line and a tour operator, *Journal of Services Marketing*, v. 21, n. 1, 2007, p. 4-14.

28. Light, Joe. With customer service, real person trumps text, *Wall Street Journal*, 25 Apr. 2011, p. B7.

CAPÍTULO 18

Perspectivas de canais internacionais

OBJETIVOS DE APRENDIZAGEM

Após a leitura deste capítulo, você será capaz de:

1 Reconhecer a necessidade de considerar os canais de marketing sob uma perspectiva internacional.

2 Conhecer o ambiente mais amplo e complexo dentro do qual os canais internacionais de marketing operam.

3 Estar familiarizado com os fatores ambientais-chave que afetam os canais internacionais de marketing.

4 Entender seus aspectos comportamentais e como influenciam os canais internacionais.

5 Saber como abordar o desenho de canais de marketing sob uma perspectiva internacional.

6 Ter consciência das várias estruturas de canal associadas aos canais internacionais de marketing.

7 Tomar conhecimento das principais facetas da motivação dos membros do canal do ponto de vista internacional.

8 Perceber que exercer a liderança em canais internacionais de marketing é, em geral, mais difícil do que em canais domésticos.

O Cadillac quer se tornar "o Cadillac dos canais automobilísticos" na China

Durante os primeiros três quartos do século 20, o nome Cadillac representava qualidade de nível internacional. Na verdade, "Cadillac" tornou-se tanto um sinônimo de qualidade que poderia ser aplicado a praticamente qualquer produto ou serviço, apenas acrescentando-se o artigo "o" antes de Cadillac e depois identificando o produto ou serviço. Por isso, o melhor refrigerador poderia ser descrito como "o Cadillac dos refrigeradores", ou o melhor hotel como "o Cadillac dos hotéis" etc. Bem, durante o último quarto do século 20, a qualidade dos carros Cadillac caiu, assim como a associação da marca à qualidade. Porém, no fim da primeira década do século 21, a Cadillac fez um grande retorno. A marca estava no caminho para produzir automóveis que não só iriam corresponder à imagem de qualidade do nome Cadillac dos dias de glória, mas novamente transformá-lo em um sinônimo de qualidade.

A General Motors está contando com esse renascimento da marca Cadillac para concorrer com a Audi, a BMW e a Mercedes na China pelo desenvolvimento de canais automobilísticos superiores. A GM acredita que para concorrer com o trio europeu, que detém 77% de participação de mercado contra 3% do Cadillac, será necessário mais do que apenas carros igualmente bons. A Cadillac também precisará dos melhores revendedores de carros do mundo, que possam abastecer o crescente número de ricos compradores chineses de carros de luxo e fornecer uma experiência de consumo inigualável. E isso é exatamente o que a Cadillac fez em suas 39 concessionárias do continente. Os atendentes do *showroom* cumprimentam os visitantes em uma entrada de vidro polido elegantemente projetada. Charutos finos e vinhos de Napa Valley são oferecidos no bar de mármore preto. Luxuosas salas VIP com sofás de couro estão disponíveis para os compradores, enquanto um minimuseu expõe e reúne em filmes o famoso *pedigree* da história de 110 anos do Cadillac. Hu Ming, um empresário de 44 anos que visitou a revendedora da Cadillac em Beijing, ficou impressionado o bastante para dar $ 65 mil por um Cadillac SLS. Ele afirma:

> "Tudo me deu a sensação de ser VIP. A decoração é muito diferente de outras marcas. O lugar tem um estilo norte-americano".

Então, ao vender os Cadillacs nas concessionárias "Cadillac", a GM aposta que terá muitos outros Hu Mings comprando Cadillacs.

Fonte: Baseado em Dexter Roberts, Cadillac floors it in China, *Business Week*, 4 jun. 2007, p. 52.

O lento crescimento dos mercados domésticos e a intensa competição estrangeira estão tornando a necessidade de ter operações internacionais uma realidade inevitável para um número cada vez maior de empresas.[1] A estratégia de canal, como um dos elementos-chave do *mix* de marketing, vai, portanto, precisar focar de forma crescente na dimensão internacional do gerenciamento de canal.[2]

Neste capítulo, examinamos algumas das questões-chave já discutidas neste livro, mas, agora, considerando-as exclusivamente por uma perspectiva internacional. Nosso objetivo não é dar uma cobertura abrangente e detalhada dos aspectos internacionais do gerenciamento do canal, pois isso extrapolaria o escopo deste capítulo. Além disso, já existe uma excelente e relevante literatura a respeito de marketing internacional disponível para um estudo mais aprofundado.[3] Nossa discussão limitar-se-á a destacar algumas das considerações essenciais que o gerente de canal deve abordar se os canais de marketing da empresa se estenderem a mercados internacionais. Felizmente, isso o ajudará a desenvolver uma consciência do lado internacional do gerenciamento de canal, bem como a valorização da necessidade de buscar mais conhecimento quando estiver diante de decisões de canais internacionais.

Especificamente, focaremos as seguintes principais áreas sob uma perspectiva internacional:

- Ambiente de gerenciamento de canais internacionais
- Processos comportamentais em canais internacionais

- Desenhando canais internacionais
- Motivando membros de canais internacionais

AMBIENTE DE GERENCIAMENTO DE CANAIS INTERNACIONAIS

No Capítulo 3, descrevemos ambiente como todos os fatores externos incontroláveis dentro dos quais o canal de marketing existe. As principais categorias de variáveis ambientais discutidas foram: econômica, competitiva, sociocultural, tecnológica e legal. O canal foi visto como um **sistema aberto** que interage com (e se adapta ao) seu ambiente, mudando a estrutura e os processos de seus componentes.

Todos esses conceitos ainda se aplicam diante de uma perspectiva internacional. A única diferença é que, quando o canal se estende ao âmbito internacional, o ambiente se torna maior e mais complexo, pois a empresa está tentando adaptar seus canais não só ao ambiente nacional, mas também à conjuntura internacional relevante.[4] Em consequência, mesmo que os conceitos básicos da estratégia e do gerenciamento do canal continuem os mesmos, o gerente de canal estará diante de mais incógnitas e maior complexidade.[5]

Para desenvolver e gerenciar os canais com sucesso em ambientes estrangeiros, o gerente precisa estar atento e sensível às diferenças ambientais dos países envolvidos e à forma como afetam a estratégia de canal.[6] Obviamente, não é possível fazer um tratado sobre as diferenças ambientais entre os países. O que podemos, no entanto, é apresentar alguns exemplos ilustrativos de fatores ambientais associados a vários países estrangeiros para mostrar como influenciam a estratégia do canal de marketing. Nossa discussão será estruturada em torno das cinco principais categorias de variáveis ambientais abordadas no Capítulo 3.

Fatores econômicos e canais internacionais

Todas as condições econômicas que ocorrem no ambiente doméstico também podem se dar em ambientes estrangeiros. De fato, as mudanças podem ser muito mais drásticas. Por exemplo, enquanto uma taxa de inflação acima de 3% ao ano tenha sido elevada para a realidade dos Estados Unidos durante a primeira década do século 21, em diversos países da Ásia, Leste Europeu e América do Sul essa taxa com dois dígitos não é incomum.

Recessões nos Estados Unidos também são, em geral, acompanhadas em muitos países estrangeiros, especialmente no Oeste Europeu e na Ásia, e com frequência mais severas. A deflação que ocorreu em alguns setores da economia norte-americana, como habitação, informática, eletrônicos, roupas e eletrodomésticos, se deu em uma escala muito maior em países asiáticos, como Indonésia, Malásia, Taiwan, Tailândia, Coreia do Sul e, em particular, Japão.

Flutuações das taxas de câmbio de moedas estrangeiras também podem afetar drasticamente as fases da estratégia de uma empresa dos Estados Unidos em mercados internacionais, à medida que o dólar se torna mais forte ou mais fraco em relação a essas moedas. O dólar forte enfraquece a competitividade de produtos norte-americanos em mercados estrangeiros, enquanto a moeda fraca pode torná-los mais atraentes, pois isso faz que esses produtos vendidos no exterior sejam mais acessíveis aos consumidores estrangeiros.[7]

Por exemplo, o dólar norte-americano, que vinha mostrando-se forte em comparação ao euro no início do século 21, caiu acentuadamente no fim da década. Por isso, em vez dos $ 0,85 que equivaliam a um euro em 2000, em 2011 passou para $ 1,45.

Muitos economistas, bem como fabricantes norte-americanos que exportam produtos para a Europa, viram essa queda do dólar como um avanço positivo. Acreditavam que isso tornaria os produtos norte-americanos mais baratos nos mercados europeus e ajudaria a limitar as exportações daqueles países para os Estados Unidos, pois o dólar relativamente fraco tornaria tais produtos mais caros.

Embora qualquer uma dessas variáveis econômicas possa afetar todos os elementos do *mix* de marketing, a estratégia de canais estrangeiros é capaz de apresentar ainda mais problemas, pois as relações com membros do canal estrangeiro podem ser afetadas.[8]

Ambiente competitivo e canais internacionais

A estrutura competitiva em países estrangeiros pode ser bem diferente da encontrada é nos Estados Unidos. O livre mercado norte-americano é menos evidente em outros países ocidentais altamente desenvolvidos, e em muitos países menos desenvolvidos a concorrência livre e aberta quase não existe.[9] Assim, a estrutura do canal terá de se adaptar às variações nas estruturas competitivas entre os diversos países.

Considere, por exemplo, a maneira como a Kodak abordou essa questão quando introduziu sua linha de copiadoras e duplicadoras Ektaprint no mercado europeu. A região de mercado europeu da Kodak envolvia uma área que incluía 18 países e 400 milhões de pessoas com muitos idiomas, culturas e moedas diferentes. O mercado que a empresa estava focando em todos esses países era definido como o "segmento de escritórios com volume de médio a grande de copiadoras e duplicadoras". Mas parecia que todo o resto também estava competindo pelo mesmo mercado – outras empresas norte-americanas conhecidas, como IBM e Xerox, bem como as japonesas e europeias. Isso resultou em uma estrutura competitiva de alta complexidade nos 18 países envolvidos.

A fim de lidar com essa complexa estrutura competitiva, a Kodak estabeleceu 13 empresas de marketing separadas, cada uma com sua própria administração e canais de marketing especialmente projetados para o território a ser atendido. Esse gerenciamento e os sistemas de canais individuais permitiram à empresa posicionar-se fortemente contra a concorrência que enfrentava, possibilitando-lhe oferecer níveis superiores de disponibilidade de produto e serviço ao consumidor em cada um dos diferentes mercados estrangeiros.

Ambiente sociocultural e canais internacionais

Diferenças de fatores socioculturais entre países são uma importante realidade do mercado internacional.[10] Valores culturais, normas de comportamento, atitudes e percepções variam amplamente pelo mundo. Uma porção muito significativa da literatura de mercado internacional focou essas diferenças numa tentativa de esclarecer os gerentes internacionais de marketing. Infelizmente, muitos erros e grandes gafes têm sido cometidos por pequenas e grandes empresas norte-americanas que se aventuraram nos mercados internacionais sem ao menos um entendimento básico dos diferentes fatores socioculturais que enfrentariam.[11]

Embora novamente aqui as diferenças de fatores socioculturais possam influenciar todos os elementos do *mix* de marketing, a variável do canal é especialmente sensível, pois em geral envolve um contato mais pessoal ou de organização a organização do que as outras. Portanto, a empresa deve ter um maior cuidado ao prestar atenção às diferenças socioculturais no desenvolvimento de relações de canais internacionais.[12] Por exemplo, a Ben & Jerry's Homemade Holdings, Inc., famosa fabricante de sorvetes *gourmet* dos Estados Unidos, teve um despertar desagradável quando entrou no mercado russo decidida a fechar acordos de licenciamento com empresários russos independentes para estabelecer sorveterias em diversas cidades. A empresa ficou surpresa, para dizer o mínimo, com as diferentes culturas de negócios na Rússia. A eficiência e orientação para resultados do estilo norte-americano não eram características daquela cultura, que estava crescendo depois de décadas de comunismo soviético, um ambiente que reprimia a iniciativa e não recompensava a eficiência. Assim, a Ben & Jerry's teve de lidar com uma variedade de problemas administrativos culturalmente fundamentados, como a indiferença à entrega pontual de produtos em lojas, uma aparente atitude hostil embutida no serviço ao consumidor e distribuidores em posições de monopólio com ligações com o crime organizado. Esse ambiente cultural contrastava muito com a cultura de negócios amplamente direta e educada com a qual a Ben & Jerry's estava acostumada no território norte-americano. Levou cerca de quatro anos para a empresa se adequar à empreitada russa e funcionar em um nível que mostrasse lucros modestos.

Ambiente tecnológico e canais internacionais

O nível de tecnologia e a velocidade das mudanças tecnológicas em ambientes estrangeiros são outros fatores que podem afetar a estratégia de canal[13]. Em alguns países, especialmente os menos desenvolvidos na Ásia, América Latina e África, a tecnologia de comunicação e transportes é relativamente primitiva, enquanto nos mais avançados da Europa Ocidental e no Japão com frequência essa tecnologia se iguala ou ultrapassa a dos Estados Unidos. A Seven & I Holdings Co. of Japan, empresa japonesa que controla as lojas da 7-Eleven nesse país por exemplo, tornou-se líder mundial no uso de sistemas de informação para gerenciar a distribuição e comercialização em suas quase 13 mil lojas no Japão. A 7-Eleven Japan usa seu sistema de suporte às operações de lojas para enviar os pedidos aos fornecedores por meio do computador central da sede. A empresa pode entregar precisamente as programações de todas as lojas, o que ajuda os fornecedores a reduzir substancialmente a frequência de visitas e a baixar os custos. Graças a essas programações bem planejadas, é esperado que os fornecedores entreguem as quantidades especificadas nas datas acertadas para cumprir o programa da 7-Eleven Japan. Do contrário, eles terão de pagar à empresa os custos de oportunidade perdidos pelos produtos não entregues. Essa tecnologia avançada coloca uma grande pressão nos fornecedores para que desenvolvam tecnologias próprias que lhes permitam atender a essas rigorosas demandas. Aqueles que assim não puderem fazer, sejam eles domésticos ou estrangeiros, não conseguirão continuar com os negócios com a 7-Eleven Japan. Dessa forma, assim como os líderes varejistas dos Estados Unidos, como Walmart e Home Depot, forçaram os fornecedores a satisfazer as demandas tecnológicas exigidas para abastecê-los, os varejistas e distribuidores estrangeiros também elevaram o padrão.

Ambiente legal/político e canais internacionais

No Capítulo 3, discutimos em certo grau o ambiente legal e a forma como ele afeta a estratégia de canal dos Estados Unidos. Na esfera internacional, uma empresa norte-americana que busca estabelecer canais de distribuição em países estrangeiros pode enfrentar uma ampla variedade de regulações governamentais complexas, desgastantes, e pressões políticas que podem tornar até o que parece ser o mais simples dos acordos de distribuição em algo muito difícil e complicado. Os fatores legais óbvios, como tarifas, restrições de impostos, cotas e outras regulamentações do governo que afetam a distribuição de produtos estrangeiros dentro dos países em questão, podem ser apenas a ponta do *iceberg*. Regulamentações e proibições altamente específicas, obscuras e até absolutamente estranhas podem tornar muito difícil o estabelecimento da distribuição estrangeira.

O Japão apresenta um caso a se analisar[14]. É fato que, algumas vezes, as normas e regulações japonesas não estão sequer escritas. Isso foi o que a International Game Technologies (IGT), fabricante norte-americana de máquinas caça-níqueis, descobriu quando tentou vender suas máquinas lá[15]. Essas máquinas da IGT dominavam a maioria dos mercados ao redor do mundo, mas nunca uma venda foi efetivada no enorme mercado japonês, que corresponde a dois terços do mercado mundial. A IGT empreendeu um esforço em grande escala para entrar no mercado japonês, mas deparou-se com um obstáculo enorme quando percebeu que não poderia sequer conseguir uma cópia das normas e especificações japonesas para máquinas de jogos de azar. Diferentemente dos Estados Unidos e outros países desenvolvidos, no Japão, esses tipos de diretrizes formais e escritas não existem. Em vez disso, a Agência Nacional de Políticas japonesa conclui que produtos são aceitáveis com base em "entendimentos" informais e não escritos. Por isso, ninguém sabe ao certo quais são as regras ou o que precisamente os burocratas japoneses querem. A IGT teve de apresentar especificações para suas máquinas caça-níqueis mais de 20 vezes antes de poder chegar à fase de testes, para que fossem aceitas pelos burocratas japoneses. E quando os testes finalmente foram feitos a IGT precisou voltar ao ponto de partida muitas outras vezes na tentativa de atender aos imprecisos padrões. Demorou mais de um ano para fazer as modificações necessárias e finalmente chegar à linha de partida para vender as máquinas no Japão.

Tais ações do governo (que alguns observadores com conhecimento sobre o cenário japonês dizem resultar de pressões políticas de empresas japonesas que se sentem ameaçadas pelas importações) dificilmente conduzem ao estabelecimento de relações fortes entre fabricantes norte-americanos e distribuidores japoneses.[16] Situações parecidas ocorrem em muitos outros países em todo o mundo. Portanto, a empresa que busca estabelecer canais eficientes em mercados estrangeiros precisa investigar o ambiente legal de cada país cuidadosamente numa tentativa de determinar como as várias regulamentações podem afetar a estratégia de canal.[17]

PROCESSOS COMPORTAMENTAIS EM CANAIS INTERNACIONAIS

O Capítulo 4 discutiu o importante papel que as dimensões comportamentais desempenham nos sistemas de canais de marketing. A fim de evitar conflitos negativos, promover o uso efetivo de poder e o estabelecimento de boa comunicação, o gerente de canal precisa entender os aspectos comportamentais dos sistemas de canal. O lado comportamental pode ser ainda mais importante em canais estrangeiros do que nos domésticos porque, em geral, os padrões culturais em inúmeros países dão mais ênfase a relações pessoais do que é comum nos Estados Unidos.[18] No Japão e na China, por exemplo, a capacidade de criar relações pessoais e até mesmo amizade com membros do canal é crucial para garantir seu suporte nos níveis atacadista e varejista.

A experiência da Bose Corporation fornece uma ilustração clássica. Essa empresa é conhecida nos Estados Unidos como fabricante de alto-falantes de excelente qualidade e superioridade técnica. Em um esforço para estabelecer a distribuição internacional, ela tentou entrar no mercado japonês. Os resultados foram desastrosos. Em um período de três anos, apesar dos intensos esforços, a Bose vendeu menos de 100 conjuntos de alto-falantes naquele país, e não teve escolha a não ser sair do Japão. Por quê? Refletindo alguns anos depois sobre o que deu errado, o fundador da empresa, Amar Bose, identificou como problema-chave a incapacidade de seu pessoal de vendas formar laços pessoais próximos com os distribuidores japoneses. Como a Bose percebeu com o tempo, o Japão é uma sociedade intensamente orientada por relações. Conexões pessoais são a essência dos negócios *nihonshiki* (ao estilo japonês). Tais relações pessoais, se não tiverem sido estabelecidas por meio de laços antigos e amizade entre famílias, só podem ser desenvolvidas por meio de longas horas de contato social e drinques até tarde da noite.

A equipe de vendas de exportação da Bose não despendeu o tempo necessário para convencer, cara a cara, seu distribuidor japonês das vantagens da tecnologia exclusiva de áudio que lança ondas sonoras nas paredes, em vez de mandá-las diretamente em direção ao ouvinte. Hesitante (e talvez de certa forma desconfiando de uma empresa que não cumpriu suas "obrigações sociais"), o distribuidor japonês assumiu a responsabilidade de "aprimorar" o som, removendo um dos componentes essenciais, o que produziu uma qualidade sonora que os engenheiros acústicos da Bose definiram como "simplesmente terrível". Assim, em retrospectiva, não é de admirar que tão poucos audiófilos japoneses tenham comprado o produto.

O fracasso da Bose em garantir uma distribuição eficaz no Japão devido ao desconhecimento do lado comportamental dos canais de marketing japoneses não é, óbvio, exclusivo dessa empresa ou país.[19] Várias outras empresas norte-americanas fracassaram no Japão e em muitos outros países pela mesma razão. Por isso, se a empresa estiver tentando desenhar e gerenciar canais nos Estados Unidos, no Japão ou qualquer outro país do mundo, a necessidade de considerar as dimensões comportamentais da relação de canal é sempre importante – e, em alguns países, como o Japão, absolutamente crítica.

DESENHANDO CANAIS INTERNACIONAIS

Embora seja apresentado principalmente em uma configuração doméstica, o desenho de canais de distribuição discutido nos Capítulos 6 e 7 (em relação ao paradigma do desenho do canal com sete fases) também se aplica ao cenário internacional.

A primeira fase, reconhecer que uma decisão de desenho do canal precisa ser tomada, pode ser vista sob perspectivas nacionais e/ou internacionais.[20] Por exemplo, se uma empresa está buscando novos para seus produtos (um motivo comum para enfrentar decisões de desenho de canal), eles podem estar localizados nos Estados Unidos ou no exterior. Em ambos os casos, a empresa pode ter de desenhar canais inteiramente novos ou modificar os existentes para atingir os mercados.[21]

Configurar e coordenar objetivos de distribuição, a Fase 2 do desenho de canal, também se aplica igualmente a situações nacionais e internacionais. Se os objetivos de distribuição da empresa especificam atingir mercados estrangeiros, o desenho do canal vai precisar refletir esse fato.[22]

A Fase 3 do desenho de canal, especificação de tarefas de distribuição, também serve para decisões de desenho de canais nacionais e internacionais. Em ambos os casos, a empresa deve examinar cuidadosamente os tipos de tarefas que precisam ser executadas para atender aos objetivos de distribuição da empresa.[23]

O desenvolvimento de estruturas alternativas de canal, a Fase 4 do paradigma de desenho do canal, no entanto, toma um rumo diferente quando alternativas internacionais são consideradas. Isso porque um diferente conjunto de alternativas de estrutura de canal precisará ser considerado para a distribuição internacional, o que normalmente não seria relevante se os canais estivessem sendo desenhados apenas para a distribuição doméstica. Essas alternativas de estrutura de canal são determinadas por abordagens específicas para a participação nos mercados internacionais que a empresa busca[24] e vão da exportação ocasional ou casual até a ampla produção e comercialização estrangeiras. A Figura 18.1 retrata as várias abordagens. Nossa discussão focará apenas as associadas à produção no mercado doméstico (Estados Unidos). Produtos estrangeiros exigem considerações estratégicas em níveis corporativos que vão muito além do escopo do desenho do canal.

Exportação indireta

Situação em que uma empresa vende produtos em mercados estrangeiros, mas não tem uma divisão especial dentro de sua organização nem faz nenhum esforço significativo de comercialização internacional. Efetivamente, a empresa é um comerciante doméstico que exporta alguns de seus produtos. A seguir, apresentaremos as quatro abordagens mais comuns para **exportação indireta**.

Exportação casual A empresa que só deseja "colocar o pé" na venda de produtos ao exterior pode exportar ocasionalmente uma pequena porção de seus produtos. Na verdade, ela pode até não estar totalmente ciente de que alguns de seus produtos estão indo para o exterior porque clientes domésticos

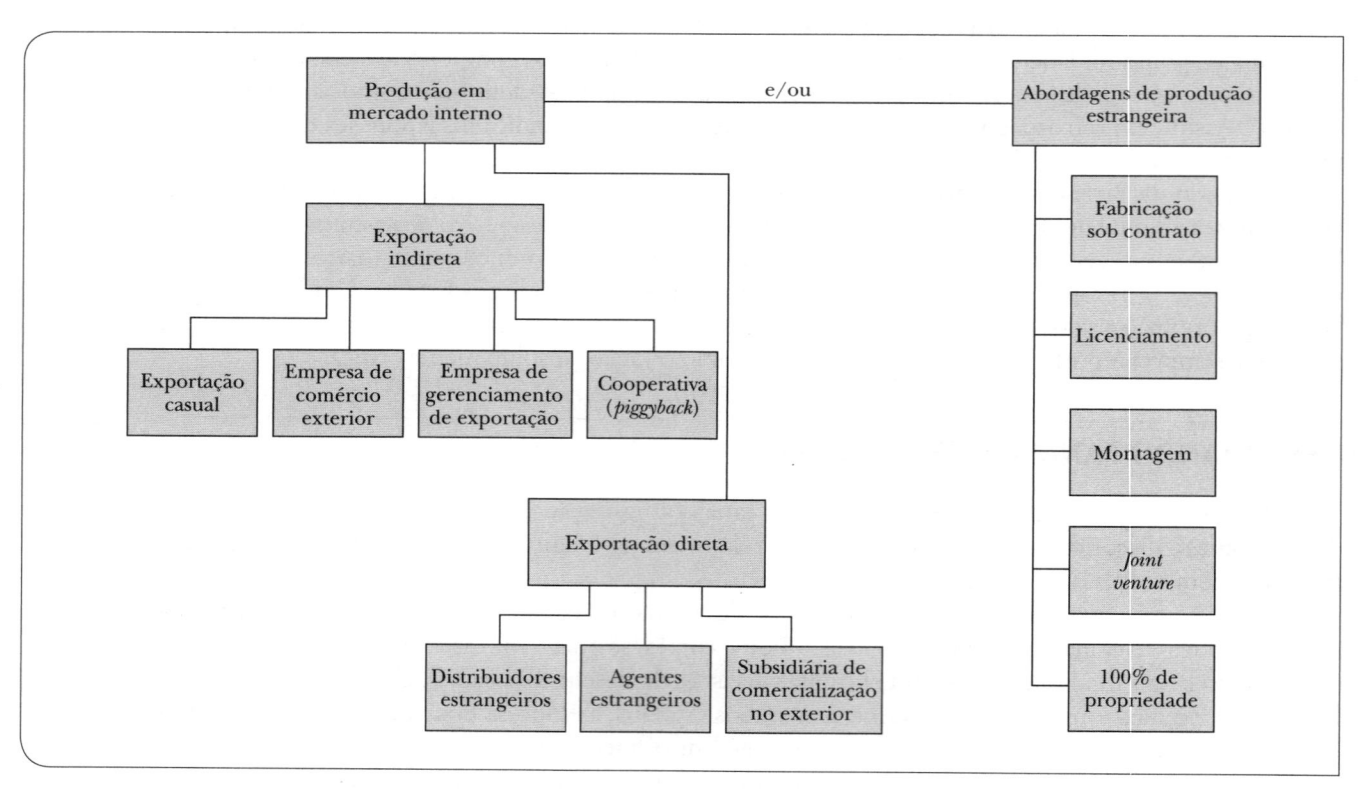

FIGURA 18.1 ▶ Abordagens alternativas para entrada em mercado estrangeiro.

Fonte: Adaptado de Vern Terpstra, *International marketing*, 3. ed. Hindale, Ill.: Dryden Press, 1983, p. 320. Copyright 1983 por Vern Terpstra. Reproduzido com permissão do autor.

comuns, especialmente do mercado industrial, podem comprar os produtos nos Estados Unidos e enviá-los para suas operações internacionais. Pedidos não solicitados de países estrangeiros, muitos dos quais podem ser feitos on-line, também podem corresponder a uma parte significativa desse tipo de exportação. Nesse nível de exportação, tende-se a pensar pouco em outras alternativas de canais internacionais.

Empresas de comércio exterior (tradings) Em geral, são grandes e poderosas organizações internacionais que conduzem o comércio em todo o mundo. Algumas das maiores, como a Mitsubishi, têm sede no Japão, mas muitas das principais empresas de comércio exterior também se localizam na Europa.[25]

Como essas empresas são grandes e têm acesso a muitos mercados mundiais, podem fornecer às empresas dos Estados Unidos uma rápida entrada em mercados estrangeiros. Mas, por serem tão grandes e poderosas, as empresas norte-americanas podem ter pouca influência na forma como seus produtos são vendidos pela empresa de comércio exterior. Portanto, essa também é uma abordagem muito impessoal para o mercado internacional.

Intermediários do comércio exterior Às vezes chamados **empresas de gerenciamento de exportação,** eles são essencialmente atacadistas, representantes, agentes ou corretores domésticos especializados em vendas estrangeiras. A Tabela 18.1 traz uma lista de alguns dos tipos mais comuns de intermediários comerciais que participam de canais internacionais.

Estima-se que haja de 2 mil a 2.500 desses intermediários nos Estados Unidos, correspondendo a até 10% de toda a exportação norte-americana. Como mostrado na tabela, alguns são atacadistas tradicionais que assumem os direitos dos produtos e na verdade manuseiam a mercadoria. Outros agentes não assumem direitos e normalmente não tomam posse física da mercadoria, mas lidam com as vendas e aspectos técnicos da comercialização no exterior; muitos também lidam com acordos de crédito. Para a empresa que procura um maior nível de envolvimento no mercado internacional do que o fornecido pela exportação casual ou por empresas de comércio exterior, mas não deseja estabelecer um departamento interno de exportação, intermediários de exportação podem oferecer uma alternativa atraente.

Cooperativa ou acordos de exportação casada (piggybacking) Outra abordagem para entrar no mercado estrangeiro é por meio de um esforço cooperativo de duas ou mais empresas. De acordo com o Ato Comercial de Exportação Webb-Pomerene, empresas dos Estados Unidos podem se reunir com o propósito de concorrer em mercados estrangeiros sem estar sujeitas às cláusulas de defesa da concorrência dos Atos Sherman e Clayton (ver Capítulo 3), que se aplicam no mercado doméstico. Embora tal disposição exista desde a aprovação do Ato, em 1918, as associações Webb-Pomerene nunca foram populares. Atualmente, correspondem a menos de 2% das vendas por exportação dos Estados Unidos.

***Piggybacking* (exportação casada)** é o termo usado para descrever um tipo especial de acordo cooperativo entre duas empresas para entrar em mercados estrangeiros. O **transportador** é a empresa que já está envolvida em exportações, e o **carona** a que usa a especialização internacional e as habilidades do transportador para entrar em mercados estrangeiros. Tais acordos de *piggybacking* (cooperação), se bem concebidos, podem dar ao carona a oportunidade de entrar em mercados estrangeiros com pouco gasto de capital, enquanto o transportador pode obter um produto desejado para vender.

Exportação direta

Segundo a literatura de marketing internacional, situação em que o fabricante se envolve diretamente na exportação, em vez de delegar todas as tarefas a terceiros. Assim, na **exportação direta**, tarefas como fazer contatos com o mercado, realizar pesquisas de mercado, lidar com a distribuição física, preparar documentos de exportação, precificação e muitas outras são responsabilidades do departamento de exportações do próprio fabricante.[26] A Tabela 18.2 esboça os elementos do *mix* de marketing de exportações.

▶ **TABELA 18.1** Tipos comuns de intermediários de exportação participando de canais internacionais

Tipo de intermediário	Papel primário/descrição no canal
Comerciante tradicional Atacadistas para operações globais Agentes estrangeiros	Serviço completo, os distribuidores atacadistas seguem os clientes aos mercados estrangeiros e estabelecem operações globais Negócios independentes que não assumem a propriedade dos produtos que representam e, em geral, não têm posse física, mas são capazes de executar ou organizar a execução da maioria das tarefas de comercialização internacional
Distribuidores estrangeiros	Compram e vendem em seu próprio nome e assumem a posse e o risco de propriedade
Comerciante exportador	Compra e vende por conta própria, mas tipicamente exporta e importa; portanto, tem instalações em muitos mercados nacionais
Empresa de gerenciamento de exportação	Age como um departamento de comércio exterior de uma organização, representando diversas empresas não concorrentes
Agente exportador do fabricante	Parecido com uma empresa de gerenciamento de exportação, mas em geral oferece funções mais limitadas e opera em seu próprio nome, em vez de usar o nome do fabricante
Corretora de exportações	Alternativa de baixo risco para o exportador, com a corretora de exportações representando o comprador, que paga a comissão
Comprador residente	Basicamente uma corretora de exportações com contrato contínuo de longo prazo
Escritório de confirmação (*Confirming house*)	Oferece funções limitadas a um exportador, originalmente relacionadas a financiamento
Intermediário de exportação (*Export Desk Jobber*)	Compra e vende, normalmente matérias-primas, nunca tomando a posse física
Agentes de cargas	Essencialmente organiza o transporte e a documentação, mas há um crescente movimento em direção a funções adicionais de distribuição do canal
Fornecedores de logística terceirizados	Fornecedores de logística cada vez mais oferecem amplas funções de distribuição para empresas globais

Fonte: Bert Rosenbloom e Trina Larsen Andras, Wholesalers as global marketers. *Journal of Marketing Channels*, vol. 15, n. 4, 2008, p. 242. Copyright © 2008 por Taylor & Francis Group. Reproduzido com permissão da editora, www.informaworld.com.

Embora o fabricante esteja altamente envolvido no desempenho de tarefas de marketing internacional, como mostrado na Tabela 18.2, ainda pode contratar distribuidores estrangeiros e/ou agentes para ajudar seu departamento de exportações interno. Além disso, mesmo que o fabricante tenha configurado sua subsidiária de comercialização no exterior, pode também usar distribuidores e agentes para ajudar a cumprir seus objetivos de distribuição estrangeira.[27]

Distribuidores estrangeiros Como muitos distribuidores domésticos, os estrangeiros são negócios independentes que em geral assumem os direitos sobre os produtos que manipulam. Portanto, assim como em uma configuração doméstica, eles podem querer agir à sua maneira, em vez de seguir

A. Suporte promocional	32. Seleção de produtos corretos para cada mercado
1. Propaganda local	33. Determinação de qual unidade produtiva fornecerá os produtos a cada mercado
2. Propaganda guarda-chuva	34. Administração geral de produtos
3. Propaganda por mala direta	
4. Folhetos descritivos	**G. Suporte financeiro**
5. Feiras e eventos	35. Planejamento e controle de dados do orçamento e relatórios
6. Itens de demonstração	36. Financiamento das plantas
7. Impressos	37. Operações de locação de equipamentos pesados
	38. Cobrança e coleta de faturas
B. Vendas diretas	39. Autorizações de crédito
8. Venda direta a consumidores	40. Auditoria
9. Manutenção da força de vendas	41. Financiamento geral de vendas
10. Comissões para agentes de vendas	
	H. Suporte técnico
C. Suporte aos serviços de marketing e vendas	42. Especificações de fabricação
11. Pesquisa de mercado	43. Projetos de máquinas para mercados especiais
12. Catálogo anual de produtos	44. Controle de qualidade
13. Orçamento de vendas por produto	45. Testes de produtos
14. Solicitações de cotação rápida	46. Fornecimento de peças
15. Assistência técnica de vendas	47. Treinamento do pessoal de serviço
16. Serviço na loja	
17. Informação antecipada para agentes de vendas sobre produtos novos ou fora de linha	**I. Suporte à embalagem**
18. Agentes de treinamento da equipe de vendas	48. Embalagem para exportação
19. Serviço geral ao cliente	49. Fornecimento de uma variedade de embalagens e tamanhos para cada linha de produtos ser mais competitiva
20. Reclamações e ajustes	50. Etiquetas de exportação
21. Serviços de garantia	
22. Serviço para subsidiárias estrangeiras organizadas pela matriz norte-americana	**J. Suporte ao transporte**
23. Relatórios periódicos de vendas	51. Suporte de trânsito e distribuição adequado
24. Inteligência competitiva em geral	52. Processamento de pedidos
	53. Preparação para a exportação
D. Suporte de precificação	54. Frete terrestre
25. Estabelecimento de preços	55. Transporte internacional
26. Distribuição de listas de preços e tarifas	56. Despesas de nacionalização
27. Informação de preços relativa a itens concorrentes	
	K. Outros suportes
E. Suporte ao estoque	57. Processamento de dados
28. Manutenção de estoque	58. Desenho de sistemas
29. Giro de estoque para evitar obsolescência	59. Seguros
30. Armazenamento	60. Serviços legais
	61. Análise tributária
F. Suporte à administração de produto	62. Traduções
31. Desenvolvimento de novos produtos para o mercado de exportação	63. Conversão de medidas de dados operacionais

Fonte: James R. Basche, Jr. *Export marketing services and costs*. Nova York: The Conference Board, 1971, p. 4.

orientações do fabricante. Assim, a capacidade de um fabricante exercer controle sobre a maneira como seus produtos são comercializados pelos distribuidores é uma questão crucial, tanto no mercado doméstico como internacional. Mas as grandes distâncias e, em muitos casos, as diferenças culturais e de comunicação envolvidas nas negociações com distribuidores estrangeiros tornam as dificuldades de exercer controle sobre eles ainda mais desafiadoras no ambiente internacional.[28]

Por outro lado, a tecnologia moderna, especialmente internet, e-mail, telefones celulares e até os antiquados aparelhos de fax, tornou muito mais fácil e barato para os fabricantes dos Estados Unidos se comunicar com distribuidores estrangeiros de todo o mundo. A disponibilidade dessas tecnologias de baixo custo, ao lado da habilidade desses distribuidores, levou a aumentos substanciais nas exportações feitas por fabricantes norte-americanos. Durante o período de oito anos, entre 2000 e 2008, as exportações feitas por produtores e fabricantes norte-americanos cresceram de $ 782 bilhões para quase $ 1,3 trilhão, um aumento de quase 65%.[29]

Agentes estrangeiros   Embora também sejam negócios independentes, eles não assumem a propriedade dos produtos representados e, em geral, não obtêm sua posse física. No entanto, são capazes de executar ou organizar a execução da maioria das tarefas de comercialização internacional listadas na Tabela 18.2.

Subsidiária de comercialização no exterior   Quando o fabricante estabelece sua própria filial de vendas no exterior e consegue executar a maioria das (ou todas) as tarefas de comercialização internacional mostradas na Tabela 18.2, ele tem uma verdadeira subsidiária de comercialização no exterior. Essa abordagem exige comprometimento e investimentos em vendas internacionais substancialmente maiores do que o uso de distribuidores ou agentes. Contudo como a subsidiária é propriedade do fabricante, o grau de controle é maior.

Escolhendo a estrutura apropriada

Decidir qual é a melhor alternativa para distribuir em mercados estrangeiros é parecido com as Fases 5 e 6 do paradigma de desenho do canal (ver Capítulo 6). O gerente de canal precisa avaliar todas as variáveis relevantes (Fase 5) e então usar algum processo para fazer a verdadeira escolha (Fase 6).

Embora as seis categorias básicas de variáveis a se considerar (mercado, produto, empresa, intermediário, ambiental e comportamental) sejam as mesmas para estratégias de canal domésticas e internacionais, as variáveis *específicas* consideradas e as circunstâncias podem ser bem diferentes. Por exemplo, como já apontamos neste capítulo, variáveis ambientais e comportamentais diferem substancialmente de país para país.[30] A categoria de variáveis de intermediários fornece outro exemplo. Nos Estados Unidos, o grupo de atacadistas, varejistas ou vários agentes intermediários que o fabricante pode estar considerando será bem diferente do conjunto de intermediários (distribuidores estrangeiros) que vai considerar se quiser comercializar na Inglaterra, na França, no Japão, na Austrália ou outros países. Em resumo, é impossível generalizar todas as variáveis específicas e conjuntos de circunstâncias que devem ser considerados quando se estiverem avaliando estruturas alternativas de canais internacionais. Tal avaliação só pode ser feita caso a caso.

A verdadeira escolha de estrutura de canal para comercialização internacional (Fase 6) também pode ser feita caso a caso, mas qualquer uma das abordagens discutidas no Capítulo 6 pode ajudar no processo. Na prática, abordagens críticas e heurísticas são as mais usadas para escolher canais internacionais, assim como para selecionar canais domésticos.

Por fim, a sétima e última fase do desenho de canal – seleção dos membros do canal – também se aplica à configuração internacional se distribuidores estrangeiros forem usados.[31] O processo de três passos para encontrar possíveis distribuidores, aplicar critérios de seleção a fim de determinar sua compatibilidade e garantir os possíveis distribuidores como verdadeiros membros do canal difere apenas em termos de especificidades envolvidas. Por exemplo, uma empresa norte-americana buscando possíveis membros do canal nos Estados Unidos pode não precisar procurar muito além de seu próprio campo de força de vendas ou mesmo em uma agenda de telefones. Mas, se estiver procurando possíveis distribuidores em mercados recentemente abertos em países do Leste Europeu, como Hungria, República Tcheca, Polônia ou Rússia, na antiga União Soviética ou na China,[32] serão necessários muito mais esforços para localizar e selecionar esses membros de canal estrangeiros. (A Tabela 18.3 lista algumas fontes úteis para localizar possíveis distribuidores em mercados estrangeiros.)

Não há uma lista de critérios de seleção aplicável universalmente para escolher distribuidores domésticos, assim como para distribuidores internacionais. Sendo assim, os critérios variam de país para país e de acordo com a situação. As listas generalizadas de critérios apresentadas no Capítulo 7, no entanto, podem ser usadas como um guia geral para elaborar outras mais especializadas de critérios de seleção, tanto para distribuidores domésticos como no exterior.

Por fim, garantir que potenciais membros do canal se tornem efetivos, domésticos ou estrangeiros baseia-se nos mesmos princípios de benefício mútuo, ainda que os detalhes e as nuances do estabelecimento da relação sejam diferentes em empresas domésticas e estrangeiras. Na Polônia, por exemplo, possíveis varejistas esperam ser mimados pelos fornecedores até que possam aprender o básico da comercialização e operações de varejo.[33]

▶ **TABELA 18.3** Fontes para encontrar distribuidores estrangeiros

I. Fontes governamentais	IV. Indústria de transportes
A. Programas do Departamento de Comércio dos Estados Unidos	A. Despachantes estrangeiros
1. Lista de contatos (*mailing*) sobre exportação, serviço de gravação de dados	B. Empresas aéreas
2. Listas comerciais	C. Agentes de transporte
a. Empresas e organizações estatais de comércio	V. Câmaras de comércio e associações comerciais
b. Listas de pesquisa do comércio no mercado global	A. Câmaras estrangeiras (*world* years Commerce)
3. Serviço de agente/distribuidor	B. Câmaras norte-americanas
4. Centros comerciais dos Estados Unidos	C. Câmaras estrangeiras
B. Agências estatais no exterior	D. Comércio mundial
C. Embaixadas e consulados nos Estados Unidos	E. Direções comerciais
D. Embaixadas e consulados estrangeiros nos Estados Unidos	VI. Diversas
II. Contatos institucionais	A. País relacionado
A. Bancos	B. Região de contatos pessoais/administrativos
1. Seu banco comercial	C. Listas de contato (*mailings*) de associações
2. Bancos residentes estrangeiros	
B. Advogados	
C. Agências de propaganda	
D. Empresas de contabilidade	
III. Listas comerciais particulares	
A. Dun & Bradstreet	
B. Blytmann International	
C. Listas telefônicas locais	
D. Empresas norte-americanas, subsidiárias e afiliadas operando em países estrangeiros	

Fonte: R. Duane Hall e Ralph J. Gilbert. *Multinational distribution: channel, tax, and legal strategies*, p. 21–22. Copyright 1985. Reproduzido com permissão da ABC-CLIO INC., por intermédio do Copyright Clearance Center.

MOTIVANDO MEMBROS DE CANAIS INTERNACIONAIS

No Capítulo 9, definimos motivação como as ações tomadas pelo fabricante para estimular a cooperação do membro do canal visando à implementação dos seus objetivos de distribuição. Discutimos as três facetas básicas da administração da motivação: (1) descobrir as necessidades e os problemas dos membros do canal; (2) oferecer suporte aos membros do canal que seja compatível com suas necessidades e problemas; e (3) fornecer liderança por meio do uso efetivo do poder.

Essa abordagem da administração de motivação aplica-se igualmente em um contexto internacional.[34] A empresa norte-americana que busca alcançar seus objetivos de distribuição por meio de membros de canal estrangeiros precisa conhecer suas necessidades e problemas, o tipo de suporte que pode ser oferecido para atender a essas necessidades e problemas, e como o domínio pode efetivamente ser usado para exercer controle e liderança. Assim, a princípio, a motivação dos membros do canal tanto em configurações domésticas quanto internacionais é a mesma, mas com grandes diferenças em *como* a abordagem é implementada em ambientes distintos e com maiores dificuldades envolvidas na tentativa de motivar membros de canal no exterior.[35]

Descobrindo as necessidades e os problemas de membros de canal estrangeiros

O fabricante doméstico que sente saber lidar com as necessidades e problemas de seus membros do canal domésticos pode ter um doloroso despertar ao se aventurar em mercados estrangeiros. Dependendo do país, as necessidades e os problemas de membros de canal estrangeiros nos níveis de atacado e varejo podem variar significativamente daqueles dos membros domésticos com as quais o fabricante está acostumado a lidar.[36]

Uma das diferenças mais comuns está no tamanho dos membros de canal estrangeiros. Muitos atacadistas e varejistas estrangeiros são pequenos demais para os padrões norte-americanos. Isso é certo em particular em países menos desenvolvidos, mas também vale para os altamente desenvolvidos, como Japão e Itália.[37] Os problemas de diferentes metas e dificuldades de comunicação sentidos por grandes fabricantes lidando com membros de canal relativamente pequenos (ver Capítulo 4) são ainda maiores na configuração internacional, na qual as diferenças culturais já são bastante grandes.[38] Por exemplo, muitos pequenos atacadistas e varejistas estrangeiros têm pouca vontade de crescer. Logo, não são diligentes e agressivos na promoção dos produtos de um fabricante estrangeiro. Do ponto de vista do fabricante norte-americano, esses membros do canal podem ser vistos como preguiçosos, quando na verdade estão apenas operando de acordo com *seus* objetivos, que não atribuem grande prioridade a esforços agressivos para crescer.

Muitos membros de canal estrangeiros nos níveis atacadistas e varejistas podem ser subfinanciados em um grau muito maior do que é típico nos Estados Unidos. Eles podem ser capazes de estocar apenas variedades limitadas de produtos e esperar por acordos de consignação e longos prazos de crédito, de até dez meses ou um ano, como é comum no Japão. Portanto, em vez de assegurar financiamento *ao* fabricante do exterior, muitos membros de canal estrangeiros na verdade podem *precisar de* uma grande assistência financeira daquele.

Por outro lado, em inúmeros países europeus, a situação inversa costuma prevalecer. Varejistas, especialmente os que lidam com artigos de moda, armazenam estoques substanciais financiados por si mesmos. Esses varejistas em geral querem uma relação mais distante com fabricantes estrangeiros[39] e são bem menos receptivos a parcerias ou alianças estratégicas baseadas em entregas de mercadorias *just-in-time* (JIT) e à tecnologia de intercâmbio eletrônico de dados (EDI), que se tornaram cada vez mais comuns nos Estados Unidos.

Outro problema com muitos atacadistas e varejistas estrangeiros é sua elevada estrutura de custos que pode ser resultado de operações em pequena escala, altos custos de mão de obra por causa de leis trabalhistas impostas pelo governo (como é o caso de países como Austrália e Nova Zelândia) e/ou administração operacional ineficiente. A fim de cobrir esses custos, eles podem buscar margens muito altas – às vezes tão altas quanto 200%. A necessidade de tais margens pode afetar seriamente a posição competitiva dos produtos do fabricante.

Mais uma questão enfrentada por atacadistas e varejistas estrangeiros é que eles podem estar à mercê de determinados governos ora no poder. Esse é um grande problema, por exemplo, em alguns países latino-americanos. Distribuidores ou varejistas nessa situação podem perder muitos de seus privilégios para conduzir negócios se houver uma mudança no governo.

Essas são apenas algumas das muitas diferentes necessidades e problemas de membros do canal no exterior que fabricantes norte-americanos podem encontrar ao lidar com eles. Por isso, o gerente de canal precisa ser especialmente cuidadoso e meticuloso ao enfrentar essas questões.[40] Além de todos os métodos para aprender sobre as necessidades e os problemas dos membros do canal discutidos no Capítulo 9, visitas pessoais regulares feitas por altos executivos aos principais distribuidores estrangeiros também podem ser consideradas para que possam ver em primeira mão as necessidades e os problemas enfrentados pelos membros de canal estrangeiros da empresa.

Oferecendo suporte aos membros de canal estrangeiros

As abordagens para fornecer suporte a membros domésticos, discutidas no Capítulo 9, foram apresentadas em relação a três níveis de abrangência. A abordagem cooperativa é a menos abrangente e a relação mais distante entre fabricante e membros do canal. Parcerias ou alianças estratégicas são mais abrangentes e envolvem relações bem próximas baseadas em compromissos mútuos entre ambos.[41] Programas de distribuição são os arranjos mais abrangentes e coesos, com instruções específicas e detalhadas do fabricante ao membro do canal. Exceto para o caso de franquias de negócios formatados, como praticado pelo McDonald's, Pizza Hut e outras empresas do ramo de *fast-food* e algumas das principais redes hoteleiras, como Hilton e Hyatt, em canais internacionais, relações próximas no nível de programas de distribuição são menos comuns do que nos Estados Unidos. Muito mais comum é a abordagem cooperativa, com algumas relações no estágio de parceria (ou aliança estratégica).[42] A separação por distância ou ambientes culturais torna difícil conquistar programas de distribuição com uma estrutura de canal consistente de um fabricante com sede nos Estados Unidos operando por meio de distribuidores estrangeiros independentes. Acordos parecidos com programas de distribuição existem; no entanto, sob estruturas de licenciamento e *joint venture* (ver Figura 18.1), mas estão muito além do escopo da nossa discussão.

Embora o programa de suporte específico oferecido pelo fabricante a membros de canal estrangeiros deva ser baseado em uma cuidadosa análise das necessidades e problemas dos distribuidores estrangeiros,[43] autoridades líderes do mercado internacional ressaltam os seguintes fatores como cruciais em muitos países ao redor do mundo: (1) adequação de margens; (2) proteção territorial; (3) suporte de propaganda; (4) assistência financeira; (5) treinamento de vendas e de serviços; (6) consultoria empresarial; (7) pesquisa de mercado; e (8) vendas missionárias.[44]

A necessidade de fornecer margens adequadas lembra o tratamento de membros de canal em uma configuração doméstica.[45] Mas, como já mencionamos, à luz das estruturas de custo enfrentadas por muitos pequenos distribuidores estrangeiros, a necessidade de lhes dar boas margens potenciais sobre os produtos com os quais lidam é ainda mais importante. Fazer isso, no entanto, exige que os fabricantes norte-americanos mudem seu sistema de referência de forma que constitua uma margem "justa" ou "razoável" para distribuidores estrangeiros. Uma margem atacadista de 20% a 30%, que o fabricante pode considerar mais do que generosa para distribuidores dos Estados Unidos, pode ser totalmente inadequada para os padrões de muitos distribuidores estrangeiros.

Proteção territorial, ou mesmo a garantia de territórios exclusivos, exigida por muitos distribuidores no mercado doméstico, pode ser ainda mais desejável em mercados estrangeiros. Distribuidores no exterior, a maioria dos quais com recursos financeiros bem limitados, não vão querer assumir o risco de gerenciar e promover a linha de produto de um fabricante se outros distribuidores estiverem concorrendo no mesmo território pelos mesmos consumidores.

Suporte de propaganda para distribuidores e revendedores estrangeiros é outra forma vital de assistência. Uma grande empresa com sede nos Estados Unidos pode ter vantagem sobre empresas nativas no fornecimento desse suporte em razão de seus recursos financeiros maiores e sua experiência no uso de propaganda. A pesada e sofisticada propaganda empregada por gigantes norte-americanos, como Whirlpool Corporation em seus principais eletrodomésticos, Estee Lauder Inc. em cosméticos, e Levi Strauss em seus *jeans*, traz enormes vantagens aos membros de canal estrangeiros que vendem esses produtos.

Como já mencionamos, muitos distribuidores estrangeiros têm recursos financeiros limitados, e alguns são seriamente subfinanciados pelos padrões norte-americanos. Assim, a oferta de assistência financeira, em especial na forma de crédito estendido, é quase sempre bem-vinda. Em muitos países, os prazos de crédito que seriam considerados estendidos nos Estados Unidos, como 60 ou 90 dias, podem, na verdade, ser considerados *menos* do que o prazo normal de crédito. Empresas norte-americanas, crentes de que os prazos de crédito que oferecem são generosos, precisam ser cuidadosas e usar a estrutura de referências do país em questão ao fazer essa determinação.

Treinamento de vendas e de serviço, consultoria empresarial e pesquisa de mercado podem ser usados por empresas, sobretudo grandes corporações multinacionais, para conquistar a cooperação do distribuidor estrangeiro. Como Terpstra aponta:

> O tamanho e a experiência de empresas multinacionais lhes dão uma vantagem em outras vias da obtenção de cooperação do distribuidor, como treinamento do pessoal de vendas ou de serviço, serviço de consultoria empresarial e assistência em pesquisas de mercado. Uma empresa com operações em vários países pode aproveitar sua própria experiência em ajudar os distribuidores em qualquer mercado. Ela pode obter economias de escala no desenvolvimento de uma equipe de treinamento qualificada e talvez no comando de um centro de treinamentos centralizado para a equipe dos distribuidores de vários países. A maior parte das empresas nacionais [nativas] não consegue corresponder a essas vantagens.[46]

Por fim, as vendas missionárias (ver Capítulo 12) são uma forma de manter contato com os membros de canal estrangeiros e ajudá-los a vender o produto com mais eficácia. Como exemplo, Terpstra cita o uso de vendas missionárias pela Wrigley, na Europa, para compensar a concorrência europeia com preços menores. Vendedores missionários estavam acostumados a convencer os varejistas de que poderiam ter maiores lucros ao se concentrar na marca bem estabelecida da Wrigley, e não nas mais baratas, mas menos conhecidas, europeias.[47]

Liderando canais internacionais de marketing

A liderança, no sentido de dar instruções e obter pelo menos certo grau de controle sobre os membros do canal, é necessária tanto em canais domésticos quanto em internacionais.[48] Entretanto, é mais difícil exercer esse tipo de liderança no cenário internacional.[49] Como ressaltamos repetidas vezes neste capítulo, o ambiente, a cultura, a distância e muitos outros fatores tornam o gerenciamento de canais internacionais mais complexo do que o de canais domésticos. Isso se aplica especialmente à liderança de membros de canal estrangeiros. Distribuidores e revendedores estrangeiros são negócios independentes, assim como suas contrapartes norte-americanas.[50] No entanto, eles estão operando em seus países com base em *suas* tradições de negócios, costumes, normas culturais[51] e sistemas legais.

Portanto, exercer controle sobre as ações de membros de canais estrangeiros pode envolver dificuldades.[52] Pense, por exemplo, no complicado problema de membros de canal que fazem o transbordo de produtos do fabricante, que deveriam ter sido vendidos em mercados estrangeiros, de volta para os Estados Unidos para venda no **mercado cinza** (ver Capítulo 11). Uma das melhores soluções para lidar com membros que se associam a práticas de mercado cinza, de acordo com Weigand, é eliminá-los do canal. Porém, como continua esse autor, a liberdade de um fabricante para fazê-lo varia amplamente em diferentes países:

> Fabricantes precisam ter muito mais cuidado em alguns países do que em outros ao selecionar distribuidores e monitorar suas vendas; eliminar um intermediário desleal pode ser tão custoso que é praticamente uma estratégia inútil. A legislação de Porto Rico é notoriamente tão protetiva em relação aos revendedores locais que muitos fabricantes preferem vender diretamente às pessoas locais; por outro lado, essa eliminação em muitos países asiáticos é bem simples.[53]

Em alguns países, atacadistas, varejistas e vários tipos de agentes e corretores podem estar operando de determinada maneira há centenas ou até milhares de anos. Tentativas feitas por uma "nova-rica" empresa norte-americana para liderá-los em outra direção podem, na melhor das hipóteses, ser ignoradas e, na pior, altamente ofensivas. Portanto, qualquer tentativa de um fabricante norte-americano exercer controle sobre distribuidores estrangeiros precisa levar em conta esses fatores.

As restrições acima mencionadas não querem dizer que fabricantes com sede nos Estados Unidos vendendo por meio de distribuidores estrangeiros não possam exercer nenhuma liderança. Pelo contrário, a liderança eficaz é possível, mas a abordagem deve ser bem diferente daquela usada em canais domésticos. Relações impessoais e de empresa a empresa, tão comuns nos Estados Unidos entre grandes fabricantes e distribuidores ou revendedores relativamente menores, normalmente são muito menos eficazes em outros países, que esperam por tipos de relações mais pessoais e participativas.[54] Um estudo das relações entre fabricantes e distribuidores estrangeiros, por exemplo, descobriu que os melhores arranjos têm as seguintes características:

- Os papéis e rotinas de distribuidores estrangeiros não foram determinados rigidamente pelo fabricante no exterior, mas adaptados pelo distribuidor às circunstâncias variáveis no mercado.
- Decisões de estratégia de mercado foram tomadas em conjunto pelo fabricante e distribuidores, em vez de impostas a estes por aquele.
- Um alto grau de contato pessoal entre o fabricante e os distribuidores estrangeiros foi mantido por meio de visitas pessoais, ligações telefônicas e cartas.[55]

Embora tais fatores não sejam universalmente aplicáveis ou signifiquem uma "fórmula para o sucesso" no trato com distribuidores estrangeiros, pelo menos sugerem que uma empresa norte-americana que busca influenciar o comportamento de distribuidores estrangeiros não pode simplesmente transplantar para o ambiente estrangeiro as mesmas abordagens usadas no cenário doméstico.[56] Antes, deve ser dada mais atenção às tradições e aos costumes que baseiam as relações de canal no país (ou países) em questão.[57] Como Stern e El-Ansary afirmam ao se referir a países do Oriente Médio:

> Agentes e distribuidores no Oriente Médio são influenciados por milhares de anos de comércio em bazares. Marketing, para eles, significa "sentar sobre o produto" e esperar que o consumidor venha até eles. Uma atitude comum entre comerciantes é que eles não vendem, mas as pessoas compram. A filosofia da "recompensa e do castigo" para motivar agentes e distribuidores nos Estados Unidos e na Europa fracassa no Oriente Médio. Incentivos financeiros podem não motivá-los a impulsionar o produto agressivamente se o processo for complexo e longo. E se estiverem ganhando dinheiro hoje provavelmente não ficarão motivados a ganhar mais.[58]

Como esse comentário sugere, uma empresa tentando exercer liderança sobre distribuidores no Oriente Médio deve ser sensível à sua maneira de fazer negócios. Fazê-los se envolver em uma promoção agressiva a fim de "angariar" vendas para os produtos dos fabricantes por meio de incentivos monetários provavelmente não vai funcionar. Em vez disso, tanto no Oriente Médio como em qualquer outra região do globo, seria muito melhor o fabricante se esforçar para aprender sobre os costumes e tradições que afetam o comportamento de membros estrangeiros de canal. Partindo desse pressuposto, *insights* sobre os tipos de práticas de liderança que *serão* eficientes são mais propensos a surgir.

Resumo

No mundo atual de mercados e concorrência globais, cada vez mais empresas norte-americanas vão precisar considerar futuros negócios no mercado internacional. A estratégia de canal, como um dos componentes-chave do *mix* de marketing, vai, então, ter de focar mais na dimensão internacional do gerenciamento de canal.

O ambiente no qual os canais internacionais operam é mais complexo do que o doméstico porque envolve muitos países e culturas diferentes. Para desenvolver e gerenciar canais de forma bem-sucedida em ambientes estrangeiros, o gerente de canal precisa estar atento e sensível às diferenças dos países envolvidos, bem como à forma como essas diferenças afetam a estratégia de canal. Isso se aplica a todas as principais categorias de variáveis ambientais, como condições econômicas, fatores competitivos, forças socioculturais, avanços tecnológicos e restrições legais/políticas em ambientes estrangeiros.

Entender os processos comportamentais dos canais de marketing é tão importante na configuração internacional quanto na doméstica. Na verdade, o lado comportamental dos sistemas de canal pode ser ainda mais importante em canais estrangeiros porque, em geral, os padrões culturais em inúmeros países dão mais ênfase às relações pessoais do que é comum nos Estados Unidos. Portanto, um entendimento sobre como promover processos de comunicação eficientes é crucial para uma boa distribuição no exterior.

O desenho de canais internacionais segue o mesmo paradigma de sete fases que o desenho de canais domésticos, discutido nos Capítulos 6 e 7. A Fase 4 (desenvolvimento de estruturas alternativas de canal) é diferente, no entanto, em razão das diferentes e alternativas estruturas de canal envolvidas no exterior. Se a estrutura de canal da empresa é baseada em exportações indiretas, em que não há nenhuma divisão especial interna para o comércio internacional, as alternativas de canal são a exportação casual, empresas de comércio exterior, empresas de gerenciamento de exportação ou arranjos cooperativos/*piggybacking*. Se a empresa opta pelo uso da exportação direta, ficando diretamente envolvida na exportação, em vez de delegar a maioria das tarefas de comércio internacional a terceiros, as principais alternativas de canais são usar distribuidores, agentes estrangeiros e subsidiárias de comercialização no exterior, ou uma combinação dos três.

Se a empresa decidir usar distribuidores, agentes ou revendedores estrangeiros, encarará o desafio de motivá-los a fazer um trabalho efetivo de vendas de seus produtos. Embora esse seja um trabalho difícil no ambiente doméstico, é ainda mais árduo no cenário internacional, devido à maior separação entre o fabricante e os membros de canal estrangeiros em termos de distância e de cultura. Isso torna especialmente importante que o fabricante se esforce para descobrir as necessidades e os problemas que os membros do canal enfrentam, fornecer o suporte adequado e exercer liderança com base no entendimento dos costumes e tradições sob os quais os membros de canal estrangeiros operam.

QUESTÕES DE REVISÃO

1. Discuta alguns dos principais fatores que fizeram um número cada vez maior de empresas dos Estados Unidos considerar seriamente o mercado internacional.

2. Todos os conceitos e abordagens básicos para o gerenciamento de canal mudam drasticamente quando a empresa se aventura em mercados estrangeiros. Você concorda ou discorda? Explique.

3. Não se pode esperar que alguém, especialmente os executivos envolvidos no gerenciamento de canais, saiba tudo sobre os ambientes estrangeiros nos quais os canais de sua empresa se estendem. Se isto for verdadeiro, o que *pode* ser esperado que se conheça a respeito de ambientes estrangeiros?

4. Variáveis econômicas, competitivas, socioculturais, tecnológicas e legais/políticas operam ao redor do mundo. Dê exemplos de alterações de três dessas categorias em qualquer país (ou países), exceto os Estados Unidos.

5. "Relações de negócios e sociais não se misturam muito bem." Como essa afirmação se mostra fora do ambiente dos Estados Unidos? Discuta.

6. "Ir direto aos negócios e fazer as coisas de forma rápida e eficiente são virtudes universais." Discuta essa afirmação referente aos Estados Unidos em relação a outras culturas ao redor do mundo.

7. Discuta brevemente o paradigma de desenho do canal apresentado no Capítulo 6 em termos de sua aplicação ao de canais internacionais de marketing.

8. Explique a diferença entre exportação indireta e direta.

9. A motivação de membros de canal estrangeiros pode provir essencialmente da mesma forma que em configurações domésticas. Analise essa afirmação em termos de abordagens básicas em relação a métodos e procedimentos reais.

10. Por que costuma ser mais difícil exercer liderança em canais estrangeiros do que nos domésticos?

1. A Dunkin Donuts entrou no mercado russo em 1996 usando franqueados nativos. Mas, depois de três anos de grandes perdas, a empresa deixou aquele país em 1999. Um dos principais problemas era sua incapacidade de controlar seus franqueados. Uma franquia, por exemplo, vendia tortas de carne e bebidas alcoólicas junto com *donuts* e café! Contudo, na primavera de 2010, a Dunkin Donuts embarcou em outra tentativa de penetrar no mercado russo, novamente usando canais de franquia. Vinte lojas franqueadas foram abertas em Moscou. Depois de seu fracasso ao tentar exercer controle sobre seus franqueados no esforço de penetrar no mercado russo, a empresa acredita que aprendeu uma importante lição: *prestar atenção nos franqueados que sabem o que os russos desejam*. Os *donuts* ao estilo americano não estão no topo de suas listas. Na verdade, a maioria dos russos nem sequer sabe o que é um *donut*. Eles preferem produtos como bolos com creme e geleia de framboesa e outras delícias especiais assadas. Por isso, para ter sucesso no mercado da Rússia, mesmo que a empresa precise controlar os franqueados em termos da garantia de qualidade e consistência, quando se trata do desenvolvimento de produtos, ela precisa ouvir atentamente o que seus franqueados têm a dizer.

   Você acha que é possível que a Dunkin Donuts caminhe por essa linha tênue, que é exercer um forte controle sobre seus franqueados russos enquanto são condescendentes quando se trata do desenvolvimento de produtos?

2. A Dell Inc., em uma tentativa de penetrar no mercado chinês, decidiu aumentar seu modelo de canal de vendas diretas com canais de lojas de varejo indiretas. Dois *desktops* e dois *laptops* com preços baixos e especialmente projetados para mercados emergentes serão vendidos nas 2.700 lojas de produtos eletrônicos da Gome and Suning, não só em Pequim, Xangai e outras grandes cidades, mas também nas menores. A Dell acredita que o mercado chinês está crescendo tão rápido que sua estrutura tradicional com canais de vendas diretas não seria capaz de acompanhar a demanda rapidamente crescente por computadores pessoais na China. Ao confiar em varejistas chineses, a Dell espera fornecer muito mais pontos de contato para que os consumidores chineses obtenham acesso aos computadores da marca.

   Você concorda com a estratégia da Dell? Por quê? Que armadilhas essa estratégia pode encontrar?

3. A Ethan Allen Interiors Inc., uma das líderes na fabricação de móveis dos Estados Unidos, está reestruturando seus canais de marketing no Japão. Originalmente, a empresa vendia seus produtos em lojas de departamento que, em troca, compravam os móveis de distribuidores japoneses locais. Essas lojas alocavam muito pouco espaço para os móveis da Ethan Allen e cobravam altos preços devido às margens extras que iam para os distribuidores locais e suas elevadas despesas gerais de operação. Com o novo canal de marketing, a Ethan Allen vai vender diretamente a um grande varejista especializado do Japão – Otsuka Kagu Ltd. –, que dedicará 1.115 m² de espaço a seus móveis. Isso é o triplo do espaço que ela tinha em uma loja de departamento japonesa comum. Além disso, esse espaço será configurado para criar uma identidade clara para os móveis da Ethan Allen em um conceito "loja dentro da loja". A empresa também teve de investir mais capital e dedicar mais esforços a esse novo canal, mas espera que isso se pague em longo prazo.

   Discuta o novo canal de marketing da Ethan Allen para ter mais acesso ao mercado japonês à luz das frequentes reclamações de empresas americanas, que dizem que os mercados japoneses são praticamente fechados, e da resposta japonesa de que as empresas americanas geralmente têm uma visão de curto prazo e não querem investir tempo e dinheiro necessários para vender seus produtos no Japão.

4. A Coca-Cola Co. não obteve muito sucesso no estabelecimento de canais de marketing fortes na Índia. Seu carro-chefe, a Coca-Cola, tem apenas cerca de 15% do mercado em comparação aos quase 25% da Pepsi. A empresa está acostumada a dominar qualquer mercado estrangeiro em que entre, mas a Índia tem sido uma grande exceção. O potencial certamente está lá, com mais de um bilhão de consumidores, uma grande classe média e clima quente. Mas vários problemas confrontam a Coca-Cola. Primeiro, importou muita matéria-prima, que teve altas taxas de importação e, por consequência, fez que o refrigerante ficasse muito caro em relação à concorrência. Segundo, as antigas plantas de engarrafamento reduziram a efi-

ciência e a consistência da qualidade. Por fim, a Coca-Cola não investiu na rede de distribuição, incluindo suporte de propaganda e promocional, para garantir uma forte cooperação de grandes e pequenos distribuidores por todo o extenso país.

Por que você acha que uma empresa com o tamanho e as habilidades extraordinárias de marketing da Coca-Cola pode tropeçar tanto no estabelecimento de um canal de distribuição forte para seu refrigerante em um país em desenvolvimento como a Índia? Discuta.

5. "Precisamos expandir nossa base de mercado", alegou o vice-presidente de marketing de uma grande cervejaria americana durante sua apresentação em uma conferência de planejamento estratégico. "Nosso crescimento de vendas nos Estados Unidos tem caído ao longo dos últimos cinco anos." "Eu não sei", respondeu o presidente da empresa. "Nós somos muito bons em marketing nos Estados Unidos, conhecemos bem os pormenores das operações aqui. Se precisarmos ir para o exterior, teremos de aprender um monte de novos truques de marketing."

O que o presidente quer dizer com sua afirmação a respeito de aprender um monte de novos truques? Explique.

6. A Procter & Gamble, maior produtora de bens de consumo embalados do mundo, tem sido muito agressiva em sua tentativa de comercializar seus produtos na arena internacional. Mas, mesmo esse colosso do marketing, com todos os seus amplos recursos, teve problemas para desenvolver a distribuição internacional de seus produtos. No México, por exemplo, o crescimento da Procter & Gamble no mercado de detergentes era limitado pelas leis locais que exigiam que a empresa construísse fábricas de detergente em seu território e vendesse essa participação majoritária a empresas mexicanas.

Discuta a situação em termos de possíveis limitações a empresas que buscam fabricar seus produtos nos Estados Unidos e simplesmente vendê-los no exterior.

7. Overseas Private Investment Corp. (OPIC.gov), globalEDGE (globalEDGE.msu.edu) e CountryWatch (CountryWatch.com) são três websites que podem potencialmente fornecer informações valiosas e relevantes para desenhar e gerenciar canais internacionais de marketing. OPIC.gov é uma agência do governo norte-americano especialmente focada em ajudar empresas dos Estados Unidos a entrar em mercados emergentes. O website da globalEDGE é oferecido pelo Michigan State University's International Business Center e traz uma ampla variedade de estatísticas do país, módulos de treinamento e um blogue sobre tópicos de negócios internacionais. O site da CountryWatch foi desenvolvido pela CountryWatch Inc., com sede em Houston, e apresenta perfis de países e dados econômicos e políticos sem custos. No entanto, informações mais específicas e detalhadas estão disponíveis mediante pagamento.

Visite esses três websites e descreva brevemente como a informação fornecida pode ser valiosa para o desenho e/ou gerenciamento de canais internacionais de marketing.

REFERÊNCIAS

1. Sullivan, Elisabeth A. The international advantage, *Marketing News*, 15 Apr. 2009, p. 9; Fram, Eugene H.; Ajami, Riad A. International distributors and the role of U.S. top management, *Journal of Business and Industrial Marketing*, v. 9, n. 4, 1994, p. 33-41.

2. Hamm, Steve. The back roads to it growth, *Business Week*, 6 Aug. 2007, p. 78; veja, por exemplo, Shoham, Aviv; Rose, Gregory M.; Kroff, Fredric. International channels of distribution and the role of entralization, *Journal of Global Marketing*, v. 13, n. 1, 1999, p. 87-103; Wills, James; Samli, A. Coskun; Jacobs, Laurence. Developing global products and marketing strategies: a construct and research agenda, *Journal of the Academy of Marketing Science*, Winter 1991, p. 1-10.

3. Czinkota, Michael R.; Ronkainen, Ilkka A. *International marketing*, 5th ed. Fort Worth, Tex: Dryden Press, 1999; Terpstra, Vern; Sarathy, Ravi. *International marketing*, 6th ed. Fort Worth, Tex: Dryden Press, 1994; Keegan, Warren J. *Global marketing management*, 5th ed. Englewood Cliffs, N.J.: Prentice-Hall, 1995.

4. Child, Peter. Lessons from a global retailer: an interview with the president of carrefour China, *McKinsey Quarterly Special Edition*, 2006, p. 70-81; Rosenbloom, Bert; Larsen, Trina; Mehta, Rajiv. Global marketing channels and the standardization controversy, *Journal of Global Marketing*, v. 11, n. 1, 1997, p. 49–64.

5. Para uma discussão relacionada, veja: Shoham, Aviv; Makovec, Maja; Virant, Vesna; Ruvio, Ayalla. Interna-

tional standardization of channel management and its behavioral and performance outcomes, *Journal of International Marketing*, v. 16, n. 2, 2008, p. 120-151; confira, por exemplo: Arnold, David. Seven rules of international distribution, *Harvard Business Review*, Nov.-Dec. 2000, p. 131-137.

6. Confira, por exemplo: Yujuico, Emanuel; Gelb, Betsy D. Better marketing to developing countries: why and how, *Business Horizons*, v. 53, 2010, p. 501-509; Klein, Saul; Frazier, Gary L.; Roth, Victor J. A transaction cost analysis model of channel integration in international markets, *Journal of Marketing Research*, May 1990, p. 195-208.

7. Confira, por exemplo: Roberts, Dexter. Behind caterpillar's big scoop in China, *Business Week*, 22 Dec. 2008, p. 58.

8. Para uma discussão relacionada, veja: Dominguez, Luis V.; Zinn, Walter.International supplier characteristics associated with successful long-term buyer/seller relationships, Journal of Business Logistics, v. 15, n. 2, 1994, p. 63-87.

9. Veja, por exemplo: Whalen, Jeanne. Russian market is looking friendlier to retailers making moves into Moscow, *Wall Street Journal*, 13 Aug. 2001, p. A B7.

10. Confira, por exemplo: Ahmed, Ahmed A.; Al-Motawa, Ahmed A. Communication and related channel phenomena in international markets: the Saudi car-market, *Journal of Global Marketing*, v. 10,n. 3, 1997, p. 67-81; Weigand, Robert E. Daitenhol Japan's clogged distribution system, *Asian Wall Street Journal*, 2 Nov. 1989, p. 10.

11. Veja, por exemplo: Niezen, Carlos; Rodriguez, Julio. Distribution lessons from mom and pop, *Harvard Business Review*, Apr. 2008, p. 23-24.

12. Para uma discussão relacionada, veja: Shoham, Aviv; Rose, Gregory M.; Kroff, Fredric. Conflict in international channels of distribution, *Journal of Global Marketing*, v. 11, n. 2, 1997, p. 5-22.

13. Samli, A. Coskun; Wills Jr. James R.; Herbig, Paul. The information superhighway goes international: implications for industrial sales transactions, *Industrial Marketing Management*, v. 26, 1997, p. 51-58.

14. Para um ótimo artigo sobre o sistema de distribuição no Japão, veja: Goldman, Arich. Japan's distribution system: institutional structure, internal political economy, and modernization, *Journal of Retailing*, Summer 1991, p. 154-183.

15. Schlesinger, Jacob M. A slot-machine maker trying to sell in Japan hits countless barriers, *Wall Street Journal*, 11 May 1993, p. A1, A8.

16. Para dois excelentes artigos relacionados, veja: Czinkota, Michael R. Distribution in Japan: problems and changes, *Columbia Journal of World Business*, Fall 1985,

p. 65-71; e Hacker, Robert H. Avoiding export failure in Japan, *Journal of Business Strategy*, Spring 1985, p. 31-34.

17. Para um artigo que não encontrou evidências de discriminação contra produtos estrangeiros no Japão, veja: Borin, Norm; Van Vranken, Cynthia; Farris, Paul W. A pilot test of discrimination in the japanese distribution system, *Journal of Retailing*, Spring 1991, p. 93-106.

18. Rose, Gregory M.; Shoham, Aviv. Interorganizational task and emotional conflict with international channels of distribution, *Journal of Business Research*, v. 57, 2004, p. 942-958; Johnson, Jean L.; Raven, Peter V. Relationship, quality, satisfaction, and performance in export marketing channels, *Journal of Marketing Channels*, v. 5, n. 3/4, 1996, p. 19-48; Raven, Peter; Tansuhaj, Patriya; McCullough, Jim Effects of power in export channels, *Journal of Global Marketing*, v. 7, n. 2, 1993, p. 97-116.

19. Confira, por exemplo: Calicchio, Nicola; Francis, Tracy; Ramsay, Alastair. How big retailers can serve Brazil's mass-market shoppers, *McKinsey Quarterly Special Edition*, 2007, p. 51-57; Song, Meeyoung. How to sell in Korea? Marketers count the ways, *Wall Street Journal*, 24 Aug. 2001, p. A6.

20. Para uma discussão relacionada, veja: Bello, Daniel C.; Zhang, Li; Sachdev, Harash J. The quasi-integrated export marketing channel, *Journal of Marketing Channels*, v. 5, n. 1, 1996, p. 59-90.

21. Para um excelente artigo que discute a importância de canais de marketing na obtenção de sucesso para os produtos em mercados estrangeiros, veja: Cavusgil, S. Tamer; Kirpalani, V. H. Introducing products into export markets: success factors, *Journal of Business Research*, v. 27, 1993, p. 1-15.

22. Ghemawat, Pankoj. Distance still matters: the hard reality of global expansion, *Harvard Business Review*, Sept. 2001, p. 137-147.

23. Confira, por exemplo: Sandler, Kathy. Apple adds second iPhone seller in U.K., *Wall Street Journal*, 2 Sept. 2009, p. B8.

24. Samiee, Saeed; Walters, Peter G. P. Segmenting corporate exporting activities: sporadic versus regular exporters, *Journal of the Academy of Marketing Science*, Spring 1991, p. 93-104.

25. Kirpalani, V.H. *International marketing*. New York: Random House, 1985, p. 78-79.

26. Raymond, Mary Anne; Kim, Jonghoon; Shao, Alan T. Export strategy and performance: comparison of exports in a developing market and an emerging market, *Journal of Global Marketing*, v. 15, n. 2, 2001, p. 5-27.

27. Confira, por exemplo: Byron, Ellen. P&G's global target: shelves of tiny stores, *Wall Street Journal*, 16 July 2007, p. A1, A10.

28. Ahmed, Ahmed A. Channel control in international markets, *European Journal of Marketing*, 1977, p. 327-334.

29. *Statistical abstract of the United States 2010*, 129th edition. Washington, D.C., U.S. Census Bureau: 786.

30. Confira, por exemplo: Habib, Ghozi M.; Burnett, John J. An assessment of channel behavior in an alternative structural arrangement: the international joint venture, *International Marketing Review*, v. 6, 1989, p. 7-21.

31. Beaujanot Q., Andre; Lockshin, Larry; Quester, Pascale. Distribution business characteristics, buyer/seller relationship and market orientation: an empirical study of the australian wine export industry, *Journal of Marketing Channels*, v. 12, n.1, 2004, p. 79-100; Cavusgil, S. Tamar; Yeoh, Poh-Lin; Mitri, Michel. Selecting foreign distributors: an export systems approach, *Industrial Marketing Management*, v. 24, 1995, p. 297-304.

32. Murphy, David; Lague, David. As China's car market takes off the party grows a bit crowded, *Wall Street Journal*, 3 July 2002, p. A9.

33. Para uma discussão relacionada, veja: Diaz, Alejandro; Lacayo, Jorge A.; Salcedo, Luis. Selling to mom-and-pop stores in latin america, *McKinsey Quarterly Special Edition*, 2007, p. 71-81.

34. Rosenbloom, Bert. Motivating your international channel partner, *Business Horizons*, Mar.-Apr. 1990, p. 53-57.

35. Para uma análise em profundidade e estudo empírico desta proposição, bem como sua aplicação no canal industrial de produto na Índia, veja: Frazier, Gary L.; Gill, James D.; Kale, Sudhir H. dealer dependence levels and reciprocal actions in a channel of distribution in a developing country, *Journal of Marketing*, Jan. 1989, p. 50-69.

36. Para uma discussão sobre como isso pode ser aplicado na Austrália, veja: Ramaseshan, B.; Pitt, Leyland F. Major industrial distribution issues facing managers in Australia, *Industrial Marketing Management*, v. 19, 1990, p. 225-234.

37. Veja, por exemplo: Holstein, William J. Why Wall-Mart can't find happiness in Japan, *Fortune*, 6 Aug. 2007, p. 73-78; Kosenko, Rustan; Rathz, Don. The japanese channels of distribution: difficult but not insurmountable. In: Frazier, Gary et al. (eds.). *Proceedings of the Annual Educators' Conference of the American Marketing Association*. Chicago: American Marketing Association, 1988, p. 233-236.

38. Confira, por exemplo: Banbdyopadhyay, Soumava; Robicheaux, Robert H. Dealer satisfaction through relationship marketing across cultures, *Journal of Marketing Channels*, v. 6, n. 2, 1997, p. 35-55.

39. Para uma discussão relacionada, veja: Arndt, Michael. Urban outfitters' grow-slow strategy, *Bloomberg Business Week*, 1 Mar. 2010, p. 56.

40. Skarmeas, Dionysis; Katsikeas, Constantine S.; Spyropoulou, Stavroula; Salehi-Sangari, Esmail. Market and supplier characteristics driving distributor relationship quality in international marketing channels of industrial products, *Industrial Marketing Management*, v. 57, 2008, p. 23-36.

41. Mehta, Rajiv; Larsen, Trina; Rosenbloom, Bert; Ganitsky, Joseph. The impact of cultural differences in U.S. business-to-business export marketing channel strategic alliances, *Industrial Marketing Management*, Feb. 2006, p. 156-165.

42. Eroglu, Dogan; Yavas, Ugar. Determinants of satisfaction with partnership in international joint ventures: a channels perspective, *Journal of Marketing Channels*, v. 5, n. 2, 1996, p. 63-80; Lowry, James R. A partnering approach to mass merchandising in Russia, *Business Horizons*, July-Aug. 1995, p. 28-31.

43. Confira, por exemplo: Klein, Saul; Roth, Victor J. Satisfaction with international marketing channels, *Journal of the Academy of Marketing Science*, Winter 1993, p. 39-44.

44. Terpstra e Sarathy, *International marketing*, 6th ed., p. 388-391.

45. Rosenbloom, Bert; Larsen, Trina L. How foreign firms view their U.S. distributors, *Industrial Marketing Management*, v. 21, 1992, p. 93-101.

46. Terpstra e Sarathy, *International marketing*, 6th ed., p. 390.

47. Terpstra e Sarathy, *International marketing*, 6th ed., p. 391.

48. Rosenbloom, Bert; Mehta, Rajiv; Larsen, Trina ; Pearson, Michael. Leadership styles, culture and cooperation in global marketing channels, *Journal of Shopping Center Research*, Fall 1997, p. 95-116.

49. Para uma discussão relacionada com a forma como esta questão pode afetar canais franqueados internacionais, veja: Storholm, Gordon; Kavi, Sreedhar. Impediments to international franchising in the business format sector, *Journal of Marketing Channels*, 1992, p. 81-95.

50. Solberg, Carl Arthur. Product complexity and cultural distance effects on managing international distributor relationships: a contingency approach, *Journal of International Marketing*, v. 16, n. 3, 2008, p. 57-83.

51. Confira, por exemplo: Norvell, Douglass G.; Morey, Robert. Ethnodomination in the channels of distribution of third world nations, *Journal of the Academy of Marketing Science*, Summer 1983, p. 204-215.

52. Mehta, Rajiv; Larsen, Trina; Rosenbloom, Bert. The influence of leadership styles on co-operation in channels of distribution, *International Journal of Physical Distribution & Logistics Management*, v. 26, n. 6, 1996, p. 32-59.

53. Weigand, Robert E. Parallel import channels—options for preserving territorial integrity, *Columbia Journal of World Business*, Spring 1991, p. 59.

54. Rosenbloom, Bert; Larsen, Trina L. Communications in international business-to-business marketing channels, *Industrial Marketing Management*, Apr. 2003, p. 1-7.

55. Rosson, Philip J.; Ford, I. David Manufacturer-distributor relations and export performance, trabalho apresentado na Academy of International Business, Nova Orleans, out. 1980.

56. Confira, por exemplo: Bello, Daniel C.; Gilliland, David I. The effect of output controls, process controls, and flexibility on export channel performance, *Journal of Marketing*, Jan. 1997, p. 22-38.

57. Dimatrova, Boryana; Rosenbloom, Bert. Standardization versus adaptation in global markets: is channel strategy different?, *Journal of Marketing Channels*, Apr.-June 2010, p. 157-176; Rosenbloom, Bert; Larsen, Trina L. International channels of distribution and the role of comparative marketing analysis, *Journal of Global Marketing*, v. 4, 1991, p. 39-54.

58. Stern, Louis W.; Al-Ansary, Adel I. *Marketing Channels*, 2nd ed. Englewood Cliffs, N.J.: Prentice-Hall, 1982, p. 537.

Índice remissivo

deflação, 67
desempenho de vendas, 200
desenvolvimento organizacional (OD), 107
desintermediação, 16, 382-385
diferença de linguagem, 119
diferença de percepção, 99
diferenças/diferenciação
   do produto, 273-274
     linguagem, 119
     perceptiva, 99
     superior, 99
diferenças de objetivo, 118-119
diferenças superiores, 99
discordância com o domínio da decisão, 99
Discount Store News, 108, 113
display em loja, 314
disponibilidade do produto, 41
distribuição dual, 82
distribuição eletrônica, 381
distribuição no canal de marketing
   abordagem de custos, 184
   canal de marketing e, 140-141
   curva de custos, 33
   decisão de desenho do canal de marketing, 166-168
   demanda do público-alvo do canal de marketing e, 139
   dos intermediários do varejo, 53-54
   dual, 82
   eletrônico, 381
   executivo, 106
   intensidade, 146, 149, 168
   intermediários de atacadistas tradicionais, 38-43
   iPhone, 6
   Japão, 216
   Monster Energy Drink, 7
   multicanal, 82
   nos objetivos e estratégias da empresa, 9, 135-138, 232
     congruência da, 164-166
     da decisão de desenho do canal de marketing, 164-166
     explícito, 168
     familiaridade da, 164
    papel da, 135
    prioridade dada à, 136-137
    Sony Music, 20
    vulnerabilidade competitiva, 140
distribuidor estrangeiro, 449, 451
distribuidor, estrangeiro, 449
distribution portfolio analysis (DPA), 147-148
distributor advisory council, 105, 238-239
divisões civis menores (MCD), 211-214
Dodge, 187
Dr. Scholl's, 315
DSN Retailing Today, 201
Duracell, 137

F

G

interesse, 67-69
    reposição, 177
taxa de franquia, 409
taxa de juros, real, 68
taxa de reposição, 177
taxa de royalty para franquias, 409
tempo de busca, 176
tempo de consumo, 176
third party logistics provider (TPL ou 3PL), 55, 332
threetailing, 52, 220
Total Quality Management (TQM), 141
trade loading, 319
Trade Magazine, 109, 348
trading up, 277-280
transportadora, 449
transporte, 215

U

Uniform Franchise Offering Circular (UFOC), 413
University of Chicago, 297
7-Up, 274
uso de produto, 221
usuário, 222
usuário de rede social, 391, 391

V

valor agregado de serviços, 41
valor agregado do revendedor do canal de marketing value-add marketing channel reseller, 251

Valor de juros reais, 68
valor unitário do produto, 173
vantagem competitiva sustentável, 8, 142, 185
vantagem diferencial, 142-144, 185
varejista, 46
    classificação de, 46
    dados operacionais do, 291
    margem do, 291
    poder, 52
varejista de serviços, 428
varejista poderoso, 52
variáveis, 174-176
variedade, 42, 265
venda on-line, 50-52
vendas
    contato para, 40
    desempenho de, 200
    força de, 199
    On-line, 50-52
Verdade Inconveniente, Uma (Gore), 75
vulnerabilidade, 140
vulnerabilidade competitiva, 140

W

Wall Street Journal, 4, 12, 30, 62, 91, 96, 112-113, 160, 209, 232, 286, 306, 358, 406
Web clutter, 396
wholesale distributor marketing channel, 5
World Wide Web, 381